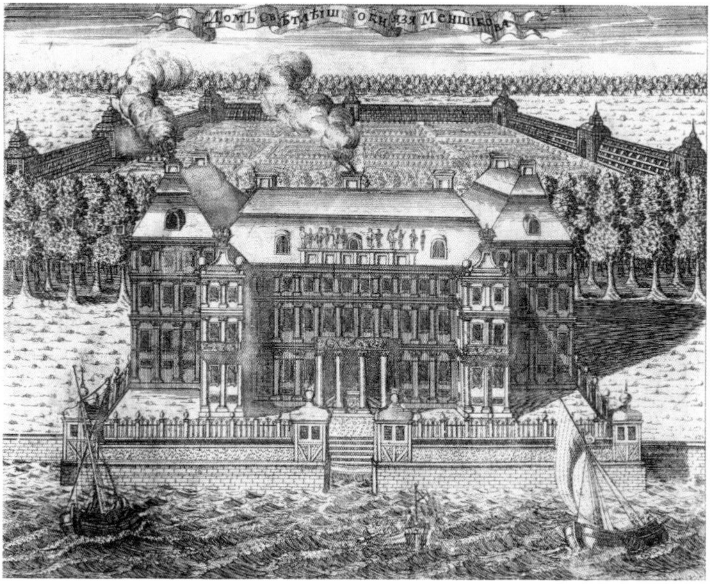

圖1　一七一七年的緬什科夫宮殿。

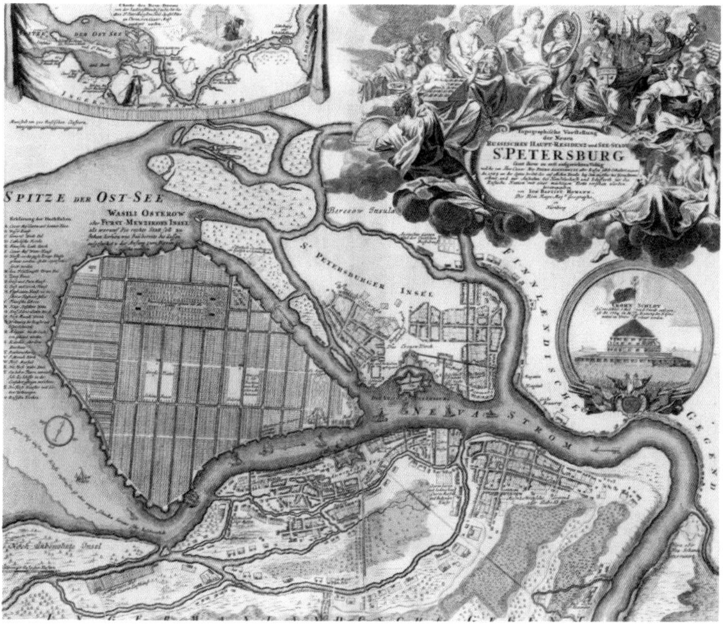

圖2　聖彼得堡地圖，繪於一七一八至一七二〇年間。當時的瓦西里島網格分區僅是計畫。

圖3-7　巴洛克建築著重裝飾的殘存影響演進，從早期朝氣蓬勃的新古典主義，轉入更細緻的樣式變化。切斯馬宮的聖約翰浸信會教堂，如今納入聖彼得堡南區（最上圖）；新荷蘭門的質樸托斯卡納多立克柱（左中圖）；海軍部中央拱門上的塔樓（左下圖）；米哈伊洛夫宮的主階梯（右中圖）；帕夫洛夫斯克宮（右下圖）。

圖8　參議院廣場上的彼得大帝青銅騎士像，於一七八二年揭幕。此為班傑明・派特森（Benjamin Paterssen）的畫作，由路德維希（K. Ludwig）複製。

圖9　聖彼得堡的市集，繪於一八〇三年。出自約翰・阿特金森（John Atkinson）和詹姆斯・沃克的《一百張彩色插圖重現俄羅斯的生活、習俗與娛樂》（*A Picturesque Representation of the Manners, Customs and Amusements of the Russians in One Hundred Coloured Plates*）。

圖10　涅夫斯基大街上跨越莫伊卡河的警察橋，沃夫與貝洪傑咖啡館位於左側。

圖11　米哈伊洛夫宮，今日的俄羅斯博物館。

圖12　布戈留博夫（A. P. Bogolubov）繪於一八五四年的《行於涅瓦河上的雪橇》（*Sledging on the Neva*）。

圖13　馬林斯基劇院的明信片，開幕於一八六〇年。

圖14　彼得·韋列夏金（Pyotr Vereshchagin）所繪的亞歷山大林斯基劇院，一八七〇年代。

圖15　葉立西夫大樓的明信片，一九〇二至一九〇三年間落成於涅夫斯基大街。

圖16　維傑布斯克車站內部宮殿般的新藝術裝潢，建於一九〇二至一九〇四年間。

圖17　涅夫斯基大街的明信片，繪於一九〇九年。

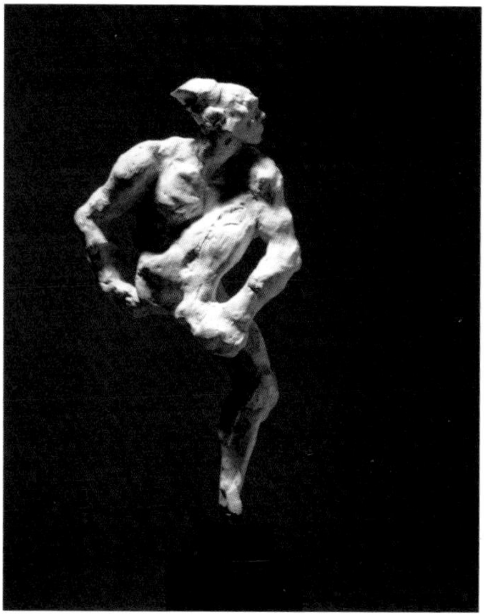

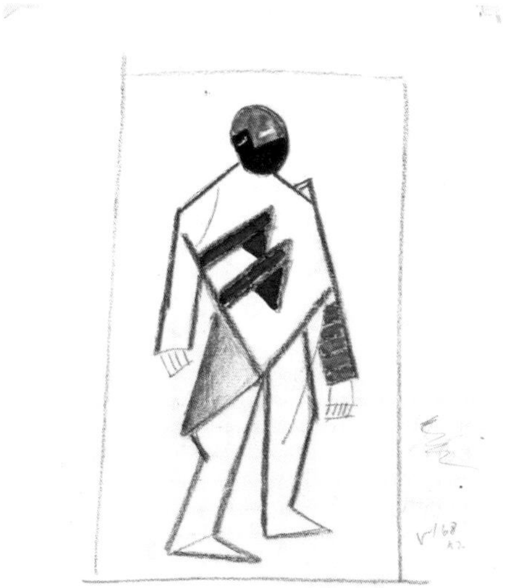

圖18-20　在一年內出現的三件物品，顯示從往日的帝制權威到俄國表演者和畫家間的鴻溝，後者追求著革命的未來。羅曼諾夫王朝三百週年慶餐宴的菜單，一九一三年（上圖）；羅丹為尼金斯基雕像製作的草模，一九一二年（右上圖）；馬列維奇為《戰勝太陽》合唱團員設計的服裝，於一九一三年首演（右下圖）。

圖21　一九一七年二月的國際婦女日，女性勞工走上涅夫斯基大街示威。

圖22　列寧在彼得格勒演說，一九二〇年七月。

圖23　安娜·奧斯特洛莫娃－列別傑娃（Anna Ostroumova-Lebedeva）繪於一九一七年的《初雪》（*First Snow*），從大學濱河路（University Embankment）眺望參議院廣場的景觀。

圖24　尼古拉·泰普西霍洛夫（Nikolai Terpsikhorov）於一九二四年所繪的《第一道口號》（*The First Slogan*），藝術家背棄傳統，為革命服務。

圖25-27　羅江科鮮豔的革命圖書館，從未超脫一九二五年巴黎裝飾藝術展上的陳設，一九二五年（左上圖）；一九二〇年代史蒂帕諾娃設計的不分性別運動服裝，功能與簡單至上（右上圖）；戴尼卡於一九二八年所繪的《捍衛彼得格勒》（*The Defence of Petrograd*），畫中男女為革命而戰（下圖）。

圖28　戴尼卡所繪的《建設新工作站》（*Construction of New Workshops*），一九二六年。

圖29　圍城期間。海報上寫著：「謀殺兒童者死」。

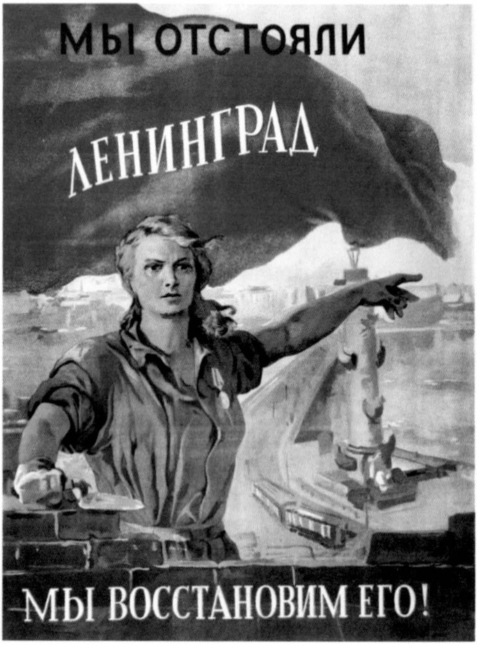

圖30 「我們守護著列寧格勒！我們將重建它！」

圖31　停在參謀總部前的國際旅行社巴士，一九七九年。

圖32　阿列克謝・桑杜科夫（Alexei Sundukov）所繪的《排隊人龍》（*Queue*），一九八六年。

圖33　白夜裡涅夫斯基大街上的私人創業，一九九三年。

圖34　絕望的兜售攤位，一九九〇年代初期。

圖35　普普藝術之城。二〇一六年的涅夫斯基大街。

圖36　瓦西里島上市政府所設的臨時暖氣管，為行人和車輛讓路。

圖37　涅夫斯基大街上充滿驚喜，背景是喀山聖母主教座堂。

圖38　過於繁忙的交通、觀光客和電線遮蔽了城市。

圖39　特雷齊尼的雕像傲視著一切權力與亂象，這一切構成了彼得大帝聘僱他前來建立的城市。

圖40　彼得大帝青銅騎士像。

聖彼得堡

ST PETERSBURG

權力和欲望交織、殘暴與屠殺橫行的三百年史

Three Centuries of Murderous Desire

強納森・邁爾斯

Jonathan Miles

譯——楊苓雯

推薦序

世紀之城，聖彼得堡的三百年史

趙竹成
政治大學民族系教授

矗立在涅瓦河口，芬蘭灣邊的聖彼得堡，曾經有過不同的名字：彼得格勒（一九一四年八月至一九二四年一月），列寧格勒（一九二四年一月至一九九一年九月）。一七〇三年五月，彼得大帝在大北方戰爭（一七〇〇至一七二一年）仍然進行之際，決定興建新都。為了新都的安全，另外在彼得堡外建立克隆施塔特要塞（Kronstadt）。

聖彼得堡是第一個根據歐洲範例建立的俄羅斯城市。城市的建立，象徵遙遠東方的俄羅斯向西方開啟一道大門，不僅讓俄羅斯走向歐洲，也讓歐洲更容易接近俄羅斯。誠如彼得大帝所言，建這座城「是要讓來自其他國家的訪客，能夠經由海洋航行到沙皇這裡，而不必克服危險的陸路到莫斯科」。

聖彼得堡做為俄羅斯帝國的首都也有著不容易梳理清楚的歷史。遷都聖彼得堡事實上自一七一〇年，政府高官逐漸移居至聖彼得堡就已開始。到一七一一年，參議院移轉到這座新的城市，同一年波斯在聖彼得堡設立大使館。到一七一二年，英國、法國、荷蘭、普魯士等國代表相繼駐進聖彼得堡，同時皇宮整建完成。隨後自一七一三至一七一四年，各部會陸陸續續自莫斯科遷往聖彼得堡。自此，除在彼得二世及安娜女皇期間（一七二七至一七四〇年），莫斯科為實際首都外，羅曼諾夫王朝歷任沙皇和布爾什維克黨以此為中心，統治著廣闊無邊的土地直到一九一八年。

環繞著聖彼得堡是一部奠定現代俄羅斯文化、政治、經濟、社會基本格局的故事。彼得大帝的西化帶來正反兩面的評價，他的宗教改革確立了俄羅斯正教會凱撒教皇主義的原則。莫斯科大學，聖彼得堡劇院在伊莉莎白女王任內創立，俄羅斯重要的科學家羅蒙諾索夫（Mikhail Lomonosov）也在伊莉莎白女王期間卓然有成。凱薩琳二世為俄羅斯打通黑海的通路，擴張西部邊疆的極限。亞歷山大一世打敗拿破崙，讓俄羅斯真正成為歐洲外交不可缺的一分子。尼古拉一世造就的斯拉夫派與西化派的大辯論，迄今餘波盪漾。亞歷山大二世的大解放，亞歷山大三世的西伯利亞大鐵路建設，尼古拉一世歷經的日俄戰爭，以及第一次世界大戰後，結束帝國統治，開啟新時代的蘇維埃政權。所有這些關於俄羅斯歷史的重大事件，都與聖彼得堡連接在一起。

聆聽柴可夫斯基的音樂，朗誦普希金的詩歌，沉浸於列賓的畫作，這些人類文明史上的藝術結晶也是聖彼得堡歷史的部分。

然而聖彼得堡又是一部平凡人的歷史。今天遊客在陽光燦爛的日子，讚嘆冬宮隱士廬[1]中令人驚豔的館藏。或是在夏宮看著無數的噴泉翩翩起舞，又或是乘著小船迎著風，倘佯在涅瓦河上體會白夜，享受如阿姆斯特丹的風情。這些景象卻是一群群為了偉大沙皇的發想，而被迫與沼澤、嚴寒、瘴癘、飢餓對抗，忍受著凍傷、瘧疾、壞血病、痢疾的無數奴工，用生命換來的。而這些人，在如此容顏的聖彼得堡歷史中沒有名字。又如同在八百七十二天的列寧格勒圍城戰，如今只能在皮斯卡列夫紀念墓園，在手持橡樹花圈「母親—祖國」的注視下，看到石牆上刻著：「這裡躺著列寧格勒人！」才會讓人憶起，那些因為食物不足而餓死的六十四萬一千八百零三人。

聖彼得堡的歷史是誰的歷史？是那些王公、貴族、藝術家、作家心中的偉大城市，或是那些一般人口中我們的「彼切爾」（Piter）？這正是我們閱讀任何一個偉大城市故事時的心頭惆悵。

本書在書寫時不是完全以俄羅斯歷史的途徑進行敘述，而是在一個俄羅斯歷史敘述的故事中，再加上無數的外國人的標記。這些當時身處其境的外國外交官、遊客、水手、建築師、科學家、藝術家、家庭教師、商人，在每一個我們已知道的故事中，再加上自己的注記。透過這些注記，讓我們得以能用更深邃的眼光看到彼得大帝、凱薩琳二世的皇家悲劇，看到尼古拉一世、亞歷山大三世的帝國已難以維持，或是十九世紀的民粹主義運動中，女性展現如此堅強的毅力。或是基洛夫事件後史達林的瘋狂，蘇聯瓦解後社會的崩解、失序與無助。但是在這些浪潮的起伏動盪中，我們仍舊看到聖彼得堡這個城市頑強的生命力，就如同遙指著遠方的彼得大帝青銅騎士，雖然歷史波折多難，但是如同在夕陽映照下，發出金色光芒的彼得保羅大教堂，聖彼得堡如同俄羅斯，會繼續走出自己獨特的一條命運之道。

這本書除了適合做為正規學習俄國史課程學習的補充材料外，也是給熱愛聖彼得堡一切的讀者一份另類省思的禮物。

---

① 編按：即艾米塔吉博物館（Hermitage Museum）。

目次

第二幕　人民

第三幕　同志與市民

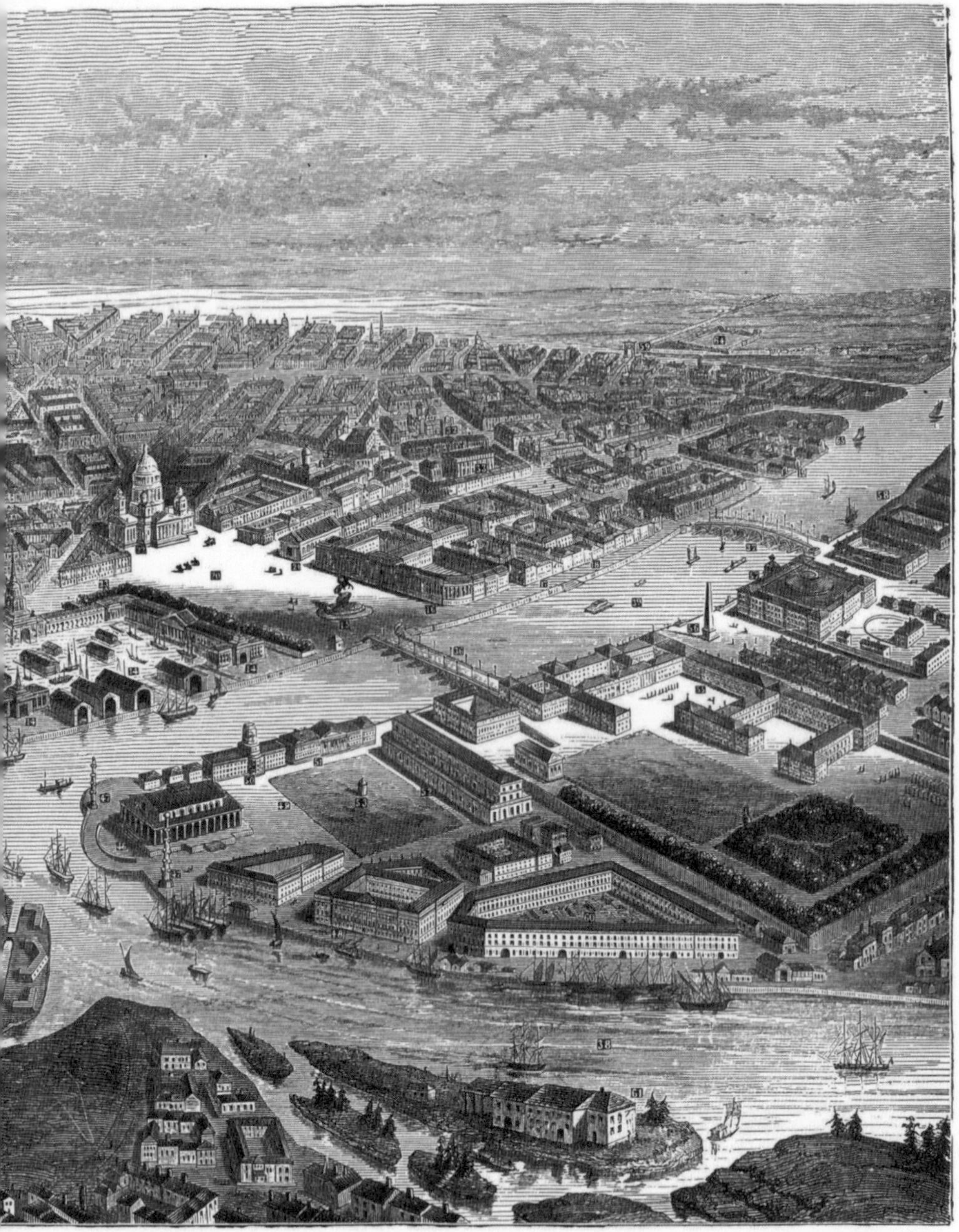

30. 聖涅夫斯基女修道院
31. 伊雷市場
32. 聖尼古拉教堂
33. 大劇院
34. 主日橋
35. 聖三一橋
36. 聖以撒橋
37. 聖尼古拉橋
38. 小涅瓦河
39. 大涅瓦河
40. 醫學校
41. 軍人醫院
42. 彼得堡島
43. 彼得保羅要塞
44. 彼得保羅教堂
45. 鑄幣廠
46. 交易所
47. 海軍勝利紀念柱
48. 海關
49. 大學
50. 天文台
51. 科學院
52. 神聖宗教會議殿
53. 戈托爾夫地球儀
54. 青年軍校
56. 羅曼佐夫方尖碑
57. 文學院
58. 布雷兵軍校生會館
59. 凱旋門
60. 船塢
61. 麻繩船塢
62. 監獄
63. 閱兵廣場
64. 牲畜市場
65. 牛油船塢

十九世紀中期聖彼得堡寫意全景　鳥瞰聖彼得堡

1. 奧赫塔區
2. 斯莫爾尼大教堂
3. 塔夫利宮
4. 兵工廠
5. 公園
6. 戰神廣場
7. 工兵會館
8. 米哈伊洛夫宮
9. 索沃羅夫紀念碑
10. 大理石宮
11. 艾米塔吉劇院
12. 艾米塔吉宮
13. 皇宮（即冬宮）
14. 海軍部
15. 彼得大帝騎士像
16. 英國教堂
17. 英國教堂
18. 英國碼頭
19. 新海軍部
20. 聖以撒廣場
21. 騎術學校
22. 聖以撒主教座堂
23. 法院
24. 參謀會館
25. 亞歷山大立柱
25* 涅夫斯基大街
26. 孤兒院
27. 喀山聖母主教座堂
28. 中央市場
29. 米哈伊爾劇院

傳說有個男人在聖彼得堡出生，在彼得格勒長大，在列寧格勒變老；

人們問他想在哪座城市死去。

他回答：聖彼得堡。

第一章　暮光下的涅夫斯基大街

一九九三年

一九一七年十月，自曙光號戰艦①對空鳴響的一記砲彈，標示著俄國革命的開端。四分之三個世紀過去了，城市如今又陷入混亂交迭。那是某個氛圍駭人的凌晨三點，時序落在一九九三年夏日。我站在視野俯瞰涅夫斯基大街②的陽台上，這是曾經偉大的聖彼得堡市內，曾經偉大的一條街道。俗稱「白夜」③裡永不落下的暮光有種超現實感。法國小說家大仲馬④曾在白夜的極盛期造訪這座都城，他表示此刻的靜謐使人懷疑是否「聽見天使歌唱或上帝說話」。[1] 對我而言並

① 曙光號（Aurora）是一艘傳奇的巡洋艦，一九〇〇年啟用後歷經日俄戰爭、俄國革命和一戰、二戰，修復後永久停泊於聖彼得堡的涅瓦河畔。若無特別標明，本書隨頁注均為譯者注。

② 涅夫斯基大街（Nevsky Prospect）又稱涅瓦大街，是聖彼得堡的主要街道。

③ 白夜（White Nights）與永晝（midnight sun）略有不同，白夜意指落日一直維持在地平線以下六至七度的位置，使城市在夜晚仍持續受暮光照耀。聖彼得堡每年六月十一日至七月二日是白夜。

④ 大仲馬（Alexandre Dumas, 1802-1870），十九世紀的浪漫主義小說家，著作包括《基度山恩仇記》和《三劍客》。

無天使，古董車的嘎嘎聲響打破了沉靜。大仲馬寫下那段文字時，這座壯麗大都會形同強力磁石吸引著歐洲的偉大建築師、作家和思想家。到了一九九〇年代初期，過往三百年間繁榮許久的聖彼得堡顯然正趨衰落。底下的街道坑坑疤疤，大街另一頭的建築立面裂縫橫生，灰泥剝落且窗戶蒙塵。欠缺金錢或任何合適的機構來維護一座立意成為盛大布景的城市，搬演關於自身的大劇。歷經使人著迷的三幕後：一七〇三至一八二五年、一八二五至一九一七年、一九一七至一九九一年，我懷疑這會不會是帷幕最後一次落下。

我俯視一夥匪徒身手矯健地逼近一位衣著考究的男士後圍毆，街上行人紛紛走避。某處傳來一聲槍響，又一聲。以革命知識分子與高壓政權搏鬥為歷史主調的一座城市，如今竟看似目無法紀的邊疆小鎮，偌大落差使我深感震驚，但或許總是如此。遮住面孔的慣犯離去後，受害者癱倒在地，無人表露關心。男子勉力爬起時，我忍不住想像暴力是這座城市的流行病。聖彼得堡正是在暴力想像下成為新俄國的首都，狂妄的親歐帝王企圖使國家急速背離孤立的過往。彼得大帝[5]不僅立志對抗大自然，也意圖對抗眾多國家的常規，領土遼闊範圍從波蘭和日耳曼邊界延伸至北亞，橫跨近一萬三千公里後直達太平洋。儘管位於俄國的西緣，彼得大帝的「通往歐洲之窗」一次又一次猛然闔上，城市遭遺棄淪入暴虐高壓之手，高遠期待與絕望剝奪間的擺盪不斷撕裂人民的心靈。甚至在二十世紀的最初幾年，那布爾喬亞的富饒使市中心光燦明亮的年代，在五公里長的涅夫斯基大街上，有豎立於都城歷史核心地帶的宏偉政府大樓，亦有位於城市邊緣的泥濘貧民窟，在在展演了炫富與赤貧、新俄國與舊俄國之間的永恆鴻溝。聖彼得堡顯得既挑釁且矛盾。

試比較雄偉建物的迅速落成，這當代無與倫比的建築和工程成就，與癱瘓官僚體制的怠惰，後者箝制著居民的生活而非心靈。這座城市患了精神分裂症，受到認同與名字的劇變所拉扯。它曾歷經征討、帝國、開明、高壓、道德淪喪、革命、共產主義與混亂。這裡曾叫作聖彼得堡、彼得格勒（Petrograd）和列寧格勒（Leningrad），最後重新成為聖彼得堡。我此行造訪所見，無論掙脫七十五年的共產主義統治束縛，讓居民感到何種喜悅，都被社會未及應對劇變的物資困境給抵消了。那是典型的聖彼得堡時間摺曲，即政治上的一切發生得太快或太慢，使人民處於困境。挫折侵蝕了創新，加上未獲紓解的緊張態勢一再重現，讓聖彼得堡的故事狂躁與興奮並存。

太陽於另一個艱困日子升起時我踏上涅夫斯基大街，多少聖彼得堡的歷史於此上演。大街是這座城市的中樞神經系統，沒別處能將其現代性展現得更淋漓盡致。一八三〇年前後涅夫斯基大街已成為最重要的街道，最長、最寬且燈火通明。在輝煌至極的日子裡，涅夫斯基大街是多語的消費櫥窗。但令人悲傷的是，當我於革命的二十世紀導致的衰頹歲月，行經這條涅夫斯基大街，眼裡所見卻淨是破舊的車輛和棄置的卡車，滿覆晚春融雪留下的汙泥。同時卻有詭異的嶄新燈飾閃閃發光，穿透這被棕褐色包圍的世界，那是一座鋁製的漢堡立牌，閃著霓虹燈，打破了藝術廣場⑥新古典主義建築的莊重氛圍。蘭蔻、歐萊雅和三一冰淇淋⑦的商標於陰暗黎明時分發光，

⑤ 彼得大帝（Peter the Great, 1672-1725）於在位的一六八二至一七二一年間戮力改革，帶領俄國成為強盛國家。
⑥ 藝術廣場（Arts Square）位於涅夫斯基大街不遠處，廣場邊有美術館、劇院和音樂廳。
⑦ 三一冰淇淋（Baskin-Robbins）是跨國連鎖冰淇淋品牌，一九四五年由巴斯金和羅賓斯於美國加州創立，因店內供應三十一種口味的冰淇淋得名。

隱喻即將到來的事物輪廓。儘管人們叫嚷著十年內盧布將會走強，但在一九九三年，這第一批來到俄國的西方商品只是場戲弄人民的幻夢。飛利浦門市僅接受美元交易，一部中價位的收音機等值於普通市民好幾個月的收入。涅夫斯基大街上有間門面閃著眩目霓虹燈的超市，店內擺滿成排潔白冷藏櫃，販售的商品僅有蘋果。人們無論去哪購物，若非遇上排隊人龍就是空蕩的貨架，這跟共產主義統治時一模一樣。目睹世界最偉大的街道如此破敗，著實令人悲嘆。而這新的黎明，僅是輝煌城市聖彼得堡轉瞬崛起、艱困生活、迅速腐化和痛苦重生敘事中的一剎那。我路過遭人搗毀的電話亭證明了這座城市的決定性概念：荒謬。若能找到一處未遭破壞殆盡的電話亭，你會發現打通公共電話需要一枚十五戈比⑧硬幣，但十五戈比硬幣相當罕見，只能花面值的五十倍向狡詐的商販取得。[2]當你愈貼近聖彼得堡習慣的日常，這地方愈顯得背離理性。作家果戈里⑨深諳此現象，作曲家蕭斯塔科維奇⑩則與其搏鬥。這裡有選擇建城地點的愚昧，也有早期統治者瘋狂心境下的放縱與盲目崇拜。除卻這一切，若你審視聖彼得堡的平面圖，其中存有邏輯、秩序和意圖。

在一八三九年，克斯汀納侯爵⑪認為聖彼得堡無疑是世界奇景之一，卻也是缺乏尺度的鬧劇，被韃靼人⑫興修得像戲劇場景的希臘城市，成群佃農「圍繞眾多古老寺廟」據地搭棚屋而居。[3]此種秩序與混亂的並置，構成十九世紀的緊張情勢根源和當時的文學主調。聖彼得堡作家筆下的「小人物」隨波逐流，掙扎對抗官僚行事的不公。在這座幽暗的後共產主義城市裡，蒙受苦難的又是平凡、正直的市民。上次造訪時正值蘇聯解體後不久，我恰巧途經臨時集市，絕望的人民試圖販賣單隻鞋、單隻靴子、缺鑰匙的鎖和缺鎖的鑰匙。我跟馬林斯基劇院⑬的芭蕾舞者談話時，他們將演出品質的下滑歸因於低微薪資和營養不良。市場於一九九二年初開放時物價翻倍，隨後漲成三倍。對於無法取得強勢貨幣⑭的廣大人民而言，情況變得極端艱難。現代化落後的問題深深困擾此地人民三百年，仍在轉世新生後的聖彼得堡，需索數不清的受害者。

於涅夫斯基大街繼續前行，我走進地鐵圈樓站⑮的地下廊道，三兩街頭藝人正在演奏《藍色麂皮鞋》⑯，僅僅幾年前這樣的自由還遭到禁止。不過與如此充滿活力的演出相伴而來的，卻是

---

⑧ 一百戈比（kopek）等於一盧布。

⑨ 尼古拉·果戈里（Nikolai Gogol, 1809-1852）的名著《死魂靈》（*Dead Souls*）原先於莫斯科送審遭退，後來是在聖彼得堡藉關係通過審查才得以出版。

⑩ 德米特里·蕭斯塔科維奇（Dmitri Shostakovich, 1906-1975）的《C大調第七號交響曲》寫於一九四一年，題獻給當時受德軍圍困的列寧格勒（即聖彼得堡）。作曲家死後出版的回憶錄《證言》裡說明，他是要藉此曲暗批史達林的高壓統治。

⑪ 克斯汀納侯爵（Marquis de Custine）的名著是《一八三九年的俄國》（*La Russie en 1839*）。

⑫ 韃靼人（Tartars）泛指隨蒙古帝國大軍入歐的草原游牧民族。

⑬ 馬林斯基劇院（Mariinsky Theatre）是一八六〇年啟用的歌劇院與芭蕾舞廳。

⑭ 指匯率漲跌相對穩定的貨幣，例如美元。

⑮ 圈樓站（Gostiny Dvor）位於與地鐵站同名的室內購物中心，排面長達一公里、占地約一萬六千坪。Gostiny Dvor在俄文裡意指商場，其他城市也有類似的大型室內商場。

⑯ 卡爾·帕金斯（Carl Perkins, 1932-1998）於一九五五年創作演唱的《藍色麂皮鞋》（*Blue Suede Shoes*），後經貓王與許多歌手翻唱，曲風融合鄉村、藍調與當時的流行樂，被視為搖滾歌曲的先聲。

失控地遭誤導的生活幻象，一個光燦鍍金的西方世界；聖彼得堡是，而且一直都是夢想遠大而缺乏資訊和真相的城市。我和一位朋友談天，她兒時隨著學校合唱團被派往基輔⑰演唱，時間點就在車諾比事故不久後。孩子們回到當時的列寧格勒後，只被告知必須把鞋子扔掉。資訊管制（官方用了駭人的保密規模）貫穿了這座城市的歷史，並促成豐富生動的地下文化興起。

我走向涅瓦河畔的聖彼得堡歷史中心地帶，朝著宏偉的海軍部和參謀總部看得入神，這幾棟建築物讓我想起彼得大帝的原始企圖，是要打造一座守護港口的堡壘。但選在每年冰凍八個月的河畔建立海軍和貿易基地實在非常荒謬，或者說是孤注一擲。彼得大帝渴望利用波羅的海貿易路線，於是將新首都設在脆弱的俄國西北邊疆。在此建城的風險，以及和瑞典開打的大北方戰爭⑱，讓建城的最初數年飽受擾亂。

站在以拋物線環繞冬宮廣場⑲的恢宏政府建築前，我想起法國作家紀德⑳一九三六年來訪時所述：「我在列寧格勒觀覽聖彼得堡。」[4]我掃視冬宮㉑由綠松色㉒、金色和白色構成的立面，這裡是一九一七年革命的起點，即便革命人士輕易攻入宮中削弱了此一歷史「時刻」。詩人約瑟夫・布洛茲基㉓認為，冬宮廣場上唯一的槍戰發生在蘇維埃導演謝爾蓋・埃森斯坦㉔慶祝革命的電影裡：《十月》。[5]

從一七一一至一九一七年之間，冬宮的其中一棟或多個前身曾是諸多非凡名流的居所，有無數豪奢揮灑聖彼得堡鬧劇與壯舉的傳奇人物：其中有衝動且專制的創建者彼得大帝、懶散且有虐待狂的安娜一世㉕、耽溺享樂的伊莉莎白一世㉖、貪婪渴求文化與性事的葉卡捷琳娜大帝㉗、荒唐的保羅一世㉘、高壓專制的尼古拉一世㉙。與上述統治者並列的還有顛覆作家亞歷山大・赫爾岑㉚

⑰ 基輔（Kiev）是烏克蘭首都，距離核子反應爐破裂的車諾比（Chernobyl）不到兩百公里。

⑱ 大北方戰爭（Great Northern War）於一七〇〇年因俄、瑞兩國爭奪波羅的海出海口而爆發，一七二一年俄國戰勝瑞典，從此獲得前往西方的海上通道。聖彼得堡即於大戰期間的一七〇三年建立、一七一二年成為俄國首都。

⑲ 冬宮廣場（Palace Square）位處涅夫斯基大街的西緣，是位於聖彼得堡中心地帶的廣場。

⑳ 安德烈・紀德（André Gide, 1869-1951）於一九三〇年代至蘇聯參訪，於《回到蘇聯》（*Retour de l'U.R.S.S.*）書中記敘見聞。

㉑ 冬宮（Winter Palace）初建於一七三〇年代，歷經戰火與重建，現在是艾米塔吉博物館（Hermitage Museum）的主建物。

㉒ 綠松色（turquoise）是介於藍、綠之間的顏色，名稱來自綠松石。

㉓ 約瑟夫・布洛茲基（Joseph Brodsky, 1940-1996）在一九四〇年生於列寧格勒，後遭蘇聯驅逐定居美國，一九九六年過世。

㉔ 謝爾蓋・埃森斯坦（Sergei Eisenstein, 1898-1948）是蒙太奇理論的先行者，名作包括《十月》（*October*）和《波坦金戰艦》（*Battleship Potemkin*）。

㉕ 彼得二世死後無子嗣，代表保守勢力的安娜一世（Anna I, 1693-1740）於一七三〇年意外即位女皇，一七四〇年去世。任內事蹟是為她寵愛的侏儒舉辦盛大的冰宮婚禮。

㉖ 伊莉莎白一世（Elizabeth I, 1709-1762）是彼得大帝之女，一七四一年推翻安娜一世指定的繼承人（伊凡六世）後即位，執政至一七六二年。喜好奢華，死後留下上萬件衣裙。

㉗ 凱薩琳大帝（Catherine the Great, 1729-1796），又稱為凱薩琳二世，是俄羅斯帝國在位最久的女皇，一七六二至一七九六年統治期間推動俄羅斯的啟蒙時代；情人眾多且不吝提拔賦予重任。（編按：凱薩琳〔Catherine〕是依英文發音，若依俄文應音譯為葉卡捷琳娜〔Ekaterina〕，本書將統一改用葉卡捷琳娜）。

㉘ 保羅一世（Paul I, 1754-1801）於一七九六年即位後大肆廢除舊有制度、推行新制，例如規定農奴每週只需為地主工作三天，僅在位五年就遭近臣謀殺。

㉙ 尼古拉一世（Nicholas I, 1796-1855）於一八二五至一八五五年在位期間設立祕密警察，鎮壓自由思想。

㉚ 亞歷山大・赫爾岑（Alexander Herzen, 1812-1870）是十八世紀思想家，遊走歐洲反抗沙皇專制，最後病逝巴黎。

和尼古拉・車爾尼雪夫斯基㉛；耀眼的舞團經營者謝爾蓋・達基列夫㉜；精神失常的芭蕾舞者瓦斯拉夫・尼金斯基㉝；從神職人員變成著名抗議人士的加邦神父㉞；從朝聖者變身為放蕩騙徒的拉斯普丁㉟；堅定的革命家列寧㊱。此外仍要算進許多作家、藝術家和音樂家，他們富原創力和時常荒謬至極的創作捕捉到一座不尋常都城的精神，適應力頑強的居民在此與各種逆境搏鬥。在上述一連串不可思議的非凡人物列表上，最偉大和最迷人的角色在此昂然鼎立，但若回到這座令人敬畏的失常城市，三百年前它從薄霧中興起，卻也在一九九三年的此時此刻，面臨沉入泥沼的危機。

㉛ 尼古拉・車爾尼雪夫斯基（Nikolai Chernyshevsky, 1828-1889）是十九世紀唯物哲學家，認為階級鬥爭是社會進步的動力，被捕後流放西伯利亞死去。

㉜ 謝爾蓋・達基列夫（Sergei Diaghilev, 1872-1929）於二十世紀初在巴黎製作大型芭蕾舞表演，開創了俄國派芭蕾。

㉝ 瓦斯拉夫・尼金斯基（Vaslav Nijinsky, 1889-1950）是達基列夫最優秀的男舞者，亦有編舞作品，患精神分裂症而結束芭蕾舞生涯。

㉞ 加邦神父（Father Gapon, 1870-1906）於一九〇五年帶領工人齊聚冬宮廣場向沙皇請願改革社會，軍隊鎮壓導致一千多人死亡，史上稱為血腥星期日。

㉟ 擅預言的格里戈里（Grigori, 1869-1916）因行為放縱，外號拉斯普丁（Rasputin），在俄文裡有淫縱之意。他取得篤信神祕主義的尼古拉二世皇后信任，成為宮中要人，後遭保守派貴族合力殺害。

㊱ 弗拉基米爾・伊里奇・列寧（Vladimir Ilyich Lenin, 1870-1924）是共產主義政治家，帶領布爾什維克黨人發起十月革命，建立蘇俄與後來的蘇聯。

第一幕

沙皇

1689–1825 年

第二章　倫敦浩劫

一六九八年

「大出使」（Great Embassy）使節團駛抵萊茵河時，某人衣著輕便地離船，登上一艘小船後航向艾灣畔的贊丹①。在一六九八年八月中的一個週日，在即將改變國家命運的偉大冒險之初，他駛近那座荷蘭港口，突然間朝水面另一頭靜靜放置捕鰻簍的男人大喊出聲。受到如此突兀喧鬧的打擾，格里特·紀斯特（Gerrit Kist）中斷了手上的捕鰻作業，抬頭一瞥，詫異地看見昔日主子，那遙遠異國俄羅斯的沙皇，正身著工人服裝搭乘一艘簡陋的小船而來。紀斯特曾在莫斯科的彼得皇帝宮擔任鐵匠，如今他立刻發誓會保守祕密，因為沙皇正偽裝成一位來贊丹學習荷蘭造船術的工匠，他會從打造龍骨開始學起。[1]

受到亟欲了解事物如何運轉的渴望所驅使，身高兩公尺的二十六歲沙皇迴避盛大場面與典禮，讓癮頭強烈的酒友法蘭索瓦·列福特（François Lefort）帶領「大出使」。做為橫越歐洲的俄國人，列福特吸引外交注目，讓彼得自由自在滿足好奇心。儘管有這一切預防措施，沙皇仍將目的與聲譽視為優先。②在英格蘭，索爾茲伯里主教③提到「一位威武的北方帝王」，他「為了使國家進步並擴張帝國……前來學習加以實踐的最好方法」。[2]還有其他不那麼討喜的印象從莫斯科傳出。這位沙皇似乎逼迫貴族光著屁股在冰上滑行。他喜歡看寵臣拿槍互射。房屋燃燒、煙火和爆炸的場面讓他感到愉悅。在Svyatki時節（或稱耶魯節④），彼得逼迫「最胖的領主」乘雪橇滑過冰上的裂縫，許多人因而跌進冰凍水裡溺斃。[3]其後擔任俄國派往荷蘭使節的庫拉金公爵（Prince Kuratkin），回憶起彼得和友人如何將一根蠟燭插進沃爾孔斯基公爵（Prince Volkonsky）的肛門裡，在他身上吟誦祈禱文。他們「把人當扔擲標靶，還逼他們倒立」。有一次他們「拿風箱往伊凡・阿卡基耶維奇（Ivan Akakievich）的結腸裡打氣」，嬉鬧之下導致此人立刻送命。這番景象值得畫進布勒哲爾或波希⑤的作品裡，指向了一個狂歡乖離的世界，上下顛倒失序。謝肉節是大齋期前的奶油週⑥狂歡，在那段期間裡人們把自己賣給魔鬼，以暴飲暴食度過冰雪覆蓋萬物的

---

① 贊丹（Zaandam）在十七世紀是荷蘭的風車磨坊工業中心，鄰近阿姆斯特丹與艾灣（Ij）。

② 編按：從下文判斷，索爾茲伯里主教曉得彼得大帝的身分。作者意指彼得有意微服出使，但在途中可能為了達到外交目的或提高個人聲望而揭露身分。

③ 索爾茲伯里（Salisbury）教區位於英國南部，源自八世紀建立的舍伯恩（Sherborne）教區。

④ 耶魯節（Yuletide）是日耳曼人於冬季慶祝的古老節日，基督教普及後改過耶誕節。Svyatki則是俄文的耶誕節。

⑤ 十五至十六世紀荷蘭畫家耶羅尼米斯・波希（Hieronymus Bosch, 1450-1516）善於描繪罪惡和地獄景象，較波希晚期的彼得・布勒哲爾（Pieter Bruegel, 1525-1569）畫風受其影響。

⑥ 謝肉節（Maslenitsa）又稱奶油週、薄餅週或起士蛋糕週，在這一週人們盛宴作樂，準備進入為期四十天的大齋期（Lent）。

冬季。[4]人們以無情的渴求和鬥毆慶祝這個節日，沒有俄國統治者造訪西方土地後獲得看待事物的新觀點，使謝肉節的思維堅定不移。對歐洲而言，現正處於啟蒙時代的黎明之際，如此的嬉鬧彷彿是在一塊被時間遺忘的土地上，異教徒的愚行。但對俄國來說，彼得沙皇的行止使他的傳說裡帶著刺。彼得的愚行不僅是狂歡時節下的特權，更言明沙皇完全能為所欲為，因為他是一位獨裁者。

✯

一六七一年，彼得的父親阿列克謝沙皇（Tsar Alexei）娶了一位名叫娜塔莉亞・納雷什金（Natalya Naryshkin）的十九歲黑眼美女；她在阿列克謝的朋友和謀臣阿塔蒙・馬特維耶夫（Artamon Matveyev）監護下長大。[5]兩人的結合使爭奪俄國掌控權的兩大家族埋下夙怨：阿列克謝已逝妻子的家族米洛斯拉夫斯基（Closlavsky），以及年輕新妻的家族納雷什金。娜塔莉亞將一股清新、柔和的西化氣息帶進宮廷，且於一六七二年五月產下健壯子嗣，受洗命名為彼得・阿列克謝耶維奇・羅曼諾夫⑦。

幼年的彼得喜愛玩具士兵和玩具槍。侏儒跟班們同時是他的僕人和玩伴。強壯、有才幹、富好奇心的彼得深得慈祥雙親寵愛，直到一六七六年初，健康快樂的阿列克謝沙皇在為莫斯科河的河水祈福時著涼。一個月後他過世了，彼得向新沙皇臣服，那是他的十五歲異母兄長費奧多爾三世（Fyodor III），一位米洛斯拉夫斯基家族的人。費奧多爾三世在一六八二年死時沒有男性繼承人，法統宣告他十六歲的弟弟伊凡應繼任統治。但是伊凡腳瘸、幾近失明並苦於嚴重口吃。[6]相反地，身材魁梧的十歲異母弟弟彼得似乎是較受歡迎且精明的選擇。許多莫斯科的議員或宮廷親信（即波雅爾貴族⑧），要求年輕力壯的彼得在娜塔莉亞攝政下統治，於是彼得獲宣告為沙皇。不過米洛斯拉夫斯基家族提出抗議，理由是伊凡年紀較長，伊凡應排在繼承人的下一位。納雷什金和米洛斯拉夫斯基家族間爆發一場野蠻的權力鬥爭，且與射手衛隊（streltsy）的不滿情緒日漸交織。

國家鮮少動用莫斯科的全能警備隊，他們是一群薪餉過高且由兩萬兩千人組成，制服俗豔的雜牌軍，也是被國家寵壞的討價還價者。他們富有且閒散，但是射手衛隊此一名稱（意指火槍手）暗示了他們樂於扣下扳機的傾向。當部隊裡一名普通士兵控訴自己的上校貪汙，導致類似的指控蔓延開來。經驗生嫩且思慮欠周詳的娜塔莉亞對射手衛隊的要求不明智地讓步，讓他們嘗到權力的滋味。米洛斯拉夫斯基家族旋即利用這一點，說服射手衛隊相信，娜塔莉亞將謀害伊凡來確保彼得的皇位。嗜血的射手衛隊衝進克里姆林宮後，馬特維耶夫勸娜塔莉亞同時帶著伊凡和彼得現身。射手衛隊司令官的兒子，米哈伊爾・多爾戈魯基公爵（Prince Michael Dolgoruky）魯莽地選在這個危險時刻重申軍隊的紀律，接著射手衛隊逼近公爵站立的階梯，抓住他，將他扔向同袍手裡的長矛和戟尖上。遭刺穿的多爾戈魯基被分屍後，射手衛隊的目標輪到馬特維耶夫。他們把老人從娜塔莉亞手裡拉開，並且當著她十歲兒子彼得的面，將馬特維耶夫扔下刀鋒口。就在

⑦ 彼得・阿列克謝耶維奇・羅曼諾夫（Peter Alexeivich Romanov）是彼得一世的全名。

⑧ 波雅爾（boyars）意指沙皇身邊的公爵貴族。

此時，費奧多爾和伊凡的活躍姊姊索菲亞（Sophia）出面干預。彼得和伊凡將共同統治，而索菲亞成為攝政女皇。[7]她在位的七年是俄羅斯帝國開國後首度由女性掌握大權。⑨

年幼的彼得因射手衛隊的失序行為飽受創傷，而離開都城。他重新出發的地點並未離都城太遠，只沿著亞烏扎河⑩而下幾公里來到普列奧布拉任斯（Preobrazhenskoe）的狩獵木屋。彼得再次玩起士兵的遊戲，但這次將動用真正的軍械以及支持他的貴族和平民，且人數日漸增多。如果兒時經驗孕育了日後的男人，那麼彼得對於大興土木和堡壘的喜愛，可視為他沉迷於打造日後聖彼得堡的初步徵兆。在軍事設施壯大且戰爭遊戲愈趨複雜，他開始組成著名的皇家衛隊，即普列奧布拉任斯衛隊和謝苗諾夫斯基衛隊（Semyonovsky），藉此形塑新俄國。彼得入伍擔任鼓手，顯現他從小就有自基礎學起的傾向。[8]在砲兵部隊的晉升過程中，彼得承擔步兵的卑微職責，這表示他打從心底了解謙遜的學習意願比世襲的頭銜更有用。

索菲亞的攝政最終被兩次失敗的軍事行動所削弱，但她對不適任領軍者、即夫婿瓦西里・戈利岑公爵（Prince Vasily Golitsyn）的喜愛未曾稍減。戈利岑甚至還未在戰場上和敵軍正面交鋒，就在四個月內損失了四萬五千人。在莫斯科被冠上英雄偽名後，領軍無能的公爵的另一次出征又再折損了三萬五千人，其中或戰死或遭到俘虜。朝廷最具權勢的幾個家族，包括羅莫達諾夫斯基家族（Romodanovskys）、舍列梅捷夫家族（Sheremetevs）和多爾戈魯基家族，自此重新支持彼得和他的母親娜塔莉亞。其後在伊凡五世死於一六九六年時，彼得成為俄國唯一的沙皇。伊凡在生前未能生育男性子嗣，而彼得十七歲時就迎娶了葉夫多基婭・洛普金娜（Evdokia Lopukhina），並育有二子。其中一個兒子阿列克謝存活下來，在彼得執政的多數歲月成為永恆的煩惱來源。

憑恃敏銳鑑賞歐洲的眼力和對科學的興趣，戈利岑公爵是讓俄國迎向改革的關鍵人物。他擁有時鐘、西式肖像畫和來自威尼斯的瓷盤。他的莫斯科宅邸受到歐洲建築影響。[9]他理應是彼得的盟友而非敵人，但是同情心和敗績使他被放逐到西伯利亞。當沙皇的胞姊索菲亞企圖發動另一次射手衛隊暴動，彼得出手鎮壓，將索菲亞關進新聖女修道院⑪，密謀者遭烙印、分屍、砍頭與吊死。普魯士使節普林茲（Printz）回憶起沙皇下令將二十名囚犯帶到他面前。彼得飲盡一杯伏特加，接著砍掉一個人的頭，接著喝乾另一杯後再亂刀砍死下一位囚犯，反覆這麼做直到殺光所有叛徒。然後彼得邀請這位嚇壞的大使來和他拚酒。[10]

在居住於莫斯科「日耳曼區」⑫的外國人之中，彼得發現不少人同樣熱衷於軍事、船艦與聲色放縱。這群人裡頭居首的是瑞士酗酒商人列福特，其年紀幾乎是彼得的兩倍且身高相等。列福特家的宴會不斷，尋歡者「一次要被鎖在門內三天」。[11]一六九二年，已婚的沙皇愛上列福特的其中一個情婦安娜・蒙斯（Anna Mons），此後十一年這位時髦、縱酒的日耳曼酒商之女成為彼

---

⑨ 編按：一六八二年起俄國有兩位沙皇（伊凡五世跟彼得一世），這兩人是同父異母兄弟，伊凡是米洛斯拉夫斯基家族的孩子，彼得則是納雷什金家族的孩子。此外伊凡的同父同母姊姊索菲亞則擔任攝政女皇。索菲亞死於一六八九年、伊凡五世死於一六九六年後，彼得一世才獨攬大權。

⑩ 亞烏扎河（Yauza）是莫斯科河的左支流。

⑪ 新聖女修道院（Novodevichy Convent）是位於莫斯科西南區的俄羅斯正教會修院，建於一五二四年。

⑫ 日耳曼區（German Suburb）位於莫斯科東北區的亞烏扎河右岸，於十六世紀逐漸形成，以日耳曼泛稱來此居住的西歐人。

得的情婦。義大利閹伶⑬菲利普・巴拉蒂（Filippo Balatri）於一六九八年秋天被帶進俄國，他看見彼得在安娜家下西洋棋，旁人告訴他：「這裡是彼得・阿列克謝耶維奇（即彼得一世）想離開宮廷沙皇大位時的去處。」[12]

彼得早年在莫斯科近郊湖泊河流航行的興趣，驅使他造訪俄國北方的白海（White Sea）港口阿爾漢格爾斯克（Arkhangelsk），著迷於當地的荷蘭造船術故事。儘管彼得發動奇襲，攻擊土耳其人手上的亞速（Azov）要塞，還打了勝仗，但他依舊曉得必須觀察與仿效西方的模式，來改善俄國的航海能力。於是在對未來的遠見和一群計謀百出的丑角驅使下，稚氣未脫的男孩狡猾地化名前往歐洲。

儘管在莫斯科有外國人出沒，彼得的外交使節早年顯然全盤漠視外國的風俗習慣。與寡居的漢諾威選侯夫人（Electress of Hanover）共舞後，俄國人誤把日耳曼人製作緊身胸衣的鯨魚骨當成肋骨，彼得本人就曾評論，「日耳曼女士有著極其堅硬的骨頭。」[13]對笨拙於交際且顯然亟需跟上時代的彼得而言，荷蘭是大有助益的目的地。荷蘭人主導國際貿易，他們的航海技術和造船技藝吸引著沙皇。海上霸主荷蘭同時也在與大海作戰，部分臨海領土面臨著被海水沖刷的威脅。由於十七世紀初期常有猛烈洪水，荷蘭人如今擅長於開鑿運河、安裝水閘門與排水。至於造船術，一六二五至一七〇〇年間荷蘭海上貿易無比興盛，使得共和國⑭每年必須建造四百至五百艘遠洋輪船。[14]光是贊丹就有五十座造船廠。

駛抵贊丹港後，彼得登錄於林斯羅格造船廠（Lynst Rogge）並投入工作。然而由於驚人的身高和時常恣意而為的舉止，他的存在逐漸引來多餘的注意。開始有人群追著沙皇跑，例如有次他在艾灣上航行時，曾憤怒地將兩個瓶子扔往一艘駛得太近的郵船，那艘船由一群好奇心旺盛的女士掌舵，想一窺彼得的面容。贊丹的情勢漸漸讓彼得無法容忍，度過忙亂的一週後，彼得被迫逃往國際城市阿姆斯特丹。自一六九七年九月至一六九八年一月，彼得在奧斯登柏格（Ostenberg）的東印度船塢（East India Docks）工作[15]，其餘俄國學徒則四散於阿姆斯特丹分頭學習造船術的各個層面。

阿姆斯特丹的建城是出自於人類的傲慢與迫切需求交雜下的產物，是人定勝天的證明。房屋和商業地產沿著五條同心的運河系統興建，較狹窄的放射狀水道連通其間。彼得造訪時正值鼎盛期，當時阿姆斯特丹是世界上最富裕的城市，宏偉的政府建築林立且商業繁榮。城市水道塞滿小艇、輪船和有人居住的駁船，窄街上供應十足豐饒的原物料與商品。在新橋（Nieuwe Brug）上，彼得遇見書籍、航海圖、六分儀⑮和鐵器商販；比克斯島（Bickers）有船具商；莙蓬菜街（Warmoesstraat Street）有異國布料、紐倫堡⑯瓷器、義大利陶器和台夫特⑰藍陶。然而凌駕這一

---

⑬ 閹伶（castrato）指童年動閹割手術的男高音。

⑭ 當時的荷蘭是由尼德蘭七省組成的共和國，殖民台灣西部亦發生於此時的十六世紀中期。

⑮ 於航海途中藉由觀測天體來確認所在位置的儀器。

⑯ 紐倫堡（Nuremberg）是德國南部巴伐利亞邦的歷史古城，以製造玩具聞名。

⑰ 台夫特（Delft）位於荷蘭西南，十七世紀時以仿製昂貴的中國青花瓷著稱，逐漸發展出深受青花瓷影響的釉陶製品。

切，雄心壯志的年輕沙皇將發現城市本身即為深具啟發的典範，因為他也想發動海上戰爭。[16]

在造船廠維繫歷史悠久手工打造技藝的同時，荷蘭共和國也擁抱最新的科學知識。阿姆斯特丹一地就有上百家印刷廠和出版商，使其躍身為歐洲最重要的書籍製造中心。興盛的高等教育以及對於學習持彈性態度（其中有荷蘭探險家和商人帶回的異國自然標本），形成易於從事科學探索的環境。陳列在玻璃櫃裡的珍奇物品吸引了眾多訪客，彼得也在其中。沙皇結識了安東尼·范·雷文霍克（Anthonie van Leeuwenhoek），這位教育程度低微的布行老闆把找出腐敗的祕密當成嗜好。身為在顯微鏡下觀察細菌的第一人，雷文霍克會從齒縫剔出食物細細檢視，收集自己的排泄物來研究，並且在數週不換襪子期間觀察腳趾縫的真菌生長過程。他也觀察自己的精液，是最初描述這些「小動物」或精子活動情形的人之一。[17]

解剖與防腐處理技藝高超的菲德里·勒伊斯（Frederik Ruysch），邀請彼得到他的解剖學教室，在燭光和音樂下展示「解剖的真相」奇景。對取出內臟手術感到著迷的沙皇，與勒伊斯同樣熱衷於自然界的怪奇事物。勒伊斯的兩千個胚胎和解剖標本收藏也深深吸引彼得，那是耗費半個多世紀的收集，彼得最終於一七一七年出價三萬盾⑱買下這些收藏。[18]彼得沒在造船廠裡揮斧頭，也未現身荷蘭男人賭博嫖妓的劇院喝酒時，人就正忙著尋覓最新的荷蘭發明和科技。彼得結識了高壓消防水帶的發明者揚·范德海頓（Jan van der Heyden），並企圖說動他赴俄國協助對抗常在莫斯科擁擠木造巷弄間肆虐的烈焰。沙皇發展出對造紙、印刷、雕刻、建築和植物園的興趣。荷蘭共和國的現代化激勵了一位將在某種程度上革除舊法的君王。

彼得發現自己置身於鄉間平坦而身軀寬闊的土地。荷蘭人跟俄國人同樣擁有龐大的胃口，曾有位當代觀察家描述荷蘭人是「精力旺盛、肥胖的兩腳起士蟲」。他們有「那麼多規矩和儀式可以灌醉自己」，使得正式用餐成為一種世俗宗教。[19]相反地，彼得命名的「全瘋癲、全滑稽、全醉酒大會」（All-Mad, All-Jesting, All-Drunken Assembly）則遁入混亂與殘忍。據說沙皇一天喝三十至四十杯葡萄酒仍然維持警醒。傳聞宣稱即使在彼得十三、十四歲時，他會在早餐喝掉一品脫⑲的伏特加和一瓶雪莉酒，隨後飲盡八瓶或更多葡萄酒才出門玩耍，這多少是有些許事實根據的誇大說法。[20]莫斯科的宴會約莫中午開席，一路延續至隔日清晨。人們先用伏特加開場，隨後是以巨大玻璃杯端上的葡萄酒和啤酒。響亮的小號聲或禮砲齊鳴後是演說與敬酒。假如有任何人在筵席中使人不快，他們會被罰喝「雄鷹」，那是一只花紋華麗的巨大雙耳高腳杯，裝滿了一點五公升的伏特加，全都要一口飲盡。

英格蘭國王威廉三世⑳邀請彼得到烏特勒支近郊用餐時，倫敦的信差匯報「俄國沙皇對於盛宴十分滿意……於是他興高采烈地自行提議再度赴宴」。[21]事實是彼得的思緒早已轉向英格蘭，他將赴當地認真學習，但卻展現無禮的舉止。一六九八年一月七日，彼得登上約克號㉑，堅決地

---

⑱ 盾（guilder）是歐元流通前的荷蘭貨幣。

⑲ 一品脫約等於五百七十毫升。

⑳ 威廉三世（William III, 1650-1702）一六七二年於荷蘭執政，一六八九年登基為英格蘭國王。他宴請彼得的烏特勒支（Utrecht）是荷蘭中部內陸城市，亦為他的治理區。

㉑ 約克號（HMS York）是一六五四年啟航的三等巡洋艦，此後英國海軍史上有多艘船艦亦命名為約克號。

待在甲板上昂然面對猛烈暴風，橫越海峽航向英格蘭，期盼在倫敦水道區㉒多學一些英國的科技造船術。

如果說一六九八年的阿姆斯特丹富裕非凡，那麼倫敦是個更大的城市。雖然僅僅在彼得造訪的三十年前，該地曾經歷過可怕的瘟疫和火災，但如今這座都城仍容納近五十萬的人口。由於火災後的重建工程，英國首都經歷一段劇變期，將其「馬賽克式的」周邊地區融合成有形和商業意義上的單一實體，從密集的中世紀木造建築群轉變成紅磚和石頭搭建的現代大都會。[22]儘管倫敦大火㉓的肆虐替寬廣街道騰出空間，但是重塑城市規劃的機會大多浪費了，而現代倫敦的創建毋寧是一種演化而非革命過程。[23]我們眼前並非建築師尼古拉・霍克斯默爾（Nicholas Hawksmoor）所述的「一座便捷、整齊、建設良好的城市」，取而代之的是「骯髒腐爛的落葉亂象，總是讓人滑倒」，加上「泥巴湖和發臭泥水流經其間」。[24]在一六九〇年代的倫敦街上滿是乞丐，連規劃做為明亮通風娛樂場所的廣場也引來賭徒、流浪漢和小偷。日記作家約翰・伊夫林（John Evelyn，他曾花費大把時間整理位於德普特福德塞耶斯庭園㉔的家屋和花園），極其憂心首都發展的亂象，甚至建議預先設置一條綠色地帶，保護城市免於邪惡黑暗的磨坊和工廠進逼。[25]

如同為聖彼得堡、華盛頓特區或者奧斯曼男爵㉕的巴黎所繪製的藍圖，倫敦政府未能提出現代城市規劃的實行策略，其重建的優先事項集中於教堂的興建。倫敦名副其實的尖塔叢林因此成形，跟泰晤士河上充塞的船桅叢林形成對唱曲。克里斯多佛・雷恩（Christopher Wren）所建的聖保羅主教座堂（St Paul's Cathedral）圓頂高聳於眾多教區教堂之上。我們手邊並無彼得認識雷恩的證據，但當彼得於一六九八年四月初登上倫敦大火紀念碑㉖時，這位建築師的作品就開展於沙皇的腳下。[26]

彼得抵達倫敦後暫居於諾福克街二十一號㉗（這算在皇室帳上），位處河岸街（Strand Street）以南一系列新建的高雅房屋。河岸街與艦隊街（Fleet Street）、齊普塞街（Cheapside Street）、康希爾街（Cornhill Street）並列倫敦最高檔的商業中心，這條購物街道上的任何事物均較路易十六的巴黎更為出色。於是彼得上街採購。倫敦八卦報刊報導了他的閃電突襲，一如今日小報大肆刊登明星的狂歡行徑。沙皇向河岸街上的鐘錶匠約翰・卡特（John Carte）買了一座世界鐘，能顯示全球各地與日出日落的時間。那座鐘索價六十英鎊。彼得也花了五十英鎊買一只金錶，以及兩百五十英鎊購置醫療器材、望遠鏡、象限儀和指南針。[27]彼得還買了一具英國棺材，他對於用木板即可迅速組成的貯藏容器感到驚嘆，不需按照俄國習俗費力挖空一整根木幹。[28]沙皇也用二十一

㉒ 倫敦水道區（Pool of London）指萊姆豪斯區（Limehouse）至倫敦鐵橋間的泰晤士河（Thames）周邊地帶，是最早的倫敦碼頭範圍。

㉓ 倫敦大火發生於一六六六年，延燒四天才撲滅，估計造成城市裡六分之一的建築燒毀。

㉔ 德普特福德（Deptford）位於倫敦東南，塞耶斯庭園（Sayes Court）住宅區因伊夫林維護的私人花園而出名，後擴建為公園。

㉕ 奧斯曼男爵（Baron Haussmann）負責十九世紀下半的巴黎城市規劃，拆除大部分的中世紀城區，興建輻射狀道路。

㉖ 倫敦大火紀念碑（Monument to the Great Fire）近倫敦橋北端，由雷恩興建，內部有三百一十一個階梯，高六十二公尺。

㉗ 當時的諾福克街（Norfolk Street）位於阿倫德爾街（Arundel Street）和薩里街（Surrey Street）之間，後於一九七〇年代拆除。

英鎊買了一個黑人傭僕，三十英鎊買下「黑女人」，以及「十八雙給黑人穿的襪子」，一雙要價一先令。㉘

在倫敦期間，彼得出席音樂會和聖殿區㉙的化裝舞會，某次他還裝扮成屠夫。[29]此外以水利工程師約翰・佩里（John Perry）的用語來說，彼得「有一兩次被說動去看戲」，但「他並不熱衷」。[30]不過彼得顯然欣賞劇院裡的某些事物。從一六六〇年王政復辟㉚後，倫敦的舞台上就由女人扮演女性角色，而彼得受到年輕的利蒂希婭・克羅斯（Letitia Cross）所吸引，最近她在約翰・范布魯（John Vanbrugh）的《故態復萌》（*The Relapse*）劇中飾演「頑皮小姐……笨拙大肚爵士之女」而闖出名號。她與沙皇的親近程度僅僅出於推斷，不過彼得的工匠安德烈・納托夫（Andrei Nartov）宣稱他的主子「透過沉迷聲色享樂的緬什科夫㉛，與一位叫克羅斯的女演員變得熟識，在他待在英格蘭的一段時間裡成為短暫愛戀的對象」。[31]出身低微、能讀不能寫的緬什科夫（他從普列奧布拉任斯衛隊的小兵爬升為沙皇的左右手），擁有與彼得相同的豪飲和作樂能耐。在彼得開啟倫敦旅居的一六九八年，有位俄國商人因暗指彼得把緬什科夫「像妓女一樣」帶到自己床上，而遭到逮捕。[32]約翰・佩里描述了莫斯科的放蕩景象，為這樁指控提供真實性，堅稱「雞姦的可怕罪行……他們飲酒時相當沉迷於此」，但雞姦在俄國不太被視為犯罪。[33]身穿荷蘭工人服、性交時缺乏禮節的粗野彼得，無論去到何處皆引起流言和憤慨情緒。與威廉四世（William IV）於諾福克街會面時，沙皇的寵物猴子突然跳到國王身上。拜訪未來的英格蘭女王安妮（Anne）時，彼得拒絕坐在扶手椅而選擇坐在公主腳邊的凳子上。麥克爾斯菲爾德伯爵（Earl of Macclesfield）意外來訪時，沙皇突然起身離開餐桌，上樓把自己鎖在臥室裡。[34]儘管脾氣暴躁且不受管束，彼得卻同意讓林布蘭㉜的學生戈弗雷．內勒爵士（Sir Godfrey Kneller）替他作畫。完成的肖像畫呈現一位粗野的軍事將領，小小的頭顱略顯不安地立於龐大身軀上，如今這幅畫掛在肯辛頓宮㉝的國王藝廊裡。跟一六七〇年代的阿列克謝沙皇畫像相比，我們得見內勒如何將彼得明確地推往啟蒙時代。畫裡阿列克謝頭戴傳統的莫諾馬赫皇冠㉞，彼得則穩置於西方脈絡下，白貂皮披風、盔甲、古典主義建築和令人印象深刻的航海身姿㉟，這對一六九八年的俄國來說，完全是西方人的幻想。[35]

不過那正要改變。贈禮皇家運輸號㊱將彼得引來英格蘭，那是英國海軍的第一艘雙桅縱帆

㉘ 二十先令（shilling）等於一英鎊。

㉙ 聖殿區（Temple）指聖殿教堂（Temple Church）周邊地區，在彼得倫敦住處的東鄰。

㉚ 王政復辟（Restoration）指自立為護國公的克倫威爾（Oliver Cromwell, 1599-1658）死後，流亡的查理二世（Charles II, 1630-1685）返國即位，恢復君主制。

㉛ 亞歷山大．緬什科夫（Alexander Menshikov, 1673-1729）原為彼得身邊的侍從，後因軍事才能擔任過陸軍元帥和海軍上將，權傾一時。

㉜ 林布蘭（Rembrandt, 1606-1669）是出身荷蘭的巴洛克藝術代表畫家，注重光線造成的明暗對比。

㉝ 肯辛頓宮（Kensington Palace）位於倫敦，曾是黛安娜王妃的居處。

㉞ 莫諾馬赫皇冠（Cap of Monomakh）流傳自十四世紀，由黃金打造、鑲嵌紅寶石和祖母綠，造型像尖頂帽。

㉟ 畫中彼得做出彷彿站在甲板上的姿勢。

㊱ 皇家運輸號（Royal Transport）是當時英國海軍技術最先進的船隻，威廉三世將它送給彼得，協助彼得往來荷蘭與英國，希望獲得與俄國的貿易利益。

船。這項餽贈有個附加紅利，船艦設計師海軍上將卡馬森（Admiral Carmarthen）[36]成為沙皇在倫敦的酒友、嚮導和明師。在豪飲雪莉酒之際，卡馬森教導彼得如何按照英國做法建立俄國海軍。卡馬森上將也預付一萬兩千英鎊給彼得，做為俄國菸草專賣權的回報。[37]儘管獲得一筆橫財，彼得的隨行人員仍在酒館、旅舍和客棧留下一筆筆未付清的帳單，而且還有更糟的。二月時彼得搬到泰晤士河南邊的德普特福德，在碼頭旁租下一棟豪宅。屋主正是對於工業化威脅倫敦而感到憂愁的日記作家伊夫林。事實證明這筆租約成為屋主的惡夢。房客留下了拖曳成行的嘔吐物，以及散發尿臭味的溼床鋪。當英國的和煦春日取代嚴冬，持續不斷的玩樂蔓延至花園。損壞名單包括二十幅名畫遭撕毀、畫框破裂，地毯沾染油漬，油漆剝落，椅子被拆開，窗戶被打破。伊夫林的花圃和板球場遭毀，果菜園荒蕪。伊夫林的僕人寫信向主人描述「屋裡擠滿人，而且骯髒不堪」。政府調查的意見一致，認為「彼得的居家習慣和他的隨員……汙穢到了極點」。[38]

彼得在附近的格林威治㊲上初階航海課程。他在皇家天文台（Royal Observatory）結識了第一位皇家天文學家約翰·佛蘭斯蒂（John Flamsteed），也到伍利奇參觀皇家兵工廠㊳，在此與軍械大臣暨第一任羅姆尼伯爵亨利·希德尼㊴分享他對煙火的興趣。彼得數度參訪鑄幣廠，並遊歷倫敦塔和皇家學會㊵。[39]據佩里記載，「國王樂意派遣米歇爾上將㊶隨他（按：指彼得）南下樸茨茅斯（Portsmouth），將停泊於斯彼特黑德海峽㊷的艦隊駛入海面，刻意向他展示締約假象。」[40]彼得欣喜於眼前細緻的戰爭模擬演習，而泰晤士河上的進展顯然沒那麼順利。他練習掌舵的小型帆船擦撞砲艇火蛇號（Salamander），還有一次沙皇猛然撞上裝載八門船砲的亨利埃塔號（Henrietta）。[41]

在英國人的眼裡，莫斯科衝突不斷，且「對抗突厥和韃靼人的大戰」持續不斷下，彼得竟旅居英國，這有些許蹊蹺。事實上「古怪」似乎概括說明了這位青年偉人，他習於握拳與緊攫物品時把頭猛然轉向右肩。他表現出一身混亂不安的靈魂，尋求著秩序與準確。內勒畫筆下穿著西方君主服飾的彼得，在回到俄國後戴上了莫諾馬赫皇冠，成為與父親同個模樣的統治者。而在另一幅畫中他頭戴羅馬帝王的桂冠。[42]彼得諸多形象間的矛盾，例如落伍俄國和啟蒙歐洲之間的拉扯，甚至帝國偉業的夢想，透露些許年輕沙皇的心中困惑。彼得是一位遠征者，他在阿姆斯特丹和倫敦的蹣跚醉酒日子裡學得了充足的建築靈感與工程技術，返國後他對此下了定論：在收復的沼澤地建立一座夢想中的城市是可行的。

一六九八年四月二十五日彼得離開英國水域時，奧國駐倫敦代表向母國政府回報彼得的出訪：「人們說他企圖以其他國家的方法來教化人民。但從他在此地的行為判斷，除了讓人民成為

㊲ 格林威治（Greewich）位於德普特福德東方約一公里處。

㊳ 皇家兵工廠（Royal Arsenal）於十七世紀後期設於格林威治的伍利奇（Woolwich），現已關閉。

㊴ 羅姆尼伯爵亨利．希德尼（Henry Sidney, 1st Earl of Romney, 1641-1704）於一六九三至一七〇二年擔任英國軍械大臣。

㊵ 皇家學會（Royal Society）的宗旨是為了促進科學發展，於一六六〇年成立。

㊶ 米歇爾精於航海，英王派去荷蘭接彼得的約克號即由米歇爾擔任船長，兩人以荷蘭文溝通船艦知識，彼得待在倫敦的半年期間亦由米歇爾隨行口譯。

㊷ 斯彼特黑德海峽（Spithead）受到樸茨茅斯堡壘保護，是英國艦隊的停泊處和舉辦海上閱兵的地點；此次海上閱兵是為了向彼得展示軍力。

水手以外看不出其他企圖；他幾乎只跟水手來往，且去時羞怯一如來時。」[43]

在倉促之下提早返國前，彼得甚至指示有虐待狂且酗酒的莫斯科首長費奧多爾·羅莫達諾夫斯基（Fyodor Romodanovsky），對新近叛亂的射手衛隊施加冷血報復。彼得返抵國門時會親自監督公開處決。然而，「文明的」外國訪者描述的處決恐怖景象並未讓這群外國人感到驚愕，甚至連意外都稱不上。因為除了科學和造船術的思想之外，彼得也根據歐洲親身經歷帶回西方的公開處決傳統，例如在一六九七年十二月，阿姆斯特丹的市政官員曾邀請沙皇見證公開烙印、毆打、吊刑和砍頭。

一六九八年十月期間，射手衛隊七百九十九人遭到處決。[44]在普列奧布拉任斯設置了十四間刑房，以皮鞭毆打反叛者，接著吊在火上慢慢烘烤。據奧國公使團大臣尤漢·寇柏（Johan Korb）觀察，「彼得親自砍下五顆頭顱」，並記述另外幾位劊子手過於笨拙，斧頭竟落在暴徒的後背中央而非頸間。叛亂者被「活生生地綁在車輪上」。「駭人號叫聲從下午直至入夜」，因為他們「在極端痛苦下終結可悲的生命」。寇柏思索刑罰涉及的規模時指出，「考量到沙皇陛下迄今蒙受的日常險境」，消滅整支衛隊並稱不上嚴厲。[45]

第三章　危險的跳升

一七〇〇至一七二五年

沙皇一聲令下，俄國曆法的七二〇八年變成了一七〇〇年。這是向後通往未來的一躍，也是一次危險的跳升。彼得明白為了成為偉大的國家，俄國應該跟進步卻不斷交戰的歐洲國家通商。他亟需出口俄國貨物，並且進口思想和專業知識。所以與其依照俄國先前自創世伊始計算的整整七千兩百零八年，彼得決定學習歐洲，從基督誕生開始紀年，同時終結俄國「遭放逐於時光流逝之外」的情況。[1]可是當他於一七〇〇年採用儒略曆（Julian Calendar），別處的潮流已轉向格里曆①。彼得的抉擇使自己過時。俄國一路落伍到革命後三個多月布爾什維克黨人採用格里曆的那天，假如你在一九一八年二月一日眨眨眼，瞬間就變成二月十四日。

彼得宣布，一七〇〇年一月一日紅場將點亮，「擁有火槍或其他火器的每一個人應該舉槍行禮三次，或者鳴放數發砲火」。[2]俄國的新紀年將從一聲巨響開啟。剛與鄂圖曼土耳其帝國暫時

① 格里曆（Gregorian Calendar）即現行的公曆，誤差較儒略曆小。

議和，沙皇立刻對瑞典宣戰。起初戰況不佳，俄國在一七〇〇年十一月輸掉納爾瓦戰役②。受勝仗鼓舞的瑞典國王卡爾十二世（Charles XII）將目光轉向波蘭，留給彼得足夠餘裕，進行軍隊現代化，以及遠征遭占領的俄國土地，卡累利阿和英格利亞地區。③

自一六九八年彼得從大出使歸國後，現代化一直是優先事項。重點放在「此位君主最喜愛的樂事之一」[3]——海軍。由外國專家打造且幾乎全屬外國水手操控下，一七〇一年海軍成功擊退瑞典針對白海港口阿爾漢格爾斯克發動的攻擊。同年，在蘇格蘭人亨利・法赫森（Henry Farquharson）以及兩位基督公學皇家數學院（Royal Mathematical School at Christ's Hospital）畢業生，理查・格萊斯（Richard Grice）和史蒂芬・葛文（Stephan Gwynn）的指導下，莫斯科數學與航海學校（Moscow School of Mathematics and Navigation）成立。[4]彼得設立於頓河畔沃羅涅日④的重點造船廠，出於荷蘭、丹麥和英國工匠的指點；其中一位工匠名為理查・科任斯（Richard Cozens），科任斯的兒子亞歷山大（有一度傳聞他是沙皇的親生兒子），長大後成為第一位聞名的英國風景畫家，以及天賦秀異的風景水彩畫家約翰・羅伯特・科任斯（John Robert Cozens）的父親。英國對俄國海軍的重大貢獻由閣伶菲利普・巴拉蒂證實，他目睹彼得於沃羅涅日手持斧頭，在英國人指導下搭建一艘架設六門大砲的船隻。[5]約翰・迪恩上校（John Deane）寫信給卡馬森上將，「我向閣下您保證這將是最好的船」，勝過同時期大量建造的其餘船隻。[6]

以「一切創新的大敵」著稱的莫斯科人，在被迫換上歐洲衣著時反應格外強烈。俄國外交使節被倉促派往歐洲各首都，這其中少不了無可避免的文化衝突。同樣地，俄國接待海外使節並非總是快樂的結局。一七〇二年，薩克森⑤代表科尼塞克（Königseck）從吊橋跌落溺斃。整理遺物時有一張女士肖像從死者的口袋掉出，容貌與久為沙皇情婦的安娜・蒙斯神似，令沙皇大感震驚。數封「行文溫柔至極」且向使節傾訴的安娜手書信箋遭尋獲後，性關係紊亂的沙皇因而軟禁了安娜和她的親人。在可能導致安娜被判死刑的訊問期間，彼得「潸然淚下」並出於同情原諒她，「因為他深深感覺要戰勝情感有多麼不可能」。他鄭重立誓：「或許非妳所願，但我將永不再見妳。」[7]

同年夏天，名叫瑪爾法・斯卡烏隆斯卡婭（Martha Skavronskaya）、擔任廚房和洗衣間女僕的立窩尼亞⑥孤女，在瑪麗安堡（Marienburg）嫁給一位瑞典小號手。兩人的結合共維持八天，直到小號手隨著撤退的軍團離開。[8]在陸軍元帥鮑里斯・舍列梅捷夫（Boris Sheremetev）領軍下，俄國人挺進瑪麗安堡並俘虜瑪爾法。她的明眸和活潑吸引男性注意，於是隨俄國指揮鏈一路往上送，直到成為腐敗的亞歷山大・緬什科夫家中的洗衣女傭。緬什科夫將瑪爾法引見給彼得，沙皇立刻臣服於她粗野的幽默感、她的好酒量和享樂欲望。彼得無可救藥地陷入愛河。[9]瑪爾法後來更名為葉卡捷琳娜⑦，並且祕密嫁給已婚的沙皇，隨後公諸於眾。

---

② 納爾瓦戰役（Battle of Narva）的戰場在今日的愛沙尼亞共和國（Estonia）境內。
③ 卡累利阿（Karelia）和英格利亞（Ingria）皆位於俄國與北歐交界，原為俄國土地，後遭瑞典王國占領。今日的卡累利阿已建立共和國，英格利亞地區的中心城市即為聖彼得堡。
④ 沃羅涅日（Voronezh）位於頓河（Don）的支流沃羅涅日河畔。
⑤ 薩克森（Saxony）當時是神聖羅馬帝國的選侯國。
⑥ 立窩尼亞（Livonia）地區在俄國和波蘭之間，今日的愛沙尼亞和拉脫維亞皆在此範圍內。
⑦ 編按：即後來的俄國女沙皇葉卡捷琳娜一世。名氣更大的葉卡捷琳娜大帝是葉卡捷琳娜二世。

十六世紀末，恐怖伊凡⑧藉他於阿爾漢格爾斯克修建的港口與英國通商。從這座長年冰封港口出發的來回航道，需冒險繞行遼闊的挪威北角（North Cape of Norway）。彼得心知俄國可外銷物資眾多，如穀物、麻、獸皮、瀝青、木材、大黃、魚子醬和雲母，故想要謀求更方便通行的海港。[10]他轉而打起涅瓦河口的主意，這條七十公里的短河穿越拉多加湖（Lake Ladoga）至芬蘭灣間的爛泥地帶和沼澤荒野。從許多方面來看，如此選擇實屬荒謬，一如後世詩人安娜・阿赫邁托娃（Anna Akhmatova）所述，接近北緯六十度線的位置，「特別適合災難」。

涅瓦河三角洲有半年期間冰封，而newa（芬蘭文中的沼澤之意）在其餘的日子裡是蚊蟲蔓生的溼地。可想而知此地幾乎杳無人跡。除了待在尼耶什岡茨（Nyenskans）堡壘裡的瑞典入侵者

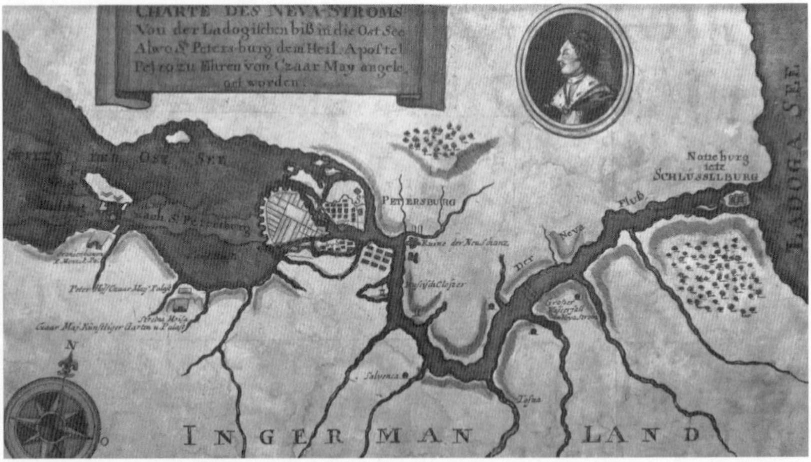

圖1　一七〇〇年代初期的涅瓦河圖標示聖彼得堡、尼耶什岡茨，以及位於拉多加湖匯入河口處的修森堡。

外，僅有遺世的小漁村零星散落於拉多加湖畔和涅瓦河岸。為了確保此地帶的安全，彼得必須打破瑞典掌握涅瓦河北岸卡累利阿地區及南岸英格利亞地區的局面。到了一七〇三年五月一日，沙皇已拿下尼耶什岡茨的堡壘並沿河下溯約四公里，抵達涅瓦河沿繞行數座小島的分流之地。

故事是這麼說的：彼得在靠近涅瓦河口的兔子島（Yanni-saari）上岸。他朝那片荒野砍劈開道時從大地裡挖出幾塊泥炭，將其拼成一座十字架，隨後埋入裝有聖安德烈⑨遺骨的石棺。彼得宣布「此地將成為一座城市」，並且用樺樹枝搭建一道門[11]，來象徵光明和豐收的樹種，並彰顯新的開始。沙皇穿過拱門時，有隻老鷹降落在他的手臂上。接著他砍下兩株魔術般變出的柳樹，

圖2　尚未開發的涅瓦河三角洲。

⑧ 編按：恐怖伊凡（Ivan the Terrible, 1530-1584），又稱伊凡四世，是俄國留里克王朝（Rurik）末期的沙皇，留里克王朝在一六一三年被羅曼諾夫王朝所取代。

⑨ 聖安德烈（St Andrew）是耶穌基督的第一個門徒與正教會的主保聖人。

一株標示三一主教座堂（Cathedral of the Trinity）的位址，另一株是彼得的簡樸木屋將立戶之處。

此番亂語胡言令人想起充滿象徵的歌劇高潮場面，而非戰時沙皇出於機緣巧合踏上潮溼多風沼澤地的紀錄（假如他曾確實登島的話）。事實上在一七〇三年五月十六日的聖三一主日當天，受選為聖彼得堡創立日的重大日子，沙皇可能身處鄰近拉多加湖岸的造船廠。但是此項龐大的公關運作背後藏有巧妙的詭計。聖安德烈是俄國的主保聖人，根據傳說，他曾造訪俄國並立起一座十字架，在此埋葬聖人的遺骨為彼得不太能成真的城市提供了憑據。聖安德烈是聖彼得堡地基下第一批埋入的骸骨，往後骸骨將多不勝數。三個世紀後，這座建立在第一代勞動者骷髏之上的城市將埋入更多屍骨，他們都是史達林鎮壓下的受害者。受害者橫遭棄置的萬人塚正坐落於據信沙皇曾登上的島嶼，而彼得即為後世俄國祕密警察的創建者。

受選為彼得登島的日子填補了基督教的重大意義。莫扎伊斯克的聖尼古拉（St Nicholas of Mozhaysk，船員的主保聖人暨俄國北方島嶼保護者），傾向不只過一次聖徒紀念日，而是兩次。其中一次在五月初舉辦，一七〇三年的另一次則落在聖三一主日可挪移的八日期間內。[12]若越過基督教去探究當地的芬蘭民間故事，我們會發現巨人於彈指間創造一座城市的傳說。此種造神和象徵手法對於沙皇具有政治效益，因為他的敵人正謠傳彼得是從莫斯科日耳曼區換來的嬰孩，是阿列克謝沙皇和娜塔莉亞親生女兒的歐洲替身。

沙皇建立堡壘的首選地點是匕首狀的科特林島（Kotlin），伸入芬蘭灣三十公里。一張當時的手繪藍圖（可能出自彼得之手），呈現出網格狀的街道和運河，出奇神似現代的曼哈頓地圖。選擇科特林島做為海軍基地在策略上合情合理，但沒有人會對定居在天冷風強的海中小島感到興致勃勃。[13]這並非周遭的多霧內陸更吸引人，該地帶「遼闊駭人的森林和荒地」讓歐洲遊人喪膽，夏季月份的「太陽從低窪沼澤地帶起水氣」，且「日頭從不落下」。到了冬季則白日短暫且因「濃霧滿布的空氣遲滯且黯淡」，故難得見得到太陽。[14]不過此地仍然具有優點，據蘇格蘭旅者約翰．貝爾（John Bell）所述，涅瓦河是「一條水質清澈、有益健康的優越河川」，孕育「繁多優異的魚種」，包括大量鮭魚。兩岸林間「富含獵物，好比白似冬雪的野兔，入夏則轉為褐色」。[15]

對於散居的農民和漁夫來說，生活是由循環的季節時間來度量，春季接在冬季之後，往前推是秋季、夏季，又回到春季。倏乎到了歐洲紀年的一七〇三年，彼得將精密航海時鐘套用在他的前哨基地。當一七〇三年推移至一七〇四年，跟著是一七〇五年和一七〇六年，生活變得繁忙又規律，人們急於趕上無盡的倉促集會與相遇。守舊封閉國度的沙皇使不可能之事成為必需，並且建立一座迅速演進成首都的堡壘和港口。這是古老國家中的新型城市，此番事實將於起初的三個世紀裡對國家的本質和人民帶來浩劫。正是這位偉大沙皇的荒謬行徑和妄想孕育了聖彼得堡，一座由喝醉酒仍企圖走直線的醉漢所打造的城市。他對於強行改變的狂熱創造了時間扭曲，那是不同年代生活型態與慣習的荒誕並置，自從沙皇違背理智蓋下一七〇三年戳章的那一刻起，一直是聖彼得堡的特色。

✯

聖彼得堡建城的初始階段與大北方戰爭的時期相符合，此時彼得居於守方。寇紐特將軍（Kronhjort）帶領的龐大瑞典軍隊駐紮進逼涅瓦河北岸，而海軍副上將努莫斯（Nummers）指揮一支小型艦隊於港灣下錨停泊。俄國人旋即於科特林島建立據點，開始興建克隆施塔特要塞（Kronstadt）以護衛三角洲一帶。儘管對抗瑞典有所斬獲，卻逃不過從芬蘭灣朝聖彼得堡吹送的嚴寒西南風，這在一七〇三年六月底寫給沙皇的信中首度提及。兩個月後，定居點遭受第一次洪水侵襲，如此的自然與人類敵手讓俄國人的前景一片黯淡。

彼得的優先事項是設計搭建一座堡壘來守護根據地。採用路易十六著名軍事工程師德沃邦侯爵（Marquis de Vauban）設計的出色要塞樣式，即首先以泥土和木材搭建的「彼得保羅要塞」（Peter and Paul Fortress）。據聖彼得堡的手寫報紙《新聞報》⑩報導，在第一個夏天有工兵兩萬人辛勤趕工搭建堡壘[16]，再加上數百名鋸木和伐木工藉河流輸送樹幹，於是在一片荒野中出現人口爆炸的現象。沙皇徵召俄羅斯人、韃靼人、哥薩克人⑪、卡爾梅克人⑫、芬蘭人和英格利亞人，加上受戰火摧殘城鎮逃出的瑞典和立窩尼亞人。彼得下令羅莫達諾夫斯基公爵（彼得全醉酒大會裡的「偽沙皇」，以及新成立的祕密部門首長），將原本遣送西伯利亞的兩千名罪犯，改送去聖彼得堡建要塞。「在極其不幸狀況下」做苦工的工人缺乏食糧、屋舍，甚至是合適的工具。他們用「衣服下襬與破布、舊毯子製成的布袋」運送泥土（泥土在此地帶是珍稀之物）。[17]堡壘在五個月內完工。因瘧疾、壞血病、痢疾或瑞典人襲擊身亡的工人屍體以麻袋裹起，塞進地基的孔洞裡。合理推估，最初興建聖彼得堡的人力損失高達三萬名死者。堡壘是這片定居地的雄偉開場，於一七〇三年六月二十九日的聖彼得日，以沙皇的主保聖人之名，正式命名為聖彼得堡。來年九月，此地在非正式場合被稱為「都城」。[18]瑞典的卡爾十二世聽聞消息後宣告：「讓沙皇纏身於創建新城市，我們會隨後將其奪下，把榮耀留給自己。」[19]

到了一七〇四年，船塢在河對岸開始營運，此地點將於五年內成為海軍部，工匠、技師和海員會帶著家人來此定居。挺過頭一年瘧疾和凍瘡的工人繼續為貴族和商人興建房舍，他們銜沙皇之令前來他的城市定居。[20]早在一七〇五年的新年，要塞北方的彼得格勒島⑬上已有十五間堅固的木屋，接下來五年間房舍數目翻了十倍。在秋季的高漲洪水隔離下，這簇房屋形成一列微型群島。到了冬季結凍期，木頭梁柱因嚴寒而碎裂斷折，好似迸發的槍響。遊狼、野狗和無人看顧的牛隻在未定的聚落裡自在地遊蕩。不過最詭異的還是要數身著及膝連身裙、絲綢外套、賽馬褲和濺滿泥漿長襪的男人們，闊步穿行在麻布裹屍的工人之間。他們是荷蘭、日耳曼或義大利工匠，揮舞芭蕾舞般的手勢視察現場，試圖在混亂裡謀求某種秩序。

多梅尼科．特雷齊尼（Domenico Trezzini）正是企圖帶入理性和優雅的一員，在彼得及其繼位者僱聘來形塑聖彼得堡的眾多歐洲建築師中，特雷齊尼是第一人。特雷齊尼生於瑞士盧加諾（Lugano）的普通家庭，在丹麥哥本哈根工作期間吸收了北方新教徒的素淨風格，融入他原有的巴洛克建築樣式裡。特雷齊尼在跟彼得溝通後，施行沙皇十分欣賞的荷蘭建築原理，自他一七〇三年赴聖彼得堡工作，直到一七三四年過世為止，他在此度過三十年非凡的工作生涯，他將荒野

---

⑩《新聞報》（*Vedomosti*）是俄國的第一份報紙，一七〇二年由彼得大帝創刊。
⑪ 哥薩克人（Cossacks）是生活在烏克蘭和俄國南部草原的游牧民族。
⑫ 卡爾梅克人（Kalmuk）是生活在俄國境內的西蒙古族瓦剌人。
⑬ 彼得格勒島（Petersburg）是涅瓦河三角洲的第三大島，島嶼南邊鄰近興建要塞的兔子島。

中倉促興起的木造居所迂迴轉變成一座繁忙首都。在跟沙皇合作下，特雷齊尼設定街道寬度和建築物高度的比例為二比一或四比一。富人房屋的建築立面將對齊街道，並開始以磚頭和瓦片搭建。此外特雷齊尼也計畫興建運河和水閘，好讓這裡能以「北方的阿姆斯特丹」著稱。但由於荷蘭鄉間受到堤防保護，因此有位來訪聖彼得堡的法國人曾評論，城市不可能躲過涅瓦河的無預警洪水。建城三年後，居地遭逢第三次大規模洪水，水面漲到超過兩公尺半高。儘管如此，建築工事仍舊雄心勃勃、頑固地持續施行，彼得還創立以特雷齊尼為首的城務署（Chancellery of Urban Affairs），其目的是監督協調各專案，當彼得離開到前線作戰時，尤其能發揮作用。彼得除了跟瑞典持續交戰，也在一七〇五至一七一一年間跟烏拉山地區的巴什基爾人⑭打仗，以及一七〇六年敉平阿斯特拉罕⑮的長槍衛隊叛變，強制推行日耳曼服飾和剃鬍。[21] 沙皇開創文明太平的想望，孕育出他對聖彼得堡的夢想。

由於俄國人不曾聽聞經過整理、供人散步的花園或公園概念，因此聖彼得堡的夏園（Summer Garden）成為一項創舉。在四百名工人的勞力之外，尚有一百名木匠、六十名石匠、十六名水管工人及挖掘地基的額外六十名工人。[22] 在庭園署（Garden Office）的協助下，沙皇蒐集歐洲專著和植物，並親自對計畫做出規模巨大、且常出人意表的貢獻。[23] 在城市幾未成形的一七〇八年，他下令莫斯科送來「八千隻品種多樣的鳴鳥」。一七一二年有一千三百棵已長成的菩提樹從荷蘭進口，以及來自漢堡的栗樹、來自俄國南部的柏樹、來自莫斯科的橡樹，以及來自基輔的椴樹和榆樹。荷蘭園藝師揚·洛森（Jan Roosen）於一七一二至一七一三年間設定整體規劃，納入城市的首座砌體結構⑯建築，即彼得的小夏宮。[24]

安德烈亞・修勒特（Andreas Schlütter）為花園增添了一座洞穴（柏林一棟出自修勒特之手的建物倒塌後，他於一七一三年受邀來到聖彼得堡）。該洞穴建於豐坦卡河畔⑰（因供給花園噴泉水源而得名），由三個小室構成，飾以奇異的貝殼和彩色的石頭，閃現萬千光芒，投射映在內部水池上。但該洞穴卻在一七七七年的大洪水中遭損毀。[25]修勒特也以二十九幅淺浮雕裝飾夏宮，為地面樓層和一樓窗戶間的空間增添焦點，並且慶賀俄國在大北方戰爭的勝利。一七一六年八月，尚—巴蒂斯特・亞歷山大・勒布隆（Jean-Baptiste Alexandre Le Blond）自法國抵達俄國後，法國式的華麗排場，如將樹木修剪成幾何形狀，間以碎石小徑蜿蜒穿過供人觀賞的花圃，也加進當時盛行的荷蘭式花園。[26]勒布隆帶來他所熟知的老師安德烈・勒諾特（André Le Nôtre）的規劃和想法，勒諾特是法國園藝的元老級人物，負責尚蒂利（Chantilly）、楓丹白露（Fontainebleau）、凡爾賽宮（Palace of Versailles）等地的幾何式庭園⑱設計。在義大利人尼古拉・米凱提（Nicola

---

⑭ 巴什基爾人（Bashkirs）是居住於烏拉山區（Ural）周遭的突厥游牧民族，十六世紀沒落後受到俄國保護，由於統治糾紛，十七、十八世紀均發生起義。

⑮ 阿斯特拉罕（Astrakhan）位於俄國南部，曾是西突厥可薩人建立的汗國都城，久為中亞的通商要鎮。

⑯ 砌體結構（masonry structure）以磚材和石材建造，比木結構的強度、耐久性都更好。

⑰ 豐坦卡河（Fontanka）的名稱在俄語裡指噴泉，又名噴泉河。

⑰ 幾何式庭園（formal garden）指庭園內的樹木修剪成幾何形狀、道路筆直，通常呈對稱規劃；與此概念成對比的是景觀式庭園（landscape garden）。

Michetti）加入後（他是輸掉羅馬特雷維噴泉⑲委託案的水利技師），夏園成為一樁真正的跨歐洲成就。正是米凱提於義大利搜刮古典雕像，為小道增色，但他的選擇常嚇壞保守、正統派的訪客。彼得要求興建一座迷宮，放入《伊索寓言》裡出現的動物塑像。他會帶領小群訪客來此，說明這些雕塑的特殊含意。此外最重要的是花園成為入夜後的尋歡地，彼得在此舉辦戶外宴會，人們隨興混雜共處、遊玩，以共用的大缸子祝酒。[27]賓客被關在庭園裡，期望人人喝得醉醺醺隨煙火和音樂行進。沙皇習慣早起埋首工作，下午和大半個夜晚則放縱享樂，「完全沉浸在酒精裡」。

✯

到了一七〇八年，沙皇奪回的所有領土中，僅剩下聖彼得堡周遭仍在他的手中，彼得被迫進軍遭受攻擊、殘破不堪的英格利亞，使敵人難以獲取糧草。接著，在度過一個凜冽嚴冬後，卡爾十二世的軍隊於一七〇九年四月包圍波爾塔瓦城（Poltava），此役中俄國人擊潰了瑞典人。儘管波爾塔瓦會戰後的十年，結束大北方戰爭的尼斯塔德條約（Treaty of Nystadt）才簽訂，但此戰已決定了未來的結果。當瑞典軍隊向「偽沙皇」羅莫達諾夫斯基公爵投降時，實際上有一位相當高大的軍官（事實上是隱匿身分的彼得），饒富興味地從旁觀看。彼得常戲耍角色和位階，提拔不適任、無能或自私之輩，藉以隱蔽掌權者。他將緬什科夫這般的卑微青年拔擢為公爵，讓旱鴨子費奧多爾・阿普拉克辛（Fyodor Apraksin，他曾創下三天內喝掉一百八十杯葡萄酒的紀錄），晉升為海軍上將。[28]他們全都是彼得鏡像偽宮廷的一分子，是一種魔術的手法，好讓沙皇在似乎扮演傻瓜的同時，牢牢地掌握權柄。[29]

波爾塔瓦的勝利首先歡慶於莫斯科，原因是聖彼得堡可用於正式慶典的設施依然稀少。直到一七一〇年六月，即會戰的十四個月後，新首都終於以賽艇大會和煙火來紀念大勝。這是富有指標性的一刻，證實了彼得曾向阿普拉克辛上將吹噓的言詞：「現在，獲得上帝襄助後，聖彼得堡地基的最後一塊石頭已安放。」[30]

聖彼得堡早期的船塢位處一塊用數千隻木樁撐起，且塞滿垃圾、泥土和屍體的區域，海軍部就蓋在這裡。[31]穿過吊橋會抵達龐大的木造建築群，造船工、製繩工、木匠和捻縫工⑳全數投入打造立於台架上的戰艦㉑，隨後順著船台滑行入水。然而在一七一〇年，沙皇的十二艘巡防艦、八艘槳帆船，

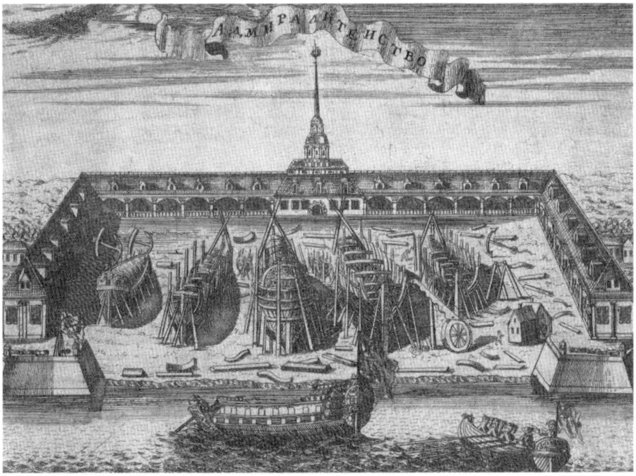

圖3　一七一七年的海軍部鳥瞰圖。

⑲ 特雷維噴泉（Trevi Fountain）位於羅馬市中心，維也納的阿爾貝蒂娜博物館（Albertina）保存了米凱提的特雷維噴泉設計圖。

⑳ 捻縫（caulking）指造船工匠以麻絲和瀝青填補木船縫隙，防止滲水。

㉑ 戰艦（Man-of-war）是英國海軍用來稱呼武力強大軍艦的用語，盛行於十六至十九世紀。

六艘火船㉒和兩艘砲艇裡，僅有三艘巡防艦可供備戰。[32]假如彼得想實現建立黑海艦隊的抱負，就有必要設立海軍部。在接下來的十年內，超過五萬名造船工和工匠來此讓他的夢想成形。

一七一〇年春天聖彼得堡約八千人的人口因季節性工人而翻倍，他們再度來此延續狂熱的建築計畫。[33]由於這裡罕有乾燥的地勢，所以工人被迫在沼澤地上蓋房子居住，導致「街道骯髒不堪」。但儘管如此，第一棟石造房屋仍帶來恆常的定居感受。聖彼得堡總督緬什科夫的豪華宅邸和彼得的夏宮雙雙開始修築。沙皇也決定用石材重建彼得保羅要塞，建材則來自先前奪下的瑞典人據地，尼耶什岡茨。[34]堡壘外牆近二十公尺厚，位於牆內的木造教堂遭到拆除，好騰出空間給特雷齊尼，好興建以金色尖頂塔樓為頂的水平式砌體結構，且最終於一七三三年完工。不過在近二十五年後，一百二十三公尺高的塔樓卻被閃電擊中而焚毀。又相隔了十年，葉卡捷琳娜大帝下令重建同樣的尖頂，直到一七七六年才完工，此後將持續成為這座都城的顯著地標。

緬什科夫建於瓦西里島（Vasilevsky）的宅邸面向涅瓦河，「循義大利風格採石造結構，高三層樓。」[35]他的大宅比沙皇的夏宮更富麗，適合一位「懷抱無限野心」與貪婪不知足的男人。緬什科夫的生涯起始於糕餅師傅的叫賣小販或是一位馬童，因此許多當代評論者偏愛他大喊「泡芙！」，並且「沿莫斯科街道叫賣碎肉餡餅」的版本。有一則故事從彼得聽見緬什科夫在一條巷子裡哼唱開始，當彼得詢問能否買下籃子和餡餅時，緬什科夫展現了能帶他一路爬升至頂點的機智。他說自己的「工作是賣餡餅，可是他必須問過主人才能賣籃子；不過既然國君擁有一切，陛下只需對他下令即可。沙皇對這答案滿意極了，立刻召他入宮」。[36]緬什科夫迅速晉升為彼得的左右手，擔任胡鬧偽宮廷的典型操縱者。緬什科夫貪婪地從國家和人民身上獲取不正當利益，成

圖4　彼得大帝巡視聖彼得堡的工事。

圖5　宮廷侏儒亞金．沃科夫的婚禮，一七一〇年於緬什科夫的宅邸舉辦。

㉒ 火船（fire-ships）載運易燃物質，在木造船艦的年代，可引火後衝入敵方艦隊。

為了一位可怕的竊國者。

✯

諷刺的是，緬什科夫的豪宅直到一七二七年才完工，及時趕上了屋主的垮台。但有個房間提早完工，那是供「盛大娛樂活動的寬敞大廳」，沙皇不滿足於房間狹小、天花板低垂的夏宮，在此招待賓客與舉辦慶祝儀式。一七一〇年，羅莫達諾夫斯基下令全俄國的侏儒前來參加宮廷侏儒，亞金．沃科夫（Yakim Volkov）的婚禮時，歡慶地點即位於緬什科夫的大宅。出席的七十位侏儒坐在大廳裡的小桌子旁，宮廷賓客則歡快地俯視他們的醉態。

緬什科夫的宅邸還用於另一場秋天的婚禮，即彼得的侄女、沙皇伊凡五世的女兒安娜．伊凡諾娃（Anna Ivanova），嫁給庫爾蘭公爵㉓弗里德里希．威廉（Friedrich Wilhelm）的聯姻。這一次侏儒扮演更活躍的娛樂角色。婚禮前數日，其中兩名侏儒沿城發放請帖。婚宴當天，體型最小的侏儒擔任司儀，牽著新娘和新郎入會場。晚宴時推出一個巨大派餅，兩個女侏儒從中跳出，她們身穿最新的法國流行服飾，歌唱、跳舞並背誦詩文。女性賓客被強迫飲酒，但是新郎的下場卻最慘。婚禮結束後不到一個月，公爵死於前往庫爾蘭的路上，死因很可能是酒精中毒。

沙皇把飲酒當作恫嚇工具。丹麥使節尤斯特．尤爾（Just Juel）企圖逃避懲罰，閃躲用惡名昭彰的雄鷹杯，飲盡一點五公升的伏特加。他藏身一艘帆船的繩纜上，但只見沙皇嘴裡啣著雄鷹杯，口袋裡塞滿酒瓶，攀上梯繩追趕他。[37]尤爾在記錄這段過程時，未及顧慮彼得試圖展現自己是位有教養的沙皇，而詳述沙皇手下的暴徒朝彼此扔擲手中的食物，「尖叫、咆哮、狂笑、嘔吐、吐痰」此起彼落，進行一場油膩膩的餐廳鬥毆。[38]

另一場重要的聯姻於一七一一年上演。這次是懶散的皇儲阿列克謝（那位受彼得鄙視的兒子），迎娶不倫瑞克—呂訥堡的夏洛特（Charlotte of Brunswick-Lüneburg）。十七歲的夏洛特把許多日耳曼名稱和習慣帶進羅曼諾夫宮廷，如將宮廷首相（Chief Steward）變成Ober-Gofmeister，侍從官（Groom of the Chamber）變成Kamer-Junker。宮內自此採行德語，不僅彼得說得十分流利，「連不識字的緬什科夫都能說且聽得懂」。法國人法蘭索瓦．威柏瓦（François Villebois）觀察到，葉卡捷琳娜在彼得的關愛隨行下能「流利使用」四種語言，「依序是俄語、德語、瑞典語和波蘭語，此外她還懂一點法語。」[39]

波爾塔瓦會戰勝利後，葉卡捷琳娜才從普列奧布拉任斯來到聖彼得堡長伴沙皇身旁。但是彼得隨即在一七一一年就跑去跟土耳其人打仗，這讓葉卡捷琳娜在新首都感到生活受挫。葉卡捷琳娜也隨著彼得而去，把孩子們留給緬什科夫和她的妻子達里婭照顧。十七世紀的一齣戲劇《瑪麗安堡的女僕》（*The Maid of Marienburg*），展現出毫不謙遜的文學溢美，劇中有個角色表明，「老天給了葉卡捷琳娜姣好女子的魅力、機智和活力、一顆善感的心和男子漢般的通情達理。」[40] 一七一一年七月，當俄軍在摩爾達維亞公國㉔普魯特河被土耳其部隊包圍時，傳聞迷人且堅毅的葉卡捷琳娜前去會見土軍將領求和。[41] 她勇敢而堅定，成為能跟彼得相稱的伴侶。

㉓ 庫爾蘭公爵（Duke of Courland）掌管現今位於拉脫維亞境內的臨海土地，影響力於十七世紀中達到鼎盛。

㉔ 摩爾達維亞公國（Moldavia）是羅馬尼亞的前身，存續時間是十四世紀至十九世紀中葉。

一七一二年二月，沙皇身穿海軍少將制服，在緬什科夫的宅邸以簡單儀式公開迎娶心愛之人。他們的兩個孩子，四歲的安娜．彼得羅芙娜（Anna Petrovna），以及剛學會走路的伊莉莎白．彼得羅芙娜（Elizabeth Petrovna），在短暫的行進中挽起母親的新娘裙襬。彼得和葉卡捷琳娜坐在皇冠狀的桌邊，英國派駐俄國的「特別大使」查爾斯．威特沃斯（Charles Whitworth）觀察道，婚禮「最宜人」的一面是「沒有人被強迫飲酒」。平民和外國人出身的葉卡捷琳娜如今嫁給俄國沙皇，但沙皇的第一任妻子葉夫多基婭仍活著，被監禁在蘇茲達爾的修道院，隨後移往更偏遠的拉多加湖畔女修道院。㉕彼得和第二任妻子的結合不是為了國家的穩定鞏固，而是真摯、熱烈愛情的宣示。[42]正如《瑪麗安堡的女僕》中彼得一角所見，「快樂是當國君發現一個女人心中所愛並非身為國君的男人，而是愛上國君骨子裡的男人。」[43]

☆

人民依舊不願到聖彼得堡定居。俄國上流階級埋怨，從新竄起的城市出發，要走七百公里遠才能抵達他們愛去的莫斯科商家，以及舊都城周遭鄉間的舒適房產。但彼得威脅莫斯科貴族：要不搬來他的城市，要不喪失貴族頭銜，二選一。結果並不讓人意外，他們重新安家立戶，商家也跟著搬遷。但是他們牢騷不斷。沒多少作物能栽種在聖彼得堡周遭的溼冷土地，蕪菁、甘藍菜和黃瓜也許可行，不過其餘寥寥可數。[44]林間有生長些許蘑菇、還有一些獵物和漁獲，但是其他食糧在冬季時必須以雪橇載運，夏季則藉由湖道和河流來輸送。移居者若是在抵達目的地前經過一處沼澤，他們會發現城市本身同樣泥濘不堪。任何看似乾燥的土地一經挖掘，就知道無法做為果菜園，因為水會在「兩英尺深處」湧出。[45]

在如此的生活條件下，人們要在逼迫下才肯移民並不令人意外。一七一二年底，彼得要求更多商人和工匠到都城開業，為此他另行徵召了一千個最顯赫的貴族家庭移居聖彼得堡。一七一四年他又下令一千個最富裕的家庭移居時，其中有些人須耗費百分之六十的積蓄，才能完成顯然所費不貲的搬遷。[46]基於這項搬遷令中可能蒙受的損失，潛在的移居者持續半推半就，迫使彼得宣告假使「擁有悠久根源的俄國人」不在一七二五年前搬來他的城市，他們的房子將被拆除，且會被迫住進瓦西里島上未開發地帶的沼澤棚屋裡。與此同時，至關緊要的工人們也表現出類似的冷淡態度。在一七一二年和一七一四年，有三分之一受徵召的人力完全沒現身。[47]一直要到一七一七年，外國事務大臣切爾卡瑟公爵（Prince Cherkassy）才向彼得提出建言，表示被迫前來的工人較受僱工人欠缺效率，且到頭來成本更高。

✯

一七一四年來到聖彼得堡的漢諾威駐俄代表弗里德里希・韋伯（Friedrich Weber），「驚訝地發現一簇簇雜亂相連的村莊，與我預期中的尋常城市不同，反而更像西印度群島㉖的某些殖民地。」[48]由於聖彼得堡對占領國文化的奇特改造與戲仿，許多歐洲訪客自然會心生來到殖民地首

㉕ 蘇茲達爾（Suzdal）距離莫斯科約兩百公里，拉多加湖則較接近聖彼得堡，但以全俄國來說仍地處偏遠。

㉖ 西印度群島（West Indies）是南北美洲間的島群，因哥倫布一四九二年登陸巴哈馬時誤認為是印度而得名。

府之感。另一方面，一七一五年七月，約翰．貝爾到聖彼得堡加入彼得派往波斯的出使團時，他發現首都「人口眾多，但並未呈現新創城市的面貌」。融合這兩種矛盾印象，方為城市動盪的初期發展提供一幅正確的圖像。磚窯和火爐以不可思議的速度燒製紅磚。然而品質低劣的灰泥和寒冬裡的散漫工作習慣，削弱了眾多建築工事的穩固性。修繕剛蓋好的建物成為迫切的需要。儘管受虧待的工人散發惡臭的營地，密集環伺於四周，但經歷十年的建設之後，社交生活和戲劇上映期逐漸成形的首都，開始呈現優雅的面貌。有化裝舞會和音樂晚會供日漸增加的居民盡歡。彼得的姊姊、沙皇的女兒娜塔莉亞．阿列克謝耶芙娜（Natalya Alekseevna）是一位業餘的劇作家，讓韋伯有機會置身此新生宮廷渴求的歐洲式娛樂。依慣例喝下伏特加酒後，賓客坐下享用「火腿、香腸、肉凍，綴以橄欖油、洋蔥和大蒜的多種肉品」組合的前菜。相隔整整一小時，「由湯、烤肉和其他熱食構成的主菜」上桌，接著是甜點。「聖彼得堡的美人」急切跟隨法國時尚，韋伯記述她們舉止怪異地與裙撐搏鬥。可是染色或蛀蝕的黑牙齒出賣了她們，「足以證明她們尚未戒除俄國人的舊習，即白牙齒只適合黑人和猴子。」[49]

就在漢諾威代表抵達的同一年，彼得帶著勝利返航涅瓦河，他是在一七一四年七月於漢科（Hangö）擊退瑞典艦隊。博學且親英的威尼斯人法蘭切斯科．亞加洛提（Francesco Algarotti）隨後寫信給英國朝臣赫維（Hervey），提到沙皇在那個夏天「真正目睹完工成果」。[50]房屋總計達三萬四千五百五十間[51]，但是由於城市擴展於多座島嶼和河流兩岸，涅瓦河三角洲的問題變得更加棘手。涅瓦河最寬處廣達一公里，主要支流劃分出城市的不同區域，而當時僅少部分水道上有固定橋梁可供橫越。橫渡大涅瓦河（Bolshaya Neva）的唯一方法是搭乘國營的二十艘渡船，票價不高，僅需兩至四戈比[52]，且保證享有一趟危險的航程，穿行於春季融雪和秋季洪水的亂流中。此外，彼得希望他的人民能乘船航行（但僅允許貴族搭駁船前來），所以自一七一八年起彼得就供應船隻讓人們學習駕船。從內陸莫斯科來的新住民對於強迫的週日港灣航程，感到十分恐懼，一個月缺席兩次就會遭受懲罰更讓人們勃然大怒。社會階級最高的成員則應當維護自己的船艦，並參加海軍慶典；當河流結凍時，則有特製的船隻供滑行或航行穿越冰面。[53]寒冷的天候確實改善了城內與整片地區的交通，泥濘道路變得堅硬，運貨馬車和軍需補給車隊在路上不再陷入泥淖的困境。夏季月份裡，涅瓦河口的沙洲意味著無法停泊吃水深度七英尺以上的船隻，對此，位處克隆施塔特的深水港提供了一個解決方案；另一個方法是從停泊於港灣中的船隻上卸下貨物，再轉運進港，但這導致小船和平底駁船壅塞於港區。

如此的不便加上每年冬季結凍的封港期，表明了這座城市必須辛苦掙得威信。在許多務實的人眼裡，荒唐的彼得不過是在一座偽港口首都，施行偽宮廷暴政。對他們而言，聖彼得堡是一場持續進行且造成諸多不便的玩笑，於英格利亞的沼澤荒野間上演。然而河流是城市存在的理由，具有神聖的重要性。有個年度重大慶典是祝水禮（Consecration of the Waters），於主顯節㉗舉辦。沙皇會帶領普列奧布拉任斯衛隊行軍至結凍河面的中央，列成方陣觀看鑿洞至河面的過程。過程中工人必須鑿穿超過半公尺厚的冰層，鑿下的冰塊會搭起拱型聖壇，此時聖彼得堡的鐘聲隆隆，神父們緩緩行至臨時聖壇前主持彌撒，並為川流於下的河水祝聖。霎時，禮砲鳴響、火槍擊

㉗ 正教會的主顯節（Epiphany）定於每年的一月六日。

發，母親懷抱嬰孩來此受洗。撐過刺寒河水之人獲得神的允諾，將擁有受祝福的一生。神父和衛隊撤離後，人們會群湧至洞口，其中包括病患和瘸子，以桶子和杯子裝滿具有治癒作用的河水，而河面要一直到五月春暖，才會再度現身。

一七一五年的祝水禮過後十多天，宮廷舉辦了尼基塔·佐托夫（Nikita Zotov）的滑稽婚禮。佐托夫是位八十四歲的酒鬼，曾當過沙皇的家庭教師，在彼得的全醉酒大會享有「教宗公爵」的桂冠。他的新娘是一位「三十四歲的豐滿寡婦」。婚禮隊伍由「偽沙皇」羅莫達諾夫斯基帶頭，他斜躺在一架雪橇上，有四隻大熊以後腳站立隨行，並因受到刺激而不斷咆哮。隊伍中的每個人都被鼓動要製造噪音，漫步接近的野獸也開始低吼。蘇格蘭人彼得·亨利·布魯斯（Peter Henry Bruce）寫道，接待處的工作人員「是國內病況最嚴重的四位口吃者；不斷跑動的男僕是所能找到最笨重、患痛風的四個胖子；伴郎、管家和侍者的年事都已高……而主持婚禮的神父至少有一百歲」，且雙目已盲。這齣荒誕的戲劇延續了十天，狂歡者從這屋轉到那屋，沉溺於舊時的酒神節情景。葉卡捷琳娜和彼得的兒子彼得·彼得羅維奇（Peter Petrovich）於一七一五年十一月出生時，同樣舉辦了奢華脫序的盛宴，侏儒再次扮演娛樂的要角。人們的桌上放置一個巨大派餅。一位「身形姣好的女侏儒」從中現身，「除頭飾和紅色蝴蝶結之外，渾身赤裸」。她發表一席演說，並以藏於派中的酒瓶替她的觀眾斟滿玻璃杯。在女士的餐桌上，一位赤裸的男侏儒也提供了一樣的服務。接著是連番敬酒和煙火，人人皆喝到爛醉如泥。[54]

就在彼得·彼得羅維奇出生的同一個月，沙皇開始對付他跟葉夫多基婭·洛普金娜生的兒子，即皇儲阿列克謝。布魯斯在莫斯科會見這位年輕人，覺得他「邋遢」，且身邊盡是「沉溺聲色且愚昧的神父」，假使阿列克謝登基，這些人將幫助他「恢復俄國的原有狀態」。彼得憤怒地寫信給拒絕隨軍對抗瑞典的兒子，信中問道：我死後能把國家託付給誰？「一個男人竟像個懶散的僕人，將他的天賦埋藏在地底……你不盡一丁點的努力，你所有的樂事似乎僅有無所事事，成天待在家裡當廢物。」「假如不從，我會讓你知道我將會剝奪你的繼承權。」[55]彼得吐了一肚子苦水後，也稍作等待，看看阿列克謝是否會改變作風。至此，感到憂愁的阿列克謝，酒愈喝愈凶，甚至在父親命令他遁入修道院時，逃往了歐洲。

✯

一七一五年九月，聖彼得堡遭受洪水襲擊，水位高到使一艘雙桅帆船打向一棟房屋，且在洪水退去後擱淺於泥濘的街道上。牛隻溺斃，多人失蹤，耗費大量人力修築的堡壘也被沖走。儘管遭遇如此挫敗，下個月彼得也隨即下令全俄的一萬兩千多個家庭搬到他的首都定居。[56]在一七一六年間，有許多不切實際的計畫要來擴展彼得保羅要塞的周遭地區，其範圍北至彼得堡島，西南至瓦西里島末梢，以及海軍部對岸一帶。這些都出現在一七二〇年於紐倫堡製作的城市地圖上，這張圖根據的是一份兩年前繪製的日耳曼原稿。這張平面圖相當準確地記錄了海軍部與要塞周圍的建物狀態，但瓦西里島沼澤地的網格規劃卻形同幻想，一如在克隆施塔特要塞加入的燈塔圖[57]，都像朱爾．凡爾納㉘筆下的編造情節。

㉘ 朱爾．凡爾納（Jules Verne, 1828-1905）是十九世紀法國小說家，開創了科幻體裁，名作包括《海底兩萬里》、《地心歷險記》、《環遊世界八十天》等。

一七一七年勒布隆為瓦西里島製作更細緻的平面圖，呈現典型的法式風格。平面圖將皇宮置於中心，在許多層面繼承了德沃邦侯爵的要塞和勒諾特的花園設計。凡爾賽宮的布局和勒布隆的聖彼得堡規劃圖，均對法國同胞皮耶爾—夏爾·朗方（Pierre-Charles L'Enfant）有所啟發，表現在他的美國新首都華盛頓特區平面圖裡。儘管勒布隆的規劃一直未能實現。

為了讓城市更安全，有數條法條下令，居民不得讓無人驅趕的牲畜在街上遊蕩。但儘管如此，在光天化日下出沒、人們目睹下四處掠食的狼群少說有三十至四十隻。曾有一名女子在緬什科夫公爵宅邸視線可及處遭到狼群噬食，而看守南岸鑄造廠的一名哨兵也受到狼群攻擊，當另一名士兵趕往救援時，哨兵在狼爪下被撕成碎片。

一七一四年，政府頒布特定區域不得興建木造建築的禁令，使得這座前線根據地加速轉型成充滿巴洛克建築的荷蘭風格城市。[58]石造地基上

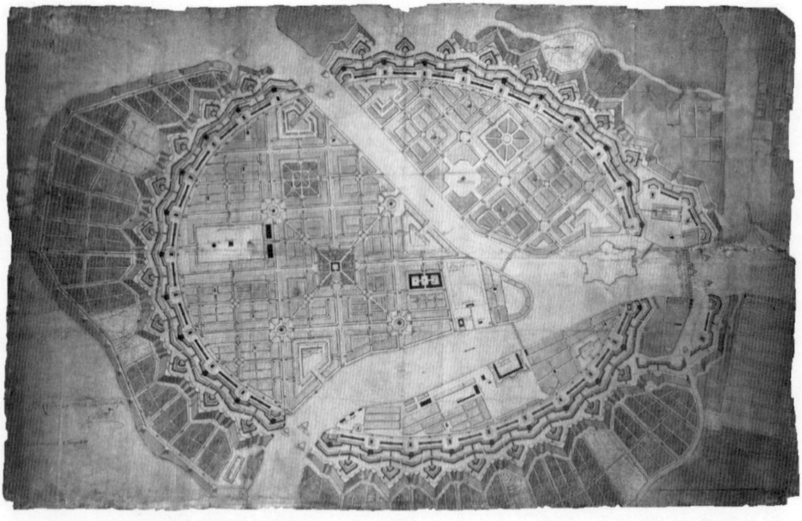

圖6　勒布隆的聖彼得堡平面圖。

的抹灰籬笆牆和瓦片屋頂成為較低階層居民住所的常態，石材則用於富人的房屋。全國石匠的短缺也促成另一項禁令，即不許在俄國其他地方蓋石造的建物。此外，由於聖彼得堡周遭的沼澤地帶石材稀少，因此政府下令走海路或陸路來此的人民都必須攜帶石頭，為建設做出貢獻。自一七一四年起，每一輛抵達聖彼得堡的馬車必須上繳三塊不低於兩公斤的石頭，船隻則依大小支付十到三十塊的石頭。

屋主的社會階級決定了一間房屋的規模、樣式和野心。底層的納稅階級會居住一層樓的平房，經濟狀況較好的會在屋頂開天窗。勒布隆則為社會菁英設計兩層樓的豪宅，有屋頂天窗和頂樓圓窗。[59]然而在城內較貧窮的區域，木造建築依舊密集林立，導致一棟樓起火就能輕易延燒到鄰舍，並迅速釀成大火。守夜人只要見到一絲火花，就會搖鈴打鼓報信，鳴響警鐘。木匠和士兵不分階級趕往起火處，推倒相連屋舍以隔絕火勢。彼得在城裡時曾加入士兵和工人的行列，手持小斧頭打火。[60]

在開拓地鄰近連接彼得保羅要塞和彼得堡的橋梁邊有座小酒館，是歸沙皇所有，店裡有販賣葡萄酒、啤酒、烈酒、菸草和紙牌。此處釀造的啤酒過於濃烈，不適合當解渴飲料，而且韋伯覺得衛生欠佳。啤酒存放於開放的大缸裡，人們把酒舀進嘴裡，有些人的髒鬍子則直接浸入酒缸。有些缺錢的臨時工會抵押某件衣物，掛往酒缸邊緣（有時衣角會沾到酒，有時會整件掉進去），到一日將盡時，工人領到薪水時再來贖回溼透的舊衣服。[61]

在沙皇的酒館不遠處、木造三一教堂的西北邊上是中央市場（Great Market），那是一座巨大的方形木造建築，周圍有四道門通往內院。在這片空間裡開設了兩層樓的店鋪，有廊道保護客人不受雨雪侵擾。[62]在附近韃靼區（Tartar quarter）的東緣是舊貨市集（Rag Fair），是一處擁擠危險的跳蚤市場：

有一位擲彈兵衛隊㉙的軍官，他是日耳曼人，從市集回來時帽子和假髮都沒了。就在同一天有位打扮時髦的女子也遭遇類似的不幸，在那裡丟失了她的頭飾。兩名騎馬的韃靼人供稱他們在不同的地點遇見這兩個人，極其迅捷地揮鞭捲走他們各自的頭飾，任由他們暴露在人們的嬉笑聲中，甚至在他們的視線範圍內兜售戰利品。[63]

在韃靼區南邊、近涅瓦河岸處是新的屠宰場和一座市場，可見陶罐、木製餐具、小扁豆、燕麥、做麵包的小麥和黑麥。[64]供應城市所需的麵粉量一直是個問題，直到葉卡捷琳娜大帝任內才解決這個問題。城裡糧食短缺甚至導致一七二二年四月實施價格管制，替來年更加繁複的利潤管制開路。彼得抑制了穀物市場的亂象，並且強迫本地生產商提早把貨物帶到市場，依照當天早晨公告的價格，小量賣給大眾，中午過後才能跟盤商交涉批發價格（這是彼得在一七二五年一月過世前的最後舉措之一）。因此，麵粉是稱重分售而非大量出售，價格波動受到監控，好控制烘焙製品的成本，詐欺者會處以公開鞭刑，商品則充公捐給醫院。[65]一七二六年法國旅人烏柏里．德．拉莫泰（Aubry de la Mottraye）行經城內一條大街，目睹糧食商場人員的三顆頭顱被刺在木樁上。他們犯下管理不當的罪行，遭公開鞭刑後砍頭，那是當時俄國的標準懲處方式。俄國的皮鞭與九尾鞭不同，鞭子的末梢是利用在醋和母馬奶裡煮過的驢皮條製作而成。罪犯會被帶往木刑架，雙腳綁於地面。男人的衣服褪至腰部，女人僅穿襯裙。首先鞭打一側肩膀，然後是另一側。根據拉莫泰的記載，接受一般懲處的傷者背上會流下「大量的血」，蒙受嚴重懲處的會看見「血肉碎片橫飛」。如果是「遭下令處以極刑，一般而言會被奪去性命」。行刑者會鞭打罪犯側身「肋骨下方，削下一片片的肉，直到見腸」。[66]

★

沙皇於一七一二至一七一三年，以及一七一六至一七一七年間的海外旅程，對於刺激與策略性地美化聖彼得堡至關緊要。較早的那趟行程的時間點帶著宣揚創舉的意味。在波爾塔瓦取勝後，俄國被視為歐洲權力平衡的新興和主要勢力，而與沙皇連結的圖像

㉙ 擲彈兵衛隊（Grenadier Guards）是英軍的一支步兵團，建立於一六五六年。

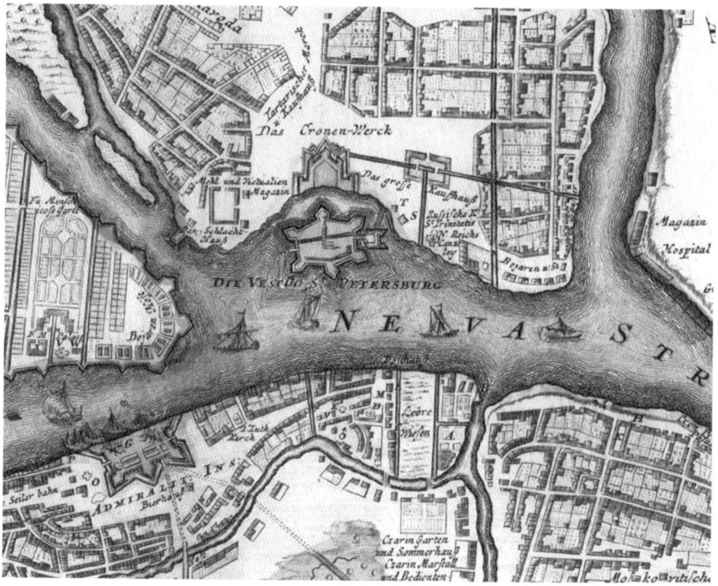

圖7　早期聖彼得堡的市中心圖標出韃靼區舊貨市集的位置。

在那場勝仗後也必然有所改變，例如緬什科夫宮殿的天花板壁畫《戰神的勝利》（*The Triumph of Mars*）中，天神的容貌就與彼得神似。[67]如今彼得不再以一介卑微的造船匠之姿出訪歐洲，而是藉著藝術和科學來尋求光榮的強盛君王。他造訪德勒斯登㉚和維也納。他親眼見到凡爾賽宮，研究帝王力量的宣示，是如何體現在浮誇的皇室花園景觀之中。

法國國王路易十四與彼得的成長背景相仿，在孩提時代也曾目睹暴力事件而留下創傷。結果他決定離開首都並建立新都城。路易十四不如彼得般激進，他選擇了距離巴黎十五公里遠的地點凡爾賽鎮。凡爾賽宮修建十四年後於一六八二年完工，成為法國王冠上的寶石，受到整個文明世界所欽羨。幾何狀的露台、寬闊走道、多座水池和噴泉造成強烈視覺衝擊。這需要龐大的勞動力與可觀的人員傷亡才能完成（聖彼得堡亦將如此）。凡爾賽宮的運輸不像涅瓦河口那般艱難，可是凡爾賽工人的生活和勞動條件同樣悲慘，瘧疾奪走多條人命。然而不同的是，路易十四是在穩固的歐洲傳統基礎下大興土木，彼得卻要在俄國實踐建築風格的翻轉。聖彼得堡的工程方法無疑是俄國式的，但彼得的城市裡浮現的直線和幾何線條卻是屬於西方的。

彼得在巴黎買下戈布蘭掛毯㉛，並邀請幾位編織工移居他的首都。他讓法國肖像畫家亞森特．里戈（Hyacinthe Rigaud）繪製肖像。[68]彼得也購置繪畫，主要是荷蘭作品，包括魯本斯㉜、范戴克㉝、揚．斯特恩㉞等畫家，以及俄國君王收藏的首幅林布蘭畫作《大衛告別約拿單》（*David's Farewell to Jonathan*）。彼得也蒐集法國畫家路易．卡拉瓦克（Louis Caravaque）的作品，一七一六年卡拉瓦克移居聖彼得堡，一直住到一七五四年過世。彼得購置西方藝術品，以及歐洲畫家、工匠造訪俄國，對俄國文化發展造成後續餘波。除了研習航海術，彼得也派畫家出國習藝。[69]「俄國肖像畫之父」伊凡・尼基丁（Ivan Nikitin）就是首開先河出國數年的畫家之一，他返國後促使俄國繪畫的路線轉向，從聖像畫和風格一致的人物畫㉟，朝反映歐洲藝術潮流和運動的風格發展。[70]

彼得是十八世紀的「大國民」凱恩，掠奪西歐珍寶來填滿他新建的仙那度。㊱他的好奇心沒有界限。買書在漫長的購物行程裡占據要角。彼得的圖書館（有一大部分獻給建築、園藝和造船術類書籍），藏有一套維特魯威的《建築十書》㊲，是古典時代唯一留存至今的重要建築書。[71]在荷蘭，彼得向阿姆斯特丹的藥劑師阿爾貝塔斯・塞巴（Albertus Seba）買下龐大的自然標本收藏，以及他於一六九七年首見的勒伊斯收藏品。在法國加萊（Calais），他遇見一位名叫尼古拉・

㉚德勒斯登（Dresden）位於今日的德國東部，當時是薩克森選帝侯的居住地。

㉛戈布蘭掛毯（Gobelin tapestries）由戈布蘭家族所生產，提供路易十四以降的法國宮廷所用。

㉜彼得・保羅・魯本斯（Peter Paul Rubens, 1577-1640）屬巴洛克畫派，在安特衛普經營大型畫室，並擔任西班牙王室出訪歐洲的使節。

㉝安東尼・范戴克（Anthony Van Dyck, 1599-1641）是魯本斯的主要助手，後成為英王查理一世的宮廷首席畫家。

㉞揚・斯特恩（Jan Steen, 1626-1679）是十七世紀荷蘭油畫家，擅描繪當時人民的日常生活。

㉟人物畫（parsuna）專指俄國於十七世紀末出現的繪畫類型，專注於表現人物的臉孔和衣著。

㊱電影《大國民》（*Citizen Kane*）的主角是報業大亨凱恩（Charles Foster Kane），他蓋的豪宅取名為仙那度（Xanadu）。

㊲維特魯威（Vitruvius）是西元前一世紀的羅馬建築師，他把著作《建築十書》（*De architectura*）獻給奧古斯都大帝。後人是依據維特魯威留存的著作內容來推斷他的生平。

布爾喬亞（Nicolas Bourgeois）的人，身長遠超過兩公尺高。布爾喬亞受嚴重頭痛所擾，死於聖彼得堡後，屍體在當地解剖。[72]據拉莫泰的記載，他在一七二六年目睹遺體時，布爾喬亞有一顆「非常大的心臟和巨大的胃，而且他的那話兒非常小。」[73]如今壯觀的布爾喬亞骷髏骨架立於昆斯卡瑪㊳的展間。

當許多人對於現身歐洲的俄國人感到驚豔，早熟的拜羅伊特侯爵夫人威廉明娜（Markgravine Wilhelmina of Bayreuth）於十歲時，尖刻描述一七一八年造訪柏林的葉卡捷琳娜：

看著她就能辨別她的卑微出身。她欠缺品味的衣著像是跟舊貨商買的；款式過時且邊緣磨白，沾染塵土。她身上別了十數個勳章，以及同等數量的小聖像和聖骨飾品；這一切在她行走時發出叮噹聲，讓人感覺有群騾子正走近你。[74]

不滿足於只在涅瓦河岸以建築向自然宣戰，彼得也開始在首都周遭打造一系列宮殿，包括賜給緬什科夫的奧拉寧鮑姆宮（Oranienbaum Palace）；賜給第二任妻子葉卡捷琳娜的沙皇村（Tsarskoe Selo）；賜給女兒伊莉莎白的斯特列利納宮（Strelna Palace）；以及給自己的彼得霍夫宮（Peterhof Palace）。版畫中奧拉寧鮑姆宮看來虛張聲勢，彷彿吵著要人注意，這整體效果十分適合宮殿的第一任主人，那位炫富的暴發戶「賣派餅公爵」。儘管宮殿是背景相互衝突建築師的作品，分別是義大利人喬凡尼・馮塔納（Giovanni Fontana），以及北日耳曼人戈特弗里・雪朵（Gottfried Schädel），但實際上成果和諧且素淨。從海上望去，奧拉寧鮑姆宮莊嚴聳立三層樓高，兩邊延伸半橢圓形的側翼。一座宏偉階梯往下連接法式幾何庭園，另有小水道通往芬蘭灣上的港口。宮殿建於堤岸上，內陸立面呈現較低矮的單層樓房高，多數房間空間狹小而裝潢富麗。

一七一〇年五月，正值波爾塔瓦會戰後的太平時期，沙皇選擇一處地點開始規劃彼得霍夫宮。規模適中的主殿於一七一四年動工，立於二十公尺高的山丘，距海岸一公里遠。結構為地面樓層供僕人使用，芬蘭灣景致廣收眼底的一樓留給沙皇家人，克隆施塔特要塞居左而聖彼得堡居右。以興建難度而言，這等於是要重蓋一次聖彼得堡。大部分的土地都必須排水，移除多層黏土並以駁船運來泥土和肥料。數萬棵楓樹、椴樹、栗樹、果樹和灌木從歐洲費力拖上船運來。多座噴泉構成的壯觀大瀑布（Grand Cascade）由俄國首位水利工程師瓦西里．圖甫科夫（Vasily Tuvulkov）監工，超過四千名工兵投身興建這座複雜精細的管道系統，水源則來自二十公里開外羅普恰（Ropsha）山丘頂的湧泉。與修築首都的工人相仿，他們的生活處境惡劣，糧食稀少且深受溼熱高溫所苦，許多人葬身工地。

彼得看重在高尚花園增色下，北方巴洛克式建築所展示的力量。他擁有一本凡爾賽宮景觀的畫冊，而在彼得霍夫，他野心勃勃地命令勒布隆務必使庭園「比法國國王的」更傑出。凡爾賽宮確實讓彼得驚豔不已，導致他為彼得霍夫的宮殿取了法語（而非德語）的稱呼：瑪律利宮（Marly Palace）、蒙普列席爾宮（Monplaisir Palace）和艾米塔吉宮（Hermitage Palace）。跟規劃首

㊳ 昆斯卡瑪（Kunstkammer）一七一八年由彼得大帝設於聖彼得堡，是俄國的第一座博物館。Kunstkammer 一詞出於德文，意指展示珍稀收藏品的「珍奇櫃」。今日的昆斯卡瑪已改設為人類學與民族學博物館。

都的概念一致，勒布隆也設計了一套皇家規劃圖，讓宮殿成為統治權的富麗舞台。[75]他的花園使自然成為配角，屈從於他的藝術技藝及彼得的野心、教養和權力。以此目的出發，勒布隆設置了十九個專門作坊，滿是他隨身從法國帶來的工匠名師。但是勒布隆一七一九年冬季死於天花，離第一階段工程完工還有兩年。彼得霍夫的噴泉、露台、人工洞穴和瀑布不僅是跟凡爾賽宮的競賽，也是彼得戰勝北方沼澤地的展現，優雅地澄清了他的作為並非愚行。[76]藉由進口古典雕塑，俄國沙皇獲取新的神話體系和新的學習秩序。然而沙皇任由凡爾賽宮影響彼得霍夫的庭園，摒棄共和政體下的荷蘭式節制，轉向與法國及其太陽王㊴相連的權力宣言。同時，彼得也迴避激進的啟蒙思想，往前進展時卻也在向後退步。全體宮殿群意在宣示新的權力規模，企圖創造塵世裡的天堂，然而彼得霍夫宮只不過成為宣洩狂野的另一處有序場景。漢諾威代表韋伯受邀來此午膳，他和其餘賓客面前的「托考伊甜白酒㊵不斷送上……導致道別時我們幾乎無法站立」。儘管如此，每一位賓客必須飲盡葉卡捷琳娜送上的一夸脫㊶酒，「至此我們已幾乎失去知覺，橫七豎八地入睡，有些倒在花園、另一些人在林間，四處橫躺在地休息。」經過一段時間後沙皇喚醒醉倒的眾人，給了其中七人小斧頭，領他們至一處森林，指出此處規劃開通一百公尺的路徑到海邊。彼得立刻開始清除歐洲蕨，但是他的宿醉工人「發覺如此繁重的工作太過艱難，恢復知覺的人根本不到一半」。他們勉力而為，只為了晚餐時獲得「另一輪烈酒好讓我們人事不知地入睡」。一個半小時後他們再被叫醒徹夜喝酒，直到早餐時分送上大杯白蘭地餐前酒，並邀他們到宮殿附近的山丘呼吸新鮮空氣。[77]

和奧拉寧鮑姆宮相仿，彼得霍夫宮有一條小水道可載運訪客至一座受看守的港口，在那兒等候的船隻會把人們送回聖彼得堡。在大瀑布底層，有兩條垂直交叉的大道分別通往蒙普列席爾宮（掛滿新近收藏的畫作），以及容納其餘收藏品的艾米塔吉宮。在接下來的兩百年間，使聖彼得堡變得偉大的三位建築師持續妝點彼得霍夫宮：其中包括法蘭切斯科・巴爾托洛梅奧・拉斯特雷利（Francesco Bartolomeo Rastrelli）、安德烈・沃羅尼辛（Andrei Voronikhin）和賈科莫・夸倫吉（Giacomo Quarenghi），但荒謬至極的是宮殿直到二十世紀初年才完工，正巧再也沒有在世的皇室家族可以入住。完工後二十年彼得霍夫宮被希特勒（Adolf Hitler）的軍隊占據了二十七個月，更提升了此詭異完工時機的悲劇性。納粹軍隊搗毀內部裝潢、破壞噴泉和雕像，砍倒一萬四千棵楓樹、椴樹、栗樹和果樹，其中許多棵樹是彼得大帝耗費巨資和人力從日耳曼運來的。一九四四年，彼得霍夫宮被改名為彼得宮城（Petrodvorets），以抹消跟德國的連結。現今彼得宮城的

㊴ 太陽王（le Roi Soleil）是法王路易十四自取的稱號。

㊵ 匈牙利托考伊（Tokay）是最高級貴腐甜白酒的產地。

㊶ 一夸脫（quart）是四分之一加侖，英制夸脫約等於一點一公升。

圖8-9　彼得霍夫宮：納粹占領期間與戰後重建的瑪律利宮。

花園與彼得政權告終時大致相仿，宮殿則歷經重建，反映日後的妝點增色。

✯

一七一四年的一項命令，將貴族、政府官員和基層人員的子女都納入義務教育。十至十五歲的孩子必須上數學和幾何課程。外國人受聘為教師，上層階級的子女迅速熟知德語和法語。但是教育品質落差極大，曾經當過演員、貼身男僕和理髮師的人成為教師，這肇因於身為外國人的光環，足以確保無需另行查核介紹人。[78]

儘管有讓韋伯造訪彼得霍夫宮時，不斷出現的神智模糊酗酒問題，但俄國仍有企圖推行守秩序和重節制的作為。第一本關於禮儀的俄語書籍出版於一七一七年，這首印量一百本的指南書幫助年輕男子做好進入上流社會的準備，並且指導女性端莊守貞。結果這本書大受歡迎，於兩年後加印六百本，一七二三年更增印一千兩百本。對於年輕男子來說，擊劍和騎馬間的談話，尤其是以外語為之，必須合乎禮節。[79]撇開沙皇皇后的例子不談，年輕女子應舉止端莊，避免輕浮胡鬧。跳舞是受嘉許的行為，以增進上流社會的兩性互動，並學習控制身體的技巧。在餐桌上，用餐者不應舔手指或拿刀剔牙，並且禁止以手背抹嘴。餐巾也出現在餐桌上，取代一度用來擦手的長鬍子。[80]

在歐洲化的新社會環境裡，女人被誘離無人聞問的家屋。這發生在正式的聚會場合，社會上流階層的人（從沙皇一直到工匠名師和富商），藉此會面交談。聚會從下午四點開始，不超過晚間十點結束。席間人們會玩西洋棋、紙牌和優雅的歐洲舞蹈。時尚女子將身體擠進緊身胸衣裡，好讓新作成的低胸禮服展露無限的魅力。這股風潮遍及聖彼得堡以外，保守的達里婭．戈利岑娜（Daria Golitsyna）曾埋怨，她「淪落到要向全莫斯科人展示我的頭髮、手臂和袒露的胸部！」[81]儘管彼得和葉卡捷琳娜天性喜愛更喧鬧放縱的娛樂，他們仍在聚會上跳舞，而其他與會者已累倒在旁。[82]

對其餘階層的人民而言，飲酒和賭博等享樂都遭到警察署（Police Chancellery）的管理。一七一八年設立的警察署決心要管控脫序行為。儘管有彼得的全醉酒大會做為反例，首都的放縱和猥褻行為仍受到管理。沙皇下令警察查禁所有「可疑的屋舍」和「傷風敗俗的商號」。妓女遭禁止與軍人往來，違令者將遭裸身逐出都城。[83]節慶時節，機智的拉客小子招徠人們前往臨時搭建的棚子前，坐在粗製濫造的木板凳上，瞪大眼睛觀賞布偶演出俄國古老的民間傳說。[84]在涅瓦河南岸，居地之外的荒野裡，拳擊賽受到當局容許，甚至是提倡。拳擊賽不僅被視為一種社會安全閥，更是練就「好軍人」的方式。稱為banya的澡堂是俄國人的放鬆去處，也是吸引外國人的景點。入浴者會先被樺樹枝擊打，促進「血液循環、賦予器官彈性並激發熱情」後，先在蒸汽室裡發汗，把艱辛生活帶來的一身塵垢流個精光，接著再浸泡在寒冷的河水中。韋伯驚異地「看見不只男人，還有未婚和已婚女子……跑來跑去……不帶一絲羞赧地全裸」。[85]

一七一九年的全俄人口普查顯示，彼得堡島上近五分之一居民的年紀未滿十六歲。他們是在新創城市出生的第一代人。許多出身孤兒的孩子被收為僕人，年僅十歲就被從孤兒院買走，幸運地獲得工作，否則首都是禁止乞討的，一經查獲給窮人救濟品，就必須上繳五盧布的罰金。未出生在特權階級家庭的人們，生活必然艱難，即使聖彼得堡此時正享受第一波的輝煌時光，但日後起義的種子已然種下。進取心十足的銀器匠之子伊凡．波索西科夫（Ivan Pososhkov）正試圖順著社會階級往上爬，與此同時觀察思索俄國生活的實際面貌。波索西科夫的成果是他的社會學研究《貧富論》（*On Poverty and Wealth*），寫於一七二四年且意欲獻給沙皇。波索西科夫在書中主張「全體人民依自身標準稱得上富裕時，沙皇國亦富裕」，換句話說，當社會各階層成員皆富裕，社會就安全無虞。波索西科夫貶抑放縱和水準低下的行為，他抨擊逃稅、販售劣質商品、神職人員的迷信、宮廷貪腐和農民不識字。他指出，「為了維護國家利益，僧侶和商人皆應避免酗酒和豪奢生活」，而且「商人應互相幫助而非擊垮對方的觀念值得宣導」。[86]但如此「嘮叨的禁欲主義」並不被貪婪成性的當權者所接受。[87]彼得死後，波索西科夫立即被逮捕且監禁於彼得保羅要塞，並於一七二六年死在牢裡。《貧富論》一直未能出版，直到一八四二年，知識分子才大感欽佩書中的觀察，這一代人見證了起義動亂的源頭，剛踏上為國家填入革命彈藥的路途。

無論如何，就某些層面而言，新成立的警察署正是為了管控波索西科夫所察覺的部分濫行。警察署是在安東．德．維埃拉（Anton de Veira）監督下設立，他是彼得在阿姆斯特丹認識的葡萄牙水手。警察署的資源不足，職責卻包山包海，負責管控犯罪預防和執法、滅火、汙染排放、街道和水道維護，旁及衛生推廣和疾病管制。[88]事實上，警察署的任務是將前線的不毛地帶轉變成有秩序的宮廷所在城市。一七二一年聖彼得實施垃圾定期收運，指派運貨馬車夫和無業人士前去收取放置於屋外的垃圾。衛生自此獲得改善，街道再也不會見到無人看管的牛隻，用舊布、破布縫製的髒臭市場攤販，如今被嶄新帆布攤位取代。假如房屋面河，屋主必須種樹以美化環境，並且補強房屋所占範圍的堤岸。彼得也下令懸掛六百盞街燈，好讓他的城市成為差強人意可以居住的地方，但這代價非常高昂，據估計聖彼得堡城務署花掉近百分之五的俄國歲收來裝設街燈。[89]

對於觸犯重罪者，沙皇常親自施加懲罰。彼得旅歐十六個月後，於一七一七年十月歸國，英國作家約翰・莫特利（John Mottley）記述沙皇「發現人們強烈不滿他所託付的政府大臣」，而這一年剩下的日子裡沙皇「辛勤不懈地導正國內亂象，並懲處造成亂象者」。每天清晨四點他現身議會聆訊審案。由於審訊過程繁複，沙皇於是成立一個由禁衛隊軍官執法的特別法庭。「沙皇的權力如此絕對，」莫特利指出，「他逼迫德高望重的議員在擔任法官的少尉面前受審，而那些人位居俄國最崇高家族之首。」[90]為了跟包藏禍心的宮廷密謀搏鬥，沙皇派出自己的特別密探。這位特別密探名叫尤里・沙哈夫斯考（Yuri Shakhavskoy），他在彼得的偽宮廷裡被稱為猶大勳爵，但由於他的家族在許久之前背叛過羅曼諾夫家族，考量到如此背景，讓他來擔任彼得的告密者，格外引人發笑。沙哈夫斯考監視高官，把疑心的對象灌醉，他在譏笑中破除人們的心防，為自己贏得彼得的「最高劊子手」的頭銜。[91]

一七一八年彼得引誘放逐在外的兒子阿列克謝返國，旋即將他監禁於彼得保羅要塞。嗜好是敲掉別人牙齒的沙皇，在刑求時親手拔下兒子的指甲。訊問得來的「自白書」，讀來像是二十世紀中期史達林主義者在庭審時呈上的自白書原型：

> ……我的喜好完全繞著宗教偏執和懶散打轉，常跟神父和僧侶往來，一起飲酒……我逐漸厭惡父親的軍隊事務和他的其餘舉措，甚至是他這個人……不願在任一方面模仿父親，我竭力以各種方法獲取繼承權，以致偏離公理。[92]

當局一致認為「皇儲阿列克謝・彼得羅維奇的罪行應判死刑」[93]，沙皇想確保沒有意外發生。沙皇的砲兵指揮官、蘇格蘭人彼得・亨利・布魯斯於一七一八年七月七日現身要塞，「陛下在眾議員和主教陪伴下」，造訪要塞裡囚禁阿列克謝的房間。「心中的狂躁情緒……使皇儲爆發一陣怒火。」三名信差被派往皇宮，稟告彼得，阿列克謝求見父親並尋求原諒。彼得來了，重申皇儲犯下的罪行，原諒且祝福他後離去。在那之後，俄國陸軍元帥斐德（Weyde）派布魯斯去找「藥劑師貝爾先生，他的店鋪就在附近」。貝爾的配藥室整潔且藥品齊全，架上排列著上好的中國瓷器罐。[94]當布魯斯把斐德的手信交給藥劑師，男人的「臉色變得慘白」。不久後元帥來取一個加蓋的銀杯，他把銀杯帶進王子的房間，「一路步履蹣跚……像個醉鬼。」稍後一位信差被派去稟告沙皇，王子「歷經劇烈痛苦後，於下午五點鐘過世」。布魯斯為他的目擊陳述加上最後的不祥結語：「少有人相信」阿列克謝「是自然死去，但說出心中所想是危險的」。[95]此種危險將持續困擾聖彼得堡三百年。

除了身為彼得厭惡的第一任妻子葉夫多基婭的兒子，阿列克謝最大的錯誤是想讓宮廷回歸莫斯科，以及恢復舊政府的形式。莫斯科仍然是重要的行政中心，將政府搬遷到新首都還在緩步實現中。莫斯科的占地較大，且持續於俄國的儀式和慶典中扮演要角。直到革命爆發前，加冕典禮都在克里姆林宮舉辦。然而在十八世紀初年，舊都城是修道院、酒館和蜿蜒密集街道的混亂集合體。[96]為了改善市容，彼得開始在舊都實施聖彼得堡的部分建築管理規定，使莫斯科因新首都的創舉得利。莫斯科的十六和十七世紀「後拜占庭風格」建築，逐漸被俄國式的「皇家」樣式取代，源頭來自北歐的巴洛克風潮。不過聖彼得堡仍然是西化的中心，城市裡垂死俄國工人的呻吟和歐洲小步舞曲的調子同隨強風吹送。

約翰・貝爾離開三年後，在一七一八年十二月回到彼得的城市，他發覺已有長足改變。在前一年裡，六千棟木屋建於城市外圍，「梁柱一根接著一根，朝外面粗糙，朝內面則用小斧頭削至光滑」，屋頂以冷杉薄板覆蓋於易燃的樺樹皮上，或是在頂層覆蓋草皮。[97]造船的進展驚人，完成了三十艘戰艦和三百艘槳帆船。位於莫伊卡河口（Moika）的屠宰場雖屬必要卻惹人嫌惡，外觀以假造的宅邸和窗戶掩蓋（「波坦金」㊷騙局的史上首例），此後在俄國和蘇聯變得為人熟知。截至一七二〇年已建造六萬棟房屋，包括前所未有的「宏偉宮殿」。韋伯記述情況跟他在一七一四年抵達時已大不相同，旅人會「認為他置身倫敦或巴黎」。[98]當時首要的計畫是設置昆斯卡瑪博物館，容納彼得從歐洲購買的解剖收藏，以及在西伯利亞發現的礦物和化石。沙皇於午夜私下造訪德勒斯登的一間珍奇館博物館，讓他留下深刻印象，而後生於德勒斯登的一位建築師蓋歐格・馬塔諾威（Georg Mattarnovy）開始為他設計聖彼得堡的珍奇館博物館。和修勒特和勒布隆相仿，馬塔諾威來到俄國首都不久後即過世，建築由另一位日耳曼人尼古拉・赫貝爾（Nicolas Herbel）、俄國人米哈伊爾・贊佐夫（Mikhail Zemtsov）和義大利人蓋塔諾・契亞維利（Gaetano Chiaveri）接手。他們發展出以尖塔來區隔龐大兩翼建築體的繁複概念，直到一七二七年才完工。[99]

彼得人生將盡時，加緊腳步創立學校和研究單位，並修築容納上述權威機構的建築物。工程

㊷ 波坦金（Potemkin）一詞出於十八世紀中後期俄國政治人物波坦金，他於葉卡捷琳娜二世出巡時搭建假村莊欺騙女皇，此後「波坦金村莊」成為假建設的代稱。

學校設立於一七一九年，砲彈研究室建於一七二一年。一七二四年一月二十八日頒布的命令宣告科學院（Academy of Science）成立。日耳曼哲學家戈特弗里．威廉．馮．萊柏尼茲（Gottfried Wilhelm von Leibniz）曾力促沙皇創建類似機構，以訓練人們實踐上帝意旨，即「科學應環繞地球」。[100]科學院下有三個系：數學、物理學和人類學。科學院由研究者和老師主持，討論學術課題、教育學生，並且負責籌組一座圖書館。一七二五年十一月二日科學院正式開張，時為彼得死後的十個月。

彼得在一七一八年創建頭三個執行管理委員會：戰爭、外交事務和海軍。截至一七二二年另新增八個委員會。[101]特雷齊尼贏得管理委員會建築的競圖，其中有五百公尺長的雄偉建築，大多承襲特雷齊尼於哥本哈根的經驗。一七二四年設計完成，八年後外部建設落成。內裝在一七四二年完工，負責人是第一位有資格勝任的俄國建築師贊佐夫。沙皇送贊佐夫到斯德哥爾摩學建築，而他回到聖彼得堡執業後培養出第一代俄國建築師。[102]

彼得當然干預了管理委員會的日常運作，並且派間諜潛入委員會大廳，向他回報貪腐或失當行為。[103]考量到聖彼得堡的緯度，冬季白日短暫，沙皇會在拂曉前開始工作。假如官員不夠努力，沙皇「會用枴杖痛打他們，就像他對偉大的緬什科夫公爵做過上百次的舉動」。[104]據約翰．迪恩上校觀察，清晨去過委員會後彼得趕往海軍部，和造船工人談話，並且「拿斧頭或錛子上工，鮮少留給自己吃飯的時間」。[105]

如果說沙皇和他的建築師、都市規劃師終獲勝利，聖彼得堡最大的敵人卻拒絕投降。一七二一年十一月初，法國使節拉畢（La Vie）在租屋處看著水位漲至一公尺高。俄國的宗教保守人士認為聖彼得堡違反自然，甚至是邪惡之地，自然彷彿是復仇天使的化身降臨。一七二一年的洪水造成重大損害，可是跟一七二三年十月的大洪水根本無法相比。在聖彼得堡建城以來的第九度洪水侵襲下，水位升到城市史上三百次洪水中的第七高。然而建設仍持續進行。一七二三年一間劇院在莫伊卡街（Moika Street）開業。沙皇的藝術收藏（對於彼得霍夫宮來說數量變得過於可觀），在歐洲的第一間公共藝廊展出。藝廊於一七二四年在聖彼得堡開設，展出一百二十幅荷蘭和法蘭德斯畫派㊸的中階油畫。[106]大北方戰爭結束確立了俄國擁有卡累利阿、英格利亞、立窩尼亞、愛沙尼亞和庫爾蘭等地區，使建設緊鑼密鼓地進行。諷刺的是這讓彼得獲得三座可通行的波羅的海港口：納爾瓦、里加（Riga）和列巴爾（Reval，今日的塔林㊹）。不過那時沙皇的「天堂」已逐漸興盛，還有一條長二點八公里的運河開通，連接特維爾察河（Tvertsa）和上沃洛喬克（Vyshnii Volochek）的茨納河（Tsna），意味著貨物可以從俄國心臟地帶順著窩瓦河（Volga）運至聖彼得堡，無需經由陸路。彼得選擇的首都突然間顯得不那麼荒謬。

這座城市是一座繁忙的海軍基地，容納四十八艘風帆戰艦㊺及由七千多名俄國水手操控的三百艘槳帆船。[107]這支俄國海軍的統帥是伊凡．米哈伊洛維奇．葛萊文（Ivan Mikhailovich Golovin）。

㊸ 法蘭德斯畫派（Flemish painting）興盛於十五至十七世紀，主要人物是比利時畫家揚．范艾克（Jan van Eyck, c. 1390-1441），將油畫材質發揚光大。

㊹ 塔林（Tallinn）是現今的愛沙尼亞共和國首都，舊稱列巴爾。

㊺ 風帆戰艦（ships of the line）是十七至十九世紀中期的海軍主力戰艦，木構船身、裝載火砲，十九世紀後期開始被鐵甲艦取代。

葛萊文欠缺熱忱和技術，在旅居荷蘭期間證明自己是個手藝欠佳的工匠，於是彼得派他到威尼斯學造船。葛萊文抵達共和國㊻後鮮少離開居所，當他回到俄國，彼得對此人自陳懶散的行徑印象深刻，竟任命他為測繪首長和艦隊督導。據日耳曼日記作家弗里德里希・威廉・馮・貝戈爾茲（Friedrich Wilhelm von Bergholtz）所述，在葛萊文的女兒嫁給特魯別茲科伊公爵（Prince Trubetskoy）的婚禮上，彼得走近這位貪婪地吞咽著肉凍的「名工匠公爵」與艦隊司令官，不斷灌他酒，好似要讓他窒息。[108] 彼得常羞辱身邊的親近人士，舉止像個不成熟的沙皇巨星在虐待跟隨者。彼得在坐擁絕對的權力下，突發奇想和願望往往脫韁失控。他固執地要一位懷孕後期的女子喝下罰酒，只因她缺席凱旋遊行。據貝戈爾茲的記載，女子後來將她流產嬰孩的屍體浸泡在酒精裡，送去給沙皇。

彼得的全瘋癲、全滑稽、全醉酒大會冒犯了正統基督教禮儀，攻擊宗教的崇高性。裸身的酒神現

圖10　一七五三年眺望特雷齊尼設計的十二間執行管理委員會。

身狂歡節，頭戴主教法冠。在大會其中一位成員彼得．博特林（Peter Burturlin，他取代年長的導師佐托夫成為「教宗公爵」）的婚禮上，新婚夫婦用巨大性器官形狀的容器飲酒，男性形狀的給新娘，女性的給新郎。宴會後新人進入特別打造的金字塔，上頭布滿監視孔，好讓狂歡賓客能窺視新婚夫婦洞房。在教宗公爵博特林的屋子對面，英國區仿效彼得的偽宮廷設立了「屁眼管理委員會」（Bung College），委員會官員有「老二蹄鐵工」和「窺陰者」等稱號。他們的滑稽行徑包括用雞蛋和燕麥塗抹陰莖，然後放上兩隻飢餓的鴨子。[109]

就在博特林娶妻和尼斯塔德條約㊼簽訂不久後，一七二一年十一月二十二日彼得稱帝。頒布的命令內容為「僅有他親自領導……他帶領全俄至如此強盛繁榮的境地，使他的人民在全世界享有無上光榮」，所以他們必須「以全俄人民之名請求陛下，接受他們……『祖國之父』、全俄皇帝、彼得大帝的稱號」。加冕頌詞裡塑造的形象，如同環繞著聖彼得堡非凡起源的虛構神話一般，佐證了從黑暗到光明、從虛無到存有的進程。[110]那些陳述和比喻跟「太陽王」所使用的不無相似之處，但是路易十四的形象是假造的，而頌揚彼得的言詞則貼切地基於他特出的膽識和精明，正是這些特質讓他將國家猛然帶往顯赫的地位。[111]儘管其他國家對於承認俄國統治者的嶄新崇高地位有些遲鈍，例如英國和奧國直到一七四二年才承認「皇帝」頭銜，西班牙和法國則要再

㊻ 指存續至一七九七年的威尼斯共和國，此後被拿破崙征服經歷一段主權動盪期，一八六六年統一到義大利王國內。

㊼ 俄國和瑞典於一七二一年九月十日簽訂尼斯塔德條約（Peace of Nystad），標示著大北方戰爭的結束，確立俄國取得波羅的海出海口的土地。

隔兩年後，彼得已於舊俄國大獲全勝。正教會表示臣服，皇帝在祭拜古代神祇的眾神廟裡取得一席之地。世俗慶典使禮拜頌榮相形失色，神聖秩序讓位給皇帝的雄才大略。俄羅斯帝國的政教分離已經開始。

✯

為了鞏固新的秩序，彼得在一七二二年伊始下令實施官階表（Table of Ranks），制度根基來自普魯士使用的體系。公務人員、軍隊和法院的職等分為十四級。舉例來說，第五級公務員是國務委員（State-Councillor），對等職位是軍隊的准將（Brigadier）或法院的助理法官（Master of Ceremonies）。彼得寄望這體系能抵消繼承的特權。出身貴族家庭的人將不被承認貴族身分，直到他晉升到有資格冠上貴族稱號的官階職等。不過，特權的韌性仍藉由一項事實顯現，如任職頭四等官階的十三個家族，是出自一百五十年前組成貴族議會㊽的二十二個家族：博特林家族、切爾卡瑟家族、多爾戈魯基家族、戈利岑家族、葛萊文家族、庫拉金家族、普萊雪夫家族（Plescheevs）、羅莫達諾夫斯基家族、薩爾蒂科夫家族（Saltykovs）、謝爾巴托夫家族（Shcherbatovs）、舍列梅捷夫家族、維利亞米諾夫家族（Veliaminovs）、沃倫斯基家族（Volynskys）。[112]貴族人士不肯放手。此外，順著官階表爬升的平民對於新地位漸生防衛心，他們混雜著自傲和疑心病的表現，為十九世紀的聖彼得堡文學提供大量喜劇素材。

一七二二年彼得年屆五十歲，他的思緒轉向繼承人選。他在一七一八年殺害了親生兒子，並且頒布皇位繼承章程以捍衛此項行動：「統治的帝王永遠有權指定他希望的繼承人選，或者在繼承人做出不得體行為時廢除指定人選。」此後，出身貴賤或性格異常與否皆須順服於沙皇的意旨。彼得企圖使俄國的君主體制脫離貴族家族的密謀和近親繁殖，並且進入西方的政治聯姻結合的軌道；他宣告自己的家族成員必須跟歐洲人結婚。事實上他是在為葉卡捷琳娜的繼承做準備，這件事差點未能成真。

以葉卡捷琳娜的迅速崛起來判斷，這位女子富有野心且對政治得心應手。當彼得身受肌肉痙攣而使他「神態狂躁可怖」[113]之際，葉卡捷琳娜似乎是唯一能安撫他的人。她親自挑選彼得的情婦，而他在信中向她公開談論她們。至於她則向沙皇保證，朝臣在沙皇離開時來與她共進晚餐時，她只當他們是上了年紀的男人。彼得的信裡充滿笑語和性暗示，對於可能的不貞行為感到焦慮，並表達長時間分離的沮喪情緒。最重要的是兩人關係顯得既穩固且充滿關愛。一七一七年彼得身處布魯塞爾時想寄一些蕾絲布料給葉卡捷琳娜，他寫信要她寄一些給蕾絲製造商參考的樣本來。葉卡捷琳娜的回覆假如稱不上狡猾，至少相當甜蜜，她說自己不需要特別款式，「只要兩個名字交織在蕾絲裡，你的和我的。」[114]

一七二四年五月七日，葉卡捷琳娜在莫斯科的聖母安息主教座堂（Assumption Cathedral）加冕為第一任俄國皇后，她是位擁有外國血統的灰姑娘，自此開創了七十年的女性統治。葉卡捷琳娜成婚時已獲得沙皇皇后（imperatritsa）身分，因此這項不必要的儀式只是為了鞏固彼得盼她繼承的意圖。諾夫哥羅德（Novgorod）樞機主教費歐凡・普羅科維奇（Feofan Prokopovich）發表了

㊽ 貴族議會（Boyar Duma）在封建時代具有強制輔佐沙皇的地位，後逐漸削弱，於彼得大帝任內廢除。

一席怪異的佈道。表面上在頌揚，仔細檢視卻明顯語帶譏諷。費歐凡將葉卡捷琳娜置入看似顯赫的脈絡裡，與神話和歷史上最具權勢的幾位女性並列。但是詭異地（也或許事出必然），為了在男性的世界獲得榮耀，這些女人全都有其陰暗面。如巴比倫的塞密拉米斯（Semiramis）以性能力著稱，她在如願治理國家的五天之中處死丈夫尼諾斯（Ninus）。亞馬遜人彭忒西勒亞（Penthesileia）是另一個古怪選擇，因為她殺了自己的妹妹。在提及的三位羅馬皇后海倫娜[49]、普爾喀麗亞[50]、葉夫多基婭[51]之中，最後一位顯得刺耳，因為彼得的首任妻子葉夫多基婭仍在人世。[115]將葉卡捷琳娜並置於靠追求權勢和邪惡出名的女人之中，費歐凡若非對彼得選擇的皇后和繼承人隱晦表達不悅，就是在警告彼得，她的人格或行為的某些面向。

就在葉卡捷琳娜加冕的五個月後，威廉·蒙斯（William Mons）的貪汙醜聞爆發，這很可能是要掩飾「英俊偉岸的」蒙斯不僅擔任葉卡捷琳娜的財產管理官，也是她的情人。彼得的總檢察長帕維爾·亞古辛斯基（Pavel Yaguzhinsky）在宮廷裡散播消息，於是當沙皇撞見葉卡捷琳娜和她「深愛的」男人獨自在花園裡、或者共進晚餐時，他只能設想最壞的情況。[116]蒙斯後來在聖三一廣場上遭鞭刑和砍頭，他的頭顱被插在長杆上，沙皇天天都帶著葉卡捷琳娜路過示眾地點。[117]隨後頭顱經過醃漬，成為昆斯卡瑪博物館裡帶著警告意味的展示品。不過隨著彼得對於蒙斯外遇事件的怒火平息，他似乎仍然樂意讓第二任妻子擔任他的繼承人。或許沙皇並未遺忘兩人品味共通的動人證言——他愛上安娜·蒙斯，而葉卡捷琳娜愛上安娜的兄弟。

✯

一七二五年一月二十八日彼得大帝駕崩於冬宮，葉卡捷琳娜・斯卡烏隆斯卡婭憑一己之力登基為全俄羅斯女皇。彼得在冬宮開放瞻仰遺容幾近六週，過去二十年他投注建設的城市的居民排成一行靜靜走過。充滿天分的威爾斯技師愛德華・連恩（Edward Lane）曾在克隆施塔特從事要塞和港口建設十年[118]，他前來向策劃整個計畫的沙皇致敬。他常見到葉卡捷琳娜在棺木旁哀悼，她最年幼的女兒娜塔莉亞死於三月四日，年僅七歲，小小的棺材放在父親棺材的不遠處。

三月十日，一百六十六個哀悼群體連成的送葬行伍踏著雪雨覆蓋的路面，緩緩走過穿越冰凍涅瓦低地的道路。跟在棺木後的唱詩班一路吟唱，葉卡捷琳娜則因啜泣而虛弱不已。禮砲鳴響，小號吹奏，定音鼓低迴著好似涅瓦河面冰層碎裂的聲音。軍樂隊鼓手打著沉穩節奏下，葬禮行進至未完工的彼得保羅主教座堂（Peter and Paul Cathedral）。費歐凡・普羅科維奇的悼詞毫不掩飾地頌揚：「他為祖國俄羅斯所做的，將延續下去……他使敵人畏懼俄羅斯，畏懼之心將延續下去；他使俄羅斯的光榮遍及全世界，而這份光榮將永無休止。」[119]一心認為在沼澤地上建立城市大有可為的男人即將下葬。他夢想中的光輝城市仍待建成。

法國哲學家盧梭（Jean-Jacques Rousseau）評論，彼得想教化俄羅斯人「之前應該先抑制他們的野蠻天性。他想讓他們立刻變成日耳曼人和英國人，可是他應該先從讓他們成為俄羅斯人開

㊾ 海倫娜（Helena）是四世紀拜占庭帝國皇帝尤利安（Flavius Claudius Julianus, 330-363）的妻子。

㊿ 普爾喀麗亞（Pulcheria）曾擔任弟弟狄奧多西二世（Theodosius II, 401-450）的攝政女皇。

(51) 葉夫多基婭是七世紀拜占庭帝國皇帝希拉克略（Flavius Heraclius, 571-641）的妻子。

始。」[120]亞歷山大．蘇古諾夫（Alexander Sokurov）二〇〇二年的電影《創世記》（*Russian Ark*），以九十六分鐘的長鏡頭漫步於聖彼得堡的艾米塔吉博物館，帶領觀眾穿越三百年的俄羅斯歷史。形象參照十九世紀初年克斯汀納侯爵的電影主角辛辣問道：「為什麼要沿用歐洲的錯誤？」[121]

彼得大帝不僅是聖彼得堡的創始者，也一手造成城市的後續苦難，這來自於使偏遠之地做好準備的危險跳升。然而在與瑞典開戰和國內諸多紛擾的背景下，彼得打造了一間造船廠、一座海軍基地、一個港口、一處行政中心、一座宮廷，以及日漸顯現堅固高雅灰泥建築、整齊花園和筆直乾淨街道等特色的首都，這是全歐洲所座由義大利、瑞士、法國、英國、日耳曼和俄國建築師攜手建造的城市，是一處「天堂」。[122]建設受驕傲驅使，神祕起源則陷入不實泥沼。一七二〇年，韋伯記述因都城工事送命的人已擴增至「十萬個靈魂」。[123]到了一七三三年法蘭西斯．達許伍德爵士（Sir Francis Dashwood）造訪時，傳聞已遠遠超越可信的程度，「在這座城鎮和克隆施塔特要塞的地基之中，有三十萬人因飢餓和缺乏空氣而死。」[124]這一切僅僅為了滿足第二選擇，彼得最初的企圖是在黑海岸建立新首都，一處更適合異國鳥種生活的地點，沙皇將鳥兒送往聖彼得堡，只能眼睜睜看著牠們死去。但到頭來，彼得被迫在俄國的波羅的海沿岸建立能讓海軍進出的首都，一處易受敵人和無情大自然侵襲的位址。不幸地，彼得大帝建立的帝國將要對抗自然、對抗歷史傳承和舉國常規。

有些人將這座首都比擬為新的羅馬，假若如此，聖彼得堡是經由剖腹產㊷降生世間。這座城市是自大狂空前行止的結果。有個芬蘭傳說講述曾有許多來自不同國度的國王試圖建設涅瓦沼澤低地，然而是彼得大帝的遠見、意志力和技術成就，才讓這項嘗試成功開花結果。詩人約瑟夫．

布洛茲基在列寧格勒一家共居的淒慘、標準「一室半」空間長大，他用一句話總結彼得大帝的成就：「這位統治者在規劃他的城市時只用了一種工具：一位統治者。」[125]

52 剖腹產（Caesarean section）的名稱得自凱撒（Caesar），傳說凱撒是經由剖腹產出生。

第四章　昏睡與重生

一七二五至一七四〇年

謠言四起，傳聞葉卡捷琳娜毒死彼得來為她的情人復仇。[1]根據醫療診斷，聖彼得堡的創立者是死於前列腺腫瘤或尿道狹窄，這肇因於未治癒的淋病常導致的炎症[2]，飲酒也必定扮演部分成因。與此同時葉卡捷琳娜展現絕大的哀傷，並且採取手段來確保繼承權。由於女人被選定為君主是新鮮事，於是樞機主教費歐凡動用了高超的技巧，再加上一些膽量來平息事端。他在沙皇的葬禮致詞中向葉卡捷琳娜發言：「全世界將妳看待為女性身軀，但也無法阻止妳做出彼得大帝般的行止。」[3]新的錢幣已鑄成，一面是彼得的半身像，另一面是與葉卡捷琳娜相似之人，四周擺著意指她適合接替彼得大位的物品：地球儀、航海圖、平面圖和數學測量工具。[4]此後她常以亞馬遜人的姿態現身，是一位「戰士女皇」，這是安撫傳統派人士的有效策略，後者相信唯有男人才能統治俄羅斯。在葉卡捷琳娜的謁見室天花板上，《葉卡捷琳娜的勝利》（*The Triumph of Ekaterina*）壁畫裡的女皇身穿豪華且暴露的長禮服，表現出戰士的形象。[5]

然而葉卡捷琳娜的登基正當性尚存爭議，而且發生謀殺威脅。有兩位魯莽的騙子出現，一位在烏克蘭，另一位在西伯利亞，雙雙宣稱自己是死去的皇儲阿列克謝。他們遭到逮捕，送往聖彼得堡砍頭。[6]此外，葉卡捷琳娜更須嚴正以待的皇位競爭對手，是阿列克謝遇害後留下的九歲兒子，比葉卡捷琳娜更加名正言順。身為彼得大帝和葉夫多基婭・洛普金娜的孫子，這位男孩獲得富有權勢的戈利岑家族和多爾戈魯基家族的支持。然而當參議院開始爭相支持這位男孩時，已逝沙皇的普列奧布拉任斯和謝苗諾夫斯基衛隊，在受到葉卡捷琳娜的極力催促下，全副武裝地抵達議院，帶著威脅地敲出陣陣軍鼓，表現出對於慷慨供應他們飲酒之人的支持。[7]隔天一早，葉卡捷琳娜獲認可為女皇，衛隊也得到更多的伏特加。在亞歷山大・鮑羅定（Alexander Borodin）的歌劇《伊果王子》（*Prince Igor*）中，有個角色暗示「沒人會追隨對酒吝嗇的統治者」。為了獎賞衛隊所有人，葉卡捷琳娜承諾一筆勾銷債款來做為回報。[8]

如果說葉卡捷琳娜將衛隊牢牢控制於手心，那麼緬什科夫就是緊緊掌握了女皇。由於一切順遂的發展可歸功於公爵，葉卡捷琳娜就扮演著他的保護者。每當竊取與敲詐指控損害了緬什科夫和已故沙皇的關係，葉卡捷琳娜總是介入調停。類似情況在一七一一年、一七一五年和一七一九年發生，並於一七二三年搬演至最烈，當時的彼得對於身邊的貪汙行為憤怒不已，他要求一經查獲竊取國家財產的官員，一律立即處決。總檢察長亞古辛斯基勸退了彼得，他宣稱「我們都在偷竊。有些人拿得少，有些人拿得多，不過我們所有人都拿了一些東西」。[9]不過一百年後，果戈里筆下詐騙錢財的男主角乞乞科夫①也坦率直言：「我自己動手拿取多餘的……要是我沒拿，只

① 乞乞科夫（Chichikov）是果戈里名著《死魂靈》的主角。

是換成其他人拿走。」[10]再相隔一百年，在蘇維埃統治下，同志嘲諷地說俄羅斯是世上最富裕的國家，因為人們多年來竊取國家財產，國家仍然不斷有東西可偷。[11]藉著確保葉卡捷琳娜登基，緬什科夫保護了自己。假如阿列克謝的兒子彼得能娶他的其中一個女兒，那麼緬什科夫就能安全無虞把持國家許多年。不出所料，公爵的強大敵人也有類似的想法。

那事實上是不擇手段，用來確保羅曼諾夫傳承的另一樁婚姻。一七二五年晚春，葉卡捷琳娜和彼得的十七歲女兒安娜．彼得羅芙娜，嫁給了荷爾斯泰因—戈托爾夫公爵②卡爾．弗里德里希（Karl Friedrich）。為了慶祝婚禮，公爵在他位於聖彼得堡的宮殿舉辦豪華無比的晚宴，群聚在外的觀禮者可隨心所欲飲酒來共享盛宴，如此慷慨行徑導致十人死亡。公爵在一七二六年二月設立的最高樞密院（Supreme Privy Council）獲得一個席次。儘管葉卡捷琳娜是此小型政策決議機構名義上的領導人，但她出席幾次後顯得失去興趣，不再與會，在她政權的餘下時間則放任緬什科夫主導樞密院。[12]樞密院的職責立意為刪減、簡化彼得的改革，削減軍隊規模並廢止帝國的計畫以大幅減稅。連年歉收和高額人頭稅③使俄國的農村人口損失慘重，與此同時菁英階層則揮霍驚人的財富。[13]受葉卡捷琳娜和緬什科夫影響下，宮廷變得以揮霍聞名。女皇樂於抹消一切過往卑微的記憶，在追求皇室奢華上不省一毛錢。在葉卡捷琳娜登上皇位的第一年裡，她擁有奢侈品的欲望花掉了四十五萬盧布，幾近國家支出的百分之四點五。[14]聚會被鋪張的舞會取代，宮廷舉辦更多正式接待會。在這些盛大晚宴上，賓客被迫拿不斷輪轉的公用杯敬酒。宴席後接著跳流行的薩拉班德舞曲④、阿勒曼德舞曲⑤和嘉禾舞曲⑥。法國醫師和植物學家皮耶爾．德許索克斯（Pierre Deschisaux）記述道，女皇到來和離席時會響起一陣小號和定音鼓齊鳴。整個延續到凌晨兩點的晚宴，她會換裝數次，並連番下令將酒杯斟滿好讓眾人祝她身體健康，而在與彼得不知節制地飲酒多年後，她的健康情況已快速惡化。

德許索克斯在一七二六年抵達聖彼得堡，見到港口停泊的壯觀船隊和秩序井然的海軍部，他的同胞烏柏里．德．拉莫泰拿了威尼斯的軍械庫⑦來比擬。依據馬塔諾威的設計興建的冬宮正在整修，但根據德許索克斯所述，「毫無特出之處」。[15] 事實上，聖彼得堡的情勢還不算安穩。因為經費短缺，特雷齊尼規劃的彼得保羅要塞和教堂仍未完工。處處可見犯罪和刑罰的證據，例如屍體綁在木輪上腐朽⑧，其餘屍身懸在絞刑台上腐爛，高高釘起的頭顱嚴峻警示著所有的過路人。[16] 在夏季高溫中，人肉的惡臭與屠宰場的宰殺隱隱融合。

一位英國遊人指出，聖彼得堡是在「四項元素完全欠缺下建立的……地面全是沼澤，空氣總

---

② 荷爾斯泰因—戈托爾夫公爵（Duke of Holstein-Gottorp）掌管什列斯威公國和荷爾斯泰因公國，領土分別在今日的德、丹交界與德國北部。

③ 人頭稅（poll tax）指向每位國民收取同額稅金，相對於以收入來課稅的所得稅。

④ 薩拉班德（sarabande）是起源於墨西哥和西班牙的慢板舞曲，於十七、十八世紀成為盛行的宮廷舞曲。

⑤ 阿勒曼德（allemande）原為中板德國民間舞曲，後流入法國宮廷。

⑥ 嘉禾舞曲（gavotte）是古老的中板法國民間舞曲，十七世紀中在宮廷變得流行。

⑦ 威尼斯軍械庫（Venetian Arsenal）從十二世紀開始興建，在威尼斯共和國時期製造船隻，是工業革命前歐洲最大的工業基地。

⑧ 此處可能指輪刑，將犯人綁在大木輪上敲斷四肢骨頭，扔在原處直到死去。

是起霧。水有時半淹房屋，而火一度燒毀半個城鎮。」儘管夏季短暫、土壤低濕、冬季又漫長黑暗，葉卡捷琳娜仍支持擴建市內花園。拉莫泰向這項成就致敬，斷言「假如（聖彼得堡）有一丁點稍微可忍受的土地稱得上宜人或宜居，那完全歸功於藝術」。[17]然而，在欣賞過荷蘭式花園的格狀棚架和涼亭後，德許索克斯不禁注意到鄰近原野上的「可怕」動物和怪異植物。首度侵襲城市的強烈洪水，使居民再度重溫他們身處困境的荒謬性。一七二六年十一月的滾滾洪水甚至比一七二一年的大洪水還凶暴。德許索克斯躲在閣樓裡，深信衝毀涅瓦河堤岸的洶湧浪潮足以橫掃住處的地基。[18]河流的各分支匯成一片汪洋，建築物頂端像燈塔般突出水面；波濤吞沒城市，船隻漂流至幾小時前人們散步的地方；糞便隨波逐流並在大水退去後沉積，留下一座泥巴覆蓋的灰暗城市。這次洪水的規模和損害之大，讓葉卡捷琳娜加倍投入利用木樁來修築河岸堤防。

女皇也極力促成已故沙皇掛心的兩項計畫。[19]首先是尋找與北美接觸、建立通商管道的東北航線，當時他們將北美稱為「新西班牙」。葉卡捷琳娜整備一支遠征隊於一七二五年出航，由丹麥探險家威塔斯．白令上校（Vitus Bering）領軍，但是她沒等到任何探險消息回報就過世了。直到一七四一年的第二次出航探險，白令才抵達北美海岸，這項發現讓俄國併吞了現今的阿拉斯加和太平洋西北地區。[20]第二項計畫是科學院以及「珍奇館」、或稱昆斯卡瑪博物館的開幕，豎立城市地標。這是聖彼得堡第一座真正完工的宏偉建築物，立面長一百公尺，有位法國旅人讚嘆它是「歐洲壯觀建築之中，最出眾的一棟」。收藏品包括植物、動物和器械，包括彼得大帝在普魯特河戰役裡使用的土耳其石頭砲彈。在展出的解剖標本裡，有個系列展示一週大到九個月大胚胎的演進過程，由阿姆斯特丹的勒伊斯收集得來。[21]這類展覽受到正教會的禁止，因為他們擔憂靈魂恐怕會復活，重回身軀，但這類型的展覽明顯有助於提升科學思考。[22]怪物千奇百種，有雙頭牛犢、「八腳羊」和另一隻「三眼羊」，至於可疑的「飛龍」[23]和「有翅膀的蛇」皆被視為惡魔的化身。拉莫泰驚訝於「陰陽人的生殖器官……一個女摩爾人的四個月大胚胎，她的突出陰蒂跟同齡男孩的陽具同長」，以及「約莫九個月大的卡爾梅克人嬰孩有兩個身體和兩個頭，各自的器官都已成形」。[24]由於收藏品的規模和稀有性反映出統治者的地位，彼得大帝曾派圖書館員和他的珍奇館館長，尤漢．舒馬赫（Johann Schumacher），行遍歐洲蒐集諸般展品。昆斯卡瑪博物館也開放給聖彼得堡大眾免費參觀，但儘管供應訪客咖啡、葡萄酒或伏特加，但卻未能激起本地人多少興趣。[25]

科學院設於已故伊凡五世遺孀的宮殿，緊鄰昆斯卡瑪博物館。葉卡捷琳娜常於學術演說席間呆坐或打盹，而講演多以拉丁文表述。無論如

圖11　昆斯卡瑪博物館。

何，葉卡捷琳娜的短暫統治年月已過了一半，她正一頭栽入酒後昏睡的情形。葉卡捷琳娜延續了彼得的酗酒養生之道，沒花多少時間治理國家，不過她接管了全醉酒大會的現有成員。葉卡捷琳娜的年長弄臣娜塔莎．戈利岑娜公爵夫人（Princess Natasha Golitsyna）的酒量稱霸大會，她會徹夜暴飲直至隔天清晨，直到重重癱倒桌底為止。[26]

葉卡捷琳娜變得一心執著要喝到酒醉不醒，導致她在跟情人做愛時往往陷入昏迷。[27]她的雙腿尚未浮腫到無法下床時，她會樂於穿戴女皇的服飾現身。她的騎馬裝束以銀色布料製成，長袍上綴有金色西班牙蕾絲，頭飾上的白色羽毛媚惑擺動。她常結合軍人和尤物形象，在軍裝外套下穿著低胸長裙閱兵。在一七二六年二月的閱兵典禮上，禮槍致敬時有顆子彈險險飛過女皇的頭，殺死的是一位站在附近的不幸商人，這也許是意外擊發，也許是蓄意謀殺，但絕對有不滿的跡象存在。[28]在當時的一幅木版畫中，葉卡捷琳娜被畫成醜惡、食人的民間傳說人物芭芭雅嘎（Baba-Yaga），騎著一隻豬攻擊彼得大帝。[29]先前支持女皇繼位的樞機主教，如今發表公開聲明批評她的生活方式。費歐凡遭判處死刑後，葉卡捷琳娜為他減刑，並監禁於阿爾漢格爾斯克的地下牢房。餓個半死且因自己的排泄物散發惡臭，費歐凡在一七二六年死於牢裡。

由於葉卡捷琳娜的健康持續惡化且失去生氣，她指定已故皇儲阿列克謝的兒子彼得，當她的繼承人，並意圖讓他跟緬什科夫的女兒結婚。在酒精中毒、氣喘和性病削弱體力下，葉卡捷琳娜在主顯節的祝水禮時受了寒，踏入俄國統治者一貫的死亡陷阱。臥病許久後，她於一七二七年五月六日逝世。她的統治過於短暫放蕩，未能成就太多，少了緬什科夫的話可說是微乎其微。葉卡捷琳娜對國家最重要的貢獻是做為彼得的相知伴侶。她一杯接一杯和他競酒，並且隨他出征。她既忍受得了艱辛，也能樂看滾滾洪流。約翰・莫特利認為她的低微出身「完全不致於使她難堪」，反映出「她本質之中的懾人光采」。[30]伏爾泰（Voltaire）甚至主張葉卡捷琳娜「跟沙皇本人同樣不凡」。

女皇是祖國之母，被許多人視為豐收女神。[31]諷刺的是這位母親將她的名字給了烏拉山地區的葉卡捷琳堡（Ekaterinburg），那是羅曼諾夫家族，她奇蹟般嫁入的王朝，來日的滅門之地。

✯

葉卡捷琳娜死後一個月內，緬什科夫被冠上現世最高的官階：大元帥（Generalissimus），而他的女兒瑪利亞也跟十二歲的沙皇訂婚。[32]在掠奪成性和權力自我膨脹下，緬什科夫的行為變得更囂張。他擅自挪用獻給新任沙皇彼得二世的贈禮。他邀請統治者前來奧拉寧鮑姆宮，但當男孩漠視邀約時，「緬什科夫愚蠢地坐在屬於彼得的王座上」，這一舉一動並未逃過政敵的法眼。隨後，他前往彼得霍夫宮找年輕沙皇談話時，再次遭到冷落。被忽視的緬什科夫回到聖彼得堡為沙皇準備歡迎會，卻遇見薩爾蒂科夫將軍銜命將家具收回，搬至夏宮。就在同一個晚上，薩爾蒂科夫逮捕了緬什科夫。由於「罪行」和「政治」兩方面的犯行，這片土地上最有權勢的男人被剝奪頭銜並流放至西伯利亞，他在一七二八年死於當地。

這齣戲劇場面開展時，聖彼得堡最顯著的改變是架設了橫跨涅瓦河的浮橋，連接瓦西里島上的緬什科夫宮殿和海軍部。由於受到冰凍的融雪激流侵襲，每年春天都必須重新鋪設這座橋，直到一八五〇年，終於搭建較耐久的結構為止。但浮橋對首都來說建得太晚，彼得二世決定一七二八年一月加冕後將宮廷遷回莫斯科。這項決定讓許多憎惡聖彼得堡的傳統家族欣喜不已，尤其是權傾一時的多爾戈魯基家族，他們像緬什科夫一樣懷有延續王朝的野心。[33]因為城市創建者的逝世導致人口減半，「彼得的首都」建設因而暫緩、工廠倒閉且商人損失錢財，成形中的壯闊都城迅速變為腐朽中的地方城市，聖彼得堡似乎準備淪為歷史上最曇花一現的大城。但在許多大宅子無人居住，許多未完工的建築，衰敗到將要崩塌的同時，有一項彼得大帝委派的重大計畫，在他的孫子將宮廷移回莫斯科時實現。

彼得保羅主教座堂的聖幛⑨於一七二二年發包，同年秋天由莫斯科一組五十多位雕刻師、木匠和鍍金工匠的工班開始施作。一七二七年一月完工後，組件藉著雪橇或駁船運往聖彼得堡，但卻無法裝設於當地，由於主教座堂的穹頂依舊洞開，灰泥施作這工作因此尚未完成（且在聖彼得堡潮濕氣候下，何時是施作的最佳時機也是個問題）。彼得保羅主教座堂的聖幛不尋常地背離了俄國的傳統，從凱旋門而來的結構取代了分隔聖殿和會眾的屏風，這很可能出於彼得大帝的旨意，仿效那些慶賀他戰勝而豎立的臨時建物。最重要的是將聖幛造成凱旋門的樣子，明顯是為了神化俄國的首位帝王。博物學者和詩人米哈伊爾．羅蒙諾索夫（Mikhail Lomonosov）稍後主張，彼得是「俄羅

圖12　橫跨涅瓦河的浮橋，繪於一七五三年。

斯土地上的神之化身」。[34]

聖幛上描繪的主題跟它的結構一樣創新。在聖幛上，羅曼諾夫家族身旁是較傳統的基督教繪畫，彼得大帝則倚著荷蘭式巴洛克立面，歌頌他所建立的都城的建築風格。聖亞歷山大・涅夫斯基（St Alexander Nevsky，彼得和聖彼得堡的主保聖人）在畫中是俗世王公，身著沙皇本人會穿的服裝樣式。[35]直到主教座堂終於準備好安上聖幛時，一七二九年九月的一場猛烈暴風雨卻淹沒了聖彼得堡，這向支持莫斯科的人證明了，彼得二世捨棄這座風雨首都是多麼的明智。[36]於是，彼得得勝的鍍金宣告被置放於遭遺棄的城市，此地似乎注定終將淪為廢墟。

在莫斯科，阿列克謝・多爾戈魯基公爵將年輕沙皇納入自己的圈子，舉辦沒完沒了的狩獵聚會來滿足他。多爾戈魯基把自己十七歲的女兒介紹給彼得，隨後彼得愛上了她。[37]葉卡捷琳娜・多爾戈魯婭取代瑪利亞・緬什科夫成為彼得二世的未婚妻，但多爾戈魯基家族的勝利卻十分短暫。就在婚禮儀式不久前，一七三〇年一月主顯節在莫斯科河畔的祝水禮過後，彼得二世著涼了，一如他的曾祖父阿列克謝沙皇，並且在「第十九日、即他的婚禮預定日」死去。[38]彼得沒留下後代和遺囑，多爾戈魯基家族的夢想就這麼幻滅了。踏出彼得二世死去的寢室後，伊凡・多爾戈魯基公爵亟欲挽回緊握的權力，因此舉劍宣告，「葉卡捷琳娜女皇萬歲！」[39]但此舉無濟於事。

⑨聖幛（iconostasis）是分隔教堂正殿與聖殿的一道牆壁或屏風，繪有聖像和宗教繪畫。

德米特里．戈利岑公爵提議迎回伊凡五世的女兒，伊凡就是曾跟彼得大帝短暫共治的體弱沙皇。

貴族們計畫是迎回庫爾蘭公爵夫人安娜．伊凡諾娃⑩，新沙皇必須接受由最高樞密院八名成員來治理國家，且未經樞密院同意，安娜無權徵稅或宣戰。安娜來到莫斯科時，有份文件載明假若她不應允樞密院開出的條件，她的登基將遭到否定。安娜在獲得衛隊軍官和約莫六百位貴族的支持下，拒絕了樞密院開出的條件，因為支持者擔憂他們將面對「權力至高無上的數十個家族，而非一位專制君主」。[40]相反地，安娜主張由於人民「全都一致請求（她）屈尊承擔起吾俄羅斯帝國的專制權位，一如吾先祖自古所承擔，考量到人民的謙卑請求，吾願屈尊承擔專制權位」。安娜正式宣告自己為女皇。

✯

「人們說今年冬天宮廷將遷往聖彼得堡。」英國領事之妻朗杜夫人（Mrs. Rondeau）寫道：

若真如此，我的職責是跟隨他們……多爾戈魯基家族全都遭到放逐，可憐的一日女皇⑪也是。他們去了緬什科夫公爵子女的身處之地。所以連續跟年輕沙皇訂婚的兩位女士⑫有可能在放逐地相會。這不是一樁淒美的悲劇故事嗎？[41]

隨彼得二世離開的人口跟著安娜返回聖彼得堡，她意欲在九個月內將宮廷設在聖彼得堡。建築師特雷齊尼早在一七三二年一月中已為她的到來預備好宮殿。商業將復興，建築將重現，而懷有奇想且熱愛怪胎的安娜將重現城市創立者的精神。

安娜一來到她的首都，城裡就有盛大的表演和戲劇，從華麗的迎駕劇⑬行列，到義大利歌劇、芭蕾舞和她最愛的怪奇鬧劇。抵達聖彼得堡的馬車隊載著安娜行經五座專門精心搭建的凱旋門。雖然這些做法在一七三二年的歐洲已漸失政治正確性，但羅曼諾夫家族仍在學習如何建立偉大的宮廷，且此種建物暗示了聖彼得堡之於繼承古羅馬力量與榮光的想像。諸如賈科莫・托雷里（Giacomo Torelli）和伊尼戈・瓊斯（Inigo Jones）等人豪華入時的舞台設計，正呼應了上述的戲劇效果。女皇如同一位古代征服者穿越第一道拱門，前來占領聖彼得堡。大隊人馬從下午一點開始出發，隨後拱門在阿尼奇科夫橋⑭上立起。城市的郵政局長帶領職員齊吹響郵號，外國商人、馬背上的騎兵和外國使節跟在後頭。女皇馬車一側是騎著馬的卡爾・古斯塔夫・馮・洛溫沃德（Karl Gustav von Löwenwolde），即安娜新成立的艾茨美洛夫斯基衛隊（Izmailovsky Guards）指揮官。騎行另一側的是女皇的策士和愛人，馬童之孫、有三個小孩的已婚父親，恩斯特・尤漢・馮・比隆伯爵（Count Ernst Johann von Biron）。接著隊伍踏上城市裡最長的筆直街道大觀路⑮，

⑩ 編按：安娜的前夫是庫爾蘭公爵弗里德里希・威廉，兩人新婚後不久，威廉就去世了。

⑪ 編按：指彼得二世的未婚妻葉卡捷琳娜・多爾戈魯卡婭。

⑫ 編按：兩位女士是彼得二世的前後任妻子，瑪利亞・緬什科夫跟葉卡捷琳娜・多爾戈魯卡婭。

⑬ 迎駕劇（entry）的形式是在城口搭數個戲台，用接續的演出歡迎來訪的重要人物。

⑭ 阿尼奇科夫橋（Anichkov Bridge）跨越城市南緣的豐坦卡河，橋上有數座著名的馬匹雕塑。

⑮ 大觀路（Great Perspective Road）即涅夫斯基大街的前身。

途經海軍部旁的第二道拱門，行往聖以撒主教座堂（St Isaac of Dalmatia Church）望彌撒。遊行每次暫歇或抵達新的舞台，皆有禮砲和火槍齊發。最後女皇抵達冬宮，為了迎接她宮內已重新整修。[42]舞會後緊接著是煙火上演，大批士兵在凍結的涅瓦河上排列成巨大的AHHA（安娜）字樣。[43]都城煥然一新，在這一天裡，群眾歡慶城市從四年的蟄伏中醒來。

在聖彼得堡的「過渡」期間有三項重要進步。首先是媒體發展，自城市創立以來就用多種面貌呈現的報紙《新聞報》，於一七二七年歇業。數月來首都沒有一份報紙，但接著就在沙皇遺棄城市時，《聖彼得堡新聞報》（*St Petersburg Vedomosti*）以更大規模的雙週報之姿現身，印量三百份。截至十八世紀末發行量達到兩千份，以俄語和德語出版，一直到俄國大革命。[44]

第二項發展是拉多加運河（Ladoga Canal）的重要延伸段開通，自涅瓦河畔的修森堡（Shlüsselberg）沿著拉多加湖南岸下行，提供可避開拉多加湖驟起狂風和危險淤積的安全航道選擇。[45]這一條連通俄國心臟地帶的安全通道，降低了首都發生饑荒的可能性。

第三項發展是一七三一年創立的青年軍校（Cadet Corps），設於緬什科夫宮，該地自公爵遭放逐後空無一人。法蘭切斯科・亞加洛提認為，緬什科夫宮可提供兩百位學生住宿，這是比「向全國明擺著展示受恩寵者的奢華生活」，更好的用途。[46]軍校生從十三歲開始修習寫字、俄語、拉丁語和算數課。第二年他們學幾何、地理和文法，接著在倒數第二年邁入專門學科，包括防禦工事、砲術、歷史、修辭、法學、倫理、紋章學和政治等等。學生的最後一年用於他們擅長的專門科目，不過德語和法語在每個年級皆屬必修。畢業生大多進入軍隊和公職，最優秀的畢業生到科學院繼續深造。

青年軍校也成為芭蕾舞發展初期的離奇場景，這項藝術隨後於聖彼得堡發揚光大。原先設立舞蹈學校是為了教導貴族女子，如法國芭蕾名師尚—巴蒂斯特．朗德（Jean-Baptiste Landé）受僱教導身為女皇儲的彼得大帝之女，伊莉莎白。朗德這份工作的薪餉有三百盧布且獲得冬宮中的一間住房。[47]不久後他開始教導青年軍校裡的男孩，目的是為宮廷女子培育舞伴。[48]兩邊的嘗試皆大獲成功，一七三八年芭蕾名師提議以三年為期，教導十二歲以下的六個男孩和六個女孩，聖彼得堡古典舞蹈和芭蕾舞學校由此成立。[49]接著學校自孤兒院招收孩童，訓練出第一批俄羅斯獨舞者，並擴展為皇家芭蕾學校（Imperial Ballet School）。

✯

遠在聖彼得堡安然無虞前的一七〇八年，彼得大帝命令伊凡沙皇的遺孀普拉斯科維婭．薩爾蒂科娃（Praskovia Saltykova）及其子女，從莫斯科搬到聖彼得堡。若說有許多莫斯科人難以適應彼得的城市，那麼普拉斯科維婭也不例外。她充滿怪胎和預言者的「粗俗」家人，躁動地懷抱著彼得寄予新俄國的希望。[50]一七一〇年沙皇開始跟歐洲強權締結關係，正尋覓一位俄國新娘來嫁給貧窮、酗酒的庫爾蘭公爵弗里德里希．威廉時，普拉斯科維婭提議了自己最不寵愛的孩子安娜．伊凡諾娃。歷經在庫爾蘭的多年窮寡婦生活後，安娜最終以勝利之姿返回聖彼得堡，同時帶回她的怪奇癖好和對歐式享樂的喜好。

安娜女皇的奇特隨員是一群「怪胎」，看起來像是昆斯卡瑪博物館裡最令人不安的展品活了過來。裡頭有侏儒、巨人、駝子、瘸子，一群令來訪歐洲人臉色刷白的殘敗隨員。怪胎當然是歐洲宮廷的常見角色，可是隨著統治者變得較不殘暴，畸形就不再是對比顯現國王威嚴的手段。安娜對於醜陋的癖好或許表現了她的不安。伊凡．多爾戈魯基公爵的新娘娜塔莉亞．舍列梅捷娃（Natalia Sheremeteva）描述，女皇「比所有人高出一個頭且出奇肥胖」。[51]英國使節的妻子同樣認為安娜是「一位相當高大的女子」，不過補充她「以體型而論，身材算穠纖合度」。[52]其他人記述了她的陰鬱、短頸男性化體型、雀斑微露的臉和拔尖刺耳嗓音。[53]在安娜的宮廷裡，稀奇古怪的鬧劇、殘忍景象及大批弄臣和侏儒說著粗鄙玩笑成為日常。週日彌撒過後人們重回宮廷，她最寵愛的六個弄臣會拿炭抹黑臉，排成一列模仿母雞下蛋。他們也表演鬥雞場面，凶猛地彼此互抓濺血。看著他們扭曲身體且流血，安娜和她的男僕尖聲發笑。至於女皇本人時常行為毒辣，抓住侍臣擰捏，掌摑取悅和激怒她的人。身處宮廷也許比住在最艱辛地區的殘破小屋裡更危險。

✯

法蘭西斯．達許伍德爵士與喬治．福布斯男爵（Baron George Forbes）同至聖彼得堡，身為英國出訪聖彼得堡宮廷的特別使節，達許伍德於一七三四年跟俄國商談英俄協約（Anglo-Russian treaty），這是俄國首次與歐洲強權簽署的商業協約。一七三三年六月，達許伍德搭乘當年駛往聖彼得堡的第九十艘英國船隻抵岸時，第一印象是克隆施塔特要塞建於「海中的沼澤泥塘地」。[54]這裡有精良的鍛造廠，可是島上的遮蔽處和磚屋在疏於維護和「寒冷侵襲」下，「非常接近頹塌」。來到市內，訪客發現彼得保羅要塞和亞歷山大．涅夫斯基修道院（Alexander Nevsky Monastery）均未完工，許多證據顯示工事於宮廷遷離時中止了。瓦西里島上「構成一列列長排、外觀良好的大房子」，事實上「幾乎全未完工且無人居住」。同年稍晚，達許伍德發現儘管使用貼上荷蘭磁磚的大型火爐加溫，那些房屋仍充滿「酷寒」和溼氣。至於單層木屋的牆面皆處處裂縫，需要請專業的「堵縫工匠」塞入短麻屑封起；工匠在城市裡穿梭，一戶修過一戶。[55]

達許伍德到來之時，連女皇都住在倉促興建的木構夏宮裡。來訪者對於興建的速度驚嘆不已，僅僅花費六週，「他們同時僱用兩千個人力，不為別的只投注在單一建物上。」[56]第三棟冬宮建築的工事耗時較長，於安娜將宮廷遷回聖彼得堡的同年動工，一直延續至一七三五年。據朗杜所述，成果在「建築、繪畫或家具方面均無特出之處」，充斥「規劃不良的大量狹小房間」。[57]

安娜統治中期的聖彼得堡生活在伊莉莎白．賈提斯（Elizabeth Justice）筆下栩栩如生。賈提斯（在姓氏被她丈夫和英國法律體制濫用後）於一七三四年抵俄，擔任一戶英國人家的家庭教師。她在八月來到俄國，適逢雷電交加的時節，「常釀成災害並驚嚇到女皇陛下」。儘管周遭土壤貧瘠，賈提斯認為開墾初期的園藝技術先進。櫻桃「稀有且劣質」，居民享用草莓、醋栗和一種熟成時「透明到能看見果核」的「透明蘋果」[58]，而且口味勝過她在英國吃到的任何品種。除了大量預料中的作物如蕪菁、胡蘿蔔和甘藍菜外，本地農民也種蘆筍、四季豆和萵苣。在漁獲方面，賈提斯目睹：

> 比英國所見……更好的胡瓜魚；二十條賣一戈比，相當於一便士。鮭魚的售價是一磅三戈比……但在我看來最有價值的是小體鱘（Sterlate）。一塊要五、六盧布，幾乎等於三十先令。肉質十分鮮甜，煮魚的滾水會轉成泛金光的黃。人們吃這種魚只加醋、胡椒和鹽。[59]

聖彼得堡雖出口大量魚子醬到英國，仍比不上供應首都的量，吃法是放在「吐司上灑胡椒和鹽，嚐來有上等生蠔的味道」。賈提斯在大齋節期間跟俄國人吃飯，看著他們「大口生吃鮭魚下巴」。他們剝除魚皮，切成大塊醃在「許多油、醋、鹽和胡椒裡」。他們也煮魚湯，並且料理「一種小魚，很像我們的蝦，油炸後與同煮的菜餚一同上桌。精妙處是趁熱熱脆脆時吃」。

說到肉，「羊肉大塊且相當肥美。有品質很好的小牛肉，但是數量稀少。牛肉質佳且便宜。他們也有上好的豬肉，而且很愛吃盛產的小山羊肉。」烹調方式包括煎、煮、烤和醃，本地人用香草和洋蔥調味過的瘦肉煮湯。也有火雞、雞肉、鴿子、兔肉、鷓鴣、野鳥和雪鳥（即如今禁捕的圃鵐〔ortolan〕，當時索價一對十戈比）。擁有如此豐盛美食，難怪賈提斯宣稱「我相信世界上沒有一處的英國人比在聖彼得堡過得更好」。至於較貧窮的俄國人，「他們能用一片酸味黑麵包、一把鹽、一顆洋蔥或大蒜做出豐盛大餐。」[60]

賈提斯明白流露的旅遊作家天賦，讓我們看見一年不同時節的鮮活景象。夏季時分，女皇出席目送船隻啟航，人們會乘平底駁船在涅瓦河上晃盪，伴以現場音樂演出。人們到上游捕魚，當場生火烤食漁獲。冬季時分毫不節省燈飾花費，加上多次的煙花釋放，「喧騰煙火……在冬宮前衝上天際」。有次表演時在夜空中描繪出「豐饒女神」的人像，身旁的人貌似安娜，飾以箴言「無盡讚揚」——此種粗俗頌詞在兩世紀後深受史達林（Joseph Stalin）的喜愛。有的煙火效果極其繁複，好比「一座天然花園，逼真到你能想像自己從樹上摘取橘子」。在謝肉狂歡節⑯期間，人們到鄰郊山丘上滑雪橇，導致多起跌斷手腳事故。那是一段「豪奢」時日，狂歡的人們大吃大喝直到懺悔日⑰。賈提斯記述，當天人們會互相親吻「道別，說著：明日我將死去，並齋戒至復活節。」齋戒期間俄國人善於節制吃食，飲酒則否。他們「鍾愛所能尋獲最烈的酒；假如無法以正直手段取得，他們會用偷的。」復活節到來時，清晨一、兩點時堡壘周圍槍砲齊發，當日稍晚，富人交換「人物會動」的精心繪製復活節彩蛋。[61]

✯

為了懲戒干預她繼位的最高樞密院，安娜裁撤了樞密院，同時，她也恢復參議院的地位，將議員人數設為二十一人。宮廷裡出現不少日耳曼人，但是有影響力的人物因出身分歧而無法形成統一的群體：其中有來自立窩尼亞，野心勃勃的洛溫沃德；來自歐登堡⑱，意志堅定的慕尼許伯爵（Count Münnich）；來自西伐利亞⑲，勤奮的安德烈・奧斯捷爾曼（Andrei Osterman）；出身於庫爾蘭，安娜最寵愛的比隆伯爵。年輕的比隆「深獲公爵夫人喜愛，由於相當樂於有他作伴，成為了她的男性密友」。比隆後來娶了安娜的其中一位侍女，自那時起也成為安娜的情人。隨後在聖彼得堡，女皇正式成為比隆的家中一員。她和伯爵在公開場合牽手，甚至有傳聞說她是比隆最年幼兒子的生母。[62]假如伯爵生病，女皇會照顧他，而且到了她執政晚期，比隆總是在她房裡

⑯ 狂歡節過後是守齋期，四十天內禁止吃肉、娛樂、結婚，因此狂歡節又稱謝肉節，人們在守齋到來前盡情享樂。
⑰ 懺悔日（Shrove Tuesday）是大齋期的前一天。
⑱ 歐登堡（Oldenburg）位於現今德國西北，曾為歐登堡公國首府。
⑲ 西伐利亞（Westphalia）位於薩克森公國境內。

過夜。據慕尼許伯爵的副官曼施泰因將軍（General Manstein）所述，比隆的「傲慢和野心目空一切，魯莽到甚至不講理……他痛下苦心學著加以掩飾，功力卻從未臻至化境，與精於此道的奧斯捷爾曼伯爵相比更是如此」。[63]然而憑恃微不足道的學習和些許的天分，比隆「以完全的專制統治著遼闊的俄羅斯帝國」。安娜由於對治國興趣缺缺，因此將此項任務託付給她的情人，自己則專注於樂於騎乘、殺害和虐待動物，以及麾下的怪胎、弄臣和僕人。米哈伊爾·戈利岑公爵受封為「克瓦斯公爵」⑳，即御酒官；沃爾孔斯卡婭公爵夫人則獲信為安娜的小兔子㉑。[64]

青春年華在窮鄉僻壤默默度過，對「任性、易怒、懶散」的女皇來說，滿足自我的事物永遠不嫌過於美麗或昂貴，在這方面愛慕虛榮排場的比隆也和她不相上下。他們共享對於馬匹的熱愛，據說安娜為一年裡的每一天預備了不同的馬，比隆則擁有兩百具鑲寶石的馬鞍。安娜日日巡視馬廄，一旦天氣允許就騎馬外出。她也狩獵和射擊，女皇是一位優秀的射手，使用皇家作坊為她打造的出色步槍。一七三九年的紀錄顯示安娜射下至少九隻公鹿、十六隻野山羊、四隻野豬、一匹狼、三百七十四隻野兔和六百零八隻鴨，這還沒算進被她轟成碎片的所有鳥兒。最殘忍的殺戮方式是駕駛狩獵車（Jagdwagen）前往獸群被趕往的地方，只為了讓體面的狩獵者安坐等待獸群到來，在近距離平射射程㉒內逐一射殺。女皇在彼得霍夫宮設置動物園和鳥舍，好讓她在勒布隆的庭園裡晃盪時能隨心所欲地獵殺。在一個帝王長久遭威脅的國度，冬宮危機四伏地處處擺滿步槍，好讓安娜興致突來時能推開窗戶，朝飛在空中的麻雀、鶴和喜鵲開槍。她也會邀請一眾侍女試試手氣。施展身手後，女皇會拿射下的獵物宴請宮廷。[65]

女皇早上八點前起身，九點就已俐落地處理完信函。中午她跟比隆伯爵及其家人用餐，菜色簡單，以啤酒或托考伊甜白酒佐餐。宮廷未舉行宴會時，她用過少量晚飯後會在十一至十二點間就寢。牌局在私人場合上演，構成舞會上的夜間娛樂。雖然賭博在一七三三年遭禁，曼施泰因將軍仍記述「宮廷沉溺賭博，許多人在俄國致富，還有許多人在此破產」。他目睹多達「兩萬盧布在一輪十五點（Quinze）或法老牌（Pharaoh）中輸掉」[66]，這其中也存在社會成本。英國使節的妻子表示，「我猜想，假如紙牌沒流入俄國，人們或許能開展友好談話。」[67]

閒聊，而非談話，對安娜而言是重要消遣，她永遠在尋找新的女伴：「維亞澤姆斯基公爵夫人（Princess Viazemsky），那年輕女孩，住在寡婦札格里雅斯基（Zagriazhskoy）家裡的……找到她以後送來這裡……我要她來取悅我，人們說她話很多。」[68]在尋覓女伴的過程中，女皇命令薩爾蒂科夫將軍幫她找一個高䠷、白淨、不笨的波斯或喬治亞女孩。她偏好跟自己年齡相仿的健談女伴，而且需要新血來填補流失的陣容——塔蒂亞娜．諾沃斯契諾娃（Tatiana Novokshchenova）「就快死了，我要找個人頂替她。」[69]由於安娜對蛙叫有奇特愛好，當人類的聲音娛樂不了她，安娜會坐在宮中一扇窗邊，窗下的水井養滿青蛙，好讓女皇享受青蛙求偶的喉音。[70]

安娜在聖彼得堡街上迴避瘸子和窮人，她卻花費大把時間跟母親宮廷裡的斷肢或跛腳的老僕相處。這之中有說書人、就寢時的刮腳師和一行六人的逗趣弄臣。其中兩人是外國人，一個葡萄

---

⑳ 克瓦斯公爵（Prince Kvasnik）的頭銜來自克瓦斯（kvass），是以黑麥麵包發酵而成的低酒精飲料。

㉑ 編按：此段在描述安娜女皇對於身邊親信的暱稱。

㉒ 近距離平射射程（point-blank range）指無需瞄準就能射中的距離。

牙猶太人名叫詹・迪寇斯塔（Jan d'Acosta），以及一個拿坡里小提琴手皮耶托・米拉（Pietro Mira），暱稱佩德里歐（Pedrillo）。當佩德里歐為了胡鬧而跟一隻山羊成婚，他把山羊帶上床時安娜就陪在一旁。惡作劇會逗女皇開心，她覺得最有趣的事是半夜鳴響火災警鈴驚醒首都居民，人們衣衫不整跌跌撞撞地衝到街上，才發現時鐘剛過午夜、已是一七三五年四月一日，他們成了愚人節的傻子。數日後，閃電擊中教堂尖頂起火，人們宣稱那是上帝對安娜愚行的審判。[71]

儘管混亂且暴烈，安娜治下宮廷的大眾形象煥發全新光采。女人必須為每個節日準備一套新衣。軍官制服滾上金邊，帽章上繫著白色寬絲緞和紅羽毛。安娜在公眾場合避免穿黯淡的顏色[72]，一位外國使節總結整體視覺效果：「我從未見過如此光豔的盛會和一流餐點。你無法想像此處宮廷的輝煌，最奢侈的宮廷也比不上它的華麗盛大，包括法國宮廷。」城市時時舉辦化裝舞會，宮廷和貴族家中皆有，雖然普遍「缺錢，但所有朝臣都花費巨資購置盛裝」。[73]

夏宮的庭園舉辦豪華晚宴，餐後趁著夜晚的涼意在龐大帳棚裡跳舞。女士身穿薄透晚禮服，白紗上綴著點點銀花。波蘭王位繼承戰㉓期間，一七三四年六月在但澤㉔虜獲的法國戰俘被帶往眾人面前，進行乍看之下的女皇殘忍羞辱舉動。然而安娜「召來她曉得會說法語的女士，要她們盡其所能讓這幾位紳士至少在這一晚，忘懷囚徒的身分」。自覺過於虛弱而無法跳舞的英國使節之妻，尖酸地表示她和一位法國軍官「在聊天中度過當晚」，體驗到「在他國家如此根深柢固的多餘華麗修辭，一波波猛襲而來」。[74]

在寒冷的月份中，舞會在有「橘樹和花朵盛開香桃木」的室內冬季花園舉辦。英國使節之妻出席其中一場舞會，記述「當妳望向窗外只見冰雪，新栽樹叢的芳香和暖意好似魔法」。甚至

「一邊聽音樂起舞，走道和樹間滿是俊男美女……讓我幻想自己身處仙境」。[75]

但俄羅斯的現實沒那麼美好，宮外的街道如同國內大部分地區，只見赤裸裸的貧窮。連貴族都變得窮多了，原因是連年戰爭以及被迫往返莫斯科和聖彼得堡。宮廷裡可見偷竊情事。曼施泰因將軍記載，「最昂貴的外套有時會跟未梳整的低劣假髮一起穿戴；或者你可能看見華美衣著被某個拙劣裁縫給毀了；抑或衣裝沒什麼不對勁，可是少了馬車。衣著富麗的人會穿著破外套來宮裡。」[76]如同城裡的建物因負擔不起連年整修費用而崩塌，許多地位較低的貴族無法供應豪奢排場的財務負擔，結果與蘇聯時代的

圖13　安娜女皇宮廷裡的化裝舞會，繪於一七三六年。

㉓ 波蘭王位繼承戰（War of Polish Succession）發生於一七三三至一七三八年，波蘭國王奧古斯特二世（Augustus II, 1670-1733）逝世後，法國支持的人選登基，俄國、神聖羅馬帝國和普魯士則支持另一位人選。

㉔ 但澤（Danzig）是現今波蘭境內港口格但斯克（Gdansk），德語稱為但澤。

歌劇有些相仿，經濟侷促的不堪景象顯現在破爛假髮、繪在劇院搖搖欲墜舞台的褪色布幕上。

跟女皇喜好侍從的野蠻行為和粗俗鬧劇中嬉笑怒罵成明顯對比，安娜深深熱衷於歌劇和芭蕾舞。她浪擲金錢贊助來訪的歐洲音樂天才、歌劇團和義大利即興喜劇團（Commedia dell'arte）。一七三三年，安娜任命威尼斯人路易吉．馬多尼斯（Luigi Madonis）為宮廷管弦樂隊的首席小提琴手。馬多尼斯很可能師承自韋瓦第㉕，他將自己譜的小提琴和中提琴的十二首交響曲獻給安娜。這些曲目扎實立基於威尼斯的巴洛克音樂傳統，馬多尼斯也跨出創新步伐，將俄羅斯和烏克蘭民俗歌曲融入他的小提琴奏鳴曲。

一七三五年有一組義大利歌劇團到來，由名歌手札內塔．法魯西（Zanetta Farussi）主演，她是賈科莫．卡薩諾瓦（Giacomo Casanova）的母親，日後成年的卡薩諾瓦會在葉卡捷琳娜大帝時期造訪聖彼得堡。隔年來了另一個歌劇團，由西西里作曲家法蘭切斯科．阿拉亞（Francesco Araja）執導，演出他的名作《愛與恨的力量》（*La forza dell'amore e dell'odio*）。俗麗且添加愈來愈多機械裝置布景，歌劇效果就像繽紛甜食裡的糖，補足了欠缺的內涵。芭蕾插曲是重要的調劑，由西西里人安東尼奧．里納第（Antonio Rinaldi）編舞，他迅速成為法國編舞家和芭蕾名師朗德的競爭對手。朗德死後，里納第以藝名傅沙諾（Fusano）接任芭蕾學院校長，為俄羅斯芭蕾舞的義大利風格階段打下基礎。安娜對芭蕾舞的鍾情使她成為一位嚴厲的批評家。安娜就像一位嚴格的女芭蕾教師，習於在演出未能取悅她時掌摑舞者。翻譯《愛與恨的力量》的瓦西里．特列季亞科夫斯基（Vasily Trediakovsky）「為坐在壁爐旁的女沙皇讀詩」後，「臉上挨了最溫柔的一巴掌」。特列季亞科夫斯基的其中一項任務是撰寫淫穢詩，讀給女皇聽。[77]

在安娜統治期間，當年的劇院新增了一千個座位，其中大量座位歸功於阿拉亞，他在一七三七年為歌劇《塞密拉米德》（*Semiramide*）製作豪華場面慶祝女皇的四十四歲生日。「寬闊挑高的」劇院靠八座火爐供暖，兩週一次的演出對所有人開放，除醉鬼和穿工作服者以外。安娜和貴族女眷坐在正廳後座中央，安娜．利奧波德芙娜公爵小姐和伊莉莎白．彼得羅芙娜公主㉖在她兩旁。通常見到安娜一頭卷髮，一襲「暗紅天鵝絨裙，織工繁複」，伊莉莎白的衣裝則是銀色和金色。

舞台劇由於欠缺俄羅斯素材，也沒有歌劇的機械奇景來塑造刺激，因此受歡迎程度稍低。賈提斯記述：「有時會有荷蘭舞台劇；可是我想沒人會選擇來看這些劇兩次。」[78]然而在安娜的堂妹伊莉莎白公主位於皇后草地㉗的宮廷裡，舞台劇被用為私密的政治媒介。伊莉莎白其中一位侍女馬芙拉．舍佩廖娃（Mavra Shepeleva）於一七三五年所寫的一齣劇作，意在譴責女皇。[79]當時伊莉莎白的圈子年方二十五歲左右，她們享受有顛覆性質的戲劇，做為情緒出口。在一七三〇年代，公主的感受惶惶不安。曼施泰因將軍記載，「女皇亟欲」把伊莉莎白關進修道院，「永遠剝奪她繼承俄國皇位的希望」。[80]公主不安地暫居在繼承自她的母親葉卡捷琳娜一世的沙皇村。有一次她派人去聖彼得堡取軍火，因為土匪「在周遭徘徊，埋伏著要傷害我」。[81]承受龐大壓力

㉕ 韋瓦第（Antonio Vivaldi, 1678-1741）是在威尼斯出生的作曲家，以小提琴協奏曲聞名。

㉖ 編按：安娜．利奧波德芙娜（Anna Leopoldovna, 1718-1746）是葉卡捷琳娜．伊凡諾娃的女兒、安娜女皇的外甥女，她的母親葉卡捷琳娜是伊凡五世的長女、安娜女皇的姊姊，嫁給日耳曼的卡爾．利奧波德公爵（Duke of Karl Leopold, 1678-1747）。伊莉莎白．彼得羅芙娜是彼得大帝跟葉卡捷琳娜一世的小女兒。這兩人日後會接續成為女皇。

㉗ 皇后草地（Tsaritsyn lug）的位置在夏宮西方，有部分是今天的戰神廣場。

下，伊莉莎白往戲劇、飲酒和跳舞中尋求安身之地。

伊莉莎白宮廷裡組成的烏克蘭哥薩克合唱團陣容中，有個來自切爾尼戈夫㉘的農村男孩阿列克謝・拉祖（Alexei Razum），他在村中教堂唱歌時被一位安娜朝臣選中。阿列克謝成為嗓音甜美的伊莉莎白・彼得羅芙娜寵臣，而且有可能是她的祕密夫婿。男孩以阿列克謝・拉祖莫夫斯基（Alexei Razumovsky）之名晉升至大元帥官階，入住阿尼奇科夫宮（Anichkov Palace）。但如此神速的由貧致富翻身歷程，仍比不上阿列克謝的弟弟基里爾・拉祖莫夫斯基（Kyril Razumovsky）的成名故事。他十六歲進入宮廷，派往哥廷根大學㉙就讀兩年，以十八歲之齡回到聖彼得堡擔任科學院院長。接著他繼續升官，二十二歲時成為烏克蘭統領。[82]若說聖彼得堡改變了無人聞問三角洲的面貌，這座都城也改變了許多人的生命。

☆

在一七三六年和一七三七年夏天，大火吞噬海軍部附近的市中心地帶。在沿運河與河流岸排列的大型石造建築後方，搖搖晃晃的木造屋靠得過於緊密，形成危險的易燃火線。一七三六年八月，新上任的英國使節克勞迪爾・朗杜（Claudius Rondeau）統計有一千棟房屋「燒成灰燼」。[83]大火起因疑為縱火，後果是一名女子被砍頭及兩名男子被燒死，因為那天的風勢難以捉摸。[84]一七三七年六月的火災發生在米蓮娜亞街（Millionnaya Street），即數棟宏偉宅邸的所在地，火勢燒至宮廷濱河路㉚和伊莉莎白公主的宮殿，還有數百間低矮屋舍全毀。[85]火災的結果造就建設委員會（Commission for Construction）在一七三七年由彼得・葉洛普金（Peter Eropkin）設立。委員會在城市裡劃分五個行政區域、管理建築物，並且規劃擴建涅瓦河的左岸，這是對特雷齊尼和勒布隆想法的重要背離，因為後者將首都中心設於彼得保羅要塞和瓦西里島。藉著聚焦於本土而非島嶼，葉洛普金沿著從海軍部向外發散的三條大道無限擴展。

葉洛普金是彼得大帝送往歐洲進修的年輕人之一，經過在義大利七年研究安德烈亞・帕拉迪歐㉛的別墅後，他返國成為聖彼得堡擴建初期的建築師。葉洛普金與贊佐夫、伊凡・科拉博夫（Ivan Korobov，在荷蘭修業的建築師、任職於海軍部），以及特雷齊尼的親戚皮耶托・安東尼奧・特雷齊尼（Pietro Antonio Trezzini）一同工作。在葉洛普金帶領下，他們創造都市規劃的傑作：三條大道：大觀路、戈羅霍娃街（Gorokhovaya Street）和沃茲涅先斯基大街（Vosnezensky Street），中間以一系列的半圓街道連接。[86]儘管安娜執政時期的建築地標鮮少留存至今，此項自海軍部呈扇形外擴的街道規劃，標出了今日市中心的主要軸線。三條大道迅速建起綿延不斷的立面，女皇喜愛在冬季沿著道路賽馬。對其餘市民而言，速限的概念於此時引入。

聖彼得堡要道大觀路的第一段已由瑞典俘虜鋪設完成，於短短的距離沿路懸掛燈飾。在建設委員會拓展城市的遠大計畫中，大觀路將一路延展至未完工的亞歷山大・涅夫斯基修道院。彼得

㉘ 切爾尼戈夫（Chernihiv）是位於烏克蘭北部的古城。

㉙ 哥廷根大學（University of Göttingen）位於今日德國哥廷根市，由漢諾瓦公爵暨英國國王喬治二世於一七三四年創辦，宣揚啟蒙時代的學術自由理念。

㉚ 宮廷濱河路（Palace Embankment）是涅瓦河畔的街道，冬宮、大理石宮和夏宮都在這條路上。

㉛ 安德烈亞・帕拉迪歐（Andrea Palladio, 1508-1580）是十六世紀北義建築師，他的別墅作品已列入聯合國世界文化遺產。

大帝的目光聚焦歐洲，但是他並未忽略要緬懷俄羅斯偉人，尤其是他在一位歷史人物身上找到共同點時。亞歷山大．涅夫斯基即為明證，他跟彼得大帝皆為戰功彪炳的將領，並將俄羅斯提升至關鍵的新地位。因此不令人意外地，彼得早在一七〇四年就提倡崇拜涅夫斯基，並於一七一〇年七月創立亞歷山大．涅夫斯基修道院，紀念曾於一二四〇年擊退瑞典、一二四二年的冰凍楚德湖著名戰役中擊敗條頓騎士團[32]的偉人。彼得把將軍的遺骨從弗拉基米爾[33]移往新的修道院。葉洛普金於一七三八年延築這條道路後，大觀路更名為涅夫斯基大街以紀念受人景仰的將軍。

若說葉洛普金對於來日聖彼得

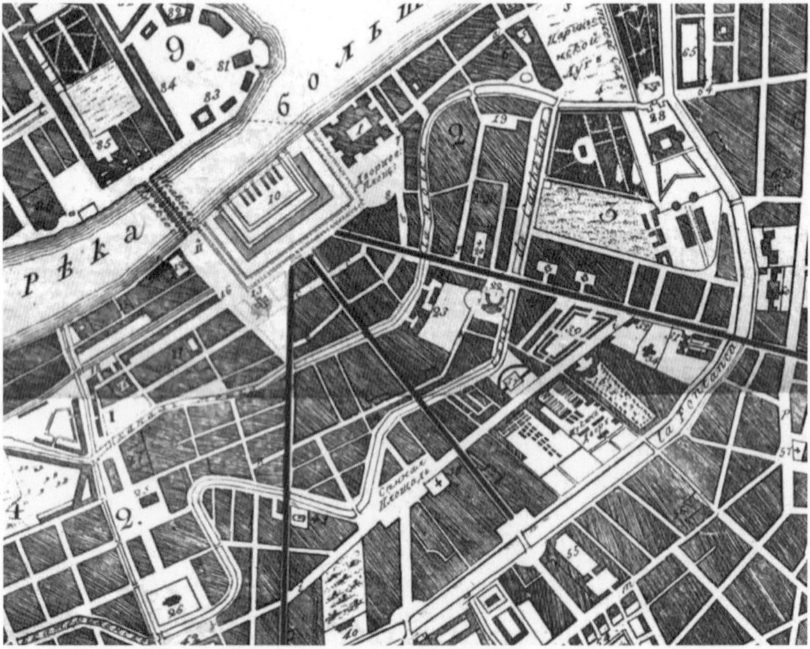

圖14　葉洛普金的三條大道從海軍部向外呈扇形擴展：（右）涅夫斯基大街、（中）戈羅霍娃街、（左）沃茲涅先斯基大街。

堡最大的貢獻起因為「火」，那麼他遇過最詭異的委託案卻跟「冰」有關。臉龐浮腫、腹部圓突的女皇有可能做出居心異常的邪惡之舉。米哈伊爾・戈利岑公爵迎娶一位非正教徒的義大利女子時，安娜大怒，命令身負上尉官階的戈利岑成為她的弄臣。而當義大利新娘於婚後不久死去，女皇認為強迫鰥夫戈利岑娶她的女僕阿芙多提雅・巴金尼諾娃（Avdotya Buzheninova）是個既正當又有趣的點子。阿芙多提雅是個乾癟的駝背老女人，連神父都會被她的醜陋嚇到，當她向安娜坦言守寡的生活有如堅硬冰霜，這想法就在女皇腦中浮現。

一七四〇年二月，聖彼得堡迎來罕見的嚴寒，女皇決心在冬宮和海軍部之間的涅瓦河岸興建一座冰宅。不幸的新婚夫婦將在巴洛克式雪屋裡度過新婚之夜。每年冬季，窮人會固定受僱鑿破河冰取水，如今他們切割冰塊供工匠雕塑細緻宮殿，設計者為葉洛普金。長六公尺長、寬六公尺、高六點五公尺的建物，藉著在冰塊間澆水，來凍結相連。冰宅的地面樓層妝點著冰欄杆，屋頂走廊立著浮雕冰柱。窗戶純屬裝飾，窗框繪製得像綠色大理石。除了用真正的紙牌結成冰桌，屋內一切都是冰：冰床、冰毯、冰杯甚至冰蠟燭，能以預儲的油短暫燃燒，但不足以融化燭身。戶外有能射出冰彈的冰大砲來保護宅邸。冰海豚和冰大象在日間噴水、夜晚秉油燃亮。[87]新娘和新郎關在大象背上的籠子裡，領著三百位從俄國各角落召來的婚禮賓客前行。有些乘坐麋鹿、山

㉜ 條頓騎士團（Teutonic Knights）效忠神聖羅馬帝國，在楚德湖（Lake Chudskoe）的冰湖大戰中，因重裝騎兵行動不便、冰凍湖面裂開等因素慘敗，十字軍征服信奉正教會的諾夫哥羅德共和國行動至此結束。

㉝ 弗拉基米爾（Vladimir）位於莫斯科東北方，在十三世紀遭蒙古軍破壞前是東北羅斯的中心城市。

羊或豬拉的雪橇，其他人坐在駱駝背上。與會者在庫爾蘭公爵的舊馬廄停留用餐和跳舞，接著盛會移往冰宮，新人在裡頭過夜且幾乎喪生於寒冷的新婚大床上。[88]

這整齣鬧劇是典型的專制無度，但安娜如同她的先行者和後繼者，還犯下另一種更惡劣的濫權罪行。一七四〇年，葉洛普金涉入一樁對付安娜情人比隆伯爵的陰謀，主謀是葉洛普金的姻親、狩獵侍酒官亞特米・沃倫斯基（Artemy Volynsky），密謀者被捕且遭受嚴懲。沃倫斯基的手先被砍斷，接著輪到頭顱。葉洛普金在聖彼得堡的工作成果雖然讓女皇大為滿意，但也被砍頭，其餘共謀者遭鞭打、刑求並放逐至西伯利亞。[89]

安娜統治日久，逮捕和處決隨之增加。女皇的「天性喜好……閒聊和打聽」，使她消息靈通，且善用八卦傳聞來處理國家威脅。她委託戰爭執行管理委員會主席伯克哈德・克里斯多福・馮・慕尼許將軍（Burkhard Christoph von Münnich）來做政治「髒活」。這位將軍「受軍隊畏懼的程度勝過敬愛」[90]，是一位老練的偽君子。朗杜夫人描述他是「宮廷裡最會對女士獻殷勤的其中一人」，當他「置身女士們之中……會裝出一副讓我極為不快的開心和溫柔」。看過「他殘殺麾下千夫長和萬夫長的文書，再見到他以殷切目光傾聽妳的聲音，突然間抓起妳的手狂熱親吻，怎能不感到訝異！而發現他認為對所有女人這麼做是必要之舉，妳又會有多吃驚！」[91]

安娜在一七三一年四月設立祕密調查署（Chancellery for Secret Investigatory Affairs），署長安德烈・烏沙科夫（Andrei Ushakov）曾在彼得大帝的祕密警察隊伍中初試啼聲。[92]烏沙科夫的部門是個可怕的所在，有刑架和炙鐵來勸說頑固的嫌疑犯。割舌頭是散播惡意謠言者的刑罰，大量施行於「汙辱女皇陛下的宮中要人」構成重罪的時代。任何有嫌疑憎惡安娜，或是聽說在閒聊女皇和已婚寵臣比隆伯爵之間真正關係的人，就會被烏沙科夫拘捕。當某人吐露另一人的不利消息，後者也會被逮捕。[93]假使嫌犯未鬆口，告密者將受到盤問，烏沙科夫部門的做法遂成為契卡㉞和ＫＧＢ㉟的可怕原型。在安娜樂於分享烏沙科夫蒐集來的所有流言蜚語的統治下，聖彼得堡的街上已顯現警察國家的眼線耳目，以及人民的惶惶不安。

一七四〇年八月，女皇的外甥女安娜・利奧波德芙娜生下一個男孩，取名伊凡。二十二歲的新手母親是伊凡五世的孫女，過去住在皇宮中，直到一七三九年嫁給不倫瑞克—沃爾芬比特爾公爵安東・烏爾里希（Anthony Ulrich, Duke of Brunswick-Wolfenbüttel）。安娜・利奧波德芙娜缺乏魅力和自信，而且據慕尼許所述，「天性懶惰」的她身上少了統治的魄力。但是她提供了一條路，讓女皇擋下彼得一世和葉卡捷琳娜一世受歡迎的女兒伊莉莎白，並且確保利奧波德芙娜可繼承來自安娜的父親，伊凡五世的羅曼諾夫血脈延續。利奧波德芙娜生子的時機正好，因為安娜的健康正在江河日下，女皇患有痛風，常昏倒和吐血。

十月中，四千名外國人組成的龐大異國行伍出現在聖彼得堡街上。駱駝和騾子載著禮物，跟著十四頭大象一同獻給新生的伊凡。那是納迪爾沙阿（Shah Nadir）派出的使節，他征服了印度，並且希望向伊莉莎白公主求婚。勤奮的奧斯捷爾曼身為宮中其中一位權力均沾者，拒絕讓伊

㉞契卡（Cheka）是全俄肅清反革命和消除怠工特別委員會的縮寫，一九一七年的原設立目的是制止財物掠奪，後迅速發展為處決反革命階級敵人的祕密警察組織。

㉟ＫＧＢ是國家安全委員會的縮寫，成立於一九五四年，是蘇聯時期的情治單位。

莉莎白見使節，而伊莉莎白震怒於受父親彼得一世自抄寫員拔擢之人，竟然如此對待自己，因此誓言報復。

數日後，安娜女皇選定男嬰伊凡為繼承人，寵臣比隆伯爵擔任攝政後，女皇隨即駕崩。英王喬治三世典禮官的後代查爾斯・科特瑞爾（Charles Cottrell），於女皇葬禮期間造訪聖彼得堡，為這位以殘忍好奇心著稱女子的一生補上駭人注腳。安娜遺體「供人瞻仰一個月，防腐手續卻出了差錯，下葬前幾乎崩解成碎塊」。[94]

十一月，企圖奪權的慕尼許帶著副官曼施泰因和八十名士兵闖進夏宮。他們踏進攝政王的寢室時，比隆試圖躲在床下，但曼施泰因堵住他的嘴、綑綁他的雙手，再將他拖出來。帶去見惡名昭彰的烏沙科夫後，比隆伯爵被放逐至西伯利亞，而安娜・利奧波德芙娜成為攝政。

伊凡六世執政時期的聖彼得堡幾乎無事可述，因為他僅僅兩個月大就登基，且過完第一個生日的三個月後即遭到廢黜。他母親是一位陰鬱的攝政女皇，無心於統治，時時跟侍女茱莉亞・門登（Julia Mengden）混在一起。據在宮中玩紙牌的英國公使㊱愛德華・芬奇（Edward Finch）所述，「安娜愛茱莉亞，恰似男人愛女人那般熱情」，表示「她們常一起睡」。一七四一年十一月二十五日伊莉莎白公主發動政變時，茱莉亞人正在安娜的床上。支持伊莉莎白的勢力智取了奧斯捷爾曼和慕尼許。放逐奧斯捷爾曼和不倫瑞克全家族後，愛喝酒、具男子氣概的伊莉莎白・彼得羅芙娜奪回彼得大帝後裔的繼承權。[95]

安娜女皇治下的宮廷雖放縱懶散，城市生活卻較平靜整潔，鋪設了更多條街道，鞏固了更多處河堤。向南方擴展後，城市各處皆有新市場開張，包括介於豐坦卡河和葉卡捷琳娜運河

（Ekaterina Canal）間的中央市場。有工作能力的人被趕出救濟院，讓出空間給真正的赤貧者。[96] 然根據普魯士公使館的參事官記述：「這國家沒能從聖彼得堡獲得優勢，假如政府留在莫斯科，腹地規模還遼闊得多。」[97] 再者，對於整體國家的評價遠非正面。芬奇於一七四一年中談及俄國：「我必須承認我還無法用另一種角度去看待它，僅止是某種事物的初始模型，意欲在日後臻致完備。」但值得注意的是，一座宮廷和城市形塑其特有的類歐洲風格和品味，其速度之快卻是不同凡響。安娜死時或許未留下後代，但她將宮廷遷回的那座城市重生了。

㊱ 公使（Minister Plenipotentiary）是一國派駐外國的次高外交代表，僅次於大使。

第五章 跳舞、做愛、飲酒

一七四一至一七六一年

彼得大帝企圖讓女兒成為法王路易十五（Louis XV）的新娘。為了達成目標，伊莉莎白有一位法國舞蹈老師，還學會歐洲語言，並脫光身子讓路易．卡拉瓦克畫成「年輕的維納斯」。[1]據西班牙使節所述，十八歲的她是一位美人，「我很少見過那般……分外活潑……親切且懂得賣弄風情。」[2]這些特質讓伊莉莎白大受歡迎，惹得安娜女皇不快，安插了告密者散布底下的謠言：公主有情人、舉辦狂歡宴會、像他父母那般飲酒無度，女皇還要警察僱用馬車夫從外頭監視公主的宮殿。

伊莉莎白的玩樂生活方式讓她備受衛隊人士喜愛。一七四一年黎明前發動政變掌權時，她身穿普列奧布拉任斯衛隊的制服。士兵們樂於驅逐掌握莫大權力的外國人，像是慕尼許、奧斯捷爾曼和馮．洛溫沃德。[3]不過，縱使趕走這些外國人且國族主義高張，聖彼得堡在伊莉莎白執政二十年間受到的歐洲影響刺激卻從未休止，甚至更為細密。藝術興盛，嶄新的建築感官風格使城市生氣勃勃，日益茁壯。

當每年一度的融雪鬆綁了涅瓦河三角洲冬季的箝制，外國船隻紛紛抵達，訪客登岸探索眼前開展的美麗年輕城市。伊莉莎白的主建築師拉斯特雷利正打造一系列繁複的巴洛克建築，以回應她對迷人裝飾的欲求，為她父親所創立、葉洛普金在安娜手下拓展的直線型城市增添生氣。一七四二年四月二十五日伊莉莎白在莫斯科加冕後，回到了聖彼得堡，她的勝利進城比十年前安娜的遊行更盛大，鞏固了篡奪來的皇位。彼得大帝的女兒來奪回彼得之堡。

在法統上，在仍有男性沙皇在世時，伊莉莎白的統治就是非法的。有一位宮內僕役和兩名守衛共謀刺殺伊莉莎白，好讓伊凡六世①重回皇位，但這陰謀卻被揭發，他們遭到鞭打、割鼻，首謀的舌頭也被切掉，隨後全放逐到西伯利亞。[4]雖然伊莉莎白廢除了死刑，酷刑仍在施行。涉及一七四三年伊凡復辟陰謀的兩位上流社會仕女，也受到鞭刑且在舌頭上留下烙印。同年的另一樁陰謀導致洛普金家族的四位成員遭受鞭刑與流放，他們是彼得大帝第一任妻子的家族。繼續留任祕密調查署大臣的烏沙科夫②忙碌不已，伊莉莎白的地位仍然危機四伏。[5]

一七三九年，俄國跟土耳其停戰後，又再度跟瑞典開戰。在宮廷內，伊莉莎白竭力節省開支。宮廷依官階縮減絲綢配給，衣著的蕾絲用量也設下限制。金和銀暫時禁用。樣式愈形繁複，在聖彼得堡夜空燃亮具愛國情操的寓言故事的煙火，只限在新年、女皇生日和命名日施放。[6]然而伊莉莎白渴求奢華與鋪張擺設，這意味著在她花費過多來榮耀自身、宮廷和城市後，上述的限

① 編按：伊凡六世剛出生就登基為沙皇，被伊莉莎白政變推翻後，就遭到幽禁，直到二十四歲時被殺害。
② 編按：烏沙科夫是安娜女皇時代的祕密警察頭子。

制也旋即廢止。聖彼得堡變得更加浮華安逸，過往數十年的不穩定已經過去了，儘管仍有偶發的粗野行徑。如伊莉莎白為了獎賞擲彈兵衛隊協助政變，替整個衛隊都升官加爵，但據曼施泰因將軍的敘述（這人身為被驅逐的慕尼許的副官，或許不是最公正的見證人），衛隊「闖遍所有最骯髒的酒吧，喝醉後在大街上打滾。他們踏進貴族家，語帶威脅要錢，拿走時毫不客氣，為所欲為」。[7]他們立即遭到懲處。

英國哲學家喬納斯．漢威（Jonas Hanway）在一七四三年六月來訪時，他覺得聖彼得堡「如此開闊、通風，多處按規劃興建」。[8]然而讓城市顯得突出的宅邸，只不過是密集棚屋汪洋中的避難所。若是一位貴族人士離開安逸的宮廷，就立即得面臨權宜拼湊、僅能餬口的危殆生活。在城市外緣，沼澤地抗拒著城市擴張的欲望，不過伊莉莎白持續前人的努力，企圖改善都城。法蘭切斯科設計的諸多建築的裝飾邊正符合一位好玩樂女皇的品味。身為一七一六年奉彼得大帝之命前來聖彼得堡的雕刻家和建築師卡羅．巴爾托洛梅奧．拉斯特雷利（Carlo Bartolomeo Rastrelli）之子，法蘭切斯科身負伊莉莎白執政期間首都的幾乎所有重大建設及整修工程。拉斯特雷利無疑是一位大師，他的名字召喚出巴洛克風格的繁盛極致。他設計的宮殿內部裝潢，反覆動用圖式、鏡像和鍍金，創造出流動活躍的效果，與風貌多變、不朽而浮華的外觀相襯。拉斯特雷利式的細工宏偉，刻畫出女性化至極的女皇精神，她的男性化穿著不過是一種地位表徵。他設計的冬宮和沙皇村連續立面，承載著當代宮廷舞蹈的優雅和行軍的嚴苛。假若他的裝飾風格效果在今天評價不高，重複的節奏律動或能吸引現代人的目光。若說鍍金裝飾已被人們貶低為在廉價復刻家具上黏貼假金面，那麼拉斯特雷利宮殿中的鍍金紋飾卻都是真品，那顯現一座放縱宮廷裡對跳舞的耽溺，一位新近致富、手握大權的君主的大肆宣示。拉斯特雷利設計的冬宮，建於一七五四至一七六二年間，是這座宮殿的第四個版本，並且屹立至今。長兩百五十公尺的立面俯瞰著涅瓦河，構成聖彼得堡的永久象徵之一。土耳其藍牆面間以白色圓柱和兩千多扇窗，於伊莉莎白死後不久、彼得三世的短暫執政期間完工。

贊佐夫受託為伊莉莎白最寵愛的阿列克謝・拉祖莫夫斯基設計阿尼奇科夫宮。一七四三年贊佐夫過世後，改由拉斯特雷利接手。直到一七四〇年代和一七五〇年代，拉斯特雷利手上的案子仍是應接不暇。拉斯特雷利為宮中大臣打造舒適的沃隆佐夫宮③，占地呈弧形，內部空間完全採用金色系，徹底扭轉早期聖彼得堡建物的平直立面。他建造今已拆除的夏宮，並為謝爾蓋・斯特

③ 沃隆佐夫宮（Vorontsov Palace）是外交官沃隆佐夫伯爵（Count Mikhail Vorontsov）的宅邸，位於聖彼得堡市中心，目前未對外開放。

圖15　從沙皇村的立面可看出拉斯特雷利的重複技法。

羅加諾夫（Sergei Stroganov）蓋宅邸，斯特羅加諾夫的鹽礦壟斷權讓他成為俄國最富有的人之一。與此同時，諸如聖彼得堡的斯莫爾尼大教堂（Smolny Convent）、與彼得霍夫宮分立的小教堂等建物設計，展現拉斯特雷利有能力將本地傳統（這是他在基輔和莫斯科工作時習得的技藝），混入他特有的義大利巴洛克風格建築中。風格的融合反映出伊莉莎白欲使俄國傳統獲得歐洲認可。

斯莫爾尼大教堂於一七四八年動工，位址是彼得大帝的焦油場，在此貯存用來製作索具和捻縫的焦油。教堂雖然命名為新耶穌復活聖母修道院，但仍揮之不去焦油的相關過往，教堂遂以「斯莫爾尼」為人所知。④受莫斯科的正教會建築啟發，位於中心的教堂建成希臘十字架的形狀，頂覆五座洋蔥圓頂。繞成矩形的建物內容納小型房間，且四個角落各有一座覆蓋圓頂的小教堂。薩瓦・契瓦金斯基（Savva Chevakinsky）所建的聖尼古拉海員主教座堂⑤同樣受惠於早期俄國教堂，工期將近十年，且比斯莫爾尼早兩年完工（一七六二年）。藉著拒絕忽視俄國的藝術傳統，聖彼得堡表現出毫無疑問的成熟境界。[9]

儘管看重本地建築傳統，伊莉莎白仍徹底著迷於歐式風格，拉斯特雷利為她設計的沙皇村宮殿正宣告了義大利巴洛克的風華。宮殿於一七五六年七月完工，在冬宮興建期間成為伊莉莎白的主要居所。它的內部裝潢明亮且富活力，為化裝舞會和盛大歡迎會創造劇場般的光燦環境。二十世紀初期藝術家亞歷山大・伯努瓦（Alexandre Benois）記述：「從前廳開始，成對開展出裝飾富麗的鍍金房間，看不見盡頭。」此處內部空間的關鍵視覺刺激是「鏡射」，光是在主廳裡就有三百面大鏡子，法國外交官梅瑟利（Messelier）回憶起令人讚嘆的時刻，當「窗簾降下，日光倏忽被一千兩百根蠟燭的光輝取代」，火焰在重複鏡面裡不斷加乘。當「八十位音樂家組成的管弦樂隊開始吹奏……門突然間全開，我們看見華麗的皇座，女皇周遭環繞著侍從，現身其上」。[10]全然的專制豪奢景象。宮中花園設有娛樂設計，夏季有鞦韆和大溜滑梯，冬季則是冰丘，成為了貴族的遊樂場。蜿蜒的花園小徑銜接遊樂場地和寬闊涼亭，使宮殿的洛可可節拍延伸踏入自然。

拉斯特雷利在內部裝潢選用的色彩，如濃淡不一的淺藍、土耳其藍和粉紅等柔和色彩，在泰奧菲·戈堤耶（Théophile Gautier）觀察下，是「乾冷時節，雪像玻璃細末般在腳下開裂」時，城市天空浮現的色澤。[11]它們也出現在宮廷服飾選用的顏色，不過伊莉莎白偏好白色和銀色，並會用鑽石頭飾來固定髮型，在陽光普照的日子裡比寶石般的白雪更閃亮。女皇喜愛衣服，熱衷飾品，會搶先獨占運抵都城的所有美麗衣著。從船隻卸下的布料和衣裙，在伊莉莎白細細檢閱貨物前禁止公開販售。[12]女皇會根據皇室命令，以低價整批購買。伊莉莎白擁有任何所欲求事物的特權，變成了拿取一切的習慣。她向英國首相羅伯特·沃波爾（Robert Walpole）買下六十三對狗，找了一處大宅容納獵犬和馴狗師。她有二十五座木造的「休憩」宮殿，沿著聖彼得堡和莫斯科之間的路途搭建，其中有些僅僅停留過一次。[13]她購置過量的蕾絲、珠寶、扣飾，以及經媒染固色的和織入金斑的成匹布料，包括大量印度棉、緞布、亮面塔夫綢⑥、羅紋絲綢。此外還有數百公

---

④ 作者意欲說明，焦油的俄語smola演變成Smolny（斯莫爾尼）。

⑤ 聖尼古拉海員主教座堂（Maritime Cathedral of St Nicholas）是蘇聯時代少數未被關閉的教堂；聖尼古拉是航海員的主保聖人。

⑥ 塔夫綢（taffetas）是絲製品中織得最緊密的布料，光澤且硬挺。

尺長的上好布料，如印花棉布、錦緞、水紋織錦緞。白色中國絲綢傍著暗紅和鮮紅緞布，沿陸路自北京而來，還有更多豪華物品堆積成山，好掩飾伊莉莎白缺乏統治者的實質影響力。伊莉莎白就像十八世紀的伊美黛・馬可仕⑦，擁有數千雙鞋和一箱箱的絲綢存貨。儘管在一七四七年莫斯科大火中，伊莉莎白損失了四千件禮服，但在她死後，彼得三世還在冬宮內發現了一萬五千件禮服[14]，這對長時間穿著軍裝制服的女皇來說相當的可觀。

在彼得大帝的時代，出使外國宮廷的俄國使節銜命收購生物珍本，帶回昆斯卡瑪博物館展示。伊莉莎白則讓特使擔任時裝探子，尋找購買最新和最好的衣物。如同電影銀幕上的明星有著專屬燈光攝影師，她掌控宮中美人的高下層級，絕不允許他人擁有與自己同等的優勢。假如威脅到女皇的光環，她會毫不遲疑剪下一位仕女頭上的緞帶，或甚至毀掉那髮型。伊莉莎白外甥彼得的年輕妻子，葉卡捷琳娜大公夫人⑧，記述伊莉莎白把宮中仕女逼哭，因為女皇命令她們貢獻出頭髮，補救做壞的黑色男用假髮。[15]葉卡捷琳娜尖酸地看待伊莉莎白的浮華。得知女皇「禁止仕女在華服上使用多種緞帶和蕾絲」，葉卡捷琳娜表示伊莉莎白無需特意通知她，因為她從未將「美麗或華服」視為自己的榮耀，「當一方消逝了，另一方形同謬事。」[16]

僅在一七五三至一七五四年之間，伊莉莎白的宮廷耗資二十三萬盧布進口奢侈品，諸如手杖、扇子和鼻菸壺（大元帥阿普拉克辛每天都使用不同的鑲寶石鼻菸壺）。[17]在英國人約翰・理查（John Richard）筆下，寶石「多方使用」，且俄國宮廷是大型瑕疵珠寶的唯一市場，「因為他們在乎大小更勝於品質」。[18]低階貴族的裝扮充斥著類似的贗品和虛張聲勢，馬車可能搭配不同毛色的馬匹，由身穿農人服飾的馬車夫駕駛，卻有三、四位衣著考究的男僕隨侍在側。[19]低階貴族勉力跟上，最富裕者的大手筆則令人目不暇給。謝爾蓋・納雷什金（Sergei Naryshkin）身著繡上銀線、金線和珠寶的制服；彼得・舍列梅捷夫伯爵（Count Peter Sheremetev）現身宮廷時，彷彿大珠寶盒裡裝的晶亮飾品剛撒落他一身。在最富有的家族裡，連僕從都身穿金衣制服。放眼宮外街上的農民因粗衣刺癢不已，裹上好幾層羊毛衣物禦寒保命，伊莉莎白的宮廷顯然是場泡影。貴族迷戀於明亮幻夢，窮人卻生活在陰鬱中，呼吸著聖彼得堡潮溼沉悶的空氣。在首都外，伊莉莎白王國各地皆有小群農民（他們是隸屬於主人的農奴），武裝起義反抗領主的不人道對待和不當處置。騎兵被派往平息動亂。

寓意畫支持著伊莉莎白的曖昧皇權，但在許多畫作中，女皇孤身站立，未受到用來鞏固葉卡捷琳娜一世的象徵物的加持。即使在卡拉瓦克為七歲伊莉莎白所繪的全裸畫像中，她身旁並無神祇，手裡只拿著神似父親的小肖像畫以表明身分。為了引誘法國國王，畫中的年幼伊莉莎白倚靠一張白色大貂皮，繡有影射陰部的標記，分開的腳趾頭也加強了性的意味。在成年後的肖像中，時裝營造出伊莉莎白的威嚴。隨著年紀漸長，女皇受困於對付女人的永恆陰謀：誤以為應盡一切努力來彌補逝去的美貌。一位法國外交官指出，耗費長時間梳裝打扮後，女皇突然對著鏡子生氣，下令拿掉頭飾和首飾並延後約會。宮廷珠寶師波季（Pauzié）回憶道，她「從未在早上六點

⑦ 編按：伊美黛・馬可仕（Imelda Marcos, 1929-），菲律賓前總統馬可仕（Ferdinand Marcos, 1917-1989）的妻子，以豪奢著名，曾擁有多達兩千七百雙鞋子。

⑧ 編按：這裡的彼得是未來的彼得三世，妻子葉卡捷琳娜是未來的葉卡捷琳娜二世、葉卡捷琳娜大帝。

前就寢，會睡到中午或更晚。」[20]跟她的父母相仿，伊莉莎白好飲酒，常喝得太多導致昏暈，必須讓侍女幫她脫下禮服和馬甲。[21]

酒精幫助伊莉莎白逃離糾纏她的恐懼，唯恐遭遇政變或暗殺讓伊莉莎白夜夜都保持清醒警覺。她不斷換鎖，並且在不同的房間入睡。她會不由分說地突然決定離開聖彼得堡，有時也會搭上載滿宮廷清掃人員的馬車駛離彼得霍夫宮，或跟侍女和男僕同桌進餐。英國旅人理查觀察，「伊莉莎白是善變的人，她耽溺於情感，不受禮儀或拘束所限，她的對象也不限於貴族，卑微出身者有時能交上取悅她的好運。」女皇有許多情人，而且「外國宮廷會特意派出其人格特質與言辭能助長溝通的大使，這自然是男性」，法國使節雪塔迪侯爵（Marquis de La Chétardie）就是其中一人。這位「閃亮明星」認為伊莉莎白「活潑動人」，但是事後證明他是輕率的人。由於侯爵寫的信件「用語絲毫不加掩飾，導致他被立即召回」。[22]事實上雪塔迪的過失不僅在於張揚性事，而且他從事兩面外交，他鼓動土耳其趁女皇忙於對付瑞典時攻擊俄國。另一位法國外交官尚—路易．法維爾（Jean-Louis Favier）記載了伊莉莎白掩飾情感的能力。女皇心中的「祕密地帶」仍然「閉鎖著，即使對資歷最深的朝臣亦然，她最為寬容的一刻是在定奪這些人的不幸時」。[23]由於動亂和一波波驚恐擔憂，伊莉莎白情緒多變且暴力，有時會毆打女僕，因此贏得「打人的女人」（Khlop-baba）的綽號。她在慕尼許站上斷頭台、奧斯捷爾曼的頭架上木樁的最後一刻給予赦免，也顯示出她的虐待傾向。[24]

伊莉莎白會利用宮廷宴會一探來訪外交官的底細，並且密切注意歐洲的權力平衡變化。[25]在普魯士的弗里德里希二世（Frederick II）於一七四〇至一七四八年間的奧地利王位繼承戰得勝後，俄國扮演重要角色，促使法、奧結盟約束普魯士的野心。一七五六年弗里德里希大膽攻擊薩克森王國開啟了七年戰爭，期間俄國對普魯士取得重要勝利，因此在伊莉莎白的二十年執政期間，她的帝國奠定了在歐洲政治圈中外交軍事強權的地位。[26]大英帝國開始派間諜監視俄國，成為判定此種新重要地位的標準。俄文書籍收藏家約翰・麥迪森（John Maddison）銜喬治三世之命學習俄語，且為了諜報目的造訪聖彼得堡。返鄉後他進入英國軍機處，負責解碼、翻譯信件，並且破解俄國密碼。[27]

如同前任女皇，內務問題並非伊莉莎白的興趣所在。登基前三年內十五度出席參議院後，她在餘下的執政十七年間僅僅再度現身三次。英國駐俄使節亨德福德勳爵（Lord Hyndford）嘲諷埋怨伊莉莎白，「對於需要片刻動腦或學習的任何事務均顯得遲鈍」。[28]女皇偏好跟女伴談天，並且利用她們掩飾私通。斯特羅加諾夫戲稱其中一位年長且名譽欠佳的女伴，伊莉莎白・伊凡諾娃，是「奇特事務大臣」（Le ministère des affaires étranges）。[29]對於國務，伊莉莎白樂於延續父親的想法和政策，並於執政期間提醒參議院，盡可能增加歲收是其中一項重要任務。[30]溫和的改革想法從她親近的寵臣圈傳出，這群人裡頭有俊俏卻未受教育者，亦有精明且具創見者。歌喉悅耳的哥薩克人阿列克謝・拉祖莫夫斯基不具讀寫能力，於是他受封為「狩獵國師」。[31]在夏季時節，伊莉莎白與他一同馴鷹和狩獵，騎馬迅捷且狂放。

在一七四〇年代，高傲自負的彼得・舒瓦洛夫（Peter Shuvalov）開始嶄露頭角。舒瓦洛夫是一位啟蒙思想家，他未能說服女皇採用「基本和常設」的法律來保護人民，即一體適用於君主和人民的法律，企圖將君主專制轉型為開明專制。舒瓦洛夫提高出入口稅，廢除國內徵稅關口，並藉著徵收鹽稅和酒稅，將難以執行的直接稅轉為間接稅以增加國家歲收。在此過程中，他利用壟斷和專賣權致富。舒瓦洛夫在一七六二年過世時廣受眾人憎惡，他的送葬行伍從莫伊卡街宅邸移往涅夫斯基修道院時，人們甚至群集投以辱罵。女皇身邊的其他人，如亞歷山大・舒瓦洛夫（Alexander Shuvalov）、羅曼・沃隆佐夫（Roman Vorontsov）、伊凡・車爾尼雪夫（Ivan Chernyshev）和謝爾蓋・亞古辛斯基（Sergei Yaguzhinsky），都以優越條件獲得廣大家業。農奴的免費勞力以及未經開採天然資源的豐富存量，給了這些人發展寡頭政治的潛能。[32]

✯

在伊莉莎白統治時期，劇院的存在並非僅為了讓名流貴族獲得注目崇敬，而導致台上奮力演出的表演者備受忽視。戲劇受到嚴肅看待，伊莉莎白有權處罰缺席表演的宮廷仕女，一場五十盧布，正如她父親命令蹺掉涅瓦河口週日短航的城民要繳交罰金。一七五一年夏季，有齣法國喜劇的觀戲人數出奇地少，促使女皇向宮外人士開放劇院，讓服裝合宜的商人帶著妻子來看戲。此後，付費觀眾有助於填滿聖彼得堡不斷增長的劇院數量。一七四三年有間新開張的喜劇劇院，建於涅夫斯基大街上原為馬廄的位址，生意持續活絡直到六年後被大火燒毀為止。而在暫用的木造冬宮旁也蓋了新的歌劇院，同時拉斯特雷利設計夏宮裡的另一處劇院，於一七五〇年開設。

青年軍校校長尤蘇波夫公爵（Prince Yusupov）鼓勵他的學生如法國戲劇一般以俄語演出。一七四六年有位來自雅羅斯拉夫爾⑨的商人極著迷於其中一齣演出，返鄉後他成立一組劇團。其後劇團聲譽卓著，以致於十年後伊莉莎白頒布命令：

吾下令建立俄羅斯劇院以演出悲劇和喜劇；吾將瓦西里島上鄰近軍校的葛萊文家石屋分配予其使用。男演員與女演員應參與此劇院：男演員，來自學生歌手和現就讀青年軍校的雅羅斯拉夫爾劇團成員，以及軍校中未服役的其他人，需要多少人數就徵集多少；同樣地，讓足量的女演員參與。劇院的維護費用……應年付共五千盧布……。[33]

於是永久的俄羅斯國家劇院成立，並由積極參與政治的劇作家亞歷山大．蘇馬羅科夫（Alexander Sumarokov）擔任總監。演出以勉強拼湊的刺耳法語進行，採用拉辛（Jean Racine）、莫里哀（Molière）和高乃依（Pierre Corneille）的劇本，而多產的蘇馬羅科夫穩定供應具說教意味的悲劇，在伊莉莎白的宮廷大受歡迎。[34]

伊莉莎白在與安娜女皇關係緊張的時期，會利用顛覆的戲劇做為情緒安全閥，如今卻欣賞蘇馬羅科夫對於莎士比亞《哈姆雷特》的改編作，凸顯英雄肩負的國家責任感而非對復仇的執迷。[35]戲劇雖是如此，蘇馬羅科夫對自身的責任感則令人存疑，一七六一年六月伊凡．舒瓦洛夫（Ivan Shuvalov）開除他的總監職位，理由是管理不善和盜用公款的嫌疑。在那次事件後，蘇馬羅科夫得以全心投入他最愛的詩作，他想以一位專職詩人之姿受到認可與重視，這在聖彼得堡聞所未聞。[36]

若說劇院在伊莉莎白執政時期是對大眾開放，那麼音樂會亦然。一七四六年七月，在亞特

⑨ 雅羅斯拉夫爾（Yaroslavl）是位於莫斯科東北方的交通樞紐城市。

米・查格里雅茲基將軍（Artemy Zagriazky）家舉辦的外國男低音演唱會，主辦方收取一盧布的入場費。表演取得治安法庭許可，宣傳演唱會的海報張貼於市內各處。兩年後，謝爾蓋・加爾加林（Sergei Gargarin）家中開始舉辦星期三傍晚的音樂會，入場費同樣是一盧布。商人和市民是受歡迎的聽眾，喝醉的僕役和「不適當」的女人則否。除了上述演出，有一種在宮中和城市街道上皆能觀賞的音樂奇景，是由伊莉莎白宮廷管弦樂團的一位波希米亞人成員，為了謝爾蓋・納雷什金所發明。那是「活的管風琴」，需要二十五至四十位演出人員，顯然是勞力低廉社會的發明。每根音管皆由不同樂手吹奏，而這樣怪異的新發明能演奏「所有種類的完整樂曲，從最慢的最緩板（largo）到最快的最急板（prestissimo）」。[37]

嗓音甜美的伊莉莎白熱愛宮廷聖歌，常站在暗處齊唱。在這群宮廷歌手之中，出現一位聖彼得堡感念的主保聖人。歌手安德烈・佩卓夫上校（Andrei Petrov）死後，他的妻子仙妮亞（Xenia）捐贈兩人的財產，於接下來四十年身穿丈夫舊衣在首都街道上晃盪，扶助窮人並為他們祈禱。人們變得敬愛她，而且她的超脫世俗可以讓友善對待她的人，得到商業利益。贈予她食糧的商人或免費載她的馬車夫招來更多生意，人們感激他們慷慨對待聖愚者⑩，回報他們的仁慈行為。仙妮亞死後，葬於斯莫連斯可墓園（Smolenskoe Cemetery）的墓地成為朝聖地，在二十世紀的頭幾年裡一天吸引高達五千人到訪。在一九八八年，接近共產主義時代的末日時，正教會正式封她為聖彼得堡的聖仙妮亞。[38]

歌劇在安娜治下鞏固其宮廷娛樂地位，而在伊莉莎白登基後，有更多義大利歌劇團、帶著愈發繁複的舞台效果來取悅宮廷觀眾。喬凡尼・巴蒂斯塔・洛卡特利（Giovanni Battista Locatelli）

的巡迴劇團於一七五七年底來訪，演出喜歌劇⑪。洛卡特利是一位偉大的歌劇宣傳家，並在自己家中講課，他的首席舞者尼奧迪尼（Niodini）則教導宮廷仕女如何增進舞藝。[39]俄國人訓練的演出者漸漸嶄露頭角。聖彼得堡的第一位俄國歌劇女歌手在一七四〇年代登台，第一位有記載的舞者則是阿卡齊尼亞・瑟吉娃（Aksinia Sergeeva），她獲選在伊莉莎白的加冕儀式上跳舞。[40]

法蘭切斯科・阿拉亞在伊莉莎白執政期間創作約三十齣歌劇，其中包括寫於一七四五年的《西庇阿》（*Scipio*），獻給女皇十七歲外甥彼得・費多洛維奇大公（Grand Prince Peter Fedorovich）迎娶十六歲日耳曼未婚妻索菲・弗里德里卡・奧古斯塔・馮・安哈爾特—采爾布斯特—多恩堡（Sophie Friederike Auguste von Anhalt-Zerbst-Dornburg）的盛大婚禮。索菲在一

圖16　活的管風琴。

⑩ 聖愚（holy fool）意指「為了基督而愚拙之人」（Foolishness for Christ），是一種禁欲的修行方式。

⑪ 喜歌劇（opera buffa）是十七世紀末在義大利出現的歌劇類型，通常是現實生活題材，諷刺劇中的喜劇角色。

年前改信俄羅斯正教會，授名葉卡捷琳娜·阿列克謝耶芙娜（Ekaterina Alekseyevna），並且將於俄國的未來扮演要角。這場婚禮連帶舉辦十天的慶典，期間有宗教儀式、禮槍致敬和舞會。宮廷賓客圍繞著「設置了噴泉、瀑布和蠟燭金字塔」的多張大桌用餐，而宮外的冬宮廣場上，平民百姓享用著紅酒噴泉和烤肉。[41] 時髦的謝爾蓋·納雷什金身著繡滿寶石的土耳其式長袍、乘坐鑲著光燦鏡面的馬車抵達時，獲得熱烈歡迎。[42] 歡宴的頂點是一場盛大華麗的面具化裝舞會，此後葉卡捷琳娜大公夫人將安於無趣的新生活。[43] 對於在伊莉莎白宮中度過的青春年華，她留下詳細卻有失公正的記載，描寫自己聰慧過人且精神奕奕，不致受到嫁給愚笨男人的不幸婚姻所壓抑，她所指即是未來的彼得三世。

葉卡捷琳娜容易對奢侈的宮廷感到無聊，對愛操控人的女皇生厭，卻同時也學著如何協調野心貴族間的複雜權力爭鬥。她在閱讀裡尋覓安身之處，從時下流行的哲學到經典作品她無所不讀。今天看孟德斯鳩（Montesquieu）的《論法的精神》（*De l'esprit des lois*）或伏爾泰的《世界史》（*L'histoire universelle*），隔天換成塔西陀⑫或西塞羅⑬。儘管大公夫人厭惡狩獵，她也逐漸愛上騎馬，像個男人一樣跨騎，這使女皇大為驚恐，認為此種姿勢恐將減損大公夫人生育後代的能力。[44] 葉卡捷琳娜和彼得成婚近十年未產下子嗣且容忍各自的情人，似乎使伊莉莎白的焦慮獲得證實。一七五二年謝爾蓋·薩爾蒂科夫（Sergei Saltykov）開始與葉卡捷琳娜往來之事廣為周知，因此當她在一七五四年九月二十日產下保羅·彼得羅維奇大公（Grand Prince Paul Petrovich）時，人們皆懷疑彼得並非孩子的父親。法國大使洛必達侯爵（Marquis de L'Hôpital）在信件中簡短記載，嬰孩「生父為薩爾蒂科夫先生」。儘管如此，生子使葉卡捷琳娜獲得權力，如今她不僅是法定繼承人之妻，也是未來沙皇之母。伊莉莎白帶走嬰孩保羅以監督養育後，葉卡捷琳娜接續產下多位情人的孩子，包括女兒安娜，父親是波蘭伯爵波尼亞托夫斯基（Poniatowski）；兒子布洛賓斯基伯爵（Count Brobinsky），父親是格里戈里・奧爾洛夫（Grigory Orlov）。諸多情人和孕事讓手腕迅速成熟的大公夫人明瞭，在宮廷裡一切私事都是公開的，而且有一大群人把探知祕密視為天職。至於彼得，他似乎並非宮廷情報圈內一員[45]，「天知道我妻子都是去哪受孕的。我真不曉得這孩子是不是我的，我又該不該承認這件事。」[46]

✯

假設保羅的出生削弱了伊莉莎白之於葉卡捷琳娜的地位[47]，卻未能抑制她意興風發的權力展示。宮廷舞會的賓客數鮮少超過兩百人，可是宴席極為鋪張。有道特別的珍饈，佩里格松露鵝肝（即酥皮鵝肝）是裝在冰塊箱中，由馬車經陸路運往伊莉莎白面前，且需動用外交豁免以穿越敵對的普魯士。宮中有道歷久不衰的菜式是「女皇烤肉」：以烹飪呈現的俄羅斯娃娃，將填滿橄欖的雲雀塞進鵪鶉裡，再塞進一隻竹雞，再塞進一隻雉雞，接著塞進一隻閹雞，最後塞進一隻乳豬——全數供一位賓客享用。晚餐有四道菜，不過每道菜包含二至十五種菜餚。眾多選擇只為了讓人淺嚐，主要功能在於展示皇家財富。伊莉莎白喜愛甜食，桌上堆滿甜點組成的金字塔，點綴

---

⑫ 塔西陀（Tacitus）是羅馬帝國的執政官和歷史學家，著有《歷史》。

⑬ 西塞羅（Cicero）是羅馬共和國的執政官和哲學家，留下多本修辭學和哲學著作。

著糖果或「微型」裝飾品，常是聖彼得堡地標的縮小版。[48]

女皇離開都城時宮廷隨她而去，使聖彼得堡歸於寂靜。當她回朝，首都成為專制英雄大戲上演的劇院，在伊莉莎白授意下變化出千奇虛構情節。穿著男性服飾是種令人著迷的騙局，除了成為隱遁的伎倆之一，亦迎合了伊莉莎白的虛榮心。女皇將屬於男性的聖安德烈勳章⑭頒給自己，指派自己為五個衛隊的上校，以及普列奧布拉任斯衛隊的擲彈兵衛隊上尉。[49]亨德福德勳爵目睹她身穿衛隊制服，並且對其外貌的轉變感到驚奇：「我確信不認得她的人，只憑神態判斷會誤以為她是一位軍官。」[50]喬納斯・漢威觀察，女皇最令人驚嘆的是「跟軍官同桌而坐時，在部隊裡她是他們的上校」。[51]葉卡捷琳娜大公夫人於回憶錄中記載，在易裝為異性的化裝舞會上：

> 女人多數看起來像矮小男孩，而且年長者的雙腿胖且短，鮮少有人顯得出色。除了女皇本人以外，無一女子的男性服飾扮相真正全然好看；因為她相當高䠷，且身形較具氣魄，男性服飾出奇適合她。她的腿比我見過任何男人的都美麗，而且極為勻稱。[52]

葉卡捷琳娜以反常的寬容態度補充，伊莉莎白「的衣著完美無缺，而且無論身穿男性或女性服飾，她的舉止皆散發獨特優雅風度」。

在伊莉莎白統治下，著異性服飾涉及一樁引起爭議的外交陰謀。讀法律出身的夏爾—吉內耶芙—路易—奧古斯特—安德烈—蒂莫泰・德翁・德博蒙（Charles-Geneviève-Louis-Auguste-André-Timothée d'Eon de Beaumont，簡稱德翁騎士），是一位軍官與技藝純熟的劍術家，並專精於歷史、經濟學和政治學。他也受僱於「國王的祕密」（Secret du Roi），即法王路易十五聘用的一群特務。此外最重要的一點，德翁騎士是歷史上背負最惡劣名聲的扮裝癖。他人生的前五十年大多扮演男人，接下來三十二年大多扮演女人，他宣稱自己是以女性身分：莉亞・德博蒙（Lia de Beaumont），從事間諜活動對抗俄國和英國。

此一自我神話化的間諜表現出，真實是被層層的欺瞞所蒙蔽，而且德翁的自傳搬弄著扮裝人生的曖昧不明。在他的故事背後，有個目的是展示變裝如何能效忠國家利益，藉此為變裝辯護。騎士捏造的故事是他偽裝成伊莉莎白女皇的侍女，藉此接近哄勸女皇跟法國祕密結盟，以對抗奧國。德翁首次因「祕密」任務抵俄，在沙皇村與沃隆佐夫大臣一同用餐時，主人告訴德翁，有位在女皇身邊工作的法國教師認為「她認識你，當時你待在莫城⑮的本篤會諾伊福皇家修道院」，而且她記得你戴耳環和「左頰有個小小的酒紅色胎記」。德翁記述，「我臉色羞紅直衝髮際」，覺得「這項揭發將使我的騎士制服失去光采」。沃隆佐夫坦承自己和妻子注意到德翁的胎記和耳洞。德翁迅速出言辯白，他主張自己最近擊敗好幾位日耳曼劍術高手，這項技藝不可能是在諾伊福的修道院養成。他補充，那位法國教師是「迷茫輕浮的女孩，她相信月亮是生乾酪做成的那類無稽之談」。但沃隆佐夫並未動搖：「假如懷疑屬實，一如我所信，那麼你除了偽裝外無需擔憂……你的謹慎和知識對女皇十分有用。再次穿上裙裝，到好人家女孩去的修道院待上一兩個

⑭ 聖安德烈勳章（Order of St Andrew）由彼得大帝設立，是俄國的最高榮譽，頒給傑出政治家和公眾人物。

⑮ 莫城（Meaux）位於巴黎東北方，是巴黎的新教發源地。

月……為女皇朗讀的位子就是你的了。」[53]事實上德翁在俄國宮廷從事純粹的外交工作。在兩趟造訪聖彼得堡的行程裡他擔任三種角色：政治觀察家；國王的祕密特務，阻撓未實現的英俄通商條約；以及使館祕書。後人尋遍法國的外交檔案，無一記載德翁曾扮裝為女皇朗讀。[54]

✮

儘管伊莉莎白只受過適度教育，且偏好浮華放蕩勝過學問，聖彼得堡已逐漸成為學術中心。俄國的第一篇聖彼得堡城市研究（附插圖的詳盡地形測繪敘述），由科學院的助理圖書館員安德烈．柏格達諾夫（Andrei Bogdanov）於一七四九至一七五一年期間製作。研究主張伊莉莎白的都城「因極其輝煌的新建物而增色且顯得崇高」，使其優於「因古蹟聞名的」許多歐洲城市。明顯可見國族主義正逐漸增長。於伊莉莎白執政之初，米哈伊爾．羅蒙諾索夫以頌揚彼得大帝時使用的概念來慶祝打倒日耳曼勢力。身為力爭上游的阿爾漢格爾斯克漁夫之子，羅蒙諾索夫最終成為聖彼得堡首屈一指的學者，在科學和文學界皆為巨擘。普希金⑯曾評論，他是「我們的第一位通才」，集化學家、地理學家、文法家、劇作家、詩人和俄國文學開創者於一身。在彼得大帝造訪西歐的數個世紀後，俄國出現一位博學家。羅蒙諾索夫於一七五五年創立期刊《每月文作》（*Monthly Compositions*），以談論啟蒙運動提出的問題，或有助於形塑彼得大帝夢想中理性國度的思想。雖然伊莉莎白個人對這些智識進步居功甚微，她自稱是「科學守護者」以體現彌涅耳瓦⑰的特質。在她執政期間，都城不再只是「彼得的城市」，根據一七五九年為她的命名日所寫的頌詞，是「古羅馬，和古雅典」。[55]一種全新的偉大文化已破曉，而宮廷仍深陷前夜的宿醉。

安娜支持創立美術學院的計畫，但是在一七三三年遭科學院否定。在羅蒙諾索夫力爭下，繪畫、雕塑、建築皇家人文學院（Imperial Academy of the Liberal Arts of Painting, Sculpture and Architecture）於一七五八年成形。隸屬於莫斯科大學的皇家人文學院位處聖彼得堡，儘管看來荒謬，首都卻是有才幹的藝術家接獲委託案之處，而且能找到最好的教師。該機構雖懷抱國族主義抱負，頭三位教師依序是法國畫家、法國雕塑家和日耳曼金屬雕刻師。在初收的三十八位學生中，十一位出身貴族，二十七位來自地位較低的宮廷底層和官階職等。[56] 一七五〇年代的另一項重要學術發展由彼得．舒瓦洛夫的姪兒伊凡主導，他擔任的職位近似教育大臣。第二所青年軍校於一七五二年開設，取代海軍學院，砲彈和工程學校則於一七五八年合併，為本世紀後半的俄國軍事勝利鋪路。訓練貴族青年的預備軍校（Corps of Pages）於一七五九年成立，展現增進宮中服役素質的企圖。[57]

★

一七五二年十月，都城遭逢史上第六大洪水，數日後，威力稍減的洪水緊接著二度襲來。那年喬格洛科夫伯爵（Count Choglokov）邀請葉卡捷琳娜與情人薩爾蒂科夫，前往他位於涅瓦河中的島上狩獵。尋歡的人們剛坐下用餐，這時「一股狂風席捲海面，水位明顯升高至階梯底部，島

⑯ 普希金（Alexander Pushkin, 1799-1837）是十九世紀的重要俄國詩人和劇作家。

⑰ 彌涅耳瓦（Minerva）是羅馬神話中的智慧女神和戰神，對應希臘神話中的雅典娜。

嶼流入數英尺高的海水」。[58]都城史上遭受的大洪水，有十分之一是在伊莉莎白執政的二十年期間發生。「或遲或早，」克斯汀納侯爵於下世紀初年來訪時表示，「此地大水將勝過人類的自傲。」[59]較貧窮的區域也在一七四〇年代數度遭逢大火，清除更多貧民窟。然而在所有的天然和人為災害侵襲過後，街道變得更加安全。安娜女皇在將宮廷遷回聖彼得堡前，先關閉了城內的妓院，這些妓院原本在充滿士兵和水手的城市生意興隆。可是問題並未解決，妓女僅僅換到酒館做生意。於是在伊莉莎白治下，主要大街上的酒館被勒令停業以進一步打擊賣淫。[60]

一七五〇年有樁醜聞席捲都城，事關以「德勒斯登莎」（Dresdensha）為人所知的日耳曼老鴇安娜—庫內貢達・費爾可（Anna-Cunegonda Felker）。她賄賂一位警察署官員，好在城內各地開設賣淫據點：有音樂、舞池和各色女孩供選擇的熱門去處。德勒斯登莎招攬的重要客戶包括鮑里斯・戈利岑公爵（Prince Boris Golitsyn）、費奧多爾・阿普拉克辛伯爵和許多宮廷要臣。針對這宗非法生意的調查由國務委員德米多夫（Demidov）領軍，最終逮捕兩百五十人。犯罪者受鞭刑，賣淫者送往磨坊工作，外國人則遭到驅逐。在行動成功後，德米多夫曾評論夜晚的街道變得多麼安寧。[61]

然而日間活動正穩定增加中。清早街道可見鄰近村莊的少女帶來牛奶，裝在飾有樺樹皮的陶土涼壺裡。到了寒冷時節，小販沿街叫賣斯必騰⑱，那是用蜂蜜、香料和熱水調製成的便宜熱飲。[62]在城內各地，商販架起小桌子賣湯、波蘭餃子⑲、布利尼⑳和克瓦斯（以粗穀粉、黑麥和麵包發酵釀製的工人啤酒）。[63]不同區域各有市場，麵粉批發商在停泊於城郊的駁船上交易，地點靠近亞歷山大・涅夫斯基修道院。[64]麵粉在此分裝至較小型的船隻上，接著分送給賣吐司、圓麵包和派餅的眾多店鋪或攤販。滿載新鮮漁獲的漁船停泊於涅瓦河上與運河沿岸。[65]在最冷的月份裡，從水裡撈起的魚沒幾秒就會結凍。

城裡的製造業原本全數投入生產品質中等的建材，在羅蒙諾索夫的皇家瓷器廠於一七四四年開設後，工廠開始製作精品。它們生產供宮廷使用的單色印花餐具，使用從皇家財庫金幣取下的金箔。女皇對於多座危險工廠位於首都中心感到焦慮，於是在一七五〇年代中期，有一間軍備廠和一間彈藥廠被她驅逐到城郊。[66]帝國其餘地區的重工業和製造業變得興盛，利用身不由己的農奴或配給農民擔任勞動力；但是在聖彼得堡，與歐洲間的貿易仍是主要的商業項目。

圖17　十八世紀中期從噴泉河望向涅瓦河的景觀，左方是阿尼奇科夫宮。

⑱ 斯必騰（zbiten），另一常用拼法是sbiten，最早在十二世紀就有文獻記載。

⑲ 波蘭餃子（pierogi）外觀和中國的餃子相去不遠，煮熟後或以奶油煎、或直接沾酸奶油吃。

⑳ 布利尼（blini）是俄羅斯的煎薄餅，配酸奶油、鮭魚或魚子醬吃。

隨著伊莉莎白年近五十，即她父親駕崩的年歲，真假難辨的八卦傳聞愈演愈烈。她長年腹部疼痛，她的臉龐浮腫，她愈來愈少露面。在性行為、迷信和飲酒造成的損害下，嚴重至極的自我放縱下，她死於一七六一年的十二月。雖然聖彼得堡市中心已有詳細規劃，但許多重要建築仍尚待興建，這座早熟城市的下一階段發展，將在一位改善宮廷和首都的偉大女皇魄力下完成。

在回憶錄裡將皇位的法定繼承人，也就是她的丈夫㉑描繪得分外低劣，是符合葉卡捷琳娜大公夫人的既得利益，不過她所寫的內容大多經由他人證實。葉卡捷琳娜明智地看穿，擺在眼前的人生選項是「同他一起毀滅，或者被他毀滅，抑或拯救」自己和孩子，「或許還有國家，免於公爵所預示的一切道德和身體官能災難。」彼得從十歲開始愛上喝酒，迅速淪為無可救藥的酒鬼。隨從發現他們無法阻止彼得飲酒，而且在他衰弱的身體之下，唯一能幫助他獲得一番成就的教師是「教他跳舞的朗德」。彼得喜愛玩具和玩偶，他帶著木偶去看「索然無味的」盛大演出。葉卡捷琳娜記述，彼得把所有的玩具士兵排於一張窄桌，上頭釘著可彎折的黃銅片。彈撥黃銅片時聽起來像槍聲，彼得慶祝「宮廷盛會的方式是讓這批軍隊發射長槍」。據葉卡捷琳娜所述，他天天用玩具兵換崗，前去閱兵時，「身著制服和靴子、馬刺、高領衫和圍巾，獲准出席這可愛活動的僕役必須遵照同樣打扮。」[67]夏天在奧拉寧鮑姆宮時，彼得命僕役穿著荷爾斯泰因㉒軍裝受訓，展現出對於俄國敵人弗里德里希大帝㉓的危險崇拜。[68]

彼得在性事方面冷淡對待葉卡捷琳娜，卻對伊莉莎白．沃隆佐娃伯爵夫人（Countess Elizabeth Vorontsova）懷抱強烈欲望。沃隆佐娃隨地吐痰、散發臭味、患有斜視，而且身上留下了天花疤痕。較為正面的消息是她熱愛飲酒，且對於和嗓音拔尖、頭髮稀疏的大公上床展現熱切渴望。當她被塔普洛娃夫人（Madame Teplova）取代時，彼得在房裡布滿軍事裝備，意欲取悅新的女伴。彼得也是一位偷窺者，曾在鎖緊的門上鑽洞欣賞伊莉莎白女皇和拉祖莫夫斯基親熱，並且邀請他的隨員分享「不檢點的愉悅」。[69]

顯而易見地，彼得不值得擁有全俄羅斯皇位。有一整個冬季他沉迷於計畫「在奧拉寧鮑姆宮附近興建方濟會修道院樣式的鄉間房舍」，而他、葉卡捷琳娜和整個宮廷會在那裡身著僧侶和修女服。當葉卡捷琳娜發現彼得把一隻大老鼠「以處決刑具吊起」，問他用意為何時，大公回答「老鼠觸犯罪行，根據軍法當判處極刑……牠爬到放在房裡桌面的紙板堡壘城牆上，吃掉兩個站在土牆上看守堡壘的紙糊哨兵」。葉卡捷琳娜無法制止自己「對此愚蠢至極之事笑出聲來」。[70]

一項政治行動將俄羅斯從悲慘的新沙皇手中拯救出來，由於此種行動太過常見，幾乎可視為新的準則，也就是「政變」。與此同時，彼得在伊莉莎白的葬禮上嬉鬧，一直發出笑聲打斷儀式，還向神父伸舌頭。[71]

㉑ 指彼得三世。

㉒ 彼得的父親是荷爾斯泰因—戈托爾夫公爵卡爾．弗里德里希。

㉓ 編按：即前文提到的普魯士國王弗里德里希二世（Friedrich II），根據英文則可譯為腓特烈二世。

第六章 轉型的城市

一七六二至一七九六年

「我們有八個月的冬季，以及四個月的壞天氣。」俄羅斯的第四位女皇葉卡捷琳娜譏諷道。[1]葉卡捷琳娜被稱為「大帝」不僅標示著她對啟蒙運動的一時興起，以及可觀的領土開拓，也在她身上蓋印了跟聖彼得堡創立者相同的戳記。彼得的偉大開啟了不可能，葉卡捷琳娜的偉大則讓首都動盪的頭一百年為後人所傳誦。不過，無論自彼得初登岸後都城有多少財富來來去去，此地的天氣依舊如常：「狂暴……多變且不宜人居。」襲往芬蘭灣的寒風，只為了遇上從西伯利亞咆哮而來的狂暴氣流。冬季可能從十一月一日就開始，直到四月中旬才稍稍緩和。「冷！極冷無比！」威廉．理查森（William Richardson）埋怨道，他與英國特命全權大使凱席卡特勳爵（Lord Cathcart）同赴女皇執政的俄羅斯帝國。理查森在一七七一年三月記錄到列氏①負三十二度的氣溫（可換算為十足考驗耐受力的攝氏負四十度）。在春分的月份經歷如此極端低溫，難怪寫作者極力強調聖彼得堡最溫和的時節有多短暫：「在夏季那幾週，你看得出我用週而非月來描述。」[2]但儘管短暫，卻是酷暑，蚊子使人「痛苦無比」。見多識廣的旅者對此提供建議：當「小蟲停在身上，最好讓它吸飽血後飛走。假如當場擊斃，蟲喙有些部分時常留在傷口裡，造成比原來更劇烈的疼痛。」不過蟲子很快就會消失，在此緯度冬季的到來「快得驚人」：「晚上你跟夏天道別，早晨就向陰冷暴君致意。」涅瓦河三角洲變成「一大片冰晶」，從首都前往克隆施塔特要塞的訪客，可以沿著凍結海面上標出的馬車道路疾行，「好似滾木球的草地一般又滑又平」。抵達後，他會發現俄國海軍「牢牢繫於港口，卸下了帆纜且懸著冰柱」。[3]

在聖彼得堡，腳步匆匆的行人在滑溜圓石路上打滑，「不斷閃躲」冬季橫衝直撞的四千多位馬車夫，他們是來自附近鄉間的大群粗野農民，因無法耕作凍土，於是帶著馬匹湧入聖彼得堡駕駛無頂四輪馬車，每趟僅收一戈比。當車夫與同行競速，乘客承受猛烈風勢撲面削來。女士「塗上一英寸厚的粉」做為保護，假如對她們的美貌沒什麼幫助，但至少可以預防「她們凍傷」。相反地，男性的自負心態注定讓其飽受折磨：「一流的俄羅斯情郎鄙視保暖服飾，因為那會破壞身形，他們會穿戴絲質襪和別上裝飾品的帽子闊步而行；只要寒冷程度允許，他會將毛皮大衣擱在一旁，展示絲質馬褲和緞布背心。」[4]在路面凍結時，貴族和最富裕的商人會在車廂放上特製的「雪橇架」，拉車的馬匹數量端視車主的階級而定，會從大臣或元帥的六匹馬，一路降到普通商人的一匹馬。高官顯要會讓隨從在嚴寒天候裡等待十個小時，他們擠在火盆前烤手和臉，放任雙腳凍到麻木。一七八一年冬季有兩名馬車夫在等待主人時死去。[5]

---

① 列氏溫標（Réaumur scale）下水的冰點是零度、沸點是八十度。十八、十九世紀曾流行於歐洲，後被攝氏溫標取代；俄國一直使用列氏溫標直到二十世紀初期。

到了主顯節，冰凍的涅瓦河上用地毯鋪出一條走道，從冬宮通往用鍍金木材搭設的聖殿，屋頂冠上十字架。卡薩諾瓦在那兒觀看孩童受洗，浸入割穿地面冰層的洞裡。他驚恐地看見一個嬰兒從神父手中滑出沉沒，並且十分詫異於其父母「面露狂喜……確信嬰孩直接被帶往天堂了」。[6]冰封的涅瓦河上也舉辦壯觀的盛大市集，人們從十公尺高的陡斜冰丘猛然滑下。新手躺在雙臂外伸、緊貼冰面的老練嚮導大腿上，勇者則乘坐圓形雪橇迅速滑下光潔冰面，不斷加速，驚呼出聲時試著吞下一口冰空氣。在人造冰丘之間有圍起的賽道，賭客在此下注。[7]受輕騎兵護衛的葉卡捷琳娜女皇乘雪橇穿越人群，巡察忙於「飲酒、歌唱和歡笑」而未起爭執的人民。為嚴寒所限，尋歡者「並未縱酒數小時」，而是在「兩三分鐘內盡可能大口吞飲就算了事」[8]，接著繼續上路。

諸多節慶為漫長冬季時節注入活力，而城市運轉需要許多工人來維繫，其中以門房工（dvornik）和警衛工（budochniki）最常見。門房工是所有富裕家庭的必備雜工。他負責挑水、清掃庭院、開啟柵門、點亮煤油燈、旋轉烤肉叉，並且在天寒時砍木材，確保火爐溫熱房舍。暖爐是四公尺高、兩公尺寬的大型新發明，藉由關閉閥門將木材燒成炭。假若有位粗心的僕人在木材未完全炭化前開啟閥門裝置，那麼據卡薩諾瓦觀察，「主人陷入最後一次沉睡，在三、四小時內被悶死。早晨開門發現他死去時，冒失的可憐僕人將被吊死，無論他如何辯解……一項必要的守則，否則僕人會因為些微過失就害死主人。」[9]

門房工的職責不僅只有家務，他的工作還包括協助撲滅城裡的火災、清掃僱主屋產周圍街道，以及在客人來訪時通知警察，無論客人來自鄉下或國外。[10]門房工盡市民責任時受到警衛工協助，後者駐守在要道街角的圓形木亭裡，於半點和整點敲響木板或三角鐵報時。這類木亭在冬

圖18-19 凍結涅瓦河上的冰丘以及夏季市集裡的「迴旋飛椅」，繪於一八〇七年。

季幾乎無法抵擋寒風，大型建物外的警衛小屋則普遍較溫暖，建材採用花崗岩和鐵屋頂。[11]

一七六三年警察成立小型消防部門，可是一旦有需要，屋主仍應撥出家中僕人充作值班和滅火人員。於一七六〇年代和一七七〇年代，由於巡邏警力稀少且市政資金飄忽不定，地主確實需盡大量市民責任。題為《論聖彼得堡市》的報告於一七八〇年發布後情況稍有改變，成為一七八五年重大《城鎮憲章》（*Charter of the Towns*）的先聲，後者提出以代表機構來管理市務。聖彼得堡的市議會、或稱杜馬（Duma）於一七八六年初就職[12]，卻要到一八〇三年才完全掌控城市財政，在那之前必須四處尋求收入來源。市議會徵求一部分關稅及工匠、酒精、公共澡堂稅用於整修城市街道、維護運河、挖新的下水道、清掃並點亮主要街道。到了一七八五年，有三千多盞球形燈掛在市中心的木樁上，且軍隊招募的點燈夫人數大增，僅次於警察。[13]

煙囪清理工一戶掃過一戶。捕狗人沿街搜巡。桶匠四處遊走，他們只用一把短柄斧頭就可以修理木桶和家庭用具。麵包販（Kalatchnik）在城裡晃盪，叫賣用優質「莫斯科麵粉」做的麵包。[14]雖然不缺積極介入、瓜分利潤的中間商，許多農夫仍會跋涉到城裡直接賣自己的收成。自安娜執政起，都城內每一區都享有各自的市場，但是城裡最重要的街市依舊是海軍部附近的圈樓（或稱「商場」）。一七八二年毀於大火後，圈樓在涅夫斯基大街上重建為兩層樓的磚泥建築，於立柱廊道下容納許多商鋪。交易集中造成了壟斷問題。在圈樓的商販之中，二十二人擁有一千兩百零四攤中的四百五十一攤。在一七八〇年代，薩瓦・雅科夫列夫（Savva Yakovlev）一人就擁有所有商店的百分之九。[15]伊莉莎白重演父親與緬什科夫的相遇，她一聽見雅科夫列夫的叫賣肉派聲就著了迷，於是下令要他為宮廷製作派餅，就此開啟雅科夫列夫的事業帝國。

每年春天農人從遠處來此租一片土地，種蔬菜賣到城市裡。[16]屋內地窖放入冬季凍結的冰塊，用來保存夏季購買的新鮮農產品。到了冬天，冷凍的蔬菜、水果、肉和魚在中央市場販售，所在區域是從涅夫斯基大街延伸至亞歷山大．涅夫斯基修道院的新興商業地帶。數千頭剝了皮的僵硬動物依種類堆積，每個冷凍肉堆旁留下一具屍體樣本以供辨識。其餘的從後腿緊緊綁在一起，使這些野獸看似站立著，在遭活生生剝皮後渴望著逃離。衣著鮮豔俗麗來此採買的人群，上至皇室家庭、下至普通商人，與成堆剝皮屍體形成強烈對比，他們選購的冷凍食品比其他市場賣的新鮮物產便宜三分之一。[17]如果客人只想要動物的一部分，商販會用斧頭劈開，使冷凍血肉屑四處飛濺。[18]顧客帶著冷凍肉品回家，在烹煮前先放入冷水解凍。

從葉卡捷琳娜執政伊始，奢侈品開始在私人店鋪和屋內販售。[19]這項做法的合法性存疑，但是在一七六六年有位法國人遭檢舉後，他贏得在家做生意的權利。約莫一百位商人迅速效法他。工匠和小販在《新聞報》上刊登廣告，技術優異的工匠和貨品齊全的店鋪也藉著傳播口碑。在尺寸和樣式受規範下，招牌獲准在地段較好的街道懸掛，而且在允許工匠在有錢的客戶附近居住和工作後，市中心變得更商業化。到了一七八九年估計有超過一千位裁縫師，其中八百四十位是俄國人。有一百四十九位理容師為虛榮的年輕男人剃鬍，還有六十四位美髮師為女士梳理無比繁複的髮型。[20]散落城內各地的個人商販開始跟壟斷者和市場競爭，並獲得佳績。但是聖彼得堡在商業化初期出現了混亂局面。一七九〇年代，有四家個人企業取名為「英國商店」從事買賣（一七九三年五月，葉卡捷琳娜禁止從革命後的法國進口物品後，這四家店的生意大為興盛），其中一家店由莎拉．史諾夫人（Mrs. Sarah Snow）經營，她在《新聞報》廣告店內用品，有英國布料、女帽和針線，亦有家庭用品、玩具、「運動器材」和「最新版本的英語書」。其餘英國店鋪販售黃銅和白鑞製品，以及標榜「放送多種動人詠嘆調」的掛鐘。來自世界各地的商人到聖彼得堡定居，不過以英國人居首，滿足本地對英國商品的狂熱。需求確實相當巨大，導致無節操的商人企圖以俄國仿製品蒙混，正如同今日兜售愛馬仕亞洲假貨的街頭小販。倫敦長畝街②上的哈契特（Hatchett）是皇室指定的馬車製造商，不僅供應給葉卡捷琳娜也賣給貴族成員，例如揮霍無度的格里戈里·波坦金公爵（Prince Grigory Potemkin）。[21]由於俄國每年進口數百匹英國馬，所以也有英國馬夫前來傳授英式騎術。在費雪先生的英國演員劇團赴俄國首都演出的一七七〇年秋至一七七二年初，英國崇拜隨之滲入娛樂圈。演員「勤勉不懈地使用大量金屬亮片」裝修一處舊穀倉，位址在莫伊卡街上的商人住宅旁，他們讓穀倉變得「很像劇院」，並在此演出莎士比亞劇和當時流行的劇本。葉卡捷琳娜曾臨時造訪，觀賞劇團演出[22]，可惜在演員開始爭吵後曝光。還有一間英國客棧供應難得一見的咖啡；一間英國俱樂部提供撞球檯和紙牌桌；以及神祕且情色的「乞丐的祝福與樂土之最強大組織」③，這是一個耽溺於猥褻讀物、偷窺和手淫的英國俱樂部，成員皆經精挑細選。[23]

✯

一七六二年都城見證了另一樁戲劇場面，當時葉卡捷琳娜被夫婿彼得三世的酒後愚行激怒，自覺必須代替他執政。她擁有統治所需的膽量、意志和支持。可是無論她採取何種主張，仍存在兩位合法的皇位繼承人：彼得三世和伊凡六世，皆為俄國沙皇之孫。來自安哈爾特—采爾布斯特—多恩堡的葉卡捷琳娜只是伊莉莎白女皇早逝未婚夫的外甥女。④然而當她那不可靠且支持普魯士的丈夫成為彼得三世時，葉卡捷琳娜已在聖彼得堡生活達十七年。彼得想擺脫葉卡捷琳娜和她生的兒子保羅，但宮中一群有力派系卻遲疑於，是否要接受一位被眾人視為不可靠笨蛋的統治。葉卡捷琳娜的情人格里戈里．奧爾洛夫在其兄弟支持下，贏得普列奧布拉任斯衛隊和艾茨美洛夫斯基衛隊的關鍵支持，行動就此展開。女皇致信給舊情人波蘭伯爵波尼亞托夫斯基，勸退他別在「情勢混亂時」前來俄國首都，信中寫道：

> 彼得三世喪失了他僅有的些微智慧。他驚嚇且得罪了所有人……二十八日清晨六點我在彼得霍夫宮安睡。阿列克謝．奧爾洛夫十分冷靜地走進來說：「關於宣告的一切已準備妥當，您必須起床了。」[24]

謀反者往冬宮前進，參議院和宗教議會（Synod）與一萬四千名軍隊站在一起，此時彼得據葉卡捷琳娜向波尼亞托夫斯基所述，「退位至奧拉寧鮑姆宮，享有完全的自由。」然而甚至在這

② 長畝街（Long Acre）在十九世紀以聚集馬車製造商聞名。
③ 乞丐的祝福與樂土之最強大組織（Most Puissant Order of The Beggar's Benison and Merryland）簡稱乞丐的祝福，一七三二年成立於蘇格蘭。
④ 編按：伊莉莎白女皇的未婚夫是荷爾斯泰因公爵卡爾．弗里德里希（彼得三世的父親）的堂弟，盧貝克主教卡爾．奧古斯特，而葉卡捷琳娜是卡爾．奧古斯特的外甥女。

封信撰寫前，「吾葉卡捷琳娜二世，受主恩典為女皇」發出以下宣告：

吾登基全俄羅斯皇位的第七天，吾收到消息，前沙皇彼得三世發生身體後部的血腥意外，俗稱痔瘡，他原先患有此疾，導致引起劇烈絞痛、吐膽汁……吾於昨日傍晚遺憾得知，在全能上帝應允下，前沙皇已離開人世。[25]

「血腥意外？」彼得實遭奧爾洛夫兄弟下毒勒斃，聲稱未知會葉卡捷琳娜。

一七六二年處置完彼得後，尚有另一宗不為人知的謀殺案。前沙皇伊凡六世自一七五六年起遭監禁於什利謝利堡⑤，葉卡捷琳娜登基後前去探視他。她寫道，多麼地「令吾訝異！除了表達不順外，他手足無措，發表言論時他人幾乎無法理解，吾認為他完全缺乏判斷力和理性。」[26]她決心讓伊凡留於原處。過了兩個夏天，一七六四年有樁陰謀企圖擁護他登基後，伊凡遭到殺害。[27]宮廷表現得彷彿若無其事，除了禁止上演編寫於漢堡的劇作《無辜的打壓，或言俄國沙皇伊凡之死》（*Innocence Oppressed, or The death of Ivan, Emperor of Russia*）。[28]篡奪舉動將於執政期間持續困擾葉卡捷琳娜，無論她坐擁多少支持和好話。發動政變五年後，參議院強迫她接受「祖國的智者、偉人與母親」頭銜。葉卡捷琳娜以她特有的機智聰敏回應：「唯有上帝是智者；我的後代將稱讚我的偉大；至於祖國的母親？我寧可說：我愛你們，也想要被愛。」[29]

✯

在葉卡捷琳娜迂迴、自我辯白且三度改寫的《回憶錄》裡，俄國宮廷顯得是一處政爭不休之地。身為大公夫人，她一直待在宮廷裡卑躬屈膝。她的文字遭到惡意朝臣不斷剖析，而她的一舉一動受到外國使節檢視。但是在她登基後，儘管禮俗和宴會無可逃避，宮廷的氣氛卻發生顯著改變。伊莉莎白執政時的放縱享樂被有限度的富麗取代，並且有技巧地主張葉卡捷琳娜勤勉致力於俄國的智識興旺與良好治理。她的加冕典禮也許較前人盛大，一七六三年抵達聖彼得堡的勝利進城也許鋪張[30]，不過此後葉卡捷琳娜宮廷裡的浮華程度顯著下降，儘管依舊「隆重浩大」。

女皇六點起床，親自點燃爐火，吃一頓有吐司和鮮奶油濃咖啡的樸實早餐。她閱讀書寫直到八點，此時一位諫臣前來為她朗讀新聞。在宮廷接見數人後，葉卡捷琳娜用午膳。[31]她偏好油膩食物，饕客不情願扮演座上賓。接著，與當時的寵臣共度短暫私人時光後（宮中流言稱這段期間為「陛下時間」），女皇整個下午都在工作。戴頭盔的彌涅耳瓦女神鑄於慶祝葉卡捷琳娜加冕的紀念徽章上，顯示她有扮演戰士與智慧女人的雙重能力。由徽章觀之，女皇是從代表聖彼得堡的跪姿人像手裡接過皇冠。[32]到了一七七〇年，為了暗中貶低彼得大帝的成就，葉卡捷琳娜對彼得的城市所做的壯闊轉變，呈現出神話般的境界。她積累無盡藝術珍寶，並且發包宏偉建築。在維吉爾的《埃涅阿斯紀》⑥的譯本裡，瓦西里·佩卓夫（Vasily Petrov，羅蒙諾索夫的後繼者，也是

⑤ 什利謝利堡（Schlüsselberg）位於聖彼得堡以東三十五公里處，涅瓦河於此流出拉多加湖。

⑥ 維吉爾（Virgil）是古羅馬詩人，史詩《埃涅阿斯紀》（*Aeneid*）是他離世前花十年撰寫的作品，講述主角埃涅阿斯在特洛伊城毀後，渡海至義大利建立羅馬民族。

效忠葉卡捷琳娜二世的圖書館員）呼告「可悲的小屋」已被「輝煌的城市」取代。維吉爾寫的是狄多⑦在迦太基的勝利，佩卓夫談的是狄多和葉卡捷琳娜。首都成為葉卡捷琳娜偉大功績最顯著的明證，一如葉卡捷琳娜的「輝煌」超越了彼得大帝的「小屋」。葉卡捷琳娜為寵臣格里戈里·波坦金訂製的浮雕餐具組裡，有一張桌子雕出女皇的半身像，再次以智慧女神彌涅耳瓦的形象現身。至於波坦金為女皇舉辦了一場儀式，歌頌葉卡捷琳娜為狄多女王。[33]

葉卡捷琳娜企圖為宮廷與都城間的隔閡搭起橋梁，從她習慣在入夜後乘坐無篷雪橇、無人隨侍下穿梭聖彼得堡，即可看出她的想望。[34]假如服裝合宜，皇家花園歡迎人民參觀，夏園也開放給社會上層的人們，讓他們享受林蔭大道和噴泉，啜飲園中販售的未摻酒果汁。[35]城民也獲邀赴宮廷宴會享用餐點。公眾節日的舞會為「不同階級分別演出娛樂活動；依序是最高階的貴族、次階貴族、軍事將領……商人居末」。葉卡捷琳娜的精力無窮，法國大使塞古伯爵（Comte de Ségur）評論她的雙頰顯現火熱紅暈，這肇因於親吻商人妻子塗抹過多胭紅的臉龐。[36]當卡薩諾瓦在氣派的米蓮娜亞街租房，屋主贈予他一張宮廷歡迎會的入場券，一場五千人參加的化裝舞會，持續六十多小時。俄羅斯的宮廷奇景讓他驚豔，隨後漫步於冬宮廣場上的巨大露天競技場，那是安東尼奧·里納第⑧為一七六六年六月和七月上演的中世紀長槍比武所設計的場地。開場由俄國亞馬遜女戰士（來自各上等家族的仕女），乘戰車揭開序幕。[37]女皇從冬宮觀賞盛會，觀眾則湧入競技場或趴伏於鄰近屋頂上。而在一場皇家婚禮上，同一處廣場設置了一座「幸福泉源」，包括裝入三萬六千公升的紅酒和白酒的兩個蓄酒容器，不斷湧入大池子裡。酒池上架設多座金字塔，層架上擺滿「麵包、烤禽肉、鵝肉、鴨肉、火腿和其他食物」，而在「金字塔頂端是一隻烤全犢」，牛身覆蓋暗紅錦緞，只露出頭和鍍金牛角可見。直到皇室家族現身冬宮露台那一刻，酒泉四周由警察看守的緞帶線才落下。從此刻起牛犢頭成為標靶，用食物擲中牛犢頭的第一人可以贏得獎品。失準的彈藥（食物）在酒池中載浮載沉直到被人取走，儘管浸滿了酒。[38]

就政治而言，葉卡捷琳娜還遠遠未達到她希望成為的「人民女皇」。十九世紀思想家赫爾岑曾銳利指出，「俄羅斯及其人民」在她的《回憶錄》中缺席了。[39]但包括卡薩諾瓦在內的眾多觀察家也證明，葉卡捷琳娜擁有能力，「施展親切和機智取悅他人，並且能以精湛手法讓人感受女人的溫柔，以致遺忘君王的可怕。」[40]關懷取代了空虛排場，一如女皇對人民的母愛成為新政權的公開手法。

無論如何，在宮中有許多荒淫行為，私通可能出於政治動機，也只是出於娛樂消遣。潘布洛克伯爵（Earl of Pembroke）從都城寄出的信中寫道：「納雷什金家的女孩先前已成婚，還是像兔子一樣在聖彼得堡四處性交。」[41]偏好私通調情勝過溫柔感情的現象，記載於夏爾・法蘭索瓦・菲力柏・梅頌（Charles François Philibert Masson）匿名發表的回憶錄中：「宮廷仕女幾乎全都有男人，給予寵臣頭銜和官職。我不說情人，因為那意味著感情，而他們的關係只是赤裸裸的欲望。」[42]來訪的約翰・理查觀察流通的圖書，發現「對女性以禮相待的論述在此地鮮為人知，探究美麗的情書亦少見……簡言之，此地的愛情似乎出於衝動本能」。[43]

---

⑦ 狄多（Dido）是古迦太基（Carthage）女王，在《埃涅阿斯紀》中與埃涅阿斯相愛。

⑧ 這裡的里納第與第四章出現的編舞家同名，此後出現的均指建築師里納第。

就某種程度而言這也是葉卡捷琳娜的情況，她的情人數量不明，介於十二至五十人之間，且全都接受過她的醫師詳細檢查。[44]葉卡捷琳娜是居於獨特地位的獨特女人，或許她的渴望同受壓力和欲望驅使。為了逃離沒有愛情的婚姻，她沉溺於接連不斷風流韻事的愉悅與傷懷中。她受到不忠男人的傷害，好比謝爾蓋·薩爾蒂科夫和當她的情人十二年的格里戈里·奧爾洛夫。[45]一七七三年起，葉卡捷琳娜跟格里戈里·波坦金展開一段短暫卻極其重要的私通關係，男方比她年輕十歲。波坦金的地位大於一位寵臣，且葉卡捷琳娜仰賴波坦金直到他在一七九一年死去。[46]可能是女皇祕密夫婿的公爵成為俄國南部總督，以及國內地位最崇高的軍事政治家。女皇顯然十分享受兩人的私通情事：「在公開場合舉止得宜，那麼無人會得知我們在想什麼。我多麼喜愛施展詭計！」[47]

☆

葉卡捷琳娜意欲改善都城的基礎設施，並擘劃能使首都更添宏偉的建築計畫。她很早就經歷過本地建物的危險缺陷，事發當時，她十九歲，是阿列克謝·拉祖莫夫斯基的座上賓，地點在鄰近的戈斯蒂利察（Gostilitsa），幾乎讓她送命。大公夫人留宿於木造外屋的三樓，醒來卻發現房子基腳石塊鬆脫，正當整棟建築開始搖晃坍塌之際，僕人排成一列接力將她安全抬出。[48]但身亡的二十位家僕和工人就沒那麼幸運了。因受過如此驚嚇，葉卡捷琳娜欲藉由立法和錢財積極處理首都的建築問題。她撥款三萬盧布重建在她登基前一年燒毀的麻繩倉庫。[49]一七六二年十二月，聖彼得堡暨莫斯科砌體建設委員會⑨成立，目的是讓這兩座城市更堅固宜居。在葉卡捷琳娜統治初期，聖彼得堡的木造房屋以九比一的數量凌駕於砌體建物，到葉卡捷琳娜逝世時比例只剩下二比一。石造建物在市中心周遭最密集，即鄰近冬宮的海軍部區（First Admiralty Quarter），三層樓和四層樓的建物在本區漸成常態。

運河及一大段涅瓦河岸覆上了花崗岩，讓城市高於不斷氾濫的洪水。跨越豐坦卡河的八座拱橋取代了原先的木構橋[50]，但是城市北部或瓦西里島西端的多沼澤地帶幾無建物。至於在建物林立的東部，一七八〇年代的蘇格蘭旅人安德魯・史雲頓（Andrew Swinton），觀察到流經某些街道中央的運河會在夏季發出惡臭，如同四十年前的景況。[51]若觀察周遭屋舍，在一七三六年大火中燒毀的房屋尚未重建，一七七一年五月摧毀一百四十間房屋的另一場火災更加重了荒涼的景象。聖彼得堡仍然遠非我們視為城市的綿延大都會，仍有許多可闢為果菜園的開放空間，還有約兩萬頭牛放牧於首都啃食青草。

在葉卡捷琳娜治下，許多位址巧妙的工廠新設，私人產業開始取代某些國有壟斷工廠。製造程序中高度易燃的工廠坐落於城市外圍，製皮廠則移往河川下游，避免進一步汙染涅瓦河。工廠倒閉原因包括缺乏資金、存貨過多，以及俄國製品被視為劣質品。醫藥執行管理委員會（College of Medicine，負責監督藥劑師和醫院）要求醫療器材要使用英國或德國的鋼鐵來打造。城市由下列機構管理：商業執行管理委員會（College of Commerce）監管市場的誠信和衛生；戰爭執行管

⑨ 砌體建設委員會（Commission for the Masonry Construction of St. Petersburg and Moscow）的砌體一詞，指的是磚材與石材做為主要結構。

理委員會（College of War）監督街角的警衛亭，以及肩負起不可能任務的海軍部——防治洪水。[52]

一七七〇年首都成立一處育幼院，體罰遭到禁止，且儘管嬰兒死亡率高，見證人仍斷言男女院生大幅增長的前景可期。法國和英國均有貴族和慈善教育模式，然而一七七〇年代和一七八〇年代，國家教育體系提案參照的卻是奧國模式，代表當時俄國朝普通教育跨出的一小步。教師接受培訓且教科書經過研擬製作，不過學生人數一直偏低。在都城裡，工匠和低階官員（他們的子女是從上述教育獲益最深的一群人）對此興趣缺缺。然而葉卡捷琳娜在斯莫爾尼設立的貴族女子寄宿學校一直延續到俄國革命，並且附設一間姊妹校供低階層的女童就讀，提供十二年的住宿和教育。諷刺作家與慈善家尼古拉・諾維科夫（Nikolai Novikov）勤於出版言詞鋒利的雜誌，他創立一本雜誌協助首都的慈善學校募款。諷刺的是這所學校募到超額資金，反過頭來資助這本期刊，[53]這是諷刺言論首度在俄國流傳的許多出版品之一。但上述言論的來源之一竟是女皇自己，這讓人大感詫異。葉卡捷琳娜祕密支持、資助缺乏聲譽的諸多期刊，甚至為其撰文，它們粗略模仿埃迪生（Joseph Addison）和史帝爾（Richard Steele）在倫敦創辦的《旁觀者》（*Spectator*）。葉卡捷琳娜在一七八三年一月允許私人報刊開業後，每年約莫有四百本俄語書和期刊出版，其中超過三分之一是由諾維科夫出版。[54]不過在一七九〇年代初期，因受法國大革命影響下，政府比較不樂見抨擊專制的文字出現，諾維科夫未受審就遭監禁且旗下的媒體紛紛歇業。但在葉卡捷琳娜的「啟蒙運動」二十年榮景間，知識叛逆者擁有某種程度的自由去抨擊俄國生活的不公，以及身為一頭熱年輕人的彼此。[55]無論局勢多麼凶險，寒士街⑩已現身聖彼得堡。

除了嘲諷與叛逆短文外，葉卡捷琳娜是一位多產的作家。她能流利使用德語、法語和俄語，編纂了一套歷久不衰的《青年教育的俄語啟蒙讀本》（*Russian Primer for the Instruction of Youth*），並且成為暢銷書。對於自己身處世紀某些最偉大的心靈，她扮演一位孜孜不倦的信使，包括伏爾泰、狄德羅（Denis Diderot），以及格林男爵（Baron von Grimm，法國《文學、哲學與評論通訊》〔*Correspondance littéraire, philosophique et critique*〕的編輯），後來他成為葉卡捷琳娜在巴黎的報信者。[56]葉卡捷琳娜於執政之初資助外語書籍翻譯協會（Society for the Translation of Foreign Books），在以俄語出版的大量書籍中，主要是經典、英語文學，以及對於葉卡捷琳娜彰顯的改革意念極其重要的政治學著作，而神學書籍顯然缺席。俄國的第一本字典於一七八八年開始流通[57]，這距離詹森博士在倫敦出版其開創性著作⑪，僅僅晚了三十年。

葉卡捷琳娜的知識幅員廣闊，即使並非樣樣精通，如同首都是一座繁榮的國際港口，她是當代秀異文明與文化流入俄羅斯的管道。葉卡捷琳娜登基未滿兩週，即邀請狄德羅赴聖彼得堡完成他的巨作《百科全書》（*Encyclopédie*）。德語作家如戈特霍爾德・萊辛⑫和克里斯蒂安・戈勒特⑬受到廣泛閱讀。[58]謝立丹⑭和莫里哀的劇作於本地演出，義大利和蘇格蘭建築師紛紛抵達。歐洲

---

⑩ 寒士街（Grub street）是十九世紀的一條倫敦街道，聚集聘僱作家、詩人、小出版商，無論地理位置和地位均處英國報業和文化圈的邊緣。

⑪ 指英國文人塞繆爾・詹森（Samuel Johnson, 1709-1784）花九年編寫的《英語字典》（*A Dictionary of the English Language*）。

⑫ 戈特霍爾德・萊辛（Gotthold Lessing, 1729-1781）是神聖羅馬帝國的啟蒙運動代表作家，撰寫劇作與評論。

⑬ 克里斯蒂安・戈勒特（Christian Gellert, 1715-1769）是十八世紀中最受歡迎的德語詩人。

⑭ 理查・布林斯利・謝立丹（Richard Brinsley Sheridan, 1716-1816）是活躍於英國的愛爾蘭劇作家，第一部喜劇劇本《情

畫作被大批購入，思想與古物各自積累，且海外人際網絡逐漸滋長，確保俄國首都在世間城市中顯得特出。早期的一本重要譯作是盧梭大獲成功的《新愛洛伊斯》（*La Nouvelle Héloïse*）。這本書信體小說的主人翁聖普（Saint-Preux）寫信給住在山區的情人，述說自己身陷巴黎種種目眩神迷時，經歷的疑懼顫慄。聖普逐漸迷失在矛盾想法的漩渦中，置身之地「沒有事物能掀起驚愕，因為人人對一切變得習以為常」。「迎面襲來的一切」使他感到困惑，到頭來卻發現沒有什麼能讓他掛心。他企求真確的事物，卻只覓得幻影。[59]在對於葉卡捷琳娜執政晚期聖彼得堡的長篇觀察裡，亨里奇・馮・史多許（Heinrich von Storch）談論俄國首都的有力論點，顯然借用自盧梭對巴黎的洞察：「即使是那些依附萬物卻無所定著之人，憎惡今日使其負載昨日之人，無處不稱心亦無處使其稱心——就連這些人也在此尋得安身立命的落腳處。」[60]兩位作家皆描述「現代性」的苦惱感受。一如巴黎，在接下來的一百五十年發展歷程中，現代性的速度、嘈雜與挑戰將使聖彼得堡惶惶不安，同時城市的動能將從宮廷移往街頭。

狄德羅於一七七三年造訪聖彼得堡。阿列克謝・納雷什金（Alexei Naryshkin）赴亞琛⑮取水時遇見他，並邀哲學家共享馬車一路回到俄國首都。事後證實這是一趟不快的旅程。狄德羅的政治觀點愈趨激進，與此同時葉卡捷琳娜的專制受到反叛分子的挑戰。但儘管如此，在預定的每日下午三點會面中，女皇跟這位法國人討論文學、哲學和經濟，亦涉及社會和法律議題。狄德羅力推「啟蒙」，但據伏爾泰寫給數學家與物理學家尚・勒朗・達朗貝爾（Jean le Rond d'Alembert）的信中所述，葉卡捷琳娜行使「世上最專橫的權力」。在一位可能帶來危害的法國哲學家勸說下，她不打算鬆手分毫。除了思想受挫外，狄德羅亦感到身體不適，他是寒冷與涅瓦河汙水的受害者，他成了蘭氏賈第鞭毛蟲（Giardia lamblia）的宿主，這種寄生蟲已經讓數代以來的都城遊人和居民腹部絞痛且下痢。狄德羅並非法國時尚的信使，他不安地穿著唯一一件破舊的黑外衣出席宮廷舞會，旋即成為笑柄。某次有人上前問道：「假如A加B的N次方除以Z等於X，那麼上帝就存在。是否為真！」狄德羅拒絕回答。[61]

《百科全書》為葉卡捷琳娜達成一項重要任務，即在她的首都留下這本書的印記。狄德羅推薦友人埃蒂安・法爾科內⑯製作日後成為聖彼得堡代表形象的雕塑。[62]這項委託案展露出，葉卡捷琳娜希望能在公眾場合跟彼得大帝有所連結，這多虧伊莉莎白削減邀拉斯特雷利為他父親製作騎馬雕像的預算。[63]他們提出的計畫過度傾向傳統的城市紀念碑，既古板且尋常。相反地，法爾科內寫信給狄德羅敘說他不希望這座紀念碑表達，「擊敗卡爾十二世的大勝，而是……創建其國家、使其擁有法治與財源之人。」[64]法爾科內意欲表現一位在俄國歷史劃下新時代帝王的青年樣貌，那是葉卡捷琳娜忙於鞏固的時代。由於女皇不只想要紀念彼得，也要提升自己的形象，她仔細審視法爾科內的想法演進[65]，並且為這狂放不凡的雕像基座撰寫簡短銘文，把彼得和葉卡捷琳娜的名字擺放在一起。

年屆五十的雕塑家遠赴聖彼得堡，帶著一位十八歲的學生瑪利—安・柯樂（Marie-Anne

敵》（*The Rivals*）就大受歡迎。

⑮ 亞琛（Aix-la-Chapelle）以溫泉聞名，位於神聖羅馬帝國西境與法國交界處。

⑯ 埃蒂安・法爾科內（Étienne Falconet, 1716-1791）是十八世紀的一流法國洛可可雕塑家。

Collot）隨行。柯樂可能是法爾科內的情婦且無疑是他的媳婦，也是得到法爾科內信任的才華洋溢女雕塑家，在後世稱為彼得大帝青銅騎士像（The Bronze Horseman）的雕塑案中負責頭部。[66]（也許這是抑制傳言的策略，表示柯樂是一位共同工作的雕塑家，而不單單只是比法爾科內小得多的年輕情婦。）

一七七〇年雕像模型展出時，法爾科內擔心起參議院廣場（Senate Square）吹的側風，日後會吹倒將坐落於此的雕像。「蛇」在此刻加入，在基座與雕像間形成另一股穩定的接觸面。[67]七年後真正的青銅像順利鑄成，然而隔年法爾科內返回法國，畢生未見他的銅像安置妥當。雕像豎立的基座是在卡累利阿荒地裡發現的一塊巨石，創建聖彼得堡時彼得曾用來施展自己的統治權力。巨石的運輸即體現了科學戰勝自然。皇家建物與庭園署總監，主管雕像專案的伊凡・貝茲科伊（Ivan Betskoy）有一位希臘人副官，馬林・卡布里・德凱法利尼上尉（Marin Carburi de Ceffalonie，一七五九年他被迫從希臘逃往威尼斯，理由是賞了拒絕其挑逗的女子一巴掌。他前來聖彼得堡的身分可能是威尼斯共和國的間諜，日後他會在希臘的凱法利尼亞島被心懷怨恨的工人殺害）[68]，他在距離首都十三公里處發現合適的巨石時，透過建築師尤里・費爾騰（Yuri Felten）的協助，安排將石頭運往參議院廣場。重一百三十八噸的石頭必須先經過挖掘，接著抬上可滾動的平台送到芬蘭灣岸邊。經過幾次失敗嘗試後，一七七〇年三月巨石才推上一艘龐大的木筏，由兩艘船拖往參議院廣場前面的碼頭。荒謬的是歷經這一切努力後，原本長十二公尺、寬六公尺的石頭卻被鑿到尺寸幾乎小了一半。當時的人認為它是「巨馬底下的一塊小岩石」[69]，「比例上稍嫌過小」。[70]但事實是相對比例完美，而且技藝高超的切鑿讓石頭看似一波浪濤，隨著向前與向上延伸的勢頭，岩石驅策著沙皇，他在馬背上泰然蓄積著力量，採取行動。

雕像在一七八二年八月公開揭幕，正是紀念伊凡與彼得大帝共同執政的一百週年。城市因禮槍、軍鼓和小號前奏曲而震動。遮蓋雕像的棚架散落於地時，有個身影從人群中疾射而出，倒臥在雕像後方。敏捷的侵入者讓葉卡捷琳娜大驚失色，事後查明他是彼得麾下的八十多歲老兵，舊海軍制服鬆垮垮地披在他年老的身軀上，他前來向君王致上最後一次敬意。老人後來獲得女皇賜予的養老金，活到年屆百歲時才過世。[71]

銘文「葉卡捷琳娜二世獻給彼得一世」以拉丁文刻於「雷擊石」（thunder rock）西面、以俄語刻於東面；據稱巨石是被閃電劈開而得此名。沙皇伸出的手臂代表「對人民的關愛」[72]，此種情感深得葉卡捷琳娜的滿意。在寫給梅丘．格林（Melchior Grimm）的信中，

圖20　運送「雷擊石」，繪於一七七七年。

葉卡捷琳娜觀察彼得「有種心滿意足的神情……激勵我日後要做得更好」。[73]

彼得大帝青銅騎士像的文化和政治重要性，至今仍未被其他聖彼得堡紀念碑超越，而這麼一座精準的城市象徵出自外國人之手，實際上是適當且可預料的。雕像揭幕數年後，旅居的葉卡捷琳娜．威爾莫（Ekaterina Wilmot）家中的愛爾蘭女僕艾蓮諾．卡瓦納（Eleanor Cavanagh），成為被法爾科內作品驚嚇的既非第一人或最後一人：「我覺得，一旦我轉頭看見拉著馬騎在上面的巨大男人跳過被圍起的石頭，尖叫聲就會噎住我的喉嚨。」[74]雕像的衝擊在詩人、小說家和社會運動家的生活與作品間迴響，他們探索著彼得大帝傲慢行徑的正面和負面影響。一八二五年十二月掀起反對沙皇專制的叛亂，即受到法爾科內對於權力的慈愛詮釋所啟發。十年後，普希金在稱頌彼得的同時質疑他的遺產，幻想彼得大帝青銅騎士像將甦醒過來，揚起鐵蹄踐踏聖彼得堡居民的生命。七十年後，小說家安德烈．別雷（Andrei Biely）將雕像做為一九〇五年俄羅斯面臨危險分立的象徵。法爾科內的彼得大帝青銅騎士像巡行著「政治事實兼及政治想像的邊界」。雕像是首都「官方建築」的一部分，強化「腦中的警察國家」。[75]

圖21　法爾科內的「彼得大帝青銅騎士像」細部。

美術學院於一七六四年創立，構成葉卡捷琳娜文化造反的一部分。每年收六十個年齡介於五、六歲間的男孩，主要來自低下階層，雖然「不健康或畸形的孩童」遭排除在外。學員獲得「衣著與照料」且教育範圍廣泛。最有天分者留任「美術學院教書」，其餘進入「機械貿易領域」。真正擁有藝術天賦的學生研讀人體素描、透視技法、解剖學、圖意學和神話學。每隔三年派送十二位獲獎學生出國。院裡的戲劇系滿是自育幼院選出的男孩和女孩，教導「演說、音樂、舞蹈、手勢和模仿技巧」。[76]這項計畫由伊莉莎白發起，但是「不湊巧逝世使她未能完成必需的法條」。葉卡捷琳娜急於「完善為人民帶來莫大福祉的措施」[77]，手上的任務是替機構立法且提供足夠的資金，好為美術學院創立先決條件及日常營運所需。伊凡・舒瓦洛夫選擇了尚—巴蒂斯特・瓦拉・德拉孟（Jean-Baptiste Vallin de la Mothe）擔任建築師，而這位法國人打造以多立克⑰石柱與壁柱構成立面的長方形雄偉建築。基石於一七六五年夏季安放，葉卡捷琳娜希冀這棟建物將為她的都城豎立較具禁欲哲學的建築風格。德拉孟於一七六六年獲任命為宮廷建築師，並且就任美術學院的首位建築學教授。隨著德拉孟設計涅瓦斯基大街上壯觀的新圈樓，此種莊嚴風格獲得延續。此後他修建宏偉的新荷蘭門⑱，採用表面平滑的托斯坎—多立克石柱⑲，此種簡樸柱式

---

⑰ 多立克（Doric）源自古希臘柱式，石柱頂端沒有裝飾，屬於風格雄渾的簡樸柱式。
⑱ 新荷蘭門（New Holland Arch）位於新荷蘭島的入口，那是一座建於十八世紀初的人工島。
⑲ 托斯坎（Toscana）是比多立克更簡單的柱式，省略柱表面的垂直凹痕。

在帕埃斯圖姆[20]、龐貝[21]和赫庫蘭尼姆[22]等地經挖掘後，受到建築師和富有權勢的客戶喜愛。葉卡捷琳娜登基為女皇是在龐貝城開挖的前一年，只比日耳曼考古學家與藝術史學家尤漢・約阿希姆・溫克曼（Johann Joachim Winckelmann）宣揚新一波對於古典藝術[23]的熱愛早幾年。溫克曼寫道，新古典主義背後的企圖是達到「高尚的簡樸與寧靜的宏偉」。

安東尼奧・里納第獲任命為彼得與葉卡捷琳娜年輕時的宮廷建築師，此舉反映著伊莉莎白女皇的品味。里納第為大公夫人在奧拉寧鮑姆宮花園南緣設計一座洛可可風格的優雅藏身處，以及能在各種天候下使用的粉藍和白色相間雪橇平台。隨著品味的輪轉，里納第從伊莉莎白的巴洛克轉向葉卡捷琳娜政權的簡明新古典主義。他為葉卡捷琳娜較早的寵臣，格里戈里・奧爾洛夫，設計莊嚴新古典主義風格的大理石宮（Marble Palace）。宮殿於一七六八年動工，一面俯瞰涅瓦河、另一面望向皇后草地，現今則用作俄羅斯博物館（Russian Museum）的額外展覽空間。里納第也為奧爾洛夫在加特契納[24]蓋了宏偉卻莊嚴的宅邸。葉卡捷琳娜喜愛這棟建物，奧爾洛夫死於一七八三年時，她買下宅邸贈予兒子保羅。

圖22　德拉孟設計的文學院。

在一七七二年的某個時間點，彼得大帝青銅騎士像的設計者法爾科內（這件作品展現出簡樸的力量與自在，取代巴洛克的豔麗奢華），向葉卡捷琳娜呈上畫滿古典樣式設計圖和裝飾物的素描簿。女皇著迷於它的簡約，卻對法爾科內在沙皇村內建立巨大仿羅馬宮殿的藍圖顯然缺乏興致。雖然未拿到委託案，法爾科內仍協助女皇運用新古典主義的寧靜力量。[78]此種風格的直率深得她喜愛，儘管在雅克—路易．大衛（Jacques-Louis David）的新古典主義畫作《荷拉斯兄弟之誓》（*The Oath of the Horatii*），召喚法國人起義開創共和政體後，新古典主義變得與共和理念緊密相連。葉卡捷琳娜明瞭新古典主義發自本質的力量，能淨化伊莉莎白時期巴洛克的華而不實，並且讓首都在建築方面與歐洲新近主流看齊。巴洛克和洛可可顯然不再流行。在葉卡捷琳娜執政期間，一位訪客稱拉斯特雷利設計的沙皇村宮殿是「我在這些北方王國見過的粗野品味」之中的「勝利」。[79]到了牧師愛德華．丹尼爾．克拉克（Edward Daniel Clarke）於十九世紀初來訪時，品味轉變幅度之大，導致他描述這座宮殿是「一位建築師應戒慎避免的建築物」。[80]

如此這般，葉卡捷琳娜邀集世界各國建築師陣容投入改善興建流程，並且擴展聖彼得堡及周遭的新型建築範圍，她選定新古典主義的節約秩序，以及英式景觀庭園假造出的寫意不拘。為了

---

⑳ 帕埃斯圖姆（Paestum）位於義大利中部西岸，開挖出三座使用托斯坎—多立克柱式的神廟。

㉑ 龐貝（Pompeii）位於義大利維蘇威火山山腳處，西元七九年遭火山灰掩埋。

㉒ 赫庫蘭尼姆（Herculaneum）與十餘公里外的龐貝同時遭掩埋，十八世紀初開始大規模挖掘。

㉓ 主要指古希臘羅馬藝術。

㉔ 加特契納（Gatchina）位於聖彼得堡南方四十餘公里。

實現願景，女皇首先找上身兼建築師、室內設計師和景觀庭園設計師，曾赴義大利研究古蹟的蘇格蘭人查爾斯・卡麥隆（Charles Cameron）。隨後她求助於義大利人賈科莫・夸倫吉，他為聖彼得堡打造的可觀建築貢獻，一路延續至亞歷山大一世執政時期。卡麥隆於一七八〇年代抵達都城，並且前往城外近處的沙皇村工作。首先他替換部分拉斯特雷利大膽明快的宮殿裝潢，布置調性更溫馨的房間，為整體設計每一處細節，小至門鎖、鑰匙和門把。室內飾有圓形金屬浮雕，壁龕裡置放花瓶和雕像，簷壁刻劃神話場景，兼有呈現多種色澤的大理石。卡麥隆的建築外部傾向以俐落線條表現節約，內部裝潢雖具秩序卻常緊密不已。

這棟擁有開放石柱長廊的建物、或稱卡麥隆展覽館（Cameron Gallery），坐落位址與拉斯特雷利的宮殿相對關係有些怪異。展覽館是一處有屋頂的通道，由愛奧尼柱㉕支撐，包圍著貫穿中央的封閉空間。在常見的雨日裡，敞廊是供葉卡捷琳娜漫步的去處，也是讓她欣賞持續轉變中庭園的觀景樓。館裡的古哲學家青銅半身塑像意圖激發省思，還有一位是當代政治家查爾斯・詹姆斯・福克斯（Charles James Fox）；福克斯領導英國議會裡的反對黨，葉卡捷琳娜將阻止兩國間的戰爭歸功於他。[81]女皇老邁到無法爬上階梯時，卡麥隆增建了一面坡道。整棟建物以圓熟技法表現出雄偉威嚴。巴洛克的快板在此杳然，一如拉斯特雷利宮殿的鍍金立面；據當代詩人加夫里爾・傑爾查文（Gavrila Derzhavin）所述，取而代之的景象是「優雅仕女隨豎琴樂音起舞的殿堂」。[82]

為了實現諸多俄國建築計畫，卡麥隆在《愛丁堡晚報》（*Edinburgh Evening Courant*）刊登廣告：「代全俄羅斯女皇陛下徵求兩位辦事員，曾受僱於建築師或大型營建商……兩位石匠師傅，兩位磚匠師傅」，以及多位「專精上述工作者」，「能攜帶其能力與品行的正式證明」。一百四十位石匠、泥水匠及其妻兒踏上旅程。然而在他們抵達後，業主並未對其工作能力感到佩服。俄國人習慣使喚一群無條件服從的本國勞力，遂認為外國人個性懶惰。英國人來得晚、離開得早。他們不僅慶祝自己的節日，也善用機會歡度俄國節日，於是葉卡捷琳娜要求更嚴格的管理，導致有些英國人決定打道回府。願意辛勤工作的人留任到展覽館、冷水澡堂和瑪瑙閣（Agate Pavilion）於一七八七年完工，這些工程所費不貲，大量使用了珍貴寶石，諸如孔雀石、青金石、碧玉和瑪瑙。[83]當葉卡捷琳娜赴沙皇村檢視他們的成就，她向蘇格蘭建築師表示：「這確實十分美觀，但很昂貴。」[84]

庭園對葉卡捷琳娜來說至關緊要。身為大公夫人，她到此尋求隱蔽隔絕，從宮廷的壓力下暫時抽身。[85]身為女皇的她珍視庭園的幽靜，適合個人省思與祕密私語，綠意和陰影處讓人專注，而這在宮廷的嘈雜中常不可得。葉卡捷琳娜在給伏爾泰的信中主張：「我深切鄙棄直線和成雙的路徑。我痛恨折磨著水的噴泉。」[86]因此卡麥隆跟哈克尼㉖出身的庭園設計師約翰・布許（John Bush）合作，避開了法式幾何庭園的嚴謹。在一七七〇年代末，女皇受到源自英國的新哥德風格影響，表達對於蜿蜒小徑、草坪與如畫樹叢的熱愛，反映出政治和文化的秩序重組。[87]法國的衰落與危險動亂，促成往沉靜高尚英國傳統靠攏的轉向。葉卡捷琳娜熱愛英式庭園裡受規範的自

㉕ 愛奧尼柱式（Ionic）與前文提及的多立克柱式同源自古希臘，愛奧尼柱較細緻繁複，柱頭有渦狀裝飾。

㉖ 哈克尼（Hackney）是倫敦的自治市，位於市中心的東北方。

由，代表她樂意運用親密和表面上的自發行為，做為卸除心防的政治工具。英國大使詹姆斯・哈利斯爵士（Sir James Harris）記述，女皇「將與她並行走過庭園，視為莫大榮耀的象徵」。[88]

布許不僅在沙皇村打造庭園，也肩負維護廣闊溫室的部分責任，讓異國水果，如橘子、檸檬、桃子和油桃，在都城的高緯度生長。泰奧菲・戈堤耶於後觀察，上述水果是「北方人民的其中一種狂熱」，並補充「半埋在雪裡的」溫室失去了原有功能，「無論火爐燒得多旺，從不曾比得上陽光」。他指出，這導致水果的風味不佳。[89]

葉卡捷琳娜對英國事物的喜好展露在一套約書亞・威治伍德（Josiah Wedgwood）餐具組，包含九百四十四個物件，可供五十人用晚餐。餐具上共有一千兩百二十二幅手繪風景圖，呈現英國城堡、鄉間別墅和景觀庭園。對這位英國瓷器製造商而言，為女皇打造如此浩大的餐具組毋庸是椿榮耀，但是威治伍德擔心完成訂單所需的投資：「你是否認為畫作必須全部來自真實景觀，而且希望由我們委派繪圖員跑遍大英帝國各地去採景？」[90]但委託案的規模不容拒絕，例如羅曼諾夫家族其中一項最素淨、家常的收藏品，水蛙餐具組（Green Frog Service），原本就是為了新哥德風格的喀喀列喀辛年宮（Kekerekeksinen Palace）、或稱蛙澤宮所訂製，而該宮殿並非重要的宮殿。這座宮殿位處首都和沙皇村間的沼澤地，因此得來如蛙鳴般的名稱，綠色水蛙的標記可見於餐具組的每個物件上。這座宮殿於一七八〇年更名為切斯馬宮（Chesme Palace），對葉卡捷琳娜而言，這裡是一處中途休息站，僅在寥寥舉辦過幾次正式聚會時使用過餐具。威治伍德對於這筆生意的規模猶豫再三，事後證明，五十套餐具根本不敷皇家宴席使用，必須在聖彼得堡的皇家瓷器廠生產仿製品。[91]

水蛙餐具組繪製了英國城堡和鄉間宅邸，而卡麥隆坐落於沙皇村大池旁的新庭園，則是受到蘭斯洛．「才能者」．布朗（Lancelot “Capability” Brown）位於斯托㉗的庭園所啟發。[92]庭園裡豎立紀念碑銘記與女皇親近的人，或是她的忙碌軍隊擊敗土耳其和波斯的勝仗。這些紀念碑若非臨場發揮的英式庭園內裝飾建物，就是基於帕拉迪歐的設計。帕拉迪歐對卡麥隆影響甚巨，並藉此影響及聖彼得堡和周遭地帶。

帕夫洛夫斯克宮（Pavlovsk Palace）建於一七八一至一七九六年間，葉卡捷琳娜把它送給兒子保羅及其配偶瑪利亞．費奧多羅芙娜大公夫人（Grand Duchess Maria Feodorovna），慶祝他們的兒子亞歷山大於一七七七年出生。這座莊園由卡麥隆負責設計景觀，他在斯拉維揚卡河（Slavyanka）築水壩造出一片湖泊。他散植多種灌木和樹木，形成雜樹林和灌木叢零落圍繞房舍，且留出空間讓特別設置的涼亭一覽無遺。在卡麥隆看來，主建物是一棟別墅而非宮殿。建物中央讓人聯想到帕拉迪歐建於維琴察㉘郊外的圓廳別墅（Villa Capra），而立於緊密排列細柱上的低矮圓頂，則連結至羅馬的萬神殿（Pantheon）。[93]三層樓中央建物的兩側各連至半圓形石柱長廊，環繞開闊的前院；從莊園外沿著亦由卡麥隆打造的椴樹大道即可抵達前院。別墅後方的土地倏地開展，越過小河可見中央建物的壯觀景象。事後證實原始建物不敷保羅和瑪利亞使用，他們擴建卡麥隆建的宅邸，並委由宮廷建築師文森佐．布雷納（Vincenzo Brenna）重修內部裝潢。卡

㉗ 斯托（Stowe）位於英國東南部鄉間，斯托莊園（Stowe House）裡的庭園被視為英式庭園的代表作。

㉘ 維琴察（Vicenza）是北義古城，位於威尼斯西方約六十公里，市內有許多文化建物。

麥隆厭倦了自己的想法遭到干預，他就此抽身，且終其一生留在首都接平凡的設計案。

俄國建築師不像外國籍的卡麥隆和夸倫吉造成如此的影響，但他們漸趨成熟，為聖彼得堡的城市景觀注入重要且恆久的貢獻。尼古拉・利沃夫（Nikolai Lvov）是一位博學家，他的天賦不僅限於建築，還同時精通工程學和詩學。他蒐集編製的民謠歌曲集影響深遠，成為俄國與外國作曲家的取材對象，例如貝多芬在拉祖莫夫斯基弦樂四重奏㉙就從中引用做為主旋律。[94]利沃夫建於波坦茲卡雅街（Pochtamtskaya Street）的中央郵局是一棟不凡的新古典主義建築，也是少數至今仍發揮類似用途的十八世紀政府建物。

建築師尤里・費爾騰是彼得大帝的主廚之子，而他有些建築藏著婚禮蛋糕或糖製小物的身影。費爾騰在瓦西里島蓋的聖葉卡捷琳娜路德會教堂（St. Ekaterina's Lutheran Church），

圖23　沙皇村裡的卡麥隆展覽館。

近乎過度裝飾的立面好似滾了糖霜。他的甜食主題在極致奢華時表現得最成功，好比他在切斯馬的聖約翰浸信會教堂（St. John the Baptist Church）展現的放縱繁複。切斯馬之名來自一七七〇年俄國對鄂圖曼帝國打下的海戰勝利，葉卡捷琳娜這座位於鄉間的宮殿和教堂，早已納入聖彼得堡往南擴展的版圖。費爾騰華麗至極的早期作品不僅反映父親的餐食手藝，也顯示他曾擔任拉斯特雷利的學徒。然而他成熟時期的作品，則轉向新古典主義的發展，如夏園各處的鑄鐵柵門和圍欄，沙皇村葉卡捷琳娜宮祖博夫廂房（Zubov Wing）的外觀，以及他為轉變中冬宮建築群投入的重要貢獻：大艾米塔吉宮（Large Hermitage Palace）。

伊凡・斯達洛夫（Ivan Starov）在靠近圖拉的博戈羅季茨基和博布里奇㉚，順利為葉卡捷琳娜和奧爾洛夫的私生子設計宅邸。這項成果為他贏得首都的重要建設案。建於亞歷山大・涅夫斯基修道院裡的聖三一座堂，正面由雄壯的托斯坎柱廊構成，其列柱圓頂相當近似雅克—賈曼・蘇夫洛（Jacques-Germain Soufflot）設計的聖女熱納維耶芙教堂（Church of Sainte Geneviève，今日的巴黎萬神殿）。斯達洛夫的傑作要屬葉卡捷琳娜送給波坦金公爵的塔夫利宮（Tauride Palace），於一七八三至一七八八年間興建。後來公爵欠債，葉卡捷琳娜慷慨地向公爵買回贈禮，好讓他償債，並於一七九〇年再度贈予他，只為了荒謬地在波坦金於一七九一年過世後，女皇再向公爵的後代買回來。塔夫利宮挑選的位址能俯瞰涅瓦河，卻遭十九世紀中期豎立起的龐大水塔及其周邊

㉙ 拉祖莫夫斯基四重奏（Razumovsky Quartets）是貝多芬受俄國駐維也納大使拉祖莫夫斯基委託創作的曲目。

㉚ 圖拉（Tula）位於莫斯科南方約兩百公里處，博戈羅季茨基（Bogoroditsky）和博布里奇（Bobriki）均為此區城鎮。

建物破壞了景觀。這座新帕拉迪歐式建築名列聖彼得堡最大的宮殿之一，詩人傑爾查文讚頌它的莊嚴與崇高。宮殿的廣闊庭園出自「才能者」．布朗的學生威廉．顧爾德（William Gould），他顧爾從英國運來樹木和灌木打造出二十四公頃的庭園，在俄國首都開創經細緻安排的田園景致。顧爾德在替波坦金營造如此出色的視覺印象後，於一七九三年獲任命為皇家庭園設計師。

賈科莫．夸倫吉早年研究帕拉迪歐建築的經驗，持續影響他畢生的作品，也因此影響了聖彼得堡。夸倫吉生於貝加莫㉛，曾赴羅馬讀書，先跟隨德國出生的畫家安東．拉斐爾．門斯（Anton Raphael Mengs）習畫，接著師從溫克曼的朋友安托萬．迪夸澤（Antoine Decrezet）。夸倫吉後來被一位幫葉卡捷琳娜物色人才的俄國貴族相中，於一七八〇年來到聖彼得堡，塑造出人們今日熟知的新古典主義城市大半面貌。夸倫吉的外貌特徵是巨大、紅腫的蒜頭鼻[95]，彷彿北方氣候讓他的感冒永遠無法痊癒，又或者寒冷驅使他不斷酗酒。夸倫吉欣賞跟他同時代的建築師，曾在路過拉斯特雷利的斯莫爾尼建築群時他舉帽致敬，並且稱卡麥隆的建築「光耀無比一如其獨創性」。夸倫吉的作品豐富，他設計的匯兌銀行（Currency Bank）位於花園大街（Sadovaya Street）和葉卡捷琳娜運河間，有著馬蹄鐵狀的帕拉迪歐式結構，圍繞一座有六根石柱的簡樸中央建物；登上山形牆頂點的雕像看似不安穩，賦予建物蓬勃活力。科學院大樓的整體設計更見莊嚴，採用不加裝飾的愛奧尼柱廊，位處瓦西里島和昆斯卡瑪博物館相鄰。此外他興建英國歸正會教堂（English Reformed Church）和斯莫爾尼的貴族女子學院，並且為貴族設計房屋，諸如位於涅瓦河畔的加爾加林宮（Gargarin Palace）和豐坦卡河畔的尤蘇波夫宮。葉卡捷琳娜寫給格林的信中描述「整座城鎮滿是他的建築」[96]，其中特別要提起成就非凡的艾米塔吉劇院（Hermitage Theatre），該建築顯然受到帕拉迪歐晚年在維琴察興建的奧林匹克劇院（Teatro Olimpico）所影響。

✯

若說彼得大帝青銅騎士像是聖彼得堡精神的表彰，那沒有其他建物比冬宮更能表現這座城市的奢華宏偉。冬宮的發展如同聖彼得堡自身，一路停停走走，最終演變成今日聳立的複合結構。共有五棟冬宮的前身曾於建城到葉卡捷琳娜執政期間，出現在拉斯特雷利的宏偉不凡建築所處位址。在拉斯特雷利的地標建物落成後，有幾位建築師投入擴建並修繕建築群。德拉孟和費爾騰設計了小艾米塔吉宮（Small Hermitage Palace），並裝潢宮中面向涅瓦河的房間供葉卡捷琳娜和她的二十位侍女居住（這批房間毀於一八三七年十二月的大火）。他們最重要的作品是一間展覽館，俯瞰室內的空中花園，容納葉卡捷琳娜迅速增加的收藏品，此處將日漸擴充成為世界上最驚人的繪畫收藏之一。

彼得大帝偏好科學器具和標本，但他也在本世紀初開創皇家繪畫收藏，動機來自他對荷蘭海洋畫家可以理解的熱忱。五十年後葉卡捷琳娜決心大幅擴展收藏，著重於昂貴、知名度高且常是政治取向的收購。女皇一七六四年首度出手，購入柏林畫商尤漢・恩尼斯特・葛徹威斯基（Johann Ernst Gotzkowsky）名下的兩百五十五幅油畫。俄國駐柏林大使奪走一套弗里德里希大帝

㉛ 貝加莫（Bergamo）位於義大利西北，鄰近米蘭。

看中、卻未能購買的畫作收藏。七年戰爭㉜耗盡了弗里德里希的財富，而葉卡捷琳娜毫不費力買下，對弗里德里希顯得有失禮遇。[97]

恰如狄德羅一般的哲學家蒐羅滿載知識的百科全書，葉卡捷琳娜想依樣積累畫作。遍布歐洲的購買經紀人和皇家的財力，讓女皇的文化偉大夢想得以如願以償。她曾坦承以告，「這並非對藝術的愛好，這是貪婪。我不是業餘愛好者，我是暴飲暴食的豺狼。」[98]葉卡捷琳娜故作謙遜，將自己歸類為專業無知者，並承認自己仰賴他人的品味，諸如梅丘．格林和派駐歐洲的大使們。她仰仗斯特羅加諾夫伯爵和掌禮大臣伊凡．舒瓦洛夫等藝術鑑賞家，據葉卡捷琳娜所述，「兩人皆至少是二十四所研究院的成員。」[99]斯特羅加諾夫擁有歐洲名列前茅的藝術收藏，以及一萬冊的藏書。書籍可供借閱，此種模式促成了涅夫斯基大街上皇家俄羅斯公共圖書館（Imperial Russian Public Library）的建立，於一七九六至一八〇一年間施工。圖書館收藏了五十多萬冊書籍和手稿，於一八一四年向大眾開放。

直到十八世紀末，在巴黎購買藝術品憑恃著買主的影響力和內線消息，因為此時尚無商業藝廊存在，僅僅有羅浮宮時不時舉辦，目前仍存在的藝術家沙龍。一七五九至一七七一年間狄德羅擔任上述沙龍的評論人，他的學識和人脈幫助葉卡捷琳娜購得尚—巴蒂斯特．古魯茲㉝、克勞德—約瑟夫．韋爾內㉞的畫作，以及靜物畫和風俗畫偉大畫家尚—巴蒂斯特—西美翁．夏丹（Jean-Baptiste-Siméon Chardin）的作品。[100]

葉卡捷琳娜的駐法大使德米特里．戈利岑公爵拜訪工作室、委託新畫作，同時也購買現存作品。透過上述關係，葉卡捷琳娜在一七六六年購得夏丹的密友、亦為畫家的雅克．艾衛德

（Jacques Aved）死後留下的收藏，艾衛德身為成功的肖像畫家，讓他有足夠的資金去收集法蘭德斯畫派和荷蘭畫家的優秀作品。此外透過路易—尚．吉尼亞（Louis-Jean Gaignat，著名的收藏家和路易十五的大臣），葉卡捷琳娜的經紀人購入四十六幅畫，包括五張魯本斯的作品。接著，女皇的出價再度勝過處於經濟困境的弗里德里希大帝，於一七六八年布魯塞爾拍賣場上拍賣寇本澤伯爵（Count Karl Cobenzl）的收藏品時，購入六千幅水彩畫及一些荷蘭和西班牙油畫。隔年葉卡捷琳娜再購置六百幅法蘭德斯、荷蘭和法國畫作，對象是波蘭—薩克森外交官和收藏家亨里奇．馮．布魯爾伯爵（Count Heinrich von Brühl），成堆繪畫裡包括林布蘭的《一個學者的肖像》（*Portrait of a Scholar*）和華鐸㊱的《一場尷尬的求婚》（*An Embarrassing Proposal*），還有魯本斯、克拉納赫㊱和提埃波羅㊲的作品。

在財力充沛下收集畫作並不難，但要運送戰利品有時會遇上難題。一七七一年七月，葉卡捷琳娜在荷蘭釀酒商、木材商和收藏家格里特．布朗坎普（Gerrit Braamcamp）過世後的財產拍賣

㉜ 七年戰爭（Seven Years War）是許多場戰爭的總稱，普魯士參與的主要是與奧地利之間的權力爭奪戰，發生於一七五八至一七六三年間。

㉝ 尚—巴蒂斯特．古魯茲（Jean-Baptiste Greuze, 1725-1805）是十八世紀法國肖像畫家。

㉞ 克勞德—約瑟夫．韋爾內（Claude-Joseph Vernet, 1717-1789）是十八世紀法國風景畫家。

㉟ 尚—安東．華鐸（Jean-Antoine Watteau, 1684-1721）是法國的洛可可代表畫家。

㊱ 盧卡斯．克拉納赫（Lucas Cranach, 1472-1553）是德國文藝復興時期的宮廷畫家。

㊲ 喬凡尼．巴蒂斯塔．提埃波羅（Giovanni Battista Tiepolo, 1696-1770）出身自威尼斯共和國，以大幅壁畫作品聞名。

會上大有斬獲，購得包括出自保魯斯・波特㊳、菲利普・沃夫曼㊴和格拉爾・特博赫㊵的重要荷蘭畫作。這批畫作和其他貨物裝上荷蘭雙桅船瑪麗夫人號（Vrouw Maria），於一七七一年九月五日駛向聖彼得堡，貨物品項還包括大量白糖、棉花、靛藍染料、衣服、水銀和紅色染料。一個月後，船隻似乎在暴風影響下偏離航線，擱淺於芬蘭島嶼尤爾莫（Jurmo）。瑪麗夫人號設法重回海上，卻又再度盪回岸邊，這次失去了船舵。隨後一波大浪將瑪麗夫人號帶離，可是船隻開始進水。十月四日破曉時船員棄船獲救。他們盡其所能搶救，卻因溢出的貨物阻塞艙底幫浦而受挫。五天後瑪麗夫人號沉入四十一公尺深的海底，船上載著葉卡捷琳娜的油畫。俄國外交大臣尼基塔・帕寧（Nikita Panin）派遣席爾少校（Major Their）試圖營救，據了解油畫在船隻啟航前就已捲起密封。席爾少校無功而返。事實是一直要到一九九九年，採用現代的檔案研究方法、側掃聲納，以及攜帶壓縮空氣和氦氮氧混合氣的潛水員下水，才找到沉船的殘骸。沉船暫留波羅的海海底顯然有其優勢，水裡的腐蝕鹽分低，重見貨艙時仍然滿載貨物且船體無損。二〇〇八年俄國人和芬蘭人計畫發起搶救行動，但至今仍未取回船上的二十七幅畫。[101]

失去的畫僅是滄海一粟。一年前葉卡捷琳娜在日內瓦向瑞士銀行家法蘭索瓦・托夏（François Tronchin）買下一百幅畫，且於一七七二年收到裝載四百幅畫的十七個貨運箱。這批畫是戈利岑聽從狄德羅的建議為女皇購置，屬於一七四〇年過世的皮耶爾・克羅薩（Pierre Crozat）收藏品，並於克羅薩的姪兒德席爾斯男爵（Baron de Thiers）死後流入市場。[102] 畫作裡包括兩幅《達那厄》㊶，其一出自林布蘭，另一幅出自提香㊷，以及魯本斯的《酒神巴克斯》（*Bacchus*）、喬久內㊸的《朱蒂斯》（*Judith*）和拉斐爾的《聖家》（*Holy Family*）；日後缺錢的早期蘇維埃政府將《聖家》賣到美國。[103]至於林布蘭的《達那厄》則於一九八五年被一位憤恨的立陶宛人潑灑硫酸。酸液溶解了釉彩，消抹細節[104]，但是在歷經十二年的修復後，畫作再度掛上艾米塔吉博物館的展覽牆。

思及艾米塔吉收藏品積累的迅速程度，不免會落入旅遊嚮導最喜愛的統計式吹噓，儘管連葉卡捷琳娜都因繁多的收藏品而感到欣喜。一七九〇年給格林的信中，葉卡捷琳娜自豪地寫道：「我在艾米塔吉宮的博物館，如不算進繪畫敞廊和拉斐爾敞廊，共收有三千八百冊的書、四間裝滿書和版畫的房間、一萬顆精雕細琢的寶石，擺滿兩間大廳，約莫一萬幅素描和自然科學收藏品。」[105]有位蘇聯時代的嚮導於一九七二年一月一日誇口：「博物館的展覽品和儲藏室包括兩百六十五萬件藝術品及其他物件」。[106]當今的藏品數量約達三百萬件。假如每件展品僅用一分鐘瀏覽，那麼看完所有展品必須耗費你五萬小時，換算後是兩千天或超過五年半，這還尚未計算在博物館三百五十三間展廳走動的時間。光是義大利藝術一類就占據其中三十七間展廳。

㊳ 保魯斯．波特（Paulus Potter, 1625-1654）專長為動物畫和風景畫。
㊴ 菲利普．沃夫曼（Philips Wouwerman, 1619-1698）善於刻畫狩獵和戰爭場面。
㊵ 格拉爾．特博赫（Gerard Terborch, 1617-1681）是荷蘭黃金時代的風俗畫家。
㊶ 達那厄（Danaë）是希臘神話裡宙斯的情人，生下兒子珀耳修斯；看上達那厄的國王命令珀耳修斯取回美杜莎的頭。
㊷ 提香（Titian, 1488-1576）是義大利文藝復興後期的威尼斯畫派代表畫家，擅長肖像畫。
㊸ 喬久內（Giorgione, 1477-1510）是威尼斯畫派畫家，跟提香同是喬凡尼．貝里尼（Giovanni Bellini, 1430-1516）的學生，擅長肖像畫與壁畫，留存至今的作品甚少。

這處宏偉機構在一七七〇年代踏出創建的第一步，當時的氣氛逐漸明朗，需要空間來展示葉卡捷琳娜迅速擴增的收藏品。費爾騰設計三層樓的大艾米塔吉宮，沿冬宮往冬宮運河（Winter Canal）的方向興建，並於一七七六年完工。荷蘭物理學家彼得・范溫佐（Pieter van Wonzel）觀賞當時階段的收藏品，記述裡頭「有許多平庸之作」[107]，但這在當人們大批購入收藏品時，是合情理的狀況。法國代辦大使柯本隆騎士（Chevalier de Corberon）認為葉卡捷琳娜的展覽廳「過於狹窄」，而且許多畫作「展示不佳」，但這並不是說十八世紀晚期羅浮宮的展示方式稱得上典範，那裡的畫作高懸，且常兩兩碰在一起。

一七七〇年代晚期，喬治三世致贈女皇一幅班傑明・韋斯特㊹繪製的威爾斯公爵兄弟肖像畫，葉卡捷琳娜亦購得德比的約瑟夫・懷特㊺、戈弗雷・內勒，以及肖像畫家暨查理二世宮廷御用畫家彼得・萊利爵士（Sir Peter Lely）等人的英國畫作。[108]隨後葉卡捷琳娜以四萬三千英鎊買下羅伯特・沃波爾的原霍頓莊園（Houghton Hall）收藏品，賣家是前首相的貧窮姪兒，這再度證實她在他人面臨財務困境時是個機會主義者。人們激烈抗議，正如法國人對於托夏收藏品的態度。「俄羅斯正在洗劫我們的宮殿和博物館。」約書亞・威治伍德抱怨。詹森博士向議會請願禁止收藏品出口，包括普桑㊻、魯本斯和林布蘭等畫家的作品。[109]但議會展現了它慣有的缺乏文化素養，駁回約翰・威爾克斯議員（John Wilkes），關於由國家買下畫作來構成國家典藏基礎的提案。藉由這次機會，葉卡捷琳娜的藏品增加了二十幅范戴克、十九幅魯本斯、八幅提香、三幅韋羅內塞㊼、兩幅維拉斯奎茲㊽、一幅拉斐爾和一幅普桑，還有其他許多畫作。[110]

一七八〇年代初女皇得知空間和資金都出了問題，於是她收起了貪欲的心。戈利岑最後一次代表女皇出手是在一七八一年，當時他購得一百九十九幅荷蘭、法蘭德斯、法國和義大利畫作，來自博杜安伯爵（Count Baudouin）的收藏。到一七九六年葉卡捷琳娜逝世時，她擁有近四千幅畫，而據德國博物學家尤漢・哥特利・吉奧基（Johann Gottlieb Georgi）所述，展示方式並非「依據所屬畫派或畫家」，而是按照其感動人心的程度。

女皇收藏畫作，也募集畫家。身為大公夫人，她和彼得多次接受日耳曼肖像畫家蓋歐格・克里斯多福・古路斯（Georg Christoph Grooth）繪像。古路斯比葉卡捷琳娜早一年來到俄國首都，在此效力直到一七四九年過世。皮耶托・洛塔利（Pietro Rotari）也受邀赴俄國宮廷作畫，但僅僅獲得一千金盧布的旅行開銷。在一七五六年簡短的造訪之後，洛塔利在葉卡捷琳娜即位那年重回聖彼得堡，卻在抵達不久後死去。儘管如此，皇室收藏品自誇擁有八百六十三幅洛塔利的畫作，許多是嬌媚年輕仕女的小幅肖像畫。葉卡捷琳娜執政一段時間後，逃離法國革命的伊莉莎白・維傑—勒布倫㊾暫居聖彼得堡，在此繪製不少貴族肖像畫，她的畫風可寬鬆歸類為英式風格。

㊹ 班傑明・韋斯特（Benjamin West, 1738-1820）是英裔美國畫家，擅繪歷史戰爭場面。
㊺ 德比的約瑟夫・懷特（Joseph Wright of Derby, 1734-1797）是十八世紀英國風景畫和肖像畫家。
㊻ 尼古拉・普桑（Nicolas Poussin, 1594-1665）是十七世紀法國巴洛克畫家，畫作常圍繞宗教神話主題。
㊼ 保羅・韋羅內塞（Paolo Veronese, 1528-1588）與提香同屬義大利文藝復興晚期的威尼斯畫派。
㊽ 迪亞哥・維拉斯奎茲（Diego Velázquez, 1599-1660）是西班牙黃金時代畫家。
㊾ 伊莉莎白・維傑—勒布倫（Elisabeth Vigée-Lebrun, 1755-1842）是法國風景畫與肖像畫家，為皇后瑪麗・安東尼繪製肖像畫而聞名。

艾米塔吉博物館的閣廳（Pavilion Hall）預留了一處空間，供德米特里・列威斯基（Dmitry Levitsky）和弗拉基米爾・波洛維科夫斯基（Vladimir Borovikovsky）等俄國藝術家研究、仿效大師畫作。列威斯基在美術學院的首次展覽提交了二十幅油畫，包括一幅狄德羅的肖像，畫中的他未戴假髮、坐姿輕鬆。如此成績讓列威斯基獲得名聲和教職，並且贏來皇室委託案。列威斯基在美術學院擔任肖像畫教授時曾教過波洛維科夫斯基，後者在一七九四年為葉卡捷琳娜繪製了一幅聰穎果斷的女皇肖像，人正在沙皇村花園遛一隻惠比特犬[50]。畫作表現出女皇沉浸在新近愛上的景觀庭園自然美景，可見一七六八至一七七四年間俄土戰爭魯緬采夫伯爵[51]勝仗的紀念碑。波洛維科夫斯基為這幅畫繪製多種版本，後世常以版畫形式重製。

畫家們構成俄國學校的牢靠基礎，而地誌版畫（topographical engraving）則於伊莉莎白執政時達到新高峰，當時米哈伊爾・馬克赫夫（Mikhail Makhaev）為了慶祝首都創建五十週年，於一七五〇年代初期製作了聖彼得堡景觀畫和地圖。馬克赫夫將視角提高，並採用搭載廣角鏡頭的光學「相機」，使他的景觀放大擴展，讓城市更富活力光采。111 由於他的成就，美術學院開設地誌版畫的特別課程。到了葉卡捷琳娜執政晚期，地誌畫獲得突破，尤其是費多・阿列克謝夫（Fedor Alekseev）的畫作，他在旅居威尼斯期間受到加納萊托[52]和其他想像景觀畫家[53]的影響。阿列克謝夫在聖彼得堡繪製出奇寧靜光潔的涅瓦河河灣處，花崗岩河堤與壯觀新古典主義建築排比在側。

葉卡捷琳娜對繪畫的熱忱消退後，她對劇院的興趣隨之大增。夸倫吉的艾米塔吉劇院歌舞昇平，而且女皇在生命的最後十年裡寫了六齣歌劇劇本，助手是她的私人文書官，克拉波威斯基

（Krapovitsky）。新劇院演出「大艾米塔吉」（Grands Hermitages），專為重要人物來訪而登台的盛大表演，以及規模較小的「小艾米塔吉」（Petits Hermitages），後者專為女皇的密友舉辦。葉卡捷琳娜對法國諧歌劇（Opéra comique）的喜愛，逐漸取代了義大利歌劇全員齊唱、全員跳舞的華麗場面，而諧歌劇重視劇本勝於配樂。葉卡捷琳娜自己寫的劇本題材廣泛，且由著名外國作曲家配樂，例如酬勞豐厚的西班牙作曲家比森特・馬丁—索勒（Vicente Martín y Soler）。亦有國內作曲家挺身面對挑戰，如瓦西里・巴許克維奇（Vasily Pashkevich）為葉卡捷琳娜的《菲維》（*Fevey*）譜寫出色的莫札特式配樂。這齣劇處理子女盡孝責任的主題，並於一七八六年四月在艾米塔吉劇院推出盛大製作。女皇在《英勇騎士》（*The Brave and Bold Knight*）劇中傳達堅定領導的必要，於《悲慘騎士科索梅卓維奇》（*Kosometrovich, The Woeful Knight*）裡則以筆墨諷刺瑞典的古斯塔夫三世（Gustav III），一七八九年，也就是劇院創立的同一年，葉卡捷琳娜正在跟他交戰。女皇在其他劇作中採用俄國神話和民間傳說，這項做法顯然影響了俄羅斯歌劇的演進。[112]假若波坦金成功說服莫札特到聖彼得堡工作，俄羅斯歌劇的未來或許會大幅改變。[113]

✯

㊿ 惠比特犬（Whippet）是源自英國的中型獵犬。

㊿① 彼得・魯緬采夫（Pyotr Rumyantsev, 1725-1796）是俄國陸軍元帥。

㊿② 加納萊托（Canaletto, 1697-1768）是十八世紀義大利風景畫家，著重於描繪威尼斯的景觀。

㊿③ 想像景觀畫（Veduta）指大尺度的城市景觀畫，運用想像力將遼闊景色拼入畫布，由十八世紀的威尼斯畫派發揚光大。

到了一七九〇年，聖彼得堡的幅員較莫斯科更遼闊。[114]這裡未見克里姆林宮及周遭密集環繞的建物，首都以有別於俄國其他城市的方式擴展中。葉洛普金向未開發地帶發動三路進擊，造成窮人居住的區域被永久推往城市的更外圍。貧民區汙穢、擁擠、臨時拼湊，常依據工作編組而成的國有農奴也密集居住於此。此外，人口也因遊民（指未持有地主或村莊官員發給通行證的農奴）而膨脹，他們會前來首都打零工，或是逃往貧瘠的鄉間，避免不幸地死在城市的貧民窟。合法工作者領取的薪水微薄或工作條件難以忍受，導致了首起工人動亂爆發。一七七一年有十一位紡紗工放下機具，抗議供他們使用的物料品質過低。[115]

警方開設了兩座勞動濟貧所（workhouse），拘留不容於街頭的流浪漢與酒鬼，但聖彼得堡的監牢仍大有改進的空間。一七八一年英國監獄改革者約翰．霍華德（John Howard）造訪時，驚愕於警察首長熱情展示俄國目前存有且仍在使用的刑具，包括皮鞭、烙鐵、削鼻刀和中世紀的折骨器具。六年後，一棟兩層樓的六角形監獄落成於莫伊卡運河（Moika Canal）畔，設置有頂棚的運動庭院，並且獲得霍華德的認可。每間牢房配有一座火爐、一對石桌椅，以及播送宗教佈道的管道，期盼能讓犯人洗心革面。拜低犯罪率所賜，新監獄一直十分空蕩，不過為輕刑犯設置的獨立羈押中心卻使用得相當頻繁。[116]

聖彼得堡的警力在葉卡捷琳娜執政時期小幅增加。守夜人陣容達五百人，加上軍隊做為後援，人們覺得任何時間都可以安全地在外走動，雖然有些人採行的預防措施是把警官的帽章別在自己的帽子上，以免受到攻擊。但縱使如此，冬宮仍淪為一幫搶匪洗劫的對象，搶匪假扮成了宮中人數眾多的油漆匠，伺機採取行動。以具有一定規模的城市而言，聖彼得堡的報案率是維持在低點，但富有的人們仍開始養看門狗，並鎖上大門。[117]

市中心的街道大多經過鋪設，但仍有一定數量僅覆蓋木板，路況最好的道路是主要大街和出入城市的幹道。排水和廢棄物仍是問題，即便葉卡捷琳娜企圖改善環境，在鄰近冬宮聞名路段的涅瓦河河堤，仍可見廢棄建材和垃圾堆積成山。[118]一七六〇年代晚期，女皇向伏爾泰承諾：「我將盡一切可能提升空氣品質……我們已排乾城市周圍的沼澤三年了，而且我們砍倒松樹林鋪設於南方。而今已擴展三處移民居住區，以往人們在此行走時水深必定及腰。」[119]

一七八〇年豐坦卡運河（Fontanka Canal）經疏通，並於兩岸疊起石頭。一七六三年開始，費爾騰計畫以花崗岩搭建涅瓦河河堤，但截至一七七七年九月，完工時日仍遙遙無期，唯當時水位升高了近四公尺。後來有一艘來自呂北克㊿的船隻隨波逐流闖進瓦西里島的樹林裡[120]，其餘船隻夜半撞上河堤，隨後洪水衝破冬宮地下室的窗戶，淹沒地窖。[121]人們在睡夢中被淹死時葉卡捷琳娜開始祈禱，但共有一百多間小房舍被惡水沖走。那場災難過後，更全面的預警和救援制度開始啟用，當水位升至危險高度，官員將發射大砲、點燃火焰，並派鼓手走遍全城敲鼓示警。此外，還發包製作了兩艘划槳救生艇。[122]可是在一七九二年九月，湍急洪水衝過涅瓦河岸時，花崗岩河堤仍未完工。

彼得大帝希望建立強大海軍和興盛的海洋貿易，這場幻夢在十八世紀中時已形同泡影。在一七五二年航向聖彼得堡的四百二十五艘商船中，僅有五艘是俄國船隻。[123]伊莉莎白執政時期，克

㊿ 呂北克（Lübeck）位於今日德國北部，是德國在波羅的海的最大港口。

隆施塔特要塞的水利工程師創下不凡功績，開鑿超過一公里長的運河，能容納十艘飽受煎熬的風帆戰艦。但運河鮮少使用，可維修十二艘船的克隆施塔特要塞旱塢㊺也被長年閒置。[124]葉卡捷琳娜的海軍有賴英國樸茨茅斯船塢徹底維修船艦後，才得以在一七七〇年駛入地中海，並且在切斯馬拿下對土耳其人的重大勝仗。英國海軍上將查爾斯．諾斯爵士（Sir Charles Knowles）被女皇說動前往聖彼得堡，徹底檢修俄國的造船業並振興克隆施塔特要塞。[125]葉卡捷琳娜是足以和彼得大帝匹敵的傑出後人，在她執政的最後年月裡，女皇胸有成竹地安坐宮中，聽任自克隆施塔特要塞駛出，革新後的俄國艦隊與瑞典間的砲戰震響窗格、呼嘯耳際。[126]

南方的軍事勝利讓俄國穀物產量增加，數千駁船和載玉米的三桅帆船將收成北上運到聖彼得堡。俄國獲得通往黑海的港口，就意味著地中海土地的異國物產，如橄欖油、杏仁、酸豆和葡萄乾，可藉內陸水路運往首都。至於波羅的海貿易方面，由於欠缺證券交易所，而且一七五〇年代設立俄國銀行的嘗試也未竟全功，聖彼得堡商人只好被迫到荷蘭借款。為了補救現況，一七八七年葉卡捷琳娜設立了皇家貸款（Imperial Loan），或稱撥款銀行（Assignation Bank），是俄羅斯第一間推動金流並振興商業的機構。[127]不久後，載運生蠔、起司、咖啡、巧克力和薑餅等美食駛往涅瓦河口的船隻中，近十分之一是俄國船。

然而涅瓦河承載之物比美食更多。人們認為從河裡汲取的飲用水安全無虞（尤其是取自河流中央的水），但事實上水裡含有寄生蟲，例如蘭氏賈第鞭毛蟲首度現蹤於彼得大帝的阿姆斯特丹舊識雷文霍克的顯微鏡下，就是這類寄生蟲造成狄德羅身體不適。寄生蟲藉由動物排泄物傳播，因此涅瓦河遭感染毫不令人意外，畢竟河水流經多野生動物的俄國西北和芬蘭東南地帶。此外，取自受到廢棄物和居民排泄物嚴重汙染的莫伊卡河的水，需經煮沸消滅細菌，且要加醋來掩蓋氣味。聖彼得堡家用衛生系統原始，即使最富裕的當權者家裡也是如此，牛津大學莫德林學院（Magdalen College）研究員與財務主管約翰．帕金森（John Parkinson），前來拜訪奧斯捷爾曼伯爵時曾記述，他「幾乎被無可迴避的臭氣熏到中毒」，而且春天「一旦開始融雪，這股討人厭的氣味完全無法忍受」。[128]甚至在一七七〇年政府挖掘第一條排水溝時，也只是循最短路徑將廢水排進涅瓦河。直到數年後，為輸送汙水到更下游處的排水系統，才將溝渠挖到地表下近一公尺深。[129]葉卡捷琳娜自己常受胃痛所苦，而且有兩種致命疾病威脅著人民，才促使她開始重視保健問題。

彼得二世死於天花，還讓伊莉莎白女皇失去了未婚夫，也讓貌不驚人的彼得三世變得更醜。有一種稱為「牛痘接種法」的民俗療法（將患者所生膿包中的液體，抹在健康者的表皮上刻意摳破的地方，好讓接種者對天花免疫），廣泛施行於中國和俄國南方，雖然葉卡捷琳娜對醫師的敬意不高，她甚至附和羅素稱醫師為「騙子」，且偏好斯巴達式節食和新鮮空氣勝於醫療干預，但天花的威脅著實令人恐懼。於是在一七六八年，她召來在西方改良接種流程的英國人湯瑪斯．汀斯戴爾（Thomas Dimsdale），來為女皇和保羅大公施行牛痘接種。葉卡捷琳娜隨即感到不適，但在她緩慢康復後，舉行了一場感恩禮拜來慶祝汀斯戴爾的成功[130]；傑爾查文在寫於一七八九年的不起眼詩作中頌揚了葉卡捷琳娜的勇氣：「為了拯救她所處世界的健康／她無懼飲下毒藥。」[131]貴族們跟隨女皇立下的榜樣，聖彼得堡的「預防接種醫院」（Inoculation Hospital）隨之開設，收

---

(55) 旱塢（dry dock）相對於浮塢，是建在岸上的船塢，供建造與維修船隻使用。

治貴族、軍官和工匠的孩童，當然也包括農奴，這群主人想保護的「財產」。汀斯戴爾獲封為俄羅斯帝國男爵，且於一七八一年回到都城為葉卡捷琳娜的孫兒亞歷山大接種。[132]聖彼得堡的風行成為範例，醫院開遍全俄國的城鎮。科學踏上勝利的開端，宮廷盛會上演了一齣名為《克服偏見》（*Prejudice Overcome*）的戲劇，劇中彌涅耳瓦（葉卡捷琳娜）、魯塞尼亞（俄羅斯）和科學天才戰勝了無知和迷信。[133]

人民健康的第二大威脅是瘟疫，一七七〇年，曾赴南方服役的士兵將瘟疫帶回了莫斯科。隨著瘟疫朝首都逼近，疑似在普斯科夫㊺和諾夫哥羅德附近爆發，當局迅速回應，在要道設立了崗哨以監控旅行者，包括郵差、收稅員和政府官員，他們必須在新舊首都間通行。一間檢疫所開設於聖彼得堡，進城貨物需經火、煙和醋處理。但就在當局顯得焦慮不已之際，時節已從秋季入冬，日漸寒冷的氣溫可將瘟疫隔離於海灣外。[134]到了一七七〇年代晚期，首都成立第一間公立綜合醫院，資金由皇室供應，坐落於豐坦卡河南岸，不遠處還開設了俄國首間精神病院，在開明的政權下營運。[135]另一間可容納三百床的醫院於一七八〇年代以磚石建成，一七九〇年啟用的副樓木造病房裡還新增了兩百六十床，皆落腳於醫藥執行管理委員會的土地。在每間通風的病房裡各有九張病床，供應熱水和冷水，病患享有定期更換的床單、水和床邊桌上的手搖鈴。[136]

作者艾比・夏普・達奧特羅什（Abbé Chappe d'Auteroche）在激怒葉卡捷琳娜的著作《西伯利亞之旅》（*Voyage en Sibérie*）中，抨擊了俄國人的性行為。他主張性病在俄國廣為傳播，而且「不法的」性關係將威脅國家的福祉。[137]葉卡捷琳娜著手打擊此種情況，率先採取的手段包括在豐坦卡河卡林克橋（Kalinkin Bridge）附近設立一間擁有六十床的醫院，男女皆收治，投入性傳播疾病的治療。那是一間考慮周到的醫院[138]，病患無需透露身分，在院中患者會頭戴一頂寫著「機密」字樣的帽子。[139]葉卡捷琳娜也禁止人民在屋內進行「猥褻」的買賣，或是靠不道德的收入維生，然而俄國第一位偉大的社會評論家亞歷山大·拉季舍夫（Alexander Radishchev）提到，聖彼得堡和莫斯科「每條街道皆可見上妝的妓女」。[140]招攬生意的妓女被捕後會被遣送至工廠，假如證實是她們把性病傳染給士兵，則將在痊癒後被發派至西伯利亞的礦坑服勞役。[141]

俄羅斯桑拿浴（banya）是提供潔淨與安樂的一種主要方法，且讓外國人持續感到著迷且驚訝，其中包括夏普·達奧特羅什在內。威廉·圖克牧師（William Tooke）一八〇〇年於倫敦出版《觀察葉卡捷琳娜二世執政下的俄羅斯帝國》（*View of the Russian Empire during the Reign of Ekaterina the Second*），主張俄國普羅大眾鮮少服用藥物，卻常「揮汗泡澡」，桑拿浴「是生活制度的重要層面，不分年齡和經濟條件皆使用……盡可能地頻繁」，此處意指每週至少一次。較貧窮的人會前往設於溪流或河邊的公用澡堂，而「中等身分……以及地位顯赫」的人，「在自己家中（搭建）蒸汽浴」。澡堂內維持攝氏四十度至五十度的高溫，方法是「每隔五分鐘往爐內的灼熱石頭澆水」。入浴者「全身赤裸」躺下，讓許多外國人詫異不已。[142]內森尼爾·拉克薩（Nathaniel Wraxall）寫於一七七四年七月的信中，提及眼見「不少於兩百位男女混雜入浴」的場面，男女皆不甚在意空間分隔，並且「以全裸狀態」雜坐於彼此之間。[143]就算人們尊重澡堂的空間分隔，仍然「男女皆全裸」向外跑「同浸於河中」。[144]打自旅人首度從彼得大帝的宮廷傳回桑拿浴的見

㊺ 普斯科夫（Pskov）位於聖彼得堡西南約兩百五十公里處。

聞，外來訪客的反應幾乎未曾改變，只不過隨著都城日益西化，驚愕之情還會更增加。

然而，十八世紀晚期俄國的性習俗跟西歐國家天差地遠。卡薩諾瓦造訪都城時，買下十四歲的女僕潔拉（Zaira），他被迫驗明她的處女身，好證明她父親索價一百盧布合情合理。為了回報她的專一忠誠，卡薩諾瓦供應膳食，並且讓她每週去桑拿浴和教堂一次。當他詢問離開聖彼得堡時能否帶潔拉隨行，這位威尼斯人得知如果想這麼做，必須尋求葉卡捷琳娜的許可，因為潔拉也是「女皇的奴僕」。

除卻女孩天生的迷性和嫉妒傾向，這段關係似乎維持得很好，而且潔拉也漸漸能口說零碎的威尼斯方言，這讓卡薩諾瓦歡欣不已。卡薩諾瓦的確承認女孩讓他在聖彼得堡的期間皆「清醒地」度日，即使有一度他幾乎臣服於一位年輕陰柔軍官的魅力，對方認為有必要以清楚無誤的方式，證明自己不是女性，接著再提議以此明證來讓卡薩諾瓦盡享

圖24　伊凡．列圖諾夫（Ivan Letunov）筆下的俄羅斯桑拿浴，繪於一八二五年。

歡愉。卡薩諾瓦離開都城時，他取回為潔拉付的一百盧布，並且在她同意的情況下，希望將她讓給年長「但仍充滿精力且好色的」建築師里納第，後者猛然愛上了女孩。潔拉表示，假如里納第真的愛她，他可以向她父親討論。建築師毫不浪費時間，餘生快樂地與潔拉共度。[145]

一位「軍官出售十六歲的女孩，原出身自貧窮家庭，知曉如何編織、縫紉、熨衣、上漿，懂得作淑女打扮；她身材姣好而且臉蛋漂亮」[146]，這幅典型的報紙廣告出現於一七九七年的聖彼得堡。兜售如潔拉一般的女孩是農奴制度的一部分，這種體制十分近似於美國的奴隸制，不同處在於農奴有繳稅和受徵召入伍的責任。農奴須服從當前主人的專制統治和意志，隸屬於國家或私人的農奴，竟占俄國人口的百分之九十。[147]

葉卡捷琳娜給總檢察長維亞澤姆斯基公爵（Prince Vyazemsky）的信中寫道，農奴是一群「難以忍受的牲口」[148]，並非民主與平等人士的女皇對於改善體制作為甚微。對於歐洲強權而言，十八世紀末是一段政治變動期，英國殖民地爆發起義反對未經交涉的徵稅，法國的起義則是反抗君王。葉卡捷琳娜執政期間經歷過兩次挑戰政權的驚天動地行動，其中一次採取武裝起義，另一次是筆墨之戰。

自稱彼得三世的大騙子與前軍人葉梅利揚．普加喬夫（Emilian Pugachev）發起暴動，規模與激烈程度前所未見。普加喬夫號召大批伊茨克哥薩克人㊼、哈薩克（Kazakh）游牧族人和巴什基爾人，從眾擴增至兩萬人。他的手段殘忍，殺害了一千五百多位貴族，婦孺也不放過。有些人被

㊼ 伊茨克哥薩克人（Yaik Cossacks）主要指生活於烏拉河流域的哥薩克人。

狠擊，許多遭到吊死或射殺，其餘則遭刺死或溺斃。普加喬夫並非第一位自行稱帝者，不過他是最凶殘的一人。就在最終被捕且遭處決前，他發表一席解放宣言：「吾，彼得三世，以神授沙皇與全俄羅斯獨裁者等等之名……秉持吾之君王與父愛，賜給所有原為農奴者自由。」[149]一七七四年八月，普加喬夫的勢力最終在察里津㊽被擊潰，他的數百名跟隨者遭判死刑或鞭刑。至於他們的領袖則被處死，隨後分屍。[150]

約莫六十年後，在普希金的中篇小說《上尉的女兒》（*The Captain's Daughter*）裡，普加喬夫被描繪成一位心地仁慈的反派人物，那是俄國最早的歷史小說佳作。書中主角彼得遇見尚未成為冒牌沙皇的普加喬夫。在盜匪指引下，彼得穿越暴風雪抵達一間客棧，接著彼得把兔皮大衣回贈給嚮導後道別。隨後於普加喬夫起義期間，兩人再度偶然相會。反叛領袖沒忘記年輕主角的好心，於是他幫助彼得拯救愛人逃離暴動危難。彼得發現藏於盜匪身分下的複雜面貌，企圖營救普加喬夫時，卻導致自己被控叛國罪。機緣巧合下，女主角在沙皇村花園長椅上遇見一位女士，並且向她詳述深愛之人置身的困境。那位女士正是女皇本人，她立刻讓男主角從牢中釋放。普希金選擇將普加喬夫描繪成一位討人喜愛的暴君，顯示他深深明白，在叛亂者的不人道作為背後，先有農奴主的違背人性。反叛或許發生在距首都遙遠處，然而做為武裝起義先例，普加喬夫的反抗將於聖彼得堡埋下深遠的後果。普希金的誠摯懇求，「天賜我們永不見到另一宗愚昧無情的叛亂」[151]，透露作者認為葉卡捷琳娜深切了解農奴，是以假使「我們不同意減少此種殘忍作為，並且緩和人類所無法容忍的情況，遲早他們會自己來」。[152]危險的是葉卡捷琳娜並未盡力解決問題。

普加喬夫起義的近二十年後，一場公然的文字攻擊讓女皇憤怒不已。葉卡捷琳娜遠行深入俄國疆土的心臟地帶，受到農民的熱烈歡迎，而正是對待同一群農民，她幾乎未主動表示同情。一七八七年，女皇在前往塞凡堡⑲的六個月旅程中，造訪途中的村鎮，行伍包括十四輛馬車和一百二十四架雪橇，另外四十輛馬車的用意是讓外國高官留下深刻印象；女皇所見群眾皆一臉心滿意足。儘管途中或許並未安排「波坦金村莊」，那僅有表面可觀的空殼，有如好萊塢片廠裡的街道，波坦金公爵竭力為女皇上演一場歡樂秀。[153]然而撇開表面的崇拜之情，勞動者已準備要展示力量。就在同一年，四百位工人聚集於聖彼得堡的冬宮廣場，上書葉卡捷琳娜埋怨建築包商多古夫（Dolgov）給付的薪酬低微和工作條件惡劣；這位包商正在豐坦卡河和葉卡捷琳娜運河畔興建數間花崗岩銀行。十七位抗議者被捕，遭控非法集會和密謀罪，隨後政府頒布禁止上述集會活動，並且展開調查。然而由於凜冬將至，工事迫切需要完工，於是控訴的罪名獲得撤銷，多古夫銜命改善工人的工作條件。[154]這場抗議無論其規模多小，仍預示了工人的潛在力量。

《聖彼得堡新聞報》讓讀者跟上法國革命後開展的最新事件。曾啟發俄國宮廷裡最豪奢放縱人士的國度，如今卻因其專制君王的無道統治終獲報應，而成為人們的話題，革命文學傳遍聖彼得堡新興的知識圈。在騷動的氣氛中，服事宮廷的一位年輕富裕貴族，亞歷山大・拉季舍夫，藉著一七八三年允許人們創辦印刷媒體的法令，於一七九〇年印行一系列描述《從聖彼得堡行至莫斯科》（*A Journey from St. Petersburg to Moscow*）的篇章。他隨之成為俄國第一位偉大的革命作家。

---

⑱ 察里津（Tsaritsyn）是俄國南部的工商業中心，曾改名為史達林格勒，現名窩瓦格勒（Volgograd）。

⑲ 塞凡堡（Sevastopol）音譯為塞瓦斯托波爾，位於俄國西南端的克里米亞半島，是臨黑海的重要港口城市。

在拉季舍夫的旅途中未見光鮮亮麗的農民，在他探索人民靈魂時並無群眾夾道歡迎：

> 注視一位俄國人；你會發現他內心深沉憂慮。如果他想驅散憂鬱，或者用他的話來說，想尋開心時，他會去酒館……垂著頭上酒館的駁船搬運工，回家時紅光滿面，像這樣的人或許有助於說明俄國歷史上的費解難題。[155]

拉季舍夫預見了革命，除非情況有所改變。他相信唯有徹底改革才能搶先一步阻止必然的災禍。對此擁有相同理解的葉卡捷琳娜，指控拉季舍夫是在扮演「新的普加喬夫」。拉季舍夫納入哲學批評來衡量國家，在著作裡引述具革命性質的〈自由頌〉（Ode to Liberty）。詩作很可能是在著作送審後才補入，無論如何，審查者當初從書名《從聖彼得堡行至莫斯科》想像，這應該是一本無害的旅遊作品。葉卡捷琳娜拿到書時所下的憤怒注腳，顯示她認為詩作「公然歌頌革命」。她質問：權力怎能「與自由尋求共同利益」？[156]女皇不打算得知答案。一待《從聖彼得堡行至莫斯科》的匿名作者身分曝光，拉季舍夫立刻遭到逮捕。當時僅僅賣出二十五本，而且拉季舍夫同意銷毀餘下的書，交換流放至西伯利亞時能見到家人。一直到一八五八年這本書才在倫敦以俄語出版，推手是「俄國社會主義之父」亞歷山大・赫爾岑。到那時，對作家和思想家而言，行至革命的旅程已然展開。若說普希金曾受普加喬夫的人性面打動，他也受到拉季舍夫所啟發。詩人在一八一七年寫下屬於他自己的〈自由頌〉，並且直到短暫人生的盡頭，仍勤於整理，記述從莫斯科行至聖彼得堡的反向旅程。[157]

拉季舍夫出書的時間點再壞不過，俄國正在南方和土耳其人打仗，且在北方向瑞典人宣戰。他在法國革命的背景下書寫，抨擊俄國的專制和社會結構，自然迎來最嚴厲的回應。葉卡捷琳娜極端厭惡路易十四遭處決和後續的血腥屠殺，認為絕對的鐵腕政策勢在必行。她有意團結俄國的富人以及統治階層的權力和威望。對國家構成威脅的人將受到監視，一七九六年政府施行一套官方審查制度，而且原先獲得女皇支持的私人媒體，也全數停刊。獨裁政體與俄國知識分子間的漫長戰爭自此展開。[158]

★

隨著治理的彈性逐日縮減，葉卡捷琳娜，這位自我形象的強勢守護者，開始利用肖像畫召喚出一位親切仁慈的統治者。[159]她的衣著高尚，她居住的世界溫暖平靜，外表像是一位稍稍發福的俄羅斯之母。不過她追求的情人相對年輕，無法匹配她的才智，而且較不受歡迎。如同夏爾·梅頌在其《回憶錄》裡所述，處於「人生晚年階段」的女皇把時間花在三位「年輕放蕩者身上……同時她的軍隊正在屠殺土耳其人、跟瑞典

圖25　波洛維科夫斯基所繪的葉卡捷琳娜二世。女皇在沙皇村庭園裡遛狗，身後是紀念魯緬采夫伯爵勝戰的尖塔，繪於一七九四年。

作戰和蹂躪波蘭」。女皇舉辦化裝舞會，她挑選的舞伴則滿場「飛奔嬉戲，尋歡作樂花樣百出」。而且，梅頌宣稱「沒有一種玩樂不受允許」。此外女皇組成更神祕的團體，稱為小協會（Little Society），聚會的「詳細情況不適合重述」。據稱內容醜陋不堪，導致梅頌燒毀「可能記載此一主題任何資訊的筆記」。160

撇開私人生活方式不談，這位超乎尋常的作者交出一部彷彿從鑰匙孔窺探的回憶錄，且為葉卡捷琳娜的統治留下令人心寒的評價：

> 啊，葉卡捷琳娜！受您的偉大所惑，對此我曾近身體察；受您的慈愛所吸引，帶給如此多人快樂；受人們所崇敬的千種親善特質所誘，我願立碑歌頌其光采。但是熱血在我體內翻騰，淹沒了我的計畫；三千萬奴隸的鎖鏈聲在我耳邊響起，使我失去聽力；以汝之名行使諸罪，呼喚著我的憤慨。161

梅頌的修辭提升至如斯境界，到葉卡捷琳娜死時，浪漫主義年輕詩人塞繆爾．泰勒．柯勒律治（Samuel Taylor Coleridge）表露的歡欣中反映了梅頌的觀點。柯勒律治慶賀「邪惡的假道學之人亡滅」！葉卡捷琳娜的罪名歷歷可數，其中包括「毒殺丈夫、在波蘭的劣行……公領域的征服野心……私人時光的好色縱欲！」162

☆

蘇格蘭旅者安德魯・史雲頓記述，一七九〇年的聖彼得堡已納入歐洲壯遊路線，而且比所有歐洲城市（除君士坦丁堡⑥⓪外），出現更多形形色色的外國人。聖彼得堡的活力使荷蘭醫師范溫佐深信，不出兩百年，聖彼得堡將成為「世界上的首要城市」。然而狄德羅所見是一座驚慌失措的都城，居民「試著查明腳下土地是否真的堅實」。[163]卡薩諾瓦同樣悲觀，他描述這座城市「建立在可預見將毀於一旦的天真目標之上」。這位威尼斯人生長的城市遭逢相似威脅，他相信或遲或早，聖彼得堡的「土壤必沖刷殆盡，並且將整座廣闊城市一起帶走」。[164]儘管如此，葉卡捷琳娜統治期間都城的建築、文化和市民禮儀皆建樹非凡。在寬闊街道上，在宮殿和庭園中，空間規劃莊嚴高尚。聖彼得堡是一座宏偉壯觀的城市，渴望成為歐洲至高無上的首都。

葉卡捷琳娜死後的三十年間，所有關鍵建物都將落成，而涅夫斯基大街將躋身世上最流行、最動人心緒街道的行列。聖彼得堡的舞台已搭建完工，準備上演十九世紀的盛大戲劇場面。作家和思想家的激辯聲將迴盪於廣闊空間與陰暗小徑，將彼得的港口轉變成俄國文學中的「聖彼得堡」——光輝且富有，卻一如狄更斯（Charles Dickens）筆下的倫敦底層那般慘淡絕望。宮廷仍將繼續主導這座都城，但是城市即將學會為自己發聲。

⑥⓪ 君士坦丁堡（Constantinople）在歷史上曾為羅馬帝國、拜占庭帝國、鄂圖曼土耳其帝國首都，現稱伊斯坦堡。

第七章　瘋狂、殘殺與暴動

一七九六至一八二五年

在葉卡捷琳娜統治的最後幾年，聖彼得堡輝煌無比。夏日時節，富人會在涅瓦河上優雅享受短程航行，上有絲質頂篷保護他們不受烈日或突來的陣雨侵襲。船員位於遊船前端，划槳動作敏捷，「即使英國水手」都認可他們的優越表現。[1]音樂家受邀登船，吹奏單簧管和鈴鼓為同船乘客提供饗宴，不料遭逢競爭，即衣著花稍的槳手那具穿透力的嗓音。[2]每當在初夏白夜乍現、炎熱的夜間出遊，涅瓦河總有歌聲盪漾。

雖然在城市裡步行的距離可觀，而且天氣變換莫測，散步仍然成為受歡迎的活動。青年軍校建物間的庭園如同夏園，每週日開放給「形形色色的群眾」。隨著軍樂隊的旋律響起，人們炫耀最新購置的華服。涅瓦河細小支流上的島嶼成為熱門的週末休憩去處，卡緬尼島（Kamenny）有「浪漫野地」之稱，斯特羅加諾夫伯爵在島上別墅裡舉辦夏季狂歡節。架起棚子供應食物，還有一座跳舞用的木製帳棚，其開口設於兩側。十字架島（Krestovsky）上演類似娛樂活動，拉祖莫夫斯基伯爵的庭園林立販售美食的攤位。耶拉金島（Yelagin）和鄉間維堡①區域設有遊樂庭園，充滿土耳其音樂、舞蹈和煙火。[3]俄國首都浮現繁榮城市的熱鬧氣氛，宮廷的無盡需求催生出熱絡的商場。在涅夫斯基大街上，每走二十步必定會經過一間時裝店，販售絲質禮帽、刺繡背心和多種配件。圈樓商場內有英國和德國家具展示間、樂器鋪和各色俄國店家。聖彼得堡在一個世紀內達到許多城市需經數百年成就之事：躋身世界上最偉大的首都之列。

一夜之間榮景消逝，同樣的情況將一再重演。葉卡捷琳娜選了一個壞得出奇的時間點，計畫於一七九七年的第一天做出正式宣告，將親生兒子保羅放逐到立陶宛，並拔擢孫子亞歷山大成為法定繼承人。但就在距離預定公告日僅僅數個星期，一場中風摧毀了葉卡捷琳娜的口說能力，她在數小時後就駕崩了。

保羅登基為沙皇後，首先採取的行動是找出父親彼得三世的屍身，這項舉措並非出自一位英國目擊者的猜測，而是「保羅對父親情感記憶的證明」，以及「對母親的敵視行動」。四十三歲的沙皇將開啟彼得的棺木，放在冬宮弔唁室裡葉卡捷琳娜的靈柩檯旁，並命令兩位仍在世的沙皇暗殺者站崗，頭頂刻著：「生時分隔，死後相聚」。[4]自此，保羅徹底失敗的執政生涯從這裡開啟：新沙皇俯身向遭到謀害的父親遺體哭號，但這位父親極可能不是他的生父，因為坊間謠傳保羅甚至不是葉卡捷琳娜二世的兒子，而是伊莉莎白女皇祕密生下的嬰孩，這則流言也試圖解釋了葉卡捷琳娜對待保羅所展現的非典型母性態度。有些歷史學家主張，「排除一切合理懷疑後，保羅的確是彼得三世和葉卡捷琳娜二世的孩子」[5]，但其他歷史學家則以「推定證據」認定他是薩

---

① 維堡（Vyborg）位於聖彼得堡西北方，臨芬蘭灣內的維普利灣，近俄芬交界處。

爾蒂科夫的子女。[6]同時代法國內閣成員暨外交官格拉爾・德香浦（Gérard de Champeaux）曾在備忘錄裡寫道，彼得是個性無能，而葉卡捷琳娜身體健康，葉卡捷琳娜的《回憶錄》在十九世紀遭禁，有個可能的原因就是書中內容暗示保羅的身分並非出自皇室正統。[7]但假若保羅不是彼得三世的兒子，那麼繼任沙皇就不屬於羅曼諾夫或荷爾斯泰因—戈托爾夫家族②，而僅僅是薩爾蒂科夫家的孩子。不過，生著蒜頭鼻的保羅長得卻像彼得三世，不像修長俊美的薩爾蒂科夫。[8]此外，侍臣梅頌也指出葉卡捷琳娜「只要一見到保羅」就厭惡[9]，這足以證明他確實是彼得三世的兒子。

保羅從孩提時代即飽受壓力、神經緊張，讓他脾氣易怒。失眠和夢魘困擾他的童年和青春期。他被帶離葉卡捷琳娜身邊，受密探圍繞，在任性和暴怒下陷入孤立。喬治・馬戛爾尼③曾留下生動的記載，完全合乎理智的恐懼如何放大保羅的偏執情緒。有次他受邀參加化裝舞會，保羅對他的教師說：「有一隻叫天花的大怪獸在宴會廳走來走去……那隻怪獸掌握住了我的行動情報，因為牠通常恰巧出現在我最可能去的那些地方。」[10]

一七七六年，保羅迎娶第二任妻子，符騰堡的索菲亞・多羅特婭（Sophia Dorothea of Württemberg），她是弗里德里希大帝的甥孫女④。她入正教會時獲得俄文姓名瑪利亞・費奧多羅芙娜。五年後這對伴侶前往歐洲壯遊，包括造訪彼得大帝在贊丹暫居的小屋。[11]他們到巴黎時，買畫的對象是葉卡捷琳娜最喜愛的一位畫家，古魯茲的畫室。兩人購置了塞夫爾⑤的瓷器，以及多米尼克・達古耶⑥的家具，這股熱忱在俄國首都掀起追逐法國家具的熱烈興致。隨大公夫婦一同旅行的是藝術鑑賞家尼古拉・尤蘇波夫公爵（Prince Nikolay Yusupov），後來保羅命令他負責維護艾米塔吉宮的展間，這工作並不容易，因為沙皇突發奇想，決定將收藏品散置在眾多宮殿。大公在威尼斯企圖買下菲利普・法塞蒂⑦的大批雕塑收藏，但威尼斯政府不願發給保羅出口許可。相隔數年，在法國於一七九七年占領威尼斯後，這筆交易才得以重啟，三百七十一箱的雕塑品隨即送往聖彼得堡，保羅隨即將雕塑品全數捐贈給美術學院。[12]

在國外時，保羅時常批評葉卡捷琳娜的宮廷和施政，壯遊歸來後面對女皇冷淡的接見後，大公夫婦隨即落腳於加特契納⑧。在保羅獲得里納第設計的淨素宮殿後，他又聘請最喜愛的建築師布雷納來妝點內部。加特契納宮位於首都以南四十二公里，可俯瞰眾多池塘和寬闊園地，這裡不僅是大公和母親保持些許距離的好地方，也讓他得以自由發展（無論正面或負面的皆然）。保羅是這塊地產上三千位居民的好領主，不分階級的關心領民的健康和教育，也會向遭遇財務困難的

---

② 編按：荷爾斯泰因─戈托爾夫是彼得三世父親那邊的家族，彼得三世的母親安娜是彼得大帝的女兒。
③ 喬治・馬戛爾尼（George Macartney, 1737-1806）是十八世紀英國外交官，即曾經出使中國，謁見乾隆皇帝的馬戛爾尼。
④ 編按：索菲亞的母親是布蘭登堡─施韋特的弗里德里卡公主（Princess Friederike of Brandenburg-Schwedt, 1736-1798），弗里德里卡的母親則是弗里德里希大帝的妹妹。
⑤ 塞夫爾（Sèvres）位於法國巴黎西南郊區，此地的瓷器製作水準在十九世紀領先歐洲，供法國皇室使用。
⑥ 多米尼克・達古耶（Dominique Daguerre）是一位巴黎的奢侈品販賣商，他將高級家具賣給貴族和皇室，其中有一系列是鑲嵌塞夫爾瓷器的家具。
⑦ 菲利普・法塞蒂（Filippo Farsetti）家境富裕，熱愛旅行，是威尼斯新古典主義藝術的重要贊助人。
⑧ 前文曾提及，葉卡捷琳娜買了位在加特契納的宮殿，贈送給保羅。

人伸出援手。[13]然而，上述做法帶給領民的安逸自在，卻因保羅施行關於通行證、崗哨、宵禁和服裝規定等嚴格生活規範而減損失色。在加特契納，保羅得以用最高標準訓練一支私人軍隊。[14]

✯

在保羅短暫、無常與不幸統治的第一年，聖彼得堡市內連連遭逢治理亂流，行政機關束手無策，居民困惑不已。就在這一年裡，國務大臣德米特里・托洛欽斯基（Dmitry Troshchinsky）頒布了四萬八千條新法令。[15]

關於保羅四年三個月統治期間通過的法律和命令總數，各家眾說紛紜，一如葉卡捷琳娜情人數量的推估值，上下變異也很巨大。但毫無疑問地，從保羅那顆急於追求體系和精確，而紛亂不休的腦袋裡，湧出了過多的法規。跟彼得三世相仿，保羅的「普魯士主義」意在束縛初萌芽的「俄羅斯主義」，並壓抑危險的世界主義（cosmopolitanism）。

圖26　十九世紀中期卡爾・舒茲（Carl Shulz）所繪的加特契納宮景觀。

保羅的官員們貌似弗里德里希大帝時代的德國軍人，建起「兵營、警衛室，以及最重要的崗哨亭」，儘管根據史多許的觀察，這批木造建築物未來「甚少存在得比修築者還久」。[16] 構成葉卡捷琳娜大半統治時期特色的富裕快樂風氣，消逝無蹤，在一位逐漸陷入瘋狂的帝王治下，聖彼得堡回歸秩序。

保羅鏟平了一棟木造劇院，只因那是葉卡捷琳娜所建。[17] 費奧多爾・羅斯托金伯爵（Count Fyodor Rostopchin）指出：「人們或許會認為，他（保羅）是在想方設法讓自己廣受眾人嫌惡憎恨。」英國大使威特沃斯相對寬容地對待新沙皇，直到他耗盡了耐心。保羅登基不久後，威特沃斯寫道：「基於他的情況特別敏感，必須給予絕大的容忍。」但不到三年，威特沃斯埋怨起自己的職責，「記述沙皇的反覆和轉念」，並非一件容易的事。[18] 到了一八〇〇年三月，威特沃斯堅信，「沙皇幾乎喪失理智……他的失序行為日增，如今表現出的作風，敲響人人心中最嚴重的警鐘。」雖然有某些保羅沙皇精神失常的更極端例證，是來自敵國或憤怒人民的捏造，但在一位英國遊人看來，沙皇的「心緒有輕微的發瘋傾向」，顯然這只是英式輕描淡寫的最佳範例。保羅行事衝動魯莽，常脫口說出失禮和幼稚的言論。有次保羅打定主意假扮宮廷雕刻師詹姆斯・沃克（James Walker）的馬車夫，他突然敲敲車窗宣稱：「沃克先生你可知道，假如我想要的話，我可以朝你的臉吐口水。」[19] 在這明顯愚蠢的發言中，保羅的理智又一次地潛伏在心智深處。沙皇肯定樂見馬車玻璃窗能保護乘客的臉。無論如何，保羅的統治，如同保羅自身的痛苦夢境一般，是場惡夢。

沙皇將都城變成一座堡壘，城市被柵欄和崗哨封鎖，步兵、警察和哥薩克騎兵現身每個街角。一七六五年卡薩諾瓦計畫告別聖彼得堡時，他必須在動身的十四天前於《新聞報》刊登消息。[20]這項措施是為了保護城市裡的商人。保羅在位時，上述廣告必須分三次，在不同時間點刊登於報紙。[21]而當保羅下令，暫時離開城市拜訪朋友，或在鄉間居留的居民必須獲得通行證，人們開始怨聲四起。另一道不便且屈辱的命令讓他們蒙受更大的折磨，內容規定每當沙皇或皇室成員經過時，人民必須停下腳步下跪，騎在馬背上的人要下馬，坐在馬車裡的人要下車。當天氣惡劣時，這項義務讓人生厭，但未能遵守的下場就是遭到逮捕。[22]德國劇作家奧古斯特・馮・柯策布（Auguste von Kotzbuë）歷經艱辛旅程抵達聖彼得堡時，恰好遇到亞歷山大大公疾駛而過。柯策布既沒認出大公，也不知道有行禮的規定，驚險之餘逃過了懲處。[23]

由於保羅下令將橋梁、看守所和皇室柵門漆成紅、黑、白的「小丑服」配色，一夜之間首都驟然變色。另一樁任性舉動是在每處街角和皇宮每扇窗上，放置寫著「保羅一世」的字牌，字樣頂端繪有王冠。有人企圖計算字牌數量，「算到八千個就疲憊至極而收手了」。[24]在衣著方面，沙皇允許的細目每天都有些許改變[25]，保羅明定採用舊式的馬褲、長襪和白色假髮，而將追逐時尚視為自我耽溺和公然漠視皇權。男用長外衣和法式圓帽被禁，並且發給警衛們長竿，用來撥掉仍頭戴違法帽款者的帽子。法國的風尚同時也讓人想到革命和共和體制，但就在俄國與英國轉為敵對時，保羅竟荒唐地派出兩萬兩千名哥薩克軍隊攻擊英屬印度，並且同樣變得拒斥英國服飾。俄英敵意滋長，演變至一八〇〇年徹底禁止英國的商品進口，這進一步抑制了曾經活躍於世界、擁抱世界的都城生活。書本也遭禁，一八〇〇年沙皇禁止外國書籍和樂譜進口[26]，不過讀者似乎仍有辦法取得大批禁書，受壓抑與心存顛覆的人們將於十九和二十世紀持續運用這項技能。

保羅的愚行不斷增加。他褫奪約一萬兩千位貴族的權位，逮捕七位陸軍元帥、三百三十三位將軍和兩千兩百六十一位軍官。[27]二十世紀初年的一筆俄文資料指出，保羅甚至命令妓女穿黃色衣服，來辨別她們從事的行業。[28]

但保羅頒布的命令常旋即收回，也因此廣為流傳保羅是一位無法自我控制與瘋狂的立法者。蘇格蘭人伊薩．克魯申克（Isaac Cruickshank）在一八〇〇年三月曾發表一篇諷刺漫畫：〈聖彼得堡的三道法令〉，圖中保羅右手拿著「法令」，左手握的紙張寫著「收回法令」，最終「失序」的字樣則刻在沙皇的王冠上。另一幅英國諷刺漫畫顯示保羅一腳踏在聖彼得堡上，另一腳則陷於瘋人院。甚至連較先前的君王節制許多的皇室晚宴，都遭受保羅的愚行波及。待簡單的餐點上完，沙皇抓起盛著剩蛋糕的盤子接連扔往屋角，「顯然樂不可支地看著見習騎士推擠成一團，竭力將殘局收拾乾淨。」[29]

一位法國來訪者記載，有天保羅巡視船塢，見到一位水手正在為船殼捻縫。「這裡有個人技巧很好。」沙皇大喊，走近修補

圖27　克魯申克所繪的〈聖彼得堡的三道法令〉。

處細細觀賞他的工作。「真是令人佩服。」沙皇對水手說。「你的手藝值得獎賞。」興奮的水手期待得到幾枚盧布，向沙皇屈身行禮，但後者卻說：「平身，我封你為中將。」[30]這樁突發事件恰巧成為保羅統治期間最荒誕的插曲。一九四三年，立基於中將「奇耶」（Kijé）的故事，貝爾葛斯基諾製片廠（Belgoskino）在列寧格勒拍了一部電影，由謝爾蓋・普羅高菲夫（Sergei Prokofiev）來編寫相應的盛大、滑稽、動聽的配樂，讓虛構的中將「奇耶」的真實生活在西方出了名。奇耶生平的最早雛形，出現在一八七〇年由俄國字典編纂家弗拉基米爾・道爾（Vladimir Dahl）出版的《保羅一世時代故事集》，作者書中的故事都是從他父親口中聽來的。故事中有位抄寫員更改一串晉升名單中的文字，因此創造出一位不存在的少尉，名叫奇耶。文件呈交給保羅時，沙皇指示讓這位少尉隨名單上其他人一同升為中尉。一切從無到有，奇耶迅速晉升官階，當他晉升為上校時，保羅決定是時候面見這位軍官，卻尋無奇耶此人。官員追蹤到錯誤源頭，不敢透露這樁缺失，只好向沙皇稟告，奇耶已死。隨後保羅表示無比惋惜，因為奇耶真是一位好軍官。

至於德國劇作家柯策布的經歷，怪誕程度幾乎跟奇耶差不多。他在一八〇〇年春天來到聖彼得堡後，被保羅放逐至西伯利亞，但幾個月後沙皇又召回柯策布，送他一處房產並命他為聖彼得堡德國劇院總監。有天沙皇召見柯策布，命他將一份內容荒謬，幾乎像亞瑟王傳奇一般的文件譯成法文，內容呼籲所有歐洲君主要用一場騎士比武來終結政治上的歧見。雖然柯策布於隔年離開俄國，他顯然繼續保持跟俄國的聯繫。一八一九年他在曼海姆⑨被一位學生暗殺，凶手疑為俄國間諜。[31]

由於葉卡捷琳娜留給俄國不幸的財務狀況，保羅企圖削減國家開支。甚至宮中亦是如此，他節流的方式是解僱御廚，直接從市場訂購食物。他將執行管理委員會劃歸到一位沙皇控管的大臣之下。他試圖重整首都外的省分，並要求貴族為地方政府的支出負責。至於需謹慎應對的農奴人民，保羅命令地主不得強迫他們在週日工作，還提議農奴一週只為主人工作三天，不過這項措施從未制定成法律。[32]

首都鮮少見到新的建物。政府預計在涅夫斯基大街興建的喀山聖母主教座堂（Cathedral of Our Lady of Kazan）⑩，曾宣布要設計師來競圖，但最終保羅決定採用羅馬聖彼得堡大教堂⑪的外觀形象，因為他對其弧形石柱長廊讚嘆不已。塔夫利宮原是都城最壯麗的宮殿之一，但在淪為熱衷於軍事的保羅的犧牲者後，也改為軍營。此外，因沙皇惡名昭彰的缺乏耐心，導致工人用紅磚迅速完工聖以撒主教座堂，位處聖彼得正中央如此顯著的建物，歷經了二十六年仍未完工，保羅的惱火可想而知。與此同時，深深缺乏安全感的沙皇興建了要塞般的米哈伊洛夫宮（Mikhailovsky Palace），他打算住在這裡。宮城受到護城河和吊橋的保護，設計上足以對抗危險的陰謀。

在拉斯特雷利的夏宮舊址上，宮廷建築師布雷納蓋起令人生畏的龐然巨物，並且在轉瞬之間染成紅色。據一位當時的來訪者提到，是有位宮廷仕女的手套顏色讓沙皇大為傾心，於是「隔天

⑨ 曼海姆（Mannheim）是位於德國西南的大學城。

⑩ 喀山聖母是俄羅斯正教會的最高聖像與俄羅斯的保護神。

⑪ 聖彼得大教堂（St. Peter's Basilica）在天主教稱為聖伯多祿大殿，建於十六至十七世紀，是文藝復興建築的代表。

那成為他最喜愛的顏色，他立即下令新臣民依樣漆上紅色，因此得來紅宮之名，以及非常驚人的顯眼外觀」。[33]保羅在一七九七年二月安下地基石後，數千名建築工人和油漆匠旋即不眠不休地工作，米哈伊洛夫宮得以迅速落成。宮中的主要通路是建物間的大道，盡頭是一座廣場，廣場上矗立一座彼得大帝像，那是拉斯特雷利未實現的彼得大帝騎士雕像複製品，也顯現保羅非常不願意紀念母親。此外，保羅為了貶低葉卡捷琳娜題於法爾科內的彼得大帝青銅騎士像底部、將自身與彼得大帝相連的文字，他也在雕像底部寫下短語：「獻給曾祖父——您的曾孫敬贈」。[34]在宣告過正統地位與血緣關係後，一八〇一年二月一日，皇室不甘願地搬進米哈伊洛夫宮。牆上的灰泥仍未乾，裝潢還透著溼黏。[35]

圖28　受護城河環繞且具備軍事功能的米哈伊洛夫宮入口。

截至此時，據維克特・考邱貝公爵（Prince Viktor Kochubey）所述，「一股暗黑愁緒已籠罩所有人」。[36]隻手掀起愁雲慘霧的人是沙皇，他長久活在恐懼裡，保羅曾向瑞典大使坦承，他清楚意識到自己「讓人難以忍受」。一八〇〇年中，保羅教師的姪子帕寧伯爵策劃了一樁政變。聖彼得堡區的軍事指揮官彼得・馮・德・帕倫（Peter von der Pahlen）負責計畫的細節與組織，說動了不情願的亞歷山大大公挺身取代他的父親。計畫中未提到弒君，但夥同政變的人選擇滲透入米哈伊洛夫宮，且他們準備的攻擊方式也預示著事態將超出他們的掌控。一八〇一年三月十一日，一群心懷不滿的士兵由普列奧布拉任斯和謝苗諾夫斯基衛隊的軍官領導，連同迫切尋求改變的參議員，碰面共進晚餐。他們為了很快就會有新的統治者而熱烈敬酒，無可避免地醉成一團。與此同時，亞歷山大正與父親和一小群家人侍臣用餐，地點是理應安全無虞的米哈伊洛夫宮。[37]

帕倫監視著大門，帶領士兵包圍出入口。葉卡捷琳娜死前最受寵愛的大臣，普拉東・祖博夫（Platon Zubov）、他強壯的弟弟尼古拉（Nicholas Zubov）和本尼格森將軍（General von Bennigsen）從後門潛入，試著穿越設計來迷惑入侵者的迷宮般通道。他們擊敗駐守在宮內的警衛，找到保羅的寢室並強行闖入。沙皇試圖躲在一扇屏風後方，但就跟任何滑稽鬧劇一樣，腳踝暴露了他的行蹤。本尼格森和祖博夫正要逮住保羅時，八名粗野士兵闖進房裡，他們認為沙皇出手反抗，於是發動攻擊。有人抓著保羅的下巴朝大理石桌猛撞，一雙大手扼緊他的喉嚨。

沙皇駕崩，可是沒幾個俄羅斯人為此落淚。保羅死於「腦出血中風」的消息發布後，自發的慶祝活動遍及整座都城。一如聖彼得堡變為武裝軍營的突如其來，城民歡欣鼓舞地重回一座舒適、美麗且溫文有禮的首都。荒唐的服裝規定被撤銷，警察出現在街上的時間驟減，許多入獄的人得到釋放。藝術擺設和繪畫從「如怪物般紅色巨岩」的米哈伊洛夫宮裡獲得拯救，免於受困在死寂氛圍中腐朽。[38]新沙皇將宮廷遷回空氣流通的冬宮。但就在城市重獲璀璨、感恩節的燭光在每扇窗裡點亮的同一時刻，新沙皇亞歷山大用弒父和弒君這雙重罪名來看待剛發動的政變，也擔心自己共謀參與這場邪惡的陰謀，將為他的統治投下一道深深的陰影。[39]

✯

相隔四年後的一八〇五年，畫家韋斯特的一位學生抵達聖彼得堡，為聖彼得堡宮廷擔任歷史畫師⑫。羅伯特・克爾・波特（Robert Ker Porter）發覺，在這座首都中，幾乎所有的喜悅都受到艱難和不快所圍繞。他所登陸的克隆施塔特要塞，一如往常處於受忽視的狀態。當他試圖登上通往海關和移民署的「分崩離析階梯」時，察覺腳下「被成堆的垃圾、磚塊和灰泥阻礙」。身著橘腰帶、藍束衣的船夫，揮槳送他進城，才送上比較讓人滿意的歡迎，船夫自「修整良好的落腮鬍」下，傳出一首首低音俄國民謠。[40]

初入城，波特就見到另一位同時帶來訪者所給予的著名稱呼：「行列之城」，建築物依照明確的幾何樣式錯落。那位訪客，西奧多・馮・費柏（Theodor von Faber），為聖彼得堡的第一個百年將盡時，史多許所做的研究，添上讚語和更新。一七九四年史多許估算，一個五口之家，僱用五名傭僕，擁有雙馬四輪馬車，住在首都內安適的區域，三千五百盧布的支出可維持一年生活所需。到了一八〇五年，那筆開支已增至六千盧布，接著還未至一八一〇年，「一個普通至極家庭」的年開支是一萬盧布。[41]史多許語帶嘲諷地陳述，儘管聖彼得堡農奴眾多，但三位俄國僕役負責的工作，在德國能由一位女僕輕鬆完成。[42]卡薩諾瓦則宣稱，「世上再無比俄國人更好的傭僕」，他們「不停工作，睡在主人房門口好隨時赴命，罵不回嘴，毫無膽量行竊」。[43]只不過，「酒喝得稍微過量就會徹底變成野獸」。費柏在旅居期間僱用的僕人顯然貪杯。有一晚費柏回到住處時，醉醺醺的僕人費多沒能認出他來。費多試著幫主人脫下外衣時，卻一再跌在主人身上，隨後，費多被主人鎖進房裡，主人威脅要解僱他。隔天一早，愧疚的費多喚醒了主人，把桌上的早餐擺得一絲不苟，但費柏卻對費多強行破壞門鎖，逃出房間感到憤怒不已。費多花了一番口舌向主人解釋，因為昨天是他的生日，所以才和一位朋友喝得爛醉；此外，他並沒有破壞門鎖，是從窗戶爬出房間的。最終，費柏斟酌了俄國僕人的種種特質，以及嚴寒北地需要一些歡愉和酒精後，才告訴費多，他可以留下來。[44]數十年後，瑞德戴爾勳爵（Lord Redesdale）的馬車夫會向他請求，允許去買個醉。勳爵會先查看一下行程本，假如當晚沒有約會，就放他出去喝酒。[45]

在聖彼得堡的富有時髦女性之間，簡單化的傾向日盛[46]，這表現於高腰的服裝設計上。在這股素淨的法國帝政風格⑬之外，俄國本地服裝顯得頗具異國風情且裝飾繁複。家境富裕的商人之妻妝容厚重，炫耀一身的錦緞和金色蕾絲。[47]到了冬季，她們會披上滾著黑貂皮的天鵝絨斗篷。貴族階層以奢華女帽取代顯眼的珠寶頭飾，但商人的妻子依然愛用珍珠。衣著繁麗的哥薩克人、巴什基爾人和亞美尼亞人⑭為聖彼得堡的時尚增色，本地農民工作服則與英王理查二世⑮時期

⑫ 歷史畫（History painting）的主題包括神話、寓言或歷史事件，通常是有多個人物的大型畫作。
⑬ 帝政風格（Empire style）源於拿破崙對古希臘羅馬的推崇，女性不再穿著圓蓬裙撐，常以高腰設計讓裙襬自然垂下，呈現素雅形象。
⑭ 亞美尼亞人（Armenians）有自己的文字和語言，自古信奉基督教又居兵家必爭之地，因此遭屠殺流離。
⑮ 理查二世（Richard II, 1367-1400）在位期間是一三七七至一三九九年。

的穿著相仿。[48]農奴蓄著「看似殘忍且父權的大鬍子」，讓愛爾蘭遊人威爾莫不禁懷疑他們是否在大洪水前就已出生。不斷畫十字祈禱的農民使威爾莫著迷，即使「在河中木板上」載浮載沉，她目睹「男子盡其所能欠身鞠躬……他們的長鬍子在風中分岔」。至於貴族僕人「怪異至極」的外表，則使威爾莫深感震驚，「彷彿他們的父親是土耳其人，母親是貴格會⑯教徒！」[49]

一八〇一年亞歷山大登基後，恢復舉辦每個季節的慶典。冬季隨著自涅瓦河沖漩而下的銀白冰塊到來，威爾莫眼中隨風飄動的鬍子因冰霜泛白。[50]冰凍日漸增厚堅實。冷杉木枝條標示穿越涅瓦河的馬車道，人們奔馳其上，無視於冰層底下的滾滾巨流。色彩繽紛的馬車和雪橇在刺眼炫目冰上不斷快速穿行，數量之多，導致羅伯特・克爾・波特這位畫家的雙眼痛苦不堪。不過他對於冬季提早降臨、賦予城市生氣感到興奮，樹林轉變成灑上鑽石粉末的銀白珊瑚叢。冰凍溶解了俄國人的心，他們歌唱、歡笑、扭打，「像大熊一般翻騰」於雪上。涅瓦河上人氣不墜的冰丘高達十二至十五公尺，阻止不了膽大者從陡坡滑下。[51]

耶誕將近，波特受邀到冬宮參加一場威尼斯化裝舞會，他得嘗所願見到一千五百位形形色色的賓客，上自宮廷成員下至富商夫婦，人們打扮得像「巫師和長得太大的仙子，披著亮綠色的炫目長袍」。一個多小時裡波特置身「散發熱氣的」人群，直到皇室成員伴隨著偉大的宮廷歷史畫家，緩緩步過宮殿，波特才從「難耐熱氣中」脫身。夸倫吉在艾米塔吉宮蓋的劇院已改建成宴會廳，好讓人們用餐時能享受隱身管弦樂團的和鳴。耶誕節和狂歡節期間時常舉辦化裝舞會，一群群戴面具的狂歡者簇擁街頭，多達八百輛馬車在冬宮外停靠的景象歷歷可見。[52]大齋期需嚴格遵守，人們「用放縱來為節欲做準備」。[53]波特記述，狂歡節的嚴寒與「瘋狂慶宴」導致醉酒和橫死。[54]

當融雪時節到來，脆弱冰層沿著河岸依序裂開，勸行人打消碰運氣的念頭。[55]跨越結凍河面所標示出的道路維持最久，但終究被疾流向海灣的巨冰沖刷殆盡，讓涅瓦河再次只能允許船隻通行。在一八〇九年，獲俄國宮廷承認為首任美國特命全權公使的約翰・昆西・亞當斯⑰，記述四月二十四日早上十點左右，他正和家人吃早餐時，從彼得保羅要塞傳出五聲槍鳴，宣告河流自此通行無阻。依循城市草創至今的習俗，總督將一杯水獻給沙皇來紀念這個日子。[56]

早春的融雪淹沒街道，運氣欠佳的行人注定被飛濺水花潑溼，如同秋季必定遇到的雨水和刺骨寒風。直到復活節降臨，慶典重新上演。農民拿洋蘇木替一個又一個全熟水煮蛋染色，富人們則交換用糖、玻璃、鍍金木料、陶瓷或大理石做成的蛋，以及裝滿小圓糖的紙盒。聖以撒廣場（St Isaac's Square）的市集架起秋千和「迴旋飛椅」[57]，這是一種摩天輪的木造前身，有四個位子，由一位農人從後頭推動每張座椅，使其周而復始地旋轉。設立舞台供小丑和本地愛好者演出嬉鬧短劇，並搭建規模較大的臨時木造劇場，可容納多達一千五百位觀眾。走鋼索的特技人員和舞者皆與會，偶爾還會見到單峰駱駝夾在起舞的熊和猴子間，重重踱步。[58]若說涅瓦河諸小島上的庭園，可與十八世紀倫敦的沃斯豪遊樂花園（Vauxhall Gardens）相比，那麼上述喧囂景象還跟

⑯ 貴格會（Quaker）是新教的一個派別，十七世紀創立於英國，信徒常見的簡樸穿著是寬帽與近似風衣的長外套，如同桂格品牌的商標人物。

⑰ 約翰・昆西・亞當斯（John Quincy Adams, 1767-1848）在成為美國第六任總統前，曾擔任外交官。

倫敦的巴塞羅姆市集⑱更為相似。

隨著夏天逼近，太陽曬乾聖彼得堡一向溼潤的土壤，街上瀰漫厚厚塵土，沾染著渾身燥熱的行人滿身，有辦法逃離的人都已經遠離了城市。到了六月，聖彼得堡活躍的季節結束。波特在返回莫斯科的旅途中，發現夏季月份的首都出奇空寂[59]，但是因職業或貧窮而被迫留下來的人，也能找到歡愉。亞歷山大在海軍部南緣規劃了一條碎石步道，設置攤販供應玩樂和點心飲料。亞當斯頗能享受船上的宴席和登島野餐。[60]威爾莫的妹妹瑪爾法巧遇沙皇正在檢閱青年軍校，穿著軍校生的紅綠相間制服現身。當天她運氣甚佳，看到載著人的氣球飛過首都。登上氣球的兩位男子，有幸目睹特雷齊尼、勒布隆和葉洛普金所建的城市風光在腳底無限延伸，有如地圖一般。[61]

儘管威爾莫姊妹享受四處探訪，瑪爾法卻無法欣賞俄國的餐飲。在一八〇三年夏天，她描寫已上菜的兩道湯品：「一種加了香草……佐以肥油塊厚實風味」，而另一種用「低劣麵糊做成的肉派」當餃子。接著端上「悶在奶油裡煮成碎塊的禽肉」，然後是面目全非、不可能辨識品種的蔬菜。隨後是烤肉、野豬火腿和「成串上桌的餐點……多到讓人待在餐桌上數小時」。[62]然而在宮廷裡，亞歷山大較少著重於無止境的宴席，並且引入自助餐的概念。以前菜開場，接著上四道主菜，反映出沙皇自身對法國餐飲的愛好。餐間不容醉酒，傳聞沙皇將酗酒者自依序晉升的名單中移除。[63]至於首都地位較低的居民，「果菜園的文化已十分完善」，而且烘焙技術好到讓史多許認為，「不可能在別處嚐到更棒的麵包，甚至是巴黎」。[64]

請客傳統構成大戶人家的可觀支出。只要是風度與外表翩翩、經引見並受到接納之人，在未受邀的情況下有權隨時到家裡用餐。如此習俗演變成十九世紀俄國小說中上演的荒謬情形。有位窮外國軍官留在聖彼得堡兩年，試圖在俄國軍中找份工作，期間全靠拉祖莫夫斯基伯爵的接待。那段日子裡，拉祖莫夫斯基注意到餐桌邊的這位男子，在圖書室向他搭話，發現這位陌生人對於軍中事務知之甚詳。伯爵從未問過他的名字，或是探詢他的處境。有天男子消失無蹤，拉祖莫夫斯基想念他。但沒人知道他的身分和去處。最後陌生人回來了，主人與賓客間進行一回較私人的對話。歷經兩年光陰後，僅需一次正式面談，這位男子立即獲得俄羅斯軍隊的任命。[65]

在這樣一座通行多種語言的城市裡，款待他人並非全無難處。亞當斯追憶，在阿爾漢格爾斯克向羅曼佐夫伯爵（Count Romanzov）引見美國領事時的尷尬場面。由於伯爵不諳英語，而領事幾乎不懂法語，兩邊交談起來阻礙重重。[66]法語是聖彼得堡流行的通用語，不過俄語、德語、英語、荷語、義大利語、希臘語、土耳其語和瑞典語（僅舉出一些為例），亦有人使用。走在十九世紀初年的涅夫斯基大街，聽覺會享受著混雜多變的盛宴，正如二十一世紀的倫敦牛津街或巴黎格蘭大道地鐵站⑲。從涅夫斯基大街可斷言，聖彼得堡是一座外來者群集的城市，宗教場所同樣驗證了多元風貌，城中有著亞美尼亞使徒教會、正教會、新教、天主教、路德會、喀爾文教派，以及在市場的商人間可見的穆斯林信徒。

城市漸漸成長茁壯。在亞歷山大統治的初年，城市人口介於二十萬至二十七萬人間不等，如此可觀的浮動區間，表示人口估算未臻精確。比較有信心證實的是，農民和軍人的數量勝過商人

---

⑱ 巴塞羅姆市集（Bartholomew Fair）是始自十二世紀的倫敦夏日市集，每年八月二十四日一連舉辦三至七天不等。

⑲ 此處舉的牛津街（Oxford Street）和格蘭大道站（Grands Boulevards）均為購物餐飲集中區域，常見外國遊客。

和城市居民，比例是三比一，且人口變化幅度劇烈。在一八一一年，拿破崙入侵俄國的前一年，普遍認為聖彼得堡是歐洲第五大城市，居民達三十三萬六千人。市內劃分為十一區和五十五個街區，其中海軍部區依然獨樹一格。[67]建築工事和整修持續進行，採用簡單、省時為上的工序。在最常見的情況下，工人僅有的工具是一把短斧，而且修補破損灰泥牆時，並未費工搭建鷹架，取而代之採用一具釘上薄木板階梯的角形粗梁，藉此爬上或高或低的建物立面。若非如此，則會自建物外凸處吊掛繩索，垂下一片狹長木板；泥水匠坐在懸空木板上來回擺盪，試著抹平損壞的建物表面，[68]在今天的聖彼得堡仍然可見此做法。

威廉・哈斯蒂（William Hastie，蘇格蘭人，曾在沙皇村擔任石匠六年，隨後晉升為主建築師），在一八〇四年赴水道處（Office of Waterways）任職。哈斯蒂對於鑄鐵造橋的研究，來自一七九〇年代的英國和德國技術，最終他的設計取代了聖彼得堡運河上的木橋。長二十七公尺、寬二十一公尺的警察橋⑳是其中的一座，連著涅瓦斯基大街橫跨莫伊卡河，於一八〇六年末啟用；另外是戈羅霍娃街上有四支花崗岩圓柱的紅橋（Red Bridge）。海軍部周圍的護城河已填平，堡壘於一八〇六年拆除，在未開發的瓦西里島西端則有一座供戰艦停泊的港口。[69]由於彼得保羅要塞如今豎立於廣闊城市的中心地帶，防禦功能已較建立初期降低。然而這座建物適合用作監獄，且一直是皇家鑄幣廠所在地。三百位工人天天一到廠就脫下衣服，換穿無口袋的薄襯衫和短褲，阻絕行竊的可能。

經驗生嫩的工人日薪或介於十五至八十戈比之間，花費約七戈比能買到甘藍菜湯、魚乾或蕎麥糊㉑來餵飽自己。最窮的人到乾草市場的三座拱頂地下室裡，花一戈比睡在塞滿寬闊空間的其中一張硬床上，有位窮門僮負責收取費用並維護秩序。那附近有位專賣剩菜的小販，以及對別處而言過於腐敗的肉塊。菜餚會切成碎塊，便於用湯匙進食（因為所有的刀具在入口處都被沒收了）。在蟑螂鼠輩橫行的惡臭裡時睡時醒度過一夜後，一千名工人魚貫踏入破曉的城市。[70]

在亞歷山大治下，聖彼得堡的治安令人滿意。政府成立一座良知法庭㉒，專門嚇阻弄巧成拙的誹謗和年輕人的輕微不法行為。[71]當局時常臨檢酒館，企圖管控賣淫與性病的擴散。小賊常現身擁擠的公眾場所，不過罪行一向輕微。不過，在一八〇六年聖彼得堡發生一樁殘忍的謀殺案，招來轟動至極的極刑懲處。據說，待人相當嚴酷的艾勒諾夫斯基伯爵（Count Ablenovsky），遭他的馬車夫用鎖車廂的鐵鑰匙擊打，再以韁繩勒斃後洗劫伯爵的財物。隨後馬車夫逃往拉多加湖區，在當地被逮捕。犯罪者遭判處「不留情的鞭刑」，先在聖彼得堡遊街，接著帶往涅瓦河附近的「開闊泥濘平地」執行鞭刑。大批群眾聚集觀看，行刑者將凶手綁在木板上並開始鞭打。過沒幾分鐘，「除了惡棍已失去知覺，軀體遭鞭打濺血的聲音，四下一片靜默」。整場鞭刑歷經一個小時，直到施刑者受命歇手。接下來，顯然已無生氣的軀體被烙印，並將火藥揉進傷口裡，讓男子留下無法抹滅的印記。其後再拿一把形狀好似「駭人鐵鉤」的器具，強行往男子的鼻子伸入，由兩位官員活生生撕裂他的鼻孔，這項懲罰痛到讓犯人甦醒。最後再將犯人運往西伯利亞，但隔

---

⑳ 警察橋（Police Bridge）現已改名為綠橋（Green Bridge）。

㉑ 蕎麥糊（kasha）以水或牛奶煮熟，有時會配奶油或餃子一起吃。

㉒ 良知法庭（Court of Conscience）在倫敦又稱小額債務索賠法庭，處理市民間的輕微糾紛。

天到第一個補給站時他就斷氣了，這結果絲毫不令人意外。[72]

✯

保羅一登上皇位，立即解除建築師卡麥隆的所有職責。雖然沙皇於一七九九年暫時大發慈悲，委託卡麥隆在帕夫洛夫斯克宮設計一座橋梁，但很可能這位蘇格蘭建築師那時已返家，直到亞歷山大召集他擔任海軍部主建築師才回到聖彼得堡。結果事實證明年近六十歲的卡麥隆無法勝任，他轉而從事較小型的建案，諸如克隆施塔特要塞的教堂，並整修受火災波及的帕夫洛夫斯克宮。一八一二年，卡麥隆在聖彼得堡過世，死時是隱居狀態。他的建築圖書館遭人拍賣，主事者是住在涅夫斯基大街七十八號、姓名與其行徑相符的尚・「刮畢」（Jean Grabit）。㉓[73]

取代卡麥隆監管新海軍部建築的是安德烈昂・薩哈羅夫（Andreyan Zakharov）。他是聖彼得堡美術學院畢業的金獎章得主，一八〇六年獲任命為所有海軍建物的主建築師。翻新重建四百零七公尺高的海軍部及其中央尖塔，工期需費時十七年。環繞高塔的淺浮雕意在紀念彼得大帝創建俄國海軍，畫面裡的沙皇從海神手中接獲三叉戟。四個角落各有一座古代戰士雕像，包括亞歷山大大帝在內，但這是一席錯誤的致意，這位帝王是因俄國戰士與主保聖人亞歷山大・涅夫斯基而被提起，而非希臘的將領。拿破崙入侵埃及及時所發現的新樣式和神話，開始影響歐洲的藝術家和設計師。最初表現於俄國建築上的例子，好比掌管水和風的埃及神祇艾西斯（Isis），被納進二十二座代表基本元素和時令的雕像內，豎立於海軍部凱旋門上的高塔周圍。[74]另一位俄國建築師沃羅尼辛（可能是藝術贊助名家斯特羅加諾夫伯爵的私生子），為喀山主教座堂的藍圖做最後定案，日後將聳立於涅夫斯基大街。教堂設計融合了保羅鍾愛的羅馬聖彼得大教堂石柱廊，以及蘇夫洛所建的巴黎聖女熱納維耶芙教堂圓頂㉔。新教堂將成為受人崇敬的喀山聖母供奉地點，這座神像是在彼得大帝統治期間一同帶來首都。喀山教堂雄渾通風的石柱廊圍繞一處壯觀空間，在往後六十年間，將為最早的社會演說家提供張力十足的舞台。

與卡麥隆的際遇不同，在亞歷山大執政初年，年歲漸長的夸倫吉為聖彼得堡成就重要貢獻。包括御前大臣辦公廳（Imperial Chancery），以及斯莫爾尼宮內的新建物，供上流社會貧窮家庭的淑女就讀；另外是阿尼奇科夫宮的石柱長廊和皇家騎兵馬術學校（Horse Guards Riding School），或以法文稱為騎馬場（Manège）。馬術學校興建於一八〇四至一八〇七年間，是精良的古典主義建築在首都裡的最後遺跡。騎士卡斯托爾和波呂克斯㉕的雕像位於校區前方，在遍布亞歷山大都城的雕塑之中屬較佳的範例。[75]

綜覽首都周遭的眾多宮殿，美國外交官亞當斯認為彼得霍夫宮的現況較奧拉寧鮑姆宮為佳，卻絕望地發現家具「無不呈現各種程度的衰敗，從僅僅款式過時，到地毯陳舊、暗紅緞布窗簾和椅套破損」。在彼得霍夫宮，他見到「昔日曾鍍金的壁板和門扉……在無人居住的潮溼房間裡，中國漆器和畫布上的油彩皆敗壞」。[76]當瑪爾法．威爾莫驚嘆庭園中陳列著「我全然無從想像藝

㉓ 拍賣者的姓「刮畢」（Grabit）發音近似英文的侵占（grab it）。

㉕ 編按：即巴黎的萬神殿。

㉕ 卡斯托爾（Castor）和波呂克斯（Pollux）兄弟是希臘羅馬神話中的絕佳獵人和馴馬師。

術能化身的作品——噴泉……手持水劍的戰士」，亞當斯則認為有些怪異擺設使人失笑。例如一座噴泉裡「有一隻狗追趕三隻灰鴨，裝置可移動且模仿狗吠和鴨鳴聲」。他寫道，效果除了「看來荒唐，還十分低劣」。[77]

每年夏天一度的盛事是亞歷山大舉辦的大型舞會，此時彼得霍夫宮的庭園點亮，從聖彼得堡前來必定經過的精修堤道，會因車流而堵塞。黃昏到來，花園化身一片閃爍光海，俄羅斯狩獵樂曲從庭院深處輕聲流鳴。葉片輕晃光影閃爍，映亮樺木的白樹皮。在大瀑布噴灑的寶石般水沫下，艘艘點亮的風帆戰艦停靠岸邊。一旁為外交使節團舉辦了規模較小的類似宴會，亞當斯赴會，驚嘆於三十萬盞煤油燈和派來點燈的一千六百位僕役。一如波特所評論：「以燈光的豪華程度而言，沒別的國家像俄國如此鋪張。」[78]

廣邀人們到彼得霍夫宮歡慶、貌似溫和的藍眼睛沙皇生於一七七七年。與伊莉莎白女皇對待保羅的方式有些相仿，葉卡捷琳娜將亞歷山大和弟弟康斯坦丁（Constantine）匆匆帶離兩人父母身邊，一手規劃養育。亞歷山大的師傅尼古拉・薩爾蒂科夫伯爵（Count Nikolai Saltrykov）得到支持，教導亞歷山大「從遊戲中學習」，培育德行而非反覆灌輸知識。[79]無論如何，此種偏向非傳統的教育方式因葉卡捷琳娜指定的婚配對象而中斷，對方是巴登的路易絲大公小姐（Princess Louise of Baden），後授教名為伊莉莎白・阿列克謝耶芙娜（Elizabeth Alekseevna）。[80]這是樁失敗的婚姻，不過兩人在晚年言歸於好，當時沙皇的神祕主義信仰導致他與輕佻的情婦瑪利亞・納雷什金娜（Maria Naryshkina）分手。[81]

亞歷山大表露想要「依照崇高的葉卡捷琳娜大帝、吾人的祖母……的法律統治國家」之意。

首都設立了一所大學，建築師瓦西里·史塔索夫（Vasily Stasov）受託為沙皇村的皇家宮殿新建側翼，容納培訓貴族子嗣擔任公職的菁英學園。這所學校最初的一批學生裡，包括未來的十二月黨人起義㉖共謀者、思想激進者和詩人普希金。亞歷山大一世也鬆綁出版和書籍進口限令，不過僅為了事前內容審查鋪路，由新成立的教育部負責管理。[82]農奴拍賣和售奴廣告遭禁，並商議廢除農奴制。一八〇三年三月政府通過農耕者解放法（Free Cultivators' Law），允許地主釋放農奴，並且做為「贖身」費用的交換，給他們一小片耕種土地。但這項計畫幾未激起廣泛改變。截至一八二五年，重獲自由的農奴少於五萬人，而且其中近三分之一住在亞歷山大·戈利岑公爵（Prince Alexander Golitsyn）的地產上。[83]

試圖使亞歷山大偏離葉卡捷琳娜專制政權的責任，要歸在白手起家的小村神父之子米哈伊爾·斯佩蘭斯基（Mikhail Speransky）身上，他希望讓俄國有效率且具人性。斯佩蘭斯基厭惡農奴制，寫下聞名的字句：「我在俄羅斯見到兩種階級：君王的奴隸和地主的奴隸。第一種唯有在與第二種比較時，才能號稱自由：俄羅斯沒有真正自由的人，僅乞丐與哲學家除外。」斯佩蘭斯基準備了一份新的法典，參照一八〇四年拿破崙的《民法典》，可是他的提案未獲採用。拿破崙侵擾俄國宮廷的平和日常，亞歷山大發覺自己陷入戰火。[84]他在執政期間耗費十年與拿破崙周旋，後者自從一八〇五年十二月在奧斯特里茲㉗屠殺奧俄聯軍，開啟了攻打俄國的計畫。亞歷山

㉖ 十二月黨人（Decembrist）嚮往自由主義、不滿專制政府，一八二五年由一群軍官發動起義。

㉗ 奧斯特里茲（Austerlitz）位於今日捷克境內，人數較少的法軍在此大敗奧俄聯軍，超過兩萬六千名聯軍戰死或被俘。

大自命為軍隊統帥，並且漠視可敬的庫圖佐夫將軍（Mikhail Kutuzov）的建言，於弗里德蘭㉘一役受辱潰敗，終至一八〇七年六月在緊張局勢下簽署蒂爾西特條約（Treaties of Tilsit）。條約內容在俄國引起嚴厲譴責，反法情緒高漲。聖彼得堡的沙龍間傳出要推翻沙皇的陰謀。[85]

✯

法國文學家和波拿巴㉙的強烈反對者斯戴爾夫人（Madame de Staël），於一八一二年抵達俄國首都，那是拿破崙對俄國重燃敵意的前一年。她發覺自己著迷於一座城市，在這裡「巫師揮動魔杖，於一片荒地中央變出歐洲與亞洲的所有奇蹟」。她深信只要聖彼得堡存在，即能彰顯「俄國人堅定意志的證據，在他們看來一切事物沒有不可能」。她租賃的房屋俯瞰得見法爾科內的彼得大帝青銅騎士像。凝視參議院廣場的莊嚴建築時，斯戴爾夫人想到這是一座全無勇敢喧鬧年輕人的寂靜城市，他們全都加入沙皇正積極重建的軍隊。[86]

夫人晉見亞歷山大時，她覺得這位處於困境中的統治者是「良善和正直」的好範例。她拜見沙皇之母、保守的費奧多羅芙娜，前往她位於廣闊塔夫利宮中的住房。擁有室內花園的白石柱大廳讓斯戴爾夫人驚豔不已，此處「絕計呼吸不到冬天的寒冷空氣」，而且能見到「由橙樹、香桃木和蔓生葡萄藤構成的茂密迷宮」。她研究聖彼得堡的社會且同意史多許的觀點，認為歐洲人所認識的那種愛情，在這裡相當少見。史多許曾觀察，男人常連給予女人「些微關心」都忽略，於是女士回過頭來「冷淡以對」。[87]詩作與散文依舊未能傳授或支持感性而深沉的愛。許多俄國人仍舉止輕率，受欲望所驅動。斯戴爾夫人參訪豐坦卡河畔的聖葉卡捷琳娜學院（Institute of St

Ekaterina），校內的兩百五十位女孩「在女皇目光下受扶育長大」，而且她覺得學童的身段格外優雅。她唯一的感傷是聖彼得堡的獨特美景正受到迫切威脅，對象是聲稱將坐擁世上所有國家的「撒旦般……的傲慢男人」。[88]

一八一一年五月，亞當斯正沿著豐坦卡運河晨間步行時，如同他常有的際遇，巧遇沙皇亞歷山大外出散步。他們討論到英美間逐漸升溫的緊張態勢，以及開戰的可能。十個月後兩人在碼頭上碰面時，離家園更近的紛爭縈繞在沙皇的心頭：「我竭力避免的戰爭即將到來……可預見我們將受到攻擊。」不到一個月後亞歷山大告訴亞當斯，他準備離開聖彼得堡與手下的軍隊會合。[89]拿破崙將處在備戰狀態的軍隊部署於德國，並於五月九日抵達德勒斯登率軍朝俄國前進。他的計畫是先到莫斯科，隨後轉往俄國首都聖彼得堡。

一八一二年六月二十三日至二十四日，拿破崙帶領三、四十萬人馬渡過尼曼河㉚進入俄國領土。一週後《新聞報》刊出報導，描述亞歷山大向大臣會議主席尼古拉．薩爾蒂科夫立誓，只要敵軍仍然踏在俄國的土地上，他絕不會投降。

在法國大軍團（Grande Armée）進逼莫斯科時，拿破崙的法軍第二部隊和法普聯軍第十部隊朝聖彼得堡前進，目的是截斷護衛首都的將軍彼得．維特根施泰因伯爵（Count Peter Wittgenstein）。

㉘ 弗里德蘭（Friedland）在戰役發生時屬於普魯士王國，現劃入俄羅斯，更名普拉夫金斯克（Pravdinsk）。

㉙ 波拿巴（Bonaparte）是拿破崙一世的姓氏。當時他的反對者多半直呼波拿巴的名諱，而非尊稱皇帝。

㉚ 尼曼河（Niemen）源頭在今日的白俄羅斯山區，往西注入波羅的海。

但是七月中法軍在克里亞茲提齊之役（Battle of Kliastitzi）吞了敗仗，維特根施泰因則以「彼得之城守護者」的稱號聞名首都。[90]到了八月中，拿破崙的主力軍隊位於舊都西南方三百五十公里處，包圍斯摩棱斯克（Smolensk），俄國人則於撤離時放火燒了這座城。據列夫·托爾斯泰（Leo Tolstoy）觀察，俄軍後撤得愈遠，「對敵軍的憤怒之心」就燒得愈猛烈。[91]

原於都城率領聖彼得堡國民衛隊的庫圖佐夫將軍，獲亞歷山大指派為總司令。[92]他立即下令俄國陸軍撤退，藉此引誘法軍不斷深入險惡的敵境，使法軍的補給線延長至違背所有策略推演。八月二十六日，在莫斯科西南方一百一十五公里處，血腥的、絕非庫圖佐夫所願的博羅金諾之役（Battle of Borodino）開打。交織砲火極其猛烈，有那麼一刻，雙方在幾近一公里寬的地帶共發射多達七百發槍砲。[93]俄軍葬送五萬人，拿破崙則在損失四萬人下慘勝。當第一波消息初抵聖彼得堡且誤報俄軍在博羅金諾大勝之時，拿破崙已準備進軍莫斯科。

普羅高菲夫寫於一九四三年的歌劇，改編自托爾斯泰的《戰爭與和平》㉛，劇中庫圖佐夫將軍的一曲激昂獨唱，讓聽眾確知，或許時尚之都是聖彼得堡，莫斯科卻是俄羅斯的核心。在入侵者眼中莫斯科帶有異國風情，根據拿破崙軍中一位荷蘭技師表示，莫斯科的外觀彷彿「一座童話裡的城市」。[94]與聖彼得堡的混雜與仍未完成的歐式模仿相比，莫斯科呈現了「俄羅斯」的風貌。拿破崙在九月二日踏進這座古老都城，並且在克里姆林宮設立司令部。大半城民已逃離，而留下來的人很可能受到莫斯科總督羅斯托金伯爵鼓動，在城內放火。當九月四日夜裡強風襲來，火勢變得無法控制，法軍接獲命令朝任何有縱火犯嫌疑的莫斯科人射擊。

托爾斯泰對複雜的個人戰鬥給予尖刻的評價，描寫莫斯科燃燒之際，幾未擾動「聖彼得堡的日常活動，平靜無波、奢侈舒適，只對幽靈與生命反思感到憂慮」。[95]不過一待首都眾人聽聞莫斯科陷落的傳言，亞歷山大的支持度遽減。他改乘坐一輛密閉式馬車，並下令將艾米塔吉宮的收藏品運往三處北方偏遠城鎮。[96]英國人準備撤走，斯戴爾夫人已離城。

在俄國西邊，一八一二年的初雪早早降臨。十一月九日亞當斯一早步行時，他留意到涅瓦河上的浮橋已移走，浮冰占據半個河道。[97]法軍置身愈發劇烈的寒冷中，拿破崙在難以維繫戰局下，開始穿越焦土撤退，途中還遭受意志堅決的游擊戰士侵擾。法國工兵在搭橋供撤退軍隊渡河時，被冰冷河水沖走，追趕在後的一位俄國軍官到達別列金納河（Berezina）時，也發現法軍的馬匹和部隊在冰面凍結。最終，前來征服俄羅斯的「反基督者」（anti-Christ），於十二月十三日至十四日勉強回渡尼曼河，大軍團被自然界的力量殘殺而崩解。十二月二十三日，沙皇亞歷山大抵達維爾紐斯㉜宣告戰爭結束，半年前戰火就在同一處點燃。[98]拿破崙的作戰迅如閃電卻造成嚴重的破壞，這對於敵人和自身皆然。在聖彼得堡，沙皇的誕生日並未舉行任何慶祝儀式，亞歷山大也基於最近發生的苦難，取消了燒錢的冬季慶典。[99]

沙皇一馬當先率領軍隊橫越歐洲，一八一四年三月底聯軍攻占巴黎。戰後，拿破崙遭放逐至厄爾巴島㉝，不過他逃回法國，將派往南部海岸追查逃犯蹤跡的同一支軍隊收在自己旗下。百日

㉛ 托爾斯泰的《戰爭與和平》（*War and Peace*）主要背景即為拿破崙對俄國發動的戰爭，描寫當時的俄國社會與人物。
㉜ 維爾紐斯（Vilna）是今日的立陶宛首都。
㉝ 厄爾巴島（Elba）是義大利第三大島，距陸地約十公里。

後，拿破崙在滑鐵盧遭聯軍擊敗，他的大膽逃脫自此倏然而止。拿破崙被放逐至更難抵達的聖赫倫那島㉞期間，出於對俄國人決心的敬畏，拿破崙在信中警告，「全歐洲皆可能踩在哥薩克騎兵蹄下」。然而亞歷山大在巴黎宣告，他將給予法國「和平與貿易」。[100]

亞歷山大被眾人視為歐洲的救星而廣受歡迎，僅有政治家除外，因為他們不信任沙皇過度簡化的觀點與日漸濃厚的神祕主義。在一八一五年的維也納會議㉟和一八一八年的亞琛會議㊱之間，亞歷山大的國際影響力攀至頂峰，光芒四射。他深信自己受上帝護佑，試圖建立一個神聖同盟來保護歐洲與延續傳統[101]，這是一個由基督徒組成的歐洲聯盟，既領先時代又顯得過時。與此同時，隨亞歷山大置身歐洲數個月的俄國軍官吸收諸多進步觀念，將在未來撼動沙皇的獨裁基石。在葉卡捷琳娜執政晚期受到女皇嘲笑打壓，亞歷山大登基後卻寬容以對的共濟會㊲，讓成員初涉陰謀和祕密場域，有助於鋪設通往革命之路。共濟會的博愛傾向使其成員站在亞歷山大的對立面，而這位受上帝意志加持的沙皇正變得日趨保守。[102]

✯

拿破崙的軍隊雖未曾進入聖彼得堡，但城內卻充斥著受拿破崙征戰各地所促發的帝政風格，這是一種援引希臘、伊特拉斯坎㊳、羅馬和埃及的建築樣式。斯芬克斯像㊴設置在瓦西里島上美術學院前的碼頭；豐坦卡河上蓋了一座埃及橋（Egyptian Bridge）；由亞當．梅涅勞斯（Adam Menelaws）設計的埃及門（Egyptian Gates），新建於沙皇村。新古典主義的帝政風格改變了室內裝潢、家具設計與餐具。此時期俄國設計的傑出作品要數古里耶夫餐具組㊵，各式餐具上的古典抽象圖樣呈現數百種變化，由皇家瓷器廠產製。

首都的舒適生活大致延續亞歷山大統治初年的樣貌。然而一切事物有種爛熟、停滯的感覺，彷彿這座城市已失去耐性，期待某些新的刺激或能量。新聞記者普列茲拉夫斯基（O. A. Przhetslavsky）在其《回憶錄》（*Memoirs*）中抱怨城市的「單調乏味」街道與「未完工」景象。[103] 然而亞歷山大迫切將首都提升至「完美境界……與其價值相稱」。於是聖彼得堡最近一波的強烈、一致建築風格占了優勢，藉此合理地革新首都中心。政府設立了建築和水利工程委員會（Committee for Building and Hydraulic Works），史塔索夫、卡羅・洛西（Carlo Rossi）和奧古斯特・理查・德蒙費朗（Auguste Ricard de Montferrand）皆名列實現沙皇夢想的建築師群，活躍於一八一六至一八四〇年代間。歷經一百五十年跌跌撞撞地嘗試一連串的建築風格與秩序，新古典主義風格終躍居主導地位，為全城建築立面創造一幅莊嚴的和諧畫面。而城市則被迫面對與日漸

㉞ 聖赫倫那島（Saint Helena）位處大西洋，距離最近的非洲陸地近兩千公里。拿破崙遭禁當時的島嶼主權屬於英國東印度公司，後移交給英國。

㉟ 維也納會議（Congress of Vienna）參與國是俄、奧、普、英，以及波旁主政的法國，商討拿破崙戰敗後的領土劃分。

㊱ 亞琛會議（Congress of Aix-la-Chapelle）由俄、奧、普、英四國召開，會中決議恢復法國的平等國際地位。

㊲ 共濟會（Masonic lodges）是十八世紀出現的非宗教兄弟會組織，由英國成員傳入俄國。

㊳ 伊特拉斯坎（Etruscan）是義大利半島上的古老文明，存在於西元前十二世紀至西元前一世紀。

㊴ 斯芬克斯（Sphinx）是古埃及神話裡的人面獅身生物，有一對翅膀。

㊵ 古里耶夫餐具組（Guryev Service）的名稱來自訂製者古里耶夫伯爵，供冬宮使用。

增的潛伏亂象。

其中一項出色建案是證券交易所（Stock Exchange），地處瓦西里島岬的重要位置。夸倫吉曾為交易所提交設計案卻遭擱置，原因是擁有無比熱忱的尚—法蘭索瓦・湯馬斯・德湯蒙（Jean-François Thomas de Thomon）也提出方案，這位保皇黨人在法國革命後逃至聖彼得堡。德湯蒙以一場盛大表演來宣布設計案，邀請觀者前往專為此搭建的圓形露天劇場，採戲劇方式揭露他對新交易所的想法。落成於一八一〇年的粗壯多立克柱建築，是德湯蒙對首都經濟前景滿懷自信的宣言。此外，交易所顯然在向帕埃斯圖姆的赫拉神廟二殿（Second Temple of Hera）致意，交易所入口冠上一道素淨的多立克式橫飾帶㊶。於東端島岬（Strelka）㊷距建築物不遠處，聳立著德湯蒙設計，建於一八一〇年，三十二公尺高的海軍勝利紀念柱㊸，乃仿效西元前三世紀的羅馬石柱。像蛞蝓般吸附

圖29　伊凡・契斯科伊（Ivan Cheskoy）筆下的瓦西里島東端島岬，可見證券交易所和海軍勝利紀念柱，繪於一八一〇年。

於赭紅石柱上的是船首和油缽，將於儀式場合點亮。未點燃時，石柱跟鄰近交易所的優雅風貌格格不入。[104]

縱然建設聖彼得堡的偉大建築師群，反常地於十九世紀的第二個十年間相繼過世，如薩哈羅夫（一八一一年）、卡麥隆（一八一二年）、沃羅尼辛（一八一四年）、夸倫吉（一八一七年）、德湯蒙（一八一九年），但肩負首都眾多宏偉景觀的偉大天才已日趨成熟。卡羅・洛西生於那不勒斯㊹，母親是一位芭蕾舞者，其後嫁給舞者暨編舞家夏爾・雷皮克（Charles le Picq）。一七八七年受邀加入俄國皇家芭蕾舞團後，雷皮克帶著妻子和繼子赴聖彼得堡，在此，洛西隨著

圖30　從冬宮鐵柵門朝涅夫斯基大街的方向眺望，視線穿過亞歷山大柱和洛西設計的拱門。在埃森斯坦的電影《十月》裡，布爾什維克黨人從三道拱門湧入後攀越柵門。

㊶ 橫飾帶（frieze）指古典建築柱頂楣構裡高於楣梁、低於挑簷的水平中央部位。
㊷ 俄語 Strelka 在此專指瓦西里島東端島岬的複合建物群。
㊸ 海軍勝利紀念柱（Rostral Columns）源自古希臘羅馬時代，於石柱上懸掛敵方戰船的船首，以此紀念勝利。
㊹ 那不勒斯（Naples）是義大利南部最大的城市，另一常用譯名是拿坡里（Napoli）。

保羅沙皇的建築師布雷納拜師學藝。洛西為參謀部、財政部和外交部設計的五百公尺長弧形立面環繞著冬宮廣場，然而在這條莊嚴拋物線的右軸線後方，是以典型的聖彼得堡風格，密集簇擁著會讓人迷路的後院。洛西決定在此以急左彎接往涅夫斯基大街底，寬闊道路接連經過三座拱門，最後一道拱門通往冬宮廣場，且可見雕塑群立於頂端，有六匹馬拉著勝利之師朝宮殿直駛而去。[105]藉著開通這條通道，洛西在不知情的情況下，為未來的革命創造了地利。正是沿著涅夫斯基大街走到底、轉進這條道路，讓躲在聖彼得堡各方蔽身處的人們得以魚貫湧入，挺身對抗專制。洛西一方面成就了帝國首都，也為其消亡預做了準備。與此同時，在他的不凡視野下有許多華美莊嚴的建築誕生，包括第二間皇家圖書館和一座新的米哈伊洛夫宮。保羅的紅色要塞㊺變成工兵衛隊的根據地，此後稱為工兵堡（Engineers Castle）。洛西也投注心力設計都城裡的十二座廣場和十三條街道，其中一條街道以他命名。短短的一條洛西街（Rossi Street）全由建築師規劃，街道兩側是兩棟長兩百二十公尺、各寬二十二公尺的建物，街尾則結束於同樣出自他手的亞歷山大林斯基劇院（Alexandrinsky Theatre），該劇院開幕於一八三二年。[106]洛西街是一條由女芭蕾舞者之子設計的街道，未來，包括尼金斯基、帕夫洛娃、卡沙維娜、紐瑞耶夫都將步行其上通往學校的舞室㊻。這條街道的比例井然有序，視覺效果整齊規律，彷彿完美的芭蕾舞團。

在亞歷山大統治期間，俄國首位本國的芭蕾舞大師伊凡・沃柏格（Ivan Valberg）在聖彼得堡一舉成名。他在葉卡捷琳娜執政時師從義大利編舞家葛斯貝洛・安喬里尼（Gaspero Angiolini），後來在洛西的繼父雷皮克的團裡跳舞。沃柏格構思《祖國之愛》（*Love for the Fatherland*）來回應拿破崙的入侵，舞作由義大利的作曲家加特里諾・加沃斯（Catterino Cavos）譜曲。加沃斯住在聖彼得堡四十餘年，它的兒子建造了俄國兩座最偉大的劇院，即莫斯科大劇院（Bolshoi Theatre）和首都的馬林斯基劇院。葉卡捷琳娜二世涉足歷史題材的歌劇，將此類型介紹給俄國大眾則歸功於加沃斯。他在一八一五年編寫了《伊凡・蘇薩寧》㊼，這早在米哈伊爾・格林卡寫下同一故事著名版本㊽的二十年前。[107] 加沃斯為沃柏格《祖國之愛》作的配樂極為鼓動人心，致使一八一二年演出時大批年輕男子從劇院直衝往新兵招募處。

亞歷山大登基後，旋即指派收藏家和藏書家德米特里・布爾圖林伯爵（Count Dmitry Buturlin）管理艾米塔吉宮，並且指示宮中的收藏品應每年向大眾開放一段期間。亞歷山大也留意到收藏品的空缺。由於未能完整呈現西班牙的繪畫面貌，亞歷山大遂向英國金融家威廉・寇斯福（William Coesvelt）購買油畫。蒂爾西特條約簽署後，羅浮宮拿破崙博物館㊾的館長多米尼克・維翁・德農（Dominique Vivant Denon）職位獲得確保。一八〇八年，艾米塔吉宮管理人法

㊺ 指原來的米哈伊洛夫宮，有紅宮之稱。

㊻ 此處舉的人名是俄國不同時期的著名芭蕾舞者，安娜・帕夫洛娃（Anna Pavlova, 1881-1931）和塔瑪拉・卡沙維娜（Tamara Karsarvina, 1885-1978）皆生於十九世紀末，魯道夫・紐瑞耶夫（Rudolf Nureyev, 1938-1993）則在蘇聯時代翻轉了男舞者的陪襯地位。

㊼《伊凡・蘇薩寧》（*Ivan Susanin*）取材自同名的俄國傳奇英雄，蘇薩寧是十七世紀初的一位農民，將入侵的波蘭軍隊引入冰天雪地同歸於盡。

㊽ 格林卡版的歌劇《伊凡・蘇薩寧》又名《為沙皇獻身》（*A Life for the Tsar*），一八三六年十二月於聖彼得堡首演。

㊾ 一八〇二年羅浮宮更名為拿破崙博物館，後文提及的德農是首任館長，將館藏提升至世界級地位。

蘭茲・拉班斯基（Franz Labenzsky）赴巴黎時，德農協助他取得卡拉瓦喬[50]的《魯特琴師》（*Lute Player*）及其餘二十二幅重要畫作。[108]拿破崙最後一次敗戰後，亞歷山大在置身巴黎期間，喜獲拿破崙首任妻子約瑟芬皇后（Empress Joséphine）的陪伴。她是品味鑑賞的權威人士，深切盼望保住馬爾梅松城堡（Château de Malmaison）和裡頭的驚人藝術收藏。約瑟芬需要亞歷山大的友善照顧，為了達到目的，一八一四年春兩人相遇時，她將貴重的岡薩加浮雕（Gonzaga Cameo）贈予沙皇。十五乘十一公分大的首飾可追溯至西元前三世紀，中央鑲著不祥的雙色相間紅瑪瑙珍寶，傳承的譜系讓馬爾他之鷹[51]顯得黯然失色。十六世紀時，浮雕在曼托瓦[52]的岡薩加公爵家族手中，接著在十七世紀轉入神聖羅馬帝國皇帝魯道夫二世（Rudolf II）之手。在那之後，浮雕由瑞典的克里斯蒂娜女王（Queen Christina）持有，接著傳到羅馬的歐德斯卡基家族（Odescalchi）、梵蒂岡（Vatican），最後是約瑟芬。約瑟芬將首飾和其他當代收藏品一同安置，認為該浮雕意在呈現亞歷山大大帝及其母親，因此設想這會是取悅俄國沙皇的合適贈禮。但在兩人共度某次愉快的野餐後，約瑟芬卻因罹患致命的支氣管疾病而死去，遺留下巨額的負債。亞歷山大從馬爾梅松城堡的資產裡買下三十八幅畫，包括林布蘭的《基督落架圖》（*Descent from the Cross*），以及二十一幅奪自黑森—卡塞爾伯國[53]的油畫。黑森伯爵有權取回原先展出於羅浮宮、從他收藏品中被偷走的畫作，卻詫異地發現必須補償亞歷山大購畫的九十四萬法朗，才能取回已轉至沙皇手裡的那批畫。伯爵拒絕二度付款，油畫因此續留俄國，展示於艾米塔吉宮內新的馬爾梅松廳。[109]

面對一股限制君主權力與朝民主靠攏的泛歐洲風潮，俄國固守其專制型態政府。一八二〇年代初期於西班牙、葡萄牙、希臘、那不勒斯和皮埃蒙特(54)爆發的起義，增強了亞歷山大抗拒轉變的決心，使知識圈許多啟蒙團體感到憤怒和失望。莫斯科的商人埋怨身受不公的對待，聖彼得堡的鞋匠認為制憲將使他們致富。[110]勇敢的年輕詩人普希金寫下針對保守當權者的諷刺詩，以及頌揚自由的短詩。眾多團體開始群聚展開熱烈的政治討論，其中有些受到歐洲的祕密結社啟發，例如燒炭黨（Carbonari），目標是推翻拿破崙戰敗後復辟的法國君主政體。異議分子的茁壯顯得令人憂心，於是在一八二二年八月，亞歷山大禁止包括共濟會在內的所有祕密結社，雖然人們傳聞沙皇也是共濟會的成員。[111]

「難以描述一八二三年春天聖彼得堡的處境」，俄國日記作家菲利普・威吉（Filipp Vigel）寫道。「亞歷山大的愁容，更偏向哀傷而非嚴肅，映現在人民臉上。」[112]沙皇的副官同樣指出，統治者如今「深陷於沉默不語和疑心病」。[113]一八二四年十一月，當首都遭逢某次嚴重的洪水時，普希

(50) 米開朗基羅・梅里西・達・卡拉瓦喬（Michelangelo Merisi da Caravaggio, 1571-1610）是活躍於十六世紀末、十七世紀初的義大利畫家，畫作兼及民間與宗教題材。

(51) 在小說《馬爾他之鷹》（*The Maltese Falcon*）裡，同名寶物是十六世紀羅德武士獻給西班牙國王的貢品，在往後數百年引起各方人馬追逐。

(52) 曼托瓦（Mantua）是義大利北部古城。

(53) 黑森—卡塞爾伯國（Landgrave of Hesse-Kassel）原屬神聖羅馬帝國，後被法軍占領。

(54) 皮埃蒙特（Piedmont）地處義大利西北，臨阿爾卑斯山脈，十九世紀中義大利統一運動於此發起。

金在〈彼得大帝青銅騎士像〉詩中，描寫洪水是對沙皇權位的天啟預示，彷彿連自然也加入了人類起義的潮湧。全城有數百人遇害，近五百間房屋被沖走，涅夫斯基大街遭洪水淹沒，高及豐坦卡河上的阿尼奇科夫橋。根據亞歷山大的妹妹安娜．帕夫羅芙娜女大公（Grand Duchess Anna Pavlovna）的記述，「一小時之內冬宮前的廣場」沉入「狂暴的海中」。[114]

為了對抗日漸加深的陰鬱處境，一群知識分子、貴族和軍事謀略者開始聚會。他們厭惡農奴制，嚮往歐洲的啟蒙運動卻也極度愛國。這群人受到數本聖彼得堡期刊的思想滋養，閱讀如〈祖國之子與啟蒙博愛的擁護者〉[115]等文章，隨後演變成兩個重要的倡議團體。其中一個團體的根據地是烏克蘭一座駐防要

圖31　費奧多爾．阿列克謝耶夫（Fyodor Alekseyev）所繪的一八二四年十一月七日劇院廣場（Teatralnaya Square）情景。

塞小鎮，其餘都在首都活動。歷經諸多不滿情緒與爭辯，三位軍官，包括繼承廣大地產和數千名農奴的參議員之子尼基塔．穆拉尤夫（Nikita Muravyov）、葉夫金尼．奧柏連斯基公爵（Prince Yevgeny Obolensky）和謝爾蓋．特魯貝茲科伊（Sergei Trubetzkoy），決定紙上談兵的時間已過。正如他們的共謀貝斯托耶夫—魯因中尉（Bestuzhev-Ryumin）所問：「讓歐洲擺脫拿破崙統治的俄國人，豈無法掙脫自身的枷鎖？」[116]

起初的計畫是趁沙皇計畫赴南方閱兵時，在一八二六年五月一舉刺殺他。屆時聖彼得堡的皇室家族成員將遭集中放逐，貝斯托耶夫—魯因則率軍進入莫斯科。但命運插手干預，一八二五年十一月十九日亞歷山大死於塔甘羅格㊺。聖彼得堡城內唱起彌撒祝沙皇身體康復之際，信差已在駛往首都途中通報他的死訊。俄國無沙皇在位數天，更嚴重的亂象還在後頭。亞歷山大的死訊公告時，亦宣布他的弟弟康斯坦丁繼任沙皇，無視康斯坦丁大公已拋棄皇位繼承權的事實，而那意味著康斯坦丁的弟弟尼古拉成為合法繼承人。直到康斯坦丁表明立場的信件從華沙㊻送抵聖彼得堡前，基本上俄國一直維持無沙皇狀態。即使如此，尼古拉要求獲得康斯坦丁背書，他才同意登基。[117]在這片亂象之中，心懷理想的刺殺亞歷山大原始計畫發起人決定續行起義，卻在行動時表現出自己的膽怯失序。他們計畫逼迫參議院廢黜羅曼諾夫家族，占領彼得保羅要塞和冬宮並刺殺

㊺ 塔甘羅格（Taganrog）是彼得大帝設立的俄國第一座海軍基地，位於南部面黑海港灣。

㊻ 華沙（Warsaw）當時是波蘭會議王國（Congress Poland）的首都，此王國在維也納會議後成立，是受俄國勢力控制的半主權國家。

尼古拉。一切都出了錯。負責攻占冬宮的彼得・卡霍夫斯基（Pyotr Kakhovsky）在最後一刻拒絕參與。承諾刺殺尼古拉的反叛者違背誓言。與此同時，尼古拉大公在驚覺自己成為沙皇下，展現了非凡的冷靜，於起義事件中占了上風。

在亞歷山大統治之初，為了慶祝聖彼得堡建城一百週年，沙皇曾率兩萬大軍遊城。行經法爾科內的彼得大帝青銅騎士像時，他們將軍旗伏低致敬。[118]一八二五年十二月十四日早上十一點，在新統治者上任的第一天，反專制而公然起義的軍隊集結於參議院廣場的同一座重要雕像前。但是當天稍早參議員已向新沙皇宣示忠誠，而且尼古拉做足了準備。他讓家人從阿尼奇科夫宮移往較安全的冬宮，普列奧布拉任斯衛隊的第一營官兵護衛沙皇身邊。軍隊封鎖了冬宮廣場和涅夫斯基大街間洛西設計的新通道。一群暴民拿石頭和垃圾朝政府軍扔擲，

圖32　卡爾・寇曼（Karl Kolman）的十二月黨人起義圖，繪於一八二五年。

發誓若手裡有武器，「半小時內」就能「讓城市天翻地覆」。忠誠的軍隊接獲上膛命令後，神職人員企圖向三千名起義者說理。米哈伊爾大公在跟起義人士談話時遭其開火。聖彼得堡總督米拉多洛維奇伯爵（Count Miladorovich）前去勸降叛軍，卻被卡霍夫斯基殺害，後者稍晚遭擲彈兵衛隊隊長射殺。

到了下午三點，暮色漸漸模糊了視線。有群反叛兵士進逼捕捉宮中的皇族，卻遭擊退。重回將領旗下後，他們來到能準確射殺新沙皇的距離，可是未能認出他來。隨著黑暗加深，尼古拉心知必須平息這場起義。他給反叛者最後一次機會放下武器，且於他們拒絕後下令騎兵進攻，但此舉在參議院廣場的結冰地面上不僅徒勞且危險。騎士遭拋下馬背，馬匹慌亂而行。隨後尼古拉命令三十六門大砲瞄準尼古拉廣場，發射數輪後整片清空，只留下一百具屍身在雪中淌血。無辜的人民和反叛者均在死者之列，但是核心的六十位共謀者卻毫髮無傷。貝斯托耶夫—魯因企圖在冰凍的涅瓦河上集合一群反叛者，目標是行軍占領彼得保羅要塞。沙皇只需將砲口對準河面，試著打碎冰層。那時是傍晚五點。夜色降臨，而十二月黨人起義結束了。亞歷山大・馮・本肯多夫將軍（Alexander von Benckendorff）將成為尼古拉一世惡名昭彰的第三處[57]處長，銜命圍捕起義人士。[119]

[57] 第三處（Third Section）即沙皇的祕密警察。

第二幕

人民

1825–1917 年

第八章　冷酷的新境界

一八二五至一八五五年

十二月黨人起義的核心成員被逮捕後，數小時內就送至冬宮拷問。尼古拉一世坐在一張桌子後方，頭頂懸掛著吸引目光的卡羅・馬拉塔①所繪，教宗克雷芒九世②的肖像。疑犯於此接受新沙皇的嚴密審訊，在教宗的冷眼凝視下加速吐實。疑犯伊凡・亞庫許金（Ivan Yakushkin）專心地看著多明尼基諾③的畫作《聖家》（*Holy Family*），藉此在審問時分散注意力[1]，他拒絕供出其他人，被夾在鐵刑具裡，收緊到無法動彈。詩人孔德拉季・雷列耶夫（Kondraty Ryleyev）遭人背叛，並且在審問下揭發了特魯貝茲科伊，後者乞求沙皇饒恕他的性命。布拉妥夫上校（Colonel Bulatov）則在承認意圖謀害沙皇後，被關進彼得保羅要塞，他反覆用頭顱撞向牢房的石牆，只求一死。[2]

在六個月期間內，調查委員會耐心十足地召開近一百五十場會議，發表一百七十五份報告，寫下一百萬頁的法律和官僚反省文書，同時，囚犯被剝奪了筆、紙和所有讀物，跟大水鼠、小老鼠和蟑螂共用陰冷的牢房。[3]在一八二六年五月三十日的報告裡，委員會強調這樁陰謀的規模有多麼無足輕重、核心人士又是多麼容易受到外國危險思想的危害，並且主張就整體而言，該起事件顯示人民普遍還是對沙皇存有真摯的忠誠。[4]在遭逮捕的一千四百位十二月黨人中，僅有一百二十一人被定罪。共謀者大多流放至西伯利亞，但有五人遭判處分屍，隨後減刑為吊死，於一八二六年七月十三日處刑，分別是雷列耶夫、卡霍夫斯基、帕維爾．佩斯托（Pavel Pestel）、穆拉尤夫和貝斯托耶夫—魯因。當行刑時刻來臨，繩索斷裂、繩結鬆脫，有三位犯人必須二度吊起。參議院廣場舉行將此獻祭的紀念儀式，潑灑聖水淨化專制曾遭挑戰的地面。尼古拉宣告革命已「來到俄國門前」，誓言控制局勢，「正統、專制、國家」凌駕一切。[5]關於十二月黨人的公開議論全數被禁，但由於在前任沙皇亞歷山大在位期間，未曾判處死刑，因此被處死的起義領袖迅速獲得烈士地位。反叛者的肖像雖然被禁，但用肖像繪製的護身符卻在私下非法流傳。

由於尼古拉沙皇明白鎮壓起義已成一樁爭議的事件，於是創立了惡名昭彰的第三處，即設置於權力中心御前大臣辦公廳下的特別部門。在沙皇的詮釋下，第三處的功能包括蒐集「所有受警察監視之人的詳細資訊」、「流放並逮捕疑犯或危險分子」，以及追蹤「來國內旅行」的外國人士。從一八二九年九月起，所有印刷品必須送交一份至第三處。近十年後，第三處從莫伊卡運河和戈羅霍娃街交界處的大辦公室，移往豐坦卡河上鏈橋（Chain Bridge）附近的考邱貝公爵舊

---

① 卡羅．馬拉塔（Carlo Maratta, 1625-1713）是十七、十八世紀的義大利巴洛克畫家。

② 克雷芒九世（Clement IX, 1600-1669）於一六六七至一六六九年擔任教宗。

③ 多明尼基諾（Domenichino, 1581-1641）是十六、十七世紀的義大利波隆那畫派代表人物。

宅。在令人生畏的鐵柵門後，拘留牢房密集的大屋成為一間無比繁忙的訊問中心。警察的馬車趁著夜色出入庭院，咔噠聲響個不停。[6]尼古拉一世時期聖彼得堡的「鏈橋屋」所擁有的惡名，正如同KGB在列寧格勒的總部、鑄造廠大街（Liteiny Prospekt）上的大屋（Bolshoi Dom），或是蘇聯時代聲名狼藉的莫斯科盧比揚卡大樓（Lubianka Building）。

✯

直到尼古拉一世開啟高壓統治前，宮廷推動了聖彼得堡及其文化的創造。一八二五年以後的諸位沙皇變得被動，到帝制結束皆為如此。改變的倡議傳到作家和思想家身上，他們是聲音愈發茁壯的「小人物」。在投注一個世紀，強化莊嚴的城市景觀後，聖彼得堡面臨了一段騷亂的時代。十九世紀中活躍於知識圈的赫爾岑曾描述，尼古拉一世的政權是「一段表面上遭奴役而內心解放的時光」，恐懼地預見何種樣貌的事態即將來臨，詩作仍四處流傳卻未經出版。作家和知識分子儘管受到管控、審查或監禁，卻開始構成這座城市的新要角。羅蒙諾索夫於一七五五年確立俄語文法，為其提供堅實的基礎。到了一八二〇年代晚期，許多因讀書或打仗出國的俄國年輕人帶著爆炸性思想歸來，他們尋求一種新的秩序，嘗試與西方思想和解，並且逐漸意識到通往革命的道路，會起始於如俄國農村公社般簡單的組織。

對於俄國第一位偉大作家而言，儘管年輕時期迷失於日後他鄙視的上流社會，流連其間男女的調情，但他實為十二月黨人思潮的產物。普希金和未來的十二月黨人締結友誼，例如後來遭流放至西伯利亞，死在當地的詩人威廉・居赫爾貝克（Wilhelm Küchelbecker）。人們追溯普希金母親的血緣、且從他的相貌可清楚看見，他是一位非洲小部落繼承人的曾孫，在未完成的小說中，普希金稱外曾祖父為「彼得大帝的黑奴」。這位修長勻稱的男子被從君士坦丁堡帶來，沙皇教育他、提拔他，並派他赴巴黎學習有助於俄國新宮廷發展的知識。[7]

這位顯赫人物的後裔，普希金，以諷刺詩作突然闖入聖彼得堡文學場域，批評當局且嚴斥農奴制，這導致他在一八二〇年被逐出首都。當普希金獲准於一八二六年返回聖彼得堡（但受到第三處特務人員的監控[8]），普希金已大有斬獲，撰述韻文體小說（verse novel）巨作《尤金尼・奧涅金》。④距離十二月黨人的首腦遭處決才幾個月，普希金就寫下一個之後會被刪掉的小節，闡述筆下角色連斯基的政治觀點。詩中的連斯基是在一場決鬥裡，遭對生活感到乏味的奧涅金無端殺害。普希金吊人胃口地指出，若是連斯基活著，他可能會像十二月黨詩人雷列耶夫一樣被處決。

令人費解地，連斯基的身亡也是普希金自身死訊的詭異預兆。普希金在娶了心思簡單卻野心十足的美人娜塔莉亞・岡察洛娃（Natalia Goncharova）後，聖彼得堡上流社會的閒言閒語就點燃了普希金的熊熊妒火。普希金困擾於自己的社會地位比不上身為詩人的聲望，且不安於沙皇跟他妻子有染的留言[9]，遭人言語奚落的普希金最終與人提劍決鬥。傳聞中娜塔莉亞眾情人的其中一位，荷蘭大使迪安瑟斯・德赫金男爵（Baron d'Anthès de Heeckeren）的養子，讓普希金受了致命傷。葬禮在祕密下舉行以防社會失序，卻因米哈伊爾・萊蒙托夫（Mikhail Lermontov）的抒情詩作〈詩人之死〉而激起昂然的情緒（對此第三處非常震怒）。作者在第一行描繪出宮廷逢迎者的

④《尤金尼・奧涅金》（*Eugene Onegin*）的簡體中文版書名為《葉甫蓋尼・奧涅金》。

醜惡景象，這段諷刺言論也讓他遭下放至高加索騎兵團。萊蒙托夫認為聖彼得堡的社會好似一座法式庭園，「主人的大剪子讓萬物削成單一面貌」。[10]但流放也讓萊蒙托夫欣然得到新的創作環境，寫下俄國第一部偉大的非韻文體小說⑤，《當代英雄》（*A Hero of Our Time*）。

在普希金於聖彼得堡北方降雪樹林裡身受重傷的四年前，他曾苦苦思索是否因為彼得大帝的自大妄為，而造就了一座荒謬、危險且壓抑的首都。普希金為俄國文學塑造一種原型，一位在他筆下卑微的職員葉夫金尼，一位受到壓迫的「反英雄」人物，在專制統治的運作下被逼瘋。普希金的《青銅騎士：一則聖彼得堡韻事》（*The Bronze Horseman: A Petersburg Tale*），受到普希金前友人，波蘭詩人亞當·密茨凱維奇（Adam Mickiewicz）作品的啟發。至於在〈彼得大帝紀念像〉（Monument of Peter the Great）中，那六首詩的組詩〈離題作〉⑥的其中一首，密茨凱維奇也哀悼鎮壓十二月黨人後的俄國處境。此外密茨凱維奇也寫了一首長詩，描繪聖彼得堡是違反自然且禁不起考驗的產物，受到一八二四年的洪水摧毀。[11]

普希金的《青銅騎士》以讚揚聖彼得堡建築的誦詩開頭，遵循羅蒙諾索夫和傑爾查文等十八世紀詩人的傳統。慶賀建城剛滿一個世紀，普希金複誦著「我愛你」的宣言明白強調他的致敬。這串連禱文曾使後世的小說家，費奧多爾·杜斯妥也夫斯基（Fyodor Dostoevsky）感到不快，他以「對不起，但我不愛你」簡短回應普希金對聖彼得堡的熱愛，並且留下厚實著作以證明自己的論點。[12]杜斯妥也夫斯基年少時來到聖彼得堡的軍事工程學院（Academy of Military Engineers）就讀，也曾到普希金遭槍擊的樹林逗留，杜斯妥也夫斯基的第二個朝聖地則是莫伊卡河畔屋子裡，普希金死去的房間。[13]

杜斯妥也夫斯基雖是詩人如此熱情的崇拜者，但普希金卻對自己隨後描述為「腐爛泥濘之城」的聖彼得堡，發表愛的宣言，顯然讓杜斯妥也夫斯基心煩意亂。但是普希金的開篇頌詞僅僅是他的敘事跳板。普希金慶賀「面貌嚴肅又高雅」的城市馴服了大自然[14]，為葉夫金尼遭遇的悲劇提供了怵目的對比，這位受迫、卑微的職員構成普希金詩作的主體。事實上，葉夫金尼也成為杜斯妥也夫斯基小說人物的靈感來源，一位「被官方階級和社會裡的上級冷落愚弄」的「小人物」戈里亞金[15]，在一八四六年的《雙重人格》（*The Double*）出場。整體而言，普希金的《青銅騎士》將聖彼得堡描繪為「可怕的遺產」。[16]

亞歷山大一世的妹妹，帕夫羅芙娜女大公，為城市中最險惡的洪水肆虐提供鮮明的景象，有超過五百人遇害，數百間房屋毀於一旦。帕夫羅芙娜描述冬宮在一八二四年洪災期間，形同「受浪濤重擊的孤島」。[17]此情此景隨即在隔年年底引起政治共鳴，十二月黨人對宮廷發動起義，而帝制最終將於一九一七年的十月革命劃下句點。以毀滅性的一八二四年洪水做為背景，普希金介紹聖彼得堡的受壓迫職員葉夫金尼出場。在洪水高漲下，這位「無名小卒」徒然前往尋找心愛的帕拉夏，她住在城裡其中一處受害最深的偏僻島嶼上。

普希金寫作時活在後十二月黨人的祕密警察國家，普遍認為帝制支持者的力量無堅不摧。在葉夫金尼眼裡，法爾科內的彼得大帝青銅騎士像泰然自若：

⑤ 非韻文體小說（prose novel）又稱散文體小說，指行文時不押韻。

⑥〈離題作〉（Digression）的出處是密茨凱維奇著名詩劇《先人祭》（*Dziady*）第三幕。

……高踞於受侵犯的土地之上，
於猛烈洪水之上
背對著他，而伸出的手
下達征服命令……[18]

葉夫金尼徘徊於洪水退去後的斷垣殘壁間，他是現代首見的反英雄人物，在大都會的亂象裡涉險行過不幸的路途，企圖為飄泊的生命尋找意義。帕拉夏溺死後，葉夫金尼發了瘋，執著於最終應為悲劇負責的專制沙皇。葉夫金尼幻想彼得大帝躍下「雷擊石」，重踏馬蹄追趕他。在尼古拉一世的俄國，普希金明白沙皇擁有最終決定權。然而詩人僅僅讓一位卑微的職員躍上舞台中央，「小人物」在對抗「專制警覺精神」的漫長掙扎裡，占有一席之地。[19]

脾氣暴躁且常流露才氣的法國同性戀者克斯汀納⑦，於普希金死後的兩年，也就是一八三九年造訪聖彼得堡，寫下對首都截然不同、卻同樣反感的描述。克斯汀納承認聖彼得堡是「世界奇觀」的一景，卻落入將其與威尼斯比較的陳年陷阱，「美景較遜色卻更為驚人」。但如此比較充其量只能說是流於表面，威尼斯溫馨緊密且散發歷史感，聖彼得堡則廣闊且持續追求改頭換面。但當克斯汀納思索起聖彼得堡的靈魂（又或說缺乏靈魂）時，他又立刻變得更具洞察力。他說，聖彼得堡是個怪物，「為任何一地均未存在過的人們」而建。彼得大帝摒棄了俄國人天生的「東方天賦」魅力，而去建造一座不具「歷史意義」的浮華城市。克斯汀納也評論道，「和法國相比，我們幾乎無法在聖彼得堡窺見更多的俄羅斯」。他抨擊拙劣的模仿，譴責俄國人未能「表現自己」卻「假扮成我們」。孕育這座城市的統治者們不僅背叛了自己的靈魂，建設或許也出於抱負，或流於狂妄，而顯得過於急切。「宏偉壯觀的聖彼得堡，」克斯汀納指出，「是俄國人為了榮耀未來強權所建造的象徵。」他嘲弄聖彼得堡是一支軍隊的總部而非一國之都。「這座邊防要塞或許雄偉，但在西方人眼中卻顯得空洞。」[20]這是一座為貴族打造的城市，由官僚機構和軍隊加以維繫。半個首都顯得盡是身著軍服之人，在一八四〇年代初期，近四十五萬人口裡幾乎有四分之一是家務工。[21]

圖33　葉夫金尼想像彼得大帝躍下雷擊石，重踏著馬蹄追趕他。圖為伯努瓦為普希金《青銅騎士》其中一個版本所繪的卷首插圖。

許多俄國人對克斯汀納的看法身有同感。穿著時髦的自由意志論思想家彼得・查達耶夫（Peter Chaadaev），藉著一系列反諷、以法文書寫的信件來質問國家的方向。俄國文化擱淺於東方與西方之間的荒原，未能真正習得西方典範，且因對文明思想缺乏顯著貢獻而心懷愧疚。在一八三〇、一八四〇年代，國家角色的問題時常縈繞在作家與知識分子心中。[22]置身聖彼得堡的異國

⑦ 阿斯多・德・克斯汀納（Astolphe de Custine）即前文提及的克斯汀納侯爵。

城市景觀下，「真正的俄國人」會感到不安，甚至怪異。一八三九年從莫斯科搬至首都後，社會學者與文學批評家維薩里昂・別林斯基（Vissarion Belinsky）指出，若是「一個人在聖彼得堡感到折磨難受，就代表他有真正的人性」。[23]

新古典主義是聖彼得堡盛行的國際建築風格，創造出克斯汀納評為「人跡比石柱少」的陰沉大廣場。自青少年時期就「反對一切強加的權威」，並且追求「個人的絕對獨立」[24]的赫爾岑，漫步於首都死板、「幾近絕望」的花崗岩人行道。與此同時，聖以撒主教座堂和冬宮廣場的亞歷山大立柱（Alexander Column）為帝國空言補上最後的修飾，加進「無盡的規律」之列。[25]洛西曾為慶祝亞歷山大戰勝拿破崙設計一座紀念碑，但最終贏得那項委託案的是蒙費朗，一位身綬法國榮譽軍團勳章（Légion d'honneur）的拿破崙軍人，他在一八三〇至一八三四年間設計建造六百噸重的勝利柱。亞歷山大立柱豎立於廣大基座，整體高度超過四十七公尺，單柱以紅色花崗岩建造，頂部雕像是勇武卻貌如天使的亞歷山大壓制一條蛇，做為俄國戰勝的象徵。[26]

蒙費朗也贏得重建聖以撒主教座堂的設計案。事實上，這位精力旺盛的法國人動用一切已知風格、提交了二十四種相異提案，因此他贏得委託案並不讓人意外。主教座堂最終耗資超過兩千三百萬盧布，於一八五七年完工，即尼古拉一世死後兩年。這座堡壘般的冰冷深灰色教堂，由龐大花崗岩柱撐起了四道石柱長廊，好似尼古拉毫不鬆懈嚴格管控的建築證言。令人敬畏的一百公尺高圓頂宰制了天際線，在這座城市裡，所有民房均不得超越冬宮簷口的高度。主教座堂內，二十六公尺寬、創新的全金屬構圓頂之下，裝飾有兩百幅油畫及大量使用的鍍金、馬賽克鑲嵌、孔雀石、斑岩、大理石和青金石，造就奢華印象。[27]

勝利杜和主教座堂是首都最後的龐然帝國附加物，在在使前來造訪的一位英國女子「大失所望」。見識聖彼得堡的宏偉建築後，她覺得只需花半小時車程就能「行遍城裡所有精華地段」。[28]事實上首都的擴展已逐漸無關乎宮廷，據別林斯基觀察，宮廷在此形成「城內之城，國內之國」。[29]聖彼得堡的擴建大多發生於貧民區，在當時依舊是簡陋棚屋群構成的村鎮地。一八四四年，烏克蘭詩人與散文作家葉夫金尼・克里比昂卡（Evgeny Grebenka）指出，首都裡最窮的區域是彼得格勒區⑧。此地是退休職員、落魄藝術家和表演者的家園，居民住在狹長街道兩旁的木造房屋，前院小得可憐。這一區缺乏酒館或休閒場所，居民回到淒涼住房前會去索價低廉的食堂吃頓簡陋的一餐。[30]

圖34　雪中勇武卻貌如天使的亞歷山大雕像，豎立在蒙費朗設計的亞歷山大柱頂端，位於冬宮廣場。

一八四〇年代初期，一項政府調查訪視一千間聖彼得堡工人的住處，發現近三分之一過度擁擠，單單一棟房屋就擠進高達十九位工人。[31]始終支持杜斯妥也夫斯基、且身為他的編輯的尼古

⑧彼得格勒區（Petersburg Side）即彼得保羅要塞所在的彼得格勒島，是城市最早開發的地區。

拉・涅克拉索夫（Nikolai Nekrasov），寫下紀實文本《聖彼得堡的街角》（*The Petersburg Corners*），穿透城市的宏偉建築立面，描寫在立面背後衰敗的醜陋地帶。當涅克拉索夫踏進一處天井，迎接他的是「無法忍受的臭味」和「種種啼哭和撞擊聲」。尋找住房時他察覺該地並非純住宅區，因為有二手衣、女傭、棺材店和可疑的住宿學校招牌。涅克拉索夫順利越過豬隻、水坑和狗群，來到一處堆滿垃圾的內院。他躲避滾動崩落的垃圾，試著忽略汙水和腐爛甘藍菜發出的惡臭。他在貧民窟的一間房裡住下，勤於巡察臉龐的昆蟲組成了歡迎大隊。肚子凸起的孕婦和爛醉的窮途潦倒者住在他的左近。[32]屋外有乞丐和賣花女孩，還有用同一個杯子端上檸檬汁的小販，從未洗滌，從一位客人輪到下一位客人手中。流動茶販於冬季現身，將茶壺裹在布裡保暖，一排玻璃杯以杯腳掛在皮架上。在城裡戰戰兢兢維生，同時必須付款給舊地主的貧窮農人，挨在地下茶屋裡，試著用熱茶沖掉卡在爛牙裡的黃糖塊。[33]對於地位如此卑微的居民，彼得之城當時仍鼓勵他們背棄簡樸的俄國娛樂，轉而追求外來新奇事物。別林斯基記述，咖啡品嚐往下滲入住在城市邊緣的農民，出身卑微的女孩熱衷於法國卡德利爾舞⑨而遺忘了俄羅斯舞蹈。[34]

貧民區和不當建築工序的過於草率施工，讓無止境的後續維修成為必然，也讓十九世紀中期的首都「未整頓」或「低度開發」區域，容易擴建的過頭。從許多角度而言，聖彼得堡跟更古老的歐洲城市並無太大差異。卡密爾・柯洛（Camille Corot）一八三三年的油畫描繪巴黎《西堤島》⑩[35]，畫中正位於法國首都心臟地帶的砂質河岸並未鋪上花崗岩。一八五〇年代初狄更斯（Charles Dickens）召喚下的倫敦，是一處泥巴和糞便的泥沼，濃厚煙霧無可穿透，市中心幾乎看不見光。他的小說《荒涼山莊》（*Bleak House*）中行人在街角失足，「從黎明開始（假若天色曾明亮過），成千上萬徒步過客於同一處街角滑了腳步。」[36]與較古老城市的髒汙相比時，尼古拉一世整齊劃一的首都確實占了上風。[37]

一天之中，聖彼得堡市中心的要道在不同時段由相異階級占據。在典型的冬日早晨，街上首先見到勞工的身影。破舊羊毛皮外套未能完全阻絕清晨的寒意，從麵包坊傳出的熱麵包和派餅香氣使他們精神一振；窮人則簇擁一旁，盼望獲得昨日未賣出的走味麵包。接著現身街道的是求職者，於艱難時刻陷入困境的人們趁早出發，乞求達官顯貴伸出援手。然後是書記和抄寫員組成的「小人物」大軍，他們開始在城市的文學圈取得重要地位。數千文書人員在逐漸退去的黑暗裡碎步奔跑，匆匆趕往眾多政府部門下數不清的哄亂抄寫辦公室，坐上不舒適的高腳凳。

天色全亮後輪到繁忙商業的時候到來，人人陷入狂亂，想趕在午飯前把一切處理妥當。人們急切地想「度過這一天」[38]，「患上」慌亂行事的病。[39]他們總是遲到，永遠達不到預設目標。他們變成了「現代」人。人行道匯聚各種相互衝突的活動，馬車疾駛而過，如同大仲馬的遭遇，「舞動」於鵝卵石上，每顆都像嬰孩的頭一樣大。[40]天候溫和時，較閒散的韻律取代忙亂節奏，貴族和高官的家族成員晨間騎完馬後，來到涅夫斯基大街樹蔭下的木板道散步，供人欣賞。置身考究的鬍子與奢華的軍服、長外衣、帽子和皮草間，人們在最時髦的街道上購物。為了讓馬車能更順暢地送顧客到精品店門口，道路上也鋪設了木板。

---

⑨ 卡德利爾舞（French quadrille）由四對男女舞伴圍成方形，依照提琴手的口令跳舞，是方塊舞的前身。
⑩ 西堤島（Île de la Cité）位於塞納河中央，巴黎聖母院即坐落島上。

經過清晨的忙亂和近午的時尚遊行後，人們進餐。若非到涅夫斯基大街兩旁漸增的餐廳，例如奧涅金用餐的塔倫小館（Talon's），就是回家吃飯，午飯時間根據職業或僱主國籍而有所變動。由於習慣天差地遠，勤於梭巡的賓客得以一個下午吃好幾頓飯。餐後有些人留下來玩牌，一直等到晚餐時間。待歡宴結束，清晨時他們乘坐咔噠作響的馬車回家，「胃裡塞滿油膩食物而發熱」。一到家他們立即就寢，「像溫室一般經人工升溫的臥室」，翻攪「消化道，使他們無法入睡，面色慘白且疲憊乏力」。[41]

午餐後沒留在桌邊的人外出走動。在涅夫斯基大街上，午後一點至三點間屬於繁忙時段。商販提早用餐，以應付乍現的大批購物者。到了正中午，身著綠色制服的公務員蜂擁而出，人人熱切地張望、也希望成為視線焦點。[42]別林斯基觀察，首都居民是如此的自負虛榮，如此著迷於時尚瑣事，他們甚至會留意是否有顆鈕釦就快要「從某個人的背心鬆脫掉落」。[43]涅夫斯基大街本身妝點得十分出色。戈提耶稱其為「展演之街」，並跟巴黎的里沃利街（rue de Rivoli）和倫敦的攝政街（Regent Street）相比擬。[44]據他觀察，除了伯恩（Berne）以外，沒有其他地方的招牌顯得如此奢華，而且漆上這麼多種語言。西里爾字母⑪跟羅馬字母相互爭搶空間，以大量歐洲語言指出商業世界的富饒。街上有珠寶店、法語的香水店、甜食鋪、德語的書店、法語的巧克力鋪、義大利語的理容鋪、法語的書店、石版印刷店、帽商和裁縫店。店名字詞在入口雨篷上排成誘人弧線。假若陌生語言使人困惑，玻璃窗上畫的圖案描述了店裡的貨色。有販售木馬搖椅、布偶、鼓具和哥薩克帽的玩具店，理髮師則同時宣傳放血療法與造型服務。[45]

涅夫斯基大街愈發成為新鮮事雲集之地。恩格霍特廳⑫是音樂會和化裝舞會的熱門舉辦場所，萊蒙托夫寫於一八三五年的劇作《化裝舞會》（*Masquerade*）即在此上演。劇作直到一八五二年才演出，審查機關禁演的原因是敗壞知名貴族，恩格霍特家族所營運場所的名聲。位於大街與莫伊卡河交叉口一角的「沃夫與貝洪傑咖啡館」⑬，有群非正式的文學圈子在此聚集，成員包括萊蒙托夫、普希金和車爾尼雪夫斯基。在那場致命的決鬥發生前，普希金跟決鬥助手就是約在咖啡館碰面。

在涅夫斯基大街，稍縱即逝的印象無止境襲來推著人前行，速度之快讓人難以打探真相。果戈里的《聖彼得堡故事集》（*Petersburg Tales*）使城市化身為活躍主角。[46]故事集中於涅夫斯基大街上演，街上消息在口耳相傳之間遭到扭曲變形。書中隱約給了可能，開出另一條路徑；縱然提示了希望，卻更常傳遞絕望。

在果戈里的短篇小說〈涅夫斯基大街〉（Nevsky Prospekt）裡，皮拉果夫中尉魯莽追求一位德國工匠的妻子，另名主角畫家皮許卡列夫則愛慕一位把他生活攪得天翻地覆的女子。皮許卡列夫對這條充滿生氣街道的感想，承載了他的內心激情。「人行道從他腳下迅速退去……橋梁的拱起處膨脹迸裂，房屋上下顛倒。」[47]但是在他對這份情感的全心投入引來幻覺體驗後，卻發現理想

⑪ 西里爾（Cyrillic）字母受多種斯拉夫語採用，如俄語、烏克蘭語、保加利亞語等，所以又稱為斯拉夫字母。
⑫ 恩格霍特廳（Engelhardt House），後文亦稱為Engelhardt Hall。
⑬ 沃夫與貝洪傑咖啡館（Wolff & Béranger）的地址是涅夫斯基大街十八號，現改名為「文學咖啡館」（Literary Cafe）繼續營運。

中的美人跟這條大街上的眾多事物神似，只是個「出售品」。無法在自身幻覺與對方是妓女的事實間取得和解，皮許卡列夫轉而依賴鴉片，最終割開自己的喉嚨：「涅夫斯基大街永遠在說謊。」

在果戈里寫下這則短篇小說的一八三五年，農奴家庭之子與自學的雕刻師瓦西里・沙多尼可夫（Vasily Sadovnikov），製作一幅長十五公尺的全景圖記錄最靠近冬宮廣場的大街路段，排列於時髦街區的建築物流露出經審慎規劃的優雅風貌。與同時代的果戈里相異，沙多尼可夫展現近似倫敦攝政街或珍・奧斯汀（Jane Austen）筆下巴斯⑭的溫婉細緻。儘管如此，諸如普希金、果戈里和杜斯妥也夫斯基等聖彼得堡作家決心辨識與塑造所謂的「現代」。他們穿行筆下看似成因多元實則支離破碎的城市，經歷不相容立場的碰撞，以及都市生活的極端混亂與衝突。他們是二十世紀城市編年史家的直系前輩，其鮮明且斷裂的觀點，對於我們看待自身所處世界的方式創下無比重要的貢獻。安德烈・別雷一九一六年的小說《彼得堡》（*Petersburg*），詹姆斯・喬伊斯（James Joyce）在《尤里西斯》（*Ulysses*）穿行都柏林的史詩漫步，約翰・多斯・帕索斯（John Dos Passos）一九二五年跟紐約定情的《曼哈頓轉運站》（*Manhattan Transfer*），阿爾弗雷・杜布林（Alfred Döblin）在《柏林亞歷山大廣場》（*Berlin Alexanderplatz*）探訪兩次大戰間的威瑪共和國首都，上述作品全都是涅夫斯基大街的後裔。[48]

背對宮殿和海軍部沿著涅夫斯基大街走一段距離，形同踏上通往底層之路。克斯汀納記述，一旦你敢於「遠離城鎮中心，你就會迷失於一片荒原，由棚屋……廠房或倉庫為界」，「光輝大街……消失於眾多攤販和作坊的可怕亂象之中」，放眼望去是「面目模糊的廣闊空間」。[49]十九世紀中來訪的一位英國女子立即明瞭，連涅夫斯基大街最高雅的街區都顯得可疑。如同「所有俄羅斯事物，招搖的建築立面只是把殘破掩於身後」。[50]這條欺瞞成性的大街展現「波坦金化」的最新型態，自一八三〇年代以降，作家拒絕再受愚弄。以陳舊形式頌揚建築奇觀而開展的聖彼得堡文學，在商品雜貨的進口幻夢之中譜上新曲。置身一座有著異國外觀的城市，作家開始主張他們的俄羅斯本質，其文學作品隨之趨向沉重。

一八〇九年果戈里生於烏克蘭的低階貴族之家，後赴聖彼得堡定居，在短暫任教後成為政府僱員，該職位讓他得以深刻洞察聖彼得堡社會的不滿情緒。他的小說《外套》（*The Overcoat*）內容描述的阿卡基·阿卡基維奇，是無數隱形抄寫員的其中一人，工作勤奮且努力應付現代都市生活的漸增壓力。由於體制堅決抗拒改變而淪為受害者，此等「小人物」薪資微薄，年薪僅三、四百盧布。尼古拉一世治下的俄國行政機關是如此密不透光，相較之下，狄更斯《荒涼山莊》中無作為的御前大臣法庭（Court of Chancery）都顯得行事透明。文件製造更多文件，在一八五〇年，內務部每年要處理多達十六萬五千份標示「緊急」的檔案。僅僅一樁土地交易就產出一千三百五十一份不同證明。發生任何小錯誤皆須重新謄寫。據說就連沙皇提出例行檢查都要等上數個月才能獲得答覆，且一八四〇年代初期的待處理申請遠超過三百萬件。[51]一八二〇年代末果戈里抵達首都時的評論毫不令人意外，他表示「人們散布（這座城市的）不實謠言」，城裡的「每個人忙於不重要又沒意義的工作，就這麼度過庸碌的一生」。[52]果戈里筆下的阿卡基發現一個人會「因為他的外套而獲得尊敬」，努力想買一件大獲讚賞的新外套。在年薪介於兩百五十盧布至四

⑭ 巴斯（Bath）是英國的溫泉小鎮，奧斯汀曾在此居住，小說《諾桑覺寺》和《勸導》均以巴斯為場景。

百盧布的情況下，他的選擇必然粗陋，於是外套成為人們蔑視的對象，這恰好是阿卡基期盼的對立面。後來阿卡基的外套被他人惡意地偷走，在阿卡基死後，傳聞他化身復仇鬼魂，會從背後扯掉眾人身上價值不等的外套，藉此威嚇折磨他的人。這個關於壓抑、瘋狂和復仇的故事挑釁意味十足，布洛茲基隨後指出，「所有俄羅斯作家都『來自果戈里的《外套》』」。[53]

☆

作家逐漸介入街頭之時，畫家開始探索日常生活。阿列克謝・維涅茲亞諾夫（Aleksei Venetsianov）處理俄國鄉村題材，為後繼數代的畫家開路。帕維爾・費多托夫（Pavel Fedotov）是一位目光銳利無比的社會諷刺畫家，導致他的畫作被視為過於危險，禁止在官方展覽出現。然而觀察以下三位畫家的作品，尤能展現美術學院仍於尼古拉一世統治期間的首都藝術界扮演要角。卡爾・布魯洛夫（Karl Bryullov）、費多・布魯尼（Fedor Bruni）和亞歷山大・伊凡諾夫（Alexander Ivanov）在美術學院就讀，為保守當權派服務，並且製作受浪漫主義觸發的巨幅學院畫作。從青年畫家的時期開始，他們發覺自己置身的世界無比狹小，如布魯洛夫的父親在傳授木雕，而他又師承自伊凡諾夫的父親。但是三人全都訴諸旅行，試圖從聖彼得堡的美術學院脫身。布魯洛夫在義大利認識安格斯⑮，伊凡諾夫和布魯尼則結識人稱拿撒勒畫派（Nazarene）的偽中世紀德國畫家群。

三人之中思想最前衛的是伊凡諾夫，他譴責美術學院是十八世紀的遺跡。他的小幅義大利景觀畫可見印象派的影子，大幅畫作《基督顯聖圖》⑯的構想是歡慶世人拋棄一切形式的奴隸制，這對反覆思量是否要放棄農奴制的國家而言，是個具說服力的主題。然而畫作的漫長醞釀期（前後二十四年），代表宗教懷疑論在十九世紀中期滋長後伊凡諾夫淪為受害者。在憂心俄國情勢下，處境孤獨、身為同性戀且持續尋找能吸引各階層人們藝術形式的伊凡諾夫，一八五八年死於聖彼得堡，死因可能是霍亂，也可能是自殺。[54]

跟伊凡諾夫的《基督顯聖圖》相比，較不具創新企圖的是布魯尼的《卡密拉之死》⑰，以及一八三四年讓布魯洛夫贏得巴黎沙龍⑱大獎的《龐貝末日》（*Last Day of Pompeii*），繪於一八二八至一八三三年間。[55]赫爾岑在這幅畫背後看到，反映出的俄國局勢：「驚恐的人們一群群困惑相擁……他們徒勞地尋求安全……他們將被野蠻、無知覺且冷酷的力量擊垮……這是受聖彼得堡氛圍啟發的意象。」[56]

一八三七年十二月災難襲擊了冬宮，當時尼古拉和妻子亞歷山德拉．費奧多羅芙娜（Alexandra Feodorovna）外出觀賞芭蕾舞劇《神與舞姬》⑲。沙皇中途溜回去確認損害狀況。幸好火勢蔓延速度緩慢，僅從起火的煙囪延燒至謁見室和元帥廳（Field Marshals' Hall）之間。沙皇命兒子們撤離，隨後重回宮內監督奮力控制火勢的衛隊和僕役，這場火將肆虐數日，吞噬宮殿的一

---

⑮尚．奧古斯都．多米尼克．安格斯（Jean Auguste Dominique Ingres, 1780-1867）是十八、十九世紀的法國新古典主義畫家。
⑯《基督顯聖圖》（*The Appearance of Christ to the People*）創作於一八三三至一八五七年間，長五點四公尺、寬七點五公尺。
⑰《卡密拉之死》（*Death of Camilla*）出自古羅馬的歷史故事，描述相鄰城鎮紛爭導致兄長弒妹的悲劇。
⑱指法蘭西藝術院舉辦的藝術展，在十八至二十世紀是西方最大的藝術展。
⑲《神與舞姬》（*Dieu et la Bayadère*）的舞姬，指的是印度寺廟女舞者。

樓和二樓。[57]水從涅瓦河和莫伊卡河輸往冬宮，僕役則把能從火焰裡救出的物品扔往冬宮廣場的深厚積雪裡。儘管報紙誇口無人偷竊，但葉卡捷琳娜贈予情人波坦金的一百六十件塞夫爾浮雕餐具組卻不見蹤影，並且在一八六五年傳出消息，倫敦藝術品賣家約翰・韋伯（John Webb）正為餐具組中超過一百件的品項尋找買主。亞歷山大二世設法買回大部分，不過其中六件流落至倫敦的華勒斯典藏館（Wallace Collection）。[58]至於艾米塔吉宮，衛隊發狂似地搗毀宮殿建築間的連通道並立起路障，救下了皇家繪畫收藏。

龐大的整修重建案開工，成果是存續至今的內部裝潢。蒙費朗（他的粗心大意要為這場火負一點責任）重建了元帥廳。建築師亞歷山大・布魯洛夫（Alexander Bryullov）是《龐貝末日》繪者，卡爾・布魯洛夫的兄長，他設計了孔雀石廳（Malachite Hall）和亞歷山大廳（Alexander Hall），並且將臨冬宮廣場的房室重新隔間。這

圖35　一八三七年十二月的大火吞噬冬宮。

項浩大計畫的總監督是史塔索夫，他負責重建主謁見室。縱然史塔索夫試圖忠實重現拉斯特雷利的內裝，他換掉氣派的約旦階梯（Jordan Staircase）鍍金銅扶手，改用白色大理石，並以拋光灰花崗岩取代原有的粉色欄杆。拉斯特雷利花了八年建造這棟宮殿。[59]重建於十八個月內完工，動用八千名人力，二十四小時輪班。克斯汀納記載，連室外溫度降至零下三十度時，這群建築工和裝修工仍在極端溫度下趕工，好讓牆上的灰泥加速乾燥。他們「使用某種雪地帽（蓋住頭），如此一來就能在熱度下保持他們的感官能順利運作」[60]，但即使如此仍有人送命。

火災後有個尤其正向的結果，即決定興建新艾米塔吉宮（New Hermitage Palace）來陳列皇家收藏品。宮殿重建途中，尼古拉赴慕尼黑（Munich）拜訪巴伐利亞國王路德維希一世（Ludwig I of Bavaria），對於城市建築風格的不變大為驚豔。尼古拉委託路德維希的建築師里歐・馮・克雷茲（Leo von Klenze）設計新艾米塔吉宮。一八三九年動工的博物館最終在一八五二年開幕。博物館融合古典主義、文藝復興時期和巴洛克風格，入口處是由十根五公尺高的花崗岩男像柱（atlantes）支撐的長廊。

受到克雷茲的慕尼黑古代雕塑展覽館（Munich Glyptothek）影

圖36　涅瓦河上的宮殿，從右到左：冬宮、小艾米塔吉宮、老艾米塔吉宮（新艾米塔吉宮藏身於後）、彼得一世的冬宮。

響，新艾米塔吉宮的一樓展示古物；二樓則展出皇家繪畫收藏。尼古拉指定三位藝術家鑑定皇室的畫作收藏。作品分成四個類別：值得在新艾米塔吉宮展出；適合掛在皇家宮殿他處；收進倉庫；沒有價值的畫作。尼古拉習於干涉，而且據一八四九至一八六四年擔任艾米塔吉宮總監的布魯尼所述，他相當頑固。沙皇不聽從賣掉一千多幅畫的建言，包括收藏品中最好的幾幅。[61]至於布魯尼，他無法堅守成為一位畫家的早年承諾，他的大幅油畫欠缺同代人的理想性或政治伏筆，如伊凡諾夫和布魯洛夫；而且在他為聖以撒主教座堂所繪的多幅壁畫中，僅有《大洪水》（*The Flood*）展露非凡原創性。

首都的文化波濤洶湧，無論來自外地或本地。一八三二年莫里哀的劇作在法國劇院演出，尼古拉一世現身觀眾席；卡爾·馬利亞·馮·韋伯（Carl Maria von Weber）富國族主義

圖37　克雷茲的希臘式石柱廊，位於新艾米塔吉宮的入口處，興建於一八三九至一八五二年間。

的《魔彈射手》（*Die Freischütz*）則於德國劇院上演。莎士比亞的劇作躍上舞台，但是著墨於攻擊當權者的任何劇作，好比《凱撒大帝》（*Julius Caesar*），皆遭禁演。普希金的傑作出版於一八三〇年代初期，接著是一八三五年果戈里的《聖彼得堡故事集》。一八三六年春，果戈里的劇作《欽差大臣》（*The Revizor* or *The Government Inspector*）在洛西所建、宏偉的亞歷山德拉劇院（Alexandra Theatre）演出，該劇院是為了向亞歷山德拉．費奧多羅芙娜致敬，這位沙皇之妻也是「涅夫斯基大街上最令人讚嘆的寶石」。要在一位執著於將紛亂帝國收歸管束的沙皇面前演出，《欽差大臣》似乎屬大膽之作。有位英國遊人於一八五〇年代觀賞《欽差大臣》時，對於這齣戲獲准在俄國演出感到詫異，他認為「光是自尊就足以阻止實屬民族性的……勒索行賄以此種形式曝光」。[62]然而在一八三〇年代，果戈里的戲劇被視為大眾喜劇，具破壞力的洞見掩上了滑稽外衣[63]，而且尼古拉被首演逗得接連不斷大笑。他的反應確保眾人能享受絕妙夜晚，因為根據禮儀，直到沙皇的笑聲傳來前沒人能放聲大笑。

同樣在一八三六年，俄羅斯歌劇多產作家格林卡的《伊凡．蘇薩寧》首演，指揮是二十年前寫過相同題材的加沃斯。歌劇內容描寫一六一三年有位農民引開波蘭軍隊，拯救了羅曼諾夫王朝開創者米哈伊爾沙皇（Tsar Mikhail）的性命，即彼得大帝的祖父。這是第一齣角色間有對白的俄國歌劇，也是第一齣悲劇。加沃斯的版本中蘇薩寧活了下來，格林卡則讓農人為了救沙皇而死。尼古拉觀看預演，並且調整劇中元素以強調有益於政治的思想，諸如沙皇是國家的守護者、專制的延續與個人福祉息息相關。尼古拉將此劇更名為《為沙皇獻身》（*A Life for the Tsar*），成為往後每一年歌劇季的開幕戲碼。[64]

在音樂演出方面，聖彼得堡確立了城市的國際地位。法蘭茲・李斯特（Franz Liszt）在一八四二年四月讓觀眾大為傾倒。表演欲十足的鋼琴家立下創舉，在貴族大會堂（Assembly Hall of the Nobility）中央高高架起舞台，他在台上不僅彈奏專為鋼琴譜寫的曲目，也以高超華麗技巧表演了管弦和聲樂曲的鋼琴版本。他也在貴族辦的歡迎會上表演，並有幸晉見沙皇；尼古拉忽視在場其他出席者，只為了與這位鋼琴名家單獨談話。李斯特一共舉辦六場公眾音樂會，其中一場是為兒童醫院募款的慈善音樂會。但是相隔一年李斯特回到聖彼得堡時，義大利音樂的新興狂熱讓他的影響力消退了，他的演奏被排在較小型的恩格霍特廳。[65]

一八四四年羅伯特・舒曼（Robert Schumann）與妻子克拉拉（Clara）造訪首都時，曾論及義大利製作與演奏家的支配情形。鋼琴家克拉拉比身為作曲家的丈夫有名，她獲邀至皇后面前演奏。她也在冬宮演出兩小時長的獨奏會以饗皇室家族，並且在米哈伊洛夫劇院（Mikhailovsky Theatre）舉辦盛大的公眾音樂會。一八四七年埃克托・白遼士（Hector Berlioz）歷經十四天旅程，跨越歐洲北部的積雪來到聖彼得堡指揮四場音樂會，其中有兩場他所譜交響曲《羅密歐與茱麗葉》（*Roméo et Juliette*）的完整演出。評論家弗拉基米爾・史塔索夫⑳將其譽為首都當季「最壯觀、最多聽眾、最傑出且最響亮的音樂會」[66]，而被由衷讚賞的觀眾鼓掌喚回無數次的白遼士，在信中寫道：「我必須來俄國聽我最喜愛作品的妥適演出，在其他地方總是或多或少砸鍋。」[67]

白遼士三年前在巴黎與格林卡會面，對於格林卡的音樂十分感興趣，將其納入自己的法國音樂會並在評論中美言稱讚。李斯特對於這位俄羅斯音樂巨匠第一人同樣印象深刻。[68]在外國人主宰的場域裡，格林卡的突然登場「使得聖彼得堡全城開始出席俄國戲碼」。年輕的林姆斯基—科爾薩科夫㉑記載道，《為沙皇獻身》使他墜入「名副其實的狂喜境界」，「我對於這位天才之士的熱情和崇拜是無限的。」[69]果戈里也在大感驚豔之列：「這是用我們國家的曲調譜寫的絕佳歌劇！告訴我還有誰的腦子裡藏著更多歌曲！……格林卡的歌劇只是個美麗的開端。」[70]在民俗的風格與旋律之外，明顯聽見董尼采第㉒和莫札特的影響，但是格林卡主張創造音樂的並非作曲家，而是人民。他的首齣歌劇是新國族主義的最初宣言之一，日後將透過「斯拉夫派」和「西化派」間的紛爭，主導介於聖彼得堡的歐洲現代性，與莫斯科的傳統俄羅斯靈魂間的知識辯論。[71]

格林卡的第二齣歌劇《魯斯蘭和露德蜜拉》（*Ruslan and Lyudmila*）於一八四二年首演，自由演繹了普希金詼諧的戲仿英雄詩。包括李斯特鋼琴演奏在內的配樂預演使期待節節高漲，結果卻是令人尷尬的劇本判定了這齣劇的死刑。皇室家族在第五幕結尾時驟然離開劇院，《魯斯蘭》漸漸從節目表上消失，可想而知這導致作曲家的不快。遠離「粗鄙的」祖國移居柏林時，格林卡往地上啐了一口。在他死後，作曲家米利·巴拉基列夫㉓於一八六七年首次完整演出《魯斯蘭》，下一代的俄國作曲家亦開始採用格林卡作品的元素。柴可夫斯基稱《魯斯蘭》為「歌劇中的沙皇」，史特拉汶斯基㉔常把格林卡掛在嘴上。然而在一八四〇年代國族主義漸增的氛圍裡，尼古

⑳ 弗拉基米爾·史塔索夫（Vladimir Stasov, 1824-1906）是建築師瓦西里·史塔索夫之子。
㉑ 林姆斯基—科爾薩科夫（Rimsky-Korsakov, 1844-1908）是俄國作曲家與音樂教育家。
㉒ 葛塔諾·董尼采第（Gaetano Donizetti, 1797-1848）是義大利歌劇作曲家，著名作品有《拉美莫爾的露琪亞》。
㉓ 米利·巴拉基列夫（Mily Balakirev, 1837-1910）是俄羅斯民族音樂的推動者。
㉔ 伊果·史特拉汶斯基（Igor Stravinsky, 1882-1971）畢生不斷嘗試與革新原有音樂風格。

拉出人意表地捨棄俄羅斯音樂，耗資支持流行的義大利歌劇。上流社會對義大利歌劇深深著迷，輕視被看作粗野無禮的格林卡。一八四三年演出俄國歌劇的劇院落入義大利歌劇手裡，俄國歌劇被迫移往一處舊的馬戲團棲身，場地後於一八五九年燒毀。

在現身聖彼得堡的各國人才激勵下，芭蕾舞的發展突飛猛進。到了戈堤耶來訪的一八五〇年代末，他觀察「舞者要在聖彼得堡贏得掌聲不是件容易的事；俄國人是這方面的專家，而且他們用觀劇望遠鏡細細審視的方式令人生畏」。過去數十年戈堤耶身為法國芭蕾舞的領導人物，他發覺聖彼得堡的劇院備滿了蒼蠅和障礙物卻能順暢換幕。他認為皇家芭蕾學校持續培育「傑出門生」，其芭蕾舞團的「整體精準度無可匹敵」。俄國舞者技巧純熟且專業，從不「咯咯笑或朝觀眾拋媚眼」，至於巴黎舞者就常這麼做。[72]

法國編舞家尚—喬治・諾維爾（Jean-Georges Noverre）的書信集出版後，對於俄羅斯芭蕾舞表演層面的發展影響甚巨。諾維爾主張技巧只是達成目標的方法，並且建議調整限制行動的僵硬舞服。聖彼得堡的芭蕾界確實於十九世紀初測試了崇尚視覺派的先聲。厚重、包覆範圍大的舞服換成法國舞團採用的透明網狀裙，而且裙長大幅縮短。本世紀稍晚，觀賞芭蕾舞的年輕、庸俗花花公子朝著女舞者的腿頻送秋波，讓柴可夫斯基感到絕望。[73]出沒劇院的年輕男性愛上女演員和女舞者，他們高喊愛慕對象的芳名，擠在後台入口處為偶像獻上花束和耽溺詩作。[74]普希金筆下的奧涅金就跟詩人自己一樣，迷戀首席芭蕾伶娜阿芙多提雅・伊斯多米娜㉕，發覺自己無法將她的舞姿趕出腦海。[75]

芭蕾舞的訓練密切繫於師生關係，聖彼得堡有幸接連不斷獲得非凡的芭蕾名師。「火熱且無法預測」的夏爾—路易・狄德羅（Charles-Louis Didelot）是一八〇一至一八一一年間的芭蕾名師，他訓練出前文提到的伊斯多米娜。朱爾・佩洛特（Jules Perrot）師從聞名的維斯特里㉖，一八五一年來到聖彼得堡後娶了俄國芭蕾女舞者卡比托蘭・沙莫夫斯卡婭（Capitoline Samovskaya）。俄羅斯芭蕾的偉大巨匠、舞者暨編舞家馬里耶斯・佩帝帕（Marius Petipa）於一八四七年抵達俄國首都，在此生活直到二十世紀，貢獻數齣最偉大且歷久彌新的芭蕾舞作。當代最傑出外國舞者帶來的影響，滋養了此項發展中的傳統。身段飄逸的瑪利・塔里奧尼（Marie Taglionoi）「跳得好似夜鶯歌唱」，一八三七年在聖彼得堡首度登台表演《仙女》（*La Sylphide*）。卡洛塔・格里西（Carlotta Grisi），佩洛特未正式成婚的妻子、也是當時最偉大的浪漫芭蕾舞者，於一八五〇至一八五三年間擔任聖彼得堡皇家劇院的首席芭蕾伶娜。在阿道夫・亞當（Adolfe Adam）為格里西製作的芭蕾舞劇《吉賽兒》（*Giselle*）裡，戈提耶與人合著劇本，但是格里西在聖彼得堡初演時反應冷淡。在這齣舞劇中觀眾們首度見到偉大的奧地利舞者范妮・埃瑟勒（Fanny Elssler）。《吉賽兒》的故事雖在描述盼望打破社會階層者的送命下場，但逼迫舞者以芭蕾舞姿在空中探索，違抗地心引力的編舞者，必定在尼古拉一世的首都塑造了喜迎自由的願景。

㉕ 阿芙多提雅・伊斯多米娜（Avdotia Istomina, 1799-1848）是十九世紀上半最著名的俄國芭蕾女舞者，其師狄德羅的舞作多半由她擔任主角。

㉖ 法國芭蕾舞者奧古斯都・維斯特里（Auguste Vestris, 1760-1842），退休後訓練出許多十九世紀的知名舞者，包括後文提到的佩帝帕。

沙皇對表演和劇院的熱愛，反映在宮廷於亞歷山大治下的黯淡過後重拾的壯觀慶典。尼古拉喜歡騎士裝扮，舉辦多場豪華的中世紀遊行。一八二九年尼古拉慶祝神奇白玫瑰節（Magic of the White Rose）；一八四二年有場騎士比武在兵工廠上演。沙皇對於盛裝打扮的喜好，於一八三五年一月和一八三六年一月寫給姊姊安娜・帕夫羅芙娜的信中可見一斑：「我們的冬季才剛開始：昨天有場慶祝第十二夜㉗的小型化裝舞會；人人穿著恰是我父親時代的服裝出席；非常有趣、非常不同於以往，幾乎不可置信。」隔年舞會賓客數介於兩萬六千人至兩萬七千人之間，在那場合，出席者人人「身著彼得大帝時代服裝，軍人看起來極盡滑稽之能事，衣著和整體效果怪誕無比」。[76]慶典主題包括「阿爾卑斯山眾神」、一場中國人化裝舞會和一場哥德式舞會，後者讓尼古拉於一八三三年耶誕節獲得的哥德式宴席餐具組得以派上用場。上述慶典受到一股泛歐的「歷史主義」風潮所鼓動，著迷於過往時代的藝術、文化和時尚。[77]距大火吞噬冬宮未滿一年半，盛大的舞會重現，且總是以格林卡《為沙皇獻身》劇中的波洛涅茲舞㉘開場；由尼古拉挽著外交使節團團長的妻子率先走出，接著是沙皇皇后伴著外交使節團團長。列隊入場後開始跳舞，有卡德利爾舞、華爾茲和馬祖卡㉙。從戈堤耶的專家眼光看來，「在聖彼得堡跳舞苛求完美、優雅的程度在別處未見。」[78]

在尼古拉的指示下彼得霍夫宮持續美化，待七月一日舉辦年度舞會時賓客高達十萬人。克斯汀納記述，在沙皇皇后的命名日有「六千輛馬車、三萬位行人和無以計數的船隻駛離聖彼得堡，好似整營軍隊圍住」宮殿。克斯汀納造訪期間，賓客用餐時突然傳來船隻沉沒海灣的騷動。當局證實有兩百人溺斃，其他消息來源則宣稱高達兩千人。克斯汀納表示真相永遠不得而知，因為報紙不會提及一樁「讓皇后陷於悲痛並指責沙皇」的意外事件。一週後，克斯汀納描述災難「超過我被引導而相信的假設」，並且評論「我們所能確知的事多麼稀少」，事實「在聖彼得堡不被看重，此地的過往和未來正如現在，全憑主人處置」。[79]

✯

梅涅勞斯在彼得霍夫宮，為費奧多羅芙娜設計了一棟偽哥德式英國「鄉間別墅」，以中世紀幻想藝術的內部裝潢，歌頌她身為妻子和母親的角色。尼古拉重視十九世紀中期的家庭理想準則，但是此種情感並未阻止這位「又高又壯的」沙皇向其他女子尋歡，在宮廷官員的妻女身上行使專制權威。[80]無論是自信滿滿的基督徒家庭觀、或充滿騎士幻想的設計，皆未反映出跟聖彼得堡街道上顯著進步同調的精神。當歐洲正追求工業化之時，尼古拉忽視了這項競賽，只深恐脫離土地的勞工階級將破壞俄國的社會結構。

一八三一年霍亂爆發時，其中一位受害者原本應該是沙皇的兄長康斯坦丁；另一位則是年齡漸長的梅涅勞斯，他已為俄國效力了四十七年。霍亂一八一七年首見於英屬印度的恆河三角洲，接著在同一年傳布至俄國南部。一八二三年俄國爆發一波流行，且在一八三〇至一八三一年變得

㉗ 第十二夜（Twelfth Night）指耶誕假期的最後一夜，也就是一月六日主顯節當晚。
㉘ 波洛涅茲舞（polonaise）是源自波蘭民間的三拍子舞曲，曲調莊重，十八世紀後盛行全歐洲。
㉙ 馬祖卡（mazurka）是曲調活潑的波蘭民間舞蹈。

更加棘手。聖彼得堡採行隔離檢疫，但是管理站設置不足，首都於一八三一年六月十五日通報第一起病例。霍亂委員會立即在隔天設立，委員會禁止人民飲用運河裡的水卻未供應替代水源。而且謠言傳得比疾病還快，人們開始傳言這場流行病出於警方的陰謀或是俄國敵人所為，忙於控制疾病的醫師則被懷疑是波蘭特務。一方不肯妥協讓步對上了另一方的無知，抗拒當局插手干預的任何人皆被「逮捕」，扔進霍亂專車載往傳染病院隔離。群眾開始在路上攔住馬車，不斷搖晃直到撬開裂縫，讓被逮捕的人重回街上。暴力衝突在瓦西里島與海軍部等行政區愈演愈烈。六月二十一日，龐大的人群襲擊羅日德茲溫斯卡婭街（Rozhdestvenskaya Street）的傳染病院，但是被警察擊退。隔天有數千人在乾草市場聚集，隨後群眾失去控制。在警衛和警察逃走後，一位德國醫師被打死，暴徒湧入醫院解放病人。士兵在大砲的後援下被派往鎮壓叛亂，圍捕了一百八十位罪犯。尼古拉一世接到暴力衝突消息時，人正隔離於彼得霍夫宮，哀悼著兄長康斯坦丁。一八二五年十二月的參議院廣場，標記出尼古拉剛當上沙皇時的作為，他展現跟當時相仿的心胸和堅毅，回到首都遍行全城，力勸眾人冷靜與自制。他跟乾草市場的危險暴民談話，安撫暴徒且平息騷亂。接下來發生的事則成為民間傳說，據稱具有準神聖地位的神選者尼古拉，插手制止了疾病的散布。但儘管如此，一八四七至一八五一年俄國還是出現第二波霍亂流行，導致超過一百萬人死亡。[81]

一八四八年之前的十年，此時歐洲的收成欠佳，抗議和革命震撼著全歐保守當權者的門戶，但也正是聖彼得堡商人的興盛期。連接聖彼得堡與沙皇村的俄國首條鐵路於一八三八年開通，四年後聖彼得堡—莫斯科鐵路也動工興建。一八五一年秋天開通時，聖彼得堡—莫斯科鐵路成為世界上最長的雙線鐵路，一夜之間神奇地載運乘客往來舊俄與新俄。一八四三年匯率獲得穩定，在尼古拉的疑懼下工業仍持續擴展。但是在紛擾的一八四八年春天，數個月前在喀山和奧倫堡㉚爆發的霍亂再次傳到首都，每三十六位居民之中就有一位送命。[82]圈樓商場裡許多店主停業，在斯莫爾尼宮就讀的一位年輕仕女在七月四日的日記寫下：「過去兩星期內約有十萬人逃離……出租馬車駕駛幾乎全沒了。城市一片空蕩。」[83]

擁有五十萬居民的繁榮首都，在數週內淪為荒城。另一位目擊者記述霍亂襲擊的「眾多受害者來自窮人。對食物稍有一點輕忽、稍微著一點涼就足以引發病情，僅僅四、五小時後一個人就不在了。一整個夏天無處不受恐懼主宰」。距此波流行疫情消退過了十年，一八六一至一八六四年的衛生改革造成些許成效，但西歐直到十九世紀末才根除霍亂，反觀在衛生防治上展現衰弱疲軟的俄國，在一八九三至一八九四年、一九〇八年和一九二五年仍持續受到霍亂流行的傷害，直到蘇維埃政府最終才撲滅了霍亂。[84]

尼古拉政權的僵化不僅反映在改革遲緩，也體現在處處受到束縛的教育控制。由於對學校課程的限制，學生被隔離在帶有顛覆性的西方影響力之外，大學也不再開設哲學課程，必修課的理性思考被宗教真理所取代，因為前者會教人檢驗論證。[85]而據赫爾岑的觀察，「受到專制主義熱愛」的制服成為強制必需品，象徵著首都的保守一致。赫爾岑指出，假如讓英國人看見「涅夫斯基大街成群紈褲子弟身上完全相仿、牢牢緊扣的長外衣」，他會認為他們是「一隊警察」。[86]

㉚ 喀山和奧倫堡（Orenburg）皆位於莫斯科以東的俄國中部。

政府在十二月黨人起義後緊縮統治空間，知識倡議與改變訴求則暫時移往莫斯科。在一八三〇年代，革命思想家赫爾岑、別林斯基、提摩費・格拉諾夫斯基（Timofey Granovsky）和米哈伊爾・巴枯寧（Mikhail Bakunin）進了莫斯科的大學，在尼古拉・史坦科維奇（Nikolai Stankevich）身邊形成一個圈子。年輕哲學家史坦科維奇受到席勒㉛提出的想法吸引，即人類是在靈魂的私密競技場裡獲得自由。這群年輕反叛者敏感且教育程度良好，出身一個來日無多的階級。他們被稱為「多餘的人」，無論多努力仍在俄國找不到容身處，只好透過印刷文字推動激進思想和行動。受西方的思想和自由吸引，他們大多搬到聖彼得堡，因為首都儘管受到沙皇的嚴厲看管，但永遠比莫斯科開放。其餘則離鄉背井遠赴國外，尋求能主張激進思想的自由。[87]

一八四〇年代初期，別林斯基轉向法國烏托邦社會主義，並且開始用盡短暫人生所剩的時間，透過文學批評和社會學評論者的工作揭發身處社會的醜惡面。他是杜斯妥也夫斯基的早期擁護者，認為他的第一本小說《窮人》（*Poor Folk*）「以前所未有的方式，揭露俄國低階官員無名小卒般的灰暗屈辱人生」。[88]對於果戈里晚年與神祕保守主義的對話，別林斯基對其做出著名批評。在具煽動性的連番信件中，別林斯基出於反對專制統治和農奴制度，主張俄國需要喚醒「丟失於泥土和垃圾堆中好幾個世紀的人性尊嚴」。[89]一八四八年別林斯基因罹患肺病而命在旦夕，才讓他免於因宣揚上述不愛國思想而入獄或流放。

在為俄國的僵局尋求解決對策時，這一代的思想家劃分成斯拉夫派和西化派，兩個陣營各有其路徑與見解，但儘管如此卻有好一些共通的想法。斯拉夫派由於痛恨國家的官僚制度，因此向正教會尋求解決方案，並且拒斥歐洲思想。對他們而言，彼得大帝背向莫斯科、放眼西方鑄下了嚴重錯誤。斯拉夫派的其中一員伊凡・阿沙科夫（Ivan Aksakov）表示，喚醒國家的唯一方法是朝聖彼得堡「臉上吐口水」。[90]斯拉夫派虔信宗教，西化派則傾向無神論。別林斯基激進到描述正教會是「專制統治的侍女」[91]，且因正教會出於迷信，意圖阻擋科學進步而憤怒不已。但也有一個傳統結構同時吸引西化論者和斯拉夫派的注意，即農村公社（obshchina），人們會在村子中心的和睦聚會裡商討事務。[92]

赫爾岑是俄國貴族與地位低微德國女子的私生子。由於常被當局逮捕，赫爾岑最終逃往英國，創立《解放俄國人報》（*Free Russian Press*），抨擊尼古拉一世治下的俄國。赫爾岑反對黑格爾（Georg Wilhelm Friedrich Hegel）等唯心論者且蔑視馬克思（Karl Marx）等歷史主義論者，他主張自然和歷史並不服從於架構和計畫。人民的義務在於當下，在於「勞動者在工作中獲取的薪水或歡愉」而得到的自由。歷史是教導不連貫的老師，是一則關於「慢性瘋狂」的愚蠢傳說。進步代表尊重、改善當下。個人潛能的實現應能戰勝暴政，政治自由應要保護人性尊嚴。犧牲人性尊嚴去拚搏未來的一縷幽魂是妄想。赫爾岑愈發相信農村公社的集體主義能達致社會主義。[93]善用目前的落後狀態，赫爾岑相信俄國能免於資本主義，以真正的社會主義國家獲取成功。此想法確實影響了下一個世代，即一八六〇年代和一八七〇年代的民粹主義者（narodniki）。[94]

赫爾岑的朋友和巴枯寧的出版商尼古拉・奧加列夫（Nicholas Ogarev）於一八三八年訴諸行動，解放自有地產上的農奴，這比一八六一年粗糙的農奴解放宣言早了二十多年。但事與願違，

㉛ 弗里德里希・馮・席勒（Friedrich von Schiller, 1759-1805）是十八世紀德國啟蒙文學代表人物。

奧加列夫放手讓農村公社管理土地的企圖最終失敗，而他也面對嚴重酗酒的問題，於一八五〇年代中期離開俄國去跟赫爾岑會合。[95]在「多餘的人」之中思想最極端的巴枯寧，也在遭流放至西伯利亞後逃往歐洲。巴枯寧提倡以徹底破壞來讓新鮮思想生根。他跟赫爾岑有個信念是共通的，即個體自由的重要性至高無上。

在外交部工作的年輕官員米哈伊爾．彼得拉舍夫斯基（Mikhail Petrashevsky），接觸探討法國烏托邦社會學家夏爾．傅立葉（Charles Fourier）和路易．布朗（Louis Blanc）思想的一系列政治經濟課程後眼界大開。這導致彼得拉舍夫斯基在一八四五年主動發起非正式的星期五集會，「人人放聲討論所有事，沒有絲毫保留。」三年後這些集會轉向正規並開堂授課，結果其中有些內容極具爭議性。到了一八四八年，當時歐洲處處傳來改革、起義和反叛的消息，上述集會因而被視為危險舉動。尼古拉一世警惕地防堵革命，派臥底特務到彼得拉舍夫斯基的圈子裡。

在最危險的講者裡頭，有一位是冷酷堅決的地主尼古拉．史佩許涅夫（Nikolai Speshnev）。向歐洲團體學習革命方法後，史佩許涅夫要彼得拉舍夫斯基圈子的成員製作發送文宣，鼓動農民起義對抗地主，接著屠殺派往鎮壓他們的軍隊。[96]當局對於圈內邊緣人士的激進主義漸感憂慮，圍捕審訊超過兩百五十位嫌犯，放逐其中五十一人，並判處二十一人（包括杜斯妥也夫斯基）死刑。作家被控陰謀推翻國家，他的罪證是什麼？只因他朗讀別林斯基寫給果戈里提及圈子聚會的一封信。

一八四八年四月二十二日，杜斯妥也夫斯基醒來時看見一位警員和一位第三處特務站在他的臥室裡。他們是來逮捕他的。杜斯妥也夫斯基被關進彼得保羅要塞，與圈子中的其他成員一起被囚禁時，抱怨遭受著酷刑。一八四九年十二月二十二日的破曉時分，在緩緩飄落的細雪中，人犯被帶往處決地點謝苗諾夫斯基廣場。先前被單獨監禁的囚犯瘋狂地交談，亮白雪上是他們鬼魅般的蠟黃色面容和散亂的黑鬍子。杜斯妥也夫斯基在給弟弟的信中寫道：「（上頭）向我們宣讀死刑判決，我們正要去親吻十字架時，有一把劍破空伸往頭頂，命令我們換上白色處決服。接著我們之中的三人被綁上木樁等候槍決……對我來說，生命只剩下一分鐘。」[97]然而事有蹊蹺，中止行刑的鼓聲忽然奏起。原來，原訂在十一月中執行的死刑已獲尼古拉減刑，但為了讓犯人警覺所犯的罪行之重，沙皇堅持對他們保密，讓眾人承受處刑過程的折磨。杜斯妥也夫斯基被發派到西伯利亞服勞役，一直到一八五四年二月才獲釋入伍。在虐待狂式的寬容舉動下，尼古拉送給藝術界一份最大的贈禮，一位世界重要作家的生命獲得了饒恕。[98]

編纂於一八七六年的第三處官方紀錄也坦承，彼得拉舍夫斯基的圈子只不過是一群「夢想在俄國傳布社會主義的墮落年輕人」。[99]但儘管如此，當局對讀物設下進一步限制，傳言要關閉大學並布下更嚴密的監視，但這些措施僅僅點燃了下一代激進分子的熱情。正如同克斯汀納概述俄國時指出，恐懼癱瘓了思想，作家與批評家亞歷山大・尼基汀科（Alexander Nikitenko）也抗議「內容審查項目比書還多」。媒體裡有太多政府特務，導致沒有一篇報導能坦率直言。即使是臥底人員也必須接受審查。第三處僱用的其中一位新聞記者費迪・布加林（Faddei Bulgarin）抱怨聖彼得堡的天氣，就因膽敢對沙皇首都的氣候發表負面言論而受抨擊。但大多數情況下布加林詆毀作家，持續利用為《聖彼得堡新聞報》撰稿的身分，在報刊中置入有助於將科學院出版品化為政府文宣品的文章。別林斯基斥責布加林的「腐敗新聞」，後者主編的《北方之蜂》（*The*

Northern Bee）是第三處資助的出版品，意圖為尼古拉治下的生活提供美化的玫瑰色圖像。但事實證明《北方之蜂》大受歡迎，發行量從一八三〇年代的七千本，攀升至一八五〇年代初克里米亞戰爭（Crimean War）期間的一萬本。[100]眼看出版品飽受內容審查摧殘，將成為下個十年的革命運動代言者的車爾尼雪夫斯基記述道，冷漠的心態在一八五〇年代初期的首都作家圈間占了上風。例如率先以文學深入探索聖彼得堡中下階級的尼古拉．涅克拉索夫，就此失去信心沉迷於賭紙牌。其他人則為了賺錢寫起色情小冊子。[101]赫爾岑在一八五一年寫給朱爾．米雪萊㉜的著名信中，描繪壓抑沙皇的駭人形象：「尼古拉試圖忘卻自己的孤絕，卻變得更陰沉、更鬱悶，對於流逝的時光惶惶不安。他看出自己不受愛戴；身旁壓倒一切的沉默，在遠方迫切騷動的耳語下只顯得更加死寂。」[102]

在赫爾岑逃至歐洲前，他被強行帶到第三處面前，遭控未能「洗刷……年輕時犯錯留下的汙點」。赫爾岑這次遭到逮捕跟一則流言有關，據傳藍橋上有位哨兵會在夜半時分殺害、搶劫過路人。不過赫爾岑面臨的是栽贓汙衊，起因是沙皇偶然間看見他的檔案，注意到他曾被流放西伯利亞，因此認為他應被遣送回去。控告赫爾岑的是「自外且凌駕於法律管轄」的祕密勢力，他們「有權干預一切事務」。第三處成為俄國人生活中的顯著角色，縱使名稱改變了，但在保護俄國人創立國家的長期驅力下，第三處的手段歷久不衰。一八五〇年代來訪的一位英國仕女指出，「說俄國人很少敢吐露真實情緒，其實並不誇張，即使吐露對象是親生兄弟也是如此」。她時常目睹，「可能有四、五個人聚在一起聊天，裡頭每個人」荒謬地「都曉得自己的鄰居在說謊」。這位來訪者確知，「除了祕密警察以外，國內有八萬個特務」，包括「一些聖彼得堡的女帽業者」。克斯汀納打趣說道，沙皇是「他的帝國裡唯一交談時能夠不畏懼告密者的人」。[103]

傑爾查文寫於一八〇八年的詩句揭露了首都的本色：

為何要涉險至彼得之城，若非受到脅迫，
拿空間換取封閉，拿自由換取鎖和門閂。[104]

當倫敦《泰晤士報》（*The Times*）於一八五五年三月刊載尼古拉一世的死訊，赫爾岑開了瓶香檳。[105]沙皇扮演「歐洲的憲兵」[106]，在政治騷動與革命的三十年間鎮壓波蘭的叛亂、匈牙利的起義，並逼迫普魯士接受哈布斯堡王朝的控制。然而他也誤判俄國能在克里米亞中戰勝英法聯軍，使他的外交政策走到盡頭。塞凡堡陷落後，有俄國人為此歡慶，期盼這場敗仗能導致羅曼諾夫王朝失勢。[107]俄國在數任沙皇治理下停滯不前，失去競爭力。據克斯汀納的觀察，這地方的人有兩具棺木，分別是「搖籃與墳墓」。在尼古拉死前的數年，俄國歷史學家格拉諾夫斯基也描述俄國「不過是活生生的犯罪、詐騙、瀆職金字塔，充滿間諜、警察、卑鄙的統治者、醉酒的治安官和懦弱的貴族」。[108]

在首都，有警察四處詐欺，犯行諸如點燃城裡的兩盞、而非三盞煤油燈芯，藉此緩慢累積蠅頭小利，此外還有「令人不安且不必要的警察暴行」，甚至有位遊客將警察看作「群體中的狼而

㉜ 朱爾・米雪萊（Jules Michelet, 1798-1874）是十九世紀的法國歷史學家。

非看門狗」。[109]但當犯罪數隨著人口成長而增加，這幾年聖彼得堡警方面臨的挑戰也逐漸加劇。在一八四〇年代初期，每年約有兩萬名輕罪罪犯和流浪漢被捕，關進必須蹲伏在內的長形牢籠來載運，而他們大多也在數日內就獲釋。為了打擊犯罪和非法賣淫，警方對可疑的營業處發動突襲。一八四三年警方也開始管制賣淫，例如醫療警察委員會（Medical Police Committee）發給妓女稱為「黃票」的執照，並且扣押他們的通行證。[110]此外為了控制傳染病，警方遂命令妓女用冷水清洗私處，並且要為每一位客人更換床單；禁止在月事期間接客，由於官方認為血液會傳染疾病。對於賣淫，官方的立場從道德上的抨擊，轉為承認賣淫無法避免，因此給予容忍，並為妓院設下嚴格的行規。妓院必須保持乾淨並節制供酒，週日停業，聖日要在午餐後才能開業。性工作者必須年滿十六歲，接客對象不能是未成年人或學生，而且有責任要檢查顧客的生殖器。尼古拉自然樂於容忍妓院的存在，因為女士們相當適合扮演特務和告密者。[111]

儘管尼古拉一世的統治基調崇尚「程序與規律」，首都的基礎建設發展卻不均衡。一八五〇年底，首座橫跨涅瓦河的永久建物，涅夫斯基大橋（Nevsky Bridge）開通，長三百三十一公尺成為歐洲最長的橋梁。可是，城中除了幾條要道由煤氣燈照亮，雙燈芯油燈的昏暗光線則讓其餘街道顯得衰敗。特別在冬季午後的冰凍寒霧中，早在下午三點就需要提供照明，城中遠離涅夫斯基大道的地方，就會陷入黑暗。城裡的貧民窟環境依然汙穢惡劣，而涅夫斯基大街上，行人在街邊抽菸會被罰款，裙撐舞動，法語成為盛行語言。富裕的人家在桌上和每個壁龕上擺設鮮花，如此一來即使室外天寒地凍，仍能營造溫暖樂土的假象。對富人而言食糧充足，新鮮的物產整年都收成自城市周圍眾多的溫室。戈堤耶描述一頓午餐的開胃菜是「站著享用，苦艾酒、馬德拉酒、但澤白蘭地」和干邑白蘭地。不過證據顯示，本地社會並不太適應他們仿效的歐洲習俗，例如戈堤耶提到一件事，當晚餐吃到一半，人們會將波爾多紅酒和香檳換成波特啤酒、艾爾啤酒和克瓦斯，顯示克斯汀納對聖彼得堡人「誤將……奢侈當成優雅」的觀察正確無誤。[112]至於談到時尚問題，聖彼得堡人仍對本土缺乏信心。例如俄國人鮑里斯・艾夫瑞莫夫（Boris Efremov）會用法語宣傳自己是位巴黎裁縫師，好增加可信度。[113]圈樓吹噓商場裡的「豪華櫥窗」就像倫敦或巴黎，購物體驗卻有相當差距。舉例來說，有一位英國女子明白說要法國緞帶，商人卻拿出俄國的製品。女子耐心表明自己懂得分辨想要的貨色，終於，商人終於拿出法國緞帶了，但這僅僅只是磨難的開端。雙方討價還價你來我往，導致女子憤而離開店鋪，但店主也只喊出比客人開價高幾個戈比的價碼，希望喚回女子。等到女子威脅要到隔壁店鋪購買後，她才得到預期中的價錢。但這還沒完，店主找的錢永遠不足數，這是他補償自己議價損失的方法。最終，交易告一段落，由客人獲勝，但原本只需要幾分鐘或幾句話就可以敘述的買賣，拖沓成了一整段文字。[114]

到了尼古拉一世逝世的一八五五年，警方會定期訪察書商。警察在首都一間書店裡發現超過兩千五百本禁書，顯示革命思想書籍的市場規模，以及儘管遭查禁仍可以在市面上購得。[115]據克斯汀納的觀察，「我在處處都可以聽見哲學的話語，處處都可以見到壓迫盛行」。綜合他所見到的種種，克斯汀納確實將俄國視為「烈火上的密封鍋爐」，而且再補上一句：「我擔心有哪天會爆炸。」[116]

第九章　不滿

一八五五至一八九四年

一八五〇年，史第格利茲（Stieglitz）棉花工廠的僱員要求加薪被拒，其中七百人罷工。警察隔離監禁了六十六位工人領袖，其中六人遭公開毆打後返回居住的村莊。聖彼得堡體驗了工業革命的初始效應，棉紡業興盛，重工業則受到克里米亞戰爭的激勵。一八五〇年代中期，全聖彼得堡三百六十七間工廠的營收成長百分之五十，鑄鐵廠則成長了百分之百。但是擴展也受到工人間逐漸增加的動盪，以及一八五七年的戰後經濟危機所削弱。遞交給工廠業主的一份問卷，揭露了首都工廠所僱聘一千兩百八十二位礦工受剝削的情況，其中有些工人年僅八歲。工頭嚴厲斥責居住條件汙穢且被迫熬夜工作的兒童，似乎是受容許之事。[1]然而，儘管人們逐漸了解工人勞動的環境有多麼惡劣，但警察通常站在僱主那一邊。一八六一年，有位十七歲的女孩在一座大型棉坊裡蒸汽驅動的機器下身亡，僱主除了在機器周圍裝設欄杆，再無其他配套措施。一八五八至一八六一年間，工人提出近三千件申訴案，卻未見改革、放任底層怨聲載道，因為麵包短缺、物價上漲以及來自鄉間的新移民源源不絕，皆使聖彼得堡貧窮勞工的悲慘處境更加惡化。

首都雖在經濟上繁榮興盛，城裡有一千七百多位水果販、兩千位肉販和兩百五十間書店，但運輸系統仍落後於倫敦或巴黎。政府在瓦西里島上設置軌道馬車①，在刺耳吱吱聲中將貨物從碼頭運往海關貨倉。軌道馬車也在涅夫斯基大街上奔馳，在船隻和鐵路間來回運貨，但是未見公共街車。[2]無自用馬車的乘客會利用無以計數的出租馬車漫遊城區，但穿越市中心道路讓人留下的印象卻是「潑濺、泥濘與慘劇」。

鐵路開通促發了始自一八三〇年代的鄉間別墅（dacha）熱潮。以往鄉間住宅曾是貴族的專利，作家和新聞記者布加林如今提醒讀者，在短暫夏季的幾個星期內別再徒勞去「店裡找商販、藥房找藥劑師、作坊中找德國工匠或辦公室裡找職員！他們全都在鄉間別墅！」[3]比較沒錢的人們會打包寢具、家具和陶器，前往鄉下享受黑杉、銀樺和乾草地的新鮮氣息。[4]隨著城市擴展，人們被迫越過都市化與工業化的聖彼得堡和維堡，往更遙遠的涅瓦河北部探險。

鐵路繁忙，聖彼得堡火車站裡裡外外的活動熱烈。瑞德戴爾勳爵在一八六三年波蘭起義最嚴峻的時期，搭火車到都城，此時車內處處可見軍人，同車乘客皆配備左輪手槍。他記載到站的景象：「車站的人群多麼擁擠！鐵路人員、海關大樓官員、警察、旅館招攬員、出租馬車駕駛，種種難以描述的人；咒罵著，笑鬧著，斥責著，嚎叫著。」有位警察「揮舞著粗短棍，不分青紅皂白往群眾頭上招呼，讓他們飛跌四散」。在瘋狂的第一印象過後，瑞德戴爾發現聖彼得堡「對於

① 軌道馬車（horse trams）利用車輪在軌道上運行阻力較小的原理，讓馬匹拉動載運量大的車廂。從文中看來此時聖彼得堡的軌道馬車僅用來載貨，未做為公共街車使用。

一切悲劇耳聾目盲。世界上沒有更歡愉無憂的城市了；絕無他處更加款待外國使節；我們的生活是在歡慶之家裡的一連串饗宴。」[5]

聖彼得堡成為欣欣向榮的國際文化首都。一八五九年小說家大仲馬來訪，他並未重複無數遊人多半雷同的城市印象，而是樂於撰寫一部綿長、繽紛且雄渾有力的羅曼諾夫家族史。同年，杜斯妥也夫斯基回到聖彼得堡，流放西伯利亞的歷練讓他做好探索城市痛處的準備，撰寫文章嚴詞斥責「全家人住進一個房間，飢寒交迫」的潮溼角落。馬林斯基劇院於一八六〇年開幕。劇院命名自亞歷山大二世的妻子瑪利·亞歷山大羅芙娜（Marie Alexandrovna），由阿貝托·加沃斯（Alberto Cavos）設計，並且在焚毀馬戲團的舊址上興建。[6] 一八六二年十一月，亞歷山大夫婦正是赴馬林斯基劇院觀賞朱塞佩·威爾第（Giuseppe Verdi）的《命運之力》（*La forza del destino*）首映。這齣歌劇的製作規模宏偉，威爾第亦現身劇院（事後他大幅更動劇作，直到七年後才在米蘭首映）。[7]

為了振興音樂品味和教育，俄羅斯音樂協會（Russian Musical Society）成立。資助者是目光遠大、生於德國的伊萊娜·帕夫羅芙娜大公夫人（Grand Duchess Elena Pavlovna）。由著名鋼琴家安東·魯賓斯坦（Anton Rubinstein，曾在蕭邦②和李斯特面前彈琴的天才兒童）擔任協會總監，對首都音樂圈和年輕的柴可夫斯基造成莫大影響。一八五九年柴可夫斯基自聖彼得堡的法學院（School of Jurisprudence）畢業，受魯賓斯坦吸引下投入音樂職涯。帕夫羅芙娜也對創立聖彼得堡音樂學院（St. Petersburg Conservatoire）懷抱熱忱。舒曼夫婦於一八四四年造訪時，大公夫人曾與其討論此構想。相隔近二十年後的一八六二年，音樂學院敞開大門，再度由魯賓斯坦擔任總監。[8]

雖然距離興建聖彼得堡宮殿的主要時期已遠，十九世紀下半葉仍持續進行增建。新古典主義風格的高雅米哈伊洛夫宮，於一八六〇年代初期添上最終的妝點，距離亞歷山大三世將其改設為展出俄羅斯藝術品的博物館，僅僅相隔數十年。積極涉入政治的帕夫羅芙娜正是在這棟宮殿舉辦才智薈萃的沙龍，歡迎思想家、科學家和藝術家到來。她對彼得拉舍夫斯基身邊那群人的遭遇表示同情，且在一八五六年解放卡羅夫卡③地產上的農奴，並給予亞歷山大一八六一年農奴解放方案一些建言。

新艾米塔吉宮於一八五二年開幕，總監職位卻空懸，直到一八六三年官方才任命史蒂芬・格吉奧諾夫（Stephan Gedeonov）擔任總監，理由是他搶贏了羅浮宮和大英博物館（British Museum），順利購入賈皮耶托・坎帕納（Giampietro Campana）的重要古物收藏。這位卡維利侯爵④盜用公典機構⑤的款項，蒐羅來上千件古物。坎帕納入獄後，格吉奧諾夫就從梵蒂岡取得坎帕納的收藏品。艾米塔吉博物館新總監上任後，立即將皇家書籍收藏移往涅夫斯基大街的公共圖書館，好騰出空間容納坎帕納的收藏品。在格吉奧諾夫任內，博物館向米蘭收藏家利塔伯爵（Count Litta）購置達文西（Leonardo da Vinci）的《哺乳聖母》（*Madonna Litta*）及其餘三幅畫

② 蕭邦（Frédéric Chopin, 1810-1849）是波蘭作曲家與鋼琴家，十九世紀歐洲浪漫主義音樂的代表人物。

③ 卡羅夫卡（Karlovka）是俄國多處農村的地名。

④ 坎帕納於一八五一年受封為卡維利侯爵（Marchese di Cavelli）。

⑤ 公典制度（Monte di Pietà）是一種慈善性質的金融機構，自十五世紀下葉於義大利北部和中部實行，向貧窮的平民、工人和商人提供低利貸款。歐洲其他國家亦見類似制度，有些營運至今。

作。格吉奧諾夫為皇后買下拉斐爾（Raphael）的《康氏聖母》（*Constabile Madonna*），且在她死後轉讓給艾米塔吉博物館。在鐵路和道路延伸修築下打開門戶的偏遠俄羅斯帝國，購買了歐洲眾多考古文物加入她的收藏品行列。[9]

在格吉奧諾夫掌管艾米塔吉博物館的一八六三年，巴黎沙龍對作品的選擇過於保守，致使藝術家請求另行舉辦展覽，拿破崙三世因而被迫批准舉辦聞名於世的落選者沙龍（Salon des Refusés），來展出一些觀念激進的作品，例如馬內（Édouard Manet）讓人震驚的《草地上的午餐》⑥。面臨類似的學院派迂腐限制，聖彼得堡美術學院的歷史畫學生則拒絕接受測驗規定的題目：「沃坦走進英靈殿」。⑦[10]但從某方面來看，抗議選錯了時機，因為歐洲北部一帶的藝術家正興致高昂地擁抱歷史學和神話學，截至一八六三年，理查．華格納（Richard Wagner）譜寫的浩瀚歌劇《尼伯龍根的指環》（*Ring Cycle*）寫作進度已過了半，其情節由注定步向毀滅的沃坦密謀所推動。不過，儘管學生誤判了測驗題目似是而非的時事性，他們要求更近、更當代俄羅斯的畫題實屬合理。學校裡主修風俗畫的同學提出切合的主題「農奴解放」。

歷史畫學生的反叛，以及他們決議成立某種合作社，僅是更大範圍學院動亂的表徵而已。一八六〇年代伊始，聖彼得堡大學供餐品質低劣，使大批學生淪為斑疹傷寒與肺結核等疾病的犧牲品。一八六一年秋季開學返校時，迎接學生的是赫爾岑於倫敦《解放俄國人報》印製的小冊子，由為《當代》⑧雜誌撰寫學術文章的尼古拉．雪古諾夫（Nikolai Shelgunov），以及女權倡議者米哈伊爾．米哈伊爾洛夫（Mikhail Mikhailov）合著。手冊題為《給年輕一代》（*To the Younger Generation*），號召人們終結沙皇體制、要求舉辦選舉，並且批評一八六一年農奴解放令來得太遲。

一八六〇年代初期的政府改革標榜進步，實則欠缺規劃、管理惡劣且不適當。縱然在俄國，猶太人面臨的情勢稍稍緩解，並且也允許猶太商人和工匠住在俄國兩座最大城市，縱然施行陪審團和辯護律師的審判制度，縱然放寬媒體內容的審查，縱然創建了可由選舉選出、成員來自各階層的地方自治會（zemstvo），但亞歷山大二世政權的主調仍是高壓專制。

尼古拉一世看出農奴制是「俄國人生活中不容置疑的邪惡」。在他統治期間發生過五百五十多次農民起義恰為佐證，雖然都未達到當年普加喬夫叛亂的規模。亞歷山大二世的著名宣言是這麼說的：「由上頭來廢除農奴制度是比較好的，而不是坐等制度從底層動搖自身的時刻到來。」而這也最終觸發了一八六一年的解放令。由於官方憂心發布命令後將點燃叛亂之火，所以冬宮的周圍布滿全神戒備的大砲和軍隊，在首都街道上巡邏。這項預警措施針對的對象，例如《給年輕一代》的作者群，認為不當的改革是「扔向憤怒的狗的一根骨頭，好保住手裡的小牛排。解放令是垂死專制統治的最後一舉。羅曼諾夫家族讓人民失望了，必須下台」。

俄國的解放令比亞伯拉罕·林肯（Abraham Lincoln）的解放奴隸宣言（Emancipation Proclamation）早兩年實施，「解放」了十萬地主擁有的兩千三百萬農奴，卻未贈予可自由使用的土

⑥《草地上的午餐》（*Déjeuner sur l'herbe*）呈現裸女與男子在樹下野餐，在學院派看來並非適切的繪畫主題。

⑦沃坦（Wotan）是北歐神話眾神之王奧丁（Odin）的德語稱呼。

⑧《當代》（*The Contemporary*）是由作家普希金創辦的季刊，內容關心文學、社會、政治，一八三六至一八六〇年代於聖彼得堡印行。

地。解放令荒謬地任由農民耕作的範圍縮減，且需負擔沉重補償款項，使農民仍受地主束縛。⑨

受到《給年輕一代》號召武裝起義所鼓動，一群學生占領授課廳並召開抗議集會。隔天，在九月底的陽光下既激昂又雀躍的學生，從瓦西里島上的大學湧入市區，衝往涅夫斯基大街。懷著過節心情的法國理髮師衝出店外喊著：「革命！革命！」[11]許多路人眼前的景象，是人群反覆叫喊，長髮男子身旁伴隨展現真正革命髮式、頭髮剪短的女子，這在路人眼裡顯得墮落，正如一世紀後湧上西方街頭的反越戰抗議人士。

圖38　尼古拉·亞羅申科（Nikolai Yaroshenko）的《學生》（*A Student*），一八八一年。

群眾高喊口號，衝往大學校長的家。校長拒絕接見學生，事實上他毫無反應。接著，為了對改革施壓，大學生干擾教學並且罷課。持續的騷亂導致停課、學生領袖遭拘留及大學閉校兩年。上述種種措施，激起了對亞歷山大治下俄國生活仍懷抱一絲關心者，對學生動機的同情。為了募款援助激進分子，杜斯妥也夫斯基朗讀自己的小說《死屋手記》（*The House of the Dead*），魯賓斯坦亦登台演奏。抗議領袖入獄後，杜斯妥也夫斯基跟在激進、民粹的期刊《時代》（*Time*）擔任共同編輯的兄長米哈伊爾，送去了烤肉、紅酒和干邑。[12]政府的內容審查愈趨嚴格，《當代》雜誌於一八六二年停刊，隔年輪到《時代》。

自從十二月黨人叛亂後，聖彼得堡街上首見大型紛爭，政宣小冊子四處飛散，其中最激進的或許是一八六二年五月的《青年俄羅斯》（*Young Russia*），號召「血腥無情的革命」。由一位莫斯科學生所執筆的手冊，被塞進全首都的信箱，甚至撒在冬宮尖地塔上。《青年俄羅斯》鼓動人民抄起斧頭，「毫不憐憫地攻擊保皇黨人，一如他們對待我們的態度」。手冊以邱吉爾式的修辭⑩堅決主張「我們將在廣場殺死他們，我們將在屋子裡殺死他們，在小鎮窄巷和首都的寬廣大道上殺死他們」，並且「展開未來的大旗，那面紅旗」。[13]暴力內容讓人們疑心，作者是否就是一八六二年中摧殘莫斯科和聖彼得堡市區的縱火案元凶。五月，首都多處區域接連起火，在強大風勢助長下，火焰以驚人速度吞噬木造建物。豐坦卡河左岸的屋舍全毀，托古基舊貨市場（Tolkuchy Market）和阿普拉克辛拱廊（Apraksin Arcade）遭遇相同下場。警方從未查明縱火者的身分，但他們的行徑引人注目，在長期受祝融眷顧的國家格外具有報導價值。[14]杜斯妥也夫斯基的《罪與罰》（*Crime and Punishment*）書中，拉斯科尼可夫讀遍報紙尋找自己犯下的罪行的報導，卻只見

---

⑨ 編按：農奴分為耕作農奴與家奴，作者前文所指未贈予土地的農奴應原為家奴。若原為耕作農奴，解放後可選擇擁有比原耕作範圍小的土地，收成可能不敷所需；或者付補償金給地主以耕種較大土地，常見情況是農民需賣掉收成來付款，造成沉重負擔。

⑩ 英國首相邱吉爾在一九四〇年敦克爾克撤退後，於國會發表著名的演說，內容提及：「我們將在海灘上作戰，我們將在登陸點作戰，我們將在原野和街道上作戰，我們將在山丘上作戰；我們絕不投降。」

新聞寫著「佩斯基（Peski）發生火災……聖彼得堡地區發生火災……聖彼得堡地區的另一起火災……又一樁聖彼得堡地區火災」。[15]沒人對當鋪老闆被斧頭砍殺有興趣。

如果論及一八六〇年世代的代言人，那肯定是俄羅斯文學界地位最低微的小說家：車爾尼雪夫斯基。身為鄉下神父的兒子，車爾尼雪夫斯基對於社會較卑下的階層抱有同理心，恰如赫爾岑，他相信農民公社奉行的責任共享做法能夠應用到整體社會上。農村公社和工匠合作社立下的典範，如獨立運作，不受中央當局管轄下自主決議，將指引俄國通往社會主義。[16]車爾尼雪夫斯基比身旁的跟隨者更加激進，他相信工業和農業勞工有權獲得產出。在《當代》停刊前，車爾尼雪夫斯基和涅克拉索夫曾擔任雜誌編輯，以偽裝成文學的社會主義政宣文章填滿內容。雜誌獲准繼續發行後，涅克拉索夫刊出車爾尼雪夫斯基沉悶卻極富影響力的小說《該怎麼辦？》（*What Is to Be Done?*），著墨一八四〇年代改革者和一八六〇年代革命家之間的根本差異。兩者間的區別在伊凡．屠格涅夫（Ivan Turgenev）的小說《父與子》（*Fathers and Sons*）中獲得戲劇化描寫。信奉無政府主義的主角巴查洛夫是一位中下階層知識分子，即有幸接受教育的貧窮小農家、商人、牧師或低階公僕之子。中下階層知識分子是俄國的新社會分類，在他們身上從不會見到不勞而獲的事。當屠格涅夫（正是一八四〇年代「多餘的人」⑪一員）試圖跟一八六〇年代的聖彼得堡激進學生交涉時，他們面露的厭倦與輕蔑，或許正是對書中精準觀點的一種致敬。[17]

對學生革命分子實行鎮壓措施的同時，女子教育進展也有限。此時政府會設立中學供家境中等的女孩就讀，開給學生的課程廣泛，包括俄語、宗教、歷史、算數、幾何、物理、地理、自然史、繪畫、裁縫、現代語言、音樂和舞蹈。俄國的第一所女子教育學院開設於一八六三年。杜斯妥也夫斯基未來的妻子於隔年入學，讓她為首份工作做好準備——杜斯妥也夫斯基的速記員。[18]

當女人進入辦公室工作並追求職業生涯，女性主義的聲音開始傳出，且受到女權倡議者，米哈伊爾洛夫期盼讓女人擺脫「女性氣質」原罪的晚期作品所鼓舞。有些觀念進步或「理平頭」的女人（這出自《罪與罰》書中人物描述她們的用語[19]），開始在聖彼得堡內外科學校（St. Petersburg Medical-Surgical Academy）接受醫療訓練。大學禁收女性學生後，較富進取心者的女子會赴蘇黎世⑫求學。娜德茲達・蘇斯洛娃（Nadezhda Suslova）為其中一人，她是舍列梅捷夫伯爵土地上的農奴之女，後來成為俄國第一位女醫師。另一個學生是瑪利亞・波可娃（Mariya Bokova），即車爾尼雪夫斯基《該怎麼辦？》書中，維拉・帕夫羅芙娜的原型。[20]

啟發後續數十年俄國革命紛擾的《該怎麼辦？》，差點未能付印。一八六二年七月車爾尼雪夫斯基被捕，小說正是寫於審判延宕、先行拘留在彼得保羅要塞的兩年期間。獄方沒收他的手稿，紙頁上布滿每一位審查委員會成員留下的各種官方注記。但到書稿送抵內容審查辦公室的時候，他們卻誤認經過此番嚴審後，這本書已獲准出版。手稿後來交到《當代》雜誌編輯涅克拉索夫手上，他或許是出於無意識下的文學批評舉動，而把稿子掉在出租馬車上。涅克拉索夫偏偏挑了《警察公報》（*The Police Gazette*）刊登遺失廣告，設法取回具顛覆性質的文本。[21]

以文學而言，《該怎麼辦？》理應丟失；但以激進的論戰觀之，小說的大聲疾呼引人一讀。

---

⑪ 編按：前文提及受西方思想與自由風氣吸引的一群年輕思想家，在高壓統治下找不到容身處。

⑫ 蘇黎世（Zurich）在歷史上曾由女修道院統治，今為瑞士的商業文化中心。

文中社會主義理念和女性主義觀點吸引人的程度，一如行文與情節的尷尬笨拙。女主角維拉・帕夫羅芙娜在體面的店鋪開設一間裁縫合作社，她的事業經營並非為了自己獲利，而且她也跟她僱用的員工一樣，工作支領薪水。她讓女裁縫請病假有工資可領，為她們朗讀，供她們吃飽穿暖。她帶她們到聖彼得堡的小島郊遊，大夥野餐、玩遊戲、跳卡德利爾舞。關於愛情的章節只見維拉穿梭於一個又一個男人間，描繪一幅有抱負、進步且賦權的女性主義景象。在一八六〇年代的俄國，《該怎麼辦？》是一本富開創性的小說。

車爾尼雪夫斯基是死硬派樂觀人士，他相信人有能力創造社會主義烏托邦。[22]杜斯妥也夫斯基顯得沒那麼深信無條件的良善，反對《該怎麼辦？》流露的烏托邦主義。在一八六四年的小說《地下室手記》（*Notes From Underground*）裡，杜斯妥也夫斯基的反英雄人物，「一個病人……一個憤怒的人」，蔑視屠格涅夫筆下巴查洛夫或者車爾尼雪夫斯基主角的科學信念。杜斯妥也夫斯基的反英雄繼承普希金和果戈里的「小人物」，淪為聖彼得堡公共空間奉行禮節的受害者。小說中「地下室的人」，即如巨龍般俄國公務體系胃納的無數抄寫員之一，在光燦華美的涅夫斯基大街上自慚形穢，他體會到真正的自己與想成為的人之間存在鴻溝。涅夫斯基大街撒謊，對行人品頭論足並大肆羞辱。大街對待富人或名人如此慷慨，卻使卑微的人無所適從。正午時分，地下室的人來到涅夫斯基大街享受陽光下地漫步，他坦言：「散步時我根本無法全然享受。我經歷無盡的接連折磨、排山倒海的侮辱……我像一尾小鰷魚，用魯笨至極的身段在路人間疾行穿梭，不斷讓路給將軍、騎兵和輕騎兵軍官。」[23]

詩人布洛茲基主張十九世紀中期的「俄羅斯文學極度逼近真實，以致於今天思及聖彼得堡，你無法分辨虛構與真實」。[24]車爾尼雪夫斯基埋首於雄辯的抽象世界，杜斯妥也夫斯基則在窮途潦倒者間游移，他們置身考驗重重城市的破敗汙穢處。他的敘事者遇見「拾荒者……簇擁於乾草市場髒臭天井旁的酒館」，忍受「悶滯空氣、匆促抹上的灰泥、鷹架、磚塊塵土……以及聖彼得堡獨有的惡臭，對夏季無法出城的人來說再熟悉不過」。《罪與罰》的主角們擠在一間房裡、或是住在「實際上等同於走廊」之處，屋子裡塞滿「各行各業的勞工，裁縫、鎖匠、廚子……盡其所能賺取溫飽的女孩」。[25]

當局並未企圖進一步管制賣淫來保障工作者的安全。從業人數增加，由於許多女子依舊未登記，官方數據從一八六〇年代初期的一千八百人，上升至一八七〇年的近四千五百人，截至一八七〇年代中期，營運的妓院則約有一百五十間。按理業主不應留下超過四分之三的收入，並且做為豐厚抽成的回報，要為工作者提供適當的住房和良好的伙食。妓院不允許開在教堂或學校方圓三百二十公尺內，也禁止懸掛皇室成員的畫像為屋內增色。妓女人數膨脹，結果是仁愛修女會（Sisters of Mercy）開設的較大型慈善收容機構，取代了自一八三三年起就開始照料他們的小型機構，隨後在卡林克醫院（Kalinkin Hospital）院地建立的另一處收容所，又再取代了仁愛修女會。此外，自一八五七年起，首都北方樹林內也有間鄉間宅邸為童妓們提供醫療護理。[26]但上述機構皆過於擁擠且效率不彰。對於被迫賣身的大部分女孩和女人而言，生活險惡無比。在《罪與罰》中，我們可以見到妓女「渾身瘀青」，她們的上唇「腫脹」，可預見的未來跟現在相差不遠，甚至可能淪落瘋人院或自殺。[27]且與此同時，對於醫療當局而言極難辨別的梅毒確診病例，也從一八六一年的六千例出頭，大幅擴增至一八六八年的近一萬五千例。[28]

一八六〇年代中期，酗酒再度成為問題。首都誇口擁有一千八百四十間酒館、五百六十二間客棧、三百九十九間酒鋪和兩百二十九間紅酒窖。工人在豪飲後才開啟一天，因此常出現行為失序，被逮捕的情事也不勝枚舉。杜斯妥也夫斯基動筆寫《罪與罰》前，曾構思一部叫《酒鬼》的小說來探究酗酒的氾濫。當亞歷山大二世批評「敗德者、腐化之士，尤其是酒鬼」大為增加，在一八六七年頒布公共假日禁止賣酒令。但早在沙皇下令前，就見到數千名工人在城市裡成群行動，在人行道上把自己灌醉（這跟今天的戶外狂歡派對有幾分相似）。禁令實施後的八月期間，有十萬人靜靜聚集在戰神廣場（Mars Field），不見任何一個酒鬼被捕。[29]

沙皇對於人民狂歡粗野行徑的擔憂，正反映著他缺乏安全感。亞歷山大二世一生經歷過六次暗殺未遂，一八六六年四月是第一次。功敗垂成的殺手是一位精神抑鬱錯亂，彷彿正從杜斯妥也夫斯基的書頁上走出的人物。德米特里．卡拉科佐夫（Dmitri Karakozov），一位因煽動學生被喀山大學退學，又因未繳學費被莫斯科大學退學的失意人士，表明他要刺殺沙皇的意圖，一路來到首都。不再是大學生的卡拉科佐夫意志堅決到將刺殺計畫做成傳單，發送給遇見的各色人士。警察也拿到了一張，但因為他們身處一座充滿粗魯工人和激進學生的城市裡，所以警方不以為意，只認為那是一個瘋子的計畫（這判斷相當正確，但下場卻差點要了沙皇的命）。卡拉科佐夫確實曾加入一個激進組織，名稱是聳動的「地獄」。「地獄」的主腦是跟查爾斯．曼森（Charles Manson）有點像的狂熱者尼古拉．伊許汀（Nikolai Ishutin），吸收不受管束和精神失常的人。「地獄」其中一位成員密謀毒殺親生父親，好繼承遺產來捐贈給「地獄」的金庫。[30]

一八六六年四月四日，亞歷山大二世跟情婦葉卡捷琳娜．多爾戈魯卡婭（Ekaterina

Dolgorukaya）在夏園漫步後，正要踏入馬車車廂時，卡拉科佐夫舉槍瞄準了他。無論是出於警覺或偶然，一位圍觀民眾輕輕碰撞殺手的武器，讓子彈偏離了目標。明目張膽的暗殺失敗了，卻將反對聲勢推往新高峰。美國國會懷抱同情，對於「不支持農奴解放的敵人」竟敢取沙皇的性命，表達遺憾。[31] 一八六三年波蘭起義的鎮壓者，穆拉維耶夫伯爵（Count Muraviev），奉命調查，在接受審訊的三十五人之中，卡拉科佐夫和伊許汀被判死刑，但只有意圖刺殺沙皇的卡拉科佐夫被處決，「地獄」組織的首腦則獲得減刑，但得終生陷於勞改煉獄來洗滌罪孽。[32]

當一八六〇年代的學生、作家和革命分子設法改善自身處境並變革政權，社會和工業態勢則每況愈下。聖彼得堡的人口增加，工業也間歇地擴張，當局開始擔憂首都空氣的負面效應。有許多則場景設定於聖彼得堡的故事，瀰漫著憂鬱愁苦，描繪滿是嗆人霧霾的景象。但對在城市裡「法醫和社會衛生檔案局」工作的醫生來說，他們拒絕採信將疾病和騷亂怪罪於天氣的說法。該怪的是地主，該怪的是執政當局。一八七〇年的一項調查顯示，地下室住家既擁擠、寒冷且潮溼，有些地方甚至淹進汙水，房外庭院則堆滿垃圾和排泄物。這情況從一八四〇年代起開始惡化，涅克拉索夫為當時的聖彼得堡貧民窟提供第一手資料。一心營利的承包商蓋了高五層樓的房屋，加入原本就很擁擠的地景，讓環境汙染和廢棄汙染更加惡化。一八六五年斑疹傷寒襲擊首都，接著是一八七〇年的霍亂和天花。[33] 維亞澤姆斯基家族擁有的土地上興建起十三棟兩層樓建物，地點介於豐坦卡河和乾草市場之間。約有一萬人以此處為家，為弗謝沃洛德·克里妥夫斯基（Vsevolod Krestovsky）一八六四年出版後大受歡迎、內容讓人震驚的小說《聖彼得堡的貧民窟》（*The Slums of St. Petersburg*），提供墮落敗德的背景。[34]

一八七〇年代俄羅斯的工業生產呈現顯著成長，刺激因子是普魯士軍力的威脅和俄國鐵路的迅速擴展。工廠在首都周遭的聖彼得堡、維堡地區和瓦西里島北部興建，不過最密集的是在今日的納爾瓦地鐵站（Narvskaya）一帶，沿著奧沃德尼運河（Obvodnogo Canal）南岸設立。普提洛夫鐵工廠（Putilov Iron Works）成為聖彼得堡最大的工業僱主，旗下擁有多間廠房、六十位工程師和超過一萬兩千位工人。兵工廠於一八七〇年現代化，而路德維希・諾貝爾（Ludwig Nobel，發明炸藥與創設和平獎之人的侄子）成為俄國軍隊主要的武器供應商，從維堡區的一處小工廠製造。在埋怨俄國工人缺乏技術且休假日眾多的諸位外國老闆裡，諾貝爾僅是其中的一位。但儘管如此，日漸茁壯的民族自信心迎來了一八七〇年的「全俄工業展」（All-Russia Industrial Exhibition），展示國家的製造技藝；以及首屆全俄生產者大會（All-Russian Congress of Manufacturers），會中誇大工人與僱主的和諧無間。尼古拉・普提洛夫（Nikolai Putilov）的閉幕演說進一步推升工廠是個快樂大家庭的形象，然而大會開幕時，涅夫斯基紡織廠的八百位紡紗工毅然離場，發起俄羅斯史上首次延續多日的罷工。事後，紡紗工的領袖被審判懲處，當局的堅持不讓步也引發後續十年愈發惡化的工業動亂。[35]

一八六九年巴枯寧和謝爾蓋・涅恰耶夫（Sergei Nechaev）在日內瓦所著的《革命教義問答》（*The Catechism of the Revolutionary*），激起了一系列抗議和叛亂。率領打著人民復仇（The People's Vengeance）名號團體的涅恰耶夫是一位年輕的極端分子，相信有助於革命的任何事，無論多麼殘忍或違背道德，皆可容許。當組織裡有位成員決定退出，涅恰耶夫將他處死。《革命教義問答》主張革命成功的先決條件，唯有下決心摧毀「俄羅斯的國家體制，並消滅所有國家傳統、法令和社會階級」。[36]涅恰耶夫被捕後送回聖彼得堡受審，遭判處單獨監禁於彼得保羅要塞，一八八二年因壞血病死在牢裡。雖然涅恰耶夫設立由最高權力中心掌控革命分支網絡的企圖終告失敗，但他也促使革命者摒棄平等主義公社的模式。他們從敵人的手段中，學到如何奪取控制權。

瑞士是政治印刷文宣品的源頭和革命思想的溫床。被迫前往蘇黎世接受教育的俄國女性，在此接觸俄國流亡者的激進思想。這片可能培育異議人士的危險土地，促使當局在一八七二年設立聖彼得堡女子醫療學院（St. Petersburg Medical Institute for Women）。其中一股背後的力量，來自只利用部分時間投入音樂事業的偉大俄國作曲家鮑羅定。在《父與子》中，巴查洛夫指出「合格的化學家比任何詩人有用二十倍」，而鮑羅定顯然同意這個觀點，他從未讓音樂取代他醫學院化學教授的職位。[37]

女性革命家日後將證實自己跟男性志士同等無情，如今她們現身於高教領域，影響了一八七〇年代初期溫和且關鍵的運動——民粹主義。民粹主義者拒斥伊許汀和涅恰耶夫等人的野蠻行徑，從巴枯寧在蘇黎世的對手彼得．拉洛夫（Peter Lavrov）傳達的犧牲和人道精神獲得啟發，動身赴俄國鄉間接觸人群。他們希望踏足權力中心的範圍之外，且如同赫爾岑所希望的，尋求得自農村公社⑬的未來。甚至是政治模式仰賴都市無產階級憤而起義的馬克思，也理解在俄國農業地

⑬ 本書的農村公社用過英語 village commune、俄語 obshchina 和 mir，均指涉同樣意涵。

區的環境裡，農村公社為共產主義發展提供有效的起點。[38]民粹主義者深入鄉間喚醒農村的政治意識，並且學習他們的運作方式，好讓農民公社的程序能應用到廣大社會。一八七四年春，約莫四千位學生，其中五分之一是女性，身著農民粗衣離開城市。[39]他們分成小群體旅行，有時扮成夫妻，其餘單槍匹馬上路，自稱雲遊工匠或四處打零工的民工。當他們分享遠大理念時，教育和指導的多方嘗試並無一致途徑。而且他們遭遇許多懷疑和冷漠對待，雖然民粹主義者的動機良善，村莊的神父仍銜命對抗他們，一八七五至一八七八年間約有一千六百人被捕受審。[40]

與人民接觸的渴望反映在俄國繪畫的新一波運動上。車爾尼雪夫斯基於一八五五年聖彼得堡大學碩士論文中傳達的思想，啟發一批畫家主張藝術應為社會進步

圖39　農村公社會議，為社會主義革命提供了一種模式。

服務，創作時應選擇相關主題（此概念將重現於二十世紀盛行的蘇維埃寫實主義）。[41] 車爾尼雪夫斯基對於一八六三年拒絕接受學院測驗的學生構成顯著吸引力，他們組成社團巡迴展出作品。巡迴展覽畫派（Peredvizhniki）的創新在於主題而非技巧層面，呈現既不理想化、亦不耽溺情感的鄉間生活景象。當《父與子》裡的兩位年輕主角駛過描述為「一點也不美麗」的地景，他們正是置身於巡迴展覽畫派筆下的鄉間。作品的政治取向躍然畫布之上，例如伊里亞・列賓（Ilya Repin）的《窩瓦河上的縴夫》（*Barge-Haulers on the Volga*），或是列賓所繪兩個版本的《意外訪客》（*They Did Not Expect Him*，這幅畫具有多種解讀，諸如政治流放者返家，或是耶穌基督再臨）。[42]

一八七六年十二月六日，喀山聖母主教座堂莊嚴的弧形石柱長廊正面對，一群憤怒的革命人士勇敢展開寫著「土地與自由」口號的醒目紅布條。格奧爾基・普列漢諾夫（Georgy Plekhanov，國內首批自稱為馬克思主義者的其中一人，隨後成為社會民主運動的發起人）發表激昂演說，促使激進人士反覆高喊反帝制口號遊行於涅夫斯基大街，正面迎上一群群不安驚恐的店主和員工。警察立於一旁監看示威者鼓譟，隨後逮捕他們。那是一八七七年三月，其後一八七四年被捕的五十位民粹主義者將出席庭訊。同年稍晚，一百九十三位政治煽動者受審，其中三十八位是女性。截至當時，已另有九十七人在牢裡死去、發瘋或自殺。其中一位被告伊波利・米許金（Ippolit Myshkin，後來他因攻擊獄警被處決）面對審判案件的參議員們發表一席澎湃演說，激使法庭上的群眾狂熱至極。多位被告獲判無罪，卻在沙皇下令時再度被捕。審判期間，下鄉學生的良善讓聖彼得堡大眾留下深刻印象，而當局的過激態度則助長人民對政權的質疑。[43]

在聖彼得堡總督費奧多爾・特列波夫將軍（Fyodor Trepov）的監督下，拘留在牢裡的激進人士慘遭毆打，此外，他又下令公開鞭打一位在他面前拒絕脫帽的政治犯。維拉．查蘇利奇（Vera Zasulich）對於不必要的殘忍舉動感到憤怒不已，決心找特列波夫算總帳。身為一位性格封閉、不快樂的孤兒，奉獻給基督的生活領她走向涅恰耶夫的狂熱行徑。在獲准進入特列波夫的辦公室後，查蘇利奇朝他開槍，但槍法不純熟的她僅僅射傷總督並出庭受審。陪審團宣判她無罪後，歡欣鼓舞的群眾將查蘇利奇拱出法庭，還得意地鳴發了數槍。有人因此中彈身亡，警察被派來再次逮捕查蘇利奇，她也迅速偷渡逃出俄國，赴瑞士跟普列漢諾夫一同工作。[44]

查蘇利奇一案的判決結果讓當局惱怒不已，因此中止由陪審團來審案，革命人士則報以新一波的激烈暴動。第三處處長尼古拉．梅岑佐夫（Nikolai Mezentsov）在正中午的聖彼得堡街道上，被逃獄的民粹主義者謝爾蓋．史戴普尼亞—克拉夫欽斯基（Sergei Stepniak-Kravchinsky）拿刀刺死。英俊年輕的貴族，也是土地與自由運動的成員，里翁．莫斯基（Leon Mirsky），奔馳過梅岑佐夫的繼任者亞歷山大．德連特林將軍（Alexander Drenteln）乘坐的馬車，向車廂內開了數槍。德連特林幸運逃過死劫。[45] 敖德薩⑭、哈爾科夫⑮和基輔等處的地方官員和總督被刺殺，而在一八七九年四月，冬宮廣場發生另一起孤狼企圖暗殺沙皇的事件。功敗垂成的殺手亞歷山大．索洛耶夫（Alexander Solovyev）手持一把左輪手槍，朝亞歷山大二世開了五槍，但卻難以置信地全未命中目標。原先是學生的殺手顯然未受過射擊訓練，索洛耶夫被捕後在隔月被吊死。[46]

與此同時，土地與自由的成員正為成功顛覆政權，磨練技能和獲取必要的配備。在一八七〇年代獲悉身分的近六百位女性革命人士裡，有一位維拉．費格納（Vera Figner），她也是到蘇黎世讀醫學院的其中一員。[47] 一八七六年費格納回到聖彼得堡後，通過檢定成為助產士，正準備繼續進修時毅然放棄一切投身革命運動。她對於「以和平文宣尋求人民支持」的民粹主義者，遭到政府「全面逮捕流放」並且「關押奴役」感到憤怒。費格納起初執行簡單的任務，諸如撰寫密碼信給獄中同志，且為組織的印刷機撿字。她清楚看見「舉國生活的一點一滴皆服從於專制和行政機關的任意妄為」。為了對抗此種鐵石心腸的冷漠，她主張恐怖行動只應視為「保護、自衛的武器」。[48]

土地與自由在一八七九年末分裂成兩派。一派由普列漢諾夫領導，包括查蘇利奇在內，從瑞士發起運動；另一個極端分支則適切地取名為「人民意志」（Narodnaya Volya），對亞歷山大二世發出死亡的威脅。組織裡的科學家開始測試炸藥，在聖彼得堡各處設立藏身的安全房舍。計畫擬定完成後，另一位令人敬畏的女子扮演指揮行動的要角，她是索菲亞·佩洛夫斯卡婭（Sofia Perovskaya），聖彼得堡總督的女兒、克里米亞總督的孫女，以及基里爾·拉祖莫夫斯基（伊莉莎白治下的早慧科學院院長）的曾孫女。她指揮一個小組，在沙皇的火車於一八七九年十一月行經莫斯科郊區時，負責將其炸毀。但計畫生變，出現一枚未爆彈，讓第一節車廂安然通過。革命分子迅速解決問題，炸毀了第二節車廂。很可惜的是，佩洛夫斯卡婭和她的同志少了些運氣，沙皇人在第一節車廂。[49]此舉雖然震驚了全球，但人民意志認為有必要發表一席挽回顏面的聲明，他們認為，亞歷山大應該以死來償還一切「因他潑灑的鮮血」和「他造就的痛苦」。似乎受到上天

⑭ 敖德薩（Odessa）是黑海西北岸的港口城市，俄國於十八世紀俄土戰爭後取得此地，今為烏克蘭重要商港。

⑮ 哈爾科夫（Kharkov）是烏克蘭東北部大城。

庇佑的沙皇在步出冬宮時，身旁圍繞重重警察和哥薩克騎兵，乘坐布簾低垂的密閉馬車駛過首都。沙皇愈發焦慮不安，他面對的對手人在暗處且無所不在。沙皇之子康斯坦丁大公寫道：「我們不僅看不見、不認識他們，而且對其人數多寡全無概念。」[50]

此時一位名叫史蒂芬．哈爾圖林（Stephan Khalturin）的年輕英俊木匠進入冬宮的維修隊，開始偷運大量危險的硝化甘油通過安檢鬆散的公務入口。不久後，維拉．費格納的妹妹葉夫金尼婭（Evgenia）在另一起革命行動中被捕。憲兵搜索她的住處時不只發現炸藥和引爆劑，還有一球紙團，上頭繪製的平面圖標注了一處X。平面圖經有關單位判別後就是冬宮，而X記號的位置落在「黃餐室」（Grand Yellow Dining Room）。餐室的樓下是宮廷守衛的崗哨，樓上房間則供維修隊居住。逐層上下搜索後一無所獲，哈爾圖林則繼續囤積炸藥。

人民意志已經做好準備再度行刺沙皇。一八八〇年二月五日，亞歷山大為皇后的姻親，巴滕堡的亞歷山大大公（Prince Alexander of Battenberg）舉辦晚宴。晚上六點鐘，哈爾圖林奉命動手。他在倫福德（Rumford）發明的保險絲上接好強烈的引爆劑，點燃後出宮。六點二十二分，參加皇家宴會的眾人正要前往用餐室時，爆炸將硝化甘油那讓人作嘔的味道急遽推升，傳遍宮中。餐室的地板陷落，牆面迸現像閃電一般的文字裂縫。這層樓未坍塌，但窗戶被炸開，強風在震碎的古董上吹起厚厚煙塵。皇室宴會的賓客無人受傷，但駐守在餐室樓下的芬蘭衛隊軍團（Finland Guard Regiment）卻多人傷亡，有十位衛兵送命，超過五十人受傷倒地。兩天後，人民意志表明為這起事件負責，且對士兵的傷亡致上最深的遺憾。[51]

這次攻擊行動甚至比火車暗殺更引起震驚。在皇室權力的核心處攻擊沙皇，代表這群人行事不擇手段，而且他們確實無所不在。如同一位政府大臣所觀察，「地板搖晃，屋子看似要崩塌」。也因此，一八八〇年的亞歷山大登基二十五週年紀念活動悄無聲息，慶典大多集中在宮殿內舉行。[52]驚恐的人民紛紛離開首都，格林卡誆騙人民效忠的頌歌《為沙皇獻身》無可避免地上演，但許多劇院包廂空無一人。鮑羅定慶賀在亞歷山大二世治下東向擴張的《中亞草原》（*In the Steppes of Central Asia*），甚至取消演出。在南方有過對抗恐怖分子經驗的米哈伊爾．洛里斯—梅里科夫（Mikhail Loris-Melikov）獲派任為最高行政委員會（Supreme Administrative Commission）首長，就有另一位恐怖分子用子彈慶祝他就職，行刺失敗後，刺客在謝苗諾夫斯基廣場的大批群眾前被吊死。杜斯妥也夫斯基也置身圍觀人群中，目睹處決過程，且對犯罪行凶者表達意料之外的同情。[53]洛里斯—梅里科夫建議徹底重整執法體系，以國家警察部（Department of State Police）取代第三處。他的改革打擊不了恐怖分子，但最終推翻沙皇政權者將採用他的一些措施。

儘管受到恐怖主義的長久威脅，在美國內戰後的旅遊潮下，聖彼得堡仍成為美國人造訪歐洲的一站。[54]歐洲音樂家和作曲家也來了。在一八六七到一八六八年的演出季度，白遼士重返指揮六場音樂會。俄國作曲家林姆斯基—科爾薩科夫回憶道，縱使白遼士的健康狀況不佳且顯露老態，但他排練時仍全神貫注，不過這次他對場外的首都音樂活動漠不關心。華格納於一八六三年來訪，他的歌劇《羅恩格林》（*Lohengrin*）為一八六八年的音樂季揭開序幕。[55]柴可夫斯基的第一號交響曲於同年譜寫完成。化學家鮑羅定前一年剛完成他的第一號交響曲，正在為下一首曲子煩心，他工作延宕的原因是慷慨傳授學生技藝，以及熱情款待生病的友人和窮困的親戚。另外，鮑羅定的公寓有一大群貓在家中恣意來去，他時常碰不到鋼琴。有隻名叫「漁夫」的虎斑貓，擅長在冰凍時節把爪子伸入冰面洞隙捕捉小魚。[56]由於致力於教學和慈善事業，讓這首交響曲延後了十年譜完，鮑羅定還從《伊果王子》取用旋律素材，那齣歌劇他也懷疑自己能否騰出時間完成。[57]俄國音樂漸趨成熟後，開始回溯改寫俄羅斯的傳奇過往。《伊果王子》的主角是一位「早於莫斯科大公國時代的勇武王子」。嗓音優美的酒鬼莫傑斯特·穆索葛斯基（Modest Mussorgsky）編寫《鮑里斯·戈東諾夫》（*Boris Godunov*），背景設定在十七世紀初的俄羅斯動亂時期（Time of Troubles）。林姆斯基—科爾薩科夫則是中世紀俄羅斯史詩的「魔術師」。僅有柴可夫斯基除外，他是「來自智慧和精神世界的俄羅斯紳士」，那也是屠格涅夫的關注領域。⑯[58]

音樂贊助人帕夫羅芙娜大公夫人於一八七三年過世後，聖彼得堡音樂學院和俄羅斯音樂協會納入皇家財庫管理，轉向更專業的地位。[59]林姆斯基—科爾薩科夫開始在首都音樂圈扮演活躍角色。他教學、擔任顧問、編寫管弦樂、作曲，並從過世作曲家的住處救出未完成的樂曲。他甚至在長年失修的克隆施塔特要塞擔任指揮，音樂會由海軍部的聯合樂團演奏，觀眾從來不知道「音樂有作曲家的存在！……『他演奏得極好』——他們在克隆施塔特要塞的見聞僅止於此！」這讓林姆斯基—科爾薩科夫驚慌失措。[60]

巴拉基列夫曾計畫將車爾尼雪夫斯基的《該怎麼辦？》製作成歌劇，後來他變成忠貞擁護沙皇帝制的斯拉夫派，過著接近虔誠隱士的生活。他影響了柴可夫斯基譜於一八七二年，且在一八八〇年將至前改寫完成的第二號交響曲《小俄羅斯》⑰，以及《尤金尼·奧涅金》中使用的農民歌謠，這齣一八七九年完成的傑出歌劇改編自普希金的長詩。詩人傳誦的故事也啟發了格林卡，一八七四年穆索葛斯基所作的《鮑里斯·戈東諾夫》顯示普希金的影響力延續。《鮑里斯·戈東諾夫》沉醉於舊俄服裝和儀式的歌劇取悅了斯拉夫派，且向觀眾裡偏進步派的人士提出警告：鮑里斯是個篡位者，他的下場是失敗和死亡。

回首過往為面臨不確定未來的社會提供寬慰美學，而這反映在十九世紀下半葉聖彼得堡時尚的歷史折衷主義。設計師會掠奪過往時代，採用具歷史意義的布料、剪裁、圖樣、織紋和裝飾。這段期間施工的首都宮殿內部裝潢，採行類似的歷史拼盤，貴族試圖躲避在安全無虞的幻想過去裡。文藝復興復活，從一八六〇年代起主導建築外觀，可見於馬克西米里安·梅斯麥契（Maximilian Messmacher）為米哈伊爾大公在海軍部濱河路（Admiralty Embankment）所蓋的建物，或是同一位建築師的國務檔案局（State Council Archive），聳立於新艾米塔吉宮正對面。但儘管如此，仍有出自現代實用主義的建物，如橫越涅瓦河的第二座永久橋梁興建於一八七五至一八七九年間，連接維堡區和鑄造廠大街。然而當懷舊風盛行於宮廷建築和裝潢，足以顯現貴族們已遠離這個時代的躍動脈搏。

誤判時代精神並非羅曼諾夫家族所犯的唯一錯誤。一八六七年，亞歷山大輕率地將阿拉斯加地區，以略超過七百萬美元的價格賣給美國。[61]此外儘管德、俄存在家族間的聯姻羈絆，羅曼諾夫家族還是緊盯著德國槍管下的軍國主義。一八七〇年九月，德國在色當（Sedan）一役大敗法

⑯ 編按：作者意指本段提到的鮑羅定、穆索葛斯基、林姆斯基—科爾薩科夫皆有回溯俄羅斯歷史的作品，柴可夫斯基則否，而屠格涅夫的小說同樣關注現世。

⑰ 柴可夫斯基的第二號交響曲別稱為《小俄羅斯》（*The Little Russian*），小俄羅斯指烏克蘭，交響曲中用了三首烏克蘭民歌。

國，使德國全民一心。色當之役也在法國造成政治餘波，巴黎公社起義對抗支持君主制的國民議會。俄國統治者蔑視時代變化的跡象，搬演一種顧影自憐的頹敗，正在削弱人們對他們的尊重。他們奴役人民，為揮霍宮廷的奢侈品散盡錢財。此外有一件宮廷醜聞四處流傳，亞歷山大的姪兒尼古拉．康斯坦丁諾維奇大公（Grand Duke Nicholas Konstantinovich）為了償還賭債，從母親的肖像框上竊取珠寶，但在下手當下就被活逮。他也跟缺乏羞恥心的美國女冒險家亨里葉塔．布萊克福德（Henrietta Blackford）交往，這位竊案當事人很樂於扒糞，在她一八七五年於比利時出版的回憶錄中會揭露一切醜事。大公想要洗刷罪名，因此宣稱偷竊行為是源自家族遺傳，這讓皇族的姿態落入眾人嘲弄的低谷。至於沙皇本身，好色的性格總讓他深陷麻煩，他一再對個性敏感的女人動情、在夏園散心時習慣跟年輕仕女溜達，以及昭然若揭的外遇，都損害了俄國人民的「父親」、神選君王的形象。[62]

一八七〇年一則針對女性傳達的革命宣言指出，唯有在工作時女人才能得到自由，而且提到「敗德的亞歷山大二世」是共謀貶抑女性的罪大惡極者。[63]一八八〇年時事態變得棘手，亞歷山大在皇后亞歷山大羅芙娜逝世後，經過短短不過四十天的哀悼期，就迎娶了長年是沙皇的情婦、不得民心的葉卡捷琳娜．多爾戈魯卡婭為妻。時間回到一八六六年，當心神不寧的卡拉科佐夫向獨裁者胡亂開槍的那個下午，葉卡捷琳娜正跟亞歷山大一同置身在夏園。另一宗暗殺亞歷山大二世的嘗試失敗時，他們同在巴黎。而在聖彼得堡，沙皇為葉卡捷琳娜在英國碼頭（English Quay）租了一間位置便利的大屋。關於沙皇迎娶葉卡捷琳娜．多爾戈魯卡婭這樁公然的任性行徑，最嚴重的是在婚姻上違反了俄國自彼得大帝時代存續至今的禁忌，沙皇竟迎娶俄國人為妻，而且她也不屬於歐洲統治者王朝的尊貴家族。該舉動也重新燃起流傳兩百年的農民迷信，預言膽敢跟「多爾戈魯卡婭」成親的羅曼諾夫皇族都將難逃一死。彼得二世當年就死於迎娶同樣名為「葉卡捷琳娜・多爾戈魯卡婭」女子的成婚日，讓這則迷信獲得不少可信度。[64]不過，亞歷山大跟葉卡捷琳娜是在無窮盡的肉欲中結合的，她生動記述兩人滿懷熱情的嬉鬧，指出他們在沙皇被炸成碎片的幾個小時前，才獲得性高潮。[65]

✯

當一八八一年一月，暗殺亞歷山大二世的複雜陰謀開花結果時，杜斯妥也夫斯基死了。青年時期激進的小說家，逐漸轉為憎惡社會主義和政治極端主義。杜斯妥也夫斯基在晚期的小說《少年》（*A Raw Youth*）裡，探究一八四〇世代與無政府主義者之間的緊張關係。他也重新探訪早年對聖彼得堡留下的印象。他想像破曉時分的首都，從「窮人的蔽身處」到「為世上權勢者安適所建的鍍金宮殿」，成為「仙境的幻象，彷彿終將消逝無蹤的一場夢」。[66]穿透新近瀰漫於帝制都城的工業蒸汽，蛻變就在眼前。沙皇數十年不思悔悟的傲慢統治，激起了反帝制的恐怖主義極端行動。世界何嘗有過如此多次暗殺一國元首的失敗嘗試呢？五次刺殺失敗了，第六次要執行兩回才成功。

維拉・費格納回想一八八〇年末和一八八一年初，將其比擬為「燦爛時期」，當時人民意志的軍事組織達到鼎盛。騷動在漸趨都市化的工人階級間蔓延，另一方面，有些軍人變得愈發關心國家情勢與統治者的傲慢野蠻。海軍官員和軍校生開始在克隆施塔特要塞發送革命文宣。一位駐守在首都砲兵部隊的兵士回應了革命分子的控訴。由於起義的代價高昂，根據一項統計指出，三度暗殺沙皇行動共需花費三萬至四萬盧布，因此組織會從市民這方面掠奪和募集資金。[67]失敗的如此頻繁，組織明瞭需要有個具有後勤戰略的嚴密計畫，來資助刺殺行動。

一八八一年一月，有一對夫妻在花園大街一處房舍的店面開設起司鋪，屋舍後方則開始挖鑿坑洞，目的是破壞沙皇假日乘馬車，赴米哈伊洛夫馬術學校（Mikhailovsky Manège）閱兵的沿路地基，但卻意外鑿穿了汙水管線，但幸好待售的起司味掩蓋住汙水管傳出的惡臭。[68]值此危險時期，聖彼得堡警方的預算卻僅有同時代巴黎警方的零頭[69]，資金不足的警方在收到密報後，只能挨家挨戶草率地搜查。警方來到起司鋪，質問起店內起司桶周圍潮濕的泥土（其實桶裡裝的是屋後挖出來的泥土），但聽到是翻倒的酸奶油，警方就滿意地離去了。

這回的刺殺計畫是要在亞歷山大途經跟店鋪相連的隧道時，引爆炸彈。假若失手，四個擲彈手，分別是尼古拉・瑞沙科夫（Nikolai Rysakov）、伊格納提・格里涅夫茲基（Ignaty Grinevitsky）、提摩費・米哈伊爾洛夫（Timofei Mikhailov）和伊凡・埃梅里亞諾夫（Ivan Emelyanov），就會隨即出動。要是他們也失手，胸懷匕首的安德烈・日里亞博夫（Andrei Zhelyabov）會負責刺殺沙皇。擲彈手將攜帶六磅重的石蠟罐，內有硝化甘油和引爆劑。他們無視警方的偵查，竟在首都外的樹林測試炸彈，兩枚炸彈裡頭僅有一枚爆炸，扮演費格納丈夫的同謀者甚至在測試時炸掉三根手指頭。[70]

二月二十八日當天，革命分子徹夜製作炸彈。費格納從旁協助，行動指揮者佩洛夫斯卡婭已入睡。米哈伊爾洛夫心生膽怯於是返家，拋下另外三位炸彈客。格里涅夫茲基準備了一紙聲明：

「早逝是我的命運……但是我相信，我的死將能善盡我的所有責任。」

沙皇選擇兩條可能閱兵路徑的其中之一。一八八一年三月一日，亞歷山大乘坐拿破崙三世贈送的防彈馬車，行駛未經過花園大街的路線。閱兵的回程，沙皇也走同一條路線，佩洛夫斯卡婭料想過如此，於是向趕往葉卡捷琳娜運河的擲彈手發送信號。下午兩點十五分剛過，沙皇的馬車出現在英澤能納亞街（Inzhenernaya Street）通往碼頭的轉角處。沙皇在接近馬廄橋（Konyushenny Bridge）時，瑞沙科夫擲出一枚炸彈，滾到馬匹腳下且在馬車底爆炸。沙皇衛兵群中的一位哥薩克騎兵當場身亡，也有一位路人被殺。瑞沙科夫被捕後，沙皇走出受爆炸波及的車廂。衛兵急著儘速送沙皇離開，但亞歷山大想質問誰是可能取他性命的殺手。沙皇一位隨員問他是否安然無恙時，沙皇回答「感謝上帝」。同時，格里涅夫茲基大喊，「感謝得太早了！」接著扔出第二枚炸彈，恐怖分子身受致命傷，並且炸掉沙皇的雙腿。亞歷山大被送上雪橇運往宮中的書房，沙皇的御醫看一眼就

圖40　沙皇亞歷山大二世遭暗殺，來自《倫敦新聞畫報》（*The Illustrated London News*）的插畫，一八八一年。

知道恐怖分子終於達成了目的。三點三十分過後不久，皇室降下宮廷上空的旗幟，武裝的普列奧布拉任斯衛兵在走廊巡守，哥薩克騎兵圍繞於宮殿之外。[71]

同樣在三月一日星期日，正值國家發生悲劇與授予榮耀的壞時機，瓦西里・蘇里科夫（Vasily Surikov）的《處決射手衛隊的早晨》（*Morning of the Execution of the Streltsy*）在聖彼得堡展出。[72]一幅描繪俄國人民在羅曼諾夫家族統治底下遭到殘忍對待的畫作，在沙皇的鮮血和斷肢將帝國首都的白雪地，染成暗紅絲絨的當下，成了適時、或說是不幸的呈現主題。彼得大帝在俄國農民的屍骸上建立他的城市，如今受壓迫者則在沙皇的破碎屍骨上築出通往革命的道路。

維拉・費格納匆忙趕回家，一路灑落歡欣的淚水，穿越議論紛紛著傳聞的街角。這枚炸彈「撼動了全俄羅斯」，費格納和佩洛夫斯卡婭在實現壯舉過程扮演的重要角色，為往後數十年參與革命的無數女性立下典範。[73]距暗殺僅數日後，佩洛夫斯卡婭在街上被捕。政府的激烈回擊，費格納稱之為「白色恐怖」，開始了。瑞沙科夫遭拘留後變節告密，但此舉對他的下場沒多大幫助。相隔未滿一個月，在春陽照耀的天空下，瑞沙科夫身處運往謝苗諾夫斯基廣場吊死的六位恐怖分子之列。當神父預備將他們送往另一個世界時，佩洛夫斯卡婭嚴厲斥責這名叛徒，但不久後他們就全被一齊扔進亂葬崗。[74]

費格納還想利用起司鋪和隧道來暗殺剛繼位的亞歷山大三世⑱，但組織中行政會議（Executive Council）仍在逃的另七位委員持反對立場。儘管在首都，人民意志顯然得到市民的支持，但組織正慎重考慮另覓根據地。兩年後費格納在哈爾科夫被捕，在墳墓般空蕩的修森堡要塞被關了二十年。後來她觀察到官方的回擊餘波持續了一段時間，而人民意志跑在時代的前方，預見了四分之一個世紀後的俄國政治發展。無論如何，這是人民意志一次震撼且激昂的謝幕。組織大膽地向亞歷山大三世請願，表明他的父親遭刺，是國家鎮壓人民的結果。人民意志宣示革命「運動將持續壯大……一次劇烈爆炸、一次流血動亂、一場遍及全俄的革命地震，將於來日徹底摧毀舊有秩序。」[75]彷彿要強調自身的動機純正，當美國總統加菲爾德（James Garfield）在一八八一年底遭到暗殺時，人民意志行政會議宣稱「反對此種暴力行為」，因為暴力「唯有在抵抗暴力時行使，才算合理作為」。[76]

★

一八八一年五月，亞歷山大三世宣示自身「篤信專制的力量與真理」，並且在神聖宗教會議代理人⑲康斯坦丁・波別多諾斯采夫（Konstantin Pobedonostsev）的協助下，與正教會共同鞏固帝制。波別多諾斯采夫曾教導亞歷山大的兒子，即來日的末代沙皇尼古拉二世，痛恨進步與任何形式的議會政體。[77]他的保守視野對於動盪的王朝沒有任何幫助。

脾氣乖僻卻害羞的亞歷山大三世喜愛釣魚、喝酒與狩獵大型動物。打獵後的動物死屍會全數在宮外一字排開，以火炬照亮，沙皇捕獲的則擺在最前排。皇室家族共享狩獵晚宴時，奏響的音

---

⑱ 亞歷山大三世是遭刺沙皇亞歷山大二世的次子，在哥哥病逝後成為俄國皇室的繼承人。

⑲ 俄羅斯正教會原由牧首領導，彼得大帝為了削弱正教會領導人勢力，自一七二一年起禁止正教會選出下一任牧首，改設神聖宗教會議（Holy Synod）與牧首代理人。

樂旋律令人聯想到遭射殺的許多動物。[78]

亞歷山大三世的皇后是丹麥國王克里斯蒂安九世（Christian IX）的女兒，索菲亞．菲德里卡．德瑪爾公主（Sophie Frederikke Dagmar），成親時授教名為瑪利亞．費奧多羅芙娜（Maria Feodorovna）。皇后熱愛宴席，能在舞會上一連跳舞好幾個小時。一八八六年新年到來時，宮廷首見由電力照明的慶典舞會。房間裡擺滿從克里米亞運來的異國植栽，由沙皇村溫室剪下的數千花朵妝點其間。為了一八九一年的新年舞會，共運來三千七百株風信子、一千七百束鈴蘭枝條、一千六百朵紅白相間的鬱金香、一百八十朵黃色鬱金香、一百五十株報春花和十六株蘭花，齊為宮殿大廳增色。不過除了無比豪華的慶典以外[79]，亞歷山大偏好住在相對簡樸的阿尼奇科夫宮，遠離劃上X標記的餐室。他熱愛法貝熱彩蛋⑳。如果說復活節彩蛋是耶穌復活的象徵，那麼專為沙皇訂製、細緻華美的法貝熱彩蛋，代表著皇室家族的復興。但那並未成真。[80]若說亞歷山大的統治對應著一段海外的承平時期，國內則是動亂四起。貽害深遠的反猶主義者亞歷山大，在尋找代罪羔羊時，將國內的動亂都怪罪在猶太人頭上

反猶主義是俄國人生活既存的現實，屬於一種範圍更深遠、甚至觸動知識分子和創意人士的恐懼症。杜斯妥也夫斯基認為猶太人，以及他們「永恆的抑鬱怒容」[81]，應該為祖國的商業化和工業化負責。林姆斯基—科爾薩科夫將巴拉基列夫歸類為「死硬的猶太仇視者」[82]，同樣的指控也能套用於格林卡和穆索葛斯基。尼古拉一世並非反猶主義者，但受到他對於循規蹈矩的狂熱所驅使，他強硬地要求猶太人融入俄羅斯的生活。亞歷山大二世在位的一八七一年，敖德薩的猶太人遭到屠殺，事後《聖彼得堡新聞報》將暴力行為怪罪於「猶太人的剝削」。進入一八七〇年代

後，反猶主義報紙上的政治文宣愈見密集，促使暴力行為在平和封閉的社區迸發。[83]更危險的是，從一八六〇年代到亞歷山大二世遭暗殺之間，猶太裔革命分子的人數增加了。昔日將基督釘上十字架的猶太人，如今殺害了神選的沙皇。一八七一年大屠殺的十週年紀念日，敖德薩和華沙都爆發攻擊猶太人的暴力事件。廣為流傳的謠言指出，發起眾多攻擊事件的正是沙皇亞歷山大。[84]內務大臣尼古拉·伊格納塔耶夫（Nicholai Ignataev）埋怨在首都掌控了銀行、司法體系和媒體的波蘭猶太人。《新聞報》則報導聖彼得堡充滿亟欲造成俄國分裂的外國人，言下之意就是在攻擊猶太人。亞歷山大指派親弟弟謝爾蓋擔任莫斯科總督時，大公關閉了大猶太會堂（Great Synagogue），並且掠奪猶太人的家戶，引發強暴、洗劫、放火。謝爾蓋清空城市裡的猶太人，僅允許註冊身分是妓女的猶太女子留下。從亞歷山大三世登基到第一次世界大戰爆發期間，有近兩百萬猶太人離開俄國。[85]

米哈伊爾·派里亞耶夫（Mikhail Pyliaev）在描述聖彼得堡印象時，曾提及一八八九年，人群圍繞著風景如畫的耶拉金島岬㉑散步。他厚顏且堅定地表露反猶主義，評論間穿插對於高級和低階妓女的嘲諷：「有紳士，可是也有許多猶太人；有外交官，可是也有許多猶太人；有高雅女子，可是也有中階、甚至是低階女子。」[86]在上述句子出現的段落裡，派里亞耶夫帶著浪漫眼光觀察早年的遊客，描繪他們之間的差異。到了一八九〇年，城市公園裡會見到顯著惡化的行徑，

⑳ 法貝熱彩蛋（Fabergé egg）專指由俄國珠寶匠法貝熱製作的復活節彩蛋，造型繁複、顆顆不同。

㉑ 耶拉金島（Elagin）位於涅瓦河口，是聖彼得堡居民的休閒去處。

往日的平靜之地，如今處處充斥工人的喧鬧行為。至於工廠女工則時常被富人誤認為妓女。童妓問題一直存在。一八八九年聖彼得堡警察曾逮捕二十二位，年紀介於十一至十五歲之間，公然拉客的年輕女孩。在成年妓女間，前往診所就醫的比率低，染病的性工作者常試圖愚弄醫療檢驗者，用化妝手法或硝酸銀㉒來掩飾陰道病灶。儘管官方曾嘗試將學生擋在妓院大門外，但一八九〇年代到首都求學的詩人亞歷山大・勃洛克（Alexander Blok），未滿十七歲就染上了性病。87

✯

亞歷山大三世對於俄羅斯傳統價值的頑固主張，要為聖彼得堡最異乎尋常的一座教堂負責。滴血救世主教堂（Church of the Saviour on the Spilt Blood）立意挑釁聖彼得堡的傳統，它的俄國樣式挑戰著彼得之城的其他建築，這座城裡原是由歐式建築占主導地位，但在牽連之下，「歐式」如今被連結至危險的反俄思想。亞歷山大二世刺殺案的調查團曾提議，從今而後沙皇只能是俄國人，只能是正教徒（這是就信仰而言，並非生活方式）。在一八八一至一九一四年間，有超過二十間俄羅斯國族主義樣式的教堂在首都舉行祝聖禮，而這些教堂大多於一九三〇年代遭拆除或改作他用。諷刺的是，滴血救世主教堂的主建築師阿爾弗雷・帕爾連（Alfred Parland）是一位英國國教徒，他出生在聖彼得堡，雙親為英國人。帕爾連與掌院修士伊格納提一同工作，伊格納提是城郊一間修道院的院長，研習俄羅斯傳統建築。這座奢華無度的教堂直到一九〇七年才完工，內外牆面共貼上超過七千平方公尺的馬賽克鑲嵌工藝，由維克特・瓦斯涅佐夫㉓、米哈伊爾・烏魯貝爾㉔與當時的其他重要藝術家設計。牆面和屋頂亦使用大量瓷磚，兩座圓頂以鍍金黃銅製成。88

教堂所在地必須採用聖彼得堡首見的水泥地基，且裝設暖氣與電力照明等創新發明。[89]當沙皇在形式上回溯傳統，試圖保護專制，國家則經歷科技的變遷。一八八二年莫斯科鋪設電話系統，五年後全國有七千個用戶，截至一九一一年，僅聖彼得堡一城的用戶就超過五萬六千個。[90]鐵路官員之子謝爾蓋·威特（Sergei Witte）於一八九二年就任財政大臣，以浩大的西伯利亞鐵路（Trans-Siberian Railway）來刺激工業生產。威特在任內發展「國家資本主義」，為建設案籌措資金，而在西方，這些開發案是由中產階級投資人供應資金。威特也獲得迫切需要的海外資源。一八九三年法國與俄國建立軍事和政治上的法俄同盟（Franco–Russian Alliance）後，法國的法朗為俄國工業實力添加柴火。[91]威特跟他的同僚或許是為了國內有權有勢的人建造鐵路，並擴張重工業，但卻同時壯大了受到殘忍對待的工人階級，他們的薪資微薄，超時工作且迫切想要改變。

早在滴血救世主教堂落成許久之前，就發生試圖刺殺亞歷山大三世的事件。一八八七年初，人民意志用裝填沾有「番木鱉鹼」這種毒物的炸彈，企圖在涅夫斯基大街上襲擊沙皇的馬車。共謀者中有一人是聖彼得堡大學動物學系的學生亞歷山大·伊里奇·烏里亞諾夫（Alexander Ilyich Ulyanov）。包括烏里亞諾夫在內的六名顛覆分子在得手前被捕，且在一八八七年五月於修森堡受

㉒ 硝酸銀具有腐蝕性，常用來腐蝕增生的肉芽組織。

㉓ 維克特·瓦斯涅佐夫（Viktor Vasnetsov, 1848-1926）是俄國浪漫民族主義繪畫的開創者之一，畫作主題多為神話和歷史題材。

㉔ 米哈伊爾·烏魯貝爾（Mikhail Vrubel, 1856-1910）是俄國的象徵主義和新藝術運動畫家。

審後被吊死。烏里亞諾夫的死讓他的弟弟弗拉基米爾飽受煎熬。[92]他反覆重讀哥哥留下的車爾尼雪夫斯基的著作；一九〇二年，弗拉基米爾發表號召馬克思主義者奮起革命的宣言時，借用了車爾尼雪夫斯基《該怎麼辦？》的書名，署名為V．I．列寧（V. I. Lenin）。哥哥的革命行動與後續的處死下場，促使列寧在文章中倡議，對抗沙皇和對抗資本主義的戰場應該合流。一八九三年列寧來到聖彼得堡後，成為馬克思主義俄國社會民主工黨（Russian Social Democratic Labour Party）的領導人物。一八九七年，列寧因煽動言論被捕，撐過流放西伯利亞的三年後，接著踏上為布爾什維克革命奠基的二十年流離之路。

專制獨裁的殘忍反擊仍在俄國持續上演。亞歷山大三世不顧大臣們的請願，堅持對虛弱女囚犯執行致命的一百下鞭刑，而她只不過辱罵了一位憲兵。對於無休止的騷亂不安，沙皇採取的回應是出動公共安全與秩序保衛部（Okhrana，即俄國的政治祕密警察，以下簡稱安全秩序部），嚴加監控人民的一舉一動。安全秩序部的部長採行了來日蘇聯廣為使用的手法，先策反了人民意志的重要成員謝爾蓋．迪加耶夫（Sergei Degaev）。當迪加耶夫的忠誠受到懷疑，後續的變節背叛反覆上演時，組織要求他證明自己的忠誠。於是迪加耶夫就通報組織，自己即將跟安全秩序部長格里戈里．蘇德金（Grigory Sudeikin）碰面，並且當場刺殺他。[93]涉及雙面諜和三面諜的臥底行動愈發複雜，使得通往革命的道路也愈發錯縱混亂。

✯

以一位迫切主張俄羅斯價值的沙皇而言，亞歷山大熱切建立一座展示國家藝術品的博物館並不讓人意外，洛西設計的高雅米哈伊洛夫宮獲選為博物館所在地。日後將於聖彼得堡藝術界扮演非凡要角的年輕藝術家伯努瓦，被選中為特尼雪娃公主㉕蒐集的俄羅斯畫作編輯目錄，特尼雪娃的丈夫是一位企業家，壟斷了俄國遼闊河道網絡的運輸交通。博物館在沙皇死後、兒子尼古拉二世繼位時開幕，直到革命前皆稱為亞歷山大三世博物館，革命後改名為俄羅斯博物館，沿用至今。上述計畫得以構思執行，是十九世紀俄國畫家非凡成就的明證。但是在支持本國藝術的同時，亞歷山大並沒有忘記艾米塔吉宮。他向住在巴黎的一位俄國人購買巴赫列斯基收藏的中世紀與文藝復興藝術品。㉖亞歷山大也取得奇馬·達·柯內亞諾㉗的亮眼畫作《聖告》（*Annunciation*），以及莫斯科戈利岑美術館（Golitsyn Museum）在上個世紀陸續蒐集的藏品。

沙皇推行崇尚俄羅斯藝術的政策，代表著一度大受歡迎的聖彼得堡義大利歌劇院將被迫歇業，不過國際等級的聲樂家仍持續造訪舉辦獨唱會。[94]義法混血女高音阿德利娜·帕蒂（Adelina Patti）前來歌劇院演出，她擁有精明的生意頭腦。讓屠格涅夫目眩神迷的歌手，寶琳·維亞朵（Pauline Viardot）回來了。一八九一年二月澳洲女高音丹姆·內莉·梅爾巴（Dame Nellie Melba）現身馬林斯基劇院，演出古諾㉘的歌劇《羅密歐與茱麗葉》，亞歷山大二世亦在座。梅爾巴在歐

㉕ 特尼雪娃公主（Princess Tenisheva）傳為亞歷山大二世的私生女。

㉖ 這批藝術品的收藏家是俄國外交官巴赫列斯基（Alexander Basilewsky, 1829-1899），他在一八八四年以六百萬法朗將畢生收藏賣給亞歷山大三世。

㉗ 奇馬·達·柯內亞諾（Cima da Conegliano, 1459-1517）是十五、十六世紀的義大利文藝復興畫家。

㉘ 夏爾·法蘭索瓦·古諾（Charles-François Gounod, 1818-1893）是十九世紀的法國作曲家，主要創作歌劇與彌撒曲。

洲巡演時，她的愛人奧爾良公爵腓力王子（Prince Philippe）緊隨身旁，腓力是奧爾良黨（Orléanist）擁護的法國王位繼承人。《尼伯龍根的指環》在一八八八至一八八九年的音樂季期間完整演出數次，根據林姆斯基—科爾薩科夫的記錄，華格納的手法如何成為自己的部分音樂語彙，受影響者還包括年輕的亞歷山大·葛拉茲諾夫（Alexander Glazunov）。當時的俄羅斯音樂蓬勃興盛，不過有幾位重要音樂家過世。穆索葛斯基寫出他成功的劇作《鮑里斯·戈東諾夫》後，就愈發自負，沉淪酒精下身體緩緩衰敗。一八八一年三月，列賓在穆索葛斯基死前數日留下他的肖像畫，讓作曲家久染酒癮的昏聵樣貌永留後世。穆索葛斯基死後，林姆斯基—科爾薩科夫繼續寫完他的最後一齣歌劇《霍瓦斯基叛亂》（*Khovanshchina*），於一八八六年，薩瓦·馬蒙托夫（Savva Mamontov）的私人歌劇團赴聖彼得堡時演出，並且廣獲佳評。數個月後的一八八七年二月十五日，鮑羅定在跟賓客們共享晚宴時卻不幸摔死。鮑羅定未完成的樂譜立即全由林姆斯基—科爾薩科夫帶走，他為沒寫完的歌劇《伊果王子》譜上管弦樂後，交給葛拉茲諾夫完成餘下工作。在俄羅斯歌劇史上豐饒的兩個星期期間，《伊果王子》先在一八九〇年十一月四日於馬林斯基劇院演出，僅僅兩週後，輪到柴可夫斯基睽違十年的歌劇《黑桃皇后》（*The Queen of Spades*）首演。此時幸運降臨在林姆斯基—科爾薩科夫身上（這位作曲家曾埋怨馬林斯基劇院的管理處排練不足，扼殺了《伊果王子》的配樂與歌劇本身），他為這齣歌劇譜寫管弦配樂時激生出想法，寫出受《天方夜譚》故事啟發的交響樂曲《舍赫拉查達》（*Scheherazade*）。[95]俄國音樂中的東方主義（Orientalism）表現出「非理性」與深具異國風情的東方，強力誘惑著「西方的」的俄國人，這顯得東方主義在論述上對抗著彼得大帝時代（pre-Petrine），似乎反對重新確立著彼得大帝時代的價值。不過俄羅斯音樂同時讚頌著分歧的俄羅斯帝國的統一。[96]

柴可夫斯基的《黑桃皇后》跟前作《尤金尼・奧涅金》相隔了十年，一八七七年他的《天鵝湖》（*Swan Lake*）在莫斯科郊區令人捏一把冷汗的失敗首演後，柴可夫斯基也經過漫長的間隔，才在一八八九至一九九〇聖彼得堡音樂季期間，首演他的作品《睡美人》（*The Sleeping Beauty*）。《睡美人》這齣芭蕾舞劇讚頌路易十四治下的凡爾賽宮廷，可視為榮耀君主專制的作品，且至少對於兩位年輕人無比重要。一位是日後躋身二十世紀最偉大的劇場設計師之列的里翁・巴克斯特（Léon Bakst），他獲得《睡美人》總彩排㉙的資格。彩排結束後這位年輕人有幸會見文雅大度的柴可夫斯基，宣稱當晚自己的「天命已定」。[97]此外不久後，有另一位窮困的母親攢錢買票，帶著身子弱、臉色蒼白的八歲女兒去看表演。那晚過後，安娜・帕夫洛娃回憶自己像中了迷咒，當母親問她想不想跟台上演出者共舞時，年幼的安娜流露出必定要成功的專注決心，回答：「我寧可自己獨舞，就像美麗的睡美人。有一天我將在這間劇院這麼做。」過了兩年，十歲的帕夫洛娃通過體檢進入皇家芭蕾學校。到了一八九五年她與米哈伊爾・弗金（Mikhail Fokine）共同參與學校演出，日後弗金將在他創新且出色的舞蹈生涯裡，為帕夫洛娃展開國際巡迴、獲利豐厚的《垂死天鵝》（*Dying Swan*）編舞。[98]

皇家芭蕾舞團仍是年輕富裕貴族眼中的狩獵場。亞歷山大二世第二任妻子的兄長弗拉基米爾・多爾戈魯科夫（Vladimir Dolgorukov）與芭蕾伶娜亞歷山大洛娃（Alexandrova）育有一子。

㉙ 總彩排（dress rehearsal）是演出前的最後一次彩排，通常在首演前日舉行，戲服、化妝、舞台效果等均比照正式演出。

有些舞者有幸嫁給貴族仰慕者，好比維拉・勒蓋（Vera Legat），但是其他人僅淪為遊手好閒富人的一時玩物。一八八〇年代期間，義大利舞者維吉妮亞・蘇奇（Virginia Zucchi）將短蓬裙引入聖彼得堡，又使芭蕾舞演出在年輕花花公子眼裡更顯迷人。[99]據尼金斯基的妻子羅莫拉（Romola）所述，有位老將軍「熟知每位芭蕾伶娜的雙腿線條，比戰略或彈道學更熟門熟路」。[100]

一八九〇年三月皇家芭蕾學校舉行畢業公演時，亞歷山大三世注意到一位貌美且有天賦的年輕波蘭女孩，名叫瑪蒂爾德・克舍辛斯卡婭（Mathilde Kshessinskaya）。當她向沙皇請安時，沙皇要她成為「我們芭蕾舞團的榮耀與光彩」，並邀請她晚餐時坐在兒子尼古拉身旁。在卡洛塔・布里安札（Carlotta Brianza），《睡美人》的第一任奧羅拉公主㉚退休後，克舍辛斯卡婭接替主角位置並成為俄國的芭蕾舞之后。她也成了皇太子的情婦，尼古拉追隨祖父的榜樣，一八九二年也在英國碼頭為情人租下宅邸。同年十二月柴可夫斯基的最後一齣歌劇《約蘭塔》（*Iolanta*）在宮中首演時，一位男中音吟唱詠嘆調〈誰比得上我的瑪蒂爾德？〉，此刻置身觀眾席的謝爾蓋・達基列夫正記述身旁的人們，笑談尼古拉和克舍辛斯卡婭的情事。[101]

柴可夫斯基的芭蕾舞劇《胡桃鉗》（*The Nutcracker*）也同在當晚的演出節目之列。雖然源自普魯士博學者霍夫曼（E. T. A. Hoffmann）所寫的故事，芭蕾舞開場時仍上演了聖彼得堡的耶誕慶典。舞劇也將女主角克拉拉的年紀從女童改至青春期，表現來自寒冷北境之人瞬間置身異國南方的夢境——前往甜梅仙子（Sugar Plum Fairy）的宮殿，舞者在那裡跳著阿拉伯和西班牙舞蹈。《胡桃鉗》從第一幕初的笑鬧動作和社交舞，以至第二幕幾近末中斷的芭蕾舞和人物舞，在在加強了兩幕旅程中的魔法效果。

聖彼得堡的貴族藉著溫室和雙層玻璃窗亟欲戰勝寒冷，耶誕慶典是一場勝利的宣示。十九世紀，俄國從普魯士引進耶誕樹的傳統，瑪利亞·弗里德里希男爵夫人（Maria Fredericks）曾描述尼古拉一世在位時，冬宮舉辦的耶誕夜儀式，進行期間「每位君王和皇室孩童都有各自的桌子，以及飾滿繽紛禮物的樹」。[102]芭蕾舞者塔瑪拉·卡沙維娜在一八九〇年代初期，她還是個孩子的時候，回想起她在聖彼得堡耶誕市集的歡樂時光，市集圍繞教堂周邊、沿著主要街道展開，擺出「冷杉木樹林」。她的父親，皇家芭蕾舞團的舞者，喜愛跟兩個孩子一起選出一棵樹，接著扛回位於公寓五樓、俯瞰豐坦卡河河灣的租屋處，用鍍金核桃、產自克

㉚ 奧羅拉公主（Princess Aurora）是《睡美人》故事中沉睡的女主角。

圖41　聖彼得堡的耶誕節慶，立樹的傳統是從普魯士傳入的。

里米亞的蘋果和杏仁裝點樹枝。[103]

從《胡桃鉗》劇中的耶誕慶典、軍國主義與老鼠，以及對魔法的熱愛和莊嚴的波洛涅茲舞，可以知道《胡桃鉗》是一齣聖彼得堡的芭蕾舞劇。觀眾坐在馬車裡，穿行覆蓋靄靄白雪的城市來到馬林斯基劇院。他們掠過街燈和散發溫暖光芒的窗戶。他們沿著涅夫斯基大街、莫伊卡河和豐坦卡河疾速前進，行至涅瓦河堤岸，上述街道熱情接待成就非凡的貴族、官員和軍隊菁英。㉛冬季時，如果我們分別往任一條寬廣大道望去，入眼盡是積雪冰封簷口、柱頂楣構和山形牆，使造型和諧的建物群看似巨大的蛋糕，這幅景象令人想起柴可夫斯基芭蕾舞劇中的魔法童話世界。

時序接近十九世紀末，有三位偉大的芭蕾名師在首都工作，《胡桃鉗》的編舞家即為三人之中的佩帝帕和列夫·伊凡諾夫

圖42　一八九二年馬林斯基劇院製作的芭蕾舞劇《胡桃鉗》。

（Lev Ivanov）。第三位是義大利人恩里科・契蓋第（Enrico Cecchetti），他將力量與精神帶入皇家芭蕾舞團，顛覆了居主導地位、較細緻的法國與丹麥傳統。一九〇三年俄國人尼古拉・勒蓋（Nikolai Legat）頂替佩帝帕的位置，他整合兩種傳統，調和技巧專長與力量，由此決定了二十世紀俄羅斯芭蕾的特點。為芭蕾舞編寫的音樂不似偉大編舞家和名師作品那般受人尊崇。林姆斯基—科爾薩科夫曾埋怨，喜愛伊凡諾夫和契蓋第的人們卻一點都不了解音樂，除非那是「屬於老套的芭蕾類型」。他不滿地表示，芭蕾名師的編舞「千篇一律地不適宜」配樂。[104]

一八九三年十月十六日柴可夫斯基過世，距離他親自指揮第六號交響曲首演，僅僅相隔九天。據《聖彼得堡新聞報》的報導，熱烈流言傳遍首都。耳語的其中一個來源，作曲家的姪兒弗拉基米爾・達維多夫（Vladimir Davidov），回想去雷納餐廳（Leiner）時，若是塞一點小東西給店主，他會讓未成年學生從後門進來。柴可夫斯基喜愛聖彼得堡的餐廳，常跟作曲家同儕圍成一圈待到凌晨三點，豪飲之下也未顯露一絲喝醉的樣子。在第六號交響曲首演後的派對上，達維多夫也在場，柴可夫斯基點了水。得知沒有瓶裝水時，柴可夫斯基要了一杯自來水。由於當時城裡流行霍亂，因此沒人喝自來水，但柴可夫斯基堅持這麼做，數日後作曲家就過世了。葛拉茲諾夫堅稱柴可夫斯基死於自殺，皇家芭蕾舞團的作曲家與指揮里卡多・德里戈（Riccardo Drigo）也談及同性戀和自殺。挪威作曲家愛德華・葛利格（Edvard Grieg）數年前曾見過柴可夫斯基，他覺得這位俄國人「抑鬱到幾近發狂」。假如柴可夫斯基真的死於自殺，那他的死是受到年輕的達維多

㉛ 編按：作者此處用擬人手法描述，唯有上層階級才是熱鬧大街上店家的服務對象。

夫吸引所致，或者出於較普遍的絕望呢？據一位蘇聯音樂學者所述，公開揭露柴可夫斯基的同志性向勢不可免，且將玷汙他的母校聲譽。法學院將難以承受醜聞，而且柴可夫斯基學生時期所有可以找到的校友，應該都會告誡他以自殺來維護母校的榮譽。但那是個被誇大的故事，完全漠視當時對於同性戀盛行現象所持的相對寬鬆態度，也忽略了報紙報導，以及監控作曲家病情進展的醫師手記。醜聞，假如真的有醜聞的話，也是被視為窮人疾病的霍亂。[105]柴可夫斯基染病致死的兩年後，《天鵝湖》首度在聖彼得堡完整且成功地演出，他的弟弟莫傑斯特．柴可夫斯基（Modest Tchaikovsky）為這次演出寫了新情節。故事的精髓正是因愛與水導致的死亡。

一八九四年，亞歷山大三世駕崩。從一八八一年到他逝世，聖彼得堡成為浩瀚創造力上演的舞台。在工業方面，首都以可與彼得大帝匹敵的精力高速前行，但聖彼得堡也正朝著悲劇疾駛而去，藝術成就達到顛峰的時間顯得短暫。與此同時，有些激烈的革命家棄農村公社於不顧，反倒追隨沙皇的獨裁典範。他們逐漸將政治體制，某種抽象的概念，安置於人民的需求或情感之上。

第十章　在懸崖邊緣跳舞

一八九四至一九〇五年

一九〇五年的革命波及每一個人。在一月初的「血腥星期日」，前途看好的年輕舞者尼金斯基被短棍毆打，下手的人是一位橫衝直撞驅散群眾的哥薩克騎兵。數個月後，一位名叫伊果·史特拉汶斯基①的法律系學生行經喀山斯基宅邸（Kazansky Place），被誤認跟身邊的抗議人士是同夥而遭到逮捕。[1]皇家芭蕾舞團的成員於十月發起罷工，領頭者之中有三位是當代最偉大的舞者，分別是卡沙維娜、弗金和帕夫洛娃。與此同時，一位「半裸的年輕女孩……身穿半透明希臘束腰長上衣，讓她舞動時獲得全然的自由」，聖彼得堡為之震動。[2]一位來自彼爾姆②的胖漢，達基列夫，他留著一頭濃密有型的白髮，特別喜好年輕男子。立即意識到美國舞蹈家伊莎多拉·鄧肯（Isadora Duncan）的演出可能改變俄國的舞蹈方向。象徵主義詩人與小說家別雷觀賞了鄧

① 就是寫出《春之祭》的音樂家史特拉汶斯基（Igor Stravinsky, 1882-1971）。

② 彼爾姆（Perm）是俄羅斯內陸工業城市，位於烏拉山西側。

肯其中一次「驚人」演出，陪伴身旁的是幾乎逼使他自殺的女子，別雷的密友詩人勃洛克之妻。在鄧肯自由不拘的姿態中，別雷看見了「嶄新、年輕、革命俄羅斯的象徵」。[3]

俄羅斯踩在懸崖邊緣跳舞的前十年，國家由尼古拉二世主政，他是一位不容妥協的沙皇，也是所屬物種的最後一人。史特拉汶斯基印象中的尼古拉是個「蒼白乏味」[4]的人物，兩旁簇擁著冷峻衛兵，職責是阻止人們靠近。尼古拉從來不曾考慮接受過，民選代表可以跟君主商議政事的觀念，專制與進步思想間的斷裂，自尼古拉登基後日漸惡化，鴻溝變得深不見底。尼古拉二世像父親一樣抱持反猶主義，認為在革命組織中，存在高比例的猶太人，這讓猶太大屠殺師出有名，也導致右翼暴徒「兄弟會」攻擊「猶太佬」和「左翼人士」的行為，未受勸阻。

尼古拉二世受妻子黑森—達姆斯塔特（Hesse-Darmstadt）的亞歷山德拉公主所左右。她身為維多利亞女王的孫女，有大半童年時光都在倫敦的肯辛頓宮度過。改信正教會，授名為亞歷山德拉·費奧多羅芙娜的皇后常自我反省，生性拘謹且缺乏人氣。她的才智跟她的丈夫差不多，一樣有限，這對夫妻盡可能避免待在飽受威脅的首都。[5]英國大使館代辦塞西爾·斯普林·萊斯爵士（Sir Cecil Spring Rice）寫信給友人、美國總統的妻子西奧多·羅斯福夫人（Mrs Theodore Roosevelt）時，語氣顯露一絲惱怒：「皇后有一邊耳朵不舒服，沙皇就不處理公務導致萬事延宕。要是妳的耳朵疼，那麼美國會如何？」[6]

尼古拉跟家人在沙皇村度過春天，初夏則住進彼得霍夫宮。下一個日常行程是搭上皇家遊艇，旅居克里米亞，住進利瓦季亞（Livadia）的新文藝復興風格宮殿。沙皇一家的年度行程在波蘭的狩獵木屋作結，隨後是公務職責季節來臨，將他們帶回首都，這段停留的時間最為短促。[7]

他們是不情願的東道主。冬宮在一九〇三年二月舉辦最後一次的化裝舞會，那是建城兩百週年的其中一項慶祝活動，帝國的防護外衣卻即將崩落。三百位賓客換上彼得大帝的父親，阿列克謝時代的服飾。因政治因素從亞歷山大執政時期遭禁至今的歌劇《鮑里斯．戈東諾夫》，得以上演。[8]演出結束後賓客入座用餐。晚宴無休無止，桌上擺著多達十二道失去熱度的油膩湯品，彷彿暗示這一切的皇室縱酒狂歡已持續了太久。建城兩百週年的這年，聖彼得堡遭逢的兩百度洪水前來祝賀，雖然未及一八二四年最嚴重洪災的規模，今年的水位上漲高度僅有當年的一半，但要塞仍鳴響了警示槍聲。強風呼嘯，涅瓦河上漲淹過碼頭，街道沒入水裡。此前兩個世紀間，洪水警鐘定期規律響起，冬季冰雪年年封鎖聖彼得堡。近日還出現一種新的威脅，在羅曼諾夫的首都裡，對於政權日漸厭惡不耐的群眾數量令人震驚。冬宮每年一度在大尼古拉廳（Great Nicholas Hall）舉辦的舞會，有種千篇一律的無聊氣息。圍繞冬宮廣場的火盆燃亮，映照著到來的馬車和無篷雪橇，它們由「不懼寒冷的官員們」乘坐著。夜間八點三十分過後不久，沙皇與皇后陛下，「置身符合國家禮儀的全副隊伍中，從孔雀石廳出發，管弦樂團奏響一首波洛涅茲舞曲」[9]，格林卡的曲調歷久不衰，為不諳音律的沙皇們反覆演奏。俄羅斯帝國的最後一場宮廷舞會舉行於一九〇四年一月，但在罹患血友病的皇太子誕生、遠東地區的軍事災難③和一九〇五年的革命衝突過後，如此的慶典顯得不合時宜。[10]

一如往常，回溯過去是緊緊抓住迅速消逝的生活的一種方式，而創新的藝術雜誌《藝術世

③編按：指一九〇四至一九〇五的日俄戰爭，俄軍大敗。

界》（*Mir Istkusstva*）為其提供豐富的內容。雜誌由一群有些裝模作樣的年輕人創辦，他們古怪地自稱為涅夫斯基的皮克威克幫（Nevsky Pickwickians）④。他們的領袖是身兼畫家、劇場設計師、藝術評論與歷史學者的亞歷山大·伯努瓦。伯努瓦的家族很有背景，曾參與聖彼得堡的高雅過往，適切地成為一段歐洲的韻事。伯努瓦母親的家族傳承自加特里諾·加沃斯，即來自威尼斯的皇家劇院音樂總監，他的兒子阿貝托·加沃斯是馬林斯基劇院和莫斯科大劇院的建築師。阿貝托的女兒嫁給雙親中一方是法國人、一方是德國人的尼古拉·伯努瓦（Nicholas Benois），在聖彼得堡美術學院建築系期間，曾獲得金牌的榮耀。聖彼得堡的歷史顯然銘刻在亞歷山大·伯努瓦的血脈中。涅夫斯基的皮克威克幫成形於一八八〇年代，當時伯努瓦跟兩位友人德米特里·費羅索弗夫（Dmitri Filosofov）和沃特·努維（Walter Nuvel），同在首都的私立五朔學院（May School）就讀。一八九〇年畢業前夕，他們結交了一位猶太裔藝術學生里翁·羅森柏格（Léon Rosenberg），日後他改姓安全的非猶太姓氏巴克斯（Bakst），成為聞名的革新舞台設計師。一九〇〇年巴克斯以一齣大獲成功的芭蕾舞布景嶄露頭角，隨後表演場地從原先的艾米塔吉劇院換到馬林斯基劇院。同一年接近尾聲時，費羅索弗夫能量十足的姪兒謝爾蓋·達基列夫來到首都，並躍居皮克威克幫的主導地位，使皮克威克幫轉向藝術世界幫，由一群唯美主義者發起展覽並製作具影響力的雜誌。《藝術世界》取代了關注社會的巡迴展覽畫派，抱持著世紀末的「藝術只管藝術」思想──「藝術的世界」是另一個世界。正因為熟知尼古拉二世政權的乏味庸俗，《藝術世界》樂於探索首都的豐厚建築史。[11]伯努瓦在為雜誌寫的文章〈繪畫的聖彼得堡〉裡，挑戰了「腐爛的沼澤」、「荒謬的發明」和「軍團辦事處」等常見用語，並且宣告自己對首都的熱愛。[12]

《藝術世界》印製成大開本的雜誌，除了鑽研聖彼得堡建築，亦旁及舊式的俄羅斯建物與裝飾藝術。絕佳社會地位使皮克威克幫認識富吸引力的人物，例如頹廢派科學家阿爾弗雷・努洛克（Alfred Nurok，他飽覽薩德侯爵⑤與色情詩作）。努洛克把英國新藝術插畫家奧柏里・貝茲利（Aubrey Beardsley）的作品介紹給他們，日後對於雜誌與當代俄國平面設計產生莫大影響。一位法國外交官帶領幫眾認識法國繪畫的最新發展後，他們滿懷熱忱地將高更（Gauguin）、梵谷（Van Gogh）和塞尚（Cézanne）呈現在俄國藝術愛好者面前，當時這批藝術家受盡嘲笑且幾乎不為法國大眾所知。於是達基列夫將後印象派引入聖彼得堡，並且在俄國發起曇花一現的現代主義革命。他開始策劃多檔重要展覽。「英國與德國水彩畫展」在史第格利茲美術館（Stieglitz Museum）的兩層樓展間陳設，這棟由馬克西米里安・梅斯麥契設計的新文藝復興建物，既豪華且兼容多種風格。達基列夫策劃了一八九七年的「斯堪地那維亞畫家展」，以及一八九八年的「俄國與芬蘭畫家展」，諸如伊薩・列維坦（Isaak Levitan）、瓦倫汀・瑟洛夫（Valentin Serov）、米哈伊爾・烏魯貝爾、維克特・波里索夫—穆薩托夫（Viktor Borisov-Musatov）等俄國當代藝術家皆參展。

一九〇五年達基列夫在塔夫利宮盛大展示三千幅俄國肖像畫，為重要的史第格利茲系列展覽劃下句點。展覽空間的牆面特意漆成深色，巴克斯塑造花園的印象，放置雕像來打斷無止境的畫作行列。[13]事實證明展覽僅在社會特權階級間造成轟動，但沙皇對於列祖列宗畫像的冷淡態度，

---

④此處的皮克威克可能出自狄更斯的小說《皮克威克外傳》（*The Pickwick Papers*）。

⑤薩德侯爵（Marquis de Sade, 1740-1814）是一位法國侯爵與色情、哲學作者，在獄中寫了未完成的《索多瑪一百二十天》。

讓伯努瓦詫異不已。展出期間尼古拉大公⑥曾踏過一幅肖像畫，展露羅曼諾夫家族的粗野至極。大公試圖忽視自己的失禮行為，高傲地表示那幅畫作需要修復。群眾湧向展覽，當人們走過掛滿反覆無常的保羅一世的肖像展間時，達基列夫感受到一陣「驚慌且不祥」的冷顫。非常諷刺的是，如今對羅曼諾夫家族全面頌揚，卻恰好選擇政權瀕臨崩潰的當下展出。達基列夫的感受正是如此。為達基列夫在塔夫利宮舉辦晚宴時，演說裡他描述這次展覽是重大的「歷史總結時刻，奉嶄新且未知的文化之名，而這文化將由我們創造，也會把我們毀滅」。[14]

儘管俄國龐大的人口中，確實存在大量文盲與赤貧人民，但國家也有部分地區已經歷現代化。進入二十世紀後，開明的財政部大臣謝爾蓋．威特持續實施創舉，

圖43　馬克西米里安．梅斯麥契設計的史第格利茲美術館。

削弱了俄國商業的孤立狀態。他改轍至金本位制⑦後保全了盧布幣值，並且自一八九三至一九〇四年，帶領俄國踏上國際資本主義的軌道。一八九〇年代的繁榮期間迅速擴展，當時的工業快速成長[15]，聖彼得堡成為俄羅斯帝國最大的生產基地，城市裡的建築珍寶受汙染吞噬，從作坊煙囪排出的煤煙毀了天際線。一如別雷所記述，每天早晨「好幾千人成群」拖著沉重腳步走向工廠。在一百五十萬的人口中，近三十萬人在工業廠房做事。建築工事跟不上工人從各地湧入的腳步，房租隨之上漲。一九〇〇年榮景破滅時，勞工收入減少導致手頭拮据。即使一九〇四至一九〇五年受誤導且引起極大反感的日俄戰爭（Russo–Japanese War）刺激經濟復甦，人們也找不到慶祝的理由。俄國插手遠東事務的時機不佳。一八九八年俄國奪下南滿洲的亞瑟港⑧，確保俄國在此擁有海軍和貿易基地。兩年後中國爆發反抗西方帝國主義的義和團運動，沙皇被迫派十七萬大軍前往滿洲，保護俄國在西伯利亞鐵路沿線的東向擴張。與此同時，自十九世紀中期起淪為西方自大行徑的受害者，日本，懷抱著自身的殖民夢想，採取跟一九四二年對美國海軍發動的相同戰略，於一九〇四年四月奇襲俄國駐防亞瑟港的太平洋中隊，包圍城鎮。當日軍攻入滿洲並擊敗占優勢的俄軍後，沙皇的遠東雄心隨之破滅。[16]

對於中產階級而言，從表面上看來，聖彼得堡的生活似乎不受上述國事影響。高頂禮帽和

⑥ 指尼古拉・尼古拉耶維奇（Nicholas Nikolaevich, 1856-1929），是尼古拉一世的孫子，擔任一戰期間的俄軍總司令。

⑦ 在實施金本位制（gold standard）的國家，每單位的貨幣價值等同於若干重量的黃金，或稱為貨幣含金量。

⑧ 亞瑟港（Port Arthur）即旅順港。

「浮華的駝鳥毛皮草」，依舊在涅夫斯基大街川流來去。新藝術運動，或是俄國習稱的stil moderne，席捲首都。在新藝術風潮下，聖彼得堡的建築未曾像對等的莫斯科那般大興土木，依舊接近芬蘭取向的粗琢石材民俗景象。葉立西夫兄弟（Eliseev Brothers）建造的，販賣「各種水果以及本地和外國珍饈」的新藝術商場⑨[17]，於於一九〇二至一九〇三年間在涅夫斯基大街上興建。維傑布斯克車站（Vitebsk Station）近乎宮殿般華美細緻的非對稱內部裝潢，打造於一九〇二至一九〇四年間。美國勝家公司⑩在首都蓋了第一棟金屬結構建築，此種工法容許裝設大型窗戶。[18]然而最富才華且前瞻的新藝術建築，要數亞歷山大·戈金（Alexander Gogen）於一九〇四至一九〇六年間為瑪蒂爾德·克舍辛斯卡婭所建的宅邸，坐落於克隆維克斯基大街（Kronverksky Prospekt）。這位芭蕾女伶名下搜羅了不少貴族，並且獲得可觀財富。羅茲威爾公爵（Prince Radziwill）評論克舍辛斯卡婭一定對於腳踏「兩位公爵感到驕傲」，她答覆那並不奇怪：「我有兩隻腳呢。」[19]豐厚天賦讓克舍辛斯卡婭變得富裕非凡，她僱了一名專屬警衛隨侍在側且廣受注目，她會在鄉間或俯瞰聖三一廣場的入時豪宅內，豪奢享樂。

圖44　涅夫斯基大街的勝家大樓樓頂，都城的第一棟金屬結構建築。

在家具設計和裝潢方面，聖彼得堡的新藝術面貌多元。首都有兩間公司居於領導地位，其一的弗里德里希・梅爾徹（Friedrich Meltzer）依「英式風格」，裝潢亞歷山德拉皇后的冬宮寢室，牆面上半部是印著淺粉色鳶尾花圖案的白底棉布。梅爾徹的競爭對手斯維斯基（Svirsky）設計皇室列車裡的兒童房時，則採用亮眼的花朵圖紋。皇后在沙皇村和冬宮的房間也以新藝術風格裝潢。皇室的彩蛋工匠卡爾・法貝熱（Carl Fabergé）於一八八九至一九〇二年間歷經新藝術階段；亞歷山德拉購置加利⑪的玻璃器皿，並指示皇家瓷器廠

圖45 聖彼得堡的新藝術有著芬蘭新藝術運動的影子。

⑨ 現今的葉立西夫商場（Eliseev emporium）。

⑩ 勝家公司（Singer Company）的明星產品是勝家牌縫紉機。

⑪ 埃米爾・加利（Émile Gallé, 1846-1904）是法國新藝術運動代表人物。

仿製加利的獨特作品，專供皇室家族使用。謝爾蓋・雪徹貝托夫公爵（Prince Sergei Shcherbatov）和弗拉基米爾・馮・梅克男爵（Baron Vladimir von Meck），受到巴黎的新藝術推手梅頌・賓⑫啟發，於一九〇三年初在大海街（Bolshaya Morskaya）設立當代藝術中心提倡新藝術運動。可是，縱使投注精力策劃展覽，公爵與男爵只賣掉一張椅子，且在十八個月後歇業。無論如何，新藝術運動吸引了新富階級。新藝術使用的螺旋花飾圖樣[20]，代表著拿棕櫚葉輕輕擾動清澈池水，這相對於聖彼得堡極為殘酷的洪水經驗，成為暫時的緩解劑。

十九世紀的傳統和娛樂在快速變化的首都裡仍然興盛。小說家瑪塔・奧梅丁金（Marta Almedingen）回憶起瓦西里島上舉辦的市集，販售散發石蠟味的甜點、蜂蜜燉煮蘋果、熱鬆餅和皇室家族的石膏半身像。塔瑪拉・卡沙維娜記得火災瞭望塔、消防馬車，與消防員配備的黃銅頭盔和號角。史特拉汶斯基回想起一些氣味，像馬匹和無頂四輪馬車的皮革味道，隨著城市電氣化緩慢消逝的衝鼻瓦斯味和煤油燈，以及四處瀰漫的馬寇加（Mahorka）黃花菸草，打從首都建城起就自西班牙途經荷蘭進口。卡沙維娜記得跟父母一起到玻璃屋頂的亞歷山大洛夫斯基市場（Alexandrovsky market），拜訪一位熱心、手藝高超且收費低廉的猶太裁縫師。[21]而嬌寵的年輕人弗拉基米爾・納博科夫（Vladimir Nabokov）記錄了城市裡持續上演的英國崇拜，他的家人在涅夫斯基大街的英國商店採買皮爾斯香皂⑬、黃金糖漿⑭、酒漬水果磅蛋糕、條紋休閒西裝外套和嗅鹽。詩人奧斯普・曼德斯達姆（Osip Mandelstam）堅稱聖彼得堡的街道需要壯觀奇景，此地建築「以某種孩子氣的帝國主義」啟發著他。他追憶戰神廣場每逢五月舉辦的遊行，盡是閃閃發光的劍和刺刀，銀色小號與軍號。在他眼中，「極其壯觀莊嚴之事無疑總在聖彼得堡發生」。[22]

無論如何，尼古拉二世的宮廷娛樂活動大多在安全壯觀的眾宮殿輪番舉辦。沙皇在彼得霍夫宮接待暹羅⑮國王時，他的隨行舞團啟發了弗金和巴克斯，同時的座上賓還包括法國總統菲利・福爾（Félix Faure）和德皇威廉二世（Kaiser Wilhelm II）。卡沙維娜也回憶起一場盛大的演出，由克舍辛斯卡婭主跳奧傑塔和奧吉莉亞⑯的《天鵝湖》，呈現在另一位法國總統埃米爾・盧貝（Emile Loubet）面前，地點是沙皇村裡葉卡捷琳娜大帝所建的中國劇院（Chinese Theatre），裡頭所有的紅漆門板、紅金相間的洛可可座椅與瓷花依然奪目非凡。[23]上述場合或許盛大壯觀，首都卻有些許空洞，因其帝國雄圖而耗盡錢財。聖彼得堡成了為羅曼諾夫家族盛裝慶典所架設的舞台，然而隨著沙皇與大臣們愈來愈受革命威脅，曼德斯達姆感到「無聲的愁苦……對於即將逝去的生活」。他嗅到「破舊公園裡傳出的潮溼空氣」，忍受「聖彼得堡煮沸過的水裡仍有橡膠餘味」，引述別雷筆下發綠「混濁、細菌滋生的涅瓦河水」。這座城市的街道在秋天飽受冰冷細雨折磨，讓行人渾身溼透，直到流行性感冒「爬進豎起的領子」，追著辦事員和學生進入室內；聖

---

⑫ 梅頌・賓（Maison Bing, 1838-1905）設立的新藝術之家（Maison de l'Art Nouveau）藝廊，是巴黎新藝術運動的重要據點。

⑬ 皮爾斯香皂（Pears Soap）由英國人皮爾斯（Andrew Pears, 1766-1845）發明配方且在倫敦的工廠製造，一八〇七年首賣後成為大眾市場的第一個透明皂品牌。

⑭ 黃金糖漿（Golden Syrup）是一種轉化糖漿，常在烘焙時用來取代蜂蜜，最有名的牌子是一八八五年首賣的萊爾金獅糖漿（Lyle's Golden Syrup）。

⑮ 暹羅（Siam）是泰國的舊稱。

⑯ 在《天鵝湖》中，白天鵝奧傑塔（Odette）與黑天鵝奧吉莉亞（Odile）常由同一位舞者扮演。

彼得堡街道「就跟高燒一樣」流動在他們的「血管裡」。[24]

這是一座可分割的城市。確實如此，跨越涅瓦河的橋梁能夠升起，保護政府不受郊區勞動大眾的不滿所侵擾。到了一九〇〇年初，媒體開始報導街頭小型流氓幫派的興起，他們以嘲笑和下流言詞騷擾穿著體面的路人並索取錢財。幫派彼此爭奪地盤。儘管禁止攜帶武器上街，這是政府企圖抑制恐怖主義的措施，但不受控制的幫派仍集結一百多個年輕人，沿著彼得格勒區的博紹伊大街（Bolshoi Prospekt）成群鬧事，砸破店鋪櫥窗、拿小刀和手指虎打架。城市西南工業區的納爾瓦凱旋門（Narva Gate）和瓦西里島的海港園（Harbour Fields），成為布爾喬亞的禁入區。而在察覺自己的影響力後，幫眾開始出沒於亞歷山大洛夫斯基公園（Alexandrovsky Park），並且越過涅瓦河騷擾在參議院廣場散步的寬裕市民。[25]

在一八九〇年代晚期，聖彼得堡工廠的騷動加劇。僱主做出一些無影響力或不具實效的讓步，例如於一八九七年承諾每日工時上限是十一個半小時，一九〇三年承諾為工作事故提供醫療照顧，但聖彼得堡的眾多工人仍舊命運悲慘。在普提洛夫鐵工廠裡，多數僱員日薪低於一盧布，而紡織業的薪資甚至更低。馬克思主義革命家列寧認為，工廠內的緊張關係「代表初萌芽的階級鬥爭，不過仍然處於胚胎期」。他試圖押上更高賭注，以稍嫌誇大的口吻讚頌紡織工人大罷工，亦即「著名的一八九六年聖彼得堡工業戰爭」。但是他也體認到這是一段「困惑……且猶豫不決」的時期，主張應成立具凝聚力的政黨，由專業、中央集權的領導階層運作。[26]事後證實，這將是一個新終局的開端。接下來的二十年裡，在社會運動人士的行動與當局的回擊間，懷抱不同目標的相異團體將跌跌撞撞步向革命。哥薩克騎兵頻頻破壞學生示威，而他們的干預，好比一九〇一年三月在喀山主教座堂前的示威，常導致重大傷亡。暗殺行動仍持續上演，如內務部大臣德米特里・席普亞金（Dmitri Sipyagin）就在一九〇二年四月遭革命分子殺害。接替他的是毫不妥協的維亞切斯拉夫・馮・普勒韋（Vyacheslav von Plehve），「一切改革的敵人」。當他在就任剛滿兩年時被炸死，據塞西爾・斯普林・萊斯所述，「人人歡天喜地」。[27]

普勒韋在任時將安全秩序部轉變為複雜的祕密警察網絡，派出大批臥底特務滲透恐怖組織。安全秩序部側錄電話且執行徹底搜查，此做法至少可追溯至葉卡捷琳娜大帝執政時期。[28] 一八三〇年代詹姆斯・布坎南（James Buchanan）號令位於聖彼得堡的美國公使館，他開通了兩國間的通信，且於日後成為美國總統。一八六〇年代中期，英國公使夫人警告瑞德戴爾勳爵，要使用外交郵袋寄信，她孩子的保母收到從英國不同地點寄出的兩封信。共兩個信封送達，一封裡有兩張照片，而另一封裝著兩張信紙！⑰[29] 中央郵局裡有一個負責攔截郵件的「黑櫃子」，雖然在欠缺明確法院命令下搜查屬違法之舉。[30]

在一九〇一至一九〇七年期間，安全處（Security Section）的聖彼得堡總部位於莫伊卡濱河路（Moika Embankment）十二號，即普希金咽氣的那棟房子。如同先前的第三處或日後的契卡，安全處從未獨立運作，深陷於首都各部門的曲折迷宮中。位於豐坦卡濱河路的特別處（Special Section），負責維護高達五萬張，且持續增加的嫌疑人代號索引卡。安全秩序部常派女性執行監視，因為她們較不顯眼，且從駐守都城的五百名騎馬憲兵行伍中，吸收許多戰力，此外也深深仰

---

⑰ 編按：作者暗示信件被攔截拆封過，原本是一封信裡有一張信紙和一張照片，錯裝為一封皆為信紙、另一封皆為照片。

賴首都的六千多名警力支援。但是安全秩序部的探員與跟監人員薪資低落，減損了效率且招來賄賂。他們可以輕易說動立場不堅的革命人士投誠[31]，可是一旦堅貞的恐怖分子也被吸收，而成為雙面諜時，事態就愈趨複雜。如葉夫諾．阿澤夫（Evno Azeff）就曾組織「謀殺公爵與大臣的行動，同時……將這些案件的行凶者與共犯洩漏給祕密警察」。[32]雙面諜阿澤夫策劃了二十八起針對官員的恐怖攻擊，且親身涉入普勒韋的暗殺計畫。[33]

正是普勒韋提拔前革命人士謝爾蓋．祖巴托夫（Sergei Zubatov），來領導聖彼得堡政治調查事務。祖巴托夫敏銳地看出，少了無產階級鬥爭的革命人士成功無望，於是提議滲透進工人團體，說服他們解決問題的對策在於改善現存體制。祖巴托夫試圖在警察監督下成立自助團體，求助於能說跟勞動大眾共通語言的宗教導師。加邦神父是一位自負且心神不安的正教會神父，抱持危險的非正統思想。他出身烏克蘭的低下家庭，來到聖彼得堡前的人生大事包括一次不成功的婚姻、抑鬱發作和古怪行徑。但是他懷抱著「對於窮人的真誠關心」，並且擁有控制他們的魅力。祖巴托夫監控勞工組織的計謀未曾實現，不過加邦旋即構思了自己的版本。他了解革命人士無法輕易影響大眾，因為他們必須躲在暗處工作，而一名神父的職責則是大聲疾呼。加邦能與人發展直接且開放的關係，於是在一九〇三年夏天，他到維堡開設了一間勞工俱樂部，且於隔年春天成立協會，命名為聖彼得堡的俄羅斯工廠與磨坊工人大會（Assembly of the Russian Factory and Mill Workers of the City of St Petersburg）。在俱樂部裡，工人可以放鬆身心或者參加課程、聆聽演說，甚至在唱詩班裡高歌。加邦開始邀請理解力最強的工人到家裡，在尼古丁助陣、啤酒加溫下暢言討論，範圍廣及俄國人的諸多牢騷：言論自由、大學教育的必須、法律之前人人平等、廢除土地補償稅、工時八小時、最低薪資，以及依法保護勞工。

加邦的創舉大獲成功，使得鄰近地區工人大聲疾呼屬於自己的俱樂部，另一間旋即開在靠近納爾瓦普提洛夫鐵工廠的舊客棧。隨後的下一間出現於瓦西里島。加邦以粗俗的論點、迅速為之的演說和觸動人心的口吃，與工人形成簡單、緊密的連繫。一九〇四年耶誕節將臨之際，更多間俱樂部開張且為兒童籌辦派對。普提洛夫工廠有一小群工人受到不公平解僱時，加邦讓他的大會在背後做後盾，號召罷工。俄國正在打仗，而普提洛夫對軍需品的貢獻巨大，罷工是極其不樂見的情況。一九〇五年一月二日星期日，在瓦西里島俱樂部開會後，工人決心跟管理階級正面對峙。一月三日星期一，廠長承諾假如所有人回歸工作崗位，他將調查問題所在。但承諾太少且來得太晚。一月四日星期二罷工擴大蔓延，隔天加邦號召全面罷工。他警告城市總督，力勸他切勿部署哥薩克騎兵。[34]

一月五日是主顯節與每年一度的祝水禮，但在一九〇五年的一月五日，騎馬砲兵團鳴放禮槍時「誤射」了實彈，使慶祝儀式受到玷汙。子彈碎片飛過高官顯要頭上，擊中涼亭屋頂，使一位警員受傷且擊碎了幾扇窗戶，射入冬宮內宮廷人士與外交使節團雲集的尼古拉廳。這起「意外」被歸咎為大意，因兵士在射靶練習後誤將一發子彈遺留在長槍後膛。但那是官方解釋，流言盛傳此舉意在取沙皇的性命。[35]

加邦尋求跟普勒韋的繼任者彼得・斯威亞托波爾克—米爾斯基（Peter Sviatopolk-Mirsky）會面商談，強調情勢已變得多麼嚴峻。一月六日星期四，米爾斯基拒絕接見加邦後，後者決心組織一群工人，在即將到來的星期日遊行時，在沙皇面前請願，要求解決大會討論過的怨苦。[36]當加邦身穿哥薩克服飾現身工人面前，眼神煥發，具有煽動力。據《曼徹斯特衛報》⑱的特派員所述，神父宣告「工廠稽查員是資本家的囊中物」。他朗讀請願書，「我們貧窮，工作太久而過勞，遭到輕蔑對待。我們甚至不被看成人……噢陛下……此刻我們已落入可怕處境，死亡好過我們無盡延長、無可忍受的苦難」。聽眾群情激憤。加邦要他們立誓，星期日當天要武裝前來，儘管他聲明遊行的和平本質。「我們發誓。」群眾高喊。加邦語出威脅：「如果沙皇不滿足我們的要求，日後將沒有沙皇。」工人的附和聲如雷，震動了俱樂部的牆壁，「沒有沙皇！」[37]

到了一月七日星期五，城市因罷工而停擺，而且當局唯恐激起更大的騷動，決定放任加邦逍遙法外。神父將請願書發給打字員，下令複製多份。一份由他隨身攜帶呈交沙皇，另一份於午夜將至前經路透通訊社（Reuters）向外發布。到那時加邦已巡迴大會各分部，鼓動工人狂熱支持形同自殺的行動。《衛報》特派員記述，加邦提及「他自己送命或跟隨者遭屠殺的可能」。[38]與此同時，軍團指揮官瓦西爾契科夫將軍（General Vasilchikov）會見手下軍官，命令他們當時機到來，就將工人逐出市中心。一月八日星期六晚上，街道明顯空寂。來自列維爾⑲的軍隊趁著夜色進駐聖彼得堡。共有二十一營步兵、二十三個騎兵中隊和數百名哥薩克騎兵，準備迎接向沙皇遊行請願的工人。[39]

那是個令人振奮的一月份星期日，如同揭開新黎明的一日，工人拿著崇敬的「一國之父」沙皇尼古拉二世的繪像，甚至是肖像畫，開始往較貧窮的城鎮外圍區域據點集合。工人攜家帶眷，從奧赫塔區（Okhta）沿著涅瓦河右岸前行。其他人在維堡區集合後越過通往彼得格勒島的短橋，在聖三一廣場被路障擋住。官方的藉口是，如同別雷在小說《彼得堡》裡所寫的，「噢，俄羅斯人民！別讓那群陰影從島上進來！」[40]帕夫洛夫斯基軍團⑳派遣的分隊和擲彈兵衛隊已就位，確保他們無法越過路障。一位軍官由於從卡緬諾奧斯特洛夫斯基大街㉑湧入的另一波遊行隊伍，使他們的人數倍增，因而命令請願者停下腳步。遊行群眾敞開外套，證明自己並未武裝，但擠在後方的急切抗議者將前排的人向前推。軍號吹響後，一輪子彈打破僵局，騎兵向前衝鋒。軍刀閃閃發光，像銀魚一般在人群中游動。另兩輪子彈發射後五十人死亡倒地，此時傷者的哀鳴嘲笑著加邦神父的計畫有多樂觀。

約莫早晨十點左右，財政部大臣弗拉基米爾．科科夫佐夫伯爵（Count Vladimir Kokovtsov）正在書房整理文件，這時他聽見步槍射擊聲從莫伊卡河上的警察橋方向傳來。一群遊行民眾朝士兵投擲石塊和酒瓶，強行衝進涅瓦斯基大街，遭到沿著大海街前行的軍隊伏擊。士兵向前推進。群眾撤退，隨後重新整頓並且往前迫近。科科夫佐夫急於一探究竟，但門房工回報說，住家的門前已在警察命令下封鎖。[41]

俄羅斯帝國國旗在冬宮飄揚，代表沙皇留居宮內，但事實上沙皇人在沙皇村。第四波抗議群眾聚集於瓦西里島北部，沿著道路往下走，卻遭駐守於涅瓦河橋梁上的士兵擋住。愈來愈多請願

⑱《曼徹斯特衛報》（*Manchester Guardian*）創立於一八二一年，一九五九年更名為《衛報》，隨後將總部遷至倫敦。
⑲ 愛沙尼亞共和國首都塔林舊稱列巴爾，帝俄時期稱為列維爾（Revel）。
⑳ 帕夫洛夫斯基軍團（Pavlovsky Regiment）是皇家衛隊的步兵團。
㉑ 卡緬諾奧斯特洛夫斯基大街（Kamennoostrovsky Prospekt）是彼得格勒島上的要道。

者踏過冰面前進，克服所有路障、槍火齊發和小規模衝突，設法抵達重軍層層駐紮的冬宮廣場，藉著加邦神父向沙皇發表的預言式宣言當作支持力量：「我們眼前只有兩條路可走：一條通往自由和幸福，另一條通往墳墓。」[42]

時至下午兩點，瓦西爾契科夫公爵判定入侵延續的時間太長，下令清空這塊地區，必要時可以開火。軍號鳴響。爬上樹梢尋求視野的孩童被流彈擊中。[43]公爵派遣騎兵驅散從亞歷山大洛夫斯基公園進入參議院廣場的群眾，哥薩克人則負責清空涅夫斯基大街。尼金斯基離開皇家芭蕾學校後，就在大街上被人群帶著走，迫使他迎上哥薩克騎兵揮來的短棍。舞蹈家的頭部遭到棍棒猛擊，這對「柔弱之人」的心理穩定沒什麼幫助。㉒尼金斯基抹掉流下臉龐的血，勉力穿過抗議人群離去。[44]

圖46　「血腥星期日」在冬宮廣場上的屠殺，一九〇五年。

到了中午，科科夫佐夫設法外出查看，發現這場示威已經瓦解。留到最後的人持續暴動洗劫，但依舊企圖發起一場革命的加邦神父躲了起來。雖然官方的數據刻意低估，但「血腥星期日」的死亡與重傷人數接近一千人，外國媒體的用語則是「上千人」。如同建城時的喪生人數，精確數據難以定論。[45]無論如何，統計能表達的有限。血腥星期日的張力、希望與絕望，一場遊行與屠殺，倖存於德米特里・蕭斯塔科維奇的第十一號交響曲《一九〇五年》（*The Year 1905*）之中。

那個星期日晚上，芭蕾伶娜奧加・普列奧布拉任斯卡婭（Olga Preobrajenskaya）在馬林斯基劇院有一場慈善演出。表演順利開場後，起義的耳語傳遍觀眾席，劇院逐漸變空。卡沙維娜回憶起隨後跟哥哥一起走回家，發現街道出奇地「安靜空蕩」。然而全球各地的頭條新聞使讀者震驚，正值與巴黎和柏林協商借貸的科科夫佐夫，則面臨艱困任務，必須重振尼古拉二世治下俄國的市場信心。儘管首都迅速恢復表面上的常態，但抗議與鎮壓已來到新高點。[46]斯普林・萊斯寫信給羅斯福夫人，提到朝臣與外交人員間的共識：血腥星期日是無可避免的絕佳教訓，但有個人卻充耳不聞。沙皇逗弄襁褓中的皇太子，「除了嬰兒的牙牙學語以外什麼都聽不見。若你帶來的消息不合心意，他聽完只會不發一語。假如他真有想法的話，他想維護專制不受削弱並繼續打仗，直到他成為『太平洋霸主』。」[47]

聖彼得堡的劇院界大多未受屠殺所擾，卻被一位革命性的舞者攪動滿池春水。在某些圈子裡，對於古典芭蕾浮現顯著的不安。托爾斯泰認為那是「猥褻的表演」。安東・契科夫（Anton

---

㉒ 日後尼金斯基將因精神分裂症結束舞者生涯。

Chekhov）對通靈術一無所知，卻言之鑿鑿在後台「這位芭蕾女伶像馬一樣臭不可聞」。㉓[48]年輕的亞歷山大・伯努瓦在《藝術世界》裡宣告，「精靈是芭蕾的墮落」。[49]認為芭蕾「虛假、荒謬且在藝術領域之外」的美國舞蹈家伊莎多拉・鄧肯，於一九〇四年十二月十二日抵達聖彼得堡[50]，且在隔天為防止兒童虐待協會（Society for the Prevention of Cruelty to Children）慈善演出。達基列夫與弗金置身觀眾席，表演主辦人隨後宣稱，鄧肯是弗金日後所有創作的「基石」。[51]事後證明鄧肯的演出大受歡迎，她在十六日又再演出一場，接著前往德國。隔年回到聖彼得堡和莫斯科時，在罷工行動與可能發生的革命撼動城市之際，鄧肯對於為富人跳舞表達不安。鄧肯於一月底回到聖彼得堡，「聲稱」在火車到站時，歡迎她的是血腥星期日死者的葬禮行伍。但假若當局審慎地埋葬死者，趁破曉前空寂無人的數小時一次埋葬幾具屍體，那麼舞蹈家或許曾目睹「男子彎著身軀背負棺材，一個接著一個」，彷彿一座踏入墳墓的城市。[52]

與此同時，工人感到困惑，簡直像是加邦帶領他們步入陷阱。沒人能了解當局為何屠殺試圖向沙皇請願的和平抗議者。答案落在一位昏庸帝王的冷漠以對，沙皇最終同意二月底時，在沙皇村接見經過審慎挑選的工人代表團，皇帝會跟代表們喝杯茶、表達同情與空洞的姿態，蒙受苦難的首都則投注更多力量以獲得正義。[53]在一九〇五年的大多數日子裡，聖彼得堡處於形同革命的動盪狀態，學生、工人和職業工會聯手抨擊專制。負責治療血腥星期日受害者的醫師，在此過程中變得關心政治。音樂學院裡騷動不安，林姆斯基—科爾薩科夫拒絕在警察包圍的大樓裡教課。擔任教授三十五年後，他被開除了。[54]其他高等教育機構表態支持，導致剩餘的學年停課。工程師、律師、技師和作家組成工會，這是有效的策略，因為職業聚會是政府容許的唯一公眾集會。

恐怖分子企圖用炸彈襲擊舉辦於三月一日彼得保羅主教座堂，亞歷山大二世的紀念儀式，但這樁陰謀卻在炸彈客自己炸死在旅館房內後受挫，新任的安全秩序部部長格拉西莫夫將軍（General Gerasimov）還牽連了二十個嫌疑人。[55]羅斯福夫人後來接獲斯普林・萊斯告知，「無秩序狀態滋長且事件頻傳。正在發生的崩解尚難理解全貌。就像是一隻龐大的動物死後腐爛，豺狼撕咬著獸屍的堅硬外皮……專制仰賴恐懼而存續，而且看似摧毀了其餘所有感覺。如今則是恐懼使得專制遭受攻擊。」[56]街頭暴力，如攔路搶劫、持刀攻擊和鬥毆，在血腥星期日後增長。流氓會在宜人的春天夜晚入侵涅夫斯基大街，手持鐵棍，輕蔑地揮向時髦人士的臉龐。年輕的納博科夫口袋裡隨時擺著一把手指虎自衛。[57]

俄國的第二太平洋艦隊於一九〇五年五月，在對馬海峽（Strait of Tsushima）遭到橫掃，超過四千俄國人死亡、六千人遭俘虜，迫使沙皇放棄他的遠東抱負並請求和議。在離家較近處，關心政治的程度遠超過列寧所能期盼的農民，持續以放火對抗地主。七月五日，一位貴族官員射殺船上的甲板水手，因為水手膽敢抱怨停泊在敖德薩的船艦上的伙食生蛆。謝爾蓋・埃森斯坦的巨片《波坦金戰艦》描述此事件與後續的起義，彰顯帝國的不當管理如何激發了叛亂——這艘《波坦金戰艦》形同俄國的縮影。受壓迫者把握時機，帝國則出手回擊。支持專制的軍隊機器沿敖德薩階梯㉔行進，沉著地伸出刺刀消滅叛軍，並且屠殺無辜的旁觀者，彷彿血腥星期日的重演。

㉓ 編按：作者意指契科夫的身分是觀眾，不可能確知舞者是否有體味，除非他懂通靈術。

㉔ 敖德薩階梯（Odessa Steps）又稱波坦金階梯，是從海上進城的入口，底部寬二十多公尺，全長共一百四十二公尺。

整個夏天情勢愈發惡化。一場霍亂爆發在預料之內，騷亂彷彿流行病般傳布。大規模的政治集會在聖彼得堡各地的講堂舉行，十月一日有兩千名工人和學生聚集於科技學院（Technological Institute），隨後的十月五日則有一萬兩千人來到校園。十月四日莫斯科至聖彼得堡的夜行列車發生致命意外，全速行進的火車頭衝撞旁軌，導致車廂全毀，這是人為過失或鐵路人員「怠工」所致的混亂呢？三天後，莫斯科至喀山的鐵路員工發起罷工，鐵路營運中斷且迅速遍及所有路線。[58]十月十三日，四十位革命分子在科技學院碰面，使未經協調的反抗行動匯整成大罷工，且於四天後在新成立的聖彼得堡「蘇維埃」（soviet，或稱工人委員會）領導下發動。十月十九日聖彼得堡蘇維埃宣告新聞自由，拒絕關閉工廠的實業家遭到恫嚇。蘇維埃傳令至郵局和鐵路，向飢餓的罷工者募資，與市議會協商並組織自有民兵。以刀子、左輪手槍和鋤頭武裝的部隊到十一月中時已有六千多人。罷工者成立自衛小隊，從八點到十點巡察漫步於夜間街道。前頭提到，前來俄國為貸款協議做最後議定的法國金融業者，在尚未確認這座城市的情況下就貿然返國，連交易都沒談成。[59]

安德烈．別雷的偉大現代主義小說《彼得堡》，將背景設定在危機漸長的一九〇五年九月三十日至十月九日間，政府逐漸失去掌控能力。這本書聚焦於意圖以炸彈殺害阿波隆．阿波隆諾維奇．阿布留霍夫的一樁陰謀。阿布留霍夫是虛構角色，跟死硬保守派、曾擔任尼古拉二世教師的神聖宗教會議代理人康斯坦丁．波別多諾斯采夫多有相似之處。阿布留霍夫自陳是「普勒韋的門人」。當他的「乾癟且全無吸引力的微小身軀」，對比於「受他管理的巨大無比機制」，國家會脫離政府掌控就顯得毫不意外。在「罷工進展期間」，阿布留霍夫「現身於官署、辦公室和大臣住處——筋疲力竭，憔悴瘦削」。他無可救藥地與時代脫節。馬車將他隔絕於「街上的人渣」和在十字路口「兜售的潮溼紅色破布」之外。與此同時，阿布留霍夫的兒子尼古拉，一位參與革命運動的大學生，被挑中去向一位目標政府人士投擲炸彈。在涅恰耶夫、伊許汀等恐怖分子和雙面諜葉夫諾．阿澤夫的世界裡，加上小說現代主義觀點下城市分崩離析的脈絡，毫不令人意外地，恐怖分子選定的祭品就是尼古拉自己的父親。

《彼得堡》從未貼近罷工者。的確，別雷的觀察來自「戴著高頂禮帽的行伍，你絕不會說這些重大事件正愈演愈烈」。然而這部小說依循著聖彼得堡自身傳統，以凶殘的方式關心新事物取代舊制度。書中不僅詳述兒子如何殺害父親，偉大的開創者彼得大帝青銅騎士像也似乎又動了起來，全速奔馳以改變俄國。不過別雷向讀者暗示俄國也許仍陷於泥濘。彼得大帝青銅騎士像的前端與後端之間存在無可化解的張力，「兩隻前蹄高高躍入黑暗，踏進虛空」，銅像的「兩隻後腳卻牢牢埋在花崗岩土地裡」。人們看見彼得「日復一日、年復一年地疾馳，飛奔過溼漉的聖彼得堡大街」，別雷還預言了另一次「躍過歷史」。偉大就應該動盪」。他反覆描寫聖彼得堡的街道和天空陷於「泥濘之中」，暗示在革命影響下城市終將煙消雲散，在小說中，恐怖分子交給尼古拉的炸彈裝在沙丁魚罐頭裡，滴答作響，這炸彈「足以讓周遭的一切……變成爛泥」。[60]

一九〇三年十二月斯普林．萊斯察覺俄國人碰面時，他們「談論革命還有多久會來，就像日本人總是把地震掛在嘴邊」。[61]到了一九〇五年十月事態已趨明朗，不久後沙皇專制將如同初春的冰凍涅瓦河面一般崩裂。塔瑪拉．卡沙維娜記憶中的一九〇五年秋天是「一場惡夢」，電力時時中斷，聖彼得堡電話線路一片沉寂，不再傳出可怕鈴聲。她記述皇家芭蕾舞團的一百八十位舞者是如何的「內心保守，對宮廷忠心耿耿……順從接受氾濫的會議與對策」，隨後毅然離去。罷工委員會在弗金的閣樓聚會，卡沙維娜和帕夫羅芙娜皆參與其中。電車停駛且橋梁升起，導致會議代表較晚抵達。兩位舞者生氣地衝進房裡，煩躁地開起樓下便衣警察的玩笑，說他們的綠色大衣和統一發給的雨靴暴露了身分。他意志堅決，她則心存疑慮，因為母親曾警告她切勿對抗賜予她「教育、地位、財富和生計」的沙皇。馬林斯基劇院的舞者被要求簽署一紙效忠於尼古拉二世的聲明。罷工委員會拒絕照辦，僅一個人除外，那是第一代《胡桃鉗》王子謝爾蓋．勒蓋（Sergei Legat）。有天晚上委員會正在開會，外頭傳來一陣急促敲門聲，弗金應門返回時臉色慘白。勒蓋割了自己的喉嚨。與佩帝帕女兒的混亂關係已令他難以承受，勒蓋覺得自己之於沙皇是個叛徒，之於朋友則是猶太。[62]

尼古拉二世的將領反對沙皇號召軍隊，提醒他軍隊的忠誠不可靠。於是，為了緩和當下的憂心情勢，尼古拉準備了一份寫滿空頭承諾的詔書。當詔書因電力人員罷工，而擱置在印刷機旁時，有枚炸彈擲向了警方。警察採取回擊。暴力事件爆發後，當局急於發表詔書。隔天早晨只見興高采烈的隊伍隨著馬賽曲的旋律揮舞紅旗，在社會主義者天真的想像中，這份文件意味著偉大的勝利。[63]

一場血腥屠殺揭開一九〇五年冬天的序幕，接續是連月的罷工與流血事件，積累成秋天的大罷工。沙皇對於政治發展和公平思想的漠不關心，使他失去了統治資格。人們湧入涅夫斯基大街、呼求更好的世界時，麻木的尼古拉二世讓羅曼諾夫家族步入歷史。他的十月詔書是孤注一擲的惺惺作態，虛假地承諾「未經國家杜馬審核的法律皆無法生效，民選代表真正參政的機會應受確保」。[64]這對於平息動亂沒有任何幫助。到了當年年底，俄國有五十五座城市成立蘇維埃；聖彼得堡安全秩序部頭子格拉西莫夫則銜命揪出首都的革命活動。單單一個晚上他就指揮三百五十次搜索，破獲三間製造爆裂物的實驗室、五百枚炸彈、非法印刷機和武器。隔天又進行了四百次搜索行動。[65]攻擊警察與暗殺事件頻傳，換來自衛隊針對猶太人和學生的猛烈回擊，編列名單並標記目標房舍。猶太人躲避到相對能掩匿身分的大型旅館，或是逃往芬蘭。保皇的極右翼俄羅斯人民聯盟黨（Union of Russian People）組成黑色百人團（Black Hundred），打擊詔書發布後隨之增加的暴力事件。百人團幫眾基本上是一群惡棍，因為它證明了低下階層對沙皇的廣大支持，而受到當局的歡迎。[66]聖彼得堡總督會提供人民聯盟黨和類似的「兄弟會」火力，用以打擊武裝的革命民兵。

到了十二月初，聖彼得堡街頭再次充滿購物人潮，鮮有跡象顯示國家正面臨革命關頭。[67]一如往常，夏園裡的雕像在嚴寒冬季月份裝箱存放。儘管如此，有鑑於別雷寫在小說裡的革命成見，他將此幅場景描寫成帝國的聖彼得堡可能遭受危難：「一座座雕像藏匿於木板下方。木板看似直立的棺材。棺材在小徑上排列成行。寧芙㉕和薩特㉖都躲在裡頭，如此一來時間的利牙或許不會以冰雪將他們吞噬。」[68]雖然最險惡的危機似乎過去了，馬林斯基劇院的舞者仍盡責演出列寧日後所稱的，真正革命的「總彩排」。

㉕ 寧芙（nymph）是希臘神話中大自然幻化的精靈，以美麗少女的姿態出現。

㉖ 薩特（satyr）是希臘神話中的森林之神，跟隨寧芙在林間晃盪。

第十一章 閃耀與絕望

一九〇六至一九一七年

沙皇的一九〇五年十月詔書（October Manifesto），承諾推行君主立憲制，並且成立「杜馬」，即擁有立法權的政府下議院。但這項承諾旋即破滅，尼古拉三個月後發布的《帝國基本法》（*Fundamental Law of Empire*），重申沙皇的專制權力不容置疑。然而在一九〇六年三月，暫行條例（Temporary Regulations）合法化工會、廢除內容審查[1]且允許工人出席，並正式宣布於一九〇六年四月二十七日，在冬宮聖喬治廳（Georgievsky Hall）召開第一次杜馬會議。在這間謁見室裡，沙皇的帝國核心所在，皇室成員察覺典禮過程有些不安的衝突氣氛。一些熟悉的代表穿著正式宮廷服飾，但杜馬會議成員塑造出的壓倒性印象，卻是一群身穿工作服的粗野底層人民。三個月後就任首相，保守的彼得・斯托雷平（Peter Stolypin），眼見一位腳上靴子沾滿油汙的工人，無禮地環顧謁見室，並且向皇室成員投以譴責的目光。斯托雷平向科科夫佐夫伯爵耳語，他覺得這個人「可能會扔炸彈」。[2]具貴婦氣度的皇后緊張極了，眼前的粗魯臉孔正傳達著「對我們所有人的無限仇恨」。這整場實驗顯得難以為繼。會眾陸續在塔夫利宮坐定後不久，英國作家莫里斯・巴林（Maurice Baring）向一位聖彼得堡出租馬車司機表示，杜馬可能會被解散。「他們不敢。」駕駛回答。「要是他們敢呢？」「那麼我們會殺了他們。」「殺了誰？」「當然是全部的有錢人。」巴林提出士兵可能會干預，因為過去他們曾經射殺抗議人士。「以前他們不了解這一切所為何來。現在他們懂了……人民在怒吼。」[3]

列寧在一九〇五年十一月化名抵達聖彼得堡，但來得太遲，已無法在大罷工中扮演要角。他明白血腥星期日顯露出「無產階級革命蘊含的龐大能量」，卻同時嚴重缺乏組織。他在一九〇二年寫的〈該怎麼辦？〉主張紀律與集權管理的必要，「職業革命人士」應仰賴黨支出生活所需，「自我訓練成真正的政治領袖」，並且透過俄語黨報廣獲人民的支持。[4]列寧在一九〇三年八月於倫敦舉辦的俄國社會民主工黨第二次代表大會上，重申了上述論點，但卻導致台下意見分歧，一派是由列寧領導的多數黨代表，因此稱為

圖47　一九〇六年四月二十七日，尼古拉二世向國務委員會和杜馬成員發表演說。

「布爾什維克」，另一派則是代表少數派的「孟什維克」。①[5]

加邦神父輕率嘗試向沙皇請願後，他逃出俄國，接觸流亡瑞士的革命人士。神父厭倦了他們專注於研讀馬克思，他繼續造訪巴黎、倫敦，並且晉升名流。他在血腥星期日外出用餐，演說邀約接踵而來，包括撰寫自傳的可觀預付金。神父用那筆錢買武器走私運給革命人士，但是運送武器的船在俄國海岸擱淺了。返國後，加邦神父選擇跟安全秩序部合作，但消息卻走漏出去，最後加邦被吊死在聖彼得堡近郊的一間別墅裡。社會革命黨人（Socialist Revolutionary）是謀殺案的嫌犯，從一九〇一年開始運作的社會革命黨人，自命為民粹主義者的繼承人，相信集體價值是社會主義的核心。他們否認罪責，殺害神父的凶手也從未被明確指認出身分。[6]

一九〇六年期間，列寧在聖彼得堡和孟什維克黨人合作，後者相信資產階級革命是社會主義者成功起義的先決條件，反倒是列寧自己的計畫更加魯莽不講理。一九〇六年五月，這位布爾什維克的領袖在白夜的明亮天空下激勵了大批群眾。然而因為祕密警察如影隨形，加上在首都的生活變得凶險起來，列寧逃往芬蘭的卡奧科拉（Kaukola），指揮在格拉西莫夫鎮壓下逃過一劫的革命網絡。[7]在新年過後的一個月內，聖彼得堡有一千七百人被捕，直到一九〇六年五月的六個月內，共超過七萬人入獄。七月時克隆施塔特要塞的一場起義，也導致三十六人遭到處決。[8]

士兵隨意開槍，黑色百人團四處挑起爭端，革命人士則展現決心。巴林曾講述一位警員從暴徒手裡救出受困學生的故事，當兩人並肩齊行遠離危機後，年輕的激進人士卻側過身來，毫不猶豫地射殺了他的救命恩人。基於嘲諷式的理解，巴林評論「人們耍弄白朗寧②手槍的魯莽方式造就些許危險」。[9]暴力攻擊延燒整座首都，雖然部分事件出自政治動機，騷亂也為街頭犯罪製造了機會。聖彼得堡的報紙上滿是暴力新聞，彷彿流氓鬧事讓首都陷入癱瘓。儘管警方施以鐵腕將流浪漢驅離市中心，但巴林仍詫異於乞丐的人數，在一九〇五至一九一〇年之間，年年增加近一萬六千人。他們成群蜷縮在門廊口或者靠著牆壁睡覺，任雨水從巨大排水管彎折底端飛濺，被愁雲慘霧的聖彼得堡天氣打得渾身溼透。街頭四處可見遭父母遺棄或受虐逃家的幼童睡在垃圾箱裡。據報一九〇九年有群女孩在圈樓商場行竊，被警方逮捕，她們的年紀僅九歲到十二歲不等。[10]

歷經無作為且爭執不休的會期後，杜馬果然在七月八日解散。首相斯托雷平期盼選出較保守的一群議員，好讓當權派來促成改變，而非革命人士。相隔不過一個月，斯托雷平在位於阿普傑卡爾斯基島③的別墅接待賓客，有三名恐怖分子高喊「革命萬歲」後將一枚炸彈扔進前廳。他們炸死自己、殺害近三十位賓客，還造成許多人受傷，包括首相的小孩。同時，人在法國跟法國政府協商借款的科科夫佐夫碰了一鼻子灰，法國人判斷假若俄國政府有可能壓制革命運動，他們才會同意借款。[11]

謝爾蓋．達基列夫及時在法國首都大獲成功，在某種程度上拯救了俄國的虛榮自愛④。他不僅策劃一九〇六年巴黎「秋季沙龍」（Salon d'Automne）的俄國展，將俄國藝術傑作呈現給西方

---

① 布爾什維克（Bolshevik）在俄語裡是多數派的意思，相對於意指少數的孟什維克（Menshevik）。

② 白朗寧（Browning）是一八七八年設立的美國武器公司，創辦人白朗寧一生設計了三十七種手槍、步槍、機槍。

③ 阿普傑卡爾斯基島（Aptekarsky）位於彼得格勒島北方，兩島間僅由一條河隔開。

④ 虛榮自愛（amour propre）的概念由盧梭提出，意指一個人的自愛自重之心受到他人的評價影響，在意他人目光。

世界，還在展覽後獻上俄羅斯的音樂盛會。一九〇八年他將這番事業推升至顛峰，當時費奧多爾・夏里亞賓（Fyodor Chaliapin）正在由皇家劇院製作、巴黎歌劇團⑤演出的《鮑里斯・戈東諾夫》劇中飾演主角。達基列夫成為一位國際的表演經紀人（impresario）：「我呢，首先是個假冒內行的騙子，不過扮得相當出色；其次我是一個魅力十足的人；第三，我害怕自己成為無名小卒；第四，我是一位富有邏輯能力、少有良心顧慮的人；第五，我似乎缺乏真正的天賦。」[12]他選擇了理想的職業。達基列夫以誇大不凡的手法，具體而微展現了俄國首都桀驁不馴且引人注目的本質。他在巴黎的事業成功，代表聖彼得堡的藝術成就具有真正的國際水準，而在國內動亂不安的情況下，許多最富創意的聖彼得堡人樂於赴國外工作。

伊果・史特拉汶斯基的父親是馬林斯基劇院的男中音，鮑羅定和塞沙・庫伊⑥時常造訪史特拉汶斯基家俯瞰克留科夫運河（Kryukov Canal）的公寓，比卡沙維娜家低一層樓，且位於祕密警察雨鞋製造商的樓上。史特拉汶斯基曾經獲得林姆斯基—科爾薩科夫私下指導作曲，首都舉辦的眾多傑出音樂會更滋養了他的音樂見習。捷克小提琴家與作曲家揚・庫貝里克（Jan Kubelik）於一九〇四年冬天前來演出。一九〇五年帕布羅・卡薩爾斯⑦舉辦大提琴獨奏會時適逢騷亂顛峰期，演出時電力中斷，但幾乎在轉瞬之間，音樂廳的瑰麗吊燈點亮了燭光。[13]二十世紀音樂的先驅古斯塔夫・馬勒（Gustav Mahler，一位遊歷尼加拉瀑布時語出「總算達到極強⑧了」的男人），於一九〇七年秋天來到聖彼得堡，指揮他所譜的第五號交響曲。史特拉汶斯基當時人在現場，坐在舞台側面等候。僅僅三年後，這位俄國年輕人為達基列夫的芭蕾舞劇《火鳥》（*The Firebird*）編寫音樂，迎來突破性的成功。史特拉汶斯基在巴黎獲得名氣，此後大半輩子待在外國工作。此外，比史特拉汶斯基年輕九歲的謝爾蓋・普羅高菲夫，以十七歲之齡在一九〇八年十二月聖彼得堡當代音樂之夜，初登場就造成轟動。接下來三十年普羅高菲夫將在海外度過大把時光，且於返國時發覺自己踏進不同的俄國困境中。這兩位作曲家都獲得機會，在歐洲為達基列夫成就非凡的俄派芭蕾（Ballets Russes）效力。

亞歷山大・伯努瓦剛認識尼金斯基時，詫異眼前是一位「肩膀相當寬闊的小傢伙……跟童話主角比起來更像是一位店鋪助手」。[14]皇家芭蕾學校的其他學生也覺得這位年輕舞者資質駑鈍，且嘲弄他的韃靼人骨架。縱然尼金斯基的職涯初登台就驚豔全場，但馬林斯基劇院給付給他的酬勞太過微薄，讓他必須教富人的小孩跳社交舞來維生。直到同性戀社交名人帕維爾・利沃夫公爵（Prince Pavel Lvov）把尼金斯基帶上床，他的不安穩生活才獲得改善。瞬間，尼金斯基晉升名流圈，流連水族箱（Aquarium）或城堡（Alcazar）等俱樂部，以及在卡緬尼島克尤巴餐廳（Cubat's）舉辦的會後派對。一九〇八年秋天利沃夫把尼金斯基介紹給達基列夫，舞蹈家在一九一八年著的《日記》（*Diary*）裡描述那次會面的後續情況，寫作當時他結婚了，且處於精神失常的邊緣。[15]尼金斯基描述，達基列夫要他去涅夫斯基大街上的歐洲飯店（Hotel Europe）時，「我

⑤ 巴黎歌劇團（Paris Opera）成立於一六六九年，是法國最具代表性的芭蕾與歌劇表演團體。

⑥ 塞沙・庫伊（César Cui, 1835-1918）是具有法國和立陶宛血統的俄國軍官與作曲家，與鮑羅定共同推廣俄國民族音樂。

⑦ 帕布羅・卡薩爾斯（Pablo Casals, 1876-1973）是西班牙大提琴家與作曲家。

⑧ 極強（fortissimo）是代表演奏強弱的術語，縮寫為 *ff*。

允許他跟我做愛。我像片葉子般顫抖。我恨他，卻惺惺作態，因為我曉得若非如此母親和我將死於飢餓。」他宣稱達基列夫是一個喜愛男孩的「惡劣男人」，指出人們「必須不擇手段阻止像他這種人」。尼金斯基的反感積累成一陣陣精神失常的話語，諸如「果戈里：手淫造就他的衰敗」、「我再也不是俄國芭蕾之尼金斯基，我是神之尼金斯基」、「我要精神上的死亡」[16]，此種欲望反映出俄國新興前衛人士的內在荒誕與率性而為。然而在尼金斯基因精神分裂住院治療前，跟達基列夫在藝術上的合作讓他成為有史以來最著名的舞蹈家，以及現代派的具體展現，一種奧古斯特．羅丹（Auguste Rodin）在製作青銅雕塑前的小型石膏模型中，捕捉到的強烈湧現的內在創傷。

達基列夫在籌措一九〇九年於巴黎夏特雷劇院⑨登場的俄羅斯芭蕾季時，他遇上了困難。尼金斯基在緊身衣褲襠處塞著手帕於馬林斯基劇院登台，讓皇室家族大為震驚，而責任算在達基列夫頭上。直到這件事發生之前，他的舞團還獲准在艾米塔吉劇院彩排，卡沙維娜記得會有制服筆挺的僕人為她送上茶或巧克力。尼金斯基的醜聞餘波盪漾，加上地位崇高的瑪蒂爾德．克舍辛斯卡婭對達基列夫的選角不滿，導致當局削減他們的資金並撤銷皇家宮殿的使用權。此時的法國對於投資革命關頭的俄國，感到戒慎恐懼，卻願意支持俄國的革命性藝術。同年五月，尼金斯基和帕夫洛娃在巴黎表演《仙女們》⑩。接下來數年裡，俄派芭蕾將挾帶醜聞凱旋復返法國首都。據卡沙維娜所述，那是一波「俄國藝術入侵歐洲」。[17]達基列夫與舞團傑出舞者群離去之際，對抗政權的激烈爭鬥與實施工業化造成的緊張關係，使得俄國首都必然減損其光彩與高雅，逐漸黯淡。

包括俄國社會民主工黨黨員在內的第二屆杜馬，一九〇七年二月起在塔夫利宮開會，不久後，議事廳的天花板塌陷。[18]代表們當時未在場開會，但不時發言猛烈抨擊政府的頑強社會主義者代表團，旋即搞垮了下議會。社會民主工黨煽動改革數週後，警方在六月初現身逮捕布爾什維克與孟什維克代表。彼得保羅要塞的土牆上架起新槍，安全秩序部發動突襲。猛烈的掃蕩迫使列寧和格里戈里·季諾維耶夫⑪等極端分子逃往瑞士，儘管如此，流亡當地的激進人士仍受到以巴黎為基地的安全秩序部海外分部監視窺探。解散造反的第二屆杜馬後，當局確保第三屆杜馬塞滿了商人和貴族。[19]與前兩屆相同，講者的椅子擺在盛氣凌人的沙皇肖像畫正前方。第三屆杜馬維持了五年，科科夫佐夫伯爵宣稱僅有這屆杜馬對政府有建設性的貢獻。[20]

✫

革命遭到「鎮壓」後，聖彼得堡的實業家採取強硬態度。適逢景氣蕭條，代表僱主可以忽視承諾過的工資調漲，並且遺忘每日工時是八小時。[21]引入工時表單後時薪取代了日薪，且以時動研究（Time and motion study）企圖增加生產力。布爾什維克黨人灰心喪志，黨員從一九〇七年初的近七千人，銳減至一九一一年的僅僅五百人；當工業產量提升以滿足現代大砲的殷殷需求時，聖彼得堡再度搖身一變成為一座繁榮的城鎮。外國投資在罷工行動崩解後湧入，罷工次數

---

⑨ 夏特雷劇院（Théâtre du Châtelet）位於巴黎第一區，一八六二年落成時有三千個座位。

⑩《仙女們》（*Les Sylphides*）是由弗金編導的芭蕾舞劇，受另一齣芭蕾舞劇《仙女》所啟發。《仙女們》簡短且無敘事情節，在當時是革新的芭蕾表演。

⑪ 格里戈里·季諾維耶夫（Grigory Zinoviev, 1883-1936）協助列寧發起十月革命，後擔任蘇聯共產黨中央政治局委員，一九三六年在史達林發動大清洗下遭槍決。

從一九〇七年的一千件，降至一九一〇年的寥寥十一件。[22]在較富裕的城市居民之間，生活步調加快了。聖彼得堡如今是歐洲第五大「最不健康且物價最高的首都」市中心，汽車數量增長。闊綽的納博科夫在城裡開一輛賓士車和一輛沃斯利⑫，且以時速九十多公里駕駛一輛歐寶（Opel）敞篷車沿著鄉間小道奔馳。[23]莫斯科—聖彼得堡—莫斯科的機車拉力賽愈發受到歡迎，其他種運動和健身活動亦然。英國人社群享用優質網球場與十字架島上的遊艇俱樂部，一座美國式滑輪溜冰場則開設於一九一三年。[24]雙翼飛機從維堡的克洛米亞季機場（Kolomiagi Aerodrome）起飛，水上飛機顛簸降落於涅瓦河的微波裡。最早這批飛機皆需要進口，不過到了一九一三年左右，伊果．西科爾斯基（Igor Sikorksky）在俄國波羅的海飛機工廠（Russian-Baltic Aeroplane Factory）設計與組裝飛機。當時也出現插電式門鈴、製作成蕾絲般鏤空鐵籠的電梯，以及最迷人的「有電的宮殿」，或稱電影院。首間

圖48　路面電車行駛於冰凍的涅瓦河面，遠方是彼得保羅要塞主教座堂的尖塔，以及許多工廠煙囪。

電影院開幕於一八九六年五月，十五年後整個聖彼得堡有超過一百三十間電影院，其中二十三間開在涅夫斯基大街上。路面電車出現於一九〇七年九月，服務較富裕的區域，且由於閒晃行人被電車撞到而造成意外事件。[25]但住在郊區的乘客依舊必須利用老式軌道馬車網絡，從街道泥濘且缺乏衛生設備的郊區居所，緩慢地通勤到城區。聖彼得堡早因為極端的文化與傲慢、巨富與赤貧而斷裂，如今被二十世紀的新興科技割開。聖彼得堡的汙染逐漸惡化。瑪塔・奧梅丁金回憶道，彼得格勒區的居民表現得好似「他們畢生從未目睹過太陽升起」。⑬[26]

自一八八〇年代起，建築師學會（Society of Architects）和土木工程師學會（Institute of Civil Engineers）捍衛了建築設計的機能主義原則。到了一九一〇年，他們凌駕了懷舊的新俄羅斯式（neo-Russian）建物，而新藝術的一切奇想皆展現於現代版新古典主義的崛起。在邁入新世紀的頭二十年，彼得格勒區的卡緬諾奧斯特洛夫斯基大街開發了新潮的布爾喬亞多層樓公寓街區，假若未擴及整個彼得格勒區，也至少提高了這條街的身價。涅夫斯基大街上的米爾騰貿易行⑭和亞速—頓河銀行（Azov-Don Bank）展現了偉岸的現代結構，足以襯托毅然投向資本主義的決心。[27]

聖彼得堡仍有約莫一萬四千家街頭攤販，不過零售商逐漸移往市場或新的百貨公司裡營業。

⑫ 沃斯利汽車（Wolseley）是一九〇一年成立的英國廠牌，在二十世紀初是英國最大的汽車製造商，後於一九七五年歇業。

⑬ 編按：作者意指嚴重汙染遮蔽了天空；一九五〇年代倫敦因燃煤導致濃重大霧，以及今日的中國霧霾皆為類似現象。

⑭ 米爾騰貿易行（Mertens Trade House）由米爾騰家族所有，是當時數一數二的毛皮貿易商；現在這棟新古典主義建物是西班牙服飾品牌Zara的門市。

圈樓商場販售優質商品，帕薩茲拱廊街（Passazh Street）亦然，以容納六十家銷售高雅家具和高級時裝的商店而自豪。帕薩茲拱廊街以十九世紀巴黎的拱廊街（passages couverts）為範本，這道走廊裡有一間巴黎咖啡館（Café de Paris）和里昂信貸銀行（Crédit Lyonnais）的分行。聖彼得堡新開設的百貨公司將全身行頭賣給新興的布爾喬亞階級，許多設計證實了新藝術已跨出精品店，觸及更廣大的市場。而在涅夫斯基大街，奢侈品取代了半個世紀前處處可見的食物和消費商品。美容成為一筆龐大生意。無數店鋪致力於追求年輕，雜誌上的乳液和神奇藥水廣告一則接著一則。[28]不過這是從美化的層面去觀看一座問題重重的首都。

有一股新的煽情主義與自大傲慢成形。告示牌和廣告像粉刺般散布於涅夫斯基大街上的高雅建物。男子身負三明治廣告板遊街，供應行動廣告。報紙為了宣傳版面縮減內容。人們開始渴求性與暴力的故事，於是聖彼得堡媒體熱烈報導街頭搶劫事件，假如受害者遭到痛毆的話。持槍械搶劫與侵犯女性的情況在二十世紀的頭十年急遽增加，而在一九〇八至一九一三年之間，謀殺案的起訴數量也陡升。通俗小說耽溺於情欲，一九〇八年的性虐待挑逗小說《性市場》（*The Sex Market*）裡描繪了一座厄洛斯⑮神廟，人們不分老幼來此群交。[29]

由阿列克謝・巴拉巴諾夫（Alexei Balabanov）執導、讓觀眾不安的電影《畸零與色情》（*Of Freaks and Men*）發行於一九九八年，這部電影設定於帝國首都的暮年，畫面刷上暗紅色調，洞悉了這個年代的社會風俗，在有著流蘇立燈和椅背布套的布爾喬亞世界之中，捕捉到施虐與受虐、性剝削與狂熱。這部電影沉迷於肉體的反常行為，也重提城市最初統治者的執著，如安娜女皇的弄臣和彼得大帝的昆斯卡瑪珍奇收藏。

學生騷動持續延燒。企圖發起革命的煽動者用「毒氣與其他的恐怖分子手段」，干擾想讀書的人。女學生被保守人士嘲笑為「阻街女郎」，且因從事讀書此等「不符合女性形象」之事而遭鄙視，她們被阻止與男同學打交道，除非她們變成政治激進分子。但是女學生不顧勸阻，而且確實思想激進。俄國僅有醫學被視為適合女性研讀，到了一九一〇年左右，俄國已有一千五百位女醫師。[30] 聖彼得堡迫切需要她們。儘管「用顯眼紅字寫的告示」，張貼於「房屋立面和路面電車內」，警告人們別「飲用生水」，工人仍拿油膩帽子往受汙染的運河裡舀水止渴。[31] 一九〇七年傷寒襲擊較貧窮的區域，隔年的一場霍亂流行則波及八千人。一九〇八年斑疹傷寒爆發時，根據記載其中有兩千五百位患者若非露宿街頭，就是長期住在城

⑮ 厄洛斯（Eros）是希臘神話的愛與情欲之神。

圖49　聖彼得堡的慈善食堂，一九一〇年。

市裡的三十四間廉價旅店之一。首都依舊欠缺適當的地下汙水系統，庭院和街道上仍有糞坑和垃圾堆。此時的聖彼得堡負債達九千萬盧布[32]，由於領導者總是不擇手段牟取私利，造成敗德惡行與貪汙氾濫，而且似乎鮮見對策。

俄羅斯女性保護協會（Russian Society for the Protection of Women）成為城市中對抗賣淫的主要壓力團體之一，可是這場仗毫無勝算。城市中的五百家妓院仍有許多間危機四伏，這對妓女和嫖客皆然，且不斷造成鄰居的麻煩。例如克隆施塔特要塞的居民就向當局請願搬遷一戶妓院，因為上門的客人總是大聲說話、粗魯且醉醺醺，且習慣在周遭街道搭訕女人。豪飲到完全分不清方向的客人也常強行闖入錯誤的房子，卻未見後續處理，妓院繼續開門營業。在城市較時髦的區域，旅館、商店、酒吧和餐廳的業主或經理會幫女性職員拉皮條，甚至常未給付她們薪水，卻預期她們能靠出賣肉體賺錢。但假若掮客未抽取過多佣金，賣淫的報酬仍相當高。仁慈堂（House of Mercy）曾救出兩位分別為九歲和十一歲的女孩，她們賺的錢是工廠女工的五倍，但付出的代價高昂。城內的非法墮胎倍增，白人奴隸業者大行其道。[33]反女性人口販運會議（Congress for the Struggle against the Trade in Women）提出的一份報告指出，首都有百分之十三的妓女自殺，而在一九〇九年初次登記的妓女裡，近百分之四十已罹患性病。診所的工作量超出負荷，意味著不可能進行徹底的檢查，有時一次檢驗除了掀起裙襬別無其他程序。在城裡三間陰溼髒汙的診所中，兩間沒有熱水，且承受著莫大工作壓力的醫師，在兩次檢查間常忽略該清潔陰道擴張器。據估計有五萬位妓女必須承受警察貪汙、傷害、酒癮和奴役，一方面受到梅毒所苦，另方面卻傳播梅毒。[34]此時，有一位僧人將從烏拉山區來到這個世界，他並非來譴責並拯救這座蛾摩拉城⑯，而是將縱情於其中的道德空白地帶。

✯

皇后連生四個女兒之後，在一九〇四年產下患有血友病的皇太子阿列克謝。這種會讓血液無法凝結的疾病，遺傳自他的曾祖母維多利亞女皇。夫婦兩人心煩意亂，且迫切想幫皇太子的虛弱身體找到對策，於是他們開始仰賴格里戈里・拉斯普丁（Grigori Rasputin）的神祕力量。他是被定罪的強暴犯、竊馬賊和「聖人」[35]，認為自己的使命是拯救這個王朝，藉此拯救國家。高大、強壯且衣裝日漸華美的拉斯普丁，擁有操縱人心的非凡天賦，將聖彼得堡的上流社會玩弄在股掌之間。縱使拉斯普丁的行為舉止更像個農民，會拿緞面罩衫抹嘴，且在雜亂鬍鬚間留下殘渣，他受邀至時下熱門的宴席當座上賓時，依舊證明自己有能力操縱最世故的聽眾。他會吸引眾人的注意，藉由不斷轉移關注或改變話題來掌控討論氣氛，而且談話主題的範圍包括略顯低俗到猥褻至極。[36]拉斯普丁被懷疑隸屬於俗稱「鞭身派」（Khlysty）的狂熱宗教派別[37]，該派的信奉者自認為能與聖靈熱線溝通。這種祈禱儀式的力量似乎能幫助拉斯普丁為皇太子止血，卻也給了他敗德的通行證。當拉斯普丁的密友，奇歐妮亞・柏拉茲卡婭（Chionya Berlatskaya）控告他在火車上強暴自己時，他卻宣稱只是在驅魔。拉斯普丁堅稱，道德僅僅是保護人們免於誘惑的懦弱屏障，人類唯有經歷過因熱情犯下的罪行才會悔悟，從此獲得救贖。拉斯普丁奉獻自己做為罪孽的催化劑。[38]

⑯ 蛾摩拉（Gomorrah）是《希伯來聖經》提到的城市，因充斥罪惡遭耶和華毀滅。

首相斯托雷平下令安全秩序部跟監拉斯普丁，可是一九一一年夏天後斯托雷平已無法礙事，他在基輔歌劇院，被他的保鏢兼雙面諜莫爾科・波格羅夫（Mordko Bogrov）殺害。[39]到了該年年底，聖彼得堡的媒體和城市謠言日益執著於這位魅力十足的精神領袖，據說他還跟沙皇的孩子們共度沐浴與入睡的時光，並且引誘他們的保母。第三屆杜馬的議長曾取得皇后和她的女兒們寫給拉斯普丁的信，並廣傳信件的膠版印刷複本，從信裡能輕易看出亞歷山德拉的感情狀態為何遭人質疑：「我親吻你的雙手……永遠在你的肩頭、你的臂彎裡入睡……快來吧……我為了你在折磨自己。」[40]同時，皇后的年幼女兒們也自承常夢見這位術士。數年來在涅夫斯基大街來回兜售色情書刊的年輕男孩們，會在他們的捏造場景裡加入拉斯普丁和羅曼諾夫家族成員。布爾什維克黨人販售描寫猥褻會面細節的小冊子，並且將偽造的畫面投影在戲院和街角的布幕上。[41]第一次世界大戰爆發時，德國的齊柏林飛船朝俄國戰壕灑下圖片，內容包括皇后跟聖人並置，尼古拉卻依偎在拉斯普丁的生殖器上。在保守派大臣與羅曼諾夫家族許多成員眼裡，拉斯普丁是首都眾人頭號的眼中釘。

科科夫佐夫伯爵憂心媒體的關注，會讓拉斯普丁得到過多的宣傳，且「讓眾多革命組織稱心如意」，於是召見這位「西伯利亞浪人」。會面時，伯爵對拉斯普丁那多皺深陷雙眼裡，「令人生厭的神情而感到驚訝」，拉斯普丁牢牢地盯著伯爵，彷彿企圖催眠他。當科科夫佐夫提議要術士自動消失，免得傷害君主體制時，拉斯普丁尖叫大喊：「這全是謊言，汙衊連篇！我沒堅持要去宮裡，是他們召見我的。」[42]

媒體和杜馬的反拉斯普丁行動愈演愈烈，皇后命令科科夫佐夫要他們閉嘴。然而一九一二年二月二十六日，杜馬議長米哈伊爾・羅江科（Mikhail Rodzianko）向尼古拉二世稟報，比喻「拉斯普丁只要在宮裡，作用就比任何革命宣傳還巨大」[43]，並且細數他的所作所為造成人為貪腐和心神不寧的眾多實例，沙皇的不快可想而知。內務部還策劃了一宗暗殺行動，但卻因為大臣臨陣膽怯而作罷。後來拉斯普丁逃出首都回到西伯利亞，他放任自己耽溺性事，並且為沙皇繼承人實施遠端治療。[44]

當醜聞和逐漸增加的不穩定情勢，造成聖彼得堡群情激憤，許多人開始對正在迅速消失的舊世界表達懷念之情。現為俄羅斯藝術與古物遺跡維護保存協會（Society for the Protection and Preservation of Russian Monuments of Art and Antiquity）的副會長亞歷山大・伯努瓦回憶道，孩提時代每當「聽見遊方藝人帶著鼻音大喊：『木偶彼得魯什卡⑰來了！好心人來看表演吧！』」他就會變得魂不守舍。長大後伯努瓦一心歌頌十九世紀中期謝肉狂歡節的迷人魔力，居民和遊客皆為其著迷。在一八六〇年代，瑞德戴爾勳爵記載在謝肉節期間，海軍部周圍地區「全被小販、馬戲團、巨人和侏儒占據，有收費低廉的童話劇和芭蕾演出，軟骨雜耍人跟市集必不可少的大力士，帶著他的重物和大棒子出場」。[45]這一切在二十世紀初年全數消失，伯努瓦決心重溫體驗。諷刺的是他以芭蕾舞劇《彼得魯什卡》來召喚舊聖彼得堡，恰巧是這座城市歷經顯著文化離散的證據。這部劇作或許是在首都構思策劃，不過史特拉汶斯基是在蔚藍海岸（Côte d'Azur）編寫音樂，弗金和達基列夫在羅馬排練，且於一九一一年六月十三日在巴黎夏特雷劇院首演。在西歐日

⑰ 彼得魯什卡（Petrushka）是俄國民間木偶戲的固定角色，也是史特拉汶斯基創作的芭蕾舞劇名。

漸憂心俄國爆發革命的可能性之時，產生一股對於聖彼得堡舊日風景畫般的渴求，使芭蕾舞劇大受歡迎。[46]史特拉汶斯基回憶道，飾演魔術師的傳奇芭蕾名師恩里科・契蓋第，已經老得不再需要長長的假鬍子。尼金斯基跳的彼得魯什卡則是作曲家在舞台上曾見過，「最令人血脈賁張的身軀」。[47]

兩年後首演的《春之祭》（*The Rite of Spring*）與聖彼得堡間存在更複雜的關係。這齣芭蕾舞劇中的民俗儀式，召喚出彼得開啟通往歐洲之窗前的俄國。然而，透過怪異編舞和不和諧樂音造成的徹底改變，使《春之祭》有助於形塑二十世紀的音樂與編舞革命。一九一一年夏天史特拉汶斯基待在特尼雪娃公主，位於塔拉許村（Talashkino）的藝術工藝園地，與尼古拉・羅耶里奇（Nicholas Roerich）一同為芭蕾舞劇的布景工作。羅耶里奇身為新俄國派的藝術家，是一位公認的神話權威，而且史特拉汶斯基也從斯拉夫民謠中汲取配樂的靈感。不過，也有更直接且私人的影響存在。史特拉汶斯基記得的第一首樂曲是軍隊號角齊鳴的響亮喇叭聲，從附近軍營傳來。不過還有種聲音讓男孩留下更深刻的印象，那就是涅瓦河上冰面破裂如鼓聲般的嘈雜聲音。[48]在作曲家腦海裡，此聲巨變轉變為絮絮叨叨，接著爆出《春之祭》開場那悲愴而音調高昂的低音管獨奏。尼金斯基的編舞和史特拉汶斯基的配樂極富革命性，以致於一九一三年五月在香榭麗舍劇院（Théâtre des Champs-Elysées）首演時，引來口哨和噓聲。觀眾席間一片詫異，愛開玩笑的人作勢要叫牙醫來治療顯然生了病的舞者。⑱高聲爭執間有個人收到決鬥挑戰，這股騷動讓整季的票銷售一空。達基列夫興奮不已，想返鄉出演來震撼俄國的首都，但非皇室所屬，且場地夠大的唯一劇院人民宮（narodni dom），已在一年前燒毀了。在謝爾蓋・庫塞維茲基（Sergei Koussevitzky）

指揮下，配樂終於單獨在聖彼得堡和莫斯科演出，但引起的熱情或憤怒皆有限。[49]獲得如此反應，再加上因應革命的財產充公和匱乏，導致史特拉汶斯基實則與祖國斷絕了關係。史特拉汶斯基在芭蕾舞構成生活肌理一部分的城市長大，可是無論他多愛芭蕾，隨著他日漸成熟，他認為舞蹈無法成為維繫一位懷有抱負、正經的作曲家的工具。[50]他錯得多麼離譜。好在有達基列夫的遠見，芭蕾舞不僅重獲新生，二十世紀的音樂亦由此誕生。

在達基列夫將許多聖彼得堡人才帶往西方後，依然留在城市裡的藝術家和表演經紀人們，接棒延續他從《藝術世界》開始提出的挑戰。《阿波羅》⑲雜誌發行人謝爾蓋・馬科夫斯基（Sergei Makovsky）舉辦俄羅斯現代藝術的盛大展覽，一九〇九年一月於緬什科夫宮展出。各沙龍展間的畫作風格多元，參與畫家包括伯努瓦、巴克斯、阿列克謝・馮・賈連斯基（Alexei von Jawlensky）和瓦西里・康丁斯基（Vasily Kandinsky）。引人注目的是其中幾位藝術家，將於現代藝術史上扮演的關鍵角色。隨後康丁斯基在慕尼黑成立表現主義團體：青騎士（Der Blaue Reiter），六位創始成員中有三位是俄國人：以青年軍官的身分駐紮在聖彼得堡，曾拜師於伊里亞・列賓的賈連斯基；出生於圖拉的瑪利安・馮・維列夫金（Marianne von Werefkin）；以及出生於莫斯科、在俄國與歐洲度過青春時光的康丁斯基，他對於現代藝術發展出的極重要非具象類型，具有顯著貢獻，

---

⑱ 編按：作者意指觀眾覺得舞者動作怪異，看起來像是牙齒痛。

⑲《阿波羅》（*Apollon*）是一九〇九年創刊的文學雜誌，關注議題廣及當代文學、繪畫、建築、音樂、舞蹈、詩作與文學翻譯。

地位恰如史特拉汶斯基的樂譜之於音樂史。

女演員維拉·科米沙契夫斯卡婭（Vera Komissarzhevskaya）開始提拔年輕劇作家與導演後，其中包括弗謝沃洛德·梅耶荷德⑳，聖彼得堡的劇院踏上令人欣喜的轉向。她的製作推展了品味與道德準則的邊界，在一九〇八年，她製作的《莎樂美》（*Salomé*），因被神聖宗教會議評為「色情淫穢」而遭到禁演。不過就在《春之祭》震撼巴黎的同一年，戰前最驚動一時的爭議醜聞卻在月之園劇院（Luna Park Theatre）上演。《戰勝太陽》（*Victory Over the Sun*）是一齣前衛的歌劇表演，由青年聯盟（Union of Youth）的藝術家和作家推出。青年聯盟是短暫存在的聖彼得堡未來主義團體，自一九一〇至第一次世界大戰爆發期間舉辦了六次展覽，並且確實奠定革命後俄國的藝術風格。《戰勝太陽》是領先時代的達達主義作品，因為要到一九一六年達達主義人士在蘇黎世伏爾泰酒館（Café Voltaire）登台的卡巴萊㉑表演，才向陷入戰火的文明宣戰。出於巧合，酒館坐落於鏡子巷（Spiegelgasse），列寧就藏身於同一條狹小卻重要的街道裡。青年聯盟，一個震撼世界的斷層擾動社會下的產物，領先了達達主義。《戰勝太陽》的布幕並未升起，而是被撕開。卡西米爾·馬列維奇（Kasemir Malevich）為動身去征服太陽，設計一套鮮豔的硬紙板戲服。馬列維奇把這次經驗視為投入至上主義（Suprematism）作品的開端，且在他一九一八年的畫作《白色上的白》（*White on White*），完成至上主義的邏輯定論。這幅畫呈現一個方塊（一個大自然裡找不到的形狀）與白色。馬列維奇利用他看待無限的革命性觀點，摒除物質與物質性：一片嶄新的天空，跨越了西方宗教藝術裡的瑪利亞藍㉒天空。如同巴黎的《春之祭》，《戰勝太陽》的觀眾發出巨大噓聲和鼓譟，以致難以分辨最瘋狂的聲音究竟來自舞台或是觀眾席。[51]

菲利普・馬里內蒂（Filippo Marinetti）的挑釁著作《未來主義宣言》（*Futurist Manifesto*），於一九〇九年翻譯引入俄國，他在一次大戰前造訪聖彼得堡，意圖引起震動與觀念改變。雖然聖彼得堡有些唯美主義者不信任馬里內蒂的暴烈自負，他的未來主義提出歌頌機器的論點，在電氣化的首都獲得共鳴，這座城市正開始被化石燃料的廢氣噎住喉嚨。聖彼得堡街道上有超過三千輛私家車和計程車。居民目睹西科爾斯基設計的世界第一架四引擎飛機橫越首都，機上載著十六個人和一條狗。[52]到了二十世紀的第二個十年，俄國藝術家不僅與歐洲前衛藝術家交流，也構成刺激。他們創造出輻射主義（Rayonism）、至上主義，以及日後的建構主義（Constructivism）。諸如娜塔莉亞・岡察洛娃、米哈伊爾・拉里奧諾夫（Mikhail Larionov）和馬列維奇等藝術家，在危險、振奮且樂觀的氣氛下工作，堅定指望著革命將至。

在一九一一年過渡至一九一二年的新年期間，第二屆全俄藝術家大會（All-Russian Congress of Artists）於聖彼得堡舉辦。兩百場活動裡包括關於教育與美學的座談，以及新俄羅斯風格與前衛藝術的討論。大會的焦點是研讀討論康丁斯基的論文，《論藝術的精神》（*Concerning the Spiritual in Art*）。這篇文章意在表達（實際上是了解現代藝術的最基本概念），藝術家欲表達內在真實，必須摒棄「對於外在形式的所有考慮」。康丁斯基主張，形式「在最缺乏條理時，常富有

---

⑳ 弗謝沃洛德・梅耶荷德（Vsevelod Meyerhold, 1874-1940），蘇聯著名導演、戲劇理論家，一九四〇年被史達林處決。

㉑ 卡巴萊（cabaret）源自十六世紀的巴黎，是一種戲劇娛樂表演，常在餐廳酒館演出。

㉒ 瑪利亞藍（Marian blue）是繪製聖母瑪利亞斗篷的專用色，因而得名。以往此種藍色顏料來自珍貴的青金石，價格高昂。

表現能力」，此概念在畢卡索和二十世紀其他巨匠的作品上獲得迴響。到了一九一一年，康丁斯基開始用一種簡略的曲線來暗示人和物體，並以色彩序列來製造「音程」（intervals）與「和音」（harmonies）。康丁斯基愛慕音樂，一種他稱為「最為非物質的藝術」，他受到華格納追求的整體藝術（Gesamtkunstwerk，多種藝術的結合體）深刻的影響。[53]

莫斯科出生的亞歷山大・史克里亞賓（Alexander Scriabin，他的短暫一生已近結尾），企圖在作曲裡結合光線、舞蹈、音樂、色彩和焚香，製作了一組色彩鍵盤，連結到亮著彩色燈的轉盤上。權傾一時的正教會在遍布聖彼得堡的五百間教堂中，採用類似的混和感官體驗來傳遞訊息並觸動心靈。在這幾年間，象徵主義與探尋超凡經驗觸動了畫家、詩人，甚至是保守的俄國統治者（如尼古拉、亞歷山德拉與拉斯普丁的超自然嘗試）。精神成為一時風尚，或是追求異國風情的狂熱，確實反映了當下的失序。深奧晦澀的哲學、瑜伽、韻律體操與東方宗教，深深吸引一群心緒浮動不安、迫切渴求改變的人們。不可能的宏偉建築出現了。在達賴喇嘛㉓支持下，一座佛教寺廟在一九〇九至一九一五年間築起於普里莫斯基大街（Primorsky Prospekt），面對耶拉金島。建築師是加夫里爾・巴拉諾夫斯基（Gavriil Baranovsky），他也打造了新藝術風格的葉立西夫商場，坐落於涅夫斯基大街上，面對奧斯特洛夫斯基廣場（Ostrovsky Square）。[54]

為數眾多的人躲進想像之中，逃避物質世界並驅逐理性主義，嘗試接近內在生命富藏的神祕事物。信奉象徵主義的安德烈・別雷寫了一首散文交響曲，尼金斯基則是在跳《玫瑰花魂》（*Le spectre de la rose*）時躍下舞台，讓觀眾大吃一驚。人們看見舞者往上升，卻不曾下墜，似乎像西科爾斯基的飛機一般違抗地心引力。若說象徵主義者試圖脫離人間的平庸，那麼機器在另一方面開拓了速度與照明的新世界。聖彼得堡夜晚的街頭從黑暗變得明亮。汽車以僅僅數年前仍無法想像的速度，載運人們飛快掠過涅夫斯基大街，而錄音技術則讓歌聲永恆吟唱。

然而首都從衰退勁升至繁榮之時，工人的際遇仍未獲得改善。一九一二年四月西伯利亞勒拿河（Lena）金礦罷工者的和平遊行，得來不合理的血腥回應；正是這件事引發首都的騷動，並開啟新一波罷工。在勒拿河有一百七十二位工人被殺，三百七十二人受傷，因此規模浩大的一九一二年聖彼得堡五朔節遊行時，出現重重警力部署。一年後遊行民眾暴增至十萬人，那是警察估計的數字，也可能是《真理報》㉔所寫的二十五萬人。

對政權的反感日深，使得工人有愈來愈多理由在事件紀念日上街頭抗議，例如搞砸了的一八六一年農奴解放令、血腥星期日、勒拿河大屠殺；社會主義者則另外在首都外圍策劃罷工以彰顯團結，並且向一九一三年夏天被控帶有革命傾向與行為的五十二位波羅的海艦隊水手，表達支持。[55]抗議俄國參與一次大戰的遊行和接下來的糧食短缺，旋即倍增了上述表達不滿的宣言力量。右翼的杜馬議會似乎未能替工人效勞，罷工的步調與規模擴展速率之快，證實了不滿與絕望日增。一九〇九年發生九次罷工，一九一二年達七百三十七次，一九一四年前半年就有一千六百三十二次。有些罷工僅是回應輕微事件的一日罷工，但卻有更多罷工持續的時間介於一星期至一

㉓當時在位的是第十三世達賴喇嘛圖登嘉措（Tubdain Gyaco, 1876-1933）。

㉔《真理報》（*Pravda*）於一九一二年五月五日在聖彼得堡正式發行，由布爾什維克黨人創刊，日後成為蘇聯共產黨的官方報紙。

個月之間。罷工爭端大多跟工作條件、不公平的處理、薪資與工時相關，不過希求廣泛政治變革引起的罷工也波及到重工業[56]，這是因歐洲陷入戰爭，政府亟需仰賴的部門。

聖彼得堡虛有其表的富足與成功受到動亂重創，但經濟比較寬裕者卻對威脅抱持危險的冷漠態度。例如在瓦西里島上的「瓦斯基納村」（Vaskina Village）等地，貧民窟的地主讓居民過著處境惡劣的生活，與尼古拉・涅克拉索夫七十五年前初次描述的狀況差不多。人們對待窮人的態度愈發冷酷，在某些地區，原有的些許同情如今被恐懼取代，乞丐愈來愈被看成是扒手和小偷。流氓行徑凸顯社會隔閡，而憤怒工人採取具破壞力的「流氓手法」，讓沙皇和他的政府被人民怪罪欠缺領導能力。[57]

歡欣、驚慌和恐懼之情交錯存在。小說家阿列克謝・托爾斯泰㉕目睹閒散抑鬱的新富階級墮落至頹喪昏沉：「人們用音樂……用半裸的女人……用香檳麻醉自己。」[58]甚至在開戰後，身為英國特務的外交官羅伯特・布魯斯・勒克哈特爵士（Sir Robert Bruce Lockhart）對於肥胖官員喝下的香檳數量感到愕然，在應當上前線之際，他們跌跌撞撞穿梭於阿斯托里亞飯店（Hotel Astoria）和歐洲飯店的奢華酒吧間。革命前夕，美國記者約翰・里德（John Reed）在賭場眼見香檳酒氣泡滿溢，賭注高得嚇人，高級妓女身披毛皮大衣招搖而行。[59]然而，如果處在飯店雞尾酒吧的視角，幾乎不可能穿透酒精的迷霧，看見衣衫襤褸的漫長隊伍彎過街角，等待「永遠不會來的麵包」。[60]

在宮廷娛樂暫時被封藏之際，英國大使喬治・布坎南爵士㉖回憶除新年盛會外僅有一次，他獲邀到冬宮，在艾米塔吉宮觀賞華格納創作的歌劇《帕西法爾》（*Parsifal*）演出。他評論幕間休息的晚宴，「在聽聞過以往娛樂表演的一切富麗輝煌後，如今實在難以滿足期待。無論在壯觀場面或烹飪方面觀之，都比不上白金漢宮的國宴。」[61]若說沙皇有意躲避他的社會責任，聖彼得堡上流階層則填補了缺口。羅森男爵（Baron Rosen）回想，一九一三至一九一四年間的冬天是首都所見過「最璀璨的一個冬天」。[62]化裝舞會與主題舞會盛極一時，譬如蘇瓦洛娃伯爵夫人（Countess Shuvalova）的彩色假髮舞會，由巴克斯擔綱設計。步態舞、單步舞和狐步舞是受歡迎的舞蹈，流行的探戈則在剛起步的電影工業裡，成為大量生產的電影次類型。[63]羅森男爵尤其喜愛狂歡節期間弗拉基米爾公爵夫人宮中跳的一種舞蹈。尼古拉、亞歷山德拉和他們的四位女兒受邀出席，她們「興高采烈地」享受「人生第一場舞會——唉！也是她們的最後一場舞會」。[64]

有一場特殊的宮廷盛會是羅曼諾夫家族的三百週年紀念，新俄羅斯風格雖已成熟，卻恰如掘屍般地歌頌一個即將消逝的王朝。由維克特．瓦斯涅佐夫等藝術家設計的菜單，採用民間圖像與古代字母做為裝飾。但是與過往慶典習見的規模相比，場面既難為情且聲勢微弱。三百週年紀念日落在一九一三年二月二十一日，於慶典前夜，一陣無情的狂風重重摧毀了冬宮到喀山聖母主教座堂路途上鋪排的皇室裝飾，終點是彌撒將舉行處。米哈伊爾．羅江科命令剛回到城裡的拉斯普丁，在慶典期間遠離教堂。對這位術士的分歧態度，只彰顯了首都的行政混亂。拉斯普丁的電話被政府監聽，同時沙皇卻安排安全秩序部保護他。警方報告記錄了拉斯普丁較以往更密集的酗酒與敗德行為，且將他的酒醉程度分為：「非常醉」、「肯定醉了」、「完全醉倒」和「不省人事」。

㉕ 阿列克謝．托爾斯泰（Alexei Tolstoy, 1883-1945）的專長是科幻小說與歷史小說，並非撰寫《戰爭與和平》那位托爾斯泰。

㉖ 喬治．布坎南（George Buchanan, 1854-1924）於一九一〇至一九一七年間擔任英國駐俄大使。

使人不禁猜想在各類別間相差多少瓶伏特加。

拉斯普丁外出赴宴直到破曉或更晚，而且他也常在中午過後才離開馬薩斯基（Massalsky）吉普賽歌舞團，這類充滿性暗示的表演場子。在拉斯普丁遭舉報僅穿一件襯衣縱橫全場後，熱門的夜總會羅德別墅（Villa Rode）就關門大吉。[65]考量到傳聞，少有襯衣足夠寬大或下襬夠長，能讓聖人保留些許體面。㉗據美國大使喬治・馬利（George Marye）所述，拉斯普丁的公寓上演「最狂野的狂歡盛會場景」。厭倦了日常生活的上流社會女性，爭搶著體驗拉斯普丁提槍就上的性能力。與拉斯普丁同住一棟建物的窮女僕淪為受害者，在拉斯普丁桌前排隊求助的其他人卻獻身做為報答。馬利認為流傳的故事幾乎都過於駭人且難以置信，只願意承認「數量過於眾多」，有「太多可靠的人告訴他那不可信」。[66]術士公開裸露性器官以證實身分，並且吹噓自己跟皇后、自己跟皇女奧爾加的親密關係。拉斯普丁憑藉宮廷人脈與社交技巧獲得權勢，與工於心計的同性戀騙徒米哈伊爾・安德羅尼科夫（Mikhail Andronnikov）締結非正式的同夥關係。安德羅尼科夫融合了自己的性欲與知識就是權力的信仰，鎖

圖50　拉斯普丁與羅曼諾夫家族一位女子同赴三溫暖澡堂的諷刺漫畫。

定送信的男孩，把他們邀來豐坦卡河畔的公寓。他供應食物、殷勤倒酒，許多時候把男孩帶回形同聖地的俗麗、豪奢臥房，在床鋪頂端的鍛鐵尖刺下做愛。男孩歇息時，安德羅尼科夫翻查他們的信件袋挖掘有用資訊，拿來勒索、賄賂與影響首都的權威人士。直到拉斯普丁對安德羅尼科夫起疑之時，他們已形成一組危險的團隊。[67]

俄國人對於亞歷山德拉精神導師的敵意日深，對於頑固沙皇的疏離與冷漠漸生憤恨，且對於德國的野心與威脅愈發懷疑，這一切失控般地升溫。政府內的激進人士、憤怒的工人，甚至一位以保守聞名的作曲家都表達不滿。林姆斯基—科爾薩科夫的最後一齣歌劇《金雞》（*Le Coq d'Or*），就未曾在任何一間皇家劇院演出，這齣歌劇中的傻瓜沙皇杜登（Dodon），和他暴躁、欠管教兒子們的構想，譜寫於一九〇六至一九〇七年間，憤怒地回應了政權的不讓步以及在東方引戰的愚行。杜登，這位與世脫節，想要「忘掉困境」、「躺在床上統治」，而且從沒聽過「合法」這個字眼的沙皇角色，將尼古拉二世描繪成難堪的丑角。因為這樣的內容不可能通過審查，歌劇最終是在作曲家死在莫斯科後才上演，接著又在聖彼得堡的私人劇院上演，成為史特拉汶斯基所說的，「學生的精神號召」。[68]

到了一九一四年夏天，首都街頭的不滿情緒翻騰。英國大使的女兒梅里爾．布坎南（Meriel Buchanan）於七月初抵時，她記述的第一印象包括「有群骯髒且面貌不善的男人聚集在街角」。他們之中站著「一位身穿破舊紅罩衫的小男孩」，「高喊不堪入耳的辱罵，朝汽車扔一小截舊木

㉗ 傳聞拉斯普丁的性器官長度驚人，作者可能是在暗示襯衣遮不住他的巨大陽具。

棍」。[69]整個六月經歷了一百一十八次罷工，釀成一次聯合大罷工，發生在法國總理雷蒙・普恩加萊（Raymond Poincaré）造訪期間。法國總理來訪與塞爾維亞的危機共同占據報紙頭條，持續將最新在工人間爆發的暴力事件擠出頭版。如今聖彼得堡半數的工廠工人放下了工具。運輸逐漸陷入停頓。兩百輛路面電車被翻倒或破壞，電報電線杆遭連根拔起，破壞了通訊線路。在一九一〇至一九一四年之間，首都的布爾什維克黨人數目增長十倍，到了一九一四年七月，他們控制住聖彼得堡金屬業工人工會（Petersburg Union of Metalworkers）。七月九日，中央發電廠（Central Electricity Station）發起罷工。[70]此時普恩加萊在法國國旗飄揚下的彼得霍夫宮用餐，他將美好年代海報藝術家朱爾・雪萊（Jules Chéret）設計的一組戈布蘭掛毯獻給沙皇。

美國傳教士與神學研究者賈瑞・史顧德（Jarred Scudder），在大罷工期間來到聖彼得堡。他發現涅瓦河三角洲充斥著戰艦，而且覺得首都「好似一座巨大碉堡，架設的巨砲瞄準海上」。打從一開始聖彼得堡就是個充滿戎裝軍人的城市，如今則是一座為戰爭動員的城市。「時時都能聽見士兵的規律踱步聲」，城內反德情緒高漲，因為俄國受到急躁且狂暴的德皇威廉二世擴張野心所威脅。激動的暴徒輾過街道，搗毀德國人的店面並掠奪存貨，當局裝作視而不見。史顧德預定入住德國人名下的阿斯托里亞飯店，歡迎他的卻是明顯刺耳的法語，騙不了任何人。一群暴徒洗劫了德國大使館，這棟位於聖以撒廣場遠邊，彼得・貝倫斯（Peter Behrens）新近設計的建物。在消防隊趕來用水沖散群眾之前，他們喧鬧了兩個小時。由於擔心阿斯托里亞飯店將成為下一個目標，史顧德撤往美國大使館，發現一大群歇斯底里的德國人來此尋求庇護。彼得之城的居民對城市做出重要貢獻後，如今正逐漸失去他們花費數十年達到的成就。[71]至於說意第緒語的猶太人則必定是叛徒，他們因此遭到逮捕與槍殺。

六月二十八日，塞爾維亞特務加夫里洛・普林西普（Gavrilo Princip）在塞拉耶佛㉘暗殺了奧地利大公法蘭茲・費迪南（Franz Ferdinand）。奧地利要復仇且希望德國支持，但心裡明白俄國一定會干預。法國將幫助俄國，英國會援助法國，歐洲戰火一觸即發。沙皇現身冬宮露台歌頌《感恩讚美歌》（*Te Deum*），兩萬五千位愛國人士伏身下跪。因國內爭端而分歧的俄國，現在可會團結一心對抗德國？國內生產上揚，龐大的合約落在普提洛夫、雷斯納㉙與列別傑夫（Lebedev）等實業家的桌面。七百架野戰砲㉚、電話與電報設備、飛機引擎與數百萬枚砲彈的訂單使工廠超載。[72]弗謝沃洛德・普多夫金（Vsevolod Pudovkin）在高明的雄辯電影《聖彼得堡末日》（*The End of St. Petersburg*）裡，以具教化意味的有力鏡頭揭露了首都與殘殺間的相互依存，正如落在俄國前線爆炸的砲彈使普提洛夫、雷斯納與列別傑夫的股票飆升。他讓觀眾斬釘截鐵了解俄國士兵為何赴死：「沙皇，祖國，首都」。在聖彼得堡充滿煙霧的空氣裡，工時（這裡意指一週裡的每一日）延長至工廠的十二小時，以及紡織廠的十三小時。難以忍受的高熱使意外事故倍增，通貨膨脹耗盡了糟透的薪水。德語發音的彼得霍夫改名為彼得宮城，聖彼得堡則成為彼得格勒。此外據納博

㉘ 塞拉耶佛（Sarajevo）位於巴爾幹半島西部，鄂圖曼帝國於十五世紀建立此城，十九世紀被奧匈帝國征服。這座城市有多種宗教信仰並存，被稱為歐洲的耶路撒冷。

㉙ 雷斯納工廠（G. A. Lessner Works）於一九一二年與諾貝爾工廠（Ludwig Nobel Works）合併，在一戰期間為帝俄研發潛水艇。

㉚ 野戰砲（field gun）安裝在輪車上，能隨部隊快速移動。

科夫的觀察，「貝多芬也成了荷蘭人」。[73]

第一次世界大戰的前五個月裡，俄國損失了近兩百萬人。在一九一四至一九一五年間的艱苦冬季，國內的食糧與燃料短缺漸成困擾。梅里爾·布坎南回憶道，英國大使館（坐落於葉卡捷琳娜大帝為寵臣謝爾蓋·薩爾蒂科夫建的宮殿）的熱水管裂開，客人入座時被迫裹上毛皮大衣。但他們是幸運兒。街道上的人群與旗幟消失無蹤，為麵包和牛奶排隊的人龍變得更長，軍人的妻子與父母們會擠在涅夫斯基大街上，張貼將士死訊電報的店鋪櫥窗前。[74]一九一五年夏天德軍推進之際，火車日日滿載數以千計的士兵開往前線，同時首都則湧進傷兵與無數難民。[75]棚屋構成的小鎮林立。彼得格勒重回聖彼得堡建城初年的不確定情景。

英國大使館的女士們開設了一間慈善食堂。她們舉辦縫紉派對，並且開辦一筆救濟基金。[76]瓦西里島上的英國療養院與涅夫斯基大街上的英俄醫院由大使夫人監管。美國人成立了一所育幼院，皇后則於冬宮開設醫院，往尼古拉廳塞進一百多張病床。亞歷山大·伯努瓦曾造訪燈光昏暗的病房，目睹尼古拉和亞歷山德拉在宮中添加的裝飾，暴露出他們「極度缺乏品味」。[77]

戰爭期間，弗金依然是馬林斯基劇院的芭蕾巨星。人們晴雨不分地花長時間排隊看新作，看著新兵在劇院廣場演練拿刺槍刺稻草人。芭蕾舞的觀眾顯得愈來愈陰鬱，不復見華美的軍服和異國裙裝。[78]卡沙維娜回想，一場表演結束後藝術家聚集於裝潢豔麗、空間狹小的卡巴萊俱樂部「流浪狗」（Stray Dog）。那裡有人跳舞，也有在無秩序歡樂氣氛中跌撞成一團的諷刺短劇，有演說、座談和辯論。週一的夜晚，流浪狗會延續「努洛克與努維爾當代音樂協會」（Nurok and Nouvel's Contemporary Music society）的傳統，演出莊重的音樂會。[79]達基列夫寫信邀請卡沙維娜加入俄派芭蕾的美國巡演。但她抗議自己既不能也不願意加入：「在哀傷至極的那些年裡，我不願出於自己的抉擇而錯過一天。」達基列夫則將涅夫斯基大街徹底教會他關於百老匯的一切，帶往美國。他訓斥美國人對歐洲風雅懷抱的不當依戀，身為形塑現代主義的推手的達基列夫了解閃亮豔麗的白色大道㉛的重要性，他說：「該是美國人民了解自我的時候了。百老匯是真摯的。」曾在涅夫斯基大街讓果戈里吃驚的眾多荒謬印象，百老匯裡應有盡有：假髮、高帽、假鼻子、風塵女子、長大衣、招牌、搖晃與推擠——這意味速度、節奏與喧鬧。達基列夫鍾愛這一切，百老匯是騷動的涅夫斯基大街。俄國以其復返與分歧，在新時代的新世界中掀起波濤。達基列夫向《紐約時報》提及一九〇五年他在塔夫利宮舉辦的肖像畫展：「在貴族肖像移出塔夫利宮的同一年，做為人民代表的杜馬踏進塔夫利宮，我一直認為這是件美事。」[80]於是卡沙維娜留在彼得格勒，跳舞並享受藝術家朋友的陪伴，未來的不確定性使他們富有生氣。原有秩序正迅速消逝，她有幸能品味其中的樂事。她常跟法國大使莫里斯．帕里歐洛（Maurice Paléologue）共進晚餐，有次約的時間比較早，好讓賓客盡享涅瓦河落日景觀。在她的回憶裡，那是「一場迷人的派對；只有落日失敗了」。[81]在相隔數年的不同世界裡，詩人奧斯普．曼德斯達姆夢想：

> 我們將會再聚，在聖彼得堡，
> 我們彷彿在此埋葬了太陽。[82]

㉛ 白色大道（Great White Way）是紐約百老匯大道（Broadway）劇院區的暱稱。

在劇院、宮殿與大使館外，「形形色色的八卦傳聞」使一九一六年的暖秋變得「狂熱」，因食糧而起的暴動「頻繁且具規模」，公眾集會遭禁。[83]梅里爾・布坎南描述亞歷山德拉皇后的「頑固與疏離……孤立於所有的圈子與俄國宮廷之外」。根據她的記述，盛傳「皇后跟德國人從事非法買賣」，而且「詆毀傳遍各處且繪聲繪影……德國人在宮中的影響力！……拉斯普丁的勢力！」[84]據傳公爵夫人們往德國私運金子，裝在謊稱有屍體的棺材裡。[85]一九一六年十一月，沙皇被迫換掉首相鮑里斯・施蒂默爾（Boris Sturmer），因為他有個德國名字。在國家翻騰跌向革命之際，首相將輪番替換。施蒂默爾的替代人選是亞歷山大・特列波夫（Alexander Trepov），他的父親被維拉・查蘇利奇槍殺，哥哥則在一九〇五年的動亂期間，因下令軍隊別吝惜子彈而享有惡名。德國特務潛伏在麵包排隊人龍裡，鼓動飢餓者，激起他們對戰爭的不滿。德國出生的皇后與敗德的拉斯普丁這不神聖同盟的危險性，促使有權勢者攜手密謀勇於承擔非常之事的人們。這段期間有輛三駕馬車企圖殺害拉斯普丁。[86]有一輛汽車撞上拉斯普丁的雪橇，人車翻覆，但拉斯普丁還活著。有一則故事流傳，當敗德的拉斯普丁吹噓自己跟皇室家族成員的性邂逅時，震驚的尤蘇波夫公爵遞給拉斯普丁手槍，要他做出得體的舉動。結果拉斯普丁卻把槍轉向尤蘇波夫，但失手了。事實上取術士性命的過程沒那麼自然而然。[87]

莫伊卡河畔的尤蘇波夫宅邸是棟優雅的圓形建築，有著摩爾式的會客室、出類拔萃的劇院，曾是瑪麗—安東尼㉜名下的家具，以及掛滿華鐸、尚—歐諾黑・弗拉戈納㉝與林布蘭等人作品的畫廊，如今是身懷巨富變裝癖者菲利克斯・尤蘇波夫（Felix Yusupov）的家。菲利克斯公爵娶了沙皇的姪女伊琳娜，身材瘦小的他是一位高超的變裝者。愛德華七世㉞曾在巴黎色迷迷地看著尤蘇波夫，讓他興奮不已，他也跟涅夫斯基大街上的妓女刻薄互罵，藉此獲得樂趣。一九〇九年，尤蘇波夫從牛津學成回國後，曾向拉斯普丁諮詢自己的性能力。聖人給予尤蘇波夫建言，並且企圖帶壞他。七年後公爵置身杜馬的旁聽席，聽著俄羅斯人民聯盟黨領袖弗拉基米爾・普利希克維奇（Vladimir Purishkevich）譴責拉斯普丁。他們兩人聯手策劃了一件陰謀。

一九一六年十二月十六日，尤蘇波夫將拉斯普丁誘騙到他的宅邸，或許還承諾了自己的妻子會獻身。六塊摻有氰化鉀的蛋糕已準備妥當，外加毒酒。起初，受邀來度過火辣夜晚的拉斯普丁婉拒了款待，而且因為美麗的伊琳娜不在，而提議去夜總會找樂子。尤蘇波夫一再拖延，客人開始小口淺嚐蛋糕和酒，但似乎沒有效用。失去耐性的尤蘇波夫跑去取了他的布朗寧手槍。拉斯普丁對於無事可做感到無聊，再次堅持出外尋歡。尤蘇波夫要他不如禱告，並且朝他開槍。拉斯普丁猛然跌下，隨後爬起闖出大宅，普利希克維奇緊追在後開槍。當時是凌晨四點，路過的士兵曾來一探究竟，但只對這樁謀殺表達了欣慰。拉斯普丁的屍身被重重裹起並添加重物，從彼得橋（Petrovsky Bridge）附近的冰面洞口扔下。隨著消息傳遍首都，人們歡欣不已。陌生人彼此擁抱，出租車拒收小費，其中一位共謀者在劇院裡起身鼓掌。[88]隨後拉斯普丁的屍體在十二月十九日被當局尋獲。儘管皇后感到悲傷，沙皇仍聽進建言，不去懲罰暗殺者。日後將領導後帝國時代俄國

㉜ 瑪麗—安東尼（Marie-Antoinette, 1755-1793）是奧地利女大公，後嫁給法王路易十六。

㉝ 尚—歐諾黑・弗拉戈納（Jean-Honoré Fragonard, 1732-1806）是法國洛可可晚期代表畫家。

㉞ 愛德華七世（Edward VII, 1841-1910）是一九〇一至一九一〇年間的英國國王。

臨時政府（Provisional Government）的亞歷山大・克倫斯基（Alexander Kerensky）認為，這樁謀殺案將鞏固沙皇的專制。英國大使認為暗殺「雖然出於愛國動機，卻是致命的錯誤。皇后因此比以往更堅決，並且樹立危險範例，鼓勵人民將想法化為行動」。[89]

行動在許久以前早已開始。由拉季舍夫、赫爾岑與車爾尼雪夫斯基揭開序幕，並且在沙龍、閣樓和聖彼得堡的公眾空間蓄積力量。當德米特里・卡拉科佐夫朝尼古拉二世開了六槍，行動隨之升級。維拉・費格納跟他的同夥將沙皇炸上天國時，抗議進入弒君的新境界。行動在工廠樓層間醞釀，且以一九〇五年的抗議和革命撼動首都。俄國投入戰事並放任亞歷山德拉與拉斯普丁掌控帝國時，行動持續累積力量。於是不出所料地，到了一九一七年二月，科科夫佐夫感到人人「皆察覺有件非凡大事即將發生，可是沒人清楚知道那會是什麼」。[90]人們疲於戰爭破壞了安寧，基本糧食短缺變得比前幾個月更嚴重。律師與政治家亞歷山大・克倫斯基即將在一九一七年發生的兩次革命中扮演要角，他記述女人們為了任何可得的食物排隊，飢餓「成了唯一的沙皇」。物價急遽上漲，維堡區紡織廠的工人在二月二十三日早晨絕望地罷工。那天是國際婦女節（International Women's Day），氣溫趨暖，人們走上街頭吵著要麵包。當晚較貧窮地區的麵包鋪遭搶，哥薩克騎兵衝往涅夫斯基大街保護著名的法式甜點鋪菲利波夫（Filipov），想要巧克力蛋糕和各式塔類的人們包圍了店家。[91]梅里爾・布坎南認為，無疑是布爾什維克承諾的「麵包、和平與自由」，慫恿了教育程度低下的人民，歷經三年說不盡的苦難讓他們身心俱疲。在一年前抵達聖彼得堡的大衛・法蘭西斯㉟，「從新世界最偉大的合眾國來到舊世界最崇高的專制宮廷擔任大使」。他聽聞德國煽動分子在排隊人龍裡挑起騷動，「而人們等著到物資配給的店鋪裡買一點糖或肉」。

到了二月二十五日，抗議發展成全面大罷工的規模，兩千家企業裡的二十七萬工人拒絕上工，支持的學生則走上街頭。易遭受憤怒暴徒攻擊的路面電車駕駛與出租馬車隨之停工。隔天，各階層的人民，從傭人到公僕，都加入起義。在整個冷冽的午後，聖母顯靈廣場㊱的緊張程度持續上升，直到星期日再度染上血腥，五十位示威人民被槍殺。與家人安然置身沙皇村的尼古拉有所警覺。可是他又能怎麼辦呢？擔任皇家衛兵的帕夫洛夫斯基衛隊叛變，且造反擴散，隔天蔓延至謝苗諾夫斯基衛隊。[92]

當局四處張貼禁止示威抗議的海報，隔天未重回工作崗位者會被送上前線。在美國大使館的幾條街外，使館商務參贊的廚師目睹軍刀砍下警員的頭顱而深受心靈創傷。街上人們拿銳利的冰塊碎片猛力扔向警察。有些軍官從窗戶和屋頂往下開槍，促使學生與士兵破門闖入他們棲身的樓宇，把狙擊手拖到街頭公開處決。[93]機關槍會掃射涅夫斯基大街上的週日散步民眾，造成他們四散奔逃，跑向米哈伊洛夫斯卡亞街（Mikhailovskaya Street）以遠離火線。汽車加速、馬拉雪橇飛奔逃離，有人中彈、有小孩被踩死，「近一百位手無寸鐵的民眾被射殺」。[94]

一月二十七日下午三、四點，科科夫佐夫沿著莫霍瓦亞街（Mokhovaya Street）遛狗時，子彈再度橫飛，事後證明這是決定性的一天。鑄造廠大街上的法院及全城警察局全陷入火海。哥薩克

㉟ 大衛．法蘭西斯（David Francis, 1850-1927）於一九一六至一九一七年間任美國駐俄大使。

㊱ 聖母顯靈廣場（Znamenskaya Square）得名自附近的聖母顯靈教堂，自一九一八年起改名為起義廣場（Vosstaniya Square）。

騎兵拒絕對抗群眾。梅里爾·布坎南從芬蘭度假回來，卻是全副武裝的英國軍官來迎接她。他們乘坐的使館汽車被路障擋下，不過最終獲准通行。一待安然抵達涅瓦河畔的家，大使之女遭到禁足，只能坐著聽機關槍的嗒嗒聲。阿爾弗雷·納克斯將軍（Alfred Knox）從使館打電話來時，她父親人在外交部，得知聖彼得堡要塞大多已叛變，且由鑄造廠大街起義軍掌控大局的消息。[95]當晚一幫學生和工人占領塔夫利宮的杜馬，還有成群前來助陣的叛變軍人。他們對宮外的大批群眾發表宣言。稱為「工人代表蘇維埃」（Soviet Workers' Deputies）的臨時行政委員會就此成立，使用杜馬預算委員會的辦公室運作。他們在二月二十七日唯一出刊的報紙《新聞報》（*Izvestia*）上發布聲明，請求工人、士兵和彼得格勒人民代表當晚前來杜馬所在地開會。午夜時分，有個身穿髒汙毛皮大衣的邋遢人物晃進來，聲稱：「我是前內務部長亞歷山大·普羅托波波夫（Alexander Protopopov）。我追求我國的福祉，所以我自願來此投降。」雖然他實為「拉斯普丁的追隨者且腦袋絕非十分清醒」，普羅托波波夫的投降標示著舊秩序的終結。[96]

二月二十八日星期二雙方持續駁火，監獄遭到破壞且囚犯獲得自由。同情革命的彼得保羅要塞駐兵以砲轟威脅後，海軍部投降了。沙皇的密友，弗里德里希伯爵（Count Fredericks）的房子遭到洗劫。僕人試圖將伯爵的馬匹牽出著火馬廄時，卻被命令掉頭，把牲口關入馬廄。[97]三月二日尼古拉退位給弟弟米哈伊爾大公，他將「在立法機關國家代表的全力團結下統治……願上帝幫助俄國」。[98]三月三日，一日沙皇宣布退位，要人民「服從臨時政府……直到盡可能在短時間內，基於普遍、平等與祕密投票原則選出制憲議會（Constituent Assembly），由其表述國家意志認為應採行何種政府形式」。羅曼諾夫上校，即尼古拉二世，在衛兵看守下居於沙皇村，並獲得勸告該潛逃出國，但他拒絕了。[99]亞歷山大．蘇古諾夫執導電影《創世記》的漫長結尾呈現了一首移動的安魂曲。華麗熱烈的冬宮舞會落幕後，音樂停歇，身穿華服的賓客接連步下約旦階梯，人們互換聽不清內容的低語，就像每次從盛會離去時那般。群眾之中有些人明白流露著不知所措，彷彿察覺到自身將面對一群偶爾無知、常受誤導的絕望人民抗爭，而他們將在摸索中越過專制的黑暗餘波。鏡頭穿過一扇宮殿窗戶移往霧濛濛的涅瓦河時，眼前景象「四面皆海」，將帝國的聖彼得堡化為建城者到來前的沼澤海岸。

英國大使記述，政府「因命令軍隊向人民開火……助長了普遍的不滿，形成以閃電般速度擴及全城的熊熊大火」。[100]社會主義者的政治宣傳（受到德國特務資助，意在逼迫俄國撤軍），在堡壘軍人和工廠工人間發揮效用。暴力事件持續上演。三月初，士兵闖入安置拉斯普丁棺木的教堂，測量他的陰莖長度。士兵奉克倫斯基之命將屍體搬移，葬入無名墓。當載運屍體的卡車拋錨且人群聚集時，眾人的決策是將缺了陰莖的屍體火葬，假使事後的聲明可信的話。尤蘇波夫公爵帶著兩幅林布蘭與鼻菸盒收藏逃離革命，並且耗費巨資向米高梅公司（MGM）及其電影《拉斯普丁與皇后》（*Rasputin and the Empress*）提起誹謗告訴，尤蘇波夫勝訴的結果促使好萊塢執著於使用「免責聲明」。㊲拉斯普丁的女兒瑪利亞則在美國成為一位馴獅師。[101]

㊲　一九三二年上映的《拉斯普丁與皇后》裡出現尤蘇波夫夫婦，且有拉斯普丁強暴尤蘇波夫夫人的不實情節。尤蘇波夫不僅在英國的法庭獲得勝訴，據傳也從米高梅獲得一筆庭外和解金。在此案件後，好萊塢電影打上「片中人物、情節純屬虛構」的聲明成為慣例。

在彼得格勒，舊帝制官員遭到看管與威脅。科科夫佐夫前往銀行途中遭到一幫人劫持，他們強占了一部車沿著涅夫斯基大街遊行示眾，高喊車上是「前帝制大臣、也是小偷的科科夫佐夫伯爵被當場從銀行拖出來，他拿了一百萬盧布要去援救沙皇」。事件發生後當局即派遣衛兵入住科科夫佐夫家，日夜監視他們。[102]

三月底，美國大使成為自三月十一日成立以來，第一個承認臨時政府的政府機關。歷經七月的動亂後，身材矮小且「性格極其緊張」的亞歷山大．克倫斯基擔任臨時政府的領導人。㊳出於全然的巧合，他與弗拉基米爾．伊里奇．烏里亞諾夫㊴在窩瓦河畔的辛貝爾斯克㊵上同一所學校。[103]由於克倫斯基錯誤估算蘇維埃運動終將瓦解，他的短命政府就這樣被兒時舊識推翻，一九一七年十月，列寧已成為人民委員會（People's Commissars）的主席。與此同時，在臨時政府治理下，到了四月初首都已重獲表面上的秩序。工廠恢復運轉，產量卻減少。舞者與歌手在馬林斯基劇院演出，展演廳拿下了帝國的雄鷹標誌，帶位員身穿沾染油汙的外套，觀眾席中坐著工人。

克倫斯基掌權時，達基列夫的劇團正在羅馬的科斯坦吉劇院㊶演出，這位表演經紀人受召回國擔任藝術大臣（Minister of the Fine Arts），但他拒絕接任這份差事。更迫切的問題是劇團不能再使用帝制的國歌做為序曲，史特拉汶斯基徹夜未眠將《窩瓦船夫曲》（*The Volga Boatmen*）編成管弦樂曲，這首農奴哀歌原收錄於米利．巴拉基列夫採集的一八六〇年代民間歌曲輯。隨後在巴黎，此曲在《火鳥》開演前響起，還有一面紅旗在舞台上展開，事後《費加洛報》（*Le Figaro*）表達異議。達基列夫辛辣地反駁：「在當今俄國，視紅旗為象徵物之士，正是相信世界的幸福安寧仰賴於人民自由之士。」[104]

在美國參戰下，德國動用祕密武器來擾亂俄國的精力。他們允許列寧與三十位布爾什維克同志搭乘一輛嚴密封鎖的列車，迅速穿越德國領土回到俄國。四月三日抵達彼得格勒後，列寧乘坐裝甲車偷渡至克舍辛斯卡婭的宅邸，此處由支持他的軍隊所占領。從花園的小涼亭裡，布爾什維克領袖鼓動反戰與反布爾喬亞政府的人民。他訴求和平，以及將權力移交蘇維埃。他不再接受孟什維克的主張，後者認為目前的布爾喬亞革命能達成共產主義。在列寧所著的《四月提綱》（*April Theses*）中，他高呼蔑視「由資本家和地主」組成的臨時政府，並且鼓動布爾什維克黨人為了將權力移交蘇維埃而奮鬥。現代馬戲團㊷舊址在大宅對面，可容納一萬位觀眾，儘管缺乏照明且陰冷，但仍是理想的革命集會地點。[105]由於上述集會，以及工廠和街頭的強力遊說，使布爾什維克的黨員人數在一九一七年春天至十月革命間增長了四十倍。五朔節慶典讓彼得格勒市中心陷入停頓狀態，數千位社會主義者發起和平示威，要求麵包與和平，揮舞著紅旗並高唱《馬賽曲》（*Marseillaise*）。但是列寧利用街頭示威傳達上述要求的策略失敗了，七月初街頭再度染血。布爾

㊳ 編按：第一任臨時政府領導人是格奧爾基·利沃夫（Georgy Lvov），克倫斯基在七月二十一日接任，直到十月革命爆發後卸任。

㊴ 弗拉基米爾·伊里奇·烏里亞諾夫（Vladimir Ilyich Ulyanov）是列寧的本名。

㊵ 辛貝爾斯克（Simbirsk）是帝俄向西伯利亞擴張的堡壘城市，一九二四年後依列寧的姓氏更名為烏里亞諾夫斯克（Ulyanovsk）。

㊶ 科斯坦吉劇院（Teatro Constanzi）的原名沿用至一九二六年，後幾經改名，現稱羅馬歌劇院（Teatro dell'Opera di Roma）。

㊷ 依聖彼得堡文化委員會的資料，木造的現代馬戲團（Cirque Moderne）原名新馬戲團，一九一六年時因建物頹圮而拆毀。

什維克黨人舉行一場和平遊行後，政府決定禁止示威活動並下令哥薩克騎兵驅散群眾。一輛卡車載滿支持革命的克隆施塔特要塞水手前來回擊，後方架設機關槍，射殺逼近鑄造廠橋（Liteiny Bridge）的哥薩克騎兵部隊，四處趴伏的屍體散落於四個街區。在「滂沱雨中……街道上……血水奔流」。[106]七月三日，機關槍第一軍團（First Machine Gun Regiment）的士兵拒絕被派赴前線，走上街頭為蘇維埃的目標助陣。數千工人加入陣容，克隆施塔特要塞的兩萬水手也來了。克倫斯基下令嚴懲布爾什維克起義後，列寧逃往芬蘭。

有位曾為孟什維克、後轉為布爾什維克的黨員遭到短暫逮捕。據美國紅十字會（American Red Cross Mission）會長雷蒙·羅賓斯（Raymond Robbins）所述，里翁·托洛斯基（Leon Trotsky）是「混蛋之中最低劣的人，卻也是繼基督之後最偉大的猶太人」。[107]托洛斯基遭拘留四天後

圖51 一九一七年七月四日，臨時政府軍隊朝和平示威者開槍。

獲釋，且在全俄蘇維埃代表大會（All-Russian Congress of Soviets）的掩護下，狡猾地為政變做準備；此代表大會最終成為社會主義革命後的國家最高統治機關。等到列寧返回彼得格勒郊區之時，麵包配給量已再次降低，糖則「時有時無」。在亞歷山大林斯基劇院正面的葉卡捷琳娜大帝雕像權杖上，有面小紅旗隨風起伏著。[108]

雖然克倫斯基自稱為「前來拯救俄國」的人，但喬治．布坎南爵士指出，臨時政府在七月的「動亂過後，失去了徹底消滅布爾什維克黨人的僅有機會」。從以下事件可看出事態的改變，當布坎南與大使受邀觀賞歌劇，他們被介紹給皇家包廂的意外占據者：維拉．費格納與維拉．查蘇利奇，兩位長期對抗專制的女英雄們。[109]

八月間，羅曼諾夫家族遷往西伯利亞的托博爾斯克（Tobolsk），以防布爾什維克黨人得勝或德軍推進。紅色政治宣傳在戰壕裡發揮效用，逃兵湧入彼得格勒。為阻止一切分崩離析，拉夫爾．科爾尼洛夫將軍（Lavr Kornilov，帝制時期的前參謀長，獲克倫斯基任命為總司令），進軍首都發動政變。他的企圖是建立軍事獨裁，或甚至是復辟君主專制。鐵路工人拒絕載運他的軍隊，結果反而是工人和赤衛隊㊸挺身捍衛都城。政變行動瓦解，科爾尼洛夫被捕。與此同時，人們擔心有可能遭受來自海上的砲擊。夏末，德軍推進至里加，而里加的淪陷使彼得格勒陷入恐慌。英國區的女人和小孩撤離，國家檔案移往莫斯科，亦談及政府的安遷。駁船載滿官方文件與密碼，有艘船裝了過多的貨物，導致船隻在惡名昭彰的帝制時期文書負重下沉沒。當局為了將艾米塔吉

㊸ 赤衛隊（Red Guard）是一九一七年革命時期成立的民兵組織，是紅軍（Red Army）的前身。

宮的珍藏運往安全的莫斯科克里姆林宮，準備了超過八百個貨箱。兩班火車在接下來的數週內駛離，不過第三班受到十月底的動亂阻撓。[110]

克倫斯基請求人民支持他的政府，且在絕望之下，於十月二十四日沒收布爾什維克報紙的數台印刷機。但是已經太遲了，主動權已落到革命人士手中。士兵辱罵警察，哥薩克人殺害警員。群眾在街頭打死一個行竊的士兵。[111]

十月二十五日，在陰冷早晨的八點左右，在對馬海峽戰役中倖存的戰艦，曙光號巡洋艦，駛抵克隆施塔特要塞，艦上人員滿是支持革命的水手。彼得格勒街頭仍見零星駁火，軍隊卻逐漸轉而支持布爾什維克黨人。政府官員用車遭到破壞或侵占，不過克倫斯基向美國大使館的一位祕書借來美國國旗，在外交保護下集結軍隊並掌控局面。隔天，即十月二十六日，革命委員會的代表以裝甲車為後盾來到冬宮，要求無條件投降。未獲回應下，約莫九點時曙光號朝涅瓦河發射了一枚空包彈。[112]

卡沙維娜當晚有演出。觀眾零零落落，而且舞團裡僅有五分之一的人在跳舞。散場後她前往米蓮娜亞街吃晚飯，此時機關槍開始嗒嗒作響，舞者擔心她的雙腿可能會中彈。吃完飯步行回家時，她看見有個人中彈跌入輕柔飄落的雪中。[113]人們在一九一七年十月二十七日醒來時，會發現城市一片白茫茫，而政府是紅色的。

第三幕

同志與市民

1917–2017 年

第十二章　紅色的彼得格勒

一九一七至一九二一年

若說城市出人意表地平靜，那麼斯莫爾尼宮則是忙亂交織。夸倫吉設計的帕拉迪歐式貴族女子學院，被彼得格勒蘇維埃①徵收，做為革命運作的中心。信差牢牢抓著緊急電訊，搬運工扛著大捆政治文宣，在充滿菸味、照明間隔鬆散的走廊跌撞蹣跚而行。潦草寫就的標語掛在原來的教室門上，指明事物的新規律：「社會主義士兵工會」、「彼得格勒蘇維埃中央委員會」。據記者約翰·里德親眼所見，原本因為燃料短缺而寒冷不堪的浩大會議廳，如今烘蒸著狂熱辯論的「草根階層身體所散發的悶熱」。身為在哈佛受教育的激進人士，且懷抱新生之犢的活躍熱切，里德深信彼得格勒將會點燃一場世界革命。他在《震撼世界的十天》（*Ten Days that Shook the World*）書中的著名敘述，如同埃森斯坦的電影《十月》般對投注的盲目支持，為革命最初的日子提供一幅活力充沛的景象。

里德的妻子路易絲·布萊恩（Louise Bryant）同為記者，也待在斯莫爾尼宮。迴盪在上百房間的打字機聲響使她歡欣雀躍，並且對遍布全俄的蘇維埃會議感到驚奇。過往從未在公眾面前講話的代表，渾身泥濘、沾染斑斑血跡地從壕溝來到會場，對會眾發表動人訴求。[1]

位於彼得格勒的美國大使館「將里德先生視為可疑人物並納入監視」。他們發現里德是「相信工人能自行管理工廠」[2]的社會主義者，這成了堅信資本主義的合眾國代表的眼中釘。里德懷抱興高采烈的心情，看著一九一七年十月的戲劇場面升溫。十月十一日，克倫斯基最後一次絕望地請求俄國人民的支持，那是彼得格勒蘇維埃組成軍事革命委員會（Military Revolutionary Committee）來指揮起義的前一天。革命來臨的前幾天，全國各地和彼得格勒都發生小規模的布爾什維克抗議，十月二十二日則是一場大型的募款運動：彼得格勒蘇維埃日。[3]二十三日當天，里德記述有「兩千名赤衛隊踏步行過札格羅德尼大街（Zagorodny Prospekt），領頭軍樂隊吹奏著《馬賽曲》」，「多面染血的紅旗」高舉在空中。所有的「商人、投機分子、投資人、地主、軍官、政治家、教師、學生、專業人士、店主」和職員全都反對他們。站在「蘇維埃這一邊的是基層工人」。[4]

十月二十四日夜裡，軍事革命委員會下令赤衛隊占領重要機構：軍事要塞、火車站和波坦茲卡雅街上，利沃夫設計的中央郵局。志願軍來自工廠和軍隊，赤衛隊奉命動用武力保護蘇維埃勢力。日後紅軍在托洛斯基領導下成立，他們將成為其中一分子。一支女兵部隊（Women's Battalion）也成立，為不情願攻擊敵人的男子軍隊樹立勇氣典範。準備上前線的人在冬宮廣場集結時，赤衛隊驅散他們，並且正如一八八〇年的炸彈客史蒂芬・哈爾圖林運送炸藥和引爆劑的途

---

① 彼得格勒蘇維埃（Petrograd soviet）成立於一九一七年三月，在二月革命後成為代表這座城市工人與士兵的議會組織。

徑，經由公務入口晃進冬宮。他們逮捕臨時政府成員，未動用武力即占領冬宮。有些人開始行竊，布萊恩和里德都記述了樂觀革命人士基於正直公平標準所發出的斥責：「同志們，這是人民的宮殿。這是我們的宮殿。」[5]「同志們！別拿走任何物品。這是人民的財產。」[6]在普多夫金一九二七年的電影《聖彼得堡末日》裡，有位同志的妻子帶著給丈夫的熱騰騰餐點來到宮中。見到丈夫時她手上的鍋子已空，因為她把熱湯沿路分給飢餓的赤衛隊員。革命比家庭關係更重要。

其他人對事件持有不同看法。喬治・布坎南爵士記述士兵和工人「洗劫並砸毀他們所能染指的一切」。至於女兵部隊，布坎南派納克斯將軍前往一座要塞交涉釋放她們，「她們在此處遭受士兵野蠻至極的對待」。[7]瑪塔・奧梅丁金聽聞「用警察裝飾」街燈杆的「醜事」。[8]無政府主義者和投機分子武裝自身，占據最好的房子，過著暴民統治的生活。臨時政府成員勉強逃過私刑，

圖52　一九一七年十月十一日，置身斯莫爾尼宮庭院的赤衛隊糾察員。

從宮殿被押送到彼得保羅要塞。[9] 羅伯特．布魯斯．勒克哈特回憶道，日後的彼得格勒契卡頭子，莫伊塞．烏里茲基（Moisei Uritsky），「被土匪從雪橇拉下來，剝光衣服，讓他光溜溜的上路。」梅里爾．布坎南的車被赤衛隊鳴槍擋下，他們想強占這輛汽車。大使館人員抗議這台是英國人的車時，一把手槍正抵住他的太陽穴。最終使館人員勸說成功，他們得以開車回家。布魯斯．勒克哈特從不單獨外出，而且手指一直扣在口袋中的手槍扳機上。[10] 人們恐懼未開燈的汽車在夜裡突然出現在身旁，這輛車時不時巡邏城市，偶爾發射機關槍。英國大使的醫師對他說，自己已「瀕臨崩潰邊緣」，因為許多朋友上門，「想去大使館避難」。人們的地下室「被士兵占據，他們縱情於無差別的開火」。偷盜與謀殺「成為普遍的日常事件」。[11]

十二月間，城裡的酒窖和貨倉遭到洗劫。布爾什維克民兵派往冬宮逮捕掠奪財物的工人。其中有些人耽溺於珍貴陳年老酒，醉得無法執行任務。數千瓶酒被砸碎在涅瓦河的冰面上，好防止暴民淹沒在酒精裡。武裝的住戶二十四小時守衛門廳與庭院。出納員和店主會因為錢箱有一些小錢而遭人謀殺，愈來愈多店家拉下鐵門。匪徒在布爾喬亞的空蕩公寓裡搜出豐厚的錢財。當水手、士兵和警察在奧沃德尼運河附近突襲盜賊的巢穴時，他們尋獲難以置信的大批贓物。[12]

與此同時，一紙宣言從斯莫爾尼宮外流，成串的命令可以跟保羅一世比擬。「致俄國國民！……國家權力已移交至……彼得格勒蘇維埃手裡。」他們提出「民主的和平，廢除地主的財產權……工人掌控生產」並且組建蘇維埃政府。孟什維克黨人質疑布爾什維克的主張：「立即和平的承諾，是謊言！麵包的承諾，是騙局！土地，是童話！」列寧回擊：「所有的土地私有權立即在無賠償下廢除……充公的財產從今而後屬於全體人民，無論對人民財產造成任何損害均視為重罪，得由革命法庭懲處。」[13]直到公開宣稱的革命目標，制憲議會成立前，臨時的工／農政府在人民委員會監督下運作。委員包括列寧、托洛斯基與約瑟夫・史達林。自始史達林就是一位活躍的布爾什維克黨人，因從事革命活動遭流放西伯利亞，一九一七年回到彼得格勒後接任《真理報》的編輯。

政府迫切需要資金以給付工人薪水，但是銀行職員仍處於罷工狀態。到了十二月中，公僕、學校教師、藝術家工會和亞歷山大林斯基劇院的職員全都走上街頭。窮人繼續挨餓，富人依然處境安樂，他們不受政府的配給所囿，享受著餐廳與擠滿人的卡巴萊。[14]全城販售食糧的店鋪空無一物，布萊恩回憶有「一間間商店櫥窗擺滿鮮花、緊身胸衣、狗項圈和假髮！」假髮來自「獲得解放」的女人，緊身胸衣則是「過時的束腰款式」。[15]衣飾如此繁重的顧客們拒絕獲得解放，已經逃離了城市。街燈時有時無，路面電車故障且遭到棄置。梅里爾・布坎南目睹處處「失序、髒汙且疏於照顧」。[16]教堂裡「無人禱告」。作家維克特・施克洛夫斯基（Viktor Shklovsky）記載道，到了一九一八年一月中，彼得格勒變得平靜，城裡「失去任何形式的正常生活，只剩廢墟」。咖啡會「用黑麥煮成」，人們吃「馬鈴薯皮煮的稀粥」。[17]畫家尤里・安年可夫（Yuri Annenkov）記得有人兜售「腐臭、冰凍的動物內臟」。[18]營養不良的女人月經停止來潮。兩年後，沃爾孔斯基夫人（Princess Wolkonsy）記錄下營養不良對出生率造成的驚人影響。[19]她出身自俄國最古老的貴族家庭之一，勇敢地從英國回到革命前的彼得格勒，拯救身陷監牢的丈夫。革命前她丈夫在都城擔任外科醫師。

緩解悲劇的作為常因過度狂熱的革命邏輯而廢止。維堡蘇維埃嘗試建立為失業者供餐的免費食堂時，卻因其「布爾喬亞式的善舉」而遭嚴厲批評。[20]然而布爾什維克黨人也漸漸開始掌控情勢，他們的優先事項包括與德國停戰以及成立制憲會議。在七十多年來俄國舉辦的幾次自由選舉中，布爾什維克黨人都輸給社會革命黨人，後者的核心主旨是人民的福祉而非國家的權力，但布爾什維克黨人採取流血行動來保護他們的革命。一九一八年一月初，議會初次開會時，他們派軍隊上街頭平息反對聲浪，導致約十人死亡與數十人受傷。[21]隨後我們可以清楚預見未來的樣貌，布爾什維克黨人關閉議會，因為他們未能掌控大選。

一九一八年二月一日是眨眼的時刻。一眨眼，時間就來到二月十四日。彼得大帝過時的儒略曆跟著帝制一起出局，正當俄國背對西方、將目光轉往國內之際，俄國採用了幾乎通行於其他所有地方的格里曆。過去彼得大帝創建了聖彼得堡來扭轉歷史，如今布爾什維克革命在這座城市爆發，不僅因為這座城市是工業與權力所在地，也因為此處是改變的搖籃。但一九一八年初，德國人再度朝彼得格勒推進，甚至嘗試（雖然未成功）從空中轟炸都城，如今彼得格勒若繼續做為首都，顯然太過危險了，於是布爾什維克黨人將政府搬遷至莫斯科。維薩里昂·別林斯基稱聖彼得堡為「舊土地上的新城市」[22]，諷刺的是當新願景震撼了舊土地，權力中心卻撤退至舊都城，而且專制主義凌駕一切。

政府於一九一八年三月三日，簽署了布列斯特—立陶夫斯克條約（Treaty of Brest-Litovsk）後，讓彼得格勒免除了來自德國的威脅（此舉也促使英國派遣遠征軍至阿爾漢格爾斯克和莫曼斯克②）。

---

② 莫曼斯克（Murmansk）位於俄國西北角，是北極圈內的不凍港。

截至此時，行政機關的重新安置已清空了彼得格勒的大部分政府用地。無趣、演說時音調拔尖且身為布爾什維克中央委員會一員的格里戈里·季諾維耶夫，掌控了彼得格勒人民委員會。季諾維耶夫的時間必須分給彼得格勒與莫斯科，他同時在莫斯科掌管第三國際（Third International），那是世界革命的強大引擎（一九一九年三月成立）。季諾維耶夫的不時缺席讓聖彼得堡的城民感受到被忽視，因此他很難獲得人民擁戴。接線生也鎮日枯坐，等待革命在全球爆發的消息。[23]

契卡設立於戈羅霍娃街二號，即維拉·查蘇利奇嘗試暗殺費奧多爾·特列波夫的房子。菲利克斯·傑任斯基（Felix Dzerzhinsky）領有「肅清反革命及怠工非常委員會」③，他曾擔任列寧的貼身保鏢。據布魯斯·勒克哈特的記錄，在傑任斯基「癱瘓的眼瞼」下，他的雙眼「燃燒著法西斯主義的堅定火焰」。[24]傑任斯基手下的契卡會恐嚇不情願者接受革命，傍晚執行處決並趁夜半丟棄屍體。契卡會對付多種犯罪者，諸如間諜罪、投機買賣罪與偽造罪，但彼得格勒契卡至今執行的大規模處決，主旨都在懲罰反革命與盜賊。自一九一七年十二月成立後的十八個月內，官方記錄的處決次數剛好超過一千件。[25]

契卡總部也遷往莫斯科時，亞納托利·魯納契斯基（Anatoli Lunacharsky）在政府中所負責的教育與人文部門，還繼續留在彼得格勒，直到一九一九年春天。[26]魯納契斯基是一位文雅卻善於說服他人的博學人物，他自稱是「布爾什維克黨人中的知識分子，也是知識分子中的布爾什維克」。[27]他深信政府不應大力干預人文，期盼保存舊秩序的精華，卻助長了革命表述。魯納契斯基是無產階級文化協會（Proletkult）的會長，該機構致力於發展民眾的文化。協會在工廠和工作坊組織基層小組，讓工人欣賞藝術，並舉辦讓工人開始接觸文學的講座。[28]協會也推行合唱團，以革命讚美詩做為新型態的砲彈。[29]魯納契斯基也在人民教育委員會（Narkompros）擔任委員，這個龐大的機構掌控了教學、智識與藝術生活的所有層面。無線電收音機仍處於發展的初始階段，於是人民教育委員會採用電影做為普及蘇維埃理念的媒介。冬宮的尼古拉廳會為工人舉辦電影放映會，火車電影院和航船電影院（會俗豔地搽上革命的紅色）也行遍全國，散播訊息。船上有圖書館、印刷機與放電影的暗室。[30]美術學院遭到關閉，人民教育委員會設立彼得格勒自由工作室（Petrograd Free Studios），開放給年滿十六歲的所有人。在其他諸多活動之中，有一項是蘇維埃年輕女性模仿收藏品中的希臘雕像姿勢，好為體育競賽做準備。

魯納契斯基會利用皇室孩童居住的冬宮舊房間工作，他堅持僅有不具藝術價值的房間，才用作社交或行政用途。宮殿的其餘空間應成為一座國家博物館，隸屬於艾米塔吉的一部分。其中有座革命博物館（Museum of the Revolution），職員在如此嚴寒天候下搬運安置展品，讓他們「渾身布滿青藍瘀血，雙手凍傷」。在惡劣至極的環境下工作數月後，「風溼與結核病的重症案例」在工作人員間爆發。至於較傳統的博物館展出，僅僅彼得格勒一地就有大量藝術品充公，博物館宣告展品甚至將比以往更豐富。[31]由於皇室收藏品的精華已移往莫斯科的克里姆林宮保存，策展人們致力於編目富人的私有收藏。耗費數個世紀積累的物產與動產全歸人民所有。一幅照片顯示農民初見富麗堂皇的室內裝潢，表情目瞪口呆、雙眼圓睜，好似到了天堂，或是下了地獄（假如他

---

③ 肅清反革命及怠工非常委員會（Extraordinary Commission with Responsibility for Counter-Revolution and Sabotage）是契卡的全名。

們有好好學習布爾什維克思想）。④

劇作家馬克辛·高爾基（Maxim Gorky）是「俄國知識圈的諾亞」[32]，在革命後的俄國一心維護文化。他警告列寧，歐洲北部店家林立，販售從俄國私運出境的古董，於是領袖在一九一八年九月發布法令，禁止出口藝術珍品。契卡逮捕了詩人安娜·阿赫邁托娃的第一任丈夫尼古拉·古米留夫（Nikolai Gumilev），連帶指控高爾基懷有反布爾什維克觀點並涉及莫須有的帝制陰謀，高爾基轉而向列寧陳情。高爾基在莫斯科獲得列寧發給的緩刑，可是等到他返回彼得格勒時，古米留夫已經連同其他六十人遭到處決。一九一九年十二月，高爾基把葉立西夫宅邸變成藝術之家（House of Arts），做為知識分子與創意人士的聚會地點與避難所。[33]原先的葉立西夫書房提供給沃爾孔斯基夫人使用，牆上依然掛著家庭照。她回想當時的震驚感受，幾乎認不出安德烈·別雷及「俄國知識圈的菁英人物……渾身髒兮兮還爬滿虱子」，在公共食堂「靜靜吞食可悲的晚飯」。儘管情勢如此，藝術之家在艱難時期提供了棲身去處。[34]

彼得格勒面臨了魯納契斯基所稱的「經濟與政治重要性降低的苦悶過程」，如今著手改變街道名稱。任何跟羅曼諾夫扯得上關連的路名，皆被社會主義的名人取代。[35]城中立起了拉季舍夫和赫爾岑的紀念碑，馬克思獲得斯莫爾尼宮前方的顯眼位置。在這批新的致敬對象中，有一座多角、扭曲的未來主義紀念碑獻給了弒君者索菲亞·佩洛夫斯卡婭，其「奇形怪狀的面貌」挑戰了何謂社會主義藝術適宜形式的觀念。[36]雖然被視為「個人主義」且自我耽溺的現代主義早已飽受威脅，但儘管如此，「布爾喬亞個人主義」的遺跡——未來主義者，仍獲得有效的運用，為彼得格勒的五朔節塑造醒目的壯觀場面。十月迎來革命的第一次週年紀念日，內森·亞特曼（Nathan

Altman）用一萬六千公尺的畫布圍住冬宮廣場，繪滿立體派與未來主義圖案。[37]在內戰的困苦歲月中，紀念日的放縱揮霍與不合時宜幾乎跟帝制時期時一樣。兩年後慶祝活動甚至變得更加壯觀，但以美學而言，卻更偏離革命。在一場毫無顧忌展示布爾什維克誇張行徑的活動中，八千名紅軍士兵「重演」同志如何於一九一七年十月，在未遭反抗下溜達闖進冬宮。[38]

除卻鋪張的慶典外，彼得格勒已形同一座鬼城。下水道修復工程停滯後，霍亂在一九一八年春天再次襲來。與德國停戰讓險峻的經濟情勢更趨惡化，導致二十萬工廠工人在春季與夏季間遭到裁員。狀況惡劣到失業者可獲得免費火車票，讓他們逃到鄉下尋找食糧。

到了六月，武裝反對布爾什維克的勢力在南方集結成白軍（White Army），由心懷帝制的俄國人組成，並且受沙皇時代的將軍指揮。沙俄的前盟友紛紛介入內戰：法國海軍在黑海，美軍開抵遠東地區，英軍則在莫曼斯克，全都急於打垮社會主義革命並維護自身利益。紅軍從彼得格勒出動打內戰後，交由有著殺人執照的契卡來維護城市的治安。契卡突襲社會革命黨的根據地，並且轉而對付布爾喬亞。正如《紅星報》（*Krasnaya gazeta*）所述：「布爾喬亞交給契卡，亟子交給滾水！」[39]八月曾發生一起復仇殺人事件，彼得格勒的內務人民委員莫伊塞·烏里茲基在辦公桌前被暗殺。數日後，列寧被一位近乎全盲的年輕社會革命黨人，范妮亞·卡普蘭（Fanya Kaplan）射中肺部與脖子。上述反布爾什維克者的暴力威脅引發了紅色恐怖，一連串嚴密的鎮壓活動，對反革命人士施以刑求與處決。六週內契卡逮捕了六千人，遭殺害者介於五百至一千三百人之間。

---

④ 編按：作者意指在真正的布爾什維克黨人眼裡，富麗堂皇的景象是剝削人民所獲，應為地獄。

布爾什維克黨人開始使用制度暴力做為政治工具，這成為蘇維埃國家的基本策略。[40]官方數據顯示，紅色恐怖期間契卡殺害了一萬兩千七百七十三名囚犯，但是有些非官方估計指出，一九一八年九月至一九二〇年期間遭殘殺者高達三十萬人。

有樁未解決的事務是羅曼諾夫上校和他的家人，皇室家族在四月移往葉卡捷琳堡時，曾遭逢群眾高喊「吊死他們！」，來表示歡迎。這聽起來不過是一群暴民的激動喧囂，卻是宣告羅曼諾夫王朝末日的號角。一九一八年七月十七日，沙皇頭一個被射殺，接著輪到皇后，然後是沙皇的子女和妹妹。殺手吹噓自己在地下室追著女大公跑，朝她們開槍。[41]他們的歡鬧是一場毫不費力且愉悅的屠殺，就像在安娜女皇狩獵車上的捕獵享樂一樣。

✯

保羅．杜克斯（Paul Dukes）戰前在聖彼得堡讀音樂。由於他通曉俄語且熟悉俄國，英國政府命令他觀察革命。杜克斯被英國軍事情報局第六處（日後以祕密情報局為人所知）吸收後，在一九一八年十一月重返彼得格勒，蒐集優質、不偏頗的情報，並推估政權變天的可能性。由於許多赤衛隊員不識字，使他的偽造身分文件通行無阻。杜克斯認識一個人，用英國裁縫師給的帳單一路從彼得格勒通關到莫斯科。杜克斯手上有二十個化名可供運用，其中之一是名叫約瑟夫．伊里奇．亞費連科（Joseph Ilyich Afirenko）的契卡人員，另一個身分是紅軍士兵。杜克斯監控城中大事，並且試著從牢裡救出帝制支持者。他會在深夜時分乘坐小漁船漂流在涅瓦河口上，等待一艘皇家海軍魚雷艇溜出克隆施塔特要塞，蒐集對方提供的所有資料。他的報告證實了所謂「世界革命之都」的衰敗。第一個週年慶典未及收拾的殘餘物，一面面「褪色破舊的紅旗」，挨家挨戶地懸掛著。骨瘦如柴的馬匹倒臥地上，任憑死去。兜售的書籍中許多洗劫自私人圖書館，不過購買任何出版品皆須取得許可，除無所不在的蘇維埃政宣品之外。市場裡的蔬菜腐爛，芬蘭火車站⑤酒吧的「一小塊鯡魚放在黑麵包碎屑上」，以及「用茶替代酒」，全數驗證了「正常生活的停滯」。[42]杜克斯有充分理由不把描寫俄國時光的書取名為《紅色黎明》（*Red Dawn*），而叫做《紅色塵埃》（*Red Dusk*）。

瑪塔·奧梅丁金回想，在她住的瓦西里島上，早已歇業麵包店的褪色畫板時常縈繞於憔悴居民心頭。[43]關於鬆軟麵包卷和黃澄澄吐司的記憶，嘲笑著空無奶油的人民，他們淪落到只靠一週一顆，且時常是腐臭的雞蛋過活的處境。[44]當美國無政府主義者艾瑪·高德曼（Emma Goldman）要求嚐一嚐普提洛夫鐵工廠工人的配給麵包，他們要她「用力咬」。[45]意志堅決的人們假裝自己不需要食物[46]，他們會用意志力戰勝物資匱乏。絕望的人賣掉一切，從衣物、小擺設品到腐敗的餡餅，顧客購買之前都會先聞一聞。直到一九一九年中期，城市才開始設立營運供餐給十四歲以下孩童的公共食堂。等到食堂開設後，人們對餐點的最好評語是無法引起食欲。用高德曼的話來說，這地方產生「對於蘇維埃世外桃源的恍然醒悟」。[47]

革命家維克特·瑟吉（Victor Serge）在一九一九年冬天，抵達「寒冷、飢餓、忿恨與隱忍之

---

⑤ 芬蘭車站（Finland Station）是位於聖彼得堡涅瓦河北岸的鐵路總站，列車由此通往芬蘭。一九一七年四月列寧從瑞士回國時，搭乘的列車正是開抵芬蘭車站。

都」時，發現皇宮的立面「被牛血抹成紅色」。彼得格勒蘇維埃領袖的妻子莉莉娜·季諾維耶夫（Lilina Zinoviev）告訴他：「我們在一座被圍困的城市裡圍困人民。飢餓可能引發暴動，芬蘭佬可能會突襲我們，英國人可能發動攻擊。」[48]一連串罷工行動爆發，因為工人眼看黨政高層食糧豐足，高官承諾的配給量卻未見增加。假日遭到取消。契卡朝飢餓的罷工者開槍。[49]革命顯然遭受威脅。

英國特務希德尼·萊利（Sidney Reilly）居間協調，企圖在一九一九年發起反革命。傭兵將拘禁列寧和托洛斯基，而六萬名白軍會進軍莫斯科，尤德尼奇將軍（General Yudenich）則同步攻擊彼得格勒。八月間，一艘英國魚雷艇突襲克隆施塔特要塞時，擊沉了巡洋艦懷念亞速號（Memory of Azov）。十月初，尤德尼奇將軍占領加特契納，且於數日後抵達彼得格勒郊區。工人被動員去保護空寂的城市，駐守每一條運河和每一座橋梁。一群疲憊且受背叛的人民在街頭立起路障，他們除了甘藍菜外沒什麼別的食物可吃。尤德尼奇將軍試圖包圍城市，卻未能攻占莫斯科—彼得格勒鐵路。涅瓦河上砲彈橫飛，契卡圍捕三百名疑犯，乘火車抵達的紅軍則於普爾科沃高地之役（Battle of Pulkovo Heights）擊敗尤德尼奇，戰場位於彼得格勒以南十六公里處。[50]托洛斯基在十月三十日的《真理報》表示：「我們在彼得格勒的決鬥獲得勝利，意味著朝英—法帝國主義揮出決定性的一擊，他們對尤德尼奇這張牌押了太高的賭注。為彼得格勒奮戰時，我們不僅在保護無產階級起義的搖籃，也是以最直接的戰鬥方式將這波起義擴及全世界。」尤德尼奇的部隊朝愛沙尼亞邊境撤退。[51]

✯

考量到城市的混亂與匱乏，英國作家威爾斯（H. G. Wells）詫異於彼得格勒的劇院活動，既廣受歡迎且具高文化水準，且每晚有多達四十場演出。大型劇院欣欣向榮，一如曾受沙皇庇蔭般獲得人民教育委員會的資助。[52]路易絲・布萊恩記錄下卡沙維娜在人山人海的馬林斯基劇院裡跳舞，觀眾卻身穿破舊衣衫。[53]夏里亞賓要求高額的演唱酬勞，但在生活變得艱難之後，他登台演出只為了換取麵粉和雞蛋。[54]一九二〇年成為夏里亞賓早期向外拓展的案例，他會在普提洛夫鐵工廠演唱《鮑里斯・戈東諾夫》。在魯納契斯基眼中，未來主義「四面噪音劇院」的乏人問津，證明了工人難以欣賞前衛作品，簡單且教條式的《巴黎公社支持者傳奇》（*Legend of the Communard*）就比較適合。《巴黎公社支持者傳奇》由一位紅軍步兵寫於一九一九年，劇中的社會主義思想吸引了對事態好轉仍懷抱一絲希望的人們。[55]

到了一九二〇年秋初，在紅軍接連取得重要勝利後，內戰漸趨平息。十一月間彼得格勒重獲安全，艾米塔吉博物館的多幅藏畫從莫斯科回歸。林布蘭展間在月底開幕，接著是十二月開幕的荷蘭與義大利展間——正好趕上水管爆裂。[56]專門委員會（Expertise Commission）進駐前英國大使館位址，負責編目從宮殿與大宅沒收充公的工藝品，威爾斯認為此處近似「充斥於布朗普頓路⑥的某些二手藝品店」。一九一四年威爾斯曾赴聖彼得堡，六年後再來到彼得格勒，顯然對眼前多數景象大感失望。接待他的是老朋友高爾基，主人儘管位居要職，但擁有的西裝僅有身上穿的那套。彼得格勒城內的木造人行道和木屋都被搗毀，拆作柴薪，路上滿是「死寂的店鋪」。若說布

⑥ 布朗普頓路（Brompton Road）位於倫敦市區騎士橋南方。

萊恩只見緊身胸衣和假髮，威爾斯所見則不出「茶葉、香菸和火柴」，像陶製器皿等生活必需品卻無處可尋。威爾斯對於革命走向失敗的哀悼，聽來像是家中傭人的絕望口吻，「破杯子找不到替換品」。他主張，城市正是由「商店、餐廳和類似店家所構成。讓它們全數歇業後，街道的意義就此消失」。當威爾斯跟列寧分享上述看法，獲得的回應是城鎮的用途已多半中止。它們被淘汰了。[57]

俄國出生的美國人艾瑪・高德曼同樣對革命的方向感到失望。在美國三番兩次入獄、隨後遭驅逐出境的高德曼，獲得高爾基歡迎並讚揚她的革命資歷。她在尤德尼奇的大軍威脅彼得格勒之際抵達該城，察覺到緊張的態勢。高德曼進駐氣派的阿斯托里亞飯店，讓她初瞥蘇維埃的不平等，此處已被黨高階官員徵用，稱為彼得格勒蘇維埃第一大樓（First House of the Petro-Soviet）。對於官方貪汙的批評已傳開。配給被分了等級，高德曼不解為何當特定店家賣奶油、肉和雞蛋給特權人士時，工人和女人卻得「長時間排在看不見盡頭的隊伍裡，等著領取配給的冷凍馬鈴薯、生蟲的穀物和腐壞的魚」。季諾維耶夫反駁道，在內戰與聯合封鎖期間他們能多做的有限。高德曼參訪共產黨重要人士專用的舒適醫院，也去了其他診所，相比之下尋不著後者的醫療器材且藥物相當稀少。[58]對於大多數同志而言，他們所能期待的最好餐點是蕎麥糊，以及一種叫裏海擬鯉（vobla）的倒胃口鹹水魚，魚刺易碎，且吞食恐怕會傷害腸道。[59]此外，如果常吃下當局分發的未清洗、未烹煮的燕麥，往往會導致消化道完全阻塞。在瀉藥和灌腸劑無效的情況下，沃爾孔斯基夫人被迫看著病患飽受折磨後死去。[60]

衛生成了嚴重問題。一九一六年彼得格勒有八十八間桑拿澡堂，到了一九二一年僅剩下約二十間。[61]許多澡堂客人來時身上覆著「塵土和虱子構成的灰色厚外衣」，洗掉以後露出巨大膿瘡和結痂後的紅色疤痕。人們會用毒品來忘卻自身的不幸，各行各業的人都向理容師和美髮師買古柯鹼恣意施用。想躲避徵兵的人可以到涅夫斯基大街跟乞丐買「斑疹傷寒虱子」，好讓自己遭受感染。[62]維克特・瑟吉被派去替黨工尋覓適合住處時，他發現「室內全抹滿了冷凍排泄物」。[63]冬季更迭至春季時，融雪使得地面泡在水裡，在真正的社會主義精神推動下，清潔隊隨之籌組。支持革命的《曼徹斯特衛報》特派員亞瑟・蘭森（Arthur Ransome）與列寧的密友卡爾・拉迪克（Karl Radek）同住，並且跟托洛斯基的祕書一同匆匆出走，可是連蘭森都不得不承認「令人震驚的癱瘓」與內在的「文明崩壞」。[64]

一九二一年二月，彼得格勒的不滿工人發布聲明向布爾什維克黨人要求自由，隔一個月，克隆施塔特要塞的水手由於生活水準下降起而叛變，著手讓革命重回正軌。但是如今紅軍已規模壯大，由受過皇家軍校專業訓練的多位軍官指揮，派往鎮壓克隆施塔特要塞起義的圖克哈契夫斯基將軍（General Tukhachevsky）就是其中的一員。[65]他在三月中對要塞所在的島嶼發動攻擊，兵士身穿白衣做為掩護，在冰凍的海灣上移動。水手朝進逼的部隊開火，有些地方的冰面開始碎裂。在數百人送命後，圖克哈契夫斯基平息了起義。事件過後契卡的鎮壓愈發嚴密，一波新的恐怖氣氛主宰彼得格勒。艾瑪・高德曼曾會見克隆施塔特要塞的水手及鐵工廠和磨坊的工人們，這群「推動革命奮鬥的血肉之軀」，朝著在他們幫助下奪權的布爾什維克黨人，「悲苦地吶喊」反對聲浪。至於契卡，高德曼對約翰・里德言明，她從不理解革命竟能容許「漠視人們的生活與苦難」。里德在十月革命的三年後回到俄國，受到莫大的熱忱歡迎，但他不再像當初那般堅定。儘管如此，日後他還是以英雄的身分去世，並且葬在莫斯科的克里姆林宮城牆內。不久後，高德曼在滿懷「夢想破滅」下離開了俄國。[66]

☆

許多藝術家和作家相信，在各自專業領域採取革命性做法等同於效忠新秩序，但他們卻被視為與工人脫節。劇場與藝術的實驗作為遭受欠缺文化素養的黨高層質疑，許多現代主義藝術家逐漸了解，布爾什維克主義永遠不可能接受他們的想法。[67]無產階級文化協會強力推行一種集體的、屬於無產階級的藝術，忽視對工人不具意義的傳統與藝術活動。不過，假若現代主義者被視為辜負了革命，那麼這場革命也將辜負他們之中的抱負高遠者。一個重要例證是弗

圖53　帕諾夫（V. Panov）在詩作〈我們從鐵裡長出來〉（We Grow from Iron）的改編劇中飾演「工人」，於無產階級文化協會劇場（The Proletkult Arena Theatre）首演。

拉基米爾・塔特林（Vladimir Tatlin），他在一九一九年接下的第三國際紀念碑（Monument to the Third International）的委託案，該紀念碑企圖橫跨涅瓦河，聳立的高度將是當時尚未興建的帝國大廈⑦的兩倍。這座塔設計成高懸空中的巨大玻璃圓柱體、四方體與圓錐體。圓柱體將以一年為旋轉週期，內部設有一間會議中心。圓錐體每個月旋轉一周，內部設有多間行政辦公室。四方體每日旋轉一周，設有螢幕、廣播擴音機等設備。塔特林的視野遠遠超過蘇維埃的技術限制，但這座高塔從未完工。

圖54　在彼得格勒的一間工作室裡，弗拉基米爾・塔特林與助手站在第三國際紀念碑的模型前。

到了一九二〇年，共產黨成員超過六十萬人，在中央委員會的十九人之中，亞瑟・蘭森推估僅有五人具有影響力。他們是猶太人托洛斯基、卡緬涅夫（Lev Kamenev）、季諾維耶夫，波蘭人傑任斯基和喬治亞人史達林。[68] 健康狀態不佳的列寧是領導者。布爾什維克黨人贏了內戰，但是

⑦ 帝國大廈（Empire State Building）於一九三一年在紐約落成，樓高三百八十一公尺，直到一九七二年均為世界最高建築。

仍需持續掌權。納博科夫認為列寧跟他的親信，與此前的眾沙皇相似，「在維繫權力面前，一切皆居於次要。」[69]

十九世紀中期，亞歷山大·赫爾岑曾問道：「誰將會終結我們？帝王的老朽野蠻行徑，或是共產主義的暴烈野蠻行徑；嗜血的軍刀或是紅旗？」他也暗示情況或許比那更惡劣：「在基督徒受到野蠻人的蹂躪折磨後，輪到他們自身開始互相折磨。」[70]

第十三章　失勢的城市

一九二一至一九四一年

彼得格勒的人口從一九一七年的兩百五十萬人，跌落至一九二〇年代初期的約七十四萬人。[1] 近十七萬人在現已人事膨脹的蘇維埃國家行政機關工作，如同帝俄時代的辦事員。其他約十五萬六千人（據一九一九年的估算）皆不識字。城市幅員比柏林或巴黎更廣闊，但是那兩座首都的人口持續增長，而且在近期的戰爭結束後步入繁榮的爵士年代①。彼得格勒是一座遭到遺棄的半毀博物館，無人有時間、金錢或意願來此策展。曼德斯達姆期盼的「極其壯觀之事」將不再發生。據別雷筆下的阿布留霍夫所述，皇家宮殿上沾染的紅色是「混亂的象徵物，這團混亂將帶領俄國通往滅亡」。[2] 彼得格勒的路面電車總數從一九一八年的七百二十四輛，減為一九二一年的兩百二十七輛。乘客盡力攀住行駛中的電車，或是被推擠下車，有時會大發脾氣。城市的工業停擺，有四分之一的住房閒置。上述情景是歷時七年的戰爭、革命與國內衝突種下的果。

① 爵士年代（Jazz Age）指一戰結束後的一九二〇至一九三〇年代，爵士樂在美國與英法變得興盛的一段時期。

宗教哲學家格奧爾基．費多托夫（Georgy Fedotov）思索一九二〇年代中期的聖彼得堡，指出其中蘊含「某種瘋狂的思想，預示了城市的消亡……頂天立地拔起的巨人如今懸於空中，立在花崗岩之上」。[3]彼得之城裡較年輕的世代見證了投注在教育上的可觀心力，且擁有改善生活水準的動力，然而從內戰結束直到希特勒覆滅的這段期間充滿苦難騷亂。亞瑟．克斯勒②認為，「在短短三個世代間，共產黨運動已從使徒的時代步入波吉亞家族③的時代。」[4]與馬克思合著《共產黨宣言》（*Communist Manifesto*）的弗里德里希．恩格斯（Friedrich Engels）所抱持的社會主義願景，即政府應該慢慢撤銷現有的功能，在這段期間卻麻木不仁地演變成最糟糕的一種極權官僚。在俄國的首都莫斯科，史達林的疑心病催生出新的獨裁統治。兩百年來彼得之城主宰著改變，如今城市淪為改變的受害者，或者毋寧稱為停滯的受害者。

內戰剛結束時城市曾浮現希望微光，維克特．施克洛夫斯基察覺到一九二二年的春天提早到來。專業工作者從南方歸來，個人商販再度獲得接納，因為列寧在一九二一年推行的經濟折衷方案，容許受到管控的資本主義。戰爭與饑荒的惡劣情勢迫使列寧採取該政策，並且在第十次全國代表大會（Party Congress）上獲得投票通過，同時間，圖克哈契夫斯基將軍正在鎮壓克隆施塔特的要塞起義。[5]列寧短暫推行的新經濟政策（New Economic Policy），使得聖彼得堡的某些景象重新回到彼得格勒。城裡有餐廳、商店，放映好萊塢電影的戲院與展示前衛藝術的藝廊。新聞業擁有自由，也獲得公共討論的機會。人氣滿滿的演藝人員和騙子們歡天喜地，涅夫斯基大街因為一次大戰前盛行的歡愉與惡習而重獲生氣。[6]但就在新經濟政策給予布爾喬亞些許喘息空間之際，死硬派的布爾什維克黨人則視之為眼中釘，認為「新經濟政策人④」是資本家惡棍。但就在史達林於一九二八年終止列寧策略上的經濟鬆綁後，「新經濟政策人」的思維就此轉入地下。黑市自此延續了整個蘇聯時代，且在蘇聯解體後，轉變成迅速致富的詐騙手段。[7]

一九二二年四月二十二日，約瑟夫．史達林受列寧的賞識，獲選為共產黨總書記（Party General Secretary）。他是一位嚴肅的實用主義者與精力充沛的布爾什維克組織者，帝制時期曾在西伯利亞的集中營服刑。但就在十個月後列寧改變了心意，想讓史達林出局。正如葉卡捷琳娜大帝企圖剝奪保羅的繼承權，列寧也應該早點表明心跡，早在第三次中風讓他語無倫

圖55　亞歷山大．戴尼卡（Alexander Deineka）所繪的《新經濟政策人》（*NEPmen*），一九二七年。

② 亞瑟．克斯勒（Arthur Koestler, 1905-1983）是匈牙利出生的猶太裔作家與記者，一九三一年加入共產黨、一九三八年退出。前半生顛沛流離，住過奧地利、巴勒斯坦，在西班牙、法國、英國均曾入獄，最後定居英國。著有小說《正午的黑暗》（*Darkness at Noon*），背景即為一九三〇年代的共產國際。

③ 波吉亞家族（Borgias）是源於西班牙的貴族，義大利文藝復興時期取得顯赫地位，家族有兩位成員在十五、十六世紀當選教宗，在龐大的政治影響力外也傳出弄權惡名。

④ 新經濟政策人（NEPman）指一九二〇年代政策推行期間創業的個人商販或小型製造商，NEP是新經濟政策的縮寫。

次之前。一九二四年一月二十一日，列寧死於第四度的中風，史達林戲劇化地發誓將完成列寧的事業，藉此鞏固自身的合理繼承地位。[8]彼得格勒更名為列寧格勒，但列寧從不太喜歡這座城市。地方領袖主張，革命的搖籃應該再次成為首都，但其他的一些人，包括少數年長的前貴族，我們仍能見到他們外出遛狗，則認為這座城市應該公開反對蘇俄的貧乏生活。[9]過往的帝國輝煌可以成為一座燈塔，照亮寒酸的蘇維埃式生活。但是這一切事與願違，彼得之城仍遭到湮沒遺忘，且在九月遭逢歷史以來第二大的洪水。最高水位曾漲至三百八十公分，只比一百年前最嚴重的洪水水位低四十公分。

菲利克斯．傑任斯基手上的契卡，現稱為國家政治保衛局（Political Directorate of the State），即格別烏⑤，且持續擴張，好滿足史達林無情對付同胞的方針。由於領袖著魔般地輕忽人命，甚至比朝錯誤的方向點頭還細微的過失，就足以引起史達林的懷疑。他會用刑求來獲取假自白，好整肅敵人，數千受害者之中僅有少許人能熬過刑求。史達林認為唯有墳墓能實現完全的服從，處決就是他的解決方案：「沒有人，就沒有麻煩。」[10]格別烏在一九二三年成為國家政治保衛總局（United Political Directorate of the State, OGPU），一九三四年演變成令人喪膽的內務人民委員部（People's Commissariat for Internal Affairs, NKVD），其後歷經國家安全部（ＭＧＢ）與內務部（ＭＶＤ），於獨裁者死後隔年的一九五四年，再成為國家安全委員會（ＫＧＢ）。史達林政權的惡行，大多開創自列寧時代，源自內戰的殘暴動亂期間。監視、羈押、流放與恐怖行為是列寧的部分行事準則，如第一座死亡集中營開始營運於一九二二年，而史達林僅僅強化了對付革命敵人的方針，其中包括真實與想像中的敵人。國家政治保衛總局與隨後的內務人民委員部變成執行恐怖政策的重要工具。在「國父」史達林的笑臉背後聳立著吞食親生子女的撒頓⑥，他的手段執行得如此徹底，以致於到了一九二〇年代末期，蘇聯一開始的領導階層中，只剩下史達林還留在政治局（Politburo，蘇聯的中央執行委員會）。[11]

史達林在一九二八年十月採行改善經濟的計畫時，他已經完全掌握國家的黨、軍隊與祕密警察。他狂熱無比地推動現代化。為了加速完成計畫，工人被迫「奉獻」義務勞動日⑦或休假日[12]，《真理報》則自滿誇口要在四年內完成五年計畫⑧，那是堪比彼得大帝的危險跳升。一九二九年，一群因投機牟取暴利的富農（kulaks，他們被指控在城市饑荒時囤積穀物）淪為「階級敵人」，有些人被來自城市的幫派歹徒謀殺，其他人則被流放到西伯利亞，他們的農場被充公，並且合併成大型的集體農場。到了一九三〇年，俄國已有超過半數的農民進入集體化，但是工廠生產線產製的拖拉機僅僅只到當初承諾數字的一半，而且有許多拖拉機實際送到農場後卻被閒置，因為農場工人不明白該如何操作。[13]為了逃離鄉間的威脅，陷入困境的農民開始屠殺牛隻、焚毀

---

⑤ 格別烏（GPU）源自國家政治保衛局的俄語縮寫。

⑥ 撒頓（Saturn）又名薩圖爾努斯（Saturnus），是羅馬神話裡的農業之神。後來撒頓與希臘神話的神祇克羅諾斯（Cronus）混同，因此加進了克羅諾斯吞食親生子的傳說。

⑦ 義務勞動日（subbotnik），十月革命後將週六定為義務勞動日，人民在這一天不支薪做公共服務，例如清掃街道、修繕公共建築等。

⑧ 五年計畫（Five-Year Plan）指的是第一個五年計畫，即推行農場集體化。在史達林任內尚有發展重工業的第二個五年計畫，以及發展軍工業的第三個五年計畫。

穀倉屋舍來表示抗議，且以每星期五萬人的速度湧入城市。列寧格勒開始出現住房短缺的問題。

在這一片混亂中，藝術呈現出興奮、困惑與危機。相互衝突的目標衝擊著無產階級文化協會，讓它在內戰後難以倖存。[14]文化協會希望提供勞工階級可理解且屬於他們的藝術，但如今卻變調成史達林的文化恐怖統治。人民教育委員會掌控了出版社，而且所有稿件必須經過簡稱為Glavlit的文學與出版事務總局⑨批准。知識與藝術方面的清洗也加速進展，諸如普希金和托爾斯泰等經典作家依然受到歡迎，但杜斯妥也夫斯基晚年的反社會主義思想也讓他的作品被禁。時髦且酗酒的詩人謝爾蓋．葉賽寧（Sergei Yesenin）是一位歌手，曾是舞蹈家伊莎多拉．鄧肯的丈夫，他的詩作裡滿是艱苦的生活和惡劣的天氣。一九二五年葉賽寧自覺跟所處的環境氣氛格格不入，最終自殺。詩人安娜．阿赫邁托娃的生活也跟不「指望笑容」的鏡子相伴[15]，但她的作品受到弗拉基米爾．馬亞科夫斯基（Vladimir Mayakovsky）批評。馬亞科夫斯基鼓吹「社會主義藝術」的價值，主張阿赫邁托娃筆下的「屋內親暱言語」，對「嚴峻的鋼鐵年代」來說毫無意義。[16]馬亞科夫斯基也抨擊一九二九年出演，「新經濟政策人」的嘲諷劇作《臭蟲》（*The Bedbug*），最終導致作者自殺。《臭蟲》的導演弗謝沃洛德．梅耶荷德日後也被刑求，且在一九四〇年遭指控是外國勢力的間諜，而被射殺。普羅高菲夫幫達基列夫譜曲的芭蕾舞劇《鋼鐵的躍進》（*Le Pas d'acier*，該劇企圖向社會主義的藝術可能性致敬），在蘇聯演出時被審查評為「音調不和諧」。蕭斯塔科維奇的第一齣歌劇《鼻子》（*The Nose*），劇中處理對於權力日漸增加的恐懼，但在一九三〇年列寧格勒首演後，也因「反蘇維埃的空想」而遭受抨擊。

「紅色偵探故事」在一九二〇年代成為俄國受歡迎的文學題材。其中最成功的是瑪利耶塔．

夏金揚（Marietta Shaginyan）所著，《收拾亂局：美國人在彼得格勒》（*Mess-Mend: A Yankee in Petrograd*），這本小說從連載集結，並由亞歷山大・羅欽科（Alexander Rodchenko）操刀建構主義的相片蒙太奇⑩封面。流行小說採用如此前衛的封面，某種程度上揭示了一九二〇年代初期的藝術可能性。這本書將資本主義的崩解歸因於法西斯主義，想像社會主義革命在美國發生，並捍衛蘇維埃的生活方式與科學成就（科學主題也反映科幻小說的當代風潮）。尤金尼・札米亞丁（Eugene Zamyatin）的未來主義小說《我們》（*We*）是這類型小說中最有力道的一部作品，內容猛烈批判政府大規模的監控與要求人民無條件的服從，從而削弱了不合宜的科學樂觀主義，小說中連生活的枝微末節都會被政府規劃與監視。《我們》列名共產黨審查機構最早禁的其中一本書，直到一九八八年都沒辦法在蘇聯出版。[17]

文化人猶豫不決何種藝術形式比較適合工人階級革命，反映在藝術文化學會（Institute of Artistic Culture, Inkhuk）的課程上。藝術文化學會在莫斯科起家，最初的課程擁抱一切，從康丁斯基的純抽象畫到塔特林的「實驗室」或工廠藝術都有。一九二一年成立的彼得格勒分會由塔特林領導，維傑布斯克則由馬列維奇領導。然而就在康丁斯基離開俄國前往德國之際（他是眾多離開或遭到驅逐的藝術家、知識分子與作家之一），架上的繪畫也隨他而去。[18]留在俄國的藝術家

⑨ 文學與出版事務總局（Main Administration for Literary and Publishing Affairs）是隸屬於蘇聯部長會議的審查機關，負責防止媒體上出現洩漏國家機密的資訊。

⑩ 相片蒙太奇（photomontage）指的是以裁剪、黏貼、重疊手法，將多張相片拼貼成新的圖像。

是探索實用設計的技師，這些作品能大量生產且服務社會。但他們的社會主義願景並未實現，油畫捲土重來，描繪滿載政治宣傳的煽情場景。

新經濟政策迎來了私人裁縫師重新湧現，他們在涅夫斯基大街的各處量測褲管的內縫長度，此時眾多享譽國際或沒沒無名社會主義藝術家，如阿列克山德拉・埃克斯特（Aleksandra Exter）、馬列維奇、羅欽科、里尤博夫・波波瓦（Lyubov Popova）與瓦瓦拉・史蒂帕諾娃（Vavara Stepanova）則忙於探索時裝的可能性，要能低成本生產、符合衛生且適合工人活動。出色的設計可以登上檯面，但計畫卻受限於經濟緊縮，或因反對創新的領導階層態度日漸強硬而遭縮減。[19]

字體設計與相片蒙太奇方面也獲得了非凡成就。在維傑布斯克，由埃爾・里西茲基（El Lissitzky）、馬列維奇和馬克・夏加爾（Marc Chagall）帶領下，現代字體設計從未來主義的根源向外開展。建構主義者構思著吸引目光的政治宣傳海報與工會標誌，俱樂部的室內設計也讓人讚嘆，提供工人娛樂與學習的明亮場所。不過羅欽科色調鮮豔的革命圖書館，卻遺憾地從未超脫出一九二五年在巴黎裝飾藝術展（Paris Exhibition of Decorative Arts）上獲得銀獎的陳設作品。諸多抱負遠大的計畫從未實現。儘管波波瓦與史蒂帕諾娃在紡織工廠製作了一些時裝作品，塔特林是唯一長期待在工廠的「藝術家工程師」，但他在彼得格勒斯納冶煉廠的逗留期間所學有限。塔特林想建造一座能用最少燃料產出最高溫度的鍋爐，這是個重要抱負，可是他未能完成設計。鍋爐與龐大的第三國際紀念碑如同新生的蘇維埃國家自身，成為了不起卻無法實現的夢想。[20]

藝術家、建築師與工程師埃爾・里西茲基在一九二一年發表他的創見，或可稱為proun。他將proun定義為「一間車站，人們可在此改搭繪畫或建築列車」，他試圖構思建物，提供給受饑荒與戰爭摧殘的人民使用。他宣告他個人的客戶，已經被「社會委託案」所取代。[21]綜觀早期的蘇維埃建築構想，諸如里西茲基的計畫、一九二三年拉德沃斯基・亞特列爾（Ladvoski Atelier）的莫斯科摩天大樓設計案、巴克辛（Barkhin）的《新聞報》大樓最初提案、瓦倫佐夫（Varentsov）的烏托邦城，在在彰顯出這個國家眼前盡是她尚未準備好迎接的未來。彼得大帝的歷史將再度重演。

列寧顯然了解電影是傳播革命訊息最有效的宣傳工具。[22]然而，後世評價為蘇維埃時代電影傑作的影片，卻都不受到大眾喜愛，他們習慣觀賞草率馬虎的片商，端出的低劣、煽情和色情電影。搬演拉斯普丁的經歷就是這類電影的典型，六部短片可以在兩天內用相同的布景拍完，只是重新擺設道具而已。由於大眾受到物資匱乏的折磨，所以我們可以理解人民渴求感官刺激和魅惑。一九二四年底到一九二五年中，在列寧格勒上映的一百八十三部新電影之中，僅有二十五部是蘇維埃出品，另外一百零三部來自美國。[23]埃森斯坦的開創之作《波坦金戰艦》雖然在國外造成轟動，甚至一九二六年在柏林被禁演，但俄國本地卻是美國電影更受大眾歡迎。例如在

圖56 菲利克斯・傑任斯基的雕像，背後倚著他幫助打造的蘇維埃世界真實景況。

莫斯科的一間電影院，《波坦金戰艦》被提前下片，換上道格拉斯．費爾班克斯（Douglas Fairbanks）執導的《羅賓漢》（*Robin Hood*）。至於在列寧格勒，僅有兩間大戲院上映《波坦金戰艦》。[24]

埃森斯坦堅持地反對依照低劣的「拉斯普丁電影」的製作人手法，去打造不可信的場景。⑪他拍攝革命十週年的紀念作《十月》時，選擇了最引人注目的地點，即彼得的都城，劇組還找來多位曾擔任過赤衛隊的演員來當臨演。對於彼得格勒街上發生的屠殺，埃森斯坦評論道：「不需要排演，這些工人再熟悉不過事件是如何發生的。」[25]《十月》成為政治宣傳與聖徒傳記的典範，將靈感來自報紙照片與政宣海報的影像拼貼融合，透過蒙太奇手法創造革命的沸騰激動。此種技巧賦予關鍵時刻力量，例如列寧在芬蘭車站外發表近乎宗教信仰的激昂宣言之際。蒙太奇也為暗示性場景注入恐怖氛圍，好比有一幕是一群布爾喬亞用女子摺傘的傘尖，殘暴地殺害一位赤衛隊員，此刻赤衛隊員手上的《真理報》正緩緩沉入涅瓦河。曾教導普多夫金且開發蒙太奇技巧的列夫．庫列雪夫（Lev Kuleshov），一九二四年在列寧格勒拍攝第一部電影長片《西方先生的布爾什維克大地奇遇記》（*The Unusual Adventures of Mr. West in the Land of the Bolsheviks*）時碰到電影膠卷不足。[26]為了精簡敘事，他靠精準剪接來解決問題，蒙太奇手法就此誕生。

隨著一九二〇年代進展，史達林的監視人員持續盯著嚴肅電影的製作者不放。亞歷山大．杜夫申科（Alexandr Dovshenko）的《辛尼戈拉》（*Zvenigora*）探索人性與土地的關係，遭批評為「布爾喬亞」與「民族主義」。相反地，《大地》（*Earth*，杜夫申科「戰爭三部曲」的結尾作）結合了早期蘇維埃電影的活躍興奮以及對五年計畫的正面展望。杜夫申科在片中傳達的訊息是，假如你給工人階級正確的工具，他們就能驅逐富人；而酗酒的富農過於懶散，是無法跟進步的科技和意識型態競爭。在電影裡，工人憑著本能就知道如何駕駛拖拉機。

列寧熱衷利用電影改變人們的政治信仰，史達林則警覺到音樂的情感驅力。一九二六年，列寧格勒愛樂管弦樂團（Leningrad Philharmonic）首演蕭斯塔科維奇的第一號交響曲。這首交響曲原是蕭斯塔科維奇提交給列寧格勒音樂學院的畢業作品，曲中可窺見作曲家內心的紛擾，最終被評為傑作且被列寧格勒愛樂管弦樂團採用。在新經濟政策期間蘇聯尚未轉向封閉時，諸如蕭斯塔科維奇等一般的音樂家有機會聆聽到外國作曲家的創作，像是奧本・柏格（Alban Berg）或保羅・欣德米特（Paul Hindemith）；眾多客座指揮家一字排開，包括奧托・克倫佩勒（Otto Klemperer）和布魯諾・威特（Bruno Walter）。一九二六年，作曲家鮑里斯・阿薩菲耶夫（Boris Asafiev）發起列寧格勒新音樂圈（Leningrad Circle for New Music），兩年後，蕭斯塔科維奇改編自果戈里短篇小說的第一齣歌劇《鼻子》，獲列寧格勒馬利國家芭蕾歌劇院（Leningrad Maly State Theatre of Opera and Ballet）採用。但這齣被描述為「個人主義」或「現代」的劇作，在排練期間卻出現不受到接納的情形。蕭斯塔科維奇的作品並不是史達林所採用的音樂類型，後者正著手以無知與無經驗者取代知識分子與專家，削弱了俄國的科技進步與藝術成就。沒受過音樂訓練的黨員獲派掌管列寧格勒音樂學院，此後學院的路線改變，轉變為產製能激勵農場和工廠工人的振奮歌曲。在俄羅斯無產階級音樂家協會（Russian Association of Proletarian Musicians, RAPM）的主導

---

⑪ 編按：指上述用道具布景弄出來的場景。下文會提到埃森斯坦堅持採用真實場景。

下，可能被當成耳邊風的音樂不受鼓勵。簡明易懂就是目標。「內容屬於無產階級，形式屬於國族」的民俗歌曲成為主流。[27]在第一個五年計畫期間，無產階級音樂家協會對西方流行音樂的「麻醉劑」本質發動攻擊，鼓勵「人們別像受性器官主導那般聽從腦袋而活」。儘管伴隨第一個五年計畫成果的文化大轉彎使協會在一九三二年解散，但看待音樂的簡明原則仍得到延續。

相對於音樂，文學這塊的對等單位，也就是俄羅斯無產階級作家協會（Russian Association of Proletarian Writers, RAPP）也籌組一系列活動，對付尚未準備放下個人特質、賣身給蘇維埃陳腔濫調的作家。在繪畫領域，社會主義寫實主義（Socialist Realism）虛偽地歌頌人民的成就。然而在庫茲馬・佩特洛夫—瓦德金（Kuzma Petrov-Vodkin）和戴尼卡的早期作品裡（社會主義寫實主義之前的社會現實者），已存在尖銳看待政治與溫和現代主義的驚人景象。隨後社會主義寫實主義沉淪為理想化的政治宣傳畫作，得見於諸如亞歷山大・格拉西莫夫（Alexander Gerasimov）等畫家的作品。

✯

西方陷於經濟大蕭條（Great Depression）造成人們對資本主義產生懷疑之際，仍然有弗瑞德與金潔⑫以及公眾辯論。但在俄國，單調乏味、物資匱乏與生命威脅癱瘓了日常生活。在史達林專橫推動現代化的期間，俄國的生活水準降低，且約有百分之四十四的家庭收入會用於伙食，這造成當局在一九二九年再次實施食糧配給制度。[28]然而在某方面來說，列寧格勒依舊是例外。相較於俄羅斯其餘城市，列寧格勒擁有突出的高識字率，也是六十多間高等教育機構的所在地。女性的就讀人數有顯著增加，且不僅限於醫療和法律等科目，尚包括工程、運輸與工業等學科。然而社會主義在許多方面讓女性失望，因為革命後的黨會議曾鼓勵她們想像一個更加光明的未來。一九一八年的《家庭法》（*Family Code*）規定，女性在生產前後有八週的給薪產假。但是一切改變得太快，國家減少諸如育幼院等機構的補助，迫使婦女部（Zhenotdel）竭力爭取女性的權益。但由於男性軍人從戰場上退役，有數千位女人因此失去工作，僅有在傳統上屬於女性和薪資低微的產業，例如紡織與食品加工業，女工人數仍然占上風。更有甚者，儘管女醫師為數可觀，列寧格勒的醫院在一九三〇年代擔任內科主任的女性，卻僅有四位。致力宣稱機會平等的勞工人民委員部（Commissariat of Labour），在第一個五年計畫期間偏袒男性，放任大量女性失業。城市設立了一百間「工人診所」，目的是為「墮落風塵女子」做好工作準備；出於絕望之情，七百位列寧格勒婦女不實登記為染病妓女，只為了進入工人診所看病。⑬[29]布爾什維克黨人未能根除賣淫業，僅僅將其趕入地下。

一九二〇年代中期的新《家庭法》曾試圖保護女性，但是容易辦理離婚造成的情況是男人連番結婚，移情別戀到下一位女子時就將妻子和孩子拋在腦後。[30]離婚愈多次費用愈高，是緩解問題的解方，墮胎也是如此。終止妊娠診所（abotaria）自一九二〇年開始合法，排在等候名單上的女性眾多，她們常處在懷孕的晚期。做過八、九次墮胎的情況並不少見，有些女人甚至曾經歷多

---

⑫ 弗瑞德與金潔（Fred Astaire and Ginger Rogers）是美國的一對跳舞搭檔，在一九三〇年代合作拍攝九部電影。

⑬ 編按：此處意指失業女性手頭拮据，想看病只好登記自己是染病妓女，藉此進入可能免費或收費較低的工人診所看病。

達十六次的手術。[31]史達林為了鞏固家庭，在一九三七年規定墮胎將觸犯刑法的同時，「用金屬、賽璐珞與合成橡膠製作的大量低價避孕用具」卻在市面上販售。[32]在史達林的恐怖統治下，俄國推崇關係穩固、生活安適，一種近乎布爾喬亞式的家庭，並且藉著威利・穆森貝格（Willi Münzenberg）推動的共產國際向海外炫耀成就。他們會用假照片呈現衣著講究的「菲利波夫一家人」，享用豐盛餐點，桌上還擺著閃閃發光的茶炊。⑭菲利波夫家成為艱困的蘇維埃主婦日常的談笑對象，若有誰能設法取得一尾牙齦不至於流血的燻魚，或品質好的鯡魚，或是馬肉以外任何成分製成的香腸，就會被歸類為名副其實的「菲利波夫太太」，顯然是政界關係良好的人物。[33]

成功的社會主義承諾人人皆享有基本食糧、鞋子與合宜的衣物，但假若上述物資突然出現在店裡，購買的隊伍可能會長到不見盡頭。隊伍中大部分是女性，無論她們有沒有工作。配給制停止實施後物價上漲，超過了薪資上漲的幅度，並且開始生產「令人厭惡的」品質低劣商品，以符合衰退的購買力。[34]窮人與黨高層間的斷裂擴大。一九三〇年開設的格拉沃索托（Glavosobtorg）裡有烘焙坊、食物鋪子與百貨公司，服務享有特權的顧客。開在莫斯科與列寧格勒的美食家（Gastronom）旗艦店鋪，販賣養在魚缸裡的活鱸魚和溫室栽種的草莓。售價遠遠超過一般家庭的收入，如美食家的四十一種罐頭魚肉或冷凍魚肉，以及六十七種分門別類的燻魚和魚子醬，全是要賣給體制內占得好位子的人。自一九三〇年起，缺錢的人會前往現金交易店（Torgsin）典當傳家寶，店鋪再轉賣給觀光客和蘇維埃菁英人士。專供內務人民委員部消費的合作社會供應其他地方買不到的物資，報紙則開始刊登多數人無法負擔的商品廣告。一九三〇年代初期一間百貨公司在涅夫斯基大街的帕薩茲拱廊街開業時，慶祝活動包括演說、彩色旗幟和管弦樂演奏。但是在華麗裝飾的背後，服飾部門既沒有試衣間也沒有裝設鏡子。[35]

為了替組織不良且愈發不公的政權提振自尊，學童被灌輸資本主義國家的過時概念，據書中的描述，那些國家十歲以下的男童生活悲慘，會在礦坑中為資本家工作，因為老闆偏好便宜、可消耗的勞工勝過昂貴的機器。學生研讀的文章節錄自狄更斯、蓋斯凱爾夫人⑮與厄普頓・辛克萊⑯等作家的著作。[36]當紀德在一九三〇年代中期造訪俄國，他察覺人們「對於其他國家處在令人驚奇的無知狀態」，例如竟有工人問他法國有學校嗎？[37]與此同時，對史達林的狂熱崇拜卻逐漸在俄國生成，這源自一九二九年的史達林五十大壽生日慶典，企圖為苦澀的藥丸裹上糖衣。工廠大量生產史達林表情得意的半身塑像，好讓大眾膜拜。殺人如麻的凶手在照片裡笑得愈來愈殷勤。

打從史達林領導的最初十日，他的邪惡與報復心就已昭然若揭，不過要到暗殺受到大眾歡迎的列寧格勒州委書記，謝爾蓋・基洛夫（Sergei Kirov），才標誌走向深淵的起點。一九三四年十二月一日下午，四處飄泊、名為李奧尼・尼古拉耶夫（Leonid Nikolaev）的焦慮年輕人來到位於斯莫爾尼的列寧格勒黨總部。這位被懷疑是史達林派來的刺客的尼可列耶夫殺害了基洛夫。數小時後，史達林搭上開往列寧格勒的列車進行調查。隔天，顯然失職的基洛夫的保鑣也死了。有些

⑭ 茶炊（samovar）是俄國常見的金屬茶具，頂端放水和茶葉、底部以炭火加熱煮茶。

⑮ 蓋斯凱爾夫人（Mrs. Gaskell, 1810-1865）是與狄更斯同時期的英國作家，在小說中描寫資本家與工人間的衝突。

⑯ 厄普頓・辛克萊（Upton Sinclair, 1878-1968）是美國左翼作家，一九二七年的小說《石油！》（*Oil!*）經改編拍成電影《黑金企業》（*There Will Be Blood*）。

人主張這起案子是內務人民委員部犯下的謀殺案，其他人則認為驚恐不已的保鑣之所以從卡車後面一躍而下，是為了避免遭受史達林的訊問。一星期內，尼古拉耶夫和被指控的「共謀者」都遭到處決，內務人民委員部的列寧格勒主管則被撤職。[38]

如果我們瞧瞧基洛夫位於卡緬諾奧斯特洛夫斯基大街的氣派公寓，就能明顯看出他的生活方式，並窺見社會主義菁英做出的極小犧牲。基洛夫的形象是共產主義的高層領導和英雄人物，坐擁兩萬冊藏書，以及一間有大片玻璃圍繞的圖書室。寬闊桌面上是一整列共產黨官僚珍愛無比的電話，即接通莫斯科的「紅星」熱線。上述配件全都符合共產黨地方領導要員的身分。另一方面，公寓顯得全然是布爾喬亞式的，有開闊的廚房空間、冰箱和充裕的食品儲藏櫃。基洛夫對狩獵的熱愛，包括他的戰利品、獸皮毯、製作精良的裝備，令人聯想到十九世紀末沙皇們鍾愛無比的打獵探險行程。基洛夫是一位純熟的演說家，擁有受人民愛戴的形象；他也是工人的鬥士，做了許多改善列寧格勒福利水準的事。[39]但基洛夫行事魯莽、特立獨行，他會邀請自己認為最適合該職位的人一起工作，可能包含退休的黨員，甚至是史達林嫌惡或不信任的人。在一九三四年冬天的第十七次全國代表大會上，黨內重要人士請求提名基洛夫擔任總書記的可能替補人選。被某位不信任他成功的親民路線的人視為威脅後（可能就是史達林），獵人淪落為獵物。

基洛夫的屍體躺在烏里茲基宮⑰供人吊唁，有超過半數的列寧格勒人列隊向他致意。人們提議以基洛夫來命名街道和建雕像來紀念他。馬林斯基劇院此時已改名為國家歌劇與芭蕾學院（State Academic Theatre of Opera and Ballet, GATOB），為了趕快使城市擺脫醜陋的縮寫名稱，至少一個也好，同志希望以基洛夫之名來重新命名劇院，且在一九三五年成真。

假若史達林確實策劃了這次暗殺行動，他必須掩蓋行跡；但如果他未曾下令，那麼發動清洗行動將能控制異議者。[40]史達林熱切地著手對付列寧格勒黨部和城市裡殘餘的貴族和布爾喬亞。有十二位內務人民委員部的列寧格勒主管受審，他們因過失被送往集中營。有近八百五十位曾在前列寧格勒黨部領袖季諾維耶夫手下工作的人，在一九三五年初被捕，且有一萬一千位列寧格勒人被送往古拉格勞改營（gulags），在惡劣條件下工作來完成史達林遠大的工業目標。卡緬涅夫和季諾維耶夫也被判入獄，且在一九三六年再審後處死。截至一九三八年底，包括拉迪克、尼古拉・布哈林（Nikolai Bukharin）和阿列克謝・萊科夫（Alexei Rykov）等「老共產黨人」都被整肅殺害。而在國外，內務人民委員部殲滅參與西班牙內戰的托洛斯基派人士，並且追查托洛斯基本人的下落。在俄國，刑求成為訊問的標準手段。新任列寧格勒黨部領袖安德烈・日達諾夫（Andrei Zhdanov）撤除基洛夫留下的權力結構，在參與第十七次全國代表大會的一百五十四位列寧格勒代表中，僅有兩位獲得連任，可以參與一九三九年的下一次大會。

基洛夫遇害後的數年內，史達林利用列寧格勒黨部領袖暗殺案做為藉口，施行不受控制的恐怖行動。在蘇維埃領袖的緊密不懈控制下，內務人民委員部實際上向黨和人民開戰了。受害者一群群地被扔進標著「牛奶」或「蔬菜」的廂型車，再用運牛卡車集中載往勞改營，因寒冷、營養不良、疾病或絕望而死，與此同時史達林卻大笑著說：「生活變得好多了，生活變得快樂多了。」

---

⑰ 烏里茲基宮（Uritsky Palace）即原來的塔夫利宮，以布爾什維克革命領袖、曾任彼得格勒契卡頭子的莫伊塞・烏里茲基來命名。

蕭斯塔科維奇曾在私下敬酒時提到，「讓我們為完全沒好轉的生活舉杯吧。」第十七次全國代表大會的近兩千位代表中，有一千一百人沒隔幾年就被射殺。在一九三四至一九三八年間，有一百五十萬位黨員被清洗肅殺。從旁幫助和慫恿史達林的那群人，如惡名昭彰的保安頭子，像骨牌般地傾倒，連同內務人民委員部的數千位執行人員一同遭殃，因為他們知道的太多了。就像將身邊一切連根除盡的怪物，史達林很快就沒有加害對象，也沒有人民來讚頌他的偉大領導。在恐怖時期的顛峰，每天平均有一千五百人被殺，官方紀錄則承認在一九三七至一九三八年間，有六十八萬一千六百九十二人被處決，同時有多達三百萬人死於牢獄和勞改營。[41]基洛夫的謀殺案對史達林來說有政治上的用處，有無數的蘇維埃人民遭控涉及此案而被處死，無論關係有多遙遠。亞瑟·克斯勒曾回想黨如何教導他留意腳下，警戒吐露的每個字和想法，明白他說出的每句話日後都可能被用來對付自己。他學會「避免任何新創的表述形式、任何個人的詞彙轉向……意思有細微差別是可疑的。語言及依附其上的思想經歷了一番脫水的過程。」[42]

但機智、勇敢且面容嚴肅的蕭斯塔科維奇卻甘冒極大的風險。他的第二齣歌劇《姆贊斯克的馬克白夫人》（*Lady Macbeth of Mtsensk*），改編自尼古拉·勒斯科夫（Nikolai Leskov）一八六五年的小說，描述一位性感非常的女子被惡勢力逼迫嫁入不適合的婚姻。這預計是四部曲的第一部，企圖頌揚俄羅斯的女性解放。第二部原應聚焦於索菲亞·佩洛夫斯卡婭，即亞歷山大二世刺殺行動的領導者，但蕭斯塔科維奇放棄了那項計畫。在《姆贊斯克的馬克白夫人》劇中有幕場景設定在警察局，被視為是在諷刺史達林的內務人民委員部，讓出席觀看戲劇的獨裁者顯得心煩意亂。一九三六年一月，《真理報》出手了，批評這齣歌劇是「小資產階級的形式主義者，企圖標新立異」。在如此不利的氛圍下，列寧格勒愛樂卻出奇地收入蕭斯塔科維奇的第四號交響曲做為演奏曲目。但在惶恐的指揮歷經十次令人擔憂地排練之後，蕭斯塔科維奇最終撤回了這首曲目，託詞說這是首「失敗之作」，且直到一九六一年才獲得演出。至於蕭斯塔科維奇的第五號交響曲，在一九三七年十一月於愛樂演奏廳（Philharmonic Hall）大膽首演，指揮是葉夫金尼・姆拉溫斯基（Yevgeny Mravinsky）。觀眾在演奏中垂淚、終曲時歡呼，給予他們心中、暗地裡批評史達林主義的作曲家，掌聲長達三十一分鐘。受訪時，蕭斯塔科維奇坦率地表示第五號交響曲是關於「人的百感交集處境」。[43]在當年的稍早，蕭斯塔科維奇曾被傳喚到「大屋」，也就是鑄造廠大街上的內務人民委員部列寧格勒總部。前文提到的圖克哈契夫斯基將軍被指控陰謀殺害史達林，這讓從一九

圖57　「大屋」：鑄造廠大街上的內務人民委員部列寧格勒總部。

二〇年代中期起就跟將軍有不錯交情的蕭斯塔科維奇，也遭到訊問有關暗殺陰謀的相關細節。毫無疑問地，在蕭斯塔科維奇跟國家的關係弄僵了之後，他身負莫須有罪名意味著他的運氣花完了。蕭斯塔科維奇被下令在數日後返回「大屋」，他也準備向家人道別並面對流放，但在他抵達內務人民委員部總部時，人卻被請回了。原因是在這幾天中，他的案子負責人反倒被捕。[44]

雖然蕭斯塔科維奇非常幸運，但他能在嚴峻情勢下倖免仍是出乎意料的事，那是他身邊所有人未曾享有的際遇。或許是《姆贊斯克的馬克白夫人》救了他一命，這齣劇在海外獲得成功，使得作曲家躍身為國際名人。此外他為蘇維埃電影譜寫的激昂配樂也起了部分作用。蕭斯塔科維奇年輕時曾在列寧格勒的電影院為默片彈奏鋼琴，這段經驗結合了他對爵士樂的喜愛，對他的幫助很大。蕭斯塔科維奇曾在一九三二年為一部電影製作熱門金曲〈對策之歌〉（Song of the Counterplan），影片是關於蘇維埃工人在列寧格勒的一處工廠處理一連串的「事故」。史達林明白，如同拿破崙之於〈馬賽曲〉，他也需要一個足以跟一千門大砲抗衡的文化武器。因此儘管蕭斯塔科維奇在嚴肅的作品中，採取晦澀難懂的錯誤路線和「形式主義」，但史達林仍要仰仗他來創作振奮國家的極佳曲調。[45]

爵士樂曾於一九二〇年代初的新經濟政策期間流行，到了一九三〇年代重獲大眾擁戴。在政治清洗行動和與日俱增的恐怖統治下，人們被鼓勵要快樂的過日子。[46]留聲機出現在商店裡，但是這全然無法掩蓋人們的恐懼損害精神穩定的事實，人們變得容易懷疑且慌亂，活在長久的恐慌之中。一旦人們身陷內務人民委員部半夜會來敲門的恐懼，任何日常生活的表象盡成泡影。列寧格勒的窮人被迫擠進公共住房（kommunalki），也導致不幸的處境加劇。在公共住房裡，會有數個家庭共用廚房和浴室，每個房客都對其他人的一舉一動瞭若指掌。人們被迫過著公開的生活，退縮至麻痺的孤立隔絕狀態。據維克特・瑟吉的回憶，自一九二〇年代晚期起，「一切社會關係核心包藏的謊言」變得「更加惡化」。[47]人們為了活下去而出賣他人。假如兩個人在交談，有極高的可能性其中一人或許來自國安機構。在懷疑與背叛的氛圍裡，二十歲的帕夫利克・莫羅佐夫（Pavlik Morozov）因告發親生父親而成為國家英雄。但這很可能是梧捏造的事件，可是卻經由延伸的詩作、歌曲和戲劇，而有助於鞏固史達林的政權。指控他人時，證據不是必要的，只要編造得合情合理即可。「他像目擊者那般撒謊」[48]的說法成為常見的比喻。

✯

布爾什維克黨人迫切需要資金。俄國貴金屬與寶石儲備機構（GOKHRAN）設立於一九二〇年二月，目的是收取貴金屬和珠寶。彼得格勒有二十三個儲藏倉庫，由馬克辛・高爾基率領的八十位專家為其估價。自一九二〇至一九二四年的第一波販售中，他的團隊廣收了十二萬件貴金屬和寶石。一九二八至一九三一年的第二波販售則拿出了繪畫，其中包括艾米塔吉博物館裡的傑作。自從私人收藏品在一九二三年收歸國有化後，艾米塔吉博物館新取得大量的藝術品，彼得格勒的史第格利茲美術館則停止營運。[49]

考量當時西方財政的不穩定，雖然不是兜售國寶的有利時機，但這項計畫卻是勢在必行。對外貿易人民委員部（Commissariat for Foreign Trade）和行事略嫌狡詐、派駐數個外國首都的蘇維埃貿易代表，會聯繫有興趣的買家。一場未演先轟動的拍賣會在一九三一年五月於柏林上演，但販售所得卻相當微薄，兩百五十六個拍賣品僅售得六十多萬美元，其中包括范戴克的重要肖像畫、克拉納赫的《亞當與夏娃》（*Adam and Eve*）、林布蘭的《井邊的基督與撒瑪利亞婦人》（*Christ and the Samaritan at the Well*）。在美國，維克多與亞曼・哈默（Victor and Armand Hammer）擔任法貝熱珠寶的紐約銷售代理。時任美國財政部長的安德魯・梅隆（Andrew Mellon）向艾米塔吉博物館買下二十一幅油畫，包括揚・范艾克的《聖告》和兩幅林布蘭的重要畫作。梅隆在華盛頓特區設立國家藝廊（National Gallery of Art）時，他將上述畫作捐贈給了藝廊。其他對名畫有興趣的機構也找上門來，如費城藝術博物館（Philadelphia Museum of Art）曾透過蘇維埃—紐約貿易代表公司（AMTORG），購得普桑的《維納斯的誕生》（*Birth of Venus*）。掌管伊拉克石油公司的亞美尼亞裔英國人卡盧斯特・葛班奇恩（Calouste Gulbenkian），則僅以三萬美元買下林布蘭的一幅肖像畫。

為了增長蘇維埃新首都的聲譽，四百幅畫從冬宮移往莫斯科的普希金美術博物館（Pushkin Museum of Fine Arts）。艾米塔吉博物館則收下莫斯科商人謝爾蓋・雪契金（Sergei Shchukin）和伊凡・莫洛佐夫（Ivan Morozov）收藏的一百幅畫做為補償，廣及印象派、後印象派與二十世紀初期畫作。這一百幅畫作中包括梵谷、高更和塞尚的重要油畫，以及馬諦斯（Henri Matisse）廣獲讚賞的大幅巨作《舞蹈》（*The Dance*）。一九三二年，上述新藏品再次被置入馬克思主義的脈絡來解釋，例如後印象主義畫家被視為出自「腐敗資本主義時代」的藝術明證；挪用異國文化的視覺語言的畢卡索和馬諦斯則是「帝國主義時代」的繪畫例證。這全是博物館歷經馬克思主義改造的一部分，由此觀之，十八世紀初期的法國藝術被視為來自「封建社會崩解與布爾喬亞革命時代」的畫作。[50]

在史達林的時代，列寧格勒人未能享有具有生命力的繁盛文學場景。一九三四年出席第一次蘇維埃作家代表大會（Congress of Soviet Writers）的七百人中，僅有五十人能活到二十年後的第二次大會。疾病、年齡和戰爭是他們殞落的原因，但獨裁者亦然。曼德斯達姆曾寫了一首尖刻的詩作，描述某人將「所有的殺戮看為樂事」，他的律法「粗暴，好比踩踏腦袋、眼睛或下腹的馬蹄鐵」，他身旁的諂媚親信像「蟑螂鬚般不懷好意地打探」，文字「如鉛製砝碼般不容置疑，從他的唇間吐出」。這首詩被抄寫在紙片上流傳，更安全的做法則是藉由口耳相傳。[51]不過，內務人民委員部處處部署眼線，最終曼德斯達姆還是被捕。一九三八年獲判免死的曼德斯達姆被流放到古拉格勞改營，他在那如願地自殺死去。米哈伊爾·布爾加可夫（Mikhail Bulgakov）的著作被禁，鮑里斯·巴斯特納克（Boris Pasternak）則在私底下筆耕不倦。阿赫邁托娃則和蕭斯塔科維奇一樣，在公開反抗「無聲的恐怖」後，設法繼續活著。與此同時，同志樂於閱讀諸如《史達林拖拉機公司同仁》（*People of the Stalin Tractor Works*）等五年計畫的低俗小說或是阿列克謝·托爾斯泰的《彼得一世》（*Peter the First*），好讓聖彼得堡的建城者換上史達林的形象。然而在一九三九年，成年男性的識字率達到驚人的百分之九十四，兩份獲准發行的報紙：《真理報》和《新聞報》，印量則從一九二七年的將近一千萬份，增加到一九四〇年的三千八百萬份。[52]

賽馬曾是革命前聖彼得堡唯一受歡迎的娛樂消遣。一九三〇年代體操運動盛行，為誇耀蘇維埃權威的大遊行增添了力與美。足球及劍術、划船都變得流行。[53]處處開設俱樂部且娛樂活動繁盛，好讓坐困愁城的人民陶醉其中。馬戲團起初被革命人士貶為粗俗、殘忍且低下的娛樂，但一九一九年收歸國有後卻變得相當流行。白領階級觀眾與黨菁英會在基洛夫劇院（指揮依舊身穿白色西裝背心與燕尾服出場[54]），觀賞一位俄國最傑出的芭蕾伶娜的演出。她的雙親都是舞者，她還記得四歲時曾欣賞《睡美人》在馬林斯基劇院的表演。紫丁香仙子（Lilac Fairy）出場時，她尖聲高喊：「那是媽媽，我媽媽。」她也記得約莫七歲時革命正如火如荼，父母為了把他們的藝術介紹給人民，曾在電影開演前免費跳舞給戲院觀眾看。加林娜．烏拉諾娃（Galina Ulanova）一九二八年加入芭蕾舞團，以弗洛林達公主⑱的角色初登台，隨即是在《天鵝湖》飾演白天鵝奧傑塔與黑天鵝奧吉莉亞的動人演出。她的母親置身觀眾席，但並未尖叫，只在來到第三幕，惡名昭彰的三十二圈揮鞭轉時，母親離開座位走到包廂後方為女兒默默祈禱。烏拉諾娃展開偉大的職業生涯，首先登上基洛夫劇院，接著在莫斯科大劇院亮相。[55]

儘管當局企圖以蘇維埃慶典取代宗教節日，教會仍在人民的困苦心靈中占據有力的地位。聖以撒主教座堂被改造成一間「質疑上帝存在」的博物館，彼得霍夫宮的教堂用作電影院，然而各色基督教教派仍對列寧格勒的人民發揮作用。兩邊的節日撞期時，如一九三七年的社會主義五月慶典⑲就曾竭力對抗盛大的復活節彌撒。[56]當天有八萬多人擠進列寧格勒僅存的教堂，尚有多達十萬名失望無法入內的信眾群聚在外。國家逐漸無法容忍人氣如此旺盛的對手，史達林不僅廢棄教堂，也流放或監禁神父。

列寧格勒是在俄國猶太人最密集的城市，而且，如同他們被最後一任沙皇譴責為革命分子，史達林也不可思議地將猶太人視為希特勒的間諜。猶太知識分子在黨菁英階層占有相當的比例，他們卻受到憎恨且淪為審判大秀上的高階受害者，一直持續到史達林過世。[57]反猶主義構成史達林的詭異計畫，藉由將遠東地區的西伯利亞劃為「猶太人自治區」來清洗俄國西部的民族組成。史達林劃定的比羅比詹區（Birobidzhan），約有英格蘭的一半面積，且位處氣候嚴峻的區域，容易遭受中國或日本可能發動的攻擊。史達林利用這項計畫解決猶太人，移居到比羅比詹的猶太人幾乎全在一九三七至一九三八年間，被清洗殺害。[58]

步入一九三〇年代末期，無間斷播送黨的政宣內容和沉悶音樂的戶外擴音器，長時間地發出嘶嘶聲，干擾列寧格勒的街道。青少年犯罪率增加，流氓暴力行為持續滋長。澳洲遊人貝蒂・羅蘭（Betty Roland）曾提到組織犯罪讓整棟公寓空無一人。除此之外，她著迷於凍結的涅瓦河可做為通行道路和遊樂場所。她曾看見紅軍士兵腳踏溜冰鞋實行演習，而陸地上配有強光照明的網球場反倒變成溜冰場。她注意到機敏的列寧格勒人在寒冬中等電車時，如何站在暖氣系統的送風口上保暖。她也目睹讓人回想起舊聖彼得堡的一幕，為外國買家舉辦的毛皮拍賣會在冬宮上演，在大量「飲酒、敬酒與囫圇暴食」過後，訪客檢視攤平於舞廳的白貂、紫貂、水貂與狐狸皮。[59]

隨著恐怖的一九三〇年代邁入紛爭一觸即發的未來，列寧格勒出於國安因素被列為特別區，外國人（包括外交官）從此不准住在列寧格勒。波普—漢尼西夫人烏娜・柏區（Dame Pope-Hennessy Una Birch）是禁令公布前最後一批抵達列寧格勒的外國人。她曾去拜訪一九一五至一九一八年管理彼得格勒英俄醫院的穆里爾・帕格夫人（Lady Muriel Paget）。波普—漢尼西夫人與帕

---

⑱ 弗洛林達公主（Princess Florinda）是芭蕾舞劇《跛腳惡魔》（Le Diable boiteux）裡的角色。

⑲ 指五一勞動節。

格夫人共享盛宴，餐點有「紅褐色的螯蝦、黑麵包薄片、一罐酸奶油、些許奶油與一碗短胖黃瓜」。波普—漢尼西夫人驚嘆於彼得格勒區色彩豔麗的清真寺，以及巴拉諾夫斯基所建，俯瞰涅瓦河北岸的佛教廟宇。但是她也失望地發現著名的涅夫斯基大街已改名，要一路走到「十月街二十五號」，才能見到僅存無幾的時裝。在德拉孟所建的豪華尤蘇波夫宮中，一列列鐵床架填滿房間與廊道，充當短期赴城裡工作的工程師宿舍。當局任修森堡隨時間坍塌，工人抗議自身蒙受的苦難太多，無暇重建修森堡做為帝制時代暴政的證據。城中處處可見「攻擊性強、堅持不懈」的蒼蠅，食物得用薄棉布覆蓋保護。然而，儘管有上述新增與長久的不便，烏娜夫人總結道：「人們欣然得見列寧格勒仍然是聖彼得堡，貧窮破敗了些，不過輪廓大致未變。」[60]

圖58　蘇維埃宮（House of Soviets）橫飾帶的中央區塊；建物建於一九三六至一九四一年間，面向莫斯科廣場（Moskovskaya Square），坐落於列寧格勒南區。

第十四章　最黑暗與最光榮的時刻

一九四一至一九四四年

「二十三年來我們一直身繫死刑……但是我們已來到這個時代的偉大終章。」這篇日記的作者是操偶師里尤博夫·夏波里娜（Liubov Shaporina），在一九四一年九月納粹開始轟炸列寧格勒的數日後寫下。[1]年紀六十出頭的夏波里娜經歷過饑荒、戰爭、革命、內戰和史達林恐怖時期。駭人的清洗行動中自毀程度最強的面向，要屬史達林處決五百一十二位蘇維埃高層，包括鎮壓克隆施塔特要塞的內戰英雄圖克哈契夫斯基元帥。圖克哈契夫斯基明顯是被誣陷的，他被控陰謀發動政變，用來控訴他的是一紙向德國人買來的假文件，上頭的標記也是偽造的。圖克哈契夫斯基在刑求後遭到處決。[2]政變傳言一旦曝光，希特勒的迫切目標是藉由之後必定會發生的肅清，來削弱俄國軍隊。少了俄國的干預，希特勒就能控制歐洲東部。

一九三七年是埃森斯坦的歷史巨片《亞歷山大·涅夫斯基》發行年，跟圖克哈契夫斯基遭處決同年，電影訴說十三世紀條頓騎士團入侵俄國的故事，明確堅定地警示德國擴張的危機，交疊對於蘇維埃美德的讚頌，並且鼓舞激勵人民抵抗入侵。史達林在一九三九年八月二十三日，在未取得更了解情勢的諸位將軍的告誡前，就簽署了「德蘇互不侵犯條約」（Soviet–German Non-Aggression Pact），這對於共產黨員和全世界的同路人而言像是一道晴天霹靂。法國共產黨官方報紙《人道報》（*L'Humanité*）主張，此舉顯示史達林盡了最大努力防止開戰。而在亞瑟・克斯勒看來，這是「他幻想的葬禮」。若是在歐威爾（George Orwell）的《動物農莊》（*Animal Farm*）裡，斯奎拉①會稱之為「策略，同志們，策略」。但這回，史達林的自負偏執讓他受到了懲罰。索忍尼辛（Alexander Solzhenitsyn）認為，在「多疑的一生中」，史達林「只信任一個人……阿道夫・希特勒」。[3]

在一九三九年十一月至一九四一年三月間，史達林和芬蘭打了一場爭奪領土的冬戰（Winter War）。事後證明列寧格勒是不可靠的軍火庫，工廠常因為停電而停擺。食物短缺的情況持續，人們高聲抗議配給制，獲得的回饋卻是物價上漲。工廠主管竭力達到第三個五年計畫提出的不可能指標，造成工作條件愈發惡化。上班遲到幾分鐘的僱員會被送交審判。在納粹入侵的前一年，八個月內有超過十四萬列寧格勒人被判勞改，全出自為了抑制員工曠職所做的拙劣對策。[4]

在冬戰期間，有約莫十二萬五千至二十萬人俄國士兵喪失生命，芬蘭人則失去拉多加湖到芬蘭灣間的領土。[5]史達林為此全神貫注，希特勒則在策劃攻擊。一九四一年春天納粹在史達林的西境國界聚集重兵。邱吉爾（Winston Churchill）警告克里姆林宮要留心希特勒的企圖；蘇維埃特務傳回入侵迫在眉睫的鐵證；德國叛逃來的士兵也警告俄國人。但史達林相信希特勒，叛逃的士兵被當成間諜射殺了。

一九四一年六月二十二日凌晨三點十五分，德軍越過布格河（Bug），巴巴羅薩行動（Operation

Barbarossa）正式展開。俄國邊界衛兵嚇壞了。不顧旁人諸多警告、不顧納粹空軍②已突襲俄國領空的史達林感到震驚不已。蘇維埃領導人習慣性地做出過快反應，躲到了克里姆林宮中，直到七月三日前都未發表官方聲明。史達林震驚於德軍前所未有的大規模入侵，包括五千架飛機、三千輛坦克和五百五十萬人的軍隊，開入邊界長達三千公里的蘇維埃領土[6]，占領鄉鎮和城市，行動的前六個月就俘虜三百萬俄國戰俘。史達林唯一信任的人企圖征服斯拉夫人民，要將他們放逐到西伯利亞的蠻荒之地。希特勒想得到俄國南部的肥沃農地、巴庫③的油田、一座黑海港口與生存空間④，後者指的是第三帝國（Third Reich）擴張所需的空間。列寧格勒的船塢、工業與軍武製造廠將是一筆獎賞，但是在獨尊法西斯主義下，希特勒想將共產主義革命的搖籃從地表上抹去。

六月二十二日凌晨（前一晚華格納的《羅恩格林》剛在基洛夫劇院上演），俄國船艦在波羅的海遭到魚雷攻擊，外國飛機出現在列寧格勒上空。那是個明亮的白夜，城裡的高中生正在歡慶畢業。清晨四點，一支蘇維埃飛行中隊從維堡區緊急起飛以驅趕納粹空軍。早上五點整，德國領事宣布德國向俄國開戰。史達林的親信門生維亞切斯拉夫・莫洛托夫（Vyacheslav Molotov）在廣播上主張，這一切在事前全無徵兆。愛國歌曲整日播送，在二十四小時內，有十萬名列寧格勒人

---

① 斯奎拉（Squealer）是《動物農莊》中的豬。

② 納粹空軍（Luftwaffe）專指一九三三至一九四五年間的德國空軍。

③ 巴庫（Baku）是亞塞拜然共和國的首都。

④ 生存空間（Lebensraum）是德國地理學家拉采爾（Friedrich Ratzel）提出的概念，指國家如同生物，需要擴張領土以增加生存空間。

志願從軍捍衛母國。[7]

當局徵收市面上的旅遊指南、地圖和相機。街名標誌和路線圖也被拆除或塗銷。民防兵迅速動員。號召驅逐「人民的敵人」（包括德國人和芬蘭人、少數民族、堅定的布爾喬亞階級），加上徵兵與撤離近六十五萬居民，使得列寧格勒的人口在九月初德軍圍城時降到了約兩百五十萬人，撤離人口中有近三分之一是孩童。撤離時混亂與危機橫生，選定的撤退目的地有些位在德國進攻的直線上，而且火車會遭到斯圖卡俯衝轟炸機（Stuka dive bombers）的襲擊。[8]

整個夏天，數千名老男人、女子和青少年挖戰壕和坦克陷阱，護衛進入列寧格勒的西南方通道。從彼得霍夫宮東南邊延伸至加特契納、接著連到科爾皮諾（Kolpino）東北方的第二道防線也在修築中。第三道防線是最後一道壕溝，在城市的邊界上開挖。儘管夏季暴雨阻擋德軍推進，諾夫哥羅德還是陷落了，接著是列寧格勒—莫斯科鐵路線上的丘多沃（Chudovo）。從芬蘭灣海岸到列寧格勒西緣，僅有六十公里寬的「奧拉寧鮑姆口袋」（Oranienbaum Pocket）可以抵禦入侵者。在北方，芬蘭軍隊抵達拉多加湖。歷經數週的敗戰與沉重損失後，史達林下令在八月的最後一週從塔林撤軍。眾多船艦沉沒，無以計數的生命喪失，而列寧格勒落入幾無防備的狀態。九月八日納粹軍抵達拉多加湖南岸，修森堡被奪下。[9]隨著列寧格勒的圍城圈子緊縮，納粹的意圖昭然若揭：「任何投降請求……將被斷然拒絕，因為維繫人民的生命和提供食糧的問題，不應該也不能由我們來解決……我們無意拯救這座大城市的任何一群市民。」[10]

從德軍入侵的頭幾個星期，政府就開始撤離工業機具，截至鐵路和通聯道路被切斷之時，已有近一百間軍工廠和遠超過十五萬的工人撤往東部。假使納粹突破防線，當局已準備好摧毀近六萬個戰略目標。克隆施塔特要塞船艦上的機槍被取下用來保護城市，鑿沉戰艦的緊急程序也預備妥當。窗戶在黏上膠帶後用木板封住。法爾科內的彼得大帝青銅騎士像是這座活力城市的驕傲象徵，四周也堆起沙包後封上木板。[11]亞歷山大柱被用木頭鷹架圍起，但柱子頂端鬥志昂揚、宛如天使的亞歷山大雕像（俄國勝戰的象徵），還遺留原地頂天聳立。豐坦卡河上阿尼奇科夫橋四個角落的騎士雕像，被用木滾輪運送到鄰近的亞歷山大林斯基花園（Alexandrinsky Gardens）掩埋。一本《古騰堡聖經》（*Gutenberg Bible*）、一本古老的希臘文《舊約聖經》和普希金的信件從涅瓦河畔的圖書館運出。最珍貴的手稿從科學院裡移走。在艾米塔吉博物館，六月二十二日莫洛托夫發表全國談話後，策展人立即將畫作搬往結構加固、安全無虞的珠寶陳列室。六天六夜的瘋狂打包自此開始。小幅畫作以衣物分隔置於木箱，大幅油畫則收入卷筒。七月一日，近五十萬件藝術品裝入二十二個貨運車廂裡運離城市，另有一輛裝甲車載運價值最高的珍品。後續的第二列火車於七月二十日出發，二十三節貨運車廂共裝載一百萬件藝術品。但在裝著三百五十個包裝木箱的火車駛離前，德軍控制了鐵路，於是這些貨箱只能續留冬宮。[12]

拜德軍迅速推進之賜，鄰近宮殿區域的撤離行動不像城市內這麼成功。在加特契納，人們將雕像埋入庭園，將藝術珍品放進寬闊地窖再用磚牆圍起。但有許多家具擺設不得不留在宮殿裡。一位機警的策展人在離開之際救出建築師夸倫吉、洛西和沃羅尼辛的作品圖集。在隨後的圍城期間，《列寧格勒真理報》（*Leningradskaya Pravda*）刊出一篇文章，描述入侵者如何在彼得霍夫宮掠奪鍍金雕像，拆除沙皇村中拉斯特雷利所建宮殿的琥珀宮（Amber Room）鑲板，並且搗毀宮殿。[13]宗教的卍字符號⑤被裁成掛布，懸於德軍的地堡裡。

列寧格勒的街道滿目瘡痍，但最初並非德軍所致。居民會用尖銳的水泥三角錐和成堆的短柱坦克路障，在城市大街與開放空間留下永久的傷痕。他們挖掘戰壕、縫隙和兩公尺深的防空洞做為槍砲掩體。戰神廣場立起六座防空砲台。防空氣球在開放空間充氣，有如巨大熱狗堡沿街行走，街上空蕩，僅見軍用卡車、古老的路面電車和無軌電車。在德軍入侵的頭幾週內，超過三百二十顆氣球部署在城市上空兩公里與四公里處。德軍戰俘亦經由街道押送，同時引起人們的好奇與不解。不時有人靠近朝他們臉上吐口水。[14]

其中一樁詭異至極的景象是「監聽」砲台，由四個一組組成的巨大立體管狀物，用來監聽空中逼近的轟炸機聲響。當測試空襲警報時，人們會在半夜中醒來，快步奔往不完善的避難所。九月四日，炸彈落下的第一天，德軍砲手擊中火車站和工廠，展現他們的槍砲知識和離奇的準確度。兩天後，首批炸彈落在涅夫斯基大街，炸毀建築並且造成一條水管爆裂。城市中主要的糧倉，巴達耶夫倉庫（Badaev），在八日和十日被砲彈擊中。[15]雲朵於空中聚攏，在即將消逝的初秋日光映照下，從金燦的琥珀色轉成褐色。不祥的螺旋狀物體隨即劃破此幅壯麗朦朧的景象。油槽被擊中後起火。[16]九月九日當天納粹空軍的攻擊變得更漫長，砲彈重擊城市，撼動地面。燃燒的樓宇間傳出窒息黑煙，盤旋上升。黃色火焰吞噬黑牆。九月十九日圈樓商場遭擊中，一百位購物民眾身亡。醫院和市場成為目標，靠近德軍前線、密集坐落在城市南區的工廠也無法倖免。最初的幾個月內，瓦西里島上的大學和美術院被擊中。有枚砲彈擊垮基洛夫劇院一角，關鍵的特洛西拉電廠（Elektrosila）一次又一次被擊中。[17]

起初你聽見「敵軍砲彈的呼嘯聲，接著是一波警笛，一陣碎裂聲，建築物崩塌如雷震響」，以及隨後的隆隆迴聲。九月十四日少女萊娜·穆西娜（Lena Mukhina）在日記裡記載如今熟悉不過的場面。[18]屋舍倒塌後，居民放任浴缸擱置在空地上，大門消失無蹤。人們排成長龍，搶救仍完好無缺的物品。轟炸過後化學濃霧散開，鋼琴、檯燈和縫紉機的怪異組合堆置街頭，一旁是茫然且無處可去的物主。一對伴侶看似要擁抱，隨後一人軟塌而另一人倒地。建築物燃燒數日，像是一座座火山嘲笑著漸漸變冷的天氣。

人們蹣跚跨越倒塌磚牆疊成的不穩固小丘，走過焦黑屋梁林地，以及未來主義般的炸裂木塊與鋸齒狀碎玻璃。他們的目光牢牢

圖59　防空監聽裝置立於彼得保羅要塞的一處稜堡。

⑤ 卍字符號（swastika）的宗教起源可追溯至西元前二世紀，在基督教、佛教、印度教皆有記載。納粹黨的標誌與卍字符號接近，僅在旋轉角度與顏色上有差異。

盯著身前路面，好避開不熟悉的危險物品，有瓦礫、砲彈坑、屍體。在接下來的幾個月裡，倖存者不再需要多看一眼就能應付上述障礙物。被剝奪油脂和糖分的人們變得容易暈眩[19]，而且如同遭逢閃電戰攻擊的建物，看似身形搖晃、幾欲倒下。利迪亞·金斯堡（Lydia Ginzburg）在日記裡描述一個人要失去平衡有多麼容易，即便只是綁鞋帶如此簡單的動作。身體「不受控制地跌撞」，而且「像空麻袋一般跌進某種無底深淵」。[20]人們發現自己喘不過氣，而且逐漸疑心為何連最簡單的事都需要耗費大把力氣。他們慢慢對一向著迷的事物失去興趣。有些人埋怨耳邊的持續低鳴：無線電的嗡嗡聲，飛機的低沉吼聲，空襲警報的尖鳴，或是由長久緊張引起的莫名耳鳴。牙齦開始腫脹。在領取食糧的隊伍裡，有著浣熊般黑眼圈、臉龐浮腫的倖存者耐心等著麵包，從七月實施配給制至今已五度減少配給量。當一種

圖60　涅夫斯基大街遭到一陣空襲。

相當合理的想法不斷啃噬心靈，決心隨之瓦解也不難理解，甚至認為德國人可能會比史達林更可取。牆上的領袖臉孔畫像幸災樂禍地看著他自己造成的亂象，流露那似笑非笑的表情。卐字符號噴繪在倒塌的屋牆上。但列寧格勒人對於犧牲與匱乏的熟習有助於鞏固決心。曾在一九三〇年代被捕、被毆打導致流產的詩人奧加·貝葛（Olga Berggolts），在當地廣播電台朗讀撫慰人心的振奮詩作。[21]

雪在十月中落下，約莫是電廠燃料儲備落至低點的時刻。舞者維拉·科斯特洛維茲卡婭（Vera Kostrovitskaya）察覺到，人們變得「只依靠標示著數字一二五的正方形小紙片來感知日子」，那張配給券意味著下一次配給的「一小塊褐中帶綠的麵包，半袋木屑」。[22]烘焙師傅被迫尋找一切替代物料。師傅會靠著從磨坊牆面與地板下方蒐集的粉塵來節約麵粉使用量，製作一條吐司所需的近半數麵粉，則由麥麩、

圖61　被轟炸的列寧格勒街道。

搾油廠壓過的種子和松樹木屑裡萃取出的木纖維代替。[23]蕎麥糊讓許多人活下去。「肉凍」的替代品可以用木匠的膠水來仿造，味道如假包換，因為膠水是用動物的蹄和角煮成的。工業用黏合劑糊精的味道則比較差，而且有可能把人們的牙齒黏住。在家裡，人們刮下剝落壁紙上的風乾膠水，他們還挖出桌面裂縫裡沾滿灰塵的碎屑、帽子裡的皮屑、磨損皮帶內側的柔軟皮革。藥拿來喝，化妝品拿來吃。人們啃咬家具嚼食衣服。在瓦西里島上，列寧格勒三十號學園的學生穆西娜覺得「餓得不得了。肚子空蕩得可怕。我多麼想吃麵包，想得要命。我想我現在會吞下任何東西來填滿肚子」。[24]一架貝希斯坦⑥鋼琴的現值是「幾片麵包」。到了十月底，屍體開始被扔往街頭。[25]

凡士林用光了，人們改燒溶劑和殺蟲劑。自製金屬爐的燃料是從炸毀建物取出的木材，或是古書和破家具。准許用電的機構在十一月中改用低瓦數的燈泡。到了月底，家庭禁止在日間用電。[26]自來水管和衛生系統被砲彈擊中。遭遺棄的房間充當廁所。圓筒狀長柄勺是必備物品，因為在鑿開厚重冰面後，能伸進洞裡舀水。隨著積雪漸趨密實，小孩的雪橇也派上用場。街上每個人身後似乎都拉著成串物品：水、燃料，從炸毀家戶搜出的少許財物，一具屍體。每個人似乎都在移動，可是城裡無處可去。

有些人帶傷且飢餓，在短程路途間走到一半乾脆坐下來，不能也不想起身，最後凍死。科斯特洛維茲卡婭從一個男人身邊走過，他「要去芬蘭車站，覺得累了，於是坐下來。在我往來醫院的兩個星期間他一直『坐著』，身上沒有背包和破舊衣衫，只穿內衣裸露身軀，形同五臟被掏空的骷髏」。[27]

一九四一至一九四二年間的冬季嚴峻，在十二月的一週內有近八百五十人橫死街頭。整個十二月超過五萬人因飢餓而死，市內死亡人數在一月份達到十萬多人的高峰，接著二月的數字又再次超越，直到三月和四月才逐步降低。醫療人員二十四小時值班。瓦倫汀娜・戈羅霍娃（Valentina Gorokhova）回憶，她的醫院完全措手不及。「病房的溫度低於零度。藥品結凍……傷者兩人共用一張床。」「職員和醫生穿著冬天的大衣工作」而非制服，而且用床單紮成實驗室罩衣，保護「背部、手臂和手腕不被手術器械所傷」。[28]

一九四二年一月中，溫度降至攝氏負三十度，穆西娜落入絕望。「店鋪空無一物，電燈不亮，沒水而且廁所不能沖。」有些散落街頭的屍體被包起來掩埋，其餘則無法瞑目，漸黃的臉在落雪下死寂不動。[29]做為彼得大帝葬禮行伍的蕭瑟重演，孤獨的人各自用雪橇載一具棺木或屍體，越過冰凍的涅瓦河前往公共墓園。工人將屍身吊起平行排列以確保墓園的最大容納量。新的太平間開設，二月間，兩萬五千具屍體在皮斯卡列夫斯科耶墓園（Piskarevskoye cemetery）堆起，疊成長兩百公尺、高兩公尺的屍堆。[30]死者多到此種程度，幾乎難以想像史達林怎能如此輕賤生命。

因圍城造成兩百七十間工廠歇業，其餘則勉力維持營運，城市少了往常的汙染，冬季變得異常美麗，重現曾讓宮廷藝術家羅伯特・克爾・波特歡欣折服的清新。地面積雪彷彿戈堤耶口中「壓碎的大理石」。[31]冰霜使蜘蛛網般的電車軌道輕輕起毛。但金斯堡指出，置身這片美景裡，寒冷中「手指頭不禁拗折，手掌喪失抓握能力。接著手只能當爪子般使用，像殘肢或類似棍棒的工

⑥ 貝希斯坦（Bechstein）是德國鋼琴品牌，成立於一八五三年，目標是滿足如李斯特等音樂家對琴音的要求。

具。」[32]

諸事皆曠日廢時。埃爾莎・格芮納（Elza Greinert）描述為了過世丈夫取得一具棺材的等待過程。一九四二年一月十四日，她「前往診所登記以取得死亡證明，從早上八點半排隊到下午兩點」。十七日她無法「獲得棺材，因為人們打架爭奪，而你必須排隊等候」。最終她發現居住的大樓裡有人用手裡的材料自行製作棺材，「代價是四百克的麵包和五十盧布的現金」。[33]在挫折與拖延中，金斯堡堅稱行動策略的重要性，而非僅僅被動反應。[34]發生的事大多平常至極，身旁是無盡的受苦與失去生命，使人們顯得近乎無視於他人的苦難。空襲開始時，正在燙髮的人動也不動。生活盡可能繼續下去。

馬匹倒在街頭死去後，群眾聚攏砍下馬肉並舀裝內臟。愛護貓狗的人會讓動物留在室內。但前者或許證明了某種殘殺的傾向。民兵前往公寓收屍時，偶爾會發現屍體的四肢不見了。有個青少年拿斧頭砍死了親祖母，吃她的內臟。另一個人把未下葬的屍體拾走剁碎，賣人肉的黑市開張。

在俄語中，為以下兩個詞彙做出重要的區分：食屍（trupoedstvo）指吃已死的人肉，食人（lyudoedstvo）則指為了進食殺人。在生死存亡關頭，例如圍城、饑荒和船難之際，食屍具有正當理由。但是這項原則遭到濫用，且罪犯因此被捕，自一九四一年秋末至一九四二年十二月共兩千多人。[35]許多犯罪者教育程度低下或不識字。詩人貝葛聽聞有一對夫妻吃了自己的孩子，接著又誘拐殺害另外三個人。此外有個一歲的嬰孩被殺害，拿來餵她兩歲的姊姊。

但並非人人皆需採取如此極端的手段。在圍城的第一個冬季，位在斯爾莫尼宮的黨總部餐廳仍供應炸肉排與小派餅。[36]黨領導階層的療養中心則提供精選膳食和良好的醫療照顧。市領導階層在城市北區樹林裡有一處招待所，羊肉、雞肉和魚肉供應無虞。[37]內務人民委員部的供餐豐厚，一九四三年當城市處在被包圍狀態，議會仍安排高階官員每年收到價值五千至六千盧布的補貼物品。[38]在圍城期間，貪汙的主管安排不公平的食物分配，而且完全像出自果戈里《死魂靈》的騙局，讓人獲取配給卡，上頭寫著派往前線或撤往東方人士的名字。假使有一位家庭成員注定要死，人們甚至希望他能撐過一月一日，等領到新的配給卡再離世。[39]麵包店員工收受的賄賂多得出奇。食品業工人竊取巨量物資，一間店鋪的三位主廚因偷竊被捕，數量達七百公斤。以孤兒居多的青少年，在人們離開麵包店時搶走剛買的食品。有些人威脅要去舉報，藉此從小偷身上奪走贓物。[40]人們因為身上的食品或配給卡遇害，一九四二年上半年有一千兩百件逮捕行動跟上述事件有關。內務人民委員部向莫斯科請求增派人力。因食糧而起的犯罪耗去他們大半時間，可是委員部尚有其他的擔憂。[41]從圍城開始到一九四三年夏季之間，有近四千市民遭判反革命的罪名。

✯

在圍城的第一個冬季，「生命之路」幫助拯救被留下來等待救援的人。到了十一月底，通往拉多加湖南岸的駁船交通隨湖水結冰而中止。季赫溫⑦落入德軍手裡後，進城的最後一條鐵路線就被截斷。進出城市的唯一路徑是天空。十一月十七日的拉多加湖冰層厚度為十公分，對任何交通工具來說都還太薄。但是在溫度下降後，雪橇，甚至貨運卡車很快就能嘗試渡湖。形成十五公

⑦ 季赫溫（Tikhvin）位於列寧格勒東方約兩百公里處。

分厚的冰層需要零下五度個兩天，才足以支撐一匹馬和載重一噸的雪橇。載貨量也是一噸的貨運卡車則需要二十公分。

十一月二十日是零下十二度，冰層厚度十八公分，疲憊的馬匹拉著雪橇從卡波納（Kabona）出發，展開二十至三十公里的旅程，穿越嚴寒暴風雪抵達奧西諾維茲（Osinovets）。交通巡守員與囚犯布置於沿途，負責測試冰面、維護通行路徑，並且喝下能讓自己支撐下去所需的伏特加。過於虛弱無法跑完全程的馬匹被射殺，成為餵飽市民的肉品。兩天後，冰層厚到足以讓六十輛卡車出發跨越拉多加湖，並且繼續前行，經陸路通過一塊由蘇聯掌握的領土，介於芬蘭和德國前線之間，開入挨餓中的城市。卡車與下一輛卡車或馬拉雪橇之間保持大段距離，以分散冰層負重。在嚴寒濃霧與暴風雪咆哮之中，能見度常降

圖62　貨卡車隊構成的「生命之路」，跨越凍結的拉多加湖。

至僅有幾公尺。德軍砲彈如雨般落下，射穿冰層後在湖底爆炸。巡守員會在冰面裂開時調整路線。但是雪不斷飄落，裂縫常被掩蓋，卡車沉入碎冰後隨即消失無蹤。當德軍攻擊部隊穿著滑雪裝備從修森堡出動，前來破壞「生命之路」時，他們被打得連連後撤。盡了這一切努力與忍耐後，在十一月的最後三天僅有麵粉送達，足夠供應全城所需兩天。莫斯科下令女人、小孩和年長者坐上回程的空卡車跨越湖面撤退。儘管城裡的情勢令人擔憂，許多人仍不願離開。撤退的路途艱難，前往奧西諾維茲的五十公里路程需時數日。由於疏散者處在極度虛弱的狀態，許多人在車輛曲折跨越湖面時直接從卡車上摔下去。交通巡守員每天早晨收走嬰孩的屍體。撐過越湖路段的人裡頭，仍有許多人在前方的艱苦路途中死去。[42]

✯

在史達林推行拆毀教堂或變更用途的計畫下，正是納粹入侵拯救了列寧格勒炫目耀眼的滴血救世主教堂。城市裡仍有好些教堂完好無缺，神父祈求希望並且激勵人們反抗。神職人員從入侵初期就發出強力呼籲，迫使獨裁者明白教會是對抗希特勒的有力盟友。在圍城期間的每一天，都主教阿列克謝（Metropolitan Alexei）繞行巴洛克風格的聖尼古拉主教座堂周圍，高舉聖像祈求保護人民、抵禦德軍轟炸。[43]然而彌撒儀式以甜菜根汁替代聖酒的情況下，若非奇蹟發生，似乎沒有什麼能扭轉彼得之城的命運。

人們挨餓至死，納粹重重轟炸城市，天氣卻漸趨好轉。隨著春季融雪時節來臨，虛弱至極的身軀聯手盡力清掃瓦礫、屍體、排泄物及殘敗生活的所有破碎線索。傷寒與痢疾爆發，許多人在過完畢生所知最嚴酷的冬天後死去。活下來的人則萌生新的決心，將列寧格勒的綠地變成蔬菜園。秧苗分發到眾人之手，供應鋤頭和單輪手推車。在小艾米塔吉宮二樓屬於葉卡捷琳娜大帝的空中花園裡，種下了甜菜、菠菜、甘藍菜和紅蘿蔔。[44]春季推移入夏後，甘藍菜，那彷彿來自遙遠星球的外星大軍，占領了聖以撒廣場。到了一九四二年秋天，這座城市在飽受圍攻的土地上種出足夠維生達四個月的食糧。人們開始正常進食，但有些人胃口大開，導致身體嚴重生病。市場開張後引來投機者，售價高昂。載客電車的切分聲響再次傳入耳際，不過對於神經緊繃的居民而言，貨運電車過於擾人心神。金斯堡記述道，貨運電車在軌道上尖聲過彎的聲音有如「防空警報」。[45]後撤重新啟用的駁船跨越拉多加湖，更多補給品得以運進城市。在湖底鋪設電纜和油管後，邁入圍城第二年的生活看似比較過得下去。

有如聲音轟炸的滴答節拍聲，透過城市街頭的一千五百架擴音機持續放送，於轟炸機起飛後加快節奏，駛離後放

圖63　驕傲的收割者與圍城期間在聖以撒廣場栽種的甘藍菜。

慢。[46]全城的公寓裝設了四十萬架擴音機，以每天兩次的新聞快報使居民掌握近乎即時的消息，或說是得知部分消息。[47]其餘時間廣播傳出愛國歌曲與古典樂，維繫城裡的士氣。兩位音樂巨匠對上述事件做出回應。一位寫了齣歌劇，一九五七年在莫斯科首演（對戰事來說已太晚）。另一位譜寫一首交響曲，向世人吹送列寧格勒的困境。

在國外停留太久而受到懷疑後，普羅高菲夫為埃森斯坦的愛國史詩片《亞歷山大．涅夫斯基》譜寫配樂，以激勵人心的大合唱為自己贏回蘇維埃作曲家的地位。隨後他的芭蕾舞劇《羅密歐與茱麗葉》在基洛夫劇院首演，時逢冬戰最黑暗的一段日子。烏拉諾娃在有些不情願的狀況下擔任主角。雖然她的意見廣為人知，「沒有一樁悲傷故事，比得上普羅高菲夫為羅密歐譜寫的音樂」，茱麗葉是她最具表現力的作品之一。正是埋首

圖64　清掃涅夫斯基大街上的積雪和瓦礫。

於下一齣芭蕾舞劇《灰姑娘》（*Cinderella*）時，普羅高菲夫第一次想到要把托爾斯泰的《戰爭與和平》改編成歌劇。作曲家認為「把拿破崙軍隊逐出俄國土地」的故事「非常適切」。誠然，這部小說在戰時重新出版，光是列寧格勒一地就印了五十萬冊。[48]普羅高菲夫的有力歌劇專為戰時觀眾而寫，劇中有高呼反抗的合唱曲，以及庫圖佐夫將軍在博羅金諾之役前的喊話：「沒人比我們的人民更偉大。」[49]一九四三年在彼爾姆完成後，原本這齣歌劇能讓舉國士氣為之一振，但是事實證明，演出如此巨作的資源太過可觀。[50]連一首交響曲，如蕭斯塔科維奇的第七號交響曲，都差點未能在樂曲欲致敬的城市，登台彈奏。

蕭斯塔科維奇在一九四一年秋天完成交響曲的第三樂章，當時他在民防隊（Civil Defence Brigade）擔任消防員。十月他和家人被迫撤往窩瓦河畔的古比雪夫，在那裡寫完第七號交響曲。一九四二年三月五日，這首曲子在古比雪夫的大交響廳（Bolshoi Theatre Orchestra）首演，透過廣播傳遍蘇聯。三週後交響曲在莫斯科演奏，樂譜攝製成微縮膠卷，經由波斯和開羅運往倫敦和紐約。由亨利．伍德（Henry Wood）指揮的第七號交響曲，六月在倫敦首演，亞圖洛．托斯卡尼尼（Arturo Toscanini）指揮的美國首演（雖然他的表現讓作曲家不悅），則是七月在紐約無線電城音樂廳（Radio City）舉行。直到當年底，另有六十二場演奏在美國各地登台。不過，在作曲家的家鄉城市，卻因為食糧和電力短缺，第七號交響曲的演出之路困難重重。

列寧格勒愛樂已撤離，所以當樂譜傳到城裡時，全城張貼海報徵求演出樂手。克西妮亞．馬圖斯（Ksenia Matus）想參與，卻發現自己的樂器壞了。她拿去修理時，索價是一隻貓。工匠說他已經吃過五隻。心急如焚的樂手答覆，家裡已經沒有剩下任何貓、狗或鳥，於是工匠接受用現金修理那支雙簧管。音樂家手持寫明「准許進入列寧格勒演奏第七號交響曲」的通行證，從城外的村莊趕來。[51]樂手抵達時滿臉塵土或身上爬滿虱子，而指揮家卡爾．伊里亞斯柏格（Karl Eliasberg）對徵求樂手的迴響感到失望。組成的管弦樂團低於樂譜載明所需的人數，他們每次到排練場地時，收到的歡迎詞總是「我們還少幾把小提琴？」或者「我們又少了一位低音管樂手」。此外，交響曲選在一九四二年八月九日在列寧格勒首演，那正是希特勒計畫在阿斯托里亞飯店慶祝城市陷落的同一天。邀請卡付印已經完成。在音樂會當天，城市發動轟炸德國的砲兵陣地，設法確保城內的安寧，好讓全城的擴音器能大聲播送演奏。響亮樂音甚至傳出列寧格勒防線，送至離城較近的納粹陣地。大戰結束數年後，伊里亞斯柏格得到了一些德軍士兵的致謝，因為一九四二年時他們曾安坐在圍城的壕溝裡。士兵在聽到交響曲時潸然淚下，因為在那刻他們明白，他們永遠無法奪下列寧格勒。[52]

☆

圍城邁入第二個冬季時，砲彈造成的破壞已讓城市景觀面目全非。老史第格利茲美術館的玻璃圓頂被擊中。一枚炸彈震碎小愛樂演奏廳的立面。冬宮被擊中。有枚一噸的炸彈落入冬宮廣場時，玻璃碎裂，在圓柱廳（Hall of Columns）和約旦階梯留下大洞。圍城期間最超現實的景象之一是為前線士兵所做的導覽行程，帶著他們穿行艾米塔吉博物館的寒冷展間。他們會在光禿牆面

⑧ 古比雪夫（Kuibyshev）在蘇聯解體後改回舊名薩馬拉（Samara）。

的矩型痕跡或空白畫框前停步，此時嚮導細細描述已被帶往安全處的畫作，有何構圖與特點。[53]

基洛夫芭蕾舞團（Kirov Ballet）已後撤至彼爾姆。烏拉諾娃正在巡迴演出，舞蹈表演的觀眾常是紅軍將士。許多年輕的芭蕾學生因為病得太重或營養不良，無法跳舞而學習表現落後。[54]不過有好些電影院和劇院照舊開張。穆西娜回想在科洛斯電影院（Koloss cinema）看一九三七年的美國電影《香檳華爾茲》（*Champagne Waltz*），陶醉在銀幕中的世界，入眼盡是「輝煌的店鋪，閃閃發光的車子，廣告、廣告、數不盡的廣告。這裡、那裡、處處皆廣告。散發光芒、旋轉著、喧譁的廣告」。穆西娜的同輩中有許多人喜愛他們所知的美國流行文化，導致戰爭的倖存者難以接受蘇維埃和平時期的嚴密審查。[55]列寧格勒動物園坐落於彼得格勒區，早在德軍包圍城市前就撤離了大批動物。為了哄騙留下來的動物吃份量微薄的素食替代品，只好在配給糧草裡摻入血或大骨湯。但是動物園仍在早期的一次空襲中被砲彈擊中，傷亡名單中包括廣受大眾喜愛、來自漢堡的一頭大象。[56]由於死者的公寓需清空且兜售私人圖書館的藏書，涅夫斯基大街上的國家公共圖書館（National Public Library）得以在圍城時期收購大量藏品。綜合各方數據，公共圖書館的館藏新增了「五萬八千八百九十二本書，十一萬兩千六百四十張版畫」，以及價值四萬八千盧布的手稿。圖書館從未停止營運，人們前來查閱迫切議題的專書，諸如維生素攝取不足及可食用的野生植物。[57]

艾米塔吉博物館的部分區域開放，充當列寧格勒的博物館職員的療養中心——以及停屍間。[58]在醫院裡，藥物和新物資送抵後情況漸漸改善。工作人員為一九四三年的新年籌辦了一場小型宴會，將玩具或甜點包進小禮袋送給病人，再給每人五十克伏特加，迎接盼望中更好的新年。[59]

儘管德軍砲轟變得精準無比，造成路面電車站必須時常改動，但到了一九四三年冬季情況已明顯好轉。[60]這個冬天沒前一年那麼冷，而且食糧和燃料供給改善，原因是紅軍重新奪回足夠的勢力範圍，得以重建通往城裡的鐵路，其中首班列車於二月七日開抵。在當年餘下的時間裡，遭到密集轟炸的火車持續通行，期間鐵軌維修達一千兩百次。那年夏天城市的蔬菜收成量是前一年的兩倍，而到了一九四三年秋末，出生率超越了死亡率。[61]九月德軍開始撤退。彼得霍夫宮、普希金市⑨和普爾科沃皆獲解放。

一九四四年一月二十三日，最後一枚德軍砲彈落於列寧格勒，一種新的光亮盈滿夜空——重獲安全與歡樂的煙火點點。戰爭雖尚未取勝，但列寧格勒已獲得保全。倖存者可以

⑨ 普希金市（Pushkin）舊名為沙皇村。

圖65　「所向披靡」的彼得大帝青銅騎士像，在戰後重見天日。

看著炸開的星火朝自己落下，無需倉皇四散躲避。船艦發射的空包彈與要塞鳴響的禮砲，跟毀掉市民生活九百個晝夜的震耳爆炸聲若合符節，形成令人不安的歡快回音。列寧格勒周圍的戰役有兩百萬俄國人遇害，城裡的市民達一百萬人死亡。獲釋的戰俘陸續回國後遭到訊問，他們是否變節投向西方情報機構呢？一百五十萬獲釋的戰俘被送往勞改營。[62]

今日，競爭的敵手會嘲諷聖彼得堡澤尼特足球俱樂部（Zenit），喊他們「被封鎖的鼠輩」（Blockade Rats），球員的祖父母則是「食人族」。[63]他們的祖父母勇敢抵禦納粹的恐怖行徑。然而重獲和平後，他們被迫再次面對總書記同志鋪天蓋地的威脅。日後蕭斯塔科維奇聲明，他的第七號交響曲是「關於史達林按計畫摧毀的列寧格勒」。[64]

第十五章　地下的耳語

一九四五至一九九一年

聖彼得堡有兩座博物館，致力於呈現列寧格勒在偉大衛國戰爭（Great Patriotic War）中的苦難與頑抗。並非一直是如此。史達林在戰爭前與開打初期的領導無方，導致戰爭結束後的嚴格審查。圍城淪為禁忌。三座勝利拱門築起，而後消失。率先企圖呈現圍城生活樣貌的列寧格勒英勇守城博物館（Museum of the Heroic Defence of Leningrad），被迫關門且館長被捕。[1]與此同時，倖存者的首要工作是種植樹木、恢復公園與開放空間，那是列寧格勒生活的重要面向。

戰後城市廣泛遭受破壞，需要大興土木的規模是自彼得大帝的時代後所未見的。而建築師群在列寧格勒的戰後重建中，窺見了機會去突出他們心目中這座城市的風格界定，也就是葉卡捷琳娜和亞歷山大一世鍾愛的莊嚴秩序：新古典主義。自十九世紀的第二個二十五年起，建設需服務轉變中的生活需求，使城市景觀愈發偏向功能實用與多元。火車站、店鋪、公寓和商務街區混雜著新文藝復興、新巴洛克、新藝術、現代主義和蘇維埃帝國①風格。為了讓新古典主義取得優

① 蘇維埃帝國（Soviet-empire）是冷戰時期的非正式用語，形容蘇聯對周遭小國的政治控制，有如帝國。

勢，某些以別種風格修築的毀損建物，其立面在戰後遭修改，更動了市中心在建築方面的均勢。坐落於跨越豐坦卡河阿尼奇科夫橋旁的涅夫斯基大街六十八號即為其一。撤離的年輕人回城後，本地建築師規劃粉刷、裝飾線板與大理石切割訓練課程。若干重要街道與廣場重拾革命前的稱呼，為復興城市的艱巨任務提供支援。[2]

一九四五年十月，艾米塔吉博物館迎回運往斯維爾洛夫斯克州②安然保存的畫作。不到一週後，從德國駛來的火車陸續載運取自德國博物館與私人收藏的兩百萬件藝術品，用以報復納粹的入侵。其中一百五十萬件藝術品於一九五〇年代歸還蘇維埃衛星國家，但成千上萬古物仍藏於俄國，做為「道德而非……錢財賠償」[3]，彌補納粹摧毀的一億一千萬冊書籍和文檔、四百二十七間俄國博物館與四千間圖書館。[4]隨著艾米塔吉的收藏品重新懸掛，修復冬宮受損的內裝成為優先事項，最終在一九四五年十一月，六十九個展間才向大眾開放。城市裡的宮殿也展開翻新。尤蘇波夫宮改作教育工人工會（Union of Workers in Education）的基地，阿尼奇科夫宮是列寧格勒少年先鋒隊（Leningrad Young Pioneers）總部，塔夫利宮成為列寧格勒共產黨高中（Leningrad Communist Party High School）。[5]到了一九五〇年大批建築已獲修復，列寧格勒外圍的宮殿卻任其淪為廢墟多年。

人們很快地察覺到，在所有的恐怖經歷之外，這場戰爭為史達林治下俄國的無休止恐懼提供了某種緩解。在人們建立新的同志情誼後，許多人痛恨重拾懷疑與背叛的過往，並且深深期盼政權垮台。但是在一九四六年大選，每個席次卻僅有一位共產黨候選人競選，機會似乎渺茫。當年的收成欠佳導致饑荒，又有一百萬蘇維埃人民死亡，史達林卻著眼於確保黨菁英能過好生活。特設店家的美食網絡重啟，以遠超過普通工人收入的價格販售奢侈品。中學和大學的後三年實施學費制，導致進修的花費高於一般家庭的收入。[6]忠貞為黨的人士享受專用醫院和度假別墅做為獎賞，史達林則等待收到屬於他的獎賞——蕭斯塔科維奇的勝利交響曲。若說作曲家的第七號交響曲維繫了國家的士氣，那麼他的第八號交響曲則意在針對極權主義，也就是莫斯科所知的法西斯主義，而非史達林所期盼的，以音樂向他的領導致敬，激昂、歡欣、歌頌勝利的第九號交響曲。蕭斯塔科維奇一如往常般勇敢，創作出一首充滿活力、多以快樂為基調的作品，不過快樂的表現形式是戰後街上人們興高采烈的喧鬧粗俗。第九號交響曲絲毫未傳達擊敗納粹的光榮凱歌，蕭斯塔科維奇似乎再次成了羞辱史達林、卻能活下來訴說傳奇的唯一生還者。做出侮辱的舉動後，作

圖66 德軍占領後的彼得霍夫宮殘垣。

② 斯維爾洛夫斯克州（Sverdlovsk）大多位於烏拉山脈東麓，首府為葉卡捷琳堡。

曲家彌補的方式是為總書記同志的電影譜寫濫情到可笑的諂媚配樂，例如一九四九年的《柏林陷落》（*Fall of Berlin*）。蕭斯塔科維奇寫道：「那正是我得以倖存的原因。」[7]

第九號交響曲的第一樂章既俏皮且變化多端。當時史達林的心神日漸被恐懼所占據，擔憂競爭者、陰謀、猶太人、外國人和他國的成就。俄國人編纂了一部百科全書，書中遺漏了馬可尼③、愛迪生（Thomas Edison）和萊特兄弟（Wright brothers）；相反地，亞歷山大．波波夫（Alexander Popov）發明了無線電，亞歷山大．洛迪金（Alexander Lodygin）為第一具電燈按下開關，亞歷山大．莫查伊斯基（Alexander Mozhaisky）則是第一個飛翔的人。[8]這段紀錄除了表明「亞歷山大」是志向遠大的父母為孩子取名的標準選擇，上述條目也透露出史達林的偏執已脫出常軌。他對於列寧格勒知識圈子的畏懼，最早可追溯到一九二五年，當時的市長格里戈里．季諾維耶夫，曾勇於反對莫斯科中央委員會。[9]戰後接任基洛夫擔任地方黨領導人的是安德烈．日達諾夫，此後他的門徒討論列寧格勒的地位應更加重要與自主。當整座城市熱切歡迎來自態度反覆衛星共和國的代表，即狄托元帥（Josip Broz Tito）治理的南斯拉夫時，彷彿就在蔑視史達林。一九四四年轉調至莫斯科後，日達諾夫銜命攻擊昔日所待城市的文化背離行為。期刊《星星》（*Zvezda*）和《列寧格勒》（*Leningrad*）因刊登阿赫邁托娃和諷刺作家米哈伊爾．左琴科（Mikhail Zoshchenko）的作品而遭到抨擊。[10]史達林親自撰寫了一篇文章，批評「以流氓口吻描繪我們的現實」與「反蘇維埃的批評」。[11]最不祥的是文章中宣稱：「若非地方黨機關極度欠缺警覺，如此違法的過錯不可能發生。」

新一波的清洗展開。一九四九至一九五〇年的「列寧格勒事件」（Leningrad Affair），針對著日達諾夫身邊的尼古拉．沃茲涅先斯基（Nicholai Voznesensky）、阿列克謝．庫茲涅佐夫（Alexei Kuznetsov）和彼得．波普可夫（Peter Popkov），諷刺的是他們全是史達林的支持者。過往，經濟學家沃茲涅先斯基的職涯扶搖直上，曾晉升政治局委員，並以著作《蘇聯的戰時經濟》（*The War Economy of the USSR*）獲頒史達林獎。然而在史達林更仔細地審閱後，他判定這本書批評了領導人應對戰爭的方式，沃茲涅先斯基先被監禁，隨後射殺。庫茲涅佐夫（相較於日達諾夫，他是戰時列寧格勒的實際治理者）在上司日達諾夫轉調到莫斯科後，晉升為列寧格勒的第一書記。但在一九五〇年一場不公開的審判中，庫茲涅佐夫拒絕承認被羅織的罪名，遭到處決，一根彎鉤猛然穿進他的脖子後方。有兩千位列寧格勒人失去了工作，他們被指控讓城市變成「非布爾什維克」敵手的溫床，任由他們陰謀

③ 馬可尼（Guglielmo Marconi）是義大利工程師與諾貝爾物理獎得主，雖非無線電的發明人，但無線電裝置是在他的研究改良下，第一次成功傳輸橫跨大西洋。

圖67　列寧格勒的工人得知季諾維耶夫與其他人遭處決，罪名是涉及陰謀殺害基洛夫。

反抗莫斯科中央委員會。截至一九五二年，共有六十九人遭到處決、監禁或流放。[12]

早在一九四八年，日達諾夫已死於飲酒過量，「列寧格勒事件」這波鎮壓行動是由拉夫連季・貝利亞（Lavrenti Beria）和格奧爾基・馬連科夫（Georgy Malenkov）指揮，他們都是史達林的新寵臣。[13]清洗行動再次展示了聽命於史達林是唯一的選擇。領袖受到愈發莊嚴的閱兵與濫情電影所歌頌，變得極端偏執，導致他身旁形同有古拉格的保全設施，幾乎完全自我孤立。一個人的死亡是悲劇、一百萬人的死亡卻是統計數字，他聽著最喜愛的曲子〈蘇利可〉④，深受尋找愛人墳墓的傳說所感動，但史達林手下的犧牲者大多沒有墳墓。一九五三年三月，史達林在他護衛森嚴的鄉間別墅慢慢窒息而死，當他自己變成悲劇時，也實現了龐大的統計數字。

在一九五六年的第二十次黨代表大會上，尼基塔・赫魯雪夫（Nikita Khrushchev）譴責他的前輩，漫長的史達林冬天開始解凍。極權主義鬆綁為威權主義，從史達林逝世到一九五〇年代結束之間，兩百萬人從古拉格勞改營釋回，另外兩百萬人從流放地（special settlements）歸來。但是蘇聯以外的世界變得更加危險了。核子戰爭的威脅與西方帝國主義導致國內的文化封鎖，在此情況下，蘇維埃年輕人則表現出對於西方電影與時尚的更強烈興趣。

以扭曲的意識型態來解釋西方文化產物，是削減外國影響的一個方式。例如約翰・福特（John Ford）執導的經典西部片《驛馬車》（*Stagecoach*，內容講述蒙受攻擊威脅時，馬車乘客間人際張力的故事），就被解讀為原住民對抗帝國主義入侵者的戲劇性打鬥。[14]但儘管如此，新的想法和影響力實則開始加速滲透。外國旅客身穿樣式各異的衣著抵達俄國。返航列寧格勒的水手帶回西方的唱片，相較於利物浦商船水手帶回的美國單曲，雖然唱片的影響既緩且輕，卻改變了流行音樂的發展。當列寧格勒人收聽美國之音（Voice of America）和自由歐洲電台（Radio Free Europe）時，廣播中對於西方愜意愉快生活的暗示，僅僅加深了他們對黨的覺醒和不耐。工人繼續住在過度擁擠的工廠宿舍，應付過時的工業設備。其他人擠進公共住房，共用廚房、浴室和廁所。列寧格勒有許多公共住房建成大型公寓，供革命前的布爾喬亞階級居住，但屋況卻於一九一七年後日益惡化。更多房子在圍城期間受損。在住著整家子的單間房裡擺放屏風和衣櫃，替每個人保有最低限度的隱私。

但一九六一年《列寧格勒真理報》刊登的黨方面幻想，卻跟上述的不便與匱乏不相符，文中吹噓著「互助與友誼獲強化……家戶紛爭消逝無蹤」。[15]城市的生活條件的確正在改善。因軟黏土地質而必須深入地底的列寧格勒地鐵，在一九五五年十月開始營運。一九五〇年代晚期樂見以企業為基礎的住宅合作社。因為能買的人不多，工人握有多餘的現金。這筆錢可用來繳付訂金，做為投資新建屋百分之四十的款項。在一段時間過後，建商將交付投資人多達六十平方公尺的公寓住房。[16]速成的建設計畫開始於一九五七年，而當年列寧格勒正在為延宕的建城兩百五十週年慶做準備。巧克力工廠加班運轉。巧克力貌似從涅瓦河撈出的爛泥，攪拌器緩緩注入過甜的內餡。巧克力獎章印上彼得大帝青銅騎士像的圖案。特殊包裝上有俗氣的芭蕾伶娜，或者展示民俗服飾的聯合國。週年慶將會滿足列寧格勒的甜食愛好者。[17]

儘管列寧格勒在蘇維埃治下逐漸政治邊緣化，但許多人仍認為列寧格勒是真正的首都。俄國

④〈蘇利可〉（*Suliko*）是喬治亞民謠，曲名是喬治亞常見的人名，意思是「靈魂」。

的文學與音樂都是從這座城市開展，而且顯著的建築列隊與藝術收藏皆壯麗無比。列寧格勒人整修與維護歷史建築的決心也獲得延續。涅夫斯基大街上德拉孟設計的圈樓廣場需要照料，負責整修的建築師歐列格．里亞林（Oleg Lialin）詳細查閱城市檔案，在依現代需求重建內裝的同時，也忠實翻修外觀。整修後的圈樓被隔成枯燥無味的小隔間，看起來像是分布於體育館外圍的可悲小賣亭。至於將涅夫斯基大街尾端轉變成某種建築博物館、禁止商業用途，原因是想擺脫街上的破敗，並且隱藏小型店家裡空無一物可販售的事實（其中眾多商家似乎已羞愧地沉入地底）。市中心邊緣地帶就沒有如此強烈的保存動力，現代大樓正豎立於十八世紀與十九世紀的大型建築間。諸如新芬蘭車站和馬切夫斯基市場（Maltsevsky Market）等醒目的結構建物，以粗暴或錯置的姿態置身於周遭的古老建築中。[18]

這些年的藝術活動大多沒那麼具有能見度。瓦西里．格羅斯曼（Vasily Grossman）將長篇小說《生活與命運》（*Life and Fate*）投稿到一本文學雜誌時，ＫＧＢ卻到他的公寓帶走小說副本和筆記本，並且撕毀打字機上的色帶。像格羅斯曼這類作者比較史達林主義與法西斯主義是不可容忍的行為。鮑里斯．巴斯特納克的《齊瓦哥醫生》（*Dr. Zhivago*）成為祕密流通的地下出版品，廣受閱讀。或許這部小說最耐人尋味的禁書版本是中央情報局（ＣＩＡ）在荷蘭所印製，書籍的俄語微縮膠卷則得自英國情報人員。他們趁著一九五八年的布魯塞爾世界博覽會（Brussels World's Fair），在梵蒂岡展館將這個版本悄悄塞給俄國的參觀者。至於索忍尼辛在《伊凡．傑尼索維奇的一天》（*One Day in the Life of Ivan Denisovitch*）裡對勞改營的駭人描寫，是在獲得赫魯雪夫首肯下才刊登於文學期刊《新世界》（*Novy Mir*）。五年後，索忍尼辛被批評為國家的意識型態敵人，並在一九七四年遭驅逐出境。[19] 真相，又或者至少是未服膺黨路線的一種事件版本，注定仍是地底下的耳語。

在繪畫方面，「波坦金式」的社會現實主義派（Social Realist）等同於卓越，由亞歷山大・格拉西莫夫擔任一九五八至一九六三年間的蘇聯藝術家工會（Artists' Union of the USSR）主席。格拉西莫夫從來不是現代主義的盟友，他在展示馬諦斯的《舞蹈》時曾爆出一陣笑聲，藉此取悅黨高層。抽象藝術因其「個人主義」引來反感。艾米塔吉博物館於一九六四年慶祝兩百週年時，自一九五一年起擔任館長的米哈伊爾・亞塔莫諾夫（Mikhail Artamonov），卻因允許展出抽象畫而遭到撤換。不過，儘管赫魯雪夫有著對抽象藝術的著名評價：「狗屎」，卻已經出現藝術解凍的跡象。英國文化協會（British Council）的「大不列顛一七〇〇至一九六〇年代繪畫展」為一九六〇年代揭開序幕，於艾米塔吉博物館和普希金美術博物館展出。一九六三年俄羅斯博物館展示美國的平面藝術，兩年後美術學院則展出美國建築的模型。二十世紀初期俄羅斯開創性藝術家的重要回顧展，也出現在這十年間。這個時代的列寧格勒畫家度過了一段受挫的時日，跟典型的莫斯科同行相比，他們更具神祕和陰鬱的傾向。俄國繪畫切斷了跟西方藝術的聯繫（自十八世紀至革命時期，俄國繪畫總有受政治箝制的傳統），畫家回歸舊想法或做出讓步，企圖獲得官方認可。[20]

現代戲劇同樣停滯不前。呈現給一九五〇與一九六〇年代初期觀眾的是《鄉間夜晚》（*Rural Evenings*），這是一九五四年一齣關於集體農場的抒情喜劇，或是德米特里・戈東諾夫（Dmitri Gordunov）的《以前是這麼做的》（*It Was Once So*）。主角一邊卸下煤堆，等待劇本的中心情節展開，人群間興起諸如一九六〇年代末，英國「劃界糾紛」等乏味的辯論。但是此刻一位睿智的同志發言，「留神聽聽列寧透過這杯茶告訴我的事」，所有演員敬畏地跪下。收尾是一段宣示：「一開始或許艱難……但我們得先幫助自己，否則沒人會幫我們。」劇中人物衝去搬運煤堆，贏得滿場如雷掌聲。[21]

音樂和舞蹈常聚焦於列寧格勒的過往。在瓦諾・穆拉德利（Vano Muradelli）的《十月》（*October*，性質介於史詩音樂劇與歌劇《阿依達》〔*Aida*〕之間）中，克隆施塔特要塞的水手們淚眼朦朧地唱著革命。一九四九年基洛夫芭蕾舞團的《青銅騎士》（*The Bronze Horseman*）跟著萊因霍德・格里埃爾（Reinhold Glière）的音樂編舞，而這曲贏得史達林獎的配樂，還魂新用於二〇一六年馬林斯基劇院製作的芭蕾舞劇。在一九六一年，伊果・貝爾斯基（Igor Belsky，他日後擔任基洛夫劇院藝術總監）隨著蕭斯塔科維奇第七號交響曲的第一樂章，為《席德瑪亞・辛弗尼亞》（*Sedmaya Sinfoniya*）編舞，向列寧格勒人戰時的堅毅情操致敬。

到了一九五八年時代漸漸改變，蕭斯塔科維奇要前進百老匯。一九二七年的《大溪地狐步》（*Tahiti Trot*）證明了他有能力譜寫受歡迎的樂曲（《大溪地狐步》是由音樂劇《不，不，娜奈特》〔*No, No, Nanette*〕中，文森・尤曼斯（Vincent Youmans）所作名曲〈鴛鴦茶〉〔Tea for Two〕改編成的歡欣版本）。自一九五七年起，即音樂劇《西城故事》（*West Side Story*）在紐約首演的同一年，蕭斯塔科維奇的《稠李樹住宅》（*Cheryomushki*）為蘇維埃輕歌劇和美國音樂劇間搭起橋梁。這齣音樂劇既諷刺且充滿自我引用，講述一則荒謬且趣味的愛情故事，場景設定在一項抱負遠大的蘇維埃公共住宅計畫、盡力趕上柯比意⑤風格的夢幻街區。計畫無可避免地受到貪汙所擾，卻承諾要改變長久失望人們的生活。有一個角色興奮地唱著，終於——「擁有自己的窗戶」，直到鄰居來參加喬遷派對，他們卻被誤認為即將搬進這間狹小新公共住房的同住者。劇中充滿無止境的戲謔，另一位新居民自我介紹時還戲仿柴可夫斯基歌劇中的命定時刻——「你的鄰居，奧涅金。」《稠李樹住宅》常遭漠視不難理解，但是它提醒應該對大型住宅計畫抱持審慎的樂觀態度，較現今莫斯科和聖彼得堡外圍的眾多「稠李樹住宅」腐朽遺跡，更能喚起鮮明的回憶。[22]

在小心翼翼對西方開放的氛圍裡，信奉個人主義的二十四歲加拿大鋼琴家格連·顧爾德（Glenn Gould）先在莫斯科演出，隨後是一九五七年五月十三日的列寧格勒場次。顧爾德彈奏的音樂在俄國前所未聞，而且作曲家出身自維也納樂派（Viennese school），聽眾中的保守派因而將顧爾德視為來自火星的訪客。但是他的振奮演奏具有感染力，消息迅速傳開來。有場音樂會原本上半場時只坐了一半的人，卻在下半場爆滿。顧爾德到列寧格勒愛樂演奏廳

圖68　有「劇院街」稱號的洛西街，攝於蘇聯晚期。瓦加諾娃編舞學院位於右側近街尾處。

⑤ 柯比意（Le Corbusier）是二十世紀的重要建築師，他提出的建築思想影響了許多公共住宅計畫。

23
彈奏，然後是馬利歌劇院，原設的一千四百人座位又多容納了一千一百位狂熱聽眾擠進走道。在五月十三日的觀眾席中，有一位韃靼年輕人在一九五五年九月來到城裡，就讀列寧格勒瓦加諾娃國家編舞學院（Leningrad State Academic Vaganova Choreographic Institute）。他受訓成為舞者，吸取都城的每一滴文化養分。鋼琴彈奏技巧進步後，他到涅夫斯基大街書屋書店（Dom Knigi）隔壁的樂譜行，借用鋼琴試彈樂譜。他的夜晚常以基洛夫劇院某齣芭蕾舞劇的第一幕做為開端，接著衝往愛樂演奏廳趕上某場音樂會的下半場。魯道夫．紐瑞耶夫和同學趁白夜溜出宿舍，將富戲劇感的廣闊城市空間用作自身藝術的繁茂宣示。有一次他和同伴繞著冬宮廣場的亞歷山大柱大跳加轉身（grands jetés en tournant）。紐瑞耶夫日後回憶道，他覺得顧爾德的演奏「怪異」、「令人心煩意亂」卻充滿能量。這段話幾乎可以拿來形容兩年後他在列寧格勒初登台跳的《吉賽兒》。紐瑞耶夫跳的埃布萊希特⑥並非玩弄迷人農家女孩感情的閒散貴族。芭蕾伶娜伊琳娜．科帕可娃（Irina Kolpakova）表示，當紐瑞耶夫在《吉賽兒》登台，他就像是個頭髮散亂的「流氓小子」。雖然紐瑞耶夫未顯露對於當代搖滾樂的興趣，但他確實捕捉到時代精神。氣勢更盛的莫斯科大劇院芭蕾舞團願意收紐瑞耶夫，一九五八年十一月基洛夫舞團的明星娜塔莉亞．杜丁斯卡婭（Natalia Dudinskaya）邀他搭檔跳《勞倫蒂亞》（*Laurentia*）後，他選擇留下來。兩人的合作大獲成功，並且為紐瑞耶夫與年紀較長的瑪歌．芳登（Margot Fonteyn）搭檔的震撼舞作，創下先例。

美國女演員蘿拉．費雪（Lola Fisher）隨《窈窕淑女》（*My Fair Lady*）劇組巡迴俄國時，對紐瑞耶夫在《吉賽兒》的表現傾心。當她邀請舞蹈家共進早餐，紐瑞耶夫踏進歐洲大飯店的餐廳之際，整個音樂劇劇組起身熱烈鼓掌以示歡迎。他旋即在西方享有同等喝采，在那裡他就代表「俄羅斯」的精髓——狂放且難以預料。

做為基洛夫舞團的年輕舞者，紐瑞耶夫要跟憑驚人跳躍高度而早獲盛名的尤里．索洛維耶夫（Yuri Soloviev）競爭。一九六一年基洛夫舞團赴巴黎巡迴時，外號「宇宙尤里」（Cosmic Yuri）的索洛維耶夫與紐瑞耶夫是室友。法國首都的優雅豐饒讓索洛維耶夫⑦留下深刻印象，在此索洛維耶夫也察覺蘇維埃當局開始箝制他的行事風格。冒充基洛夫副總監的KGB探員問他為何未加入共青團（Komsomol）、即蘇維埃青年組織時，他猛然回嘴：「與其把時間浪費在那種蠢事上，我有更重要的事要做！」他決心反抗。[24]這個決定讓索洛維耶夫在列寧格勒的一片美好光景只延續到他身受重傷為止。舞者曾奮力走出困境，然而一九七七年一月，索洛維耶夫的冰冷屍體在他的鄉間別墅被發現，顯然出於自殺。

儘管國家資助的群眾歌曲、傳統舞蹈和巴拉萊卡琴⑧管弦樂曲接連不斷產出，像〈我的小水草地去哪兒了？〉（My Little Water Meadow, Where Have You Been?）這般的民謠卻不可能吸引年輕人。年輕人聆聽從西方走私來的唱片，並且用特殊乳液將聲音刻入X光片分送朋友——或稱「骨碟」（roentgenizdat）。但蘇維埃領導人仍舊聽不進西方音樂。走路搖晃、身穿小丑般鬆垮褲子的赫魯雪夫宣稱，爵士樂讓他感覺彷彿「胃裡有玻璃」。至於隨著搖滾樂一同輸入的舞蹈，第一書

⑥ 埃布萊希特（Albrecht）為《吉賽兒》劇中男主角，是中世紀一位愛上農家女的貴族。
⑦ 編按：作者此處原本寫的是紐瑞耶夫，然而根據下文與索洛維耶夫的生平，應該是在敘述索洛維耶夫。
⑧ 巴拉萊卡琴（balalaika）是俄羅斯的弦樂器，琴面呈三角形。

記則嫌惡地看作是「某部分骨骼」的猥褻擺動。[25]

儘管眾多年輕人仍然夢想加入少年先鋒隊和共青團，並肩遊行時激昂高唱著蘇維埃國歌，但在一九五七年的青年聯歡節⑨，當外國搖滾樂響起之際，青年男女陷入瘋狂。當局將其蔑視為浪費精力，以一位內務部探員的話來說，他認為這些精力可以「投入興建一座水力發電廠」。[26]儘管如此，蘇維埃菁英階層的子女高聲呼求駱駝牌香菸（Camel）、可口可樂與歌曲〈愛情靈藥九號〉（Love Potion No. 9）。或許這是終局的開端，但也可能是新開始的開端。吉他詩歌在學生和知識分子間構成潛在力量，藉著私錄的地下錄音帶（magnitizdat）流通。諸如亞歷山大・加里奇（Alexander Galich）和布勒・歐庫札瓦（Bulat Okudzhava）等歌手，他們的創作不像法國喬治・巴頌（George Brassens）和芭芭拉（Barbara）等注重歌詞的香頌（chansons à texte）般流行，而是演變成一股促發改變的反文化。

競技運動變得令人嚮往。足球在工廠工人間大受歡迎，安排在體育文化日（Physical Culture Day）遊行的球員倍感榮耀。技術高超的運動員開始享有與藝術菁英相同的特權，體育也漸漸發展成政治宣傳戰的武器。俄國隊主宰冰上曲棍球界，並且表現出至高風度。球隊置身北美時，他們從容優雅地來回傳送橡膠曲棍球，令觀眾想起音樂或芭蕾的印象，如同俄國隊正在演奏「蘇維埃交響曲」。這讓挫敗沮喪的北美曲棍球迷困惑不已，有位球評表示，他們可不是抱著「見識莫斯科大劇院」的期待來看比賽的。不過紅軍冰上曲棍球隊的教練真的徹底研究過排練中的舞者，並且將原本可能走向野蠻的運動變得巧妙。溜冰選手同樣在漫長且嚴厲的訓練過程中採用芭蕾舞，幼童從四歲就開始在列寧格勒體育宮（Palace of Sport）的小溜冰場上課。與此同時，在一九六〇年代初期，列寧格勒二八一號高中的學生，弗拉基米爾・普丁（Vladimir Putin），也投入大把時間以精進柔道技巧。[27]

一九五〇年代末與一九六〇年代初期的俄國經濟興盛。俄國在西伯利亞發現天然氣，工業所需的科技獲得進展，規模比以往更浩大的集體農場使農業產量暫時大增。一九五七年史普尼克一號衛星（Sputnik）發射，接著在一九六一年，另一位「宇宙尤里」成為世界上第一位太空人。尤里・加加林（Yuri Gagarin）繞行地球一周後，不令人意外地，美國凱迪拉克的新車款設計突然拿掉了火箭飛行翼；而在列寧格勒有間演唱俱樂部新開張，名稱來自加加林的太空船東方一號（Vostok 1）。到了一九六〇年代中期，協助家務的機器人在電視上展示：叫醒沉睡的同志，並且幫他倒一杯早餐的牛奶。[28]這機器人既機伶且早起，店鋪一開門，機器人就會迅速賣光牛奶和其餘生活必需品。

蘇維埃的科學前景看似一片光明，人們則抱怨位於列寧格勒外圍的新住宅建案，是在嘲笑以「劇院、博物館、庭院和公園」聞名的城市概念[29]，因為新建案缺乏上述的設施。居民除了坐在家裡以外無事可做，只能收看無止境的黨修辭話語從螢幕傾瀉而出。電視螢幕上，經過反覆演練的修平同志誓言隊員將於大選日前再生產八十噸鋼鐵，克沙諾夫同志則立誓天天交出比值班目標多一噸的鋼鐵。當一列滿載貨物的貨運火車比預定時刻提早二十分鐘抵達，本地報紙將其描述為

⑨ 青年聯歡節（Youth Festival）的全名是世界青年與學生聯歡節，是世界性的左派青年聚會。第一屆在捷克布拉格舉辦，文中提到在莫斯科舉辦的第六屆則是規模最盛大的一次。

蘇維埃意志的勝利。[30]博物館廣設，記錄並頌揚大眾運輸、公共設施與工業生產，儘管工業紀律蕩然無存且常手藝低劣。

然而對普羅大眾來說，一九五五至一九七五年可能是共產主義治下最愉快的一段時期。氣氛祥和，國家開設「社會行為」教育課程，提倡以酒精濃度低的芳香開胃酒，取代對婚姻與肝臟皆有害的伏特加。隨著街上的車輛增加，例如一九六三年列寧格勒有超過兩萬七千輛，行動交通管制單位架起擴音器，敦促行人小心。辦公室依然簡樸，未見個人裝飾品或家庭照，不過生活水準提升了。退休金和薪水低迷不要緊，有管道和有影響力的人物才算數，或稱人情（blat），指必要的人脈，來獲得稀有物品或難以取得的服務。為了在「檯面下」有所收穫，金錢以外的贈禮能派上用場，「略施小惠」或許就能說動官員稍作關照。[31]

到了一九六四年，赫魯雪夫逐漸失勢。他的古怪滑稽開始變得牽強。赫魯雪夫受邀訪美留宿大衛營（Camp David）時，由於赫魯雪夫跟他的隨員對美國總統的住處過於無知，竟認為自己受到怠慢。在美國，赫魯雪夫譁眾取寵的表現頗受歡迎，但是著名的聯合國敲鞋事件（該事件受到赫魯雪夫的利用，不過可能是假事件），也難以提振國內嚴厲的同僚對他的評價，而且那也強化了深植於西方人心中，俄羅斯人天性粗俗的觀念。范米德（Vaughn Meader）洞察了赫魯雪夫塑造的印象和美國所認識的共產主義，產出一九六二年暢銷黑膠唱片《第一家庭》（*The First Family*）中的滑稽描繪，嘲諷甘迺迪（John F. Kennedy）的白宮。當甘迺迪提議各國元首每天來共進辦公室常見的外賣午餐，並且詢問赫魯雪夫想吃什麼時，第一書記回答，「噢，你不用特別幫我點一份，我會嚐其他所有人的一小口。」西德總理點了「西式三明治」，赫魯雪夫插話：「艾德諾（Konrad Adenauer）吃西式三明治的話，那我就要一份東式三明治。」甘迺迪告知沒這種餐點後，赫魯雪夫對艾德諾說：「那我要你那份西式三明治的東邊這一塊。」[32]

一九六二年古巴飛彈危機、以及連年的歉收過後，政治局對領導階層失去信心，一九六四年赫魯雪夫突然被趕下台。死氣沉沉的史達林門徒李奧尼．布列茲涅夫（Leonid Brezhnev）成為蘇維埃領導人，主導十八年逐漸收緊的停滯時期。用俄國人的妙語來說，在這段時期裡，「成長的困難轉變為困難的成長」。[33]年歲夠長、還記得圍城的人們繼續沾溼手指抹起桌上的麵包屑。在一九七〇年，仍有二十萬人住在散落列寧格勒各處的近千間客棧。雖然大多數人年僅二十多歲，且逗留時間不超過幾天，他們仍必須忍受有害健康的擁擠環境，以及酗酒與打鬥導致的張力。至於公共住房方面，一九七〇年有百分之四十的列寧格勒人口，仍必須忍受跟許多人同住在牆面單薄的單間房、共用有限設施的惱人與屈辱。雖然百分比持續下降，但直到二十年後政權崩解時，仍有近四分之一城市人口生活在公共住房。對於足夠幸運而能遷入自購公寓的人來說，生活也遠非恬靜。與一九六〇年代的英國相比，同時期的蘇維埃住宅常以低成本或低品質工程興建。介於五層至十四層樓之間的住宅與組合屋挑高不足，造型單調，周圍是未修剪的灌木林地。人們也未曾聽聞什麼叫景觀規劃，例如倫敦羅賓漢花園公宅（Robin Hood Gardens）所做的。為了回應大眾對如此不友善環境無可避免的蔑視，黨設立了住戶家長委員會和社區巡邏隊。公共住房的人際緊張關係與新街區缺乏休閒設施，造成青少年流連街頭，男孩行事強硬而女孩行為挑逗。[34]

新建物的一樓吵雜，頂樓漏水，不加修飾的野獸派樓梯引來雜物與注射針管。如果住房裡有電話（當然會受到監聽）那很好。如果你想申請一支電話，最好算了吧。但擁有私人住宅總是可喜可賀的，可以讓人脫離公共生活。廚房成為接待朋友的地方。人們就著伏特加和開胃菜（用常為了特殊場合留的食材調製成迷你點心）聊天。聊天。繼續聊天。如果拿枕頭蓋住電話，或是把電話轉盤轉到底再用鉛筆卡住，並且留心至少要離話筒兩公尺處說話，那麼你就能說得隨心所欲。在一九六〇年代晚期，KGB僱用十六萬六千人從事監聽、竊聽和搜查，皆為了積累同志們巨量、且常無用的情報。[35]

一九六八年實施新家庭法（New Family Code）後，男人必須取得懷孕妻子的同意才能合法離婚。家庭法也規定，在家中強迫性交視同強姦，可是社會上仍然受強烈性別歧視所害，例如有段令人厭惡的玩笑話主張，「老婆不是水壺，打她幾下不會破。」[36]墮胎率還是很高，阻隔和子宮內避孕用具稀少，而且蘇維埃的保險套還跟鐵幕一樣厚。從一九六〇年起，墮胎數超過出生數，一間病房會同時進行多達六起墮胎手術。病房內混亂不堪且讓人感到屈辱，不過卻很便宜。[37]

列寧格勒的第一間超市開幕於一九五四年，可是提供的食品大多是基本款且無法引起食欲。在一九六〇和一九七〇年代，許多列寧格勒人在廣闊的菜園開墾區分得一小塊地，得以種植蔬菜。在夏季和早秋，採蘑菇、摘莓果和釣魚能為飲食增色，這一切活動都跟鄉間別墅帶來的平和簡單快樂有關。除此之外，駭人的排隊制度仍舊是日常生活的一部分。在商店裡，買不同物品的顧客各自排隊。接著他們先排隊結帳，然後排入領取購買物品的隊伍。[38]隊伍盡頭消逝於遠處，排隊人龍成為進步不彰的表徵。在彼得格勒，排隊買麵包的隊伍曾引起革命，而那場革命卻造成更多的排隊長龍。這其中必定有什麼出了錯。買一顆鳳梨可能要等上九十分鐘，而為了買車必須徹夜排隊，且再等十八個月才能交車——可能是日古利（Zhiguli）一號或二號，飛雅特（Fiat）

一二四與一二五車款的蘇維埃仿製品。[39]不同顏色的配給券可讓黨高層或工作受重視的人士繞開隊伍，但是對多數人而言，等待過程無可避免。在一九七〇年代，蘇維埃媒體推估全國一年共耗費三千萬小時排隊。消費者也避免購買在任何月份最後十天內生產的物品，因其品質比平時的更差勁，工廠要趕工達到生產目標。來自衛星共和國的產品比蘇維埃的產品更受歡迎，包括波蘭胸罩、東德電器設備、保加利亞牙膏或匈牙利洗髮精。[40]像蘇聯幅員這麼大、資源這麼多的國家，為什麼不能做得更好？就如歐巴馬總統在二〇一六年任內最後一場媒體記者會中提到的，他評論俄羅斯「不生產任何人都想買的任何事物，除了石油和天然氣和武器以外。他們不事創新」。[41]

在列寧格勒外出用餐，時常被等桌子的人龍和超收餐費的粗魯職員弄壞興致。餐廳數量緩慢成長，從布列茲涅夫執政初期的約莫四十間，漸增至一九八〇年代末重建時代（perestroika）的八十多間。[42]喬治亞餐廳讓外食者嚐到了新口味——菠菜石榴餡餅，取代一成不變的鯡魚；芫荽調味的羅比奧⑩，而非標準的肉凍；炭烤羊排，不再是千篇一律的肉餅。一九七〇年代晚期的列寧格勒咖啡館供應的蛋糕和糕點種類仍舊不值一提，這讓甜食愛好者的處境艱難。吉他詩人在早餐館（milk bar）、俱樂部和咖啡館表演，吸引年輕人駐足。在稍早的一九六〇年代，青年和學生俱樂部是播放電影、朗讀詩歌和展覽照片的地點。當時學生只敢在戶外談論政治，革命先輩在沙皇治下、有限度享有的一切自由皆蕩然無存。當局不允許他們示威遊行。[43]

在一九六〇年代晚期與一九七〇年代，數千年輕人成為當局口中的「內在移民」（inner

---

⑩ 羅比奧（lobio）是以多種燉煮豆類為主，加入核桃、蒜、洋蔥，冷熱皆宜。

immigrants）。他們收聽盧森堡電台（Radio Luxembourg），想盡辦法購買或翻錄西方唱片。「內在移民」在蘇聯生活，理智與情感上卻安身於從西方流行文化中得悉的未知世界。他們聽披頭四樂團（The Beatles），並且從歌詞裡學英文。由於流行樂團的照片難以取得，列寧格勒的年輕人也分不清藍儂跟麥卡尼。⑪一九七〇年代末，迪斯可舞隨著《週末夜狂熱》（*Saturday Night Fever*）等電影入侵俄國，阿巴（ABBA）和波尼M（Boney M）合唱團緊跟在後。進口的黑膠唱片索價等同一般人月薪的三分之一，屬稀有品，於是興起國內歌手填補缺口。在商業端、即多樣化的邊疆，出現如瓦勒利・里昂提耶夫（Valery Leontiev）般的人物，以及渴求名氣的紅髮明星艾拉・普加契娃（Alla Pugacheva）。不過當時的列寧格勒並非一座不夜城。達基列夫時代劇院散場後的歡宴已佚。晚間十一點的列寧格勒已十分寂靜。

一九七〇年全國擁有電視的家戶超過四千萬，人們留在家裡收看電視上的普加契娃。俄國樂團時光機（Mashina Vremeni）同樣擁有廣大歌迷，曲風從民謠跨到硬搖滾。[44]時光機從一九六〇年代晚期發跡，並且一如許多俄國頂尖的樂團與樂手，展現出絕佳的持久力。身為深紫色樂團（Deep Purple）歌迷與俄羅斯總統的德米特里・梅德維傑夫（Dmitri Medvedev），二〇一〇年就曾到華盛頓特區觀賞時光機的演唱會。有「俄羅斯巴布・迪倫」之稱的鮑里斯・格里班契科夫（Boris Grebenshchikov），在一九八二年的學生短片《伊凡諾夫》（*Ivanov*）中演唱。片中歌頌彼得格勒區的一棟公共住房，友伴在此飲酒、創作音樂，夢想著有進口香菸可抽。《伊凡諾夫》成為青年反文化的標竿，而格里班契科夫自然躍身明星。格里班契科夫近期的一首歌（進口香菸讓他的嗓音變得粗獷）受到二〇一四年的烏克蘭暴動所啟發。

✯

來自國外的展覽持續削弱俄國的文化孤立。一九七四年，從倫敦到紐約皆大獲成功的圖坦卡門（Tutankhamen）展覽轉赴艾米塔吉博物館，隨後是一九七五年「來自大都會美術館的一百幅畫」，以及後續數年的羅浮宮與普拉多博物館⑫珍寶。[45]外國遊客漸增，由國際旅行社⑬的嚮導亦步亦趨帶領，接受飯店侍茶人員查看、以及致力於文化解凍的ＫＧＢ臥底探員查問。列寧格勒人或許沒有太多機會跟遊客交談，但是他們把外國人的穿著舉止看在眼裡。旅遊嚮導滿腹文化議題，且對西方人著迷於法貝熱彩蛋和沙皇財產心懷蔑視。在艾米塔吉博物館，人群迅速走過好幾個世紀和文明。嚮導匆匆帶過塞尚和馬諦斯，停留在古早的西方衰敗案例前方。指令相當唐突：「請快點，我們還有一層樓要看。」喘口氣後再補上一句：「我還有很多——嗯——童話故事要告訴你們。」[46]在基洛夫劇院，金色、藍色與白色的鐮刀與鎚子現身舞台上方，巧妙地融入十九世紀的裝潢，逗樂了遊客。ＫＧＢ臥底探員喬裝成旅遊團的一分子，客氣地詢問遊客意見，跟他們在國內觀賞的相比，基洛夫的表演是否算是粗製濫造呢？是的。他們覺得俄國唱片品牌旋律（Melodiya）、食物和旅館舒適度如何？幾乎每一個答案都證實了，蘇聯無法滿足西方人的一般期待。

---

⑪ 藍儂（John Lennon）和麥卡尼（Paul McCartney）都是披頭四團員。
⑫ 普拉多博物館（Museo del Prado）位於馬德里，是西班牙最大的美術館。
⑬ 國際旅行社（Intourist）是蘇聯的官方旅遊機構，成立於一九二九年，外國遊客的行程皆需透過此機構安排。

在一九六〇年代，蘇維埃設計師基於一九五〇年代克里斯蒂安・迪奧（Christian Dior）的新風貌（New Look）女性服飾，推出充滿活力的版本，然而日常衣著依舊單調。儘管如此，列寧格勒人多半具有時尚意識，牛仔褲也迅速成為首要的時尚宣言。大學教授的兒子，住在地鐵站庫普辛諾（Kupchino）所屬的偏遠郊區的梅德維傑夫⑭，就渴望得到一張平克・佛洛依德（Pink Floyd）的專輯和牛仔褲。[47]與此同時，俄語漸漸配備了西方的便利服務、概念與流行風尚，這些詞彙在俄語中並無相對應的字，如kredit（credit，信用）、press relis（press release，新聞稿）、kheppening（happening，藝術表演）和mass mediya（mass media，大眾媒體）。[48]俄國處在與從早到晚忙碌、賺錢來消費的資本主義碰撞的歷程。

到了一九七〇年代晚期，半數蘇維埃家庭擁有冰箱，百分之六十以上有洗衣機，不過東西方之間的科技落差並未拉近。蘇維埃眼鏡的框架和鏡片都比西方的重。家用電器的耗電量是歐洲型號的七倍。在賺取來的強勢貨幣中，五分之二用來購買進口食品。[49]列寧格勒領導階層過分關注城市的工業和軍工業優勢，再加上先天條件，導致醫療保健與基礎設施處境惡劣。貪腐盛行，酗酒導致的暴力事件淪為普遍現象。一九七九年布洛茲基寫下他的觀察，在早晨九點，「酒鬼比計程車還常見」。但他接著指出，伏特加是國家歲收的龐大來源：「它的成本是五戈比，以五盧布賣給人民。這代表利潤是百分之九千九百。」[50]在布列茲涅夫時代晚期，男性間酗酒伴隨著普遍的意志消沉，維持家計與家庭的責任全落在女人頭上。[51]她們日夜工作賺錢，空閒時間全耗在排隊買食物和鞋子，照顧孩子並且為丈夫煮飯（假如有的話）。這跟西方很相似，只是情況更糟。

然而有些列寧格勒的機構營運順暢，一如其多年來的成就。列寧格勒編舞學院的學生人數從一百七十人增長至五百人。學院認為皇家芭蕾學校的兒童入學年齡「七歲」，對骨頭發育而言還太年輕，接受學生從九歲開始入學。[52]他們的飲食富含維他命與蛋白質，有水果、蔬菜、蛋和肉。練習時間長且嚴厲，學校試著讓父母參與，好讓他們了解孩子的學習歷程。芭蕾以外尚有學術科目，舞蹈訓練包括從第一年開始的歷史舞蹈⑮、第三年開始的代表性舞蹈⑯、第六年開始的雙人舞（pas de deux），以及一路學到畢業倒數第二年的鋼琴課。能進入基洛夫舞團的學生非常少，大部分得去別處找工作。不過體制仍運作良好，儘管到了一九九〇年，基洛夫的舞者將抱怨低薪與營養不良。

或許一九七〇年代最令人印象深刻的新建物，要數豎立在城市南區莫斯科大街（Moskovsky

圖69　傳奇舞者娜塔莉亞·杜丁斯卡婭在瓦加諾娃學院教授的一堂課。

⑭ 編按：前文提到的俄羅斯總統。

⑮ 歷史舞蹈（historical dance）泛指西方中世紀、文藝復興時期、巴洛克時期而至十九、二十世紀流行過的舞蹈類型。

⑯ 代表性舞蹈（character dance）指俄羅斯舞、波蘭舞、匈牙利舞等民族舞蹈。

Prospekt）上的圍城九百日紀念碑。歷經圍城苦難的人民雕像分別豎立於紀念碑兩側，以這段時期的寫實雕塑標準而言表現不凡。城市領導階層顯著地缺席了，他們之中有些人在圍城期間管理無方。就整體效果來看，紀念碑讚頌女性勞工、製磚匠、狙擊手、民防、士兵和水手，他們的堅毅幫助城市倖存。中央是一座四十八公尺高的雄壯方尖碑，與冬宮廣場的亞歷山大柱等高，「勝利者」是無名的市民們立於基石處。參觀者接著走下、穿過一道代表封鎖線的環狀破口，進入昏暗的光滑花崗岩地底內室，裡頭的九百盞燈象徵著圍城的每個晝夜。在刻意寂靜無聲的展覽中，參觀者偶遇代表配給麵包的碎塊，蕭斯塔科維奇第七號交響曲演奏中使用的一把小提琴，挖掘溝渠的幾件簡單工具，裝水以撲滅火災的桶子。整體加總成對於圍

圖70　圍城紀念碑俯瞰著莫斯科大街，以及蘇聯時代的複合建築體。

城下城市有力、高貴且鼓舞人心的致敬。[53]

布列茲涅夫時代接近尾聲時，社會平等依舊看似遙遠。資訊仍形同配給制，舉例來說，電話簿只在詢問亭供查詢。強硬的共產黨信徒愈來愈對空蕩店鋪感到羞愧：沒有牛奶，沒有肉。[54]他們厭倦了陳腐的領導階層晃動身上別的無數徽章，發出刺耳聲響。胸膛上成排徽章閃閃發光的布列茲涅夫自己也超重且得了病。他抽太多菸、飲酒過量且有鎮定劑上癮的問題。到一九八二年十一月他逝世之際，政府支持向阿富汗共黨政權與聖戰組織開戰，已嚴重削弱蘇聯的財力。蘇聯歷經前KGB頭子尤里・安卓波夫（Yuri Andropov）的短暫統治，以及康斯坦丁・契爾年科（Konstantin Chernenko）甚至更短的在位期，最後交棒給米哈伊爾・戈巴契夫（Mikhail Gorbachev）。

戈巴契夫成為領導人不久後，隨即在一九八五年五月造訪列寧格勒。在參訪期間他做了一件不尋常的事。他離開向戰爭紀念碑致敬的官方宴會，開口跟群眾交談。在一座充滿不確定與恆常改變的城市中，藉由這項舉動，戈巴契夫展現了採行新方法的渴望。一九八〇年代初期的惶惶不安，根源來自缺乏新想法。在一九八六年二月的第二十五次黨代表大會上（距離赫魯雪夫譴責史達林的祕密演說適滿三十年），戈巴契夫提出定義重建政策的一些想法。[55]重建必須藉由公開政策（Glasnost）達成：擴大開放討論，由此產生新想法。一九八六年四月，在車諾比災變後，達到蘇聯迄今未見的開放程度。戈巴契夫推動反貪汙和反酗酒的專案，但習於嚴苛與困苦的許多人仍抱持猜疑，而非大舉歡迎。順從國家是數十年來的主題，而今卻有跡象顯示創業精神與追求自我進展並非錯事。

一九七〇年代列寧格勒的活躍地下藝術場景於今更盛，並且延展至公開場域。在家中舉辦的私人展覽與音樂會向大眾開放。年輕人比父母輩更不畏懼KGB。[56]在一九八六年的一部地下爵士電影《對話》（*Dialogues*）中，可見對黨的明顯批評。歌曲以美國口音傳唱，歌詞咬字含糊（採用胖子多明諾⑰的風格），避免字字清晰。那成了一種批評的有效方式，讓人聽見又不讓人聽懂。音樂傳遞重拍的節奏、狂野的衣著以及一種新的自由感受。大衛・格羅許契金（David Goloshchekin）經營受歡迎的列寧格勒爵士俱樂部（Leningrad Jazz Club），星期一到五晚間都高朋滿座。[57]阿赫邁托娃的詩獲得公開朗讀，然而新的自由卻非絲毫不受挑戰。一九八七年，學生抗議拆毀列寧格勒古蹟英格蘭飯店（Angleterre hotel）的計畫時，有些人遭到逮捕。[58]當時尤里・雪夫切克（Yuri Shevchuk）白天擔任餐廳清潔工，晚上變身為搖滾歌手。雪夫切克的外表看起來有點像印度靈修時期的約翰・藍儂，他和他的樂團DDT結合電子與傳統樂器，大量製作「反蘇維埃」歌曲。他受到傳喚，簽署一紙不再唱歌或寫歌的同意書。當局稱他為「人民敵人」、美國和「梵蒂岡」的發言人（後者尤其可惡）。[59]示威遊行不受當局允許，但他的歌迷走上街頭請求民眾支持樂團。雪夫切克是聖彼得堡音樂場域的另一位倖存者，儘管在普丁治下的俄國遭受強烈抨擊，因為他的其中一首歌詞暗示總統將在石油流乾時死去。

一九八八年二月十四日科學院圖書館的主藏書室起火，肆虐整座圖書館。有些被燒毀的書屬於彼得大帝的手稿，許多書冊和手稿被扔往庭院，用推土機送進垃圾堆。官方發布僅僅損失了藏書的一小部分，但此種黨慣用的掩蓋手法日後將愈來愈難實行。城裡出現了一個新來的小子。一九八七年，前特技演員亞歷山大・涅夫佐洛夫（Alexander Nevzorov）化身為調查記者與麻煩製造者，帶著煽動的節目《六百秒》（*600 Seconds*）驟然闖進蘇維埃的電視螢幕。他在列寧格勒四處尋找、或者製造麻煩。警局的線人讓涅夫佐洛夫得以迅速現身犯罪現場，拿起電視攝影機，以前所未聞的坦率方式揭露底層城市生活。挾著六千萬收視群，他改變了蘇維埃人民對現況的認識。涅夫佐洛夫的行徑自信滿滿且厚臉皮。有次他高舉遭輻射波及的雞讓觀眾瞧個仔細，以無起伏的語調陳述，好消息是「身上各部位的輻射劑量有所不同」。無論是在報導新崛起幫派的暴力行為、監牢囚犯或戀愛競爭對手，涅夫佐洛夫總在探究人們生活的醜惡面。起初他是倡導公開政策的新面孔，而後轉成強硬的老派KGB熱烈捍衛者。他以可怕的近距離拍攝槍戰，記錄頻繁得令人不安的警方失能，歡天喜地地展示國家各部門的功能不彰，其莫大興致與熱忱，讓他的節目彷彿是競選公職的自我吹捧。一九九〇年五月，當三一主教座堂的地基被淹沒且畫作遺失時，涅夫佐洛夫赴現場告知六千萬人民實況，這與兩年前科學院的掩過飾非形成強烈對比。[60]

以較和緩方式推動改正不公義的例子是蘇維埃婦女委員會（Soviet Women's Committee）。自一九三〇年以來，一九八七年社會首次能公開主張蘇維埃當局歧視或忽視女性。在產業裡，女性的輪班時數超越醫療上的安全值，且常被迫在有毒的環境中工作。到了一九九〇年，列寧格勒的「為女性朗讀」活動起跑，觀念較進步的人士亦開始質疑陳規。[61]然而生活未曾好轉，而是變得更艱難。截至一九八〇年代晚期，蘇維埃國營商店的茶、咖啡和肥皂等基本物資缺貨。阿斯匹靈和廁紙難以取得[62]，而且列寧格勒市政府在一九九〇年初啟用配給卡，這是自一九四七年後首見的情形。肉品被列於第一批配給的物品之中。到了夏天，酒和糖加入配給清單，接著是十二月的

---

⑰ 胖子多明諾（Fats Domino）是美國創作歌手，彈奏鋼琴，在一九五〇年代是搖滾樂代表人物，對披頭四、貓王皆有影響。

奶油、蛋和麵粉。暴力犯罪事件增加。酒鬼與逃家者占據潮溼的地下室居住。吸膠成為年輕人偏好的便宜、易取得的興奮劑。[63]城內處處可見破敗跡象。有兩位哲學系學生從列寧格勒國立大學（Leningrad State University）畢業，女生做門房，男生擔任鍋爐工，空閒時間他們喜愛閱讀。他思索著「重建時代一切皆分崩離析」。他的月薪從九十盧布減至十盧布，兩人被迫成為街頭小販，兜售從工廠批來的融化冰淇淋，因為他們的攤位沒有冰箱。「發現金錢，」他評論道，「像原子彈一般擊中我們。」[64]在當時的一部紀錄片《三等車廂》（*Third Class Carriage*）裡，從列寧格勒開往莫斯科的夜車上有人說道：「難以相信這個國家能發射火箭進入太空。」[65]

✯

一九八八年俄羅斯慶祝建國一千年，戈巴

圖71　長者在劇變的時代下談天。牆上漆的標語寫著「不准停車！」。

契夫利用此場合宣告，正教會信徒有權禮拜。共產主義並未立法禁止正教會信仰，卻也不曾稍事寬容，許多教堂被拆毀，或者改建成運動俱樂部和游泳池。在一九八八年之後修道院敞開大門，禮拜儀式甚至上了電視。亞歷山大・涅夫斯基修道院裡，龐大會眾的欣喜之情溢於言表。當都主教從聖幛後步出，走入人群，禮拜者奔湧向前，面露奇蹟與美妙神情：上帝就在他們之中。

一九八八年的勞動節遊行因冬宮廣場降雪而著名，人們感受到第一波的自由，手持寫著口號的海報，例如「緬懷列寧格勒的史達林受害者」。戈巴契夫宣揚的想法正為民主的未來鋪路，而在隔年的大選中共產黨失去掌控權。人們依然疑惑重建時代究竟發生何事，他們以為那就像列寧的新經濟政策，僅是曇花一現。戈巴契夫破壞了共產主義的基本要素：單一政黨、無神論、國家壟斷經濟與中央集權政府。蘇聯正在崩解，諸如烏克蘭、烏茲別克與白俄羅斯等地區皆宣告獨立。當戈巴契夫拒絕動用武力進攻叛變的集團成員，蘇維埃帝國就此解體。[66]一九九一年春季到來時，列寧格勒人，受命運左右的一群人，面臨兩項選舉：一個要選出國家新創的總統職位，另一項要選市長。同樣規劃於六月十二日舉行的公投，則要決定城市是否該沿用現名「列寧格勒」，或者再次成為「聖彼得堡」。

第十六章　通往西方的破窗

一九九一至二〇一六年

公投詢問，「你是否想要我們的城市改回原名聖彼得堡？」那是否暗示了往日的光榮？抑或列寧格勒此名足以宣示偉大的願景？混亂的二十世紀鬱鬱前行，否定了上述論點。或許是時候讓居民表明對於惡夢般社會主義理想的不滿。不過，維繫城市存續於地表的列寧格勒人怎麼想？在關上的門後，人們熱切聚集在桌邊，設法拼湊的開胃菜散置桌面，辯論持續直到深夜：

這地方汙穢不堪。我們怎能稱它為聖彼得堡？
如果你曉得有多少好衣服曾經……
我們需要共產主義。
我們需要食物。
我們不需要葉爾欽。
誰還要來點醬汁？

> 應該繼續叫列寧格勒。世界知道列寧格勒。
> 這地方可曾有任何事改變過？

一九九一年六月十二日，鮑里斯．葉爾欽（Boris Yeltsin）獲選為總統。亞納托利．索布洽克（Anatoly Sobchak）獲選為列寧格勒市長……或者該叫聖彼得堡？以百分之五十四點九對上百分之三十五點五的得票率，索布洽克發現自己成為剛改名的聖彼得堡市長。那是個意義非凡的時刻，就像一九一七年十月曙光號發射那枚空包彈那一刻。而且恰如一九一七年，事態每況愈下。[1]

許多人覺得太快把城市名稱改回去了。另有人認為應該先改成彼得格勒，再換回聖彼得堡。市長索布洽克引述俄羅斯牧首的談話，他表示列寧格勒曾是「利用彼得之名的意識型態建設，但這座城的命名是為了榮耀他」。失去波羅的海諸國後，聖彼得堡是俄羅斯「通往歐洲的門戶」。

一九九一年十一月七日是選定的正式更名日，瓦西里島上的海軍勝利紀念柱燃起火焰，市長索布洽克則在冬宮廣場演說，請求為圍城期間死去的全體列寧格勒人默哀一分鐘。身為羅曼諾夫王朝後裔的弗拉基米爾大公①從歐洲飛來與會。此後，五月一日的共產黨舊節日被「城市日」（City Day）取代，意在紀念聖彼得堡於一七〇三年五月建城。[2]

然而新願景又一次被立即的失望取代。計畫經濟崩壞，工業產量下降[3]，政府加印鈔票，一

---

① 弗拉基米爾大公（Grand Duke Vladimir）是亞歷山大二世的曾孫，生於一九一七年。他的家人於一九一七年革命後逃到芬蘭，弗拉基米爾大公一直住在歐洲，直到一九九一年赴聖彼得堡才初次返俄。

座偉大帝國正值解體。此時人們投票選擇「聖彼得堡」，如今必須著手改造城市，以匹配那護身符般的名號。彼得大帝將他的城市規劃成歐洲啟蒙時代最可敬、最進步面向的展示場。新近改名的聖彼得堡則引入了資本主義與勒索取財。一切彷彿一九一八年重臨，絕望的人民上街兜售僅有的微薄財物。絕望心情化為小幅分類廣告，糊於乾草市場四周牆面。地鐵裡有五百萬張驚惶蒼白的臉孔；妓女與毒販上街討生活，或是在旅館裡做買賣。亞歷山大・涅夫斯基修道院對面的莫斯科飯店（Hotel Moskva）成為妓院與賭場。賭徒四肢攤平躺在大廳沙發上，妓女則徘徊於空蕩長廊，試著釣一筆賺錢的外國生意。賣淫是其中一種欣欣向榮的經濟活動。在職缺稀少且薪水遽降的情況下，某些區域視賣淫為「高尚的職業」，提供賺取外匯的管道，以及獲取衣飾、旅遊的絕佳機會。一九八九年的蘇維埃電影《國際女郎》（*Intergirl*）將主角設定為一位無法靠薪水生活的列寧格勒護士，轉而賣淫後嫁給一位客人，緊抓住逃到瑞典的機會。除了揭露蘇聯晚期生活的赤裸現實，彼得・妥杜洛夫斯基（Pyotr Todorovsky）的電影也特寫了列寧格勒的嫖妓現場

圖72　一九九〇年代初期的聖彼得堡。幸運星香菸（Lucky Strike）對上鐮刀與鎚子標誌。

(上映那年成為俄國票房冠軍)。[4]

黑幫控制了市場。從斯莫爾尼宮越過涅瓦河的對岸是毒品交易熱區。普爾科沃機場(Pulkovo Airport)受幫派掌控,行李箱常被打開或遭竊。鄰近市中心的住宅區樓梯間傳出大麻味,失業的青少年們攤坐在地抽著大麻菸。生活條件仍然只限於基本設施,僅有電燈泡懸吊著,或者充其量蓋上一九五〇年代樣式的燈罩。淋浴設備和洗臉盆常位處廚房裡的簾子後方,你必須敲打幫浦才能讓含鐵量高的水流出來。俄國人似乎看不到好轉的跡象,而且許多同志可理解地經歷痛苦的挫敗感,因為他們當了一輩子的共產主義者。在約翰·勒卡雷(John Le Carré)的小說《祕密朝聖者》(*The Secret Pilgrim*)裡,喬治·史邁利②這麼形容俄國人:「大熊厭惡他的過去,受夠了他的現在,而且被他的未來嚇傻了。」[5]麥爾孔·

圖73 牆上貼滿小幅分類廣告,透露一九九〇年代初期的絕望氣氛。

② 喬治·史邁利(George Smiley)是勒卡雷間諜小說裡的著名主角,身分是英國情報員,冷戰期間常跟俄國同行打交道。

布萊德勃利（Malcolm Bradbury）所著的《致艾米塔吉博物館》（*To the Hermitage*）裡，有個角色加林娜說得好：「你看得出如今俄羅斯怎麼了。壞時代已結束，迎來更壞的時代。」[6]

一九九二年以一場災難揭開序幕——解除市場管制，讓許多人一夜之間變成貧民。對多數人而言，匱乏或短缺的情況比共產主義時期所經歷的更糟。距離納粹圍城的第一個冬天已相隔半世紀，生活卻再度陷入愁雲慘霧。到了三月，盧布兌換美元的匯率來到一百二十五比一。教師每月薪資五百盧布，約與二點三英鎊等值，可以買到一頓有肉、斯梅塔娜酸奶油③、馬鈴薯、橘子和花束的慶祝大餐。[7]三百四十二盧布的退休金不足以歡慶。假貨處處可見：「外國」香水、在希臘製造且早已超過到期日的「丹麥」啤酒。到了九月，俄國財政赤字達七千一百六十億盧布且通貨膨脹劇烈。隔月底時，需六百二十七盧布才能兌換一英鎊，這足夠買一條吐司、一公斤奶油和一升牛奶供八日生活所需，沒別的了。數據亦顯示前所未見的失業率開始籠罩俄國，十月一日當天有超過九十萬人登記失業，另外兩百萬人從事兼職工作或留職停薪。

物價大幅變動。一卷廁紙的價格（隨身帶著一卷是明智之舉）要十五盧布，這等同在空間合宜愛樂演奏廳的八盞吊燈下、安坐舒適位子聽一場交響音樂會的票價。但跟一顆橘子的索價相比，廁紙和音樂會門票都算撿了便宜：三百五十盧布，以退休金和薪水而言皆屬天價。我得知至今仍難以置信，三球哈根達斯冰淇淋（Häagen-Dazs）的價格，竟跟一張俄羅斯航空（Aeroflot）從聖彼得堡到海參崴（Vladivostok）的票價相等。在帕薩茲拱廊街，一條做工粗糙的棉質平織長褲售價一百八十五盧布，將近一位科學家月薪的三分之一。衛生棉條供貨充足，可是價格令人卻步。如西方製立體聲音響和錄影機等電子產品售價高昂。有管道賺取外幣的人，如旅遊業工作者、投機經營進出口的財團，才有能力負擔上述產品，或者提供親戚真正的援助。

索布洽克把辦公室搬到斯莫爾尼宮，他從一九九一至一九九六年擔任市長，並且以獨裁風格治理城市。他指派前KGB人員擔任重要職位，例如瓦加諾娃芭蕾學院的管理職，只因為他宣稱「他們具有行政管理經驗」。在暴力與貪腐盛行的時代，城市的日常治理掌握在兩位副市長手裡：索布洽克的繼任者弗拉基米爾・雅科夫列夫（Vladimir Yakovlev），以及前KGB人員、未來的俄羅斯聯邦總統普丁。

一九九〇年代初期曾有一位友人寫信給我，描述「犬儒主義盛行。我們受到利用與欺騙。我們不需要任何政治家」，年輕人需要的是「美元和……西方的生活水準」，並且開始四處尋找賺錢的小花招。有些人早起到排隊人龍的前端占位，數小時後，他們把排到的位子賣掉，拿來買伏特加並且忘掉這一天。[8]伏特加提供救贖直到死亡，直到更壞的命運插手之前。後千禧年的統計數據指出，俄國男性平均每天喝下一瓶伏特加。其他人致富的方法更加浩大血腥。詐騙是俄國日常生活的一部分，早在緬什科夫公爵將竊取國家錢財變成藝術前，此種情況就已存在。在共產主義下，詐欺與騙局加劇，收賄、資產分售④和侵占公款成為俄國在後蘇聯時代的主要成就。在嚴峻的後共產主義世界，興旺最容易的方式包括對稅務人員撒謊，用錢買黑幫的「保護」，賄賂地方

③ 斯梅塔娜（smetana）是俄國常見的酸奶油品牌。酸奶油是俄國料理普遍使用的醬料，加進如餃子、沙拉、開胃菜等多種餐點一起吃。

④ 資產分售（asset-stripping）指買下經營不善的公司後拆分出售。

官僚並且遲付工人薪水（假如有付的話）。自從一九八八年五月起，獲得授權的「合作社」以破盤低價向國家買下幾乎所有一切，隨後依市場價格售出。他們跟助長這場騙局的官員分享差額。我詢問一位二十八歲的銀行員如何在俄國賺錢時，他答覆：「你殺某個人，你偷，你賄賂。」[9]

到了一九九二年工業陸續私有化，數百萬工人發覺情況變得更惡劣。在一九九二至一九九四年之間，國家資產售出比例達驚人的百分之七十，包括天然資源在內。[10] 許多黨菁英及地方管理人員將批准挪用資源的權力繼續握在手裡。有些人甚至在私有化廣推前，就開始把蘇聯的資產轉移給自己。基於雙方共同利益，新公司獲得有默契地方當權者的協助。在一九九二年，聖彼得堡市府行政委員會的副首長，也兼任旅遊公司諾德（Nord）的經營層主管。因此他有權將涅夫斯基大街上的兩棟建物賣給自己的公司，每間僅售十七萬四千盧布，而當時同區單間公寓的市價超過一百萬盧布。[11] 隨著舞弊帳目流入官員口袋，城市財政出現異常。事實上，體制持續透過「人情」運作，高層官員為了分一杯羹，而出手相助創設企業。在二〇〇〇年代初期，推動頗具規模建設案的賄賂金（baksheesh）達一百萬元。起初衰弱的國家只能順從情勢。[12]

隨著財富轉移至私人手中，莫斯科街頭出現炫富行徑，而表現迪士尼風範的市長尤里・盧日科夫（Yuri Luzhkov）為其增添炫目的光采。成熟的聖彼得堡傾向將財富藏匿於無止境衰敗的文雅陳舊中，或者島嶼上的樹林間，新菁英人士搭建豪奢、風格多元的後現代別墅，這邊來點新歌德、那邊添一些新藝術元素。驚人的是，距離裝設西方先進生活設施的奢華住所僅僅五十公里之遙（這好比通往諾夫哥羅德途中的一座小村莊中），仍可見到農婦肩負擠奶工用的木棍，兩端各吊一只水桶運水。在新富階級、都市貧民和村民之間，俄國人生活的年代有著巨大差距。

冷血進取、無所顧忌加上具有說服力的火力做後盾，構成一九九〇年代發展生意的方式。敵對幫派激烈爭奪控制權，阻礙了公平競爭的自由市場的發展。彷彿從蘇維埃諷刺漫畫裡走出來的寡頭政治家（oligarchs）成為無情資本家。擁有行為近似私人軍隊的保全做為後盾，寡頭之中少有人對祖國肩負一絲責任感，他們掠奪國家資產，不繳稅金且放任俄國經濟毀滅。[13]在放眼皆是叫賣兜售的氛圍裡，國族主義，甚至法西斯主義相形成為較吸引人的選項。隨著一九九〇年代前行，聖彼得堡的幫派交戰變得更劇烈，他們從事毒品販運或更高層級的軍武販售。城市顯現禁酒時期芝加哥的氛圍。替胸懷抱負的企業家（別稱「管生意」的人）工作的列寧格勒人，身上帶著槍。

巴拉巴諾夫一九九七年的重磅電影《兄弟》（*Brat*），為當時如何做生意提供洞察。[14]電影裡的車臣幫派分子出獄後，投入榨取保護費的聖彼得堡市場。打手受僱處理掉車臣人時，他的弟弟達尼拉來訪。達尼拉是個容易讓人卸下心防的年輕人，多數時候都把力氣花在堅信正確的事情上。由這個時代孕育出的達尼拉，既不像猶太人，也不像聖彼得堡電車上傲慢的亞美尼亞逃票者。他熱愛俄羅斯流行文化，聽新浪潮樂風的鸚鵡螺樂團（Nautilius Pompilius），以及格雷班契科夫（Grebenshchikov）、舍夫切克（Shevchuk）和金契夫（Konstantin Kinchev）的樂團亞利沙（Alisa），他們的硬搖滾抗議之聲在一九九〇年代晚期漸趨國族主義。達尼拉成天聽他扣在皮帶上的隨身聽，那被殺手轟成碎片的隨身聽，顯然減輕了子彈的衝擊力道。《兄弟》呈現的聖彼得堡是潑灑鮮血和泥巴的汙穢城市。廢車架棄置街頭，公共建築表面繪著皮膚病似的泡泡。瓦西里島上的車站是故障電車的墓園，那裡曾有世界上最大的電車網絡。達尼拉剛從鄉下來到城裡時，隨意睡在墓園裡的一位年長德國人告訴他：「這座城市是一股可怕力量……它會吞噬你。」它也吐出不想要的。在電影末尾，當事態變得太棘手且賺了一大票後，達尼拉搭便車到了莫斯科——帶著他的槍。

快轉六年到二〇〇三年發行的《漫步聖彼得堡》（*Progulka*），在這一年，聖彼得堡為了三百週年慶端出最好的打扮。電影主角在陽光明媚、一片光燦裡散步，毫無所懼地享受這座城市。然而主角的不負責任（或者該稱為幼稚？）打亂了她表面上的隨和清新，流露急躁虛偽的一面。

當年輕人在涅夫斯基大街和城裡漫步，鏡頭裡出現許多為了三百週年慶預先整修的證據。城市為了意義非凡的生日「波坦金化」，忽視了「內在空間」，例如從涅克拉索夫和杜斯妥也夫斯基的時代就臭不可聞的眾多聖彼得堡內院。在愈來愈精心裝扮的建築立面後方，陳年汙穢冥頑不散。公共建物裡，依然「展示著」別讓西

圖74　一九九〇年代聖彼得堡的「隱蔽空間」。

方遊客目睹的公共設施。在昆斯卡瑪博物館裡，連接精心安排的展間與展品的長廊上，管線畢露，和油漆斑駁的牆面一同暗示著現實的脆弱與危機四伏。蘇聯解體後，公寓街區受創嚴重。負責清潔整理的「樓梯間老人」不復存在，居民習於往公寓牆上張貼關於衛生清潔的怨言。

到了二〇〇二年八月，大半個城市被鷹架圍繞。彼得保羅要塞內，特雷齊尼建的教堂和聖以撒主教座堂的尖塔被鷹架覆蓋了起來。冬宮廣場重鋪地面。近兩千五百座「歷史文化紀念碑」、三百座「紀念雕像」和六百座「裝飾雕像」需要修復。[15]斯特列利納的宮殿在一九二〇年代曾是一間育幼院，隨後被納粹占領，普丁再將其改設為華美的國會宮（National Congress Palace）。總統一向對這座城市的外觀改善與地位提升態度慷慨，他在城裡的一間公共住房裡長大，就離鑄造廠大街上的ＫＧＢ

圖75　整修前（左圖）與整修後（右圖）的彼得保羅要塞。

「大屋」不遠。在普丁的後進瓦倫汀娜．馬特維延科（Valentina Matvienko）市長任期內，經費從聯邦預算撥款給聖彼得堡。從二〇〇三至二〇一一年間，馬特維延科大力主導數項引人注目的計畫。[16]

為了三百週年慶，聖彼得堡的公車站徹底翻新，街道重新鋪設。坑坑窪窪的老涅夫斯基大街整平了，而在整個一九九〇年代皆艱辛無比的城市生活，也朝仕紳化（gentrified）發展。城市規劃了浩大活動：夏園舉辦多場戶外音樂會，以及涅瓦河畔的雷射秀，有多彩噴泉和噴射水柱助陣。有划船比賽和冰淇淋節。海軍勝利紀念柱再次燃起火焰。艾米塔吉博物館推出彼得大帝展，米哈伊洛夫宮在大規模整修後重啟，以及歷經二十四年的整修後，沙皇村的琥珀宮再度舉辦就職典禮：出席者是總統普丁和德國總理格哈特．施若德（Gerhard Schröder）。有一場每張票索價一千五百美元的舞會。頂尖俄國樂團在「開窗」（Open the Window）搖滾音樂節演出。董尼采第知名度較低的歌劇《彼得大帝》在此演出。城裡上演白夜搖擺爵士音樂節（White Nights Swing Jazz Festival）和第六屆國際早期古典樂節（International Early Music Festival）。詹姆斯．李汶（James Levine）隨大都會歌劇院（Metropolitan Opera）管弦樂團來訪，在馬林斯基劇院演奏的盛大音樂會由英國廣播公司（ＢＢＣ）轉播至全世界。[17]

活躍的工作狂瓦勒利．格季耶夫（Valery Gergiev）自一九九六年起就為馬林斯基劇院掌舵，將此機構轉型為創意重地。劇院僱用約一千人，其中包含管弦樂團一百八十人、舞者兩百人、歌手八十人、技術人員三百人，另有行政和醫療人員。馬林斯基每年舉辦多達一百場表演，格季耶夫常步下舞台，匆匆坐進車裡開往普爾科沃機場，接著飛到歐洲擔任指揮。在他的眾多指揮任務間，尚有表演結束後舉辦的盛大晚宴。要從格林卡或柴可夫斯基的國度栽進百萬富翁的餐宴世界並不容易，但是他們可能會成為珍貴的贊助人，對格季耶夫來說這是必經過程的一部分，意在將馬林斯基打造成人們願意相信的世界知名品牌。如同艾米塔吉博物館，光是名稱本身就能賣票，博物館也名列必去的文化景點之前列，與展出的藝術珍品同樣構成遊客前來的理由。[18]

週年慶典確實被視為推銷城市的機會。展望西方的居民在俄國品牌中發現一股重生的驕傲，例如彼得大帝被用來推銷產品與服務。涅夫斯基大街上的彼得銀行（Petrovsky Bank）在門口展示這位偉大西化論者的半身雕像。彼得一世牌香菸（Peter I）宣稱，他們的產品內含在沙皇宮廷販售的優質菸草。彼得啤酒（Petrovskoe Beer）有著青銅騎士像商標，而在城裡釀造蒸餾的彼得大帝伏特加同時吸引了居民與遊客。但是當然了，慶典並非完全沒遇到煩惱或困難。網路上開設了生存指南網站，建議居民如何應對大批湧入的觀光客：如何避開以駭人音量滔滔不絕推銷的運河遊船，或是開往彼得霍夫宮水上飛機的手提擴音機；如何跟一群群戴花邊帽的少女，以及巨型彼得大帝合照小販交涉。[19]在這一切麻煩事之中，最嚴重的是人們熟悉的貪汙，投下常見的暗沉光線。資金會離奇消失，出現巨額的可疑不當分配。[20]

然而城市也從二〇〇三年學到教訓，持續增加已然豐富的景點，常保觀光客前來。有一件龐大卻可疑的物品加入了城市富藏的歷史珍品的行列，呈現另一樁聖彼得堡零碎雜物的碎片。弗爾塔斯卡亞街（Furshtatskaya Street）上的色情博物館（Museum of Erotica），從二〇〇四年開始展出一根三十公分長、經防腐保存的陰莖，據說主人就是淫亂的拉斯普丁，雖然我們理解它的真實性存疑。這根陰莖的外觀跟昆斯卡瑪博物館展出的另一件詭異醃製品很相像，可能的主人有很多，從海參到大型四足動物的陰莖不一而足。這件物品是博物館館長伊果・克尼亞茲金（Igor Knyazkin）用八千美元向一位法國古物藏家買來的，古物藏家的前一手是個加州人，再前一手是拉斯普丁的女兒。她費力地從一群流亡巴黎的俄國人士手上取得父親的陰莖，後者將其奉為聖人的遺物。

由於身為披頭四的成員，麥卡尼曾在一九六四年被蘇維埃政權下令禁止進入俄國，相隔四十年後，他才得以在二〇〇四年六月，在聖彼得堡的六萬歌迷面前演出。那是麥卡尼的第三千場演唱會，他的演藝生涯橫跨半個多世紀，黃牛票價喊到了五百美元。[21]舞台面向亞歷山大柱搭建，背對莫伊卡河，對聆聽麥卡尼唱歌的這一代人來說，他的早期歌曲有如通往西方的「生命之路」。滾石合唱團也在二〇〇七年七月於聖彼得堡登台，演唱歌單包括〈憐憫魔鬼〉（Sympathy for the Devil），這首歌的歌詞指涉了一九一七年的政權變遷，而事發地冬宮距離舞台僅僅不到數公尺。

前一年冬天，另一個暫時設置的觀光景點現身冬宮廣場，寒冰工作室（Ice Studio）搭了一座安娜女皇冰宮的複製品。對於一座喪失大部分製造業基礎的工業城市而言，這些景點十分具有成效。居民逐漸成為白領階級，在私人行銷公司、進出口業或公關公司賣力工作。新千禧年的第一個十年將盡時，公務員人數增長至有如帝制時期的規模。房子愈來愈貴，儘管自住屋的比例上揚對環境有正面的影響。許多人通勤工作，原因是市中心的公寓價格特別高昂（有百分之四十的人口在市中心工作）。然而在繁榮新氣象的背後，這裡仍然是人們熟知的聖彼得堡，衰敗且野蠻。警察會偽造罪名來敲詐汽車駕駛，好賺點外快。最終市政府設置了一支熱線做為回應，供人檢舉貪汙、賄賂和詐騙。許多妓女下海是為了一解毒癮，有位本地警員追捕妓女後載往市郊，逼她們「把他的車舔乾淨」。

在城裡讀書的非洲學生因為他們的膚色，常遭到公然攻擊（在二〇〇〇至二〇〇六年間有五人被射殺或刺死），當局少有應對的措施。言論自由飽受攻擊，一如民主被普丁的國家機器逼退。他任職總統的最初舉措之一就是讓獨立電視台噤聲。二〇一五年四月，位處聖彼得堡西北區沙務許基納街（Savushkina Street）上的一棟建物，被定位為俄國的網軍（Internet trolls）總部，透過網路論壇和社會網絡鎮日頌揚普丁並詆毀西方民主體制。當實力增強的國家成功打擊十年來的幫派文化，政府官員卻涉入護短與敲詐。[22]

二〇〇七年一項在三座城市（包括聖彼得堡在內）進行的調查，驚人的數據顯示，百分之七十一的受訪者認為史達林是正面力量，甚至有更多人相信傑任斯基維護了秩序。[23]人民的這種心態使得領導階層獲得全然的自主權。普丁的KGB訓練教會他，無法控制的就是威脅。對車臣和喬治亞採取的行動，以及併吞克里米亞（如俄國電視上所看到的），大力推廣了俄國已然重生且強化的概念。許多國民相信總統是保護他們的最佳人選。總統有柔道黑帶，釣獲大魚、狩捕大型獵物且派士兵鎮壓朝俄國而來的任何挑戰。戰事都透過國家掌控的媒體來報導（但禁止實況轉播），這就跟運動員吃藥提升能力或投入龐大政治宣傳預算同樣有效，全都在宣示俄國的英勇。普丁心痛一九九〇年代時西方加諸給俄國的羞辱，他要讓國家再次偉大，卻在某個時刻讓蓄積個人財富的動力勝過了追求國家的偉大。彷彿葉卡捷琳娜大帝的作為重新上演。惹麻煩的新聞記者噤聲。亞歷山大·利特維涅科（Alexander Litvinenko）控訴KGB的化身，即聯邦安全局

（FSB），在莫斯科的住宅區栽贓了致命的「車臣」炸彈案，藉此合理化他向聲稱的凶手開戰。利特維涅科是對付組織犯罪的前聯邦安全局探員，他也控告普丁涉入二〇〇六年人權記者安娜・波利高夫斯卡婭（Anna Politkovskaya）的謀殺案；後者反對總統在第二次車臣戰爭抱持的政策。二〇一〇年美國國防部長羅伯特・蓋茲（Robert Gates）表示，民主概念在俄國已消逝無蹤。二〇一五年二月，葉爾欽政府中抱持理想主義且正直的成員，極其樂觀看待俄國的改變的鮑里斯・涅姆佐夫（Boris Nemtsov），悲傷地宣告俄羅斯正在變成一個法西斯國家，數小時後他就被射殺身亡，距離克里姆林宮僅數步之遙。[24]

根據聖彼得堡市政府在二〇一〇年發布的資料指出，仍有六十六萬人住在城市內僅存的十萬五千棟公共住房，不過其中許多人屬於暫居或非法移民。[25]二〇〇八年的財務危機導致政府恢復對於基本食糧的補貼，老人和貧民長年受限於穀物和豆子等農家飲食，富人卻似乎過得更好了。有些人過得好極了。十字架島變得時髦。房屋開發案林立於塔夫利宮周圍地帶。獲得當局些許幫助的地產開發商，將相中的樓房便利地公告為不適宜居住，藉此驅離居民，改建為豪華住宅，售價跟歐洲和美國大城市的房價相當。不過地方阻力擋下了某些爭議的開發案。俄羅斯天然氣工業公司（Gazprom）計畫在奧赫塔區興建一棟四百公尺高的塔樓，瑞典的尼耶什岡茨要塞就坐落於此。除了身為考古場址外，近處涅瓦河對岸就是斯莫爾尼修道院和斯莫爾尼宮，新建案侵擾了這座歷史城市。聖彼得堡的知識圈發起地方施壓，設法說動在普丁技術過渡期間擔任總統的梅德維傑夫，力促俄羅斯天然氣工業公司將預定興建的塔樓，搬遷到較不具歷史背景的拉赫塔區（Lakhta）[26]，並成為港灣畔壯觀的銀針狀鋼構玻璃開發案。這是聖彼得堡與新加坡的相會。

經過拉赫塔建案基地，沿著A181公路開，很快你就會開進長一百四十二公里的聖彼得堡環城路（Ring Road），從克隆施塔特要塞連接至海岸。路旁的防洪工程自一九七〇年代晚期動工，一九九〇年代因政治動亂中斷，最終在二〇〇五至二〇一一年間普丁的積極推動下完工。克隆施塔特要塞因失去了海軍基地的用途而處境艱難，成為透過公車連通的聖彼得堡郊區。防洪工程理應可以保護自創建伊始，就受到洪水威脅生存的城市，但辦到這點，首先全世界領袖必須同意減少使用石化燃料。但天然氣和石油是俄國最大的外銷品。二〇〇九年，六百萬俄國人身陷赤貧之際，國家成為世界最大的產油國。而宛如沙皇的普丁，變得家財萬貫。[27]

另一項令人振奮的計畫是重新開發彼得大帝在新荷蘭島（New Holland）上的舊木料廠。馬林斯基劇院的活躍總監格季耶夫，計畫搭建一座高懸於島嶼上的巨大玻璃方塊狀歌劇院。這項設

圖76　二〇一六年，守護聖彼得堡新富階級的錄影監視器。

計案由洛杉磯建築師艾力克・歐文・摩斯（Eric Owen Moss）提出，卻遭到都市計畫師歐列格・哈爾臣科（Oleg Kharchenko）的否決，因為他並不熱衷於「形體不明的玻璃結構」，而克里姆林宮也支持他的見解。漂浮玻璃方塊的概念讓人想起這座城市一項最令人振奮、卻未實現的建築夢想——塔特林的第三國際紀念碑。當局的決策因此背離了歷史脈絡，且損害城市吸引遊客的能力。該計畫後來被英國建築師諾曼・佛斯特（Norman Foster）較為保守的藍圖取代，接著因背後的財團遇到財務難關而挫敗。後來，寡頭政治家與切爾西足球俱樂部（Chelsea Football Club）的老闆羅曼・阿布拉莫維奇（Roman Abramovich），插手捐贈了當局樂見的四億歐元。最終複合建築體的第一階段在二〇一六年落成，包含多間工作室、書店、藝廊和一座公園，可是欠缺能連結到聖彼得堡果敢建築傳統的富麗願景。[28]

圖77　克隆施塔特要塞的空蕪運河與倉庫。

在附近的馬林斯基劇院，格季耶夫以新的中型規模音樂廳和翻新的觀眾席，勉強地營運著。音樂廳的規劃良好且音場溫暖，但馬林斯基第二劇院（Mariinsky II）在建築和聽覺方面都不夠創新。至於馬林斯基的表演有些十分傑出，其餘則顯得淪為聖彼得堡時間錯置的犧牲品。近期一次《天鵝湖》的演出有些乏味，儘管源自聖彼得堡傳統的群舞相當巧妙。這齣舞劇的製作始自一九五〇年，可是除了滑過背景、大得出奇的天鵝群，整體效果仍偏屬現代。（二〇一七年製作的林姆斯基—科爾薩科夫歌劇《沙德科》〔*Sadko*〕，也看得到這群天鵝的特別演出。）但並非所有馬林斯基劇院的早期製作皆是如此，例如始自一九九八年的《費加洛的婚禮》（*Nozze di Figaro*），就顯得落魄、沉悶，欠缺機智與活力，早該束之高閣。

今日的馬林斯基劇院似乎被迫反覆重演特定的芭蕾舞劇碼，顯然是為了贏得遊客觀眾。在城市他處，劇院提供全方位的娛樂。在二〇一六年底，劇院的表演會廣及法國喜劇《波音波音》（*Boeing-Boeing*），一直到聖彼得堡小劇院（Maly Drama Theatre）演出的格羅斯曼小說《生活與命運》精采改編劇作。至於城市本身，聖彼得堡總是為真實上演的戲劇提供壯觀的場景，無論是闖進地鐵車廂的地板霹靂舞者、在列車開動時開始迴旋，在鬼魅的涅夫斯基大街夜晚閒晃的藝術家，或是為了建城三百週年慶重新整修的建築物，聖彼得堡的戲劇性依舊真確。如果搭乘高架電車線構成的網絡，倘若稍嫌短暫，有時會難以欣賞城市的建築，但這些建物恢宏地證明了一段宏大的過往。瓦西里島上的聖母領報橋（Blagoveshchensky Bridge）旁立著特雷齊尼的雕像，驕傲地眺望所有力量與混亂，這一切構成了彼得大帝聘僱他前來建立的城市。

第十七章　幻影

二〇一七年

這本書的開端始自涅夫斯基大街上的漫步，置身後共產主義年代的詭異暮光中。往後對聖彼得堡而言將變得更加艱難。無論如何，對於社群中某部分的人而言，生活總是艱難。農民、沙皇、知識分子、布爾喬亞、同志、安靜從事生意的他或她——他們全都竭力爭取城市的遠景與像樣的生活。

二〇一五年十月三十一日，有個恐怖分子炸毀從埃及度假勝地沙姆沙依赫（Sharm El Sheikh），飛往聖彼得堡普爾科沃機場的一架俄國客機，兩百二十四人死亡。十七個月後，一枚恐怖分子的炸彈在二〇一七年四月三日造成聖彼得堡地鐵上的旅客死傷。兩樁悲劇皆傷害了城市且震撼世界。

彼得的夢想都城雖宏偉卻搖搖欲墜，即使在建立之初亦是如此。工人用上整個夏天重建冬季所摧毀的。[1]充滿異質的城市成為長治久安的惡夢。所有的不幸加總成沉重重量，在城市的三百年歷史間持續與諸多喜悅勝利求取平衡。然而正是經歷過聖彼得堡的戲劇場面，才使一片浩瀚土地成為一個強大國家。這座城市的生命力來自於它的永無休止。如同紐約，聖彼得堡由一群陌生人建構而成，他們帶來多元傳統和才能，創造出嶄新且獨特的文化認同。與巴西利亞①相比（另一座有意建於荒地上的首都，原本無人想在此居住），聖彼得堡絕對更接近紐約，以破紀錄的速度遺忘原有的複雜特性，這裡曾是世上最富藝術氣息與多變政治風貌的其中一座城市。但是又有哪座城市，能在從上而下徹底貪腐的國家裡興盛繁榮呢？

聖彼得堡曾產出惡人與扭曲思想。這座城市顯得光怪陸離且「不一樣」，程度足以說服瑪麗·雪萊（Mary Shelley）讓《科學怪人》（*Frankenstein*）的故事在這座北方都城展開。沃頓船長②航向阿爾漢格爾斯克與更遠的地方，

① 巴西利亞（Brasilia）位於巴西高原上，一九五〇年代為了加速內陸開發而建城，將巴西首都自里約熱內盧遷至此。

② 沃頓船長（Captain Walton）與下文的法蘭根斯坦（Frankenstein）皆為小說《科學怪人》裡的人物。

圖78 聖彼得堡：要塞、港口與傳授啟蒙思想的中心。

探索從聖彼得堡開始的「未經探勘地區的一千種天文觀測」。在沃頓的探險期間，他遇見法蘭根斯坦正在追蹤自己創造出的醜陋怪物。[2]聖彼得堡的寄望既神祕且欠缺安穩。杜斯妥也夫斯基將其描述為「在地球上所有城市之中擁有最精采歷史的最精采城市」。[3]

聖彼得堡對立於莫斯科，「真正的俄羅斯人，」卡薩諾瓦觀察，「在聖彼得堡是個陌生人。」[4]十九世紀初年一位法國人認為，聖彼得堡「並非一座俄羅斯城市」，而是「俄國所僱外國藝術家的城市」。[5]在共產主義時代來訪的一位美國人再度鞏固了對於首都的上述印象。劇作家莉莉安・海爾曼（Lillian Hellman）來到列寧格勒，欣喜想像將「淺色、精緻的萌芽松木屋」，置於「陰鬱潮溼的北方氣候裡」。在她眼中，這座城市的建立者顯然是「跟莫斯科或基輔全無關聯的人」。[6]然而俄國的眾多光榮是從彼得的城市開創來的，例如文學、音樂、舞蹈，甚至還有從一八二〇年代至一九一八年間的政治願景。三個世紀以來城裡上演生命與死亡間的拚搏，而陰鬱氣候總是扮演要角。

涅瓦河三角洲的地圖看起來像是某種喉嚨形狀。入海口是片開闊胃袋，暴露於寒風之中。脆弱居民彷彿是圍城的犧牲者，是天氣的人質。杜斯妥也夫斯基顫抖著承受「糟糕的一晚，一個十一月夜晚，潮溼、起霧、下雨、落雪，瘧疾、鼻炎、感冒、扁桃腺炎肆虐，各種可見的物種都在發燒，簡言之……這是個聖彼得堡的十一月天」。[7]他描寫有片地帶無比潮溼，掘墓人無法埋葬一具乾的屍體。[8]即使如此，當你步下從勤勉、奮發、外觀考究莫斯科開來的火車，儘管一陣嚴寒雨雪可能給予迎頭痛擊，卻明顯可察覺此城散發的溫暖。你穿越放鬆許多、較具學生氣息的氛圍。大城市的忙碌人群依舊莽撞易怒（他們必須保住自己的地位），不過這裡有著相對的愜意，在時髦進步的莫斯科難以看見。

聖彼得堡是討人厭的暴發戶，莫斯科成了傲慢的篡位者。在今日的聖彼得堡餐廳裡，人們表現得閒散放鬆。在莫斯科，我拐過一間餐廳的轉角，直直走進一小隊身穿迷彩服的私人軍隊。如同身處某些產香蕉共和國的傭兵，身倚吉普車與防彈黑玻璃豪華轎車，其餘隊員手持尺寸與威力皆具的武器巡邏。我很高興並無訂位，以免敵對家族聞風尋仇。對於需要保護的人士來說，帶著大批人馬是反常的選擇。不過既然這位主子在身穿亞曼尼西裝的友伴和露出乳溝的女人簇擁下，選擇占據窗邊座位，那麼出遊必定是為了炫富。帶頭大哥急切啃食，彷彿尚未從偏遠的貧瘠來處完全恢復過來。他的海鮮拼盤裡放著我相信我從未見過的物種。我想多加逗留以便觀察，此時一位兩公尺高的保鏢逼近，我決定加快腳步走向克里姆林宮。龐大的國家百貨商場，像哈洛德百貨（Harrods）一般閃閃發亮，朝紅場另一頭的列寧陵墓的高聲喊話。剛整修的聖彼得大教堂外觀嶄新無比，令拉斯維加斯任何一棟過亮的仿製建物失色。「我們想要什麼？」一位建築工人一九九一年在紅場受訪時若有所思地說。「溫和的社會主義、人道的社會主義……我們得到什麼？……嗜血的資本主義。槍殺。攤牌。」[9]二十五年來，在一九九〇年代的暴力盛行過後，我知曉聖彼

圖79　應對氣候的集水管，外觀與拉斯特雷利所建的柱列相仿。

得堡至少安穩了一些，新興一股企圖，若非追求「人道的社會主義」，至少是更順遂、更合宜的那種生活，那是在普丁的俄羅斯竊盜統治中所能企求的最大可能。據聞總統比阿布拉莫維奇還富有。克里姆林宮形同一間公司，寡頭政治家從旁扮演佐政貴族波雅爾。列寧格勒的孩子普丁長成了緬什科夫、而非彼得大帝的傳人。然而正如彼得所為，普丁需要西方，那是他的同夥藏錢之處。[10]

聖彼得堡並非每棟拉斯特雷利建物都欣欣向榮、每棟洛西建物皆潔淨光亮的完美博物館。每年有十至十五座歷史建物（聯合國世界遺產登記有一萬五千棟，一九一四年以前的大型建築）落入開發商手裡或任其崩塌。與威尼斯的景況類似，頹圮已深深織入城市實體的每一處。像一位年輕的女明星，成為野心、名氣與醜聞的受害者。這座城市像踏進勒戒所，接著一次又一次復以嶄新的活力重生。伊莉莎白的光燦宮殿、保羅的五顏六色要塞，雙桅縱帆船被洪水沖往巴洛克教堂旁，果戈里筆下詐欺橫行的涅夫斯基大街，和聖以撒廣場種植甘藍菜的小塊園地。以上在現代城市的明亮商業正午之中，全都成為各色荒謬奇景。可理解地，聖彼得堡當局想要讓他們的大都會不僅僅吐露過往的宏偉。都市計畫師堅持，如果想要人們住在聖彼得堡，它就必須跟其他現代都會競爭。是以諸如拉赫塔中心和聖彼得堡體育場（Zenit Arena）等開發案勢在必行，後者將成為二〇一八年世界盃足球賽的主辦場地。③一如往常，建築工人的居住環境可怖，而且有些人遭到欠薪。[11]

聖彼得堡向觀光客大肆吹噓。但是從特定的角度來看，法爾科內的彼得大帝青銅騎士像顯得瘦小。克斯汀納貶低他同胞的雕像遭到「過譽，只因為恰巧聳立於俄羅斯」。[12]舉例來說，青銅騎士不若威尼斯聖若望及保祿廣場（Campo SS Giovanni e Paolo）上，安德烈·德爾·維洛奇奧（Andrea del Verrocchio）的科萊奧尼騎士雕像（Colleoni Monument）來得強而有力。法爾科內的彼得年輕昂揚，面對廣大參議院廣場與遼闊涅瓦河卻相形矮小，似乎難以勝任。假如他下馬，他將步履蹣跚，像個試著走直線的醉鬼，留下三百年殘暴與欲望交織的不光采遺產。

現代聖彼得堡奮力爭取繁榮，決心在一切管理失當下，為可能無法解決的問題尋找可靠對策，例如地質上的風險。市中心大多數區域的風險指數均高，因此將地鐵建於地底深處。最低的站是海軍部站（Admiralteyskaya），近九十公尺深。地鐵系統運行得十分順暢。班次密集，高速列車開抵的範圍可觀。聖彼得堡的地鐵站或許不如莫斯科的站般展現帝國氣魄，但是造型不俗且非常乾淨。問題在於各

③ 在本書中文版出版之時，二〇一八年世界盃足球賽已結束。

圖80　土地對抗海洋。遠處是正在興建的西部直通高速公路（Western Rapid Diameter）橋梁系統，以及俄羅斯天然氣工業的拉赫塔中心。

站間隔遙遠，而且電車網絡與顛簸震動的私營小巴（marshrutki）常人滿為患。地鐵的另一個問題是搭一趟電梯需時兩分鐘十五秒至兩分鐘五十秒。擁有兩種血統和口音、天天趕赴辦公室的上班族，每週就總計耗費近一個小時搭電梯，而且稱不上是愉快的旅程。有些通勤者坐在移動的電梯階上，勇敢的人用跑的，但大多數人站著——時常閱讀。聖彼得堡人依然是孜孜不倦的讀者。老一輩記得珍視文字的時光，那時代被禁作品的地下流通油印版本，如同額外的配給口糧，或是可能改變世界的武器般受到珍藏。[13]

城市有些地區受到花費吝嗇或年代久遠的基本建設醜景所束縛。在瓦西里島或維堡區，表面經包覆的巨大臨時管線列於地上傳送暖氣。在城市外圍，頭頂上如花繩般交疊的電線破壞了天際線。未完工或廢棄的建案點綴於坑坑洞洞的遼闊地帶。無利用價值的灌木地蒼涼林立於花稍的購物中心之間。新的市中心被商業集團包圍，諸如歐尚④、H&M、卡斯托洛馬⑤、迪卡儂（Decathlon）、宜家（Ikea），且名單仍在增長。在任你購商場（Anymall）、行星地球（Planet Earth）之外，葛雷利亞購物中心（Galeria）成了市中心僅有的閃爍解藥，二〇一〇年在靠近莫斯科火車站⑥的立戈夫斯基大街（Ligovsky Prospekt）上開幕。隨著西方樣式或西方出資的企業進駐，城市的獨特感與身分認同卻遭到削弱。不過聖彼得堡總是被俄羅斯國界以外傳入的新奇事物所改變，期待某些令人嚮往、伸手難以觸及的事物。以介於四萬至五萬盧布間的二〇一六年平均月薪（約等於六百五十英鎊），難以想像普羅大眾如何能輕鬆負擔，諸如颯拉（Zara）等中階商家販售的圍巾和羊毛帽，更何況是買下一間地鐵廣告審慎宣傳的大小適中新公寓。

二十五歲以下的居民不曾有過真正艱難時期的記憶。古拉格勞改營是遙遠的紀元。這表現在他們的樂於微笑與享受生活的能力。學生的衣著休閒。他們親吻、牽手，期待在咖啡館遇見友善員工，並且疑惑於（如同歐洲的學生一般）自己能擁有哪種前途，例如繼續就讀研究所。抗拒無特色全球化的粗魯入侵，城裡有許多人際互動親密的迷人咖啡館，與歐洲或美國見到的舒適去處相仿。十九世紀末的多元建築風格（在遭忽視多年後重新獲得重視），與美國受尊崇城市的某些富裕區域相呼應。充滿小館子和餐廳的魯賓斯坦街（Rubinstein Street）散發光芒，如同芝加哥或紐約於同時期修建的街道。魯賓斯坦街甚至擁有一處美國式的露天停車場。經雅緻翻修的小馬廄街（Malaya Konyushennaya）讓人想起歐洲北部城市所見的漂亮街道。馬林斯

圖81　當今的過往：二〇一七年的彼得堡。

④ 歐尚（Auchan）是法國的量販超市商。

⑤ 卡斯托洛馬（Castorama）是法國的ＤＩＹ家居用品商。

⑥ 莫斯科火車站（Moskovsky station）位於涅夫斯基大街，是莫斯科開往聖彼得堡列車的終點站。

基劇院和愛樂演奏廳的票價依然平實，大眾對於表演藝術的興致高昂。然而陰暗通道、乏味的階梯和嘎吱作響的電梯依舊隱藏於令人驚嘆的建築立面後。蘇聯時代的官僚習氣深植心中，繁瑣的表格填寫、蓋章、登記，連簡單的商業交易都常受阻。[14]涅夫斯基大街可有一日將重振為西方所不能及的最時髦大道（這次將販售俄國商品），或者它將繼續路面破裂且崎嶇難行？政權比門廊更陰暗，阻擋俄國實現其巨大的潛能。竊盜統治（緬什科夫的重生）侵吞了財富。任何正直的農村公社（mir）都知道該拿俄羅斯天然氣工業公司的獲利怎麼辦。

✯

我正看著波濤起伏的涅瓦河水，拍打離彼得木屋所在地不遠處的岸邊，也離曙光號停泊處不遠，而我思索著一切殘暴欲望：想要一處前線要塞、一座帝國首都、革命、成功、共產主義、犯罪、資本主義、保留文化首都地位的非首都，渴望首都應有的光輝，渴望自由、開放與生活。自從曙光號發射空包彈、發動一場惡夢版本的美好夢想已歷經一百年。自從殺戮成性的史達林對抗屠殺猶太人的希特勒已過了七十五年。自從戈巴契夫解體蘇聯已過了二十五年。寡頭政治家仿效著羅曼諾夫家族。革命成為鑄下大錯的良善想法。回顧亂象與屠殺背後的成因，看見了赫爾岑凝望著烏托邦彼岸。

最初我在維爾紐斯一堵牆上看見的畫，有如病毒般傳開：新任美國總統與熟悉的、舊的、持續在任的俄羅斯聯邦總統互相親吻。危險的情欲——權力。假如人們回想起德蘇互不侵犯條約及其所牽涉的一切騙局，這些俄國戰略的同床人誠然詭異。有人問道，誰在玩弄誰？當拼字錯誤的魯莽推特發文遇上KGB精於計算的得意笑容，事態又將如何發展？俄羅斯的過往讓人們飽受虐待與不幸的長聲哭嚎，重重壓迫著人權和幸福。未來是否注定證明查達耶夫的著名宣言，指稱俄羅斯的存在只是為了警告世界，哪些做法應該不計代價地避開？在電影《創世記》裡，遊客問道：「現在用的是什麼系統？」一回覆傳來：「我不知道。」

我走過一條跨越涅瓦河的長橋。夜晚降臨。懸於亞歷山大林斯基劇院和阿尼奇科夫宮之間、彷彿歌劇裡才有的月亮，那種常幸災樂禍低掛於聖彼得堡天空的月亮，突然被雲遮蔽。擁有各種化身的城市美不勝收：秋季的夏園，覆蓋白雪的冬之屋，晚春的島嶼。建築細節超越人所能想像，嚴肅空間裡富有奇想效果。宮殿和公共建物的燈光迷惑了黑暗。這座城市讓人驚訝。你可以在清晨沿著莫伊卡河漫步，穿透一扇出乎意料點亮的窗扉，捕捉到馬

圖82　「我們將在此建立一座城市，一處港口。」——普希金，《青銅騎士》。

諦斯《舞蹈》的某個角落，那是世上曾見最簡單、最有力量、懷抱最多希望的畫作。最重要的是，抱著對未來的希望，等待著重建的各棟華美建築中潛藏著潛能。這座城市擁有驚豔四方的能耐。在這一刻回溯聖彼得堡的多變面容，我感覺城市是一幅幻影，一座宏偉的亞特蘭提斯⑦，從迷霧中興起的不可置信都城，泥濘不斷企圖收復之地。

彼得想要一扇通往歐洲的窗。他渴望追求西方模式——卻得到了俄羅斯。如今國家的富翁全都採用離岸帳戶，而一億四千三百萬人民被埋葬於野心之下。

⑦ 亞特蘭提斯（Atlantis）是傳說中被洪水摧毀的古老城邦。

謝辭

一如往常，我最大的歉疚歸於Katiu，她的親愛貢獻成為不可置信的武器。我的女兒Marjotte心思極度敏銳，她的熱忱和智慧形同寶藏。

我想感謝前任經紀人John Saddler，他在這本書的最初階段給予協助；也要感謝紐約Inkwell的George Lucas提供相仿貢獻。十分感謝我的經紀人Julian Alexander明智地將這本書交付給Hutchinson出版社，衷心感謝出版社員工對於這項書寫計畫非常溫暖的回應。尤其要提及熱心、極其敏銳且樂意合作的編輯Sarah Rigby。我也想感謝眼力犀利的Mandy Greenfield編輯文稿，並給予一些聰慧建議；Melissa Four設計光采奪目的書封；Lindsay Nash的優雅內頁設計；Najma Finlay充滿活力的公關推廣。

這本書背後藏有許多人的影響。深深恩惠要歸於已故的Marshall Berman，他的《一切堅固的東西都煙消雲散了》（*All That's Solid Melts Into Air*），對於城市與現代化的主題提供動人且挑釁的洞察。不過還有太多人，如研究聖彼得堡的學者們近年來的成就豐碩且深入，以大量精采「在地視角」提供日漸增加的豐富紀錄。批判城市隱蔽過往的學者眾多，無法一一提及，他們的姓名可在參考書目中找到。

我要感謝Karen Hewitt和Oxford Russia Fund，以及至高無上圖書館巴黎Bibliothèque Nationale的職員，牛津Bodleian Library助益甚多的職員，以及聖彼得堡、莫斯科、兩座諾夫哥羅德城市與其餘俄國城市的諸多博物館、宮殿和劇院職員。包括彼爾姆，那裡中學的孩子帶我走訪謝爾蓋·達基列夫出生時的房子，如今成為他們的學校。也要大大感謝無論在俄國或國外見到的無私俄國人，他們之中有當年的基洛夫舞者，來自俄國各地的學者，以及Nadia Boudris和她的家人、Olga Kolatina、Lyudmila Kadzhaya、Marina Koreneva和Anatoli Fetisov。還要謝謝Vladimir Malakoff、巴黎Cinémathèque de la Danse的Virginie Aubry讓我獲得帕夫洛娃、烏拉諾娃和紐瑞耶夫的珍貴影像，以及Laurence和Chadi Chabert的周到與協助，還有神奇的Bret。此外要對善解人意的朋友致上莫大謝意，謝謝給予許多支持的Amélie Louveau，以及我富有耐心、慈祥且總是親切的媽媽Claire。

圖片出處

插頁彩圖出處

圖 1 The Menshikov Palace. From Alexei Rostovtsev, 'Panorama of St Petersburg', 1717. (Public domain)

圖 2 Johann Baptist Homann, 'St Petersburg Master Plan', *c.* 1718–20. (Fine Art Images/Heritage Images/Getty Images)

圖 3 St. John the Baptist Church. (Jonathan Miles)

圖 4 New Holland Arch. (Jonathan Miles)

圖 5 Central arch of the Admiralty. (Jonathan Miles)

圖 6 The Palace of Pavlovsk. (Jonathan Miles)

圖 7 The Mikhailovsky Palace's main staircase. (Jonathan Miles)

圖 8 K. Ludwig after Benjamin Paterssen, *The Bronze Horseman in Senate Square*, 1799. (Public domain)

圖 9 St Petersburg fair. From John Augustus Atkinson and James Walker, *A Picturesque Representation of the Manners, Customs and Amusements of The Russians in One Hundred Coloured Plates*, Vol. 1, 1803. (Public domain)

圖 10 Police Bridge over the Moika (detail). I. and P. Ivanov, hand-coloured lithograph of Vasily Sadovnikov's *Panorama of the Nevsky Prospekt*, 1830s. (Public domain)

圖 11 The Mikhailovsky Palace. (Jonathan Miles)

圖 12 A. P. Bogolubov, *Sledging on the Neva*, 1854. (The State Tretyakov Gallery, Moscow, Russia)

圖13 The Marinsky Theatre. (Hutchinson/Public domain)

圖14 Pyotr Vereshchagin, *The Alexandrinsky Theatre*, 1870s. (Fine Art Images/Heritage Images/Getty Images)

圖15 The Eliseev building. (Chronicle/Alamy)

圖16 Vitebsk Station. (Jonathan Miles)

圖17 The Nevsky Prospekt. (Hutchinson/Public domain)

圖18 Romanov menu. (Fine Art Images/Heritage Images/Getty Images)

圖19 Auguste Rodin, *The Dancer*, 1912. (Musee Rodin, Paris, France/ Bridgeman Images)

圖20 Kasimir Malevich, chorister costume, 1913. (Fine Art Images/Heritage Images/Getty Images)

圖21 Women workers demonstrate. (Sovfoto/UIG via Getty Images)

圖22 Lenin. (Fine Art Images/Heritage Images/Getty Images)

圖23 Anna Ostroumova-Lebedeva, *First Snow*, 1917. (Fine Art Images/ Heritage Images/Getty Images)

圖24 Nikolai Terpsikhorov, *The First Slogan*, 1924. (The State Tretyakov Gallery, Moscow, Russia)

圖25 Rodchenko's revolutionary library. Reconstruction in The State Tretyakov Gallery, Moscow, Russia. (Jonathan Miles)

圖26 Vavara Stepanova, sportswear, 1920s. (Heritage Image Partnership Ltd/Alamy)

圖27 Alexander Deineka, *The Defence of Petrograd*, 1928. (Sovfoto/UIG via Getty Images)

圖28 Alexander Deineka, *Construction of New Workshops*, 1926. (Photo 12/Alamy Stock Photo)

圖29 Leningrad during the Siege. (Sovfoto/UIG via Getty Images)

圖30 V. P. Serov, 'We Defended Leningrad! We Will Restore It!', 1942. (Laski Diffusion/Getty Images)

圖31 Intourist buses. (Jonathan Miles)

圖32 Alexei Sundukov, *Queue*, 1986. (Godong/UIG via Getty Images)

圖33 Private enterprise. (Jonathan Miles)

圖34 Desperate selling. (Jonathan Miles)

圖 35 The Nevsky Prospekt, 2016. (Jonathan Miles)
圖 36 Heating pipes on Vasilevsky Island. (Jonathan Miles)
圖 37 The Nevsky Prospekt and Kazan Cathedral. (Jonathan Miles)
圖 38 A glut of traffic, tourists and cables. (Jonathan Miles)
圖 39 Statue of Trezzini. (Jonathan Miles)
圖 40 *The Bronze Horseman.* (Jonathan Miles)

隨頁圖片出處

地圖 Impressionistic panorama of St Petersburg. (SOTK2011/Alamy)
圖 1 River Neva, early 1700s. Cartographer unknown. (Public domain/Jonathan Miles)
圖 2 Undeveloped Neva Delta. Cartographer unknown. (Public domain/Jonathan Miles)
圖 3 The Admiralty. From Alexei Rostovtsev, 'Panorama of St Petersburg', 1717. (Public domain)
圖 4 Valentin Serov, Peter the Great, 1907. (Sputnik/Alamy Stock Photo)
圖 5 Wedding of the Royal Dwarf. (Granger Historical Picture Archive/Alamy)
圖 6 Le Blond's plan for St Petersburg, early 1700s. (Leemage/UIG via Getty Images)
圖 7 Centre of early St Petersburg (detail). Johann Baptist Homann, 'St Petersburg Master Plan', c. 1718–20. (Fine Art Images/Heritage Images/Getty Images)
圖 8–9 Peterhof. (Jonathan Miles)
圖 10 The Twelve Colleges. Yekim Terentiyevich Vnukov, 1753. (Fine Art Images/Heritage Images/TopFoto)
圖 11 The Kunstkammer. (Jonathan Miles)
圖 12 Pontoon Bridge. Mikhail Makhaev, 'Views of St Petersburg', 1753. (Fine Art Images/Heritage Images/TopFoto)
圖 13 Masquerade. J. C. Trömer, 'Des Deutsch François Shriften', c. 1736. (Public domain)

注釋

第一章　暮光下的涅夫斯基大街

1 Dumas, Alexandre, *En Russie – Impressions de voyage* (1859), Paris: Editions François Bourin, 1989, p. 163.

2 Arnold, Sue, 'Human Warmth Amidst the Ice and the Ashes', *Observer*, 3 January 1993.

3 De Custine, Astolphe, *Letters from Russia*, trans. Robin Buss (1991), London: Penguin, 2014, p. 105.

4 Gide, André, *Back From the USSR*, London: Secker and Warburg, 1937, p. 32.

5 Brodsky, Joseph, 'A Guide to a Renamed City', in *Less Than One: Selected Essays*, London: Viking, 1986; Penguin Classics, 2011, p. 88.

第二章　倫敦浩劫

1 Schuyler, Eugene, *Peter the Great – Emperor of Russia*, Vol. I, New York: Charles Scribner's Sons, 1884, pp. 287–8.

2 Gilbert Burnett, Bishop of Salisbury, qtd in Cross, Anthony, *Peter the Great Through British Eyes – Perceptions and Representations of the Tsar since 1698*, Cambridge: Cambridge University Press, 2000, p. 11.

3 Alexei Tolstoy, *Peter the First*, qtd in Shrad, Mark Lawrence, *Vodka Politics – Alcohol, Autocracy, and the Secret History of the Russian State*, New York: Oxford University Press, 2014, p. 404.

4 Warner, Elizabeth, *Russian Myths*, London: British Museum Press, 2002, pp. 18–19.

5 Schuyler, *Peter the Great*, Vol. II, pp. 9–10.

6 Shrad, *Vodka Politics*, pp. 37–8.

7 Massie, Robert K., *Peter the Great – His Life and World*, New York: Knopf, 1980; UK: Head of Zeus pbk, 2013, pp. 39–50.

8 Prince Boris Ivanovich Kuratkin, Tsar Peter's brother-in-law, from his notes for a projected life on the tsar, in Vernadsky, George, senior ed., *A Source Book for Russian History From Early Times to 1917*, Vol. II, New Haven, CT, and London: Yale University Press, 1972, p. 311; Massie, *Peter the Great*, pp. 66–70.

9 Hughes, Lindsey, *Russia and the West, The Life of a Seventeenth-Century Westernizer, Prince Vasily Vasilevich Golitsyn (1643–1714)*, Newtonville, MA: Oriental Research Partners, 1984, pp. 96, 98; Hosking, Geoffrey, *Russia and the Russians – A History*, Cambridge, MA: Belknap Press of Harvard University Press, 2001, pp. 179–80.

10 Shrad, *Vodka Politics*, p. 46.

11 Prince Kuratkin, in Vernadsky, *A Source Book for Russian History*, p. 312.

12 Schlafly Jr, Daniel L., 'Filippo Balatri in Peter the Great's Russia', in *Jahrbücher für Geschichte Osteuropas*, Neue Folge, Bd. 45, H. 2, 1997, pp. 181, 188–9.

13 Schuyler, *Peter the Great*, Vol. I, p. 286.

14 Deschisaust, Pierre, *Description d'un voyage fait à Saint Petersbourg*, Paris: Thiboust, 1728, pp. 4–5; Prak, Maarten, *The Dutch Republic in the Seventeenth Century*, trans. Diane Webb, Cambridge: Cambridge University Press, 2006, p. 101.

15 Schuyler, *Peter the Great*, Vol. I, pp. 287–8, 291; Massie, *Peter the Great*, p. 200.

16 Bruijn, Jaap R., *The Dutch Navy of the Seventeenth and Eighteenth Centuries*, Columbia, SC: University of South Carolina Press, 1993, p. 101; Schama, Simon, *The Embarrassment of Riches*, London: William Collins, 1987, pp. 301–2.

17 Prak, *The Dutch Republic*, pp. 222–4.

18 Ibid., pp. 223–4; Albedil, M. F., *Peter the Great's Kunstkammer*, St Petersburg: Museum of Anthropology and Ethnography of the Russian Academy of Sciences, Alfa-Colour Publishers, 2002, pp. 6, 14, 17.

19 Schama, *The Embarrassment of Riches*, pp. 151, 180, 265.

20 Shrad, *Vodka Politics*, p. 39.

21 *Post Boy*, No. 371, Saturday 18 September–Tuesday 21 September 1697, qtd in Cross, *Peter the Great*, p. 12.

22 Boulton, Jeremy, *Neighbourhood and Society – A London Suburb in the Seventeenth Century*, Cambridge: Cambridge University Press, 1987, pp. 1, 293; McKellar, Elizabeth, *The Birth of Modern London – The Development and Design of the City 1660–1720*, Manchester: Manchester University Press, 1999, pp. 3, 12–13.

23 McKellar, *The Birth of Modern London*, p. 219; Cracraft, James, *The Petrine Revolution in Russian Architecture*, Chicago, IL and London: University of Chicago Press, 1988, p. 6.

24 Hawksmoor, qtd in McKellar, *The Birth of Modern London*, p. 30.

25 Ibid., pp. 30, 204.

26 Cross, *Peter the Great*, p. 29.

27 Ryan, W. F., 'Peter the Great and English Maritime Technology', in Hughes, Lindsey, ed., *Peter the Great and the West – New Perspectives*, London and New York: Palgrave Macmillan, 2001, p. 145.

28 Perry, Captain John, *The State of Russia under the Present Czar*, London: Benjamin Tooke, 1716, p. 166.

29 Cross, *Peter the Great*, pp. 21–2.

30 Perry, *The State of Russia*, p. 166.

31 Cross, *Peter the Great*, pp. 20–23. 32 Shrad, *Vodka Politics*, p. 40.

33 Perry, *The State of Russia*, p. 229. 34 Cross, *Peter the Great*, pp. 18–20.

35 Hughes, Lindsey, 'Images of Greatness: Portraits of Peter the Great', in Hughes, *Peter the Great and the West*, pp. 253–4.

36 Anderson, M. S., *Peter the Great*, London: Thames and Hudson, 1978, p. 42; Ryan, 'Peter the Great and English Maritime Technology', in Hughes, *Peter the Great and the West*, p. 138.

37 Cross, *Peter the Great*, pp. 20, 28; Shrad, *Vodka Politics*, p. 41.

38 Evelyn, John, *The Diary of John Evelyn Esq. F.R.S. from 1641 to 1705– 6*, London: Gibbings, 1890, p. 571.

39 Cross, *Peter the Great*, pp. 30–31. 40 Perry, *The State of Russia*, p. 165.

41 Cross, *Peter the Great*, pp. 26–7.

42 Hughes, 'Images of Greatness', in Hughes, *Peter the Great and the West*, p. 254.

43 Hoffman, qtd in Schuyler, *Peter the Great*, Vol. I, pp. 307–8.

44 Kollmann, Nancy S., '27 October 1698: Peter Punishes the Streltsy', in Cross, Anthony, ed., *Study Group on Eighteenth-Century Russia – Days from the Reigns of Eighteenth-Century Russian Rulers*, Part 1, Proceedings of a workshop dedicated to the memory of Professor Lindsey Hughes held at the Bibliotheca di Storia Contemporanea, 'A. Oriani', Ravenna, 12–13 September 2007, Cambridge: Fitzwilliam College, 2007, pp. 23–6, 29–31.

45 Korb, Johann Georg, *Diary of an Austrian Secretary of the Legation at the Court of the Czar Peter the Great*, trans. Count MacDonnell, London, 1863, qtd in Dmytryshyn, Basil, ed., *Imperial Russia – A Source Book 1700–1917*, 2nd edn, Hinsdale, IL: Dryden Press, 1974, pp. 1–11.

第三章　危險的跳升

1 Chaadaev, Peter, 'Philosophic Letters', 1829, published 1836, qtd in Hare, Richard, *Pioneers of Russian Social Thought*, Oxford: Oxford University Press, 1951, p. 9.

2 Peter the Great, *Decree on a New Calendar*, December 1699, in Dmytryshyn, *Imperial Russia*, p. 13.

3 von Strahlenberg, Philip John, *An Historico-Geographical Description of the North and Eastern Parts of Europe and Asia*, London, 1738, p. 27.

4 Ryan, 'Peter the Great and English Maritime Technology', in Hughes, *Peter the Great and the West*, pp. 146–7.

5 Schlafly, 'Filippo Balatin in Peter the Great's Russia', p. 187; Cross, Anthony, *By the Banks of the Neva – Chapters from the Lives and Careers of the British in Eighteenth-Century Russia*, Cambridge: Cambridge University Press, 1997, p. 166.

6 Deane, John, 'A Letter from Moscow to the Marquess of Carmarthen Relating to the Czar of Muscovy's Forwardness in his Great Navy', London, March 1699, p. 1.

7 Vigor, Mrs, *Letters from a Lady who Resided Some Years in Russia to her Friend in England*, London: Dodsley, 1775, pp. 14–16.

8 Voltaire, *Histoire de Charles XII* (1731), in *Œeuvres historiques*, ed. R. Pomeau, Paris: Gallimard, 1957, p. 193.

9 Anisimov, Evgenii V., *Five Empresses – Court Life in Eighteenth- Century Russia*, trans. Kathleen Carroll, Westport, CN, and London: Praeger, 2004, pp. 9–11.

10 Whitworth, Lord Charles, *An Account of Russia as it Was in the Year 1710*, Strawberry Hill, 1758, pp. 82–3; Jones, Robert E., 'Why St Petersburg?', in Hughes, *Peter the Great and the West*, pp. 190–91.

11 Marsden, Christopher, *Palmyra of the North – The First Days of St Petersburg*, London: Faber and Faber, 1942, pp. 46–7.

12 La Mottraye, Aubry de, *Voyages en Anglois et en François D'A. de La Motraye en diverses provinces et places*, London, 1732, p. 71; Milner-Gulland, Robin, '16 May 1703: The Petersburg Foundation-Myth', in Cross, *Study Group on Eighteenth-Century Russia*, pp. 37–9, 40–41.

13 Shvidkovsky, Dmitry, *Russian Architecture and the West*, trans. Anthony Wood, New Haven, CT, and London: Yale University Press, 2007, p. 194.

14 Anon. (Weber, Friedrich), *The Present State of Russia in Two Volumes, The Whole Being the Journal of a Foreign Minister who Resided in Russia at the Time*, trans. from the High Dutch, London, 1723, pp. 333–4.

15 Bell, John, *Travels from St Petersburg in Russia to Various Parts of Asia*, Vol. 1, Edinburgh, 1788, pp. 2–3.

16 Cracraft, *The Petrine Revolution in Russian Architecture*, p. 176.

17 *The Present State of Russia*, pp. 299–300.

18 Peter the Great, letter to Menshikov of 4 September 1704, qtd in Jones, Robert E., *Bread Upon the Waters – The St Petersburg Grain Trade and the Russian Economy, 1703–1811*, Pittsburgh, PA: University of Pittsburgh Press, 2013, p. 21.

19 Qtd in Schuyler, *Peter the Great*, Vol. II, pp. 5–6.

20 *The Present State of Russia*, pp. 300–301.
21 Hosking, *Russia and the Russians*, p. 228; Dukes, Paul, *The Making of Russian Absolutism 1613–1801*, Harlow and New York: Longman, 1982, p. 83.
22 Cracraft, *The Petrine Revolution in Russian Architecture*, pp. 182, 184.
23 Schönle, Andreas, *The Ruler in the Garden – Politics and Landscape Design in Imperial Russia*, Bern and Oxford: Peter Lang, 2007, p. 41.
24 Keenan, Paul, *St Petersburg and the Russian Court 1703–1761*, London and New York: Palgrave Macmillan, 2013, pp. 14, 21–2.
25 Giroud, Vincent, *St Petersburg – A Portrait of a Great City*, New Haven, CT: Yale University – The Beinecke Rare Book and Manuscript Library, 2003, p. 20.
26 Shvidkovsky, *Russian Architecture and the West*, p. 202; Deschisaux, *Description d'un voyage*, p. 21.
27 Schönle, *The Ruler in the Garden*, pp. 39–41.
28 Shrad, *Vodka Politics*, pp. 39, 45.
29 Hughes, Lindsey, '"For the Health of the Sons of Ivan Mikhailovich": I. M. Golovin and Peter the Great's Mock Court', in *Reflections on Russia in the Eighteenth Century*, ed. Klein, Dixon and Fraanje, Cologne: Böhlau Verlag, 2001, p. 44.
30 Anderson, *Peter the Great*, pp. 60–61; qtd in Jones, in Hughes, *Peter the Great and the West*, p. 194.
31 *The Present State of Russia*, pp. 312–13.
32 Whitworth, *An Account of Russia*, p. 136.
33 Cracraft, *The Petrine Revolution in Russian Architecture*, pp. 88, 175.
34 *The Present State of Russia*, pp. 302–303, 306.
35 Ibid., p. 323.
36 Vigor, Mrs, *Letters from a Lady*, p. 38.
37 Shrad, *Vodka Politics*, pp. 43, 45–6.

38 Alexander, John, 'Catherine I, Her Court and Courtiers', in Hughes, *Peter the Great and the West*, p. 233.

39 Ibid., pp. 234–5.

40 Kratter, Franz, *The Maid of Marienburg – A Drama in Five Acts. From the German of Kratter*, London, 1798, p. 7.

41 Rousset de Missy, Jean, *Memoires du Regne de Catherine, Imperatrice et Souveraine de toute la Russie &c. &c. &c.*, Amsterdam, 1728, pp. 15ff; Anisimov, *Five Empresses*, p. 20.

42 Engel, Barbara Alpern, *Women in Russia 1700–2000*. Cambridge: Cambridge University Press, 2004, pp. 11–12.

43 Kratter, p. 207.

44 *The Present State of Russia*, pp. 263, 329.

45 Charles Whitworth, Britain's first regular ambassador to Russia, qtd in Cracraft, *The Petrine Revolution in Russian Architecture*, p. 195.

46 *The Present State of Russia*, p. 191.

47 Keenan, *St Petersburg and the Russian Court*, pp. 17–18; Cracraft, *The Petrine Revolution in Russian Architecture*, p. 177.

48 *The Present State of Russia*, p. 4.

49 Ibid., pp. 26–7.

50 Algarotti, Francesco, *Lettres du comte Algarotti sur la Russie*, London, 1769, p. 65.

51 *The Present State of Russia*, p. 9.

52 La Mottraye, *Voyages*, p. 241.

53 Keenan, *St Petersburg and the Russian Court*, pp. 20, 120.

54 Peter Henry Bruce, in Vernadsky, *A Source Book for Russian History*, p. 323; *The Present State of Russia*, pp. 89–90, 109.

55 Peter the Great, declaration to Tsarevich Alexei of October 1715, in Dmytryshyn, *Imperial Russia*, pp. 21–4.

56 Whitworth, *An Account of Russia*, p. 128; *The Present State of Russia*, pp. 102, 320.

57 Dixon, Simon, '30 July 1752: The Opening of the Peter the Great Canal', in Cross, *Study Group on Eighteenth-Century Russia*,

p. 94.

58 Hughes, Lindsey, 'Architectural Books in Petrine Russia', in *Russia and the West in the Eighteenth Century – Proceedings of the Second International Conference Organized by the Study Group on Eighteenth-Century Russia and Held at the University of East Anglia*, Norwich 17–22 July 1981, p. 103.

59 Cracraft, *The Petrine Revolution in Russian Architecture*, pp. 156–7, 180; Brumfield, William Craft, *A History of Russian Architecture*, New York: Cambridge University Press, 1993, p. 205.

60 *The Present State of Russia*, pp. 315–16.

61 Ibid., pp. 179–80, 318.

62 La Mottraye, *Voyages*, p. 240.

63 *The Present State of Russia*, pp. 318–19.

64 Ibid., pp. 317, 319.

65 Jones, *Bread Upon the Waters*, pp. 24, 27, 29–31, 33.

66 La Mottraye, *Voyages*, pp. 185, 253, 254.

67 Wortman, Richard S., *Scenarios of Power – Myth and Ceremony in Russian Monarchy*, Vol. I, Princeton, NJ: Princeton University Press, 1995, p. 49.

68 Cracraft, *The Petrine Revolution in Russian Architecture*, p. 190; Hughes, 'Images of Greatness', in Hughes, *Peter the Great and the West*, pp. 259–60.

69 Dmytryshyn, *Imperial Russia*, p. 16.

70 Bird, Alan, *A History of Russian Painting*, Oxford: Phaidon, 1987, pp. 41–2.

71 Hughes, 'Architectural Books in Petrine Russia', in *Russia and the West in the Eighteenth Century*, p. 103.

72 Albedil, *Peter the Great's Kunstkammer*, pp. 26–7.

73 La Mottraye, *Voyages*, p. 248.

74 Qtd in Anisimov, *Five Empresses*, p. 24.

75 Shvidkovsky, *Russian Architecture and the West*, p. 204.

76 Buckler, Julie A., *Mapping St Petersburg – Imperial Text and Cityshape*, Princeton, NJ: Princeton University Press, 2005, p. 160.

77 *The Present State of Russia*, pp. 93–4.

78 Richardson, William, *Anecdotes of the Russian Empire in a Series of Letters Written a Few Years Ago from St Petersburg*, London, 1784, pp. 222–3.

79 Keenan, *St Petersburg and the Russian Court*, pp. 125, 131, 136; Cracraft, *The Petrine Revolution in Russian Culture*, pp. 228–32.

80 Bagdasarova, Irina, 'Official Banquets at the Russian Imperial Court', in *Dining with the Tsars*, Amsterdam: Museumshop Hermitage Amsterdam, 2014, p. 18.

81 Qtd in Engel, *Women in Russia*, p. 14.

82 Wortman, *Scenarios of Power*, Vol. I, p. 59.

83 Bernstein, Laurie, *Sonia's Daughters – Prostitutes and Their Regulation in Imperial Russia*, Berkeley and Los Angeles: University of California Press, 1995, pp. 13–14.

84 Keenan, *St Petersburg and the Russian Court*, pp. 120–21.

85 *The Present State of Russia*, pp. 31–2.

86 Pososhkov, Ivan, 'A Book on Poverty and Wealth', in Dmytryshyn, *Imperial Russia*, pp. 30–36.

87 Lewitter, L. R., 'Ivan Tikhonovich Pososhkov (1652–1726) and "The Spirit of Capitalism"', in *The Slavonic and East European Review*, Vol. LI, No. 125, October 1973, London: University College London, pp. 537, 539, 552–3.

88 Keenan, *St Petersburg and the Russian Court*, pp. 35, 40.

89 Cracraft, *The Petrine Revolution in Russian Architecture*, pp. 175, 180–81.

90 Mottley, John, *The History of the Life and Reign of the Empress Catherine* , Vol. I, London, 1744, pp. 366–7.

91 Hughes, '"For the Health of the Sons of Ivan Mikhailovich"', in *Reflections on Russia in the Eighteenth Century*, p. 48.

92 Alexei's 'Confession' of June 1718, in Dmytryshyn, *Imperial Russia*, pp. 26–7.
93 Official Condemnation of Alexei, June 1718, ibid., p. 28.
94 *The Present State of Russia*, p. 305.
95 Peter Henry Bruce, in Vernadsky, *A Source Book for Russian History*, p. 341.
96 Cracraft, *The Petrine Revolution in Russian Architecture*, pp. 19–21.
97 *The Present State of Russia*, p. 307.
98 Ibid., p. 27.
99 Shvidkovsky, *Russian Architecture and the West*, pp. 202–203.
100 Leibniz to Peter the Great, 16 January 1712, in Vernadsky, *A Source Book for Russian History*, p. 366.
101 Dukes, *The Making of Russian Absolutism*, p. 75.
102 Shvidkovsky, *Russian Architecture and the West*, pp. 197–8; Cracraft, *The Petrine Revolution in Russian Architecture*, pp. 158, 161, 163.
103 Hosking, *Russia and the Russians*, p. 202.
104 Dashwood, Sir Francis, 'Sir Francis Dashwood's Diary of his Visit to St Petersburg in 1733', ed. Betty Kemp, *The Slavonic and East European Review*, Vol. XXXVIII, No. 90, London: University of London, Athlone Press, December 1959, p. 204.
105 Qtd in Giroud, *St Petersburg*, p. 10.
106 Bird, *A History of Russian Painting*, p. 41.
107 Cracraft, *The Petrine Revolution in Russian Culture*, p. 56.
108 Hughes, '"For the Health of the Sons of Ivan Mikhailovich"', in *Reflections on Russia in the Eighteenth Century*, pp. 448, 50; *The Present State of Russia*, pp. 242–3.
109 Cross, *By the Banks of the Neva*, pp. 33–4.
110 Baehr, Stephen L., 'In the Re-Beginning: Rebirth, Renewal and *Renovatio* in Eighteenth-Century Russia', in *Russia and the*

West in the Eighteenth Century – Proceedings of the Second International Conference Organized by the Study Group on E ighteenth-Century Russia and Held at the University of East Anglia, Norwich 17–22 July 1981, p. 153.

111 Wortman, *Scenarios of Power*, Vol. I, p. 48.

112 Hosking, *Russia and the Russians* pp. 205, 213.

113 Duc de Saint-Simon, qtd in Hughes, 'Images of Greatness', in Hughes, *Peter the Great and the West*, p. 255.

114 Anisimov, *Five Empresses*, pp. 25, 34.

115 Marker, Gary, 'Godly and Pagan Women in the Coronation Sermon of 1724', in Bartlett and Lehmann-Carli, eds., *Eighteenth-Century Russia: Society, Culture, Economy – Papers from the VII International Conference of the Study Group on Eighteenth-Century Russia, Wittenberg, 2004*, Berlin: Lit Verlag, 2008, pp. 211–19; Alexander, 'Catherine I, Her Court and Courtiers', in Hughes *Peter the Great and the West*, p. 229.

116 Alexander, 'Catherine I, Her Court and Courtiers', in Hughes *Peter the Great and the West*, p. 229; Galitzin, Le Prince Augustin, *La Russie au XVIIIe siècle*, Paris, 1863, pp. 252–3.

117 La Mottraye, *Voyages*, p. 203.

118 Dixon, Simon, '30 July 1752: The Opening of the Peter the Great Canal', in Cross, *Study Group on Eighteenth-Century Russia*, p. 93; Cross, Anthony, *By the Banks of the Neva*, p. 174.

119 Qtd in Anisimov, *Five Empresses*, pp. 40–41.

120 Rousseau, Jean-Jacques, *A Treatise on the Social Compact*, London, 1764, qtd in Cross, *Peter the Great*, p. 82.

121 Sokurov, Alexander, dir., *Russian Ark*, The State Hermitage Museum, Ministry of Culture of the Russian Federation et al., 2002.

122 Cracraft, *The Petrine Revolution in Russian Architecture*, p. 177.

123 *The Present State of Russia*, p. 300.

124 Dashwood, 'Diary', p. 203.

125 Brodsky, *Less Than One*, p. 74.

第四章　昏睡與重生

1 Alexander, 'Catherine I, Her Court and Courtiers', in Hughes, *Peter the Great and the West*, p. 229.

2 Anisimov, *Five Empresses*, p. 355 n.1.

3 Qtd in Proskurina, Vera, *Creating the Empress – Politics and Poetry in the Age of Catherine II*, Brighton, MA: Academic Studies Press, 2011, p. 14.

4 Mottley, *The History of the Life and Reign of the Empress Catherine*, Vol. II, p. 48.

5 Wortman, *Scenarios of Power*, Vol. I, p. 67.

6 Galitzin, *La Russie au XVIIIe siècle*, pp. 179–80.

7 Shrad, *Vodka Politics*, p. 54.

8 Mottley, *The History of the Life and Reign of the Empress Catherine*, Vol. II, p. 49.

9 Qtd in Massie, *Peter the Great*, p. 769.

10 Gogol, Nikolai, *Dead Souls*, trans. Christopher English, Oxford: Oxford World's Classics, 1998, p. 245.

11 Smith, Hedrick, *The Russians*, New York: Ballantine Books, revised edn 1984, p. 134.

12 Vernadsky, *A Source Book for Russian History*, p. 377.

13 Dukes, *The Making of Russian Absolutism*, p. 113.

14 Alexander, 'Catherine I, Her Court and Courtiers', in Hughes, *Peter the Great and the West*, p. 230.

15 Deschisaux, *Description d'un voyage*, p. 21.

16 Galitzin, *La Russie au XVIIIe siècle*, p. 330.

17 La Mottraye, qtd in Cracraft, *The Petrine Revolution in Russian Architecture*, p. 218.

18 Deschisaux, *Description d'un voyage*, pp. 16–17, 21.

19 Galitzin, *La Russie au XVIIIe siècle*, pp. 180, 201.
20 Bolkhovitinov, Nikolai Nikolaevich, *Russia and the United States – An Analytical Survey of Archival Documents and Historical Studies*, trans. J. D. Hartgrove, Soviet Studies in History, Vol. XXV, No. 2, pp. 38, 40.
21 Dashwood, 'Diary', p. 205.
22 Keenan, *St Petersburg and the Russian Court*, p. 30.
23 Albedil, *Peter the Great's Kunstkammer*, p. 24.
24 La Mottraye, *Voyages*, pp. 248–9.
25 Keenan, *St Petersburg and the Russian Court*, pp. 30–31.
26 Anisimov, *Five Empresses*, p. 49.
27 Shrad, *Vodka Politics*, p. 54.
28 Galitzin, *La Russie au XVIIIe siècle*, p. 194.
29 Warner, *Russian Myths*, pp. 73–7, ill. p. 77.
30 Mottley, *The History of the Life and Reign of the Empress Catherine*, Vol. II, p. 2.
31 Smith, Alexandra, 'Pushkin's Imperial Image of Saint Petersburg Revisited', in Reid and Andrew, eds, *Two Hundred Years of Pushkin*, Studies in Slavic Literature and Poetics, Vol. XXXIX, Amsterdam and New York: Editions Rodopi, 2003, p. 125.
32 Dukes, *The Making of Russian Absolutism*, p. 103.
33 Manstein, General, *Memoirs of Russia, Historical, Political and Military*, London, 1770, pp. 8–9, 21.
34 Proskurina, *Creating the Empress*, p. 26.
35 Gerasimova, Julia, *The Iconostasis of Peter the Great in the Peter and Paul Cathedral in St Petersburg (1722–9)*, Leiden: Alexandros Press, 2004, pp. 4, 33, 49, 53, 146, 191–2, 194.
36 Galitzin, *La Russie au XVIIIe siècle*, pp. 312–13.
37 Manstein, *Memoirs of Russia*, p. 22. 38 Vigor, *Letters from a Lady*, p. 30.

39 Manstein, *Memoirs of Russia*, p. 26.

40 Dukes, *The Making of Russian Absolutism*, pp. 104–105.

41 Vigor, *Letters from a Lady*, pp. 63–4.

42 Keenan, Paul, '23 December 1742: Elizaveta Petrovna's Ceremonial Entry into St Petersburg', in Cross, *Study Group on Eighteenth- Century Russia*, pp. 80–81.

43 The 'H' form being an 'N' in Russian, it spells ANNA.

44 Marker, Gary, *Publishing, Printing and the Origins of Intellectual Life in Russia, 1700–1800*, Princeton, NJ: Princeton University Press, 1985, p. 48.

45 von Strahlenberg, An Historico-Geographical Description, p. 183, n.22.

46 Algarotti, *Lettres*, p. 107; Dashwood, 'Diary', p. 204.

47 Keenan, *St Petersburg and the Russian Court*, pp. 144–5.

48 Gregory, John, and Ukladnikov, Alexander, *Leningrad's Ballet*, Croesor, Gwynned: Zena Publications, 1990, p. 9.

49 Rosslyn, Wendy, 'The Prehistory of Russian Actresses: Women on the Stage in Russia (1704–1757)', in Bartlett and Lehmann-Carli, eds, *Eighteenth-Century Russia: Society, Culture, Economy*, pp. 69–81, 75.

50 Longworth, Philip, *The Three Empresses – Catherine I, Anne and Eliza- beth of Russia*, New York: Holt, Rinehart and Winston, 1972, pp. 80–81.

51 Qtd in Soloviev, Sergei M., *A History of Russia, Vol. 34: Empress Anna, Favorites, Policies, Campaigns*, trans. Walter J. Gleason, Gulf Breeze, FL: Academic International Press, 1984, p. 27.

52 Vigor, *Letters from a Lady*, p. 71.

53 Münnich, Comte Ernest de, *Mémoires sur la Russie de Pierre le Grand à Elisabeth Ire* (*1720–42*), trans. Francis Ley, Paris: Harmattan, 1997, p. 129.

54 Dashwood, 'Diary', p. 200; Algarotti, *Lettres*, p. 72.

55 Dashwood, 'Diary', pp. 203, 206.
56 Ibid., p. 202.
57 Vigor, *Letters from a Lady*, p. 4.
58 Justice, Elizabeth, *A Voyage to Russia: Describing the Laws, Manners and Customs of That Great Empire as Governed at This Present by That Excellent Princess, the Czarina*, York, 1739, p. 35.
59 Ibid., pp. 16, 35.
60 Ibid., pp. 15–17.
61 Ibid., pp. 15, 22–5, 35.
62 Anisimov, *Five Empresses*, p. 96.
63 Manstein, *Memoirs of Russia*, pp. 43–6.
64 Longworth, *The Three Empresses*, p. 122.
65 Anisimov, *Five Empresses*, p. 95.
66 Manstein, *Memoirs of Russia*, p. 251.
67 Vigor, *Letters from a Lady*, p. 19.
68 Qtd in Soloviev, *Empress Anna*, p. 26.
69 Ibid.; Longworth, *The Three Empresses*, p. 122.
70 Richard, John, *A Tour from London to Petersburgh*, London, 1780, p. 18.
71 Anisimov, *Five Empresses*, pp. 89, 91; Longworth, *The Three Empresses*, p. 121. The incident has been attributed to both Catherine and Anna – in 1726 and 1735. Both would have been capable.
72 Münnich, *Mémoires*, p. 129.
73 Qtd in Soloviev, *Empress Anna*, p. 72.
74 Vigor, *Letters from a Lady*, pp. 102–103.

75 Ibid., pp. 93–4.

76 Manstein, *Memoirs of Russia*, p. 249.

77 Anisimov, *Five Empresses*, p. 115.

78 Justice, *A Voyage to Russia*, p. 14.

79 Rosslyn, in *Eighteenth-Century Russia*, pp. 74–5.

80 Manstein, *Memoirs of Russia*, p. 51.

81 Anisimov, Evgeny V., *Empress Elizabeth – Her Reign and Her Russia 1741–61*, trans. John J. Alexander, Gulf Breeze, FL: Academic International Press, 1995, p. 184.

82 Ibid., pp. 19, 20, 200, 203.

83 Qtd in Longworth, *The Three Empresses*, p. 127.

84 John Cook, *Voyages and Travels through the Russian Empire, Tartary and the Empire of Persia*, Vol. I, Edinburgh, 1770, pp. 96–7.

85 Longworth, *The Three Empresses*, pp. 133–4.

86 Shvidkovsky, *Russian Architecture and the West*, p. 207; Anisimov, *Five Empresses*, p. 112.

87 Shvidkovsky, *Russian Architecture and the West*, pp. 209–210.

88 Giroud, *St Petersburg*, p. 16.

89 Manstein, *Memoirs of Russia*, p. 258.

90 Algarotti, *Lettres*, p. 106.

91 Vigor, *Letters from a Lady*, pp. 119–120; Anisimov, *Five Empresses*, p. 101.

92 Dukes, *The Making of Russian Absolutism*, pp. 107–108.

93 Anisimov, *Five Empresses*, pp. 105–106.

94 Charles Cottrell, qtd in Cross, *By the Banks of the Neva*, p. 337.

95 Anisimov, *Five Empresses*, pp. 145–6, 148–50, 153; Anisimov, *Empress Elizabeth*, pp. 4, 7.

96 Soloviev, *Empress Anna*, p. 42.

97 Vockerodt, Prussian Secretary, qtd in Schuyler, *Peter the Great*, Vol. II, p. 11.

第五章　跳舞、做愛、飲酒

1 Leichtenhan, Francine-Dominique, Élisab*eth Ire de Russie*, Paris: Fayard, 2007, p. 20.

2 Anisimov, *Empress Elizabeth*, pp. 11, 166.

3 Soloviev, Sergei M., *History of Russia, Vol. 37: Empress Elizabeth's Reign 1741–44*, trans. Patrick J. O'Meara, Gulf Breeze, FL: Academic International Press, 1996, p. 19.

4 Soloviev, *Empress Elizabeth's Reign*, p. 44.

5 Dukes, *The Making of Russian Absolutism*, p. 109.

6 Soloviev, *Empress Elizabeth's Reign*, p. 30. 7 Manstein, *Memoirs of Russia*, pp. 319–20.

8 Hanway, Jonas, *An Historical Account of the British Trade Over the Caspian Sea with a Journal of Travels*, Vol. I, London: Dodesley, 1753, p. 82.

9 Shvidkovsky, *Russian Architecture and the West*, pp. 210–13, 219–26.

10 Benois, Alexander and de le Messelier, qtd in Anisimov, *Empress Elizabeth*, pp. 184, 186.

11 Gautier, Théophile, *The Complete Works – Vol. VII: Travels in Russia*, trans. and ed. S. C. De Sumichrast, Athenaeum Press, reprinted by Forgotten Books, n.d., p. 293.

12 Dukes, *The Making of Russian Absolutism*, p. 110; Dixon, Simon, *Catherine the Great*, New York: HarperCollins, 2009, p. 72.

13 Cross, *By the Banks of the Neva*, p. 19; Anisimov, *Empress Elizabeth*, p. 183.

14 Nisbet Bain, R., *The Daughter of Peter the Great*, London: Constable, 1899, p. 139.

15 Anisimov, *Empress Elizabeth*, p. 172.

16 Catherine the Great, *The Memoirs of Catherine the Great*, trans. Mark Cruse and Hilde Hoogenboom, New York: Modern

Library, 2005; pbk 2006, p. 143.

17 Nisbet Bain, *The Daughter of Peter the Great*, p. 141.

18 Richard, *A Tour from London to Petersburgh*, p. 44.

19 Richardson, *Anecdotes of the Russian Empire*, p. 218.

20 Anisimov, *Empress Elizabeth*, p. 168, quoting Pauzié, p. 173.

21 Shrad, *Vodka Politics*, p. 52.

22 Qtd in Nisbet Bain, *The Daughter of Peter the Great*, p. 134; Richard, *A Tour from London to Petersburgh*, p. 17.

23 Qtd in Anisimov, *Empress Elizabeth*, p. 176.

24 Dukes, *The Making of Russian Absolutism*, p. 109; Richardson, *Anecdotes of the Russian Empire*, p. 81.

25 Anisimov, *Empress Elizabeth*, p. 180.

26 De Madariaga, Isabel, *Catherine the Great – A Short History*, New Haven, CT, and London: Yale University Press, (1990) 2002, p. 12.

27 Cross, *By the Banks of the Neva*, p. 338.

28 Qtd in Nisbet Bain, *The Daughter of Peter the Great*, p. 136.

29 Ibid., p. 138.

30 Soloviev, *Empress Elizabeth's Reign*, p. 29.

31 Manstein, *Memoirs of Russia*, p. 319.

32 Anisimov, *Empress Elizabeth*, pp. 57–60, 73, 204–205, 209.

33 Elizabeth I's decree of 30 August 1756, in Vernadsky, *A Source Book for Russian History*, p. 390.

34 Keenan, *St Petersburg and the Russian Court*, p. 100.

35 Toomre, Joyce S. 'Sumarokov's Adaptation of Hamlet and the "To Be or Not to Be" Soliloquy', in *Study Group on Eighteenth-Century Russia – Newsletter*, No. 9, Leeds, September 1981, pp. 3–20, 17.

36 Ospovat, Kirill, 'Alexandr Sumarokov and the Social Status of Russian Literature in the 1750s–60s', in *Study Group on Eighteenth Russia – Newsletter*, No. 33, Cambridge, November 2005, pp. 24–30, 34.

37 Atkinson, John Augustus, and Walker, James, *A Picturesque Representation of the Manners, Customs, and Amusements of the Russians in One Hundred Coloured Plates*, London, Vol. I, 1803; Vols II and III, 1804, text facing 'Horn Music' plate.

38 Buckler, *Mapping St Petersburg*, pp. 124–5.

39 Nisbet Bain, *The Daughter of Peter the Great*, p. 151.

40 Rosslyn, in *Eighteenth-Century Russia*, p. 76.

41 Keenan, *St Petersburg and the Russian Court*, p. 80.

42 Nisbet Bain, *The Daughter of Peter the Great*, p. 140.

43 Bilbassov, Vasily A., 'The Intellectual Formation of Catherine II' (St Petersburg, 1901), reprinted in Raeff, Marc, ed., *Catherine the Great – A Profile*, London: Macmillan, 1972, p. 25.

44 Catherine the Great, *Memoirs*, pp. 48, 52, 91, 138.

45 Ibid., pp. xiv–xvi, 110, 179.

46 Ibid., p. 182; McGrew, Roderick E., *Paul I of Russia 1754–1801*, Oxford: Clarendon Press, 1992, pp. 24–7.

47 Proskurina, *Creating the Empress*, p. 57.

48 Bagdasarova, in *Dining with the Tsars*, pp. 22–4.

49 Proskurina, *Creating the Empress*, p. 16.

50 Qtd in Nisbet Bain, *The Daughter of Peter the Great*, p. 153.

51 Jonas Hanway on Elizabeth, qtd in Vernadsky, *A Source Book for Russian History*, p. 386.

52 Catherine the Great, *Memoirs*, p. 93.

53 D'Eon de Beaumont, Charles, *The Maiden of Tonnerre – The Vicissitudes of the Chevalier and the Chevalière d'Eon* (containing *The Great Historical Epistle by the Chevalière d'Eon, Written in 1785 to Madame the Duchesse of Montmorenci-Bouteville)*, trans.

and ed. Champagne, Ekstein and Kates, Baltimore and London: Johns Hopkins University Press, 2001, pp. ix, 20–21.

54 Taylor, D. J., 'The Chevalier d'Éon de Beaumont in Petersburg 1756– 60: An Observer of Elisaveta Petrovna's Russia', in *Study Group on Eighteenth-Century Russia – Newsletter*, No. 6, Norwich, September 1978, pp. 40–54, 50.

55 Anisimov, *Empress Elizabeth*, p. 191.

56 Blakesley, Rosalind P., '23 October 1757: The Foundation of the Imperial Academy of Arts', in Cross, *Study Group on Eighteenth-Century Russia*, pp. 109–120.

57 Keenan, *St Petersburg and the Russian Court*, pp. 131–4.

58 Catherine the Great, *Memoirs*, p. 110.

59 De Custine, *Letters*, p. 54.

60 Dukes, *The Making of Russian Absolutism*, p. 110.

61 Keenan, *St Petersburg and the Russian Court*, pp. 55–6.

62 Atkinson and Walker, *A Picturesque Representation*, Vol. I, text facing 'Milkwomen' plate; Vol. II, text facing 'Zbitenshik' plate.

63 Storch, Henry, from the German of *The Picture of Petersburg*, London, 1801, p. 182.

64 Jones, *Bread Upon the Waters*, pp. 35–7.

65 Atkinson and Walker, *A Picturesque Representation*, Vol. III, text facing 'Fish Barks' plate.

66 Munro, George E., *The Most Intentional City – St Petersburg in the Reign of Catherine the Great*, Cranbury, NJ: Associated University Presses, 2010, p. 39.

67 Catherine the Great, *Memoirs*, pp. 4–6, 148–9, 183.

68 Neville, Peter, *Russia: A Complete History – The USSR, the CIS and the Independent States in One Volume*, London: Phoenix, 2003, p. 87.

69 Catherine the Great, *Memoirs*, pp. 37, 82, 152.

70 Ibid., pp. 104, 120.

71 Shrad, *Vodka Politics*, p. 52.

第六章　轉型的城市

1 Catherine, qtd in Buckler, *Mapping St Petersburg*, p. 18.
2 Richardson, *Anecdotes of the Russian Empire*, pp. 51, 78, 153.
3 Swinton, A., *Travels into Norway, Denmark, and Russia in the Years 1788, 1789, 1790, and 1791*, London, 1792, pp. 212–13, 335.
4 Ibid., pp. 219–22.
5 Dixon, *Catherine the Great*, p. 256.
6 Casanova de Seingalt, Jacques, *The Memoirs*, London, 1894, trans. Arthur Machen, to which have been added the chapters discovered by Arthur Symons, 'Russia and Poland', Vol. XXV, Minneapolis, MN: Filiquarian Publishing, n.d., pp. 14–15.
7 Storch, *The Picture of Petersburg*, London, p. 444; Atkinson and Walker, *A Picturesque Representation*, Vol. II, text facing 'Ice Hills' plate; Vol. III, text facing 'Race Course' plate.
8 Swinton, *Travels into Norway, Denmark and Russia*, pp. 224–5.
9 Casanova, *The Memoirs*, p. 9.
10 Atkinson and Walker, *A Picturesque Representation*, Vol. III, text facing 'Dvornick' plate.
11 Ibid., Vol. II, text facing 'Boutoushniki' plate.
12 Hartley, Janet M., 'Governing the City: St Petersburg and Catherine II's Reforms', in Cross, ed., *St Petersburg 1703–1825*, Basingstoke and New York: Palgrave Macmillan, 2003, pp. 100, 102, 105.
13 Munro, *The Most Intentional City*, pp. 93–4, 96, 107, 122.
14 Atkinson and Walker, *A Picturesque Representation*, Vol. III, text facing 'Cooper' plate and text facing 'Kalachniks' plate.
15 De Madariaga, Isabel, *Russia in the Age of Catherine the Great*, New Haven, CT, and London: Yale University Press, 1981, p. 555.

16 Atkinson and Walker, *A Picturesque Representation*, Vol. III, text facing 'Gardeners' plate.
17 Anon., *A Picture of St Petersburgh: Represented in a Collection of Twenty Interesting Views of the City, the Sledges, and the People*, London, 1815, pp. 20–21; Swinton, *Travels into Norway, Denmark and Russia*, p. 241.
18 Porter, Robert Ker, *Travelling Sketches in Russia and Sweden during the Years 1805, 1806, 1807, 1808*, Vols I and II, London: Richard Phillips, 1809, pp. 22, 121.
19 Van Wonzel, Pieter, *État Présent de la Russie*, St Petersburg and Leipzig, 1783, pp. 128–9; de Madariaga, *Catherine the Great*, p. 159.
20 Munro, *The Most Intentional City*, pp. 154–5, 218–19.
21 Cross, *By the Banks of the Neva*, pp. 18, 20.
22 Cross, Anthony, 'Mr Fisher's Company of English Actors in Eighteenth-Century St Petersburg', in *Study Group on Eighteenth-Century Russia – Newsletter*, No. 4, Norwich, September 1976, pp. 49–56, 49–50.
23 Cross, *By the Banks of the Neva*, pp. 34–5.
24 Catherine the Great, Letter to Poniatowski, July 1762, in Dmytryshyn, *Imperial Russia*, pp. 59–60.
25 Catherine the Great et al., *Authentic Memoirs of the Life and Reign of Catherine II, Empress of all the Russias. Collected from the Authentic MS's. Translations, &c. of the King of Sweden, Right Hon. Lord Mountmorres, Lord Malmesbury, M. de Volney, and other indisputable authorities*, London, 1797, pp. 23–4.
26 Ibid., p. 34.
27 Anisimov, *Five Empresses*, p. 164.
28 *Authentic Memoirs of the Life and Reign of Catherine II*, pp. 40–41.
29 Proskurina, *Creating the Empress*, p. 117.
30 Keenan, *St Petersburg and the Russian Court*, p. 71; Dixon, *Catherine the Great*, p. 8.
31 Catherine the Great, *Memoirs*, pp. xix–xx.

32 Wortman, *Scenarios of Power*, Vol. I, pp. 111–13.
33 Bagdasarova, in *Dining with the Tsars*, pp. 27, 31; Proskurina, *Creating the Empress*, pp. 41, 118–22.
34 De Madariaga, *Catherine the Great*, p. 206. 35 Schönle, *The Ruler in the Garden*, p. 318.
36 De Madariaga, *Catherine the Great*, p. 206.
37 Casanova, *The Memoirs*, pp. 9, 22; Proskurina, *Creating the Empress*, p. 29.
38 Atkinson and Walker, *A Picturesque Representation*, Vol. II, text facing 'Public Festivals' plate.
39 Qtd in introd. to Catherine the Great, *Memoirs*, p. xxv.
40 Casanova, *The Memoirs*, p. 32.
41 Qtd in Cross, *By the Banks of the Neva*, p. 377.
42 Anon. (Masson, Charles François Phillibert), *Memoirs of Catherine II and the Court of St Petersburg During her Reign and that of Paul I by One of her Courtiers*, London: Grolier Society, n.d., pp. 289–90.
43 Richard, *A Tour from London to Petersburgh*, p. 46.
44 Masson, *Memoirs of Catherine II and the Court of St Petersburg*, p. 101; Neville, *Russia: A Complete History*, p. 93.
45 Catherine the Great, *Memoirs*, p. 147; de Madariaga, *Catherine the Great*, pp. 2–3.
46 De Madariaga, *Catherine the Great*, pp. 209–11.
47 Qtd in Dixon, *Catherine the Great*, pp. 27–8.
48 Catherine the Great, *Memoirs*, pp. 57–8.
49 Alexander, John T., *Catherine the Great, Life and Legend*, New York: Oxford University Press, 1989, p. 79.
50 Munro, *The Most Intentional City*, pp. 235, 237, 247–8; Munro, George E., 'Compiling and Maintaining St Petersburg's "Book of City Inhabi tants": The "Real" City Inhabitants', in Cross, ed., *St Petersburg 1703–1825*, p. 87.
51 Swinton, *Travels into Norway, Denmark and Russia*, p. 391.
52 Munro, *The Most Intentional City*, pp. 89, 202–203, 211–12, 215.

53 De Madariaga, *Catherine the Great*, pp. 105–107, 110–112.
54 Marker, *Publishing, Printing and the Origins of Intellectual Life in Russia*, pp. 105–106.
55 De Madariaga, *Catherine the Great*, pp. 92–7.
56 Catherine the Great, *Memoirs*, pp. xxix, 100.
57 Munro, *The Most Intentional City*, p. 83.
58 Bilbassov, Vasily A., in Raeff, *Catherine the Great*, pp. 36–7; Richardson, *Anecdotes of the Russian Empire*, p. 97.
59 Berman, Marshall, *All That Is Solid Melts into Air*, New York: Simon and Schuster, 1982, p. 182, Verso pbk, 1983, p. 18, discussing Rousseau, Jean-Jacques, *Julie, ou la nouvelle Héloïse*, 1761, Part II, Letters 14 and 17.
60 Storch, *The Picture of Petersburg*, p. 541. See also Lermontov, Mikhail, *A Hero of Our Time* (1840), trans. and introd. by Paul Foote, Harmondsworth: Penguin, 1966, p. 54, 'My imagination knows no peace, my heart no satisfaction.'
61 Wilson, Arthur M., *Diderot*, New York: Oxford University Press, 1972, pp. 91, 623, 628, 637, 641, 645.
62 Ibid., p. 512.
63 Anisimov, *Empress Elizabeth*, p. 51.
64 Qtd in Wortman, *Scenarios of Power*, Vol. I, p. 134.
65 McBurney, Erin, 'The Portrait Iconography of Catherine the Great: An Introduction', in *Study Group on Eighteenth-Century Russia – Newsletter*, No. 34, Cambridge, July 2006, pp. 22–7.
66 Schenker, Alexander M., *The Bronze Horseman – Falconet's Monument to Peter-the-Great*, New Haven, CT, and London: Yale University Press, 2003, pp. 285–6.
67 Ibid., p. 278.
68 Giroud, *St Petersburg*, pp. 36, 38.
69 Masson, *Memoirs of Catherine II*, p. 89.
70 Wilmot, Martha and Catherine, *The Russian Journals of Martha and Catherine Wilmot – 1803–08*, ed. Marchioness of

Londonderry and H. M. Hyde, London: Macmillan, 1934, p. 30.

71 Porter, *Travelling Sketches in Russia*, pp. 35–6.

72 Richardson, *Anecdotes of the Russian Empire*, p. 178.

73 Qtd in Wortman, *Scenarios of Power*, Vol. I, p. 135.

74 Cavanagh, Eleanor, letter of 20 August 1805, in Wilmot, Martha and Catherine, *The Russian Journals*, p. 181.

75 Jukes, Peter, *A Shout in the Street – The Modern City London*, London: Faber and Faber, 1990, p. 162.

76 Storch, *The Picture of Petersburg*, p. 236.

77 Hoare, Prince, *Extracts from a Correspondence with the Academies of Vienna and St Petersburg on the Cultivation of the Arts of Painting, Sculpture and Architecture in the Austrian and Russian Dominions*, London: White, Payne and Hatchard, 1802, pp. 38–9, 41–6.

78 Rice, Tamara Talbot, 'Charles Cameron', in *Charles Cameron* c.*1740– 1812*, London: Arts Council, 1967–8, p. 7.

79 Wraxall, N., Jun., *A Tour Through Some of the Northern Parts of Europe Particularly Copenhagen, Stockholm and Petersburg in a Series of Letters*, 3rd edn, London: Cadell, 1776, p. 258.

80 Qtd in Cross, *By the Banks of the Neva*, p. 389.

81 Loukomski, George, *Charles Cameron* (*1740–1812*), London: Nicholson and Watson, Commodore Press, 1943, pp. 55–61, 78.

82 Shvidkovsky, Dmitry, 'Catherine the Great's Field of Dreams: Architecture and Landscape in the Russian Enlightenment', in Cracraft, James, and Rowland, Daniel, eds, *Architectures of Russian Identities 1500 to the Present*, Ithaca, NY, and London: Cornell University Press, 2003, pp. 51–65.

83 Ibid., p. 78.

84 Cross, *By the Banks of the Neva*, pp. 246–7, 289.

85 Schönle, *The Ruler in the Garden*, p. 43.

86 Catherine the Great, letter to Voltaire of 25 June 1772, qtd in Schönle, *The Ruler in the Garden*, p. 48.

87 Shvidkovsky, in Cracraft and Rowland, *Architectures of Russian Identities*, p. 61.

88 Schönle, *The Ruler in the Garden*, p. 51.

89 Gautier, *The Complete Works – Vol. VII: Travels in Russia*, p. 200.

90 Wedgwood, Josiah, letter to his partner of March 1773, qtd in Jones, W. Gareth, 'Catherine the Great's Understanding of the "Gothic"', in *Reflections on Russia in the Eighteenth Century*, ed. Klein, Dixon and Fraanje, p. 239.

91 Liackhova, Lydia, 'Items from the Green Frog Service', in *Dining with the Tsars*, pp. 74–5.

92 Schönle, *The Ruler in the Garden*, p. 59.

93 Shvidkovsky, *Russian Architecture and the West*, p. 260.

94 Maes, Francis, *A History of Russian Music*, trans. Arnold J. Pomerans and Erica Pomerans, Berkeley, CA: University of California Press, 2002; pbk 2006, p. 15.

95 Shvidkovsky, *Russian Architecture and the West*, p. 262.

96 Qtd in de Madariaga, *Catherine the Great*, p. 101.

97 Dixon, *Catherine the Great*, p. 194.

98 Piotrovsky, B. B., and Suslov, V. A., 'Introduction', in Eisler, Colin, *Paintings in the Hermitage*, New York: Stewart, Tabori and Chang, 1990, p. 25.

99 Qtd in Dixon, *Catherine the Great*, p. 193.

100 Piotrovsky and Suslov, in *Paintings in the Hermitage*, pp. 24–5.

101 Ahlström, Christian, 'The Empress of Russia and the Dutch Scow the Vrouw Maria', in *The Annual Report*, Nautica Fennica, Helsinki: National Board of Antiquities, 2000; Leino, Minna, and Klemelä, Ulla, 'Field Research of the Maritime Museum of Finland at the Wreck Site of Vrouw Maria in 2001–2002', in *Moss Newsletter*, Helsinki, 2003, pp. 5–8; Piotrovsky and Suslov, in *Paintings in the Hermitage*, p. 26.

102 Wilson, *Diderot*, p. 601.

103 Piotrovsky and Suslov, in *Paintings in the Hermitage*, pp. 9–10, 26; Gray, Rosalind P., *Russian Genre Paintings in the Nineteenth Century*, Oxford: Clarendon Press, 2000, pp. 15–18.

104 Norman, Geraldine, *The Hermitage – The Biography of a Great Museum*, London: Jonathan Cape, 1997, p. 33.

105 Piotrovsky and Suslov, in *Paintings in the Hermitage*, p. 12.

106 Shapiro, Yuri, *The Hermitage*, Moscow: Progress Publishers, 1976, p. 7.

107 Van Wonzel, *État Présent de la Russie*, p. 63.

108 Cross, *By the Banks of the Neva*, p. 323.

109 Piotrovsky and Suslov, in *Paintings in the Hermitage*, p. 26.

110 Norman, *The Hermitage*, pp. 36–7.

111 Dixon, *Catherine the Great*, p. 44; Munro, *The Most Intentional City*, p. 272.

112 Seaman, Gerald, 'Catherine the Great and Musical Enlightenment', in *Study Group on Eighteenth-Century Russia – Newsletter*, No. 19, Cambridge, September 1991, pp. 13–14.

113 De Madariaga, *Russia in the Age of Catherine the Great*, p. 534.

114 Jones, *Bread Upon the Waters*, p. 23.

115 Munro, *The Most Intentional City*, pp. 224, 229.

116 De Madariaga, *Catherine the Great*, pp. 78–9.

117 Wraxall, N., Jun., Letter of 20 July, 1774, in *A Tour Through Some of the Northern Parts of Europe*, p. 245; Storch, *The Picture of Petersburg*, p. 133; Munro, *The Most Intentional City*, p. 113. 118 Munro, *The Most Intentional City*, pp. 46, 255.

119 Qtd in Schönle, *The Ruler in the Garden*, p. 64.

120 Storch, *The Picture of Petersburg*, p. 159.

121 Dixon, *Catherine the Great*, pp. 257–8.

122 Munro, *The Most Intentional City*, p. 127.

123 Hittle, Michael J., *The Service City – State and Townsmen in Russia 1600–1800*, Cambridge, MA: Harvard University Press, 1979, p. 106.

124 Dixon, Simon, '30 July 1752: The Opening of the Peter the Great Canal', in Cross, *Study Group on Eighteenth-Century Russia*, Part 1, p. 93.

125 Glendenning, P. H., 'Admiral Sir Charles Knowles in Russia 1771– 1774', in 'Synopses of Papers Read at the 12th Meeting of the Study Group – University of Leeds, 15–16 December 1973', in *Study Group on Eighteenth-Century Russia – Newsletter*, No. 2, Norwich, 1974, p. 10.

126 De Madariaga, *Russia in the Age of Catherine the Great*, pp. 574–5.

127 Richard, *A Tour from London to Petersburgh*, p. 25; Munro, *The Most Intentional City*, p. 191.

128 Qtd in de Madariaga, *Catherine the Great*, pp. 146–7.

129 Munro, *The Most Intentional City*, pp. 27, 74, 121–2.

130 Richardson, *Anecdotes of the Russian Empire*, p. 33.

131 Qtd in Proskurina, *Creating the Empress*, p. 96.

132 Qtd in Bartlett, R. P., 'Russia and the Eighteenth-Century European Adoption of Inoculation for Smallpox', in Bartlett, Cross and Rasmussen, *Russia and the World of the Eighteenth Century*, pp. 193–5, 204; Alexander, *Catherine the Great, Life and Legend*, p. 146.

133 Dixon, *Catherine the Great*, p. 191.

134 Munro, *The Most Intentional City*, pp. 128–9; Alexander, *Catherine the* Great, pp. 158–9.

135 Storch, *The Picture of Petersburg*, p. 201.

136 De Madariaga, *Catherine the Great*, p. 78.

137 Munro, George E., 'Politics, Sexuality and Servility: The Debate Between Catherine the Great and the Abbé Chappe d'Auteroche', in *Russia and the West in the Eighteenth Century*, pp. 124–34, 128, 130.

138 Munro, *The Most Intentional City*, pp. 76–7.

139 Storch, *The Picture of Petersburg*, p. 205; Alexander, *Catherine the Great*, p. 148.

140 Qtd in Bernstein, *Sonia's Daughters*, p. 15.

141 Keenan, *St Petersburg and the Russian Court*, p. 57; Engel, *Women in Russia*, p. 64.

142 Tooke, William, *View of the Russian Empire during the Reign of Catherine the Second and to the Close of the Eighteenth Century*, Vol. I, London: Longman and Rees, 1800, pp. 7–11.

143 Wraxall, *A Tour Through Some of the Northern Parts of Europe*, pp. 248–9.

144 Masson, *Memoirs of Catherine II*, p. 293.

145 Casanova, *The Memoirs*, pp. 16–17, 18, 20, 39–40.

146 Newspaper advert of 1797, in Dmytryshyn, *Imperial Russia*, p. 127.

147 Dukes, *The Making of Russian Absolutism*, p. 166.

148 Qtd in de Madariaga, *Catherine the Great*, p. 54.

149 Pugachev's 'Emancipation Decree' of July 1774, in Dmytryshyn, *Imperial Russia*, p. 96.

150 Neville, *Russia: A Complete History*, pp. 97–9; de Madariaga, *Catherine the Great*, p. 63.

151 Pushkin, Alexander, *The Queen of Spades and Other Stories*, trans. Rosemary Edmonds, London: Penguin, 2004, pp. 250, 285, 292, 300–304.

152 Qtd in de Madariaga, *Catherine the Great*, p. 54.

153 Wortman, *Scenarios of Power*, Vol. I, pp. 139–40.

154 Alexander, *Catherine the Great*, p. 261.

155 Radishchev, Alexandr Nikolaevich, *A Journey from St Petersburg to Moscow*, trans. Leo Wiener, ed. Roderick Page Thaler, Cambridge, MA: Harvard University Press, 1958, p. 43.

156 Catherine's annotations to Radishchev, *A Journey from St Petersburg to Moscow*, p. 247.

157 Introduction to Radishchev, *A Journey from St Petersburg to Moscow*, pp. 34–5; Neville, *Russia: A Complete History*, p. 95.

158 De Madariaga, *Catherine the Great*, pp. 200–201.

159 Proskurina, *Creating the Empress*, pp. 185–7; McBurney, 'The Portrait Iconography of Catherine the Great', in *Study Group on Eighteenth-Century Russia – Newsletter*, No. 34, pp. 22–3, 25.

160 Masson, *Memoirs of Catherine II*, pp. 117–18; Storch, *The Picture of Petersburg*, p. 31.

161 Masson, *Memoirs of Catherine II*, pp. 95–6.

162 Coleridge, Samuel Taylor, *Collected Poetical Works*, Oxford: Oxford University Press, 1978, p. 162.

163 Swinton, *Travels into Norway, Denmark and Russia*, pp. 229–30; Richardson, *Anecdotes of the Russian Empire*, p. 412; van Wonzel, *État Présent de la Russie*, p. 132.

164 Casanova, *The Memoirs*, p. 23.

第七章　瘋狂、殘殺與暴動

1 Storch, *The Picture of Petersburg*, p. 445.

2 Atkinson and Walker, *A Picturesque Representation*, Vol. I, text facing 'Pleasure Barges' plate; van Wonzel, État Présent de la Russie, p. 118.

3 Storch, *The Picture of Petersburg*, pp. 438–9.

4 Porter, *Travelling Sketches in Russia*, pp. 66–7.

5 Dukes, *The Making of Russian Absolutism*, p. 175.

6 McGrew, *Paul I of Russia*, p. 24.

7 Catherine the Great, *Memoirs*, pp. xxiii–xxiv.

8 McGrew, *Paul I of Russia*, pp. 24–7; Rappoport, Angelo S., *The Curse of the Romanovs*, London: Chatto and Windus, 1907, pp. 26–7.

9 Masson, *Memoirs of Catherine II*, p. 120.

10 Qtd in Alexander, *Catherine the Great*, p. 145.

11 Rappoport, *The Curse of the Romanovs*, p. 141.

12 Norman, *The Hermitage*, pp. 50–51,54, 308.

13 Dukes, *The Making of Russian Absolutism*, p. 176.

14 McGrew, *Paul I of Russia*, pp. 152–7, 182.

15 Ibid., p. 206.

16 Storch, *The Picture of Petersburg*, p. 79.

17 Rappoport, *The Curse of the Romanovs*, p. 194.

18 Qtd in Cross, Anthony, '"Crazy Paul": The British and Paul I', in *Reflections on Russia in the Eighteenth Century*, ed., Klein, Dixon and Fraanje, pp. 7, 11.

19 Walker, James, *Paramythia or Mental Pastimes*, London, 1821, pp. 27–152 of *Engraved in the Memory*, ed. Anthony Cross, Providence, RI, and Oxford: Berg, 1993, pp. 40–41.

20 Casanova, *The Memoirs*, p. 12.

21 Storch, *The Picture of Petersburg*, p. 139.

22 McGrew, *Paul I of Russia*, pp. 210, 213.

23 Kotzbuë, Auguste de, *L'année la plus remarquable de ma vie*, Paris, 1802, pp. 79–81.

24 Porter, *Travelling Sketches in Russia*, p. 39.

25 Walker, *Paramythia*, p. 77.

26 Marker, *Publishing, Printing and the Origins of Intellectual Life in Russia*, p. 231.

27 Norman, *The Hermitage*, p. 55.

28 Bernstein, *Sonia's Daughters*, p. 15; Rosslyn, 'Petersburg Actresses On and Off Stage', in Cross, *St Petersburg 1703–1825*, p. 140.

29 Mikhail I. Pylyaev, *Old St Petersburg. Tales from the Capital's Former Life*, St Petersburg, 2004, pp. 370–73, qtd by Bagdasarova, in *Dining with the Tsars*, p. 32.

30 Breton, M., *La Russie, ou mœurs, usages, et costumes des habitans de toutes les provinces de cet empire*, Vol. I, Paris, 1813, pp. 136–7.

31 Kotzbuë, *L'anée la plus remarkable*, p. 151; Giroud, *St Petersburg*, p. 59. 32 Dukes, *The Making of Russian Absolutism*, p. 178.

33 Porter, Robert Ker, *Travelling Sketches in Russia*, p. 40; Anon., *A Picture of St Petersburgh*, p. 5.

34 Shvidkovsky, *Russian Architecture and the West*, p. 295; Proskurina, *Creating the Empress*, p. 137.

35 McGrew, *Paul I of Russia*, p. 345.

36 Qtd in Hartley, Janet M., *Alexander I*, London and New York: Longman, 1994, p. 24.

37 McGrew, *Paul I of Russia*, pp. 323, 327, 330, 333, 349.

38 De Raymond, Damaze, *Tableau historique, géographique, militaire et moral de l'empire de Russie*, Vol. II, Paris, 1812, p. 132.

39 McGrew, *Paul I of Russia*, pp. 335, 354; Neville, *Russia: A Complete History*, p. 109.

40 Porter, *Travelling Sketches in Russia*, pp. 16, 18; Faber, Gotthilf Theodor von, *Bagatelles. Promenades d'un désœuvré dans la ville de S.-Pétersbourg*, Vols I and II, Paris: Klosterman and Delaunay, 1812, p. 33.

41 Faber, *Bagatelles*, Vol, I, pp. 241–2.

42 Storch, *The Picture of Petersburg*, pp. 500, 506–507.

43 Casanova, *The Memoirs*, p. 21.

44 Faber, *Bagatelles*, Vol. II, pp. 174–80.

45 Redesdale, Lord, *Memories*, Vol. I, London: Hutchinson, 1915, p. 270.

46 Storch, *The Picture of Petersburg*, p. 505.

47 Atkinson and Walker, *A Picturesque Representation*, Vol. II, text facing 'A Merchant's Wife' plate.

48 Porter, *Travelling Sketches in Russia*, pp. 113–14, 163–5.

49 Wilmot, Martha and Catherine, *The Russian Journals*, pp. 169, 176.
50 Anon., *A Picture of St Petersburgh*, p. 23.
51 Porter, *Travelling Sketches in Russia*, pp. 107–109, 154–6.
52 Faber, *Bagatelles*, Vol. I, p. 157.
53 Breton, *La Russie*, Vol. I, p. 53.
54 Porter, *Travelling Sketches in Russia*, pp. 115–16, 149–54.
55 Storch, *The Picture of Petersburg*, p. 163.
56 Adams, John Quincy, *Memoirs – Portions of his Diary from 1795–1848*, Vol. II, ed. C. F. Adams, New York: AMS Press, 1970, p. 256.
57 Ibid., pp. 121–2.
58 Atkinson and Walker, *A Picturesque Representation*, Vol. I, text facing 'Katcheli' plate.
59 Porter, *Travelling Sketches in Russia*, Vol. II, p. 1.
60 Adams, *Memoirs*, p. 279.
61 Wilmot, Martha and Catherine, *The Russian Journals*, pp. 27–8.
62 Ibid., pp. 30–31.
63 Bagdasarova, in *Dining with the Tsars*, pp. 32–3.
64 Storch, *The Picture of Petersburg*, pp. 113, 118.
65 Ibid., pp. 556–7.
66 Adams, *Memoirs*, p. 280.
67 Storch, *The Picture of Petersburg*, p. 29; Jones, *Bread Upon the Waters*, pp. 23, 25.
68 Faber, *Bagatelles*, Vol. I, pp. 40, 43.
69 De Raymond, Damaze *Tableau historique*, p. 152; Cross, *By the Banks of the Neva*, pp. 305–306.

70 Storch, *The Picture of Petersburg*, pp. 122–3; Faber, *Bagatelles*, Vol. II, pp. 153–8.
71 Storch, *The Picture of Petersburg*, p. 129.
72 Porter, *Travelling Sketches in Russia*, Vol. II, pp. 20–24.
73 Shvidkovsky, in Cracraft and Rowland, *Architectures of Russian Identities*, p. 33.
74 Shvidkovsky, *Russian Architecture and the West*, pp. 299–301.
75 Wortman, *Scenarios of Power*, Vol. I, pp. 211–14.
76 Adams, *Memoirs*, pp. 171, 397–8.
77 Wilmot, Martha and Catherine, *The Russian Journals*, p. 33; Adams, *Memoirs*, p. 172.
78 Storch, *The Picture of Petersburg*, p. 460; Adams, *Memoirs*, p. 268; Porter, *Travelling Sketches in Russia*, p. 148.
79 De Madariaga, *Catherine the Great*, p. 108.
80 Hartley, *Alexander I*, p. 15.
81 Faibisovich, Viktor, 'If I Were Not Napoleon, Perhaps I Would Be Alexander…', in *Alexander, Napoleon and Joséphine*, Amsterdam: Museumshop Hermitage Amsterdam, 2015, p. 31.
82 Marker, *Publishing, Printing and the Origins of Intellectual Life in Russia*, pp. 231–2.
83 Hartley, *Alexander I*, p. 48; Faibisovich, in *Alexander, Napoleon and Joséphine*, pp. 32–5.
84 Hartley, *Alexander I*, pp. 83–4, qtd on pp. 86–7.
85 Ibid., pp. 73–6, 78–9.
86 de Staël, Madame, *Mémoires – Dix années d'exil* (first published 1818), Paris: 1861, pp. 431–3, 455, 456.
87 Ibid., pp. 442, 447; Storch, *The Picture of Petersburg*, p. 518.
88 De Staël, *Mémoires*, pp. 462, 463.
89 Adams, *Memoirs*, pp. 268, 352, 356.
90 Ermolaev, Ilya, 'Napoleon's Invasion of Russia', in *Alexander, Napoleon and Joséphine*, Amsterdam: Museumshop Hermitage

Amsterdam, 2015, p. 68.

91 Tolstoy, Leo, *War and Peace* (1869), trans. Rosemary Edmonds, Harmondsworth: Penguin, 1975, p. 977.

92 Ermolaev, in *Alexander, Napoleon and Joséphine*, pp. 74, 76.

93 Hartley, *Alexander I*, pp. 112, 114–15; Ermolaev, in *Alexander, Napoleon and Joséphine*, p. 85.

94 Aart Kool, qtd in Spruit, Ruud, 'In the Service of Napoleon – E xperiences of Dutch Soldiers', in *Alexander, Napoleon and Joséphine*, Amsterdam: Museumshop Hermitage Amsterdam, 2015, p. 147.

95 Tolstoy, *War and Peace*, p. 1,107.

96 Hartley, *Alexander I*, p. 115; Norman, *The Hermitage*, p. 59.

97 Adams, *Memoirs*, p. 420.

98 Spruit, in *Alexander, Napoleon and Joséphine*, pp. 147, 149; Ermolaev in *Alexander, Napoleon and Joséphine*, pp. 90, 100.

99 Adams, *Memoirs*, p. 435.

100 Qtd in Hartley, *Alexander I*, p. 124.

101 Hartley, *Alexander I*, pp. 7, 119, 139; Faibisovich, in *Alexander, Napoleon and Joséphine*, p. 40; Rappoport, *The Curse of the Romanovs*, pp. 357, 359, 365–7.

102 Seton-Watson, Hugh, *The Russian Empire 1801–17*, Oxford: Clarendon Press, 1967, pp. 184–5; Hartley, *Alexander I*, p. 194.

103 Qtd in Buckler, *Mapping St Petersburg*, p. 30.

104 Shvidkovsky, *Russian Architecture and the West*, p. 297.

105 Solovyov, Alexander, 'St Petersburg – Imperial City', in *At the R ussian Court – Palace and Protocol in the 19th Century*, Amsterdam: Museumshop Hermitage Amsterdam, 2009, p. 176; Shvidkovsky, *Russian Architecture and the West*, pp. 310–11.

106 Solovyov, in *At the Russian Court*, p. 176.

107 Maes, *A History of Russian Music*, pp. 16, 22.

108 Norman, *The Hermitage*, pp. 58–9, 62.

109 Rappe, Tamara, 'Alexander at Malmaison. Malmaison in Russia', in *Alexander, Napoleon and Joséphine*, Amsterdam: Museumshop Hermitage Amsterdam, 2015, pp. 104–115, with the Gonzaga heritage provided by Elena Arsentyeva, p. 112; Norman, *The Hermitage*, pp. 61–2.

110 Yarmolinsky, Avrahm, *Road to Revolution – A Century of Russian Radicalism*, Princeton, NJ: Princeton University Press, 1986, pp. 20–21.

111 Seton-Watson, *The Russian Empire*, p. 185.

112 Qtd by Faibisovich, in *Alexander, Napoleon and Joséphine*, p. 53.

113 Alexander Mikhaylovsky-Danilevsky, qtd by Faibisovich, in *Alexander, Napoleon and Joséphine*, p. 50.

114 Pavlovna, Anna, Letter to Mlle de Sybourg of 10 November 1824, in S. W. Jackman, *Romanov Relations – The Private Correspondence of Tsars Alexander I, Nicholas I and the Grand Dukes Constantine and Michael with their Sister Queen Anna Pavlovna*, London: Macmillan, 1969, p. 103; Solovyov, in *At the Russian Court*, p. 178.

115 Hare, *Pioneers of Russian Social Thought*, p. 2; O'Meara, Patrick, '*Vreden sever*: The Decembrists' Memories of the Peter and Paul Fortress', in Cross, *St Petersburg 1703–1825*, p. 165.

116 Yarmolinsky, *Road to Revolution*, pp. 26, 32.

117 Lincoln, W. Bruce, *Nicholas I: Emperor and Autocrat of All Russias,* London: Allen Lane, 1978, pp. 20–21, 28–31.

118 Solovyov, in *At the Russian Court*, p. 166.

119 Yarmolinsky, *Road to Revolution*, pp. 37–8, 40–43; Lincoln, *Nicholas I*, pp. 41–6, 75.

第八章　冷酷的新境界

1 Norman, *The Hermitage*, p. 68.

2 Yarmolinsky, *Road to Revolution*, pp. 49–50.

3 O'Meara, in *St Petersberg 1703–1825*, pp. 173, 176, 183.

4 Wortman, *Scenarios of Power*, Vol. I, p. 276.

5 Yarmolinsky, *Road to Revolution*, pp. 52–3; Wortman, *Scenarios of Power*, Vol. I, p. 277; Neville, *Russia: A Complete History*, p. 123.

6 Monas, Sidney, *The Third Section – Police and Society in Russia under Nicholas I*, Cambridge, MA: Harvard University Press, 1961, pp. 62–3, 72–4, 91–2, 146–7.

7 Pushkin, Alexander, *Eugene Onegin – A Novel in Verse*, trans. Stanley Mitchell, London: Penguin, 2008, pp. xiv, 235 n.1.

8 Monas, *The Third Section*, p. 204.

9 Ibid., pp. 215, 219.

10 Qtd in Kelly, Laurence, *Lermontov – Tragedy in the Caucasus*, London: Constable, 1977, p. 51.

11 Schenker, *The Bronze Horseman*, pp. 296–7, 319 n.9; Monas, *The Third Section*, p. 219.

12 Buckler, *Mapping St Petersburg*, p. 258 n.58.

13 Frank, Joseph, *Dostoevsky – A Writer in His Time*, ed. Mary Petrusewicz, Princeton, NJ, and Oxford: Princeton University Press, 2010, pp. 19, 38.

14 Pushkin, Alexander, 'The Bronze Horseman: A Petersburg Tale', in *The Penguin Book of Russian Poetry*, Part One, trans. Stanley Mitchell, ed. Chandler, Dralyuk and Mashinski, London: Penguin Random House, 2015, p. 89.

15 Dostoyevsky, Fyodor, *Notes From Underground/The Double*, trans. Jessie Coulson, Harmondsworth: Penguin, 1972, p. 137, Coulson introd. p. 8.

16 Pushkin, Alexander, 'The Bronze Horseman: A Petersburg Tale', p. 90.

17 Pavlovna, Anna, letter to Mlle de Sybourg of 10 November 1824, in Jackman, *Romanov Relations*, pp. 103–104.

18 Pushkin, Alexander, 'The Bronze Horseman: A Petersburg Tale', p. 95. 19 Jukes, *A Shout in the Street*, p. 162; Berman, *All That Is Solid*, pp. 181–9.

20 De Custine, *Letters*, pp. 55, 56, 64, 93, 103, 108–109, 170, 253.

21 Gooding, John, *Rulers and Subjects – Government and People in Russia 1801–1991*, London: Arnold, 1996, p. 55.
22 Seton-Watson, *The Russian Empire*, pp. 257–8; Monas, *The Third Section*, p. 133.
23 Qtd in Buckler, *Mapping St Petersburg*, p. 18.
24 Herzen, Alexander, letter of September 1850 to Mazzini, qtd in Berlin, Isaiah, *Russian Thinkers* (1978, revised 2008), London: Penguin, 2013, p. 93.
25 Qtd in Buckler, *Mapping St Petersburg*, p. 20.
26 Wortman, *Scenarios of Power*, Vol. I, p. 319.
27 Shvidkovsky, Dmitry, *St Petersburg – Architecture of the Tsars*, New York, London and Paris: Abbeville Press, 1996, p. 134; Solovyov, in *At the Russian Court*, pp. 179, 182; Shvidkovsky, *Russian Architecture and the West*, p. 317.
28 Anon., *The Englishwoman in Russia; Impressions of the Society and Manners of the Russians at Home by a Lady Ten Years Resident in that Country*, London: John Murray, 1855, p. 51.
29 Belinsky, Vissarion, 'Petersburg and Moscow', in *Petersburg: The Physiology of a City*, ed. Nikolai Nekrasov, trans. Thomas Gaiton Marullo, Evanston, IL: Northwestern University Press, 2009, p. 37.
30 Grebenka, Evgeny, 'The Petersburg Quarter', 1844, in Nekrasov, *Petersburg: The Physiology of a City*, pp. 103–105, 110–16.
31 Zelnik, Reginald E., *Labor and Society in Tsarist Russia – The Factory Workers of St Petersburg 1855–1870*, Stanford, CA: Stanford University Press, 1971, p. 52.
32 Nekrasov, Nikolai 'The Petersburg Corners', in Nekrasov, *Petersburg: The Physiology of a City*, pp. 131–4.
33 *The Englishwoman in Russia*, pp. 57–9, 62.
34 Belinsky, in Nekrasov, *Petersburg: The Physiology of a City*, pp. 47–8.
35 Corot, Camille, *Le quai des Orfèvres et le pont Saint-Michel*, Paris, Musée Carnavalet.
36 Dickens, Charles, *Bleak House* (1853), Harmondsworth: Penguin, 1971, p. 49.
37 Monas, *The Third Section*, p. 2.

38 From Nikolai Ogarev's, poem 'Iumor', qtd in Buckler, *Mapping St Petersburg*, pp. 76–7.
39 Belinsky, in Nekrasov, *Petersburg: The Physiology of a City*, p. 49.
40 Dumas, *En Russie*, p. 154.
41 Storch, *The Picture of Petersburg*, pp. 510–12; Anon., *A Picture of St Petersburgh*, p. 18.
42 Gogol, Nikolai, 'Nevsky Prospekt', in *Petersburg Tales*., trans. Dora O'Brien, Richmond, Surrey: Alma Classics, 2014, pp. 4–7, 9.
43 Belinsky, in Nekrasov, *Petersburg: The Physiology of a City*, p. 50.
44 Gautier, *The Complete Works*, pp. 112–13, 116.
45 *The Englishwoman in Russia*, p. 70.
46 Berman, *All That Is Solid*, p. 195.
47 Gogol, Nikolai, 'Nevsky Prospekt', in *Diary of a Madman, The Government Inspector and Selected Stories*, trans. Ronald Wilks, London: Penguin, 2005, p. 87, and *Petersburg Tales*, trans. Dora O'Brien, p. 16 – my variation on both, and passage qtd by Berman, *All That Is Solid*, p. 203.
48 Berman, *All That Is Solid*, p. 198. 49 De Custine, *Letters*, pp. 103, 105.
50 *The Englishwoman in Russia*, pp. 51–2.
51 Lincoln, Bruce W., 'The Daily Life of St Petersburg Officials in the Mid Nineteenth Century', in *Oxford Slavonic Papers*, ed. Fennell and Foote, New Series, Vol. VIII, Oxford: Clarendon Press, 1975, pp. 82–100, 92, 95, 98.
52 Gogol, Diary 1828, qtd in Jukes, *A Shout in the Street*, p. 120.
53 Brodsky, *Less Than* One, p. 78.
54 Bird, *A History of Russian Painting*, pp. 86–91.
55 Ibid., pp. 77–9.
56 Herzen, letter to Michelet of 22 September 1851, in Dmytryshyn, *Imperi al Russia*, p. 248.
57 Solovyov, in *At the Russian Court*, p. 182.

58 Vilensky, Jan, 'Cameo Service – 1778–9', in *Dining with the Tsars*, pp. 100–101.

59 Norman, *The Hermitage*, pp. 66–71.

60 De Custine, *Letters*, pp. 43–4.

61 Norman, *The Hermitage*, pp. 67, 72–6, 78–9.

62 *The Englishwoman in Russia*, pp. 89–90.

63 Belinsky, Vissarion, 'The Alexander Theatre', in Nekrasov, *Petersburg: The Physiology of a City*, p. 198.

64 Wortman, *Scenarios of Power*, Vol. I, pp. 391–3.

65 Stasov, Vladimir Vasilevich, *Selected Essays on Music*, trans. Florence Jonas, London: Cresset Press, 1968, pp. 118, 120, 122, 130.

66 Ibid., pp. 23, 132, 142–3.

67 Qtd in Macdonald, Hugh, *The Master Musicians – Berlioz*, Oxford: Oxford University Press, 1982; pbk 2000, pp. 47, 67.

68 Maes, *A History of Russian Music*, pp. 27–8.

69 Rimsky-Korsakov, Nikolai Andreyevich, *My Musical Life*, trans. from the 5th revised Russian edition by Judah A. Joffe, London: Eulenburg Books, 1974, pp. 12, 175.

70 Gogol, in *The Contemporary*, 1836, qtd in *The Wordsworth Dictionary of Musical Quotations*, ed. Derek Watson, Ware, Hertfordshire: Wordsw orth Editions, 1994, p. 145.

71 Maes, *A History of Russian Music*, pp. 20–22.

72 Gautier, *The Complete Works*, p. 226.

73 Herman Laroche, in Brown, David, *Tchaikovsky Remembered.* London: Faber and Faber, 1993, p. 236.

74 Rosslyn, in *St Petersburg 1703–1825*, p. 123.

75 Pushkin, *Eugene Onegin*, p. 15.

76 Nicholas I, letters to Anna Pavlovna of 7 January 1835 and 7 January 1836, in Jackman, *Romanov Relations*, pp. 252, 273.

77 Meshikova, Maria, 'Chinese Masquerade', in *At the Russian Court*, p. 269; Korshunova, 'Whims of Fashion', in *At the Russian*

Court, p. 241.

78 Tarasova, Lina, 'Festivities at the Russian Court', in *At the Russian Court*, p. 111; Gautier, *The Complete Works*, pp. 209–10, 214.

79 De Custine, *Letters*, pp. 120–24, 264.

80 Wortman, *Scenarios of Power*, Vol. I, pp. 334–5, 338.

81 McGrew, Roderick E., *Russia and the Cholera 1823–1832*, Madison and Milwaukee, WI: University of Wisconsin Press, 1965, pp. 3–4, 18, 108–13.

82 Lincoln, *Nicholas I*, pp. 270, 273.

83 Qtd Ibid., pp. 273–4.

84 McGrew, *Russia and the Cholera*, p. 10.

85 Yarmolinsky, *Road to Revolution*, pp. 58, 79.

86 Herzen, Alexander, *My Past and Thoughts – The Memoirs of Alexander Herzen*, trans. Constance Garnett, revised Humphrey Higgens, New York: Knopf, 1973, p. 255.

87 Berlin, *Russian Thinkers*, p. 303.

88 Belinsky, qtd in Berlin, *Russian Thinkers*, p. 196.

89 Belinsky's letter to Gogol of July 1847, in Dmytryshyn, *Imperial Russia*, p. 222.

90 Bird, *A History of Russian Painting*, p. 149; Berlin, *Russian Thinkers*, p. 244.

91 Qtd in Seton-Watson, *The Russian Empire*, p. 262; Berlin, *Russian Thinkers*, p. 204.

92 Atkinson and Walker, *A Picturesque Representation*, Vol. I, text facing 'The Village Council' plate.

93 Berlin, *Russian Thinkers*, pp. 98–9, 102, 104–105, 114, 241–2.

94 Seton-Watson, *The Russian Empire*, p. 259; Yarmolinsky, *Road to Revolution*, pp. 62–7, 79, 82.

95 Hare, *Pioneers of Russian Social Thought*, pp. 29–31.

96 Lincoln, *Nicholas I*, pp. 308–309; Frank, *Dostoevsky*, pp. 148–9.

97 Qtd in Lincoln, *Nicholas I*, p. 310.

98 Frank, *Dostoevsky*, pp. 174–8, 180.

99 Monas, *The Third Section*, p. 259.

100 Ibid., pp. 108, 118, 120, 134, 146, 259–60; Wortman, *Scenarios of Power*, Vol. I, p. 303.

101 Lincoln, *Nicholas I*, p. 323.

102 Herzen, letter to Jules Michelet of September 1851, qtd in Dmytryshyn, *Imperial Russia*, pp. 244, 253.

103 Herzen, Alexander, *My Past and Thoughts – The Memoirs of Alexander Herzen*, trans. Constance Garnett, rev. Humphrey Higgins, NYC: Knopf, 1973, pp.257–65; *The Englishwoman in Russia*, pp. 79–80; de Custine, *Letters*, p. 101.

104 Gavrila Derzhavin, 'To Eugene: Life at Zvanka', trans. Alexander Levitsky in Chandler, Dralyuk and Mashinski, eds, *The Penguin Book of Russian Poetry*, London: Penguin Random House, 2015, p. 14.

105 Yarmolinsky, *Road to Revolution*, p. 85. 106 Lincoln, *Nicholas I*, p. 47.

107 Yarmolinsky, *Road to Revolution*, p. 84.

108 De Custine, *Letters*, pp. 118, 251; qtd in Neville, p. 131.

109 *The Englishwoman in Russia*, pp. 53, 61.

110 Bernstein, *Sonia's Daughters*, pp. 2, 25.

111 Engel, *Women in Russia*, p. 64; Bernstein, *Sonia's Daughters*, pp. 21–3, 26–8, 302.

112 Gautier, *The Complete Works*, pp. 192, 195–6, 202–203; de Custine, *Letters*, p. 70. *Zakuski* are little snacks eaten before a meal and originally offered to people upon arrival after a journey.

113 Korshunova, Tamara, 'Whims of Fashion', in *At the Russian Court*, p. 244.

114 *The Englishwoman in Russia*, pp. 53–6.

115 Monas, *The Third Section*, p. 195.

116 De Custine, *Letters*, pp. 115–16.

第九章 不滿

1 Zelnik, *Labor and Society in Tsarist Russia*, pp. 47, 74–5, 109, 126–80, 163.

2 Bater, James H., *St Petersburg – Industrialization and Change*, London: Edward Arnold, 1976, pp. 119, 123–4, 127.

3 Bulgarin, Faddei, 'Dachas', an article of 1837, qtd in Buckler, *Mapping St Petersburg*, pp. 169–70.

4 Pavlova, Anna, 'Pages of My Life', in Franks, A. H. ed., *Pavlova – A Collection of Memoirs*, a reprint of *Pavlova: A Biography*, London, 1956; New York: DaCapo, n.d., p. 114; Nabokov, Vladimir, *Speak Memory* (1947), London: Penguin, 2000, p. 173.

5 Redesdale, *Memories*, Vol. I, pp. 204–205, 232–3.

6 Solovyov, in *At the Russian Court*, p. 186.

7 Giroud, *St Petersburg*, p. 118.

8 Stasov, *Selected Essays on Music*, p. 144; Brown, *Tchaikovsky Remembered*, p. 22; Maes, *A History of Russian Music*, pp. 35–7.

9 Piotrovsky and Suslov, in *Paintings in the Hermitage*, p. 13; Norman, *The Hermitage*, pp. 86, 89, 91–2.

10 Bird, *A History of Russian Painting*, p. 130.

11 Frank, *Dostoevsky*, p. 332; Yarmolinsky, *Road to Revolution*, pp. 103– 104, 109–110; Stites, Richard, *The Women's Liberation Movement in Russia – Feminism, Nihilism and Bolshevism 1860–1930*, Princeton, NJ: Princeton University Press, 1978, p. 46.

12 Frank, *Dostoevsky*, p. 334.

13 Qtd in Yarmolinsky, *Road to Revolution*, pp. 111–12; Frank, *Dostoevsky*, pp. 336–8.

14 Frierson, Cathy A., *All Russia Is Burning! A Cultural History of Fire and Arson in Late Imperial Russia*, Seattle and London: University of Washington Press, 2002, pp. 41–2; Buckler, *Mapping St Petersburg*, p. 235.

15 Dostoevsky, Fyodor, *Crime and Punishment*, trans. Constance Garnett, Ware, Hertfordshire: Wordsworth Editions, 2000, p. 138.

16 Berlin, *Russian Thinkers*, p. 256; Service, Robert, *The Penguin History of Modern Russia – From Tsarism to the Twenty-First Century*, London: Penguin Random House, 4th edn 2015, p. 5.

17 Berlin, *Russian Thinkers*, pp. 234, 337.

18 Frank, *Dostoevsky*, pp. 510–11.
19 Dostoevsky, *Crime and Punishment*, p. 445.
20 Stites, *The Women's Liberation Movement in Russia*, pp. 55, 61.
21 Berman, *All That Is Solid*, p. 216.
22 Berlin, *Russian Thinkers*, p. 261.
23 Dostoyevsky, Fyodor, *Notes From Underground/The Double*, pp. 15, 55, 137; Frank, *Dostoevsky*, p. 103.
24 Brodsky, *Less Than One*, p. 80.
25 Dostoevsky, *Crime and Punishment*, pp. 4–5, 22, 55.
26 Bernstein, *Sonia's Daughters*, pp. 191–2.
27 Dostoevsky, *Crime and Punishment*, pp. 137, 275.
28 Zelnik, *Labor and Society in Tsarist Russia*, p. 251.
29 Ibid., pp. 247, 249, 255–6.
30 Frank, *Dostoevsky*, p. 467.
31 Babey, Anna Mary, *Americans in Russia 1776–1917*, New York: Comet Press, 1938, p. 11.
32 Yarmolinsky, *Road to Revolution*, pp. 138–41; Frank, *Dostoevsky*, p. 465.
33 Zelnik, *Labor and Society in Tsarist Russia*, pp. 241–3, 245, 268–72.
34 Buckler, *Mapping St Petersburg*, pp. 172–3.
35 Zelnik, *Labor and Society in Tsarist Russia*, pp. 212–14, 233, 292, 300– 302, 337–9, 341, 372.
36 Mikhail Bakunin and Sergei Nechaev, 'The Catechism of the Revolutionary', in Dmytryshyn, *Imperial Russia*, p. 308; Stites, *The Women's Liberation Movement in Russia*, p. 122; Figner, Vera, *Memoirs of a Revolutionist*, DeKalb, IL: Northern Illinois Press, 1991.
37 Turgenev, Ivan, *Fathers and Sons*, trans. Rosemary Edmonds, Harmondsworth: Penguin, 1965, p. 39; Rimsky-Korsakov, *My*

Musical Life, p. 194; Stites, *The Women's Liberation Movement in Russia*, p. 85.

38 Yarmolinsky, *Road to Revolution*, p. 337.

39 Stites, *The Women's Liberation Movement in Russia*, pp. 128, 139.

40 Figner, *Memoirs of a Revolutionist*, p. 57; Berlin, *Russian Thinkers*, p. 247; Yarmolinsky, *Road to Revolution*, pp. 189, 205.

41 Gray, Camilla, *The Russian Experiment in Art 1863–1922* (1962), revised and enlarged by Marian Burleigh-Motley, London: Thames and Hudson, 1986, p. 10; Berlin, *Russian Thinkers*, p. 262; Yarmolinsky, *Road to Revolution*, p. 93.

42 Bird, *A History of Russian Painting*, pp. 129–32, 142–3; Turgenev, *Fathers and Sons*, p. 25.

43 Yarmolinsky, *Road to Revolution*, pp. 207–209, 215–16; Neville, *Russia: A Complete History*, p. 143: Frank, *Dostoevsky*, p. 732.

44 Stites, *The Women's Liberation Movement in Russia*, pp. 143–4; Frank, *Dostoevsky*, pp. 764–5.

45 Radzinsky, Edvard, *Alexander II – The Last Great Tsar*, trans. Antonina W. Bouis, New York: Free Press, 2005, pp. 283–5.

46 Frank, *Doestoevsky*, p. 779.

47 Stites, *The Women's Liberation Movement in Russia*, p. 148.

48 Figner, *Memoirs of a Revolutionist*, pp. xiv–xv, 44–5, 72–3, 75.

49 Ibid., p. 80.

50 Grand Duke Konstantin, diary, qtd in Frank, *Dostoevsky*, pp. 804–805. 51 Figner, *Memoirs of a Revolutionist*, pp. 78, 81–2; Yarmolinsky, *Road to Revolution*, pp. 257–60.

52 Wortman, *Scenarios of Power*, Vol. II, pp. 149–50.

53 Berlin, *Russian Thinkers*, p. 351.

54 Babey, *Americans in Russia*, p. 15.

55 Rimsky-Korsakov, *My Musical Life*, pp. 81-2, 101; Maes, *A History of Russian Music*, p. 41.

56 Rimsky-Korsakov, *My Musical Life*, p. 195.

57 Maes, *A History of Russian Music*, p. 69.

58 Alexander Glazunov, qtd in Brown, *Tchaikovsky Remembered*, p. 100; Rimsky-Korsakov, *My Musical Life*, p. 127. 59 Maes, *A History of Russian Music*, p. 48.

60 Rimsky-Korsakov, *My Musical Life*, p. 181.

61 Neville, *Russia: A Complete History*, p. 133.

62 Wortman, *Scenarios of Power*, Vol. II, pp. 115–17, 119.

63 Stites, *The Women's Liberation Movement in Russia*, pp. 124–5.

64 Wortman, *Scenarios of Power*, Vol. I, p. 58; Vol. II, p. 154.

65 Montefiore, Simon Sebag, *The Romanovs 1613–1918*, London: Weidenfeld and Nicolson, 2016, p. 447.

66 Dostoevsky, qtd in Frank, *Dostoevsky*, p. 298; Berlin, *Russian Thinkers*, p. 17.

67 Yarmolinsky, *Road to Revolution*, p. 244.

68 Figner, *Memoirs of a Revolutionist*, pp. 84, 92.

69 Wortman, *Scenarios of Power*, Vol. II, p. 155.

70 Yarmolinsky, *Road to Revolution*, pp. 273–6.

71 Ibid., pp. 278–80.

72 Bird, *A History of Russian Painting*, p. 149.

73 Stites, *The Women's Liberation Movement in Russia*, p. 153.

74 Figner, *Memoirs of a Revolutionist*, pp. 97, 99–101, 104; Yarmolinsky, *Road to Revolution*, pp. 283–9.

75 *Narodnaya Volya*, letter to Alexander III of March 1881, in Dmytryshyn, *Imperial Russia*, p. 314.

76 Figner, *Memoirs of a Revolutionist*, p. 7.

77 Read, Christopher, *Culture and Power in Revolutionary Russia*, Basingstoke: Macmillan, 1990, pp. 2–3.

78 Printseva, Galina, 'The Imperial Hunt', in *At the Russian Court*, pp. 314, 316.

79 Tarasova, Lina, in *At the Russian Court*, pp. 121, 130.

80 Wortman, *Scenarios of Power*, Vol. II, pp. 280–81.
81 Dostoevsky, *Crime and Punishment*, p. 430; Frank, *Dostoevsky*, p. 745.
82 Rimsky-Korsakov, *My Musical Life*, p. 266.
83 Seton-Watson, *The Russian Empire*, p. 273; Klier, John Doyle, *Imperial Russia's Jewish Question 1855–1881*, Cambridge: Cambridge University Press, 1995, pp. 361–2, 371, 373; Aronson, I. Michael, *Troubled Waters: The Origins of the 1881 Anti-Jewish Pogroms in Russia*, Pittsburgh, PA: University of Pittsburgh Press, 1990, p. 228.
84 Yarmolinsky, *Road to Revolution*, p. 247; Neville, *Russia: A Complete History*, pp. 147–8; Montefiore, *The Romanovs 1613–1918*, p. 463.
85 Aronson, *Troubled Waters*, pp. 228–9, 234.
86 Qtd in Buckler, *Mapping St Petersburg*, p. 168.
87 Bernstein, *Sonia's Daughters*, pp. 44, 52, 59, 62, 86.
88 Shvidkovsky, *St Petersburg – Architecture of the Tsars*, p. 188.
89 Solovyov, in *At the Russian Court*, pp. 186–7.
90 McKean, Robert B., *St Petersburg Between the Revolutions*, New Haven, CT, and London: Yale University Press, 1990, p. 1.
91 Neville, *Russia: A Complete History*, p. 148.
92 Yarmolinsky, *Road to Revolution*, pp. 331–3.
93 Zuckerman, Frederic S., *The Tsarist Secret Police in Russian Society, 1880–1917*, Basingstoke: Macmillan, 1996, pp. 24–5; Montefiore, *The Romanovs 1613–1918*, p. 464.
94 Fedorov, Vyacheslav, 'Theatre and Music in Court Life', in *At the Russian Court*, p. 210.
95 Rimsky-Korsakov, *My Musical Life*, pp. 144, 147, 282–3, 291, 309.
96 Maes, *A History of Russian Music*, pp. 80–81, 183.
97 Qtd in Brown, *Tchaikovsky Remembered*, pp. 82–3.

98 Franks, *Pavlova – A Collection of Memoirs*, pp. 12–13.

99 Gregory and Ukladnikov, *Leningrad's Ballet*, p. 14.

100 Nijinsky, Romola, *Nijinsky*, London: Victor Gollancz, 1940, pp. 68–9.

101 Buckle, Richard, *Diaghilev*, New York: Atheneum, 1984, pp. 13, 23.

102 Tarasova, Lina, in *At the Russian Court*, p. 135.

103 Karsavina, Tamara, *Theatre Street* (1948), London: Columbus Books, 1988, pp. 7, 30, 32.

104 Rimsky-Korsakov, *My Musical Life*, p. 321.

105 Ibid., p. 308; Grieg, qtd in Brown, *Tchaikovsky Remembered*, p. 77; Maes, *A History of Russian Music*, p. 134; Brown, *Tchaikovsky Remembered*, pp. 207, 211, 223–4.

第十章　在懸崖邊緣跳舞

1 Buckle, Richard, *Nijinsky*, Harmondsworth: Penguin, 1980, p. 29; Stravinsky, Igor, and Craft, Robert, *Memories and Commentaries*, London: Faber and Faber, 1960, p. 27.

2 *Teatr i Iskusstvo*, December 1904, qtd in Blair, Fredrika, *Isadora – Portrait of the Artist as a Woman*, Wellingborough, Northampton: Equation, 1987.

3 Qtd in Blair, *Isadora*, p. 113.

4 Stravinsky, Igor, and Craft, Robert, *Expositions and Developments*, London: Faber and Faber, 1962, p. 24.

5 Neville, *Russia: A Complete History*, pp. 151–2, 155–6; Fitzlyon, Kyril, and Browning, Tatiana, *Before the Revolution*, Harmondsworth: Penguin, 1977, pp. 16–17.

6 Letter of 25 November 1903, in Spring Rice, Sir Cecil, *The Letters and Friendships of Sir Cecil Spring Rice*, Vol. I, ed. Stephen Gwynn, Boston and New York: Houghton Mifflin, 1929, p. 368.

7 Montefiore, *The Romanovs 1613–1918*, p. 494.

8 Tarasova, in *At the Russian Court*, p. 156; Maes, *A History of Russian Music*, p. 184.

9 Benois, qtd in Buckle, *Diaghilev*, pp. 31–2.

10 Tarasova, in *At the Russian Court*, p. 156.

11 Gray, *The Russian Experiment in Art*, pp. 37–40; Buckle, *Diaghilev*, pp. 10–11; Bird, *A History of Russian Painting*, pp. 180–81.

12 Buckler, *Mapping St Petersburg*, p. 35.

13 Gray, *The Russian Experiment in Art*, pp. 44–5, 48, 50, 54; Buckle, *Diaghilev*, pp. 29, 31.

14 Buckle, *Diaghilev*, pp. 85–7.

15 Wcislo, Francis W., *Tales of Imperial Russia – The Life and Times of Sergei Witte 1849–1915*, Oxford: Oxford University Press, 2011, p. 139; Gooding, *Rulers and Subjects*, pp. 82–3.

16 Neville, *Russia: A Complete History*, pp.159–62.

17 Dobson, George, *St Petersburg*, London: Adam and Charles Black, 1910, p. 121.

18 Solovyov, in *At the Russian Court*, p. 190.

19 Qtd in Buckle, *Diaghilev*, pp. 46–7.

20 Bowlt, John E., *Moscow and St Petersburg in Russia's Silver Age*, London: Thames and Hudson, 2008, pp. 133–6, 151; Guseva, Natalya, 'The "New Style" in Russian Interiors', in *Art Nouveau – During the Reign of the Last Tsars*, Aldershot: Lund Humphries, 2007, pp. 72–4, 76–9; Rappe, Tamara, 'Art and Diplomacy in the Reign of Alexander III and Nicholas II', in *Art Nouveau – During the Reign of the Last Tsars*, pp. 38, 44; Anisimova, Elena, 'European Artistic Glass of the Age of Art Nouveau', in *Art Nouveau – During the Reign of the Last Tsars*, p. 64.

21 Almedingen, E. M., *Tomorrow Will Come*, Woodbridge, Suffolk: Boydell Press, 1983, p. 14; Stravinsky and Craft, *Expositions and Developments*, pp. 30–31; Karsavina, *Theatre Street*, pp. 8, 115.

22 Nabokov, *Speak Memory*, p. 53; Mandelstam, Osip, *The Noise of Time*, trans. Clarence Brown, London and New York: Quartet Books, 1988, pp. 73–4; 'The Egyptian Stamp', in Mandelstam, *The Noise of Time*, p. 133.

23 Karsavina, *Theatre Street*, p. 113.
24 Mandelstam, *The Noise of Time*, p. 69, 'The Egyptian Stamp', in Mandelstam, *The Noise of Time*, p. 134; Biely, Andrei, *Petersburg* (1916), trans. Robert A. Maguire and John E. Malmstad, Harmondsworth: Penguin, 1978, pp. 9, 17, 29.
25 Neuberger, Joan, *Hooliganism – Crime, Culture and Power in St Petersburg, 1900–14*, Berkeley, CA: University of California Press, 1993, pp. 25, 26, 29, 31.
26 Lenin, V. I., *What Is to Be Done?* (1902), New York: International Publishers, 1929, pp. 32, 157–8.
27 Letter to Mrs John Hay of 13 September 1904, in Spring Rice, *The Letters and Friendships*, Vol. I, p. 428.
28 Paul Jones, John, *Memoirs of Rear Admiral Paul Jones*, Vol. I, Edinburgh and London, 1830, p. 101; Lauchlan, Iain, *Russian Hideand-Seek – The Tsarist Secret Police in St Petersburg 1906–14*, Helsinki: SKS-FLS, 2002, p. 63.
29 Redesdale, *Memories*, Vol. I, p. 206; Bater, *St Petersburg – Industrialization and Change*, p. 83.
30 Lauchlan, *Russian Hide-and-Seek*, pp. 115–16.
31 Ibid., pp. 78, 105; Zuckerman, *The Tsarist Secret Police* pp. 25–6, 35–40, 149.
32 Rosen, Baron, *Forty Years of Diplomacy*, Vol. I, London: George Allen and Unwin, 1922, p. 284.
33 Lauchlan, Iain, *Russian Hide-and-Seek*, p. 49.
34 Sablinsky, Walter, *The Road to Bloody Sunday – Father Gapon and the St Petersburg Massacre of 1905*, Princeton, NJ: Princeton University Press, 1976, pp. 34, 45, 52, 55–7, 68–9, 74–6, 81–5, 100–103, 111, 126, 142, 146, 148, 158–9, 162–3.
35 Rosen, *Forty Years of Diplomacy*, Vol. I, pp. 253–4.
36 Sablinsky, *The Road to Bloody Sunday*, pp. 170–71.
37 *Manchester Guardian*, Friday, 27 January 1905; Sablinsky, *The Road to Bloody Sunday*, pp. 188–9.
38 *Manchester Guardian*, Friday, 27 January 1905.
39 Sablinsky, *The Road to Bloody Sunday*, pp. 171, 191, 192, 229–30.
40 Biely, *Petersburg*, p. 13.

41 Kokovtsov, Count, *Out of my Past – The Memoirs of Count Kokovtsov*, trans. Laura Matveev, Stanford, CA: Stanford University Press, 1935, pp. 37–8.

42 Father Gapon's Petition to the Tsar, in Dmytryshyn, *Imperial Russia*, p. 383.

43 Nabokov, *Speak Memory*, p. 139; Sablinsky, *The Road to Bloody Sunday*, p. 250.

44 Buckle, *Nijinsky*, pp. 29–32; Nijinsky, *Nijinsky*, p. 49.

45 Rosen, *Forty Years of Diplomacy*, Vol. I, p. 255; Montefiore, *The Roman ovs 1613–1918*, p. 521.

46 Kokovtsov, *Out of my Past*, p. 93.

47 Letter of 13 March 1905, in Spring Rice, *The Letters and Friendships*, Vol. I, p. 458.

48 Tolstoy and Chekhov, qtd in Watson, *Dictionary of Musical Quotations*, p. 258.

49 Qtd in Buckle, *Diaghilev*, pp. 82–3.

50 Karsavina, *Theatre Street*, p. 170; Duncan, from her 1928 autobiography, *My Life*, qtd in Watson, *Dictionary of Musical Quotations*, p. 258.

51 Qtd in Blair, *Isadora*, p. 116.

52 Blair, *Isadora*, pp. 105, 111; Buckle, *Nijinsky*, pp. 31–3, quoting Duncan, p. 31; Buckle, *Diaghilev*, pp. 82–3.

53 Kokovtsov, *Out of my Past*, pp. 39–40.

54 Ascher, Abraham, *The Revolution of 1905 – Russia in Disarray*, Stanford, CA: Stanford University Press, 1988, pp. 94–5.

55 Zuckerman, *The Tsarist Secret Police*, p. 151.

56 Letter of 29 March 1905, in Spring Rice, *The Letters and Friendships*, Vol. I, pp. 465–6.

57 Neuberger, *Hooliganism*, pp. 33, 77; Nabokov, *Speak Memory*, p. 177.

58 Maguire and Malmstad, notes to Biely, *Petersburg*, pp. 343–4.

59 Gooding, *Rulers and Subjects*, p. 103; Zuckerman, *The Tsarist Secret Police*, p. 159; Kokovtsov, *Out of my Past*, p. 70.

60 Biely, *Petersburg*, pp. 5, 10, 64, 213, 217, 240–41, 289.

61 Letter to Francis Villiers of 9 December 1903, in Spring Rice, *The Letters and Friendships*, Vol. I, pp. 371–2.
62 Karsavina, *Theatre Street*, pp. 158–62; Franks, *Pavlova*, pp. 17–18; Buckle, *Nijinsky*, p. 37.
63 Letters to Mrs Roosevelt of November 1905, in Spring Rice, *The Letters and Friendships*, Vol. II, pp. 7, 12.
64 Nicholas II, 'October Manifesto', in Dmytryshyn, *Imperial Russia*, p. 385.
65 Zuckerman, *The Tsarist Secret Police*, pp. 169–70.
66 Gooding, *Rulers and Subjects*, pp. 96–7.
67 Baring, Maurice, *A Year in Russia*, London: Methuen, 1907, p. 45.
68 Biely, *Petersburg*, p. 97.

第十一章 閃耀與絕望

1 McKean, *St Petersburg Between the Revolutions*, p. 46; Neville, *Russia: A Complete History*, p. 165.
2 Kokovtsov, *Out of my Past*, pp. 129–30.
3 Baring, *A Year in Russia*, p. 236.
4 Lenin, *What Is to Be Done?*, p. 149.
5 Service, *The Penguin History of Modern Russia*, pp. 19, 71; Figes, Orlando, *Revolutionary Russia – 1891–1991*, London: Penguin, 2014, p. 25. 'Bolshevik' from '*bolshinstvo*' – 'one of the majority', and 'Menshevik' from '*menshinstvo*' – 'one of the minority'.
6 Sablinsky, *The Road to Bloody Sunday*, pp. 293–4, 299–300, 318–19; Krupskaya, Nadezhda K., *Memories of Lenin*, trans. E. Verney, New York: International Publishers, 1930, pp. 127–8. 7 Krupskaya, *Memories of Lenin*, pp. 166–7, 171.
8 Zuckerman, *The Tsarist Secret Police*, p. 173; Kokovtsov, *Out of my Past*, p. 560 n. 15.
9 Baring, *A Year in Russia*, pp. 50, 67.
10 Neuberger, *Hooliganism*, pp. 170–74.

11 Rosen, *Forty Years of Diplomacy*, Vol. II, pp. 27–8; Kokovtsov, *Out of my Past*, p. 93.

12 Sergei Diaghilev, letter to his mother of 1895, qtd in Gadan, Francis, and Maillard, Robert, *A Dictionary of Modern Ballet*, London: Methuen, 1959, p. 120.

13 Stravinsky and Craft, *Expositions and Developments*, p. 14; Swann, Herbert, *Home on the Neva: A Life of a British Family in Tsarist St Petersburg – and after the Revolution*, London: Victor Gollancz, p. 30.

14 Qtd in Buckle, *Diaghilev*, p. 123.

15 Buckle, *Diaghilev*, pp. 123, 125; Stravinsky and Craft, *Expositions and Developments*, p. 24.

16 Nijinsky, Vaslav, *The Diary of Vaslav Nijinsky*, ed. Romola Nijinsky, Berkeley, CA: University of California Press, 1968, pp. 16, 30, 49, 77, 90.

17 Karsavina, *Theatre Street*, pp. 189, 192; Nijinsky, *Nijinsky*, pp. 80–81.

18 Kokovtsov, *Out of my Past*, p. 170.

19 Montefiore, *The Romanovs 1613–1918*, pp. 541–2; Lauchlan, p. 103; Service, *The Penguin History of Modern Russia*, p. 16.

20 Spring Rice, *The Letters and Friendships*, Vol. II, p. 40; Kokovtsov, *Out of my Past*, p. 459.

21 Letter to Mrs Roosevelt of 4 January 1906, in Spring Rice, *The Letters and Friendships*, Vol. II, p. 23; McKean, *St Petersburg Between the Revo lutions*, p. 478.

22 Kokovtsov, *Out of my Past*, p. 464; McKean, *St Petersburg Between the Revolutions*, pp. 11, 53, 76; Bater, *St Petersburg – Industrialization and Change*, p. 218.

23 Nabokov, *Speak Memory*, pp. 137–8.

24 Swann, *Home on the Neva*, p. 30; Clark, Katerina, *Petersburg, Crucible of Cultural Revolution*, Cambridge, MA: Harvard University Press, 1995, p. 56.

25 Stites, Richard, *Russian Popular Culture – Entertainment and Society Since 1900*, Cambridge: Cambridge University Press, 1992, p. 30; Bater, *St Petersburg*, pp. 270–71, 277, 332; Bowlt, *Moscow and St Petersburg in Russia's Silver Age*, pp. 46, 51, 109,

113, 120–22.

26 Almedingen, *Tomorrow Will Come*, p. 55.

27 Bowlt, *Moscow and St Petersburg in Russia's Silver Age*, p. 110.

28 Bater, *St Petersburg – Industrialization and Change*, pp. 264–5; Bowlt, *Moscow and St Petersburg in Russia's Silver Age*, pp. 278–9.

29 Dobson, *St Petersburg*, p. 122; Neuberger, *Hooliganism*, pp. 221–2, 226; Stites, *The Women's Liberation Movement in Russia*, p. 187.

30 Stites, *The Women's Liberation Movement in Russia*, pp. 169, 171, 175.

31 Dobson, *St Petersburg*, pp. 110–11.

32 Bater, *St Petersburg – Industrialization and Change*, p. 351; McKean, *St Petersburg Between the Revolutions*, pp. 38–9.

33 Bernstein, *Sonia's Daughters*, pp. 44, 47, 178, 182; Stites, *The Women's Liberation Movement in Russia*, pp. 181, 184.

34 McKean, *St Petersburg Between the Revolutions*, p. 41; Bernstein, *Sonia's Daughters*, pp. 44, 58–9, 78, 178, 182.

35 Marye, George Thomas, *Nearing the End in Imperial Russia*, London: Selwyn and Blount, 1928, pp. 447–8.

36 Fuhrmann, Joseph T., *Rasputin – A Life*, New York: Praeger, 1990, pp. 34–6.

37 Report of M. V. Rodzianko, President of the Duma, to Nicholas II, in Dmytryshyn, *Imperial Russia*, p. 448.

38 Fuhrmann, *Rasputin*, pp. 26–9, 42–3, 61.

39 Buchanan, Sir George, *My Mission to Russia – and Other Diplomatic Memories*, Vol I, London: Cassell, 1923, p. 156.

40 Moynahan, Brian, *Rasputin: The Saint Who Sinned*, New York: Random House, 1997, p. 157; Kokovtsov, *Out of my Past*, p. 290.

41 Fuhrmann, *Rasputin*, p. 192.

42 Kokovtsov, *Out of my Past*, pp. 291, 296–7.

43 Report of M. V. Rodzianko, President of the Duma, to Nicholas II, in Dmytryshyn, *Imperial Russia*, p. 440.

44 Fuhrmann, *Rasputin*, p. 95.

45 Redesdale, *Memories*, Vol. I, p. 270.

46 Buckle, *Diaghilev*, pp. 179–80, 195; Maes, *A History of Russian Music*, pp. 221–2.

47 Stravinsky and Craft, *Memories and Commentaries*, pp. 33, 38.

48 Stravinsky and Craft, *Expositions and Developments*, p. 21; Stravinsky and Craft, *Memories and Commentaries*, p. 30.

49 Buckle, *Diaghilev*, pp. 214, 252–4; Maes, *A History of Russian Music*, p. 228.

50 Stravinsky and Craft, *Memories and Commentaries*, p. 32.

51 Bowlt, *Moscow and St Petersburg in Russia's Silver Age*, pp. 266–7, 321–4.

52 Bird, *A History of Russian Painting*, pp. 203, 210–11; Moynahan, Brian, *Rasputin*, p. 181.

53 Kandinsky, Vasily, *Concerning the Spiritual in Art*, trans. M. T. H. Sadler, New York: Dover Publications, 1977, pp. 1, 29 n.7; Bird, *A History of Russian Painting*, pp. 191–2.

54 Bowlt, *Moscow and St Petersburg in Russia's Silver Age*, pp. 67, 73, 78, 307.

55 McKean, *St Petersburg Between the Revolutions*, pp. 88, 102–103.

56 Ibid., pp. 193, 241, 266–7.

57 Neuberger, *Hooliganism*, pp. 239–40, 242, 277.

58 Qtd in Moynahan, *Rasputin*, p. 181.

59 Reed, John, *Ten Days that Shook the World* (1919), London: Penguin, 1977, p. 61.

60 Lockhart, R. H. Bruce, *Memoirs of a British Agent*, London: Putnam, 1934, p. 160.

61 Buchanan, Sir George, *My Mission to Russia*, Vol. I, pp. 173–4.

62 Rosen, *Forty Years of Diplomacy*, Vol. II, p. 153.

63 Stites, *Russian Popular Culture*, pp. 14, 21.

64 Rosen, *Forty Years of Diplomacy*, Vol. II, p. 153.

65 Fuhrmann, *Rasputin*, pp. 118–19.

66 Marye, *Nearing the End in Imperial Russia*, pp. 445–6.
67 Fuhrmann, *Rasputin*, pp. 121, 140–44, 164, 192.
68 Stravinsky and Craft, *Expositions and Developments*, p. 63; Maes, *A History of Russian Music*, p. 178.
69 Buchanan, Meriel, *Petrograd – The City of Trouble 1914–18*, London: Collins, 1919, p. 12.
70 McKean, *St Petersburg Between the Revolutions*, pp. 268, 297, 307– 308; Neuberger, *Hooliganism*, pp. 258–9, 263.
71 Scudder, Jared W., *Russia in the Summer of 1914*, Boston: Richard Badger, 1920, pp. 18, 21, 161–6.
72 McKean, *St Petersburg Between the Revolutions*, p. 324; Montefiore, *The Romanovs 1613–1918*, p. 577.
73 Nabokov, *Speak Memory*, p. 27.
74 Buchanan, Meriel, *Petrograd*, pp. 46–7.
75 Francis, David R., *Russia from the American Embassy – April 1916– November 1918*, New York: Charles Scribner's Sons, 1921, p. 11.
76 Buchanan, Meriel, *Petrograd*, pp. 46, 48.
77 Qtd in Norman, *The Hermitage*, p. 136.
78 Karsavina, *Theatre Street*, pp. 222, 252; Buchanan, Meriel, *Petrograd*, pp. 113–14.
79 Bowlt, *Moscow and St Petersburg in Russia's Silver Age*, pp. 84, 278.
80 Qtd in Buckle, *Diaghilev*, p. 300.
81 Karsavina, *Theatre Street*, p. 258.
82 Osip Mandelstam, '118' of 25 November 1920, in *Osip Mandelstam Selected Poems* (1973), Harmondsworth: Penguin, 1977, trans. Clarence Brown, p. 55.
83 Almedingen, *Tomorrow Will Come*, p. 89.
84 Buchanan, Meriel, *Petrograd*, pp. 62, 70, 74.
85 Almedingen, *Tomorrow Will Come*, p. 92.

86 Fuhrmann, *Rasputin*, p. 192.

87 Francis, *Russia from the American Embassy*, pp. 35, 43.

88 Fuhrmann, *Rasputin*, pp. 118, 198–208; Figes, *Revolutionary Russia*, p. 86.

89 Buchanan, Sir George, *My Mission to Russia*, Vol. II, pp. 38–9.

90 Kokovtsov, *Out of my Past*, p. 480.

91 McKean, *St Petersburg Between the Revolutions*, p. 460; Moynahan, *Rasputin*, p. 349.

92 Buchanan, Meriel, *Petrograd*, pp. 91–2, 35–6.

93 Francis, *Russia from the American Embassy*, p. 63.

94 Buchanan, Meriel, *Petrograd*, p. 92; Norman, *The Hermitage*, p. 135.

95 Kokovtsov, *Out of my Past*, p. 481; Buchanan, Meriel, *Petrograd*, pp. 94–5, 97; Buchanan, Sir George, *My Mission to Russia*, Vol. II, p. 63; McKean, *St Petersburg Between the Revolutions*, p. 476.

96 Buchanan, Meriel, *Petrograd*, p. 87.

97 Ibid., p. 105.

98 Abdication of Nicholas II, in Dmytryshyn, *Imperial Russia*, p. 478.

99 Kokovtsov, *Out of my Past*, p. 481; Buchanan, Sir George, *My Mission to Russia*, Vol. II, pp. 72–3; Montefiore, *The Romanovs*, p. 627.

100 Buchanan, Sir George, *My Mission to Russia*, Vol. II, p. 62.

101 Moynahan, *Rasputin*, pp. 355, 357–8; Fuhrmann, *Rasputin*, pp. 214, 224–5.

102 Kokovtsov, *Out of my Past*, pp. 482, 484.

103 Buchanan, Sir George, *My Mission to Russia*, Vol. II, p. 91; Francis, *Russia from the American Embassy*, pp. 102, 104.

104 Buckle, *Diaghilev*, pp. 326, 328–9.

105 Shklovsky, Viktor, *A Sentimental Journey – Memoirs 1917–22*, trans. Richard Sheldon, Ithaca, NY, and London: Cornell

University Press, 1970, p. 20; Buchanan, Sir George, *My Mission to Russia*, Vol. II, p. 116; Service, *The Penguin History of Modern Russia*, pp. 47–8; Reed, *Ten Days*, p. 45.

106 Francis, David R., *Russia from the American Embassy*, p. 137.

107 Lockhart, *Memoirs of a British Agent*, p. 225, quoting Raymond Robins.

108 Pipes, Richard, *The Russian Revolution*, New York: Alfred A. Knopf, 1990, p. 385; Bryant, Louise, *Six Red Months in Russia – An Observer's Account of Russia Before and During the Proletarian Dictatorship*, London: William Heinemann, 1918, p. 45.

109 Buchanan, Sir George, *My Mission to Russia*, Vol. II, pp. 113, 165.

110 Ibid., p. 176; Buchanan, Meriel, *Petrograd*, p. 181; Norman, *The Hermitage*, pp. 141–2.

111 Reed, *Ten Days*, p. 61.

112 Buchanan, Sir George, *My Mission to Russia*, Vol. II, pp. 205–207.

113 Karsavina, *Theatre Street*, pp. 264–5.

第十二章　紅色的彼得格勒

1 Bryant, *Six Red Months in Russia*, p. 48; Reed, *Ten Days*, pp. 54–5.

2 Francis, *Russia from the American Embassy*, pp. 168–9.

3 Ibid., p. 171; Reed, *Ten Days*, p. 65.

4 Reed, *Ten Days*, p. 219.

5 Bryant, *Six Red Months in Russia*, p. 88.

6 Reed, *Ten Days*, p. 108.

7 Buchanan, Sir George, *My Mission to Russia*, Vol. II, p. 208.

8 Almedingen, *Tomorrow Will Come*, p. 108.

9 Pipes, Richard, *The Russian Revolution*, p. 496.

10 Lockhart, *Memoirs of a British Agent*, p. 242; Buchanan, Meriel, *Petrograd*, pp. 225, 229–330, 235.

11 Buchanan, Sir George, *My Mission to Russia*, Vol. II, pp. 239–40.

12 McAuley, Mary, *Bread and Justice – State and Society in Petrograd 1917–22*, Oxford: Clarendon Press, 1991, pp. 51–2.

13 Qtd in Reed, *Ten Days*, pp. 105, 134.

14 Almedingen, *Tomorrow Will Come*, p. 90; Reed, *Ten Days*, p. 197; McAuley, *Bread and Justice*, pp. 7–31, 50, 285.

15 Bryant, *Six Red Months in Russia*, p. 37.

16 Buchanan, Meriel, *Petrograd*, p. 227.

17 Shklovsky, *A Sentimental Journey*, pp. 133–4, 145.

18 Qtd in Norman, *The Hermitage*, p. 159.

19 Shklovsky, *A Sentimental Journey*, p. 175; Wolkonsky, Princess Peter, *The Way of Bitterness: Soviet Russia, 1920*, London: Methuen, 1931, p. 163.

20 McAuley, *Bread and Justice*, p. 124.

21 Figes, *Revolutionary Russia*, p. 134.

22 Belinsky, 'Petersburg and Moscow', in Nekrasov, *Petersburg: The Physiology of a City*, p. 31.

23 McAuley, *Bread and Justice*, pp. 31–2, 40; McAuley, Mary, *Soviet Politics – 1917–19*, Oxford: Oxford University Press, 1992, p. 27 24 Lockhart, *Memoirs of a British Agent*, p. 257.

25 Dukes, Sir Paul, *Red Dusk and the Morrow – Adventures and Investigations in Red Russia*, London: Williams and Norgate, 1923, p. 102; McCauley, *Bread and Justice*, p. 390.

26 McAuley, *Bread and Justice*, p. 142.

27 Qtd in Fitzpatrick, Sheila, *The Commissariat of Enlightenment – Soviet Organization of Education and the Arts under Lunacharsky, October 1917–1921*, Cambridge: Cambridge University Press, 1970, pp. 1–2.

28 Ibid., pp. 98–9.

29 Maes, *A History of Russian Music*, p. 238.

30 Norman, *The Hermitage*, p. 164; Taylor, Richard, 'The Birth of the Soviet Cinema', in Gleason, Kenez and Stites, eds, *Bolshevik Culture: Experiment and Order in the Russian Revolution*, Bloomington, IN: Indiana University Press, 1985, pp. 190, 195.

31 Goldman, Emma, *Living My Life*, Vol. II, London: Pluto Press, 1988, p. 783; Norman, *The Hermitage*, p. 149.

32 Shklovsky, *A Sentimental Journey*, p. 188.

33 McAuley, *Bread and Justice*, pp. 331, 335.

34 Wolkonsky, *The Way of Bitterness: Soviet Russia, 1920*, pp. 148, 156.

35 Buckler, *Mapping St Petersburg*, p. 240.

36 McAuley, *Bread and Justice*, p. 364. 37 Norman, *The Hermitage*, p. 163.

38 McAuley, *Bread and Justice*, p. 356.

39 Qtd in McAuley, *Bread and Justice*, p. 378 and see pp. 66–8, 88–9, 110.

40 Holquist, Peter, 'Violent Russia, Deadly Marxism? Russia in the Epoch of Violence 1905–21', in Kocho-Williams, Alastair, ed., *The Twentieth Century Russia Reader*, Abingdon: Routledge, 2011, p. 115; Service, *The Penguin History of Modern Russia*, pp. 107–108.

41 Plotnikova, Yulia, 'Children of the Emperor', in *At the Russian Court*, p. 307; Montefiore, *The Romanovs 1613–1918*, p. 636.

42 Dukes, *Red Dusk and the Morrow*, pp. 7–10, 21–2, 33–4, 114; Knightley, Phillip, *The Second Oldest Profession – Spies and Spying in the Twentieth Century*, London: Pimlico, 2003, pp. 69–73.

43 Almedingen, *Tomorrow Will Come*, p. 123.

44 Buchanan, Meriel, *Petrograd*, pp. 225–6.

45 Goldman, *Living My Life*, Vol. II, p. 790.

46 Almedingen, *Tomorrow Will Come*, p. 109.

47 Goldman, *Living My Life*, Vol. II, p. 779.

48 Serge, Victor, *Memoirs of a Revolutionary*, trans. Peter Sedgwick, Oxford: Oxford University Press, 1975, pp. 70–71.

49 Goldman, *Living My Life*, Vol. II, pp. 873–6; McAuley, *Bread and Justice*, p. 252.

50 McAuley, *Bread and Justice*, p. 389.

51 'The Fight for Petrograd', *Pravda*, No. 250, 30 October 1919, transcribed for the Trotsky International Archive by David Walters, Marxists.org; Serge, *Memoirs of a Revolutionary*, pp. 90, 94.

52 Wells, H. G., *Russia in the Shadows*, London: Hodder and Stoughton, n.d., pp. 9, 14–35; McAuley, *Bread and Justice*, p. 352.

53 Bryant, *Six Red Months in Russia*, p. 44.

54 Wells, *Russia in the Shadows*, p. 37.

55 McAuley, *Bread and Justice*, pp. 354–5.

56 Norman, *The Hermitage*, p. 167.

57 Wells, *Russia in the Shadows*, pp. 9, 14–16, 21, 51, 134.

58 Goldman, *Living My Life*, Vol. II, pp. 727, 732, 735, 742.

59 Poretsky, Elisabeth K., *Our Own People: A Memoir of 'Ignace Reiss' and His Friends*, London: Oxford University Press, 1969, p. 102; McAuley, *Bread and Justice*, p. 293.

60 Wolkonsky, *The Way of Bitterness*, p. 163.

61 Cattell, David T., 'Soviet Cities and Consumer Welfare Planning', in Hamm, Michael F., *The City in Russian History*, Lexington, KY: University of Kentucky Press, 1976, p. 272.

62 Wolkonsky, *The Way of Bitterness*, pp. 166–7, 184.

63 Serge, *Memoirs of a Revolutionary*, p. 117.

64 Ransome, *The Crisis in Russia 1920*, London: George Allen and Unwin, 1921, p. 11; Harding, Luke, *The Mafia State*, London: Guardian Books, 2012, p. 103.

65 Holquist, Peter, in *The Twentieth Century Russia Reader*, pp. 114, 117.

66 Serge, *Memoirs of a Revolutionary*, pp. 130, 149; Service, *The Penguin History of Modern Russia*, p. 108; Goldman, *Living My Life*, Vol. II, pp. 733, 740, 849, 927.

67 Stites, *Russian Popular Culture*, pp. 39–40.

68 Ransome, *The Crisis in Russia*, p. 40.

69 Nabokov, *Speak Memory*, p. 183.

70 Herzen, qtd in Berlin, *Russian Thinkers*, pp. 103, 226.

第十三章　失勢的城市

1 Davies, Sarah, *Popular Opinion in Stalin's Russia*, Cambridge: Cambridge University Press, 1997, p. 18.

2 Biely, *Petersburg*, p. 112.

3 Fedotov, qtd in Schenker, *The Bronze Horseman*, p. 294.

4 Koestler, Arthur, *The Invisible Writing – The Second Volume of an Autobiography 1932–40* (1954), London: Random House, 2005, p. 33.

5 Goldman, *Living My Life*, Vol. II, pp. 886–7.

6 Stites, *Russian Popular Culture*, p. 61.

7 Hessler, Julie, *A Social History of Soviet Trade – Trade Policy, Retail Practices and Consumption – 1917–1953*, Princeton, NJ: Princeton University Press, 2004, p. 7; Service, *The Penguin History of Modern Russia*, pp. 144–5, 196.

8 Neville, *Russia: A Complete History*, pp. 191–2.

9 Clark, *Petersburg, Crucible of Cultural Revolution*, p. 3; McAuley, Bread and Justice, p. 400.

10 Stalin, qtd in Brendon, Piers, *The Dark Valley – A Panorama of the 1930s*, London: Jonathan Cape, 2000, p. 419.

11 Conquest, Robert, *The Great Terror – A Reassessment*, London: Pimlico, 2008, p. 114; Andrew, Christopher, and Mitrokhin, Vasili, *The Sword and the Shield. The Mitrokhin Archive and the Secret History of the KGB*, New York: Basic Books, 1999,

pp. 38–9.
12 Poretsky, *Our Own People*, p. 91.
13 Engel, *Women in Russia*, pp. 166–7; Figes, *Revolutionary Russia*, pp. 208, 210, 213; Service, *The Penguin History of Modern Russia*, pp. 6, 179–81.
14 Stites, *Russian Popular Culture*, p. 40.
15 Akhmatova, Anna, from 'White Flock', trans. D. M. Thomas, *You Will Hear Thunder*, p. 45, qtd in MacDonald, Ian, *The New Shostakovitch*, new ed. revised by Raymond Clarke, London: Pimlico, 2006, p. 96.
16 Qtd in MacDonald, *The New Shostakovitch*, p. 38.
17 Stites, *Russian Popular Culture*, pp. 43–4.
18 Gray, *The Russian Experiment in Art*, pp. 234–5.
19 Bowlt, John E., 'Constructivism and Early Soviet Fashion Design', in *Bolshevik Culture*, pp. 203–4.
20 Gray, *The Russian Experiment in Art*, pp. 248, 253.
21 Lissitzky, El, *Russia: An Architecture for World Revolution*, Cambridge, MA: MIT Press, 1984, p. 27.
22 Taylor, in *Bolshevik Culture*, p. 190.
23 Clark, *Petersburg, Crucible of Cultural Revolution*, p. 345 n.60; Stites, *Russian Popular Culture*, p. 214 n.30.
24 Stites, *Russian Popular Culture*, p. 56; Miles, Jonathan, *The Nine Lives of Otto Katz*, London: Bantam Press, 2010, p. 80.
25 Eisenstein, Sergei, *Film Essays and a Lecture*, ed. Jay Leyda, Princeton, NJ: Princeton University Press, 1982, p. 31.
26 Taylor, in *Bolshevik Culture*, p. 194.
27 Maes, *A History of Russian Music*, pp. 245, 251
28 Davies, *Popular Opinion in Stalin's Russia*, pp. 24–5.
29 Engel, *Women in Russia*, pp. 142–3, 152–4, 156, 175; Davies, *Popular Opinion in Stalin's Russia*, p. 60.
30 Engel, *Women in Russia*, p. 154.

31 Pope-Hennessy, Dame Una Birch, *The Closed City: Impressions of a Visit to Leningrad*, London: Hutchinson, 1938, p. 37.
32 Davies, *Popular Opinion in Stalin's Russia*, p. 68.
33 Miles, *The Nine Lives of Otto Katz*, p. 94.
34 Gide, *Back From the USSR*, pp. 36, 48.
35 Hessler, *A Social History of Soviet Trade*, pp. 201–202, 207; Davies, *Popular Opinion in Stalin's Russia*, p. 30.
36 Pope-Hennessy, *The Closed City*, pp. 177–8.
37 Gide, *Back From the USSR*, pp. 50–51.
38 Service, *The Penguin History of Modern Russia*, pp. 214–15; Davies, *Popular Opinion in Stalin's Russia*, p. 117.
39 Conquest, *The Great Terror*, pp. 12, 35, 215, 218; Davies, *Popular Opinion in Stalin's Russia*, pp. 127, 178.
40 Thurston, Robert W., *Life and Terror in Stalin's Russia 1934–1941*, New Haven, CT, and London: Yale University Press, 1996, pp. 19–23; Davies, *Popular Opinion in Stalin's Russia*, p. 164.
41 Brendon, *The Dark Valley*, p. 399; Service, *The Penguin History of Modern Russia*, p. 222; Figes, *Revolutionary Russia*, p. 266; Conquest, *The Great Terror*, pp. 310–11; Dmitri Shostakovitch, qtd by Karen Khachaturian in Weinstein, Larry, dir., *Shostakovich Against Stalin – The War Symphonies*, Rhombus Films, 1997.
42 Koestler, *The Invisible Writing*, pp. 32–3.
43 MacDonald, *The New Shostakovitch*, pp. 111, 124, 148–9; Shostakovich, quoting a *Pravda* article attributed to Stalin, in Weinstein, *Shostakovich Against Stalin*.
44 Story told by Veniamin Basner in Weinstein, *Shostakovich Against Stalin*. Also the interview with Mariana Sabinina.
45 MacDonald, *The New Shostakovitch*, pp. 35, 74, 86; Stites, *Russian Popular Culture*, p. 77.
46 Stites, *Russian Popular Culture*, pp. 73–4.
47 Serge, *Memoirs of a Revolutionary*, pp. 279–80.
48 Russian saying, qtd in Conquest, *The Great Terror*, p. 109.

49 Norman, *The Hermitage*, pp. 155, 168, 182.
50 Ibid., pp. 176, 179, 190–97.
51 Osip Mandelstam, poem about Stalin, November 1933, passed by word of mouth.
52 Stites, *Russian Popular Culture*, pp. 68, 71; Service, *The Penguin History of Modern Russia*, pp. 190–91.
53 Service, *The Penguin History of Modern Russia*, pp. 140, 247; Stites, *Russian Popular Culture*, p. 51.
54 Pope-Hennessy, *The Closed City*, pp. 102–103.
55 Kahn, Albert E., *Days with Ulanova*, London: William Collins, 1962, pp. 115, 132, 202.
56 Pope-Hennessy, *The Closed City*, p. 159; Davies, *Popular Opinion in Stalin's Russia*, p. 76.
57 Davies, *Popular Opinion in Stalin's Russia*, pp. 83–7.
58 Miles, *The Nine Lives of Otto Katz*, p. 175.
59 Roland, Betty, *Caviar for Breakfast*, Melbourne: Quartet Books, 1979, pp. 98–9, 114, 128–9.
60 Pope-Hennessy, *The Closed City*, pp. 7, 16, 43, 78, 136–7, 140, 214, 248.

第十四章　最黑暗與最光榮的時刻

1 Liubov Shaporina, diary, 10 September 1941, qtd in Simmons, C ynthia, and Perlina, Nina, *Writing the Siege of Leningrad – Women's Diaries, Memoirs and Documentary Prose*, Pittsburgh, PA: University of Pittsburgh Press, 2002, p. 23.
2 Service, *The Penguin History of Modern Russia*, p. 220; Conquest, *The Great Terror*, p. 182.
3 Koestler, Arthur, *Scum of the Earth*, trans. Daphne Hardy, London: Victor Gollancz, 1941, p. 24; Service, *The Penguin History of Modern Russia*, p. 256; Orwell, George, *Animal Farm*, London: Penguin, 2008, p. 39; Solzhenitsyn, Alexander, *The First Circle*, pp. 196, 134, qtd in Neville, *Russia: A Complete History*, p. 205; Conquest, *The Great Terror*, pp. 195, 196.
4 Davies, *Popular Opinion in Stalin's Russia*, pp. 41, 43–5.
5 Service, *The Penguin History of Modern Russia*, p. 257.

6 Ibid., pp. 260–61.
7 Mukhina, Lena, *The Diary of Lena Mukhina – A Girl's Life in the Siege of Leningrad*, London: Pan Macmillan, 2016 pp. 51–2.
8 Mukhina, *Diary*, p. 2; Reid, Anna, *Leningrad – Tragedy of a City Under Siege*, London: Bloomsbury, 2011; pbk 2012, pp. 3, 52, 95–7, 99.
9 Simmons and Perlina, *Writing the Siege*, p. xiii.
10 German Naval Command, qtd in Mukhina, *Diary*, p. 3.
11 Reid, *Leningrad*, pp. 96, 115; Mukhina, *Diary*, p. 3; Schenker, *The Bronze Horseman*, p. 296.
12 Norman, *The Hermitage* pp. 243, 246–7; Reid, *Leningrad*, pp. 62–3.
13 Mukhina, *Diary*, p. 171; Reid, *Leningrad*, pp. 118–19.
14 Much of the visual description of what follows in this chapter is inspired by a documentary compilation by Sergei Loznitsa, *Blockade*, using footage found in Soviet archives. St Petersburg Documentary Film Studios, 2005.
15 Mukhina, *Diary*, pp. 57, 105, 114.
16 Liubov Shaporina, diary, 8 September 1941, in Simmons and Perlina, *Writing the Siege*.
17 Reid, *Leningrad*, pp. 144–5.
18 Mukhina, *Diary*, p. 125.
19 Anna Likhacheva, diary, 16 May 1942, qtd in Simmons and Perlina, *Writing the Siege*, p. 59.
20 Ginzburg, Lydia, *Blockade Diary*, trans. Alan Myers, London: Harvill Press, 1995, p. 10.
21 Yevtushenko, Yevgeny, 'The City With Three Faces', in *Insight Guides – St Petersburg*, ed. Wilhelm Klein, Hong Kong: Apa Publications, 1992, p. 38.
22 Vera Kostrovitskaya, diary, n.d., qtd in Simmons and Perlina, *Writing the Siege*.
23 Reid, *Leningrad*, pp. 164–5.
24 Mukhina, *Diary*, pp. 5, 10, 159, 220; Dmitri Tolstoy, interview in Weinstein, *Shostakovich Against Stalin*.

25 Yevtushenko, 'The City With Three Faces', in *Insight Guides – St Petersburg*, p. 40; Reid, *Leningrad*, p. 236.

26 Reid, *Leningrad*, pp. 180–81; Mukhina, *Diary*, p. 8.

27 Vera Kostrovitskaya, diary, April 1942, qtd in Simmons and Perlina, *Writing the Siege*, pp. 50–51.

28 Valentina Gorokhova, 'memoir', n.d., qtd in Simmons and Perlina, *Writing the Siege*.

29 Mukhina, *Diary*, pp. 6, 223.

30 Reid, *Leningrad*, p. 230.

31 Ibid., pp. 219–20; Gautier, *The Complete Works*, p. 163; Porter, *Travelling Sketches in Russia*, p. 108.

32 Ginzburg, *Blockade Diary*, p. 14.

33 Elza Greinert, letter of 25 January 1942 to her children, qtd in Simmons and Perlina, *Writing the Siege*, pp. 34–5.

34 Ginzburg, *Blockade Diary*, p. 76.

35 Mukhina, *Diary*, p. 5.

36 Simmons and Perlina, *Writing the Siege*, p. xvi.

37 Mukhina, *Diary*, p. 7: Reid, *Leningrad*, p. 264.

38 Hessler, *A Social History of Soviet Trade*, p. 302.

39 Mukhina, *Diary*, pp. 200–201.

40 Simmons and Perlina, *Writing the Siege*, pp. xviii.

41 Reid, *Leningrad*, pp. 280–85.

42 Pavlov, Dmitri V., *Leningrad 1941 – The Blockade*, trans. John Clinton Adams, Chicago, IL: Chicago University Press, 1965, pp. 136–8, 151, 153, 161–2, 164, 166.

43 Reid, *Leningrad*, pp. 248–9; Simmons and Perlina, *Writing the Siege*, p. xx.

44 Norman, *The Hermitage* p. 258.

45 Ginzburg, *Blockade Diary*, pp. 12, 58.

46 Mukhina, *Diary*, p. 8.
47 Reid, *Leningrad*, p. 246.
48 Stites, *Russian Popular Culture*, p. 102.
49 Prokofiev, Sergei, *War and Peace*, conducted by Valery Gergiev, Kirov/ Opera Bastille, 1991.
50 Robinson, Harlow, 'Composing for Victory – Classical Music' in Stites, Richard, ed., *Culture and Entertainment in Wartime Russia*, Bloomington and Indianapolis, IN: Indiana University Press, 1995, pp. 63, 66.
51 Interview with Ksenia Matus, in Simmons and Perlina, *Writing the Siege*, pp. 147–9.
52 MacDonald, *The New Shostakovitch*, pp. 179–80; interview with Ksenia Matus, in Simmons & Perlina, *Writing the Siege*, p. 151, and in Weinstein, *Shostakovich Against Stalin*. Also in that documentary: the interview with Dmitri Tolstoy.
53 Yevtushenko, 'The City With Three Faces', in *Insight Guides – St Petersburg*, p. 41.
54 Gregory and Ukladnikov, *Leningrad's Ballet*, p. 25; Vera Kostrovitskaya, diary, n.d., qtd in Simmons and Perlina, *Writing the Siege*, p. 51; Kahn, *Days with Ulanova*, p. 118.
55 Mukhina, *Diary*, pp. 163, 311.
56 Reid, *Leningrad*, pp. 140, 226.
57 Lila Solomonovna Frankfurt, memoir, n.d., qtd in Simmons and Perlina, *Writing the Siege*, pp. 164–7.
58 Norman, *The Hermitage*, pp. 253–4.
59 Valentina Gorokhova, memoir of 1946, qtd in Simmons and Perlina, *Writing the Siege*, p. 94.
60 Reid, *Leningrad*, p. 377.
61 Simmons and Perlina, *Writing the Siege*, p. xxiii.
62 Service, *The Penguin History of Modern Russia*, p. 300.
63 Kelly, Catriona, *St Petersburg – Shadows of the Past*, New Haven, CT, and London: Yale University Press, 2014, p. 4.
64 Shostakovich, *Testimony*, qtd in Weinstein, *Shostakovich Against Stalin*.

第十五章 地下的耳語

1 Reid, *Leningrad*, p. 399; Simmons and Perlina, *Writing the Siege*, p. xxvi.

2 Buckler, *Mapping St Petersburg*, p. 240; Kirshchenbaum, Lisa A., *The Legacy of the Siege of Leningrad 1941–1995: Myth, Memories and Monuments*, Cambridge and New York, 2006, pp. 124–6.

3 Irina Antonova, Director of Moscow's Pushkin Museum, 'Politicians Come and Go, But Art Is Eternal' in *Der Spiegel*, 13 July 2012.

4 Norman, *The Hermitage*, pp. 261–2.

5 De Madariaga, *Catherine the Great*, p. 155.

6 Hessler, *A Social History of Soviet Trade*, pp. 5, 302; Service, *The Penguin History of Modern Russia*, pp. 237, 298, 314.

7 Shostakovich, qtd in Weinstein, *Shostakovich Against Stalin.*

8 Smith, *The Russians*, p. 416.

9 Kirshchenbaum, *The Legacy of the Siege*, p. 141; Davies, *Popular Opinion in Stalin's Russia*, p. 18.

10 Simmons and Perlina, *Writing the Siege*, p. xxv.

11 Qtd in Ulam, Adam B., *Stalin – The Man and his Era*, London: Allen Lane, 1974, p. 644.

12 Ibid., pp. 706–707; Simmons and Perlina, *Writing the Siege*, p. xxv–vi; Reid, *Leningrad*, pp. 401–404.

13 Service, *The Penguin History of Modern Russia*, p. 303.

14 Stites, *Russian Popular Culture*, p. 125; Service, *The Penguin History of Modern Russia*, pp. xxxii, 331, 338–9.

15 *Leningradskaya Pravda*, qtd in Steven E. Harris, 'Soviet Mass Housing and the Communist Way of Life', in Chatterjee, Ransel, Cavender and Petrone, eds, *Everyday Life in Russia Past and Present*, Bloomington and Indianapolis, IN: Indiana University Press, 2015, p. 187; Kelly, *St Petersburg*, p. 70.

16 Kelly, *St Petersburg*, p. 71.

17 Harrison, Mark, prod., *The Last Days of Leningrad*, BBC Bristol, 1991, extracts of newsreels about chocolate-making for the

250th anniversary, and 'Summer Comes Soon' of 1987.

18 Kirshchenbaum, *The Legacy of the Siege*, pp. 125, 127; Kelly, *St Petersburg*, p. 170.

19 Ostrovsky, Arkady, *The Invention of Russia – The Journey from Gorbachev's Freedom to Putin's War*, London: Atlantic Books, 2016, pp. 32–3, 47; Harding, Luke, 'How MI6 Helped CIA to Bring Doctor Zhivago in from Cold for Russians', *Guardian*, 10 June 2014.

20 Norman, *The Hermitage*, pp. 285, 300–301, 311; Kelly, *St Petersburg*, p. 232.

21 'Rural Evenings', a 1954 lyrical comedy about life on a collective farm, and *It Was Once So* by Dmitri Gordunov – extracts in Sergei Loznitsa, *Revue*, Federal Agency for Culture and Cinematography and St Petersburg Documentary Film Studios, 2008.

22 Shostakovich, Dmitri, *Cheryomushki*, dir., Paul Rappaport, Lenfilm, 1963, DVD – Decca 2007.

23 Feyginburg, Yosif, dir., *Glenn Gould – The Russian Journey*, documentary, Atlantic Productions, 2002.

24 Kavanagh, Julie, *Rudolf Nureyev – The Life*, London: Penguin, 2008, pp. 37, 40, 46, 51, 52, 56–7, 83, 90, 112.

25 Krushchev, qtd in Stites, *Russian Popular Culture*, p. 132.

26 Qtd in ibid., p. 133.

27 Polsky, Gabe, *Red Army*, documentary, Weintraub and Herzog, 2014; 'Patience and Labour' (1985 – not released until 1991 because of disturbing images of training young ice-skaters), extract in Harrison, *The Last Days of Leningrad.*

28 A 1966 newsreel about robots in the home in Harrison, *The Last Days of Leningrad*; Kelly, *St Petersburg*, p. 258; Figes, *Revolutionary Russia*, p. 363.

29 Harris, 'Soviet Mass Housing and the Communist Way of Life', in *Everyday Life in Russia Past and Present*, pp. 194–5.

30 Loznitsa, *Revue.*

31 McAuley, *Soviet Politics*, p. 78; Kelly, *St Petersburg*, pp. 5, 142; Smith, *The Russians*, p. 8; 'To Drink or Not to Drink' (1977), extracted in Harrison, *The Last Days of Leningrad.*

32 'The Working Lunch', in Meader, Vaughn et al., *The First Family*, LP, New York: Cadence Records, November 1962; McAuley,

Soviet Politics, p. 72.

33 Qtd in Ostrovsky, *The Invention of Russia*, p. 50.

34 Harris, 'Soviet Mass Housing and the Communist Way of Life', in *Everyday Life in Russia Past and Present*, p. 190; Smith, *The Russians*, pp. 97–8; Stites, *Russian Popular Culture*, p. 124; Kelly, *St Petersburg*, pp. 65, 70.

35 Alexievich, Svetlana, *Second-Hand Time – The Last of the Soviets*, trans. Bela Shayevich, London: Fitzcarraldo Editions, 2016, p. 84; Figes, *Revolutionary Russia*, p. 380; Smith, *The Russians*, p. 97.

36 Qtd in Smith, *The Russians*, p. 171; Engel, *Women in Russia*, pp. 242, 245.

37 Pope-Hennessy, *The Closed City*, pp. 37–8; Engel, *Women in Russia*, pp. 245–6.

38 Kelly, *St Petersburg*, p. 384 n.4; Hessler, Julie, *A Social History of Soviet Trade*, p. xiii.

39 Smith, *The Russians*, pp. 8, 83, 92.

40 Kelly, *St Petersburg*, p. 189; Smith, *The Russians*, pp. 80–81.

41 Obama, Barack, in final press conference of 2016, qtd in Jacobs, Ben, 'Obama Says he Warned Russia to "Cut it Out" Over Election Hacking', *Guardian*, 16 December, 2016.

42 Kelly, *St Petersburg*, pp. 251, 257.

43 McAuley, *Soviet Politics*, pp. 67–8.

44 Stites, *Russian Popular Culture*, pp. 152, 156–7, 160.

45 Norman, *The Hermitage*, p. 311.

46 Intourist guide, overheard in 1979.

47 Harding, *The Mafia State*, p. 215.

48 Smith, *The Russians*, pp. 571–2.

49 Engel, *Women in Russia*, p. 243; McAuley, *Soviet Politics*, p. 5; Service, *The Penguin History of Modern Russia*, p. 467.

50 Brodsky, *Less Than One*, pp. 92–3.

51 Engel, *Women in Russia*, p. 246.
52 Pope-Hennessy, *The Closed City*, p. 210.
53 Kirshchenbaum, *The Legacy of the Siege*, pp. 48, 217, 221–3, 225.
54 Service, *The Penguin History of Modern Russia*, pp. 420, 472.
55 Ostrovsky, *The Invention of Russia*, pp. 58–9, 62.
56 McAuley, *Soviet Politics*, p. 60.
57 'Dialogues', 1986 jazz film from Leningrad Film Documentary Studios, extracted in Harrison, *The Last Days of Leningrad*; Stites, *Russian Popular Culture*, p. 196.
58 McAuley, *Soviet Politics*, p. 95.
59 'Rock' (1988), extracted in Harrison, *The Last Days of Leningrad.*
60 Nevzorov, Alexander, *600 Seconds*, 22 May 1990 and 4 January 1991, Leningrad Chanel/St Petersburg Television, various emissions shown in Harrison, *The Last Days of Leningrad.*
61 Engel, *Women in Russia*, pp. 251, 256.
62 Hessler, *A Social History of Soviet Trade*, p. xiii.
63 Kelly, *St Petersburg*, p. 274.
64 Alexievich, *Second-Hand Time*, pp. 42–3.
65 'Third Class Carriage' (1988), extracted in Harrison, *The Last Days of Leningrad.*
66 Service, *The Penguin History of Modern Russia*, pp. xxiv, 485; Alexievich, *Second-Hand Time*, p. 85.

第十六章　通往西方的破窗

1 Comments based on remarks made by Leningraders in Harrison, *The Last Days of Leningrad.*
2 Kelly, *St Petersburg*, p. 2; McAuley, *Soviet Politics*, p. 7.

3 Service, *The Penguin History of Modern Russia*, p. 495.

4 Clark, Katerina, 'Not for Sale: The Russian/Soviet Intelligentsia, Prostitution and the Paradox of Internal Colonization', in *Slavic Studies*, Vol. 7, 1993, pp. 188–9; Bernstein, *Sonia's Daughters*, p. 22.

5 le Carré, John, *The Secret Pilgrim*, London: Sceptre 1991; pbk 2009, p. 392.

6 Bradbury, Malcolm, *To the Hermitage*, London: Picador 2002, p. 395.

7 Womack, Helen, 'The Cost of Living in Cloud Cuckoo Land', *Independent on Sunday*, 26 March 1992.

8 Vladimir Malakoff, letter of January 1992 to Jonathan Miles.

9 Ledeneva, Alena V., *Russia's Economy of Favours: Blat, Networking and Informal Exchanges*, Cambridge: Cambridge University Press, 1998, pp. 191, 196.

10 Ostrovsky, *The Invention of Russia*, p. 147.

11 *Izvestia*, 25, 1992, qtd by Ledeneva, in *Russia's Economy of Favours*, pp. 188–9.

12 Ledeneva, *Russia's Economy of Favours*, p. 189; Kelly, *St Petersburg*, pp. 162–3.

13 Ledeneva, *Russia's Economy of Favours*, pp. 191–2; Ostrovsky, *The Invention of Russia*, pp. 188, 229, 240; Robert Cottrell, 'Russia: The New Oligarchy', *New York Review of Books*, 27 March 1997.

14 The English title is *Brother*.

15 Buckler, *Mapping St Petersburg*, p. 249; Kelly, *St Petersburg*, p. 101.

16 Walsh, Nick Paton, 'The Other St Petersburg', *Guardian*, 12 July 2006; Parfitt, Tom, 'Fewer Tramps, More Plumbers:St Petersburg Goes European', *Guardian*, 31 August 2006.

17 russialist.org, 11 May 2003; Kelly, *St Petersburg*, p. 29.

18 Van den Berg, Rob, dir., 'Catching Up with Music' with Valery Gergiev, bonus feature on Glinka, *Ruslan and Lyudmila*, conducted by Valery Gergiev, Kirov Opera and Chorus, Decca 1996.

19 Buckler, *Mapping St Petersburg*, pp. 248–51; Kelly, *St Petersburg* p. 205.

20 Walsh, Nick Paton, 'City Scandal: St Petersburg Renovation Money Dissapears', *Guardian*, 25 February 2003.

21 BBC News, 20 June 2004.

22 Kelly, *St Petersburg*, pp. 87, 116, 125, 163–4; Walsh, Nick Paton, 'The Other St Petersburg', *Guardian*, 12 July 2006; Shaun Walker, '"Salutin" Putin: Inside a Russian Troll House', *Guardian*, 2 April 2015; Harding, *The Mafia State*, p. 11.

23 Figes, *Revolutionary Russia*, p. 420.

24 Ostrovsky, *The Invention of Russia*, pp. 2, 261, 278, 320, 334; Harding, *The Mafia* State, pp. 11, 177.

25 Utekhin, Ilya, 'The Post-Soviet *Kommunalka*: Continuity and Difference', in *Everyday Life in Russia Past and Present*, p. 240.

26 Ransel, David L., '"They Are Taking that Air from Us": Sale of Commonly Enjoyed Properties to Private Developers', in *Everyday Life in Russia Past and Present*, p. 154.

27 Harding, *The Mafia* State, p. 153.

28 Wrathall, Claire, 'New Holland: St Petersburg's New Cultural District', *Telegraph*, 7 September 2016; Glancy, Jonathan, 'Foster to lead £184m Project to Transform the Ancient Heart of St Petersburg', *Guardian*, 15 February 2006.

第十七章 幻影

1 de Custine, *Letters*, p. 78.

2 Shelley, Mary, *Frankenstein* (1818), Ware: Wordsworth Editions, 1993.

3 Dostoevsky, *Winter Notes on Summer Impressions*, p. 23.

4 Casanova, *The Memoirs*, p. 25.

5 De Raymond, Damaze, *Tableau historique*, qtd in Giroud, *St Petersburg*, p. 62.

6 Hellman, Lillian, *An Unfinished Woman*, London: Macmillan, 1969, pp. 208–9.

7 Dostoyevsky, 'The Double', in *Notes From Underground/The Double*, p. 165.

8 Dostoyevsky, *Notes From Underground*, p. 88.

9 Qtd in Alexievich, *Second-Hand Time*, pp. 210–11.

10 Harding, *The Mafia* State, pp. 22, 25, 224.

11 Luhn, Alec, 'Construction Workers at Russian World Cup Stadium Complain of Not Being Paid', *Guardian*, 31 August 2015.

12 De Custine, *Letters*, p. 43.

13 Alexievich, *Second-Hand Time*, p. 240.

14 Viz. Miriam Elder dealing with the dry-cleaners, 'The Hell of Russian Bureaucracy', *Guardian*, 23 April 2012.

參考書目

書籍

Adams, John Quincy, *Memoirs – Portions of his Diary from 1795–1848*, Vol. II, ed. C. F. Adams, New York: AMS Press, 1970.

Ahlström, Christian, 'The Empress of Russia and the Dutch Scow the Vrouw Maria', in *The Annual Report*, Nautica Fennica, Helsinki: National Board of Antiquities, 2000.

Albedil, M. F., *Peter the Great's Kunstkammer*, St Petersburg: Museum of Anthropology and Ethnography of the Russian Academy of Sciences, Alfa-Colour Publishers, 2002.

Alexander, John T., 'Catherine I, Her Court and Courtiers', in Hughes, *Peter the Great and the West*, pp. 227–49.

—— *Catherine the Great, Life and Legend*, New York: Oxford University Press, 1989.

Alexievich, Svetlana, *Second-Hand Time – The Last of the Soviets*, trans. Bela Shayevich, London: Fitzcarraldo Editions, 2016.

Algarotti, Francesco, *Lettres du comte Algarotti sur la Russie*, London, 1769.

Almedingen, E. M., *Tomorrow Will Come*, Woodbridge, Suffolk: Boydell Press, 1983.

Anderson, M. S., *Peter the Great*, London: Thames and Hudson, 1978.

Andrew, Christopher, and Mitrokhin, Vasili, *The Sword and the Shield. The Mitrokhin Archive and the Secret History of the KGB*, New York: Basic Books, 1999.

Anisimov, Evgeny V., *Empress Elizabeth – Her Reign and Her Russia 1741– 61*, trans. John T. Alexander, Gulf Breeze, FL: Academic

International Press, 1995.

—— *Five Empresses – Court Life in Eighteenth-Century Russia*, trans. Kathleen Carroll, Westport, CT, and London: Praeger, 2004.

Anisimova, Elena, 'European Artistic Glass of the Age of Art Nouveau', in *Art Nouveau – During the Reign of the Last Tsars*, Aldershot: Lund Humphries, 2007.

Anon., *L'Art du ballet en Russie 1738–1940*, exhibition catalogue, Paris: Opéra de Paris Garnier, September–December 1991.

Anon., *The Englishwoman in Russia; Impressions of the Society and Manners of the Russians at Home by a Lady Ten Years Resident in that Country*, London: John Murray, 1855.

Anon. (Masson, Charles François Phillibert), *Memoirs of Catherine II and the Court of St Petersburg During her Reign and that of Paul I by One of her Courtiers.* London: Grolier Society, n.d.

Anon., *A Picture of St Petersburgh: Represented in a Collection of Twenty Interesting Views of the City, the Sledges, and the People*, London, 1815.

Anon. (Weber, Friedrich), *The Present State of Russia in Two Volumes, The Whole Being the Journal of a Foreign Minister who Resided in Russia at the Time*, trans. from the High Dutch, London, 1723.

Arnold, Sue, 'Human Warmth Amidst the Ice and the Ashes', *Observer*, 3 January 1993.

Aronson, I. Michael, *Troubled Waters: The Origins of the 1881 Anti-Jewish Pogroms in Russia*, Pittsburgh, PA: University of Pittsburgh Press, 1990.

Ascher, Abraham, *The Revolution of 1905 – Russia in Disarray*, Stanford, CA: Stanford University Press, 1988.

Atkinson, John Augustus, and Walker, James, *A Picturesque Representation of the Manners, Customs, and Amusements of the Russians in One Hundred Coloured Plates*, 3 vols, London, Vol. I, 1803; Vols II and III, 1804.

Babey, Anna Mary, *Americans in Russia 1776–1917*, New York: Comet Press, 1938.

Baehr, Stephen L., 'In the Re-Beginning: Rebirth, Renewal and *Renovatio* in Eighteenth-Century Russia', in *Russia and the West in the Eighteenth Century – Proceedings of the Second International Conference Organized by the Study Group on Eighteenth-Century*

Russia and Held at the University of East Anglia, Norwich, 17–22 July 1981, pp. 152–66.

Bagdasarova, Irina, 'Official Banquets at the Russian Imperial Court', in *Dining with the Tsars*, Amsterdam: Museumshop Hermitage Amsterdam, 2014.

Baring, Maurice, *A Year in Russia*, London: Methuen, 1907.

Bartlett, R. P., 'Russia in the Eighteenth-Century European Adoption of Inoculation for Smallpox' in Bartlett, Cross and Rasmussen, *Russia and the World of the Eighteenth Century – Proceedings of the Third International Conference Organized by the Study Group on Eighteenth-Century Russia*, September 1984, Columbus, Ohio: Slavica Publishers.

Bater, James H., *St Petersburg – Industrialization and Change*, London: Edward Arnold, 1976.

Belinsky, Vissarion, 'The Alexander Theatre', in Nekrasov, *Petersburg: The Physiology of a City*.

—— 'Petersburg and Moscow', in Nekrasov, *Petersburg: The Physiology of a City*.

Bell, John, *Travels from St Petersburg in Russia to Various Parts of Asia*, Vol. 1, Edinburgh, 1788.

Berlin, Isaiah, *Russian Thinkers* (1978, revised 2008), London: Penguin, 2013.

Berman, Marshall, *All That Is Solid Melts into Air*, New York: Simon and Schuster, 1982; Verso pbk, 1983.

Bernstein, Laurie, *Sonia's Daughters – Prostitutes and Their Regulation in Imperial Russia*, Berkeley and Los Angeles: University of California Press, 1995.

Biely, Andrei, *Petersburg* (1916), trans. Robert A. Maguire and John E. Malmstad, Harmondsworth: Penguin, 1978.

Bilbassov, Vasily A., 'The Intellectual Formation of Catherine II' (St Petersburg, 1901), reprinted in Raeff, Marc, ed., *Catherine the Great – A Profile*, London: Macmillan, 1972.

Bird, Alan, *A History of Russian Painting*, Oxford: Phaidon, 1987.

Blair, Fredrika, *Isadora – Portrait of the Artist as a Woman*, Wellingborough, Northampton: Equation, 1987.

Blakesley, Rosalind P., '23 October 1757: The Foundation of the Im perial Academy of Arts', in Cross, *Study Group on Eighteenth-Century Russia – Days from the Reigns of Eighteenth-Century Russian Rulers*, Part 1, Cambridge: Fitzwilliam College, 2007, pp.

109–20.

Bolkhovitinov, Nikolai Nikolaevich, *Russia and the United States – An Analytical Survey of Archival Documents and Historical Studies*, trans. J. D. Hartgrove, Soviet Studies in History, Vol. XXV, No. 2.

Boulton, Jeremy, *Neighbourhood and Society – A London Suburb in the Seventeenth Century*, Cambridge: Cambridge University Press, 1987.

Bowlt, John E., 'Constructivism and Early Soviet Fashion Design', in *Bolshevik Culture*, Bloomington, IN: Indiana University Press, 1985.

—— *Moscow and St Petersburg in Russia's Silver Age*, London: Thames and Hudson, 2008.

Bradbury, Malcolm, *To the Hermitage*, London: Picador, 2002.

Brendon, Piers, *The Dark Valley – A Panorama of the 1930s*, London: Jonathan Cape, 2000.

Breton, M., *La Russie, ou mœurs, usages, et costumes des habitans de toutes les provinces de cet empire*, Vol. I, Paris, 1813.

Brodsky, Joseph, 'A Guide to a Renamed City', in *Less Than One: Selected Essays*, London: Viking, 1986; Penguin Classics, 2011.

Brown, David, *Tchaikovsky Remembered*, London: Faber and Faber, 1993.

Bruijn, Jaap R., *The Dutch Navy of the Seventeenth and Eighteenth Centuries*, Columbia, SC: University of South Carolina Press, 1993.

Brumfield, William Craft, *A History of Russian Architecture*, New York: Cambridge University Press, 1993.

Bryant, Louise, *Six Red Months in Russia – An Observer's Account of Russia Before and During the Proletarian Dictatorship*, London: William Heinemann, 1918.

Buchanan, Sir George, *My Mission to Russia – and Other Diplomatic Memories*, Vols I and II, London: Cassell and Company, 1923.

Buchanan, Meriel, *The Dissolution of an Empire*, London: John Murray, 1932.

—— *Petrograd – The City of Trouble 1914–18*, London: William Collins, 1919.

Buckle, Richard, *Diaghilev*, New York: Atheneum, 1984.

—— *Nijinsky*, Harmondsworth: Penguin, 1980.

Buckler, Julie A., *Mapping St Petersburg – Imperial Text and Cityshape*, Princeton, NJ: Princeton University Press, 2005.

Calland, Deborah, 'The Tsar of Operas', pp. 11–16, notes to Glinka, *Ruslan and Lyudmila*, and Valery Gergiev, in an interview, 'Introducing Ruslan' (bonus feature), Decca DVD, conducted by Valery Gergiev, 1996.

Casanova de Seingalt, Jacques, *The Memoirs*, London, 1894, trans. Arthur Machen, to which have been added the chapters discovered by Arthur Symons, 'Russia and Poland', Vol. XXV, Minneapolis, MN: Filiquarian Publishing, n.d.

Catherine the Great, *The Memoirs of Catherine the Great*, trans. Mark Cruse and Hilde Hoogenboom, New York: Modern Library, 2005; pbk 2006.

Catherine the Great et al., *Authentic Memoirs of the Life and Reign of Catherine II, Empress of all the Russias. Collected from the Authentic MS's. Translations &c. of the King of Sweden, Right Hon. Lord Mountmorres, Lord Malmesbury, M. de Volney, and other indisputable authorities*, London, 1797.

Cattell, David T., 'Soviet Cities and Consumer Welfare Planning', in Hamm, Michael F., *The City in Russian History*, Lexington, KY: University of Kentucky Press, 1976.

Chandler, Robert, Dralyuk, Boris, and Mashinski, Irina, eds, *The Penguin Book of Russian Poetry*, London: Penguin Random House, 2015.

Chernyshevsky, Nikolai, *A Vital Question; or What Is to Be Done?*, trans. Nathan Dole and S. S. Skidelsky, New York: Crowell, 1886.

Clark, Katerina, 'The Russian/Soviet Intelligentsia, Prostitution and the Paradox of Internal Colonization', in *Slavic Studies*, vol. 7, 1993.

—— *Petersburg, Crucible of Cultural Revolution*, Cambridge, MA: Harvard University Press, 1995.

Coleridge, Samuel Taylor, *Collected Poetical Works*, Oxford: Oxford University Press, 1978.

Collins, Samuel. *The Present State of Russia – In a Letter to a Friend at London, Written by an Eminent Person Residing at the Great Czar's Court at Moscow for the Space of Nine Years*, London, 1671, facsimile reprinted in Poe, Marshall, *Early Exploration of*

Russia, London and New York: Routledge Curzon, 2003.

Conquest, Robert, *The Great Terror – A Reassessment*, London: Pimlico, 2008.

Cook, John, *Voyages and Travels through the Russian Empire, Tartary and the Empire of Persia*, Vol. I, Edinburgh, 1770.

Cracraft, James, *The Petrine Revolution in Russian Culture*, Cambridge, MA, and London: Belknap Press of Harvard University Press, 2004.

Cross, Anthony, *By the Banks of the Neva – Chapters from the Lives and Careers of the British in Eighteenth-Century Russia*, Cambridge: Cambridge University Press, 1997.

—— '"Crazy Paul": The British and Paul I', in *Reflections on Russia in the Eighteenth Century*, ed. Klein, Dixon and Fraanje, Cologne: Böhlau Verlag, 2001, pp. 7–18.

—— 'The English Embankment', in Cross, ed., *St Petersburg 1703–1825*, Basingstoke and New York: Palgrave Macmillan, 2003.

—— 'Mr Fisher's Company of English Actors in Eighteenth-Century St Petersburg', in Cross, ed., *Study Group on Eighteenth-Century Russia – Newsletter*, No. 4, Norwich, September 1976, pp. 49–56.

—— *Peter the Great Through British Eyes – Perceptions and Representations of the Tsar since 1698*, Cambridge: Cambridge University Press, 2000.

—— ed., *Study Group on Eighteenth-Century Russia Newsletter – Days from the Reigns of Eighteenth-Century Russian Rulers*, Part 1, Proceedings of a workshop dedicated to the memory of Professor Lindsey Hughes held at the Bibliotheca di Storia Contemporanea, 'A. Oriani', Ravenna, 12–13 Sept September 2007, Cambridge: Fitzwilliam College, 2007.

D'Eon de Beaumont, Charles, *The Maiden of Tonnerre – The Vicissitudes of the Chevalier and the Chevalière d'Eon* (containing *The Great Historical Epistle by the Chevalière d'Eon, Written in 1785 to Madame the Duchesse of Montmorenci-Bouteville)*, trans. and ed. Champagne, Ekstein and Kates, Baltimore and London: Johns Hopkins University Press, 2001.

Dashwood, Sir Francis, 'Sir Francis Dashwood's Diary of his Visit to St Petersburg in 1733', ed. Betty Kemp, *The Slavonic and East European Review*, Vol. XXXVIII, No. 90, London: University of London, Athlone Press, December 1959, pp. 194–222.

Davies, Sarah, *Popular Opinion in Stalin's Russia*, Cambridge: Cambridge University Press, 1997.

de Custine, Astolphe, *Letters from Russia*, trans. Robin Buss (1991), London: Penguin, 2014. de Madariaga, Isabel, *Catherine the Great – A Short History*, New Haven, CT, and London: Yale University Press, (1990) 2002.

—— *Russia in the Age of Catherine the Great*, New Haven, CT, and London: Yale University Press, 1981. de Raymond, Damaze, *Tableau historique, géographique, militaire et moral de l'empire de Russie*, Vol. II, Paris: 1812.

de Staël, Madame, *Mémoires – Dix années d'exil* (first published 1818), Paris: 1861.

Deane, John, 'A Letter from Moscow to the Marquess of Carmarthen Relating to the Czar of Muscovy's Forwardness in his Great Navy', London, March 1699.

Deschisaux, Pierre, *Description d'un voyage fait à Saint Petersbourg*, Paris: Thiboust, 1728.

Dickens, Charles, *Bleak House* (1853), Harmondsworth: Penguin, 1971.

Dixon, Simon, '30 July 1752: The Opening of the Peter the Great Canal', in Cross, *Study Group on Eighteenth-Century Russia – Days from the Reigns of Eighteenth-Century Russian Rulers*, Part 1, Cambridge: Fitzwilliam College, 2007, pp. 93–107.

—— *Catherine the Great*, New York: HarperCollins, 2009.

Dmytryshyn, Basil, ed., *Imperial Russia – A Source Book 1700–1917*, 2nd edn, Hinsdale, IL: Dryden Press, 1974.

Dobson, George, *St Petersburg*, London: Adam and Charles Black, 1910.

Dostoevsky, Fyodor, *Crime and Punishment*, trans. Constance Garnett, Ware, Hertfordshire: Wordsworth Editions, 2000.

—— *Notes From Underground/The Double*, trans. Jessie Coulson, Harmondsworth: Penguin, 1972.

Dukes, Paul, *The Making of Russian Absolutism 1613–1801*, Harlow and New York: Longman, 1982.

Dukes, (Sir) Paul, *Red Dusk and the Morrow – Adventures and Investigations in Red Russia*, London: Williams and Norgate, 1923.

Dumas, Alexandre, *En Russie – Impressions de voyage* (1859), Paris: Editions François Bourin, 1989.

Eisenstein, Sergei, *Film Essays and a Lecture*, ed. Jay Leyda, NJ: Princeton University Press, 1982.

Engel, Barbara Alpern, *Women in Russia 1700–2000*, Cambridge: Cambridge University Press, 2004.

Ermolaev, Ilya, 'Napoleon's Invasion of Russia', in *Alexander, Napoleon and Joséphine*, Amsterdam: Museumshop Hermitage Amsterdam, 2015.

Evelyn, John, *The Diary of John Evelyn Esq. F.R.S. from 1641–1705–6*, London: Gibbings, 1890.

Faber, Gotthilf Theodor von, *Bagatelles. Promenades d'un désœuvré dans la ville de S.-Pétersbourg*, Vols I and II, Paris: Klosterman and Delaunay, 1812.

Faibisovich, Viktor, 'If I Were Not Napoleon, Perhaps I Would Be Alexander…', in *Alexander, Napoleon and Joséphine*, Amsterdam: Museumshop Hermitage Amsterdam, 2015.

Fedorov, Vyacheslav, 'Theatre and Music in Court Life', in *At the Russian Court – Palace and Protocol in the 19th Century*, Amsterdam: Museumshop Hermitage Amsterdam, 2009.

Figes, Orlando, *Revolutionary Russia – 1891–1991*, London: Penguin, 2014.

Figner, Vera, *Memoirs of a Revolutionist*, DeKalb, IL: Northern Illinois Press, 1991.

Fitzlyon, Kyril, and Browning, Tatiana, *Before the Revolution*, Harmondsworth: Penguin, 1977.

Fitzpatrick, Sheila, *The Commissariat of Enlightenment – Soviet Organization of Education and the Arts under Lunacharsky, October 1917–1921*, Cambridge: Cambridge University Press, 1970.

Francis, David R., *Russia from the American Embassy – April 1916– November 1918*, New York: Charles Scribner's Sons, 1921.

Frank, Joseph, *Dostoevsky – A Writer in His Time*, ed. Mary Petrusewicz, Princeton, NJ, and Oxford: Princeton University Press, 2010.

Frierson, Cathy A., *All Russia is Burning! A Cultural History of Fire and Arson in Late Imperial Russia*, Seattle and London: University of Washington Press, 2002.

Fuhrmann, Joseph T., *Rasputin – A Life*, New York: Praeger, 1990.

Galitzin, Le Prince Augustin, *La Russie au XVIIIe Siècle*, Paris, 1863.

Gautier, Théophile, *The Complete Works – Vol. VII: Travels in Russia*, trans. and ed. S. C. De Sumichrast, Athenaeum Press, reprinted by Forgotten Books, n.d.

Gerasimova, Julia, *The Iconostasis of Peter the Great in the Peter and Paul Cathedral in St Petersburg (1722–9)*, Leiden: Alexandros Press, 2004.

Gide, André, *Back From the USSR*, London: Secker and Warburg, 1937.

Ginzburg, Lydia, *Blockade Diary*, trans. Alan Myers, London: Harvill Press, 1995.

Giroud, Vincent, *St Petersburg – A Portrait of a Great City*, New Haven, CT: Yale University – The Beinecke Rare Book and Manuscript Library, 2003.

Glendenning, P. H., 'Admiral Sir Charles Knowles in Russia 1771–1774', in 'Synopses of Papers Read at the 12th Meeting of the Study Group – University of Leeds, 15–16 December 1973', in *Study Group on Eighteenth Century Russia – Newsletter*, No. 2, Norwich, 1974, pp. 8–12.

Gogol, Nikolai, *Dead Souls*, trans. Christopher English, Oxford: Oxford World's Classics, 1998.

—— 'Nevsky Prospekt', in *Diary of a Madman, The Government Inspector and Selected Stories*, trans. Ronald Wilks, London: Penguin, 2005.

—— 'Nevsky Prospekt', in *Petersburg Tales*, trans. Dora O'Brien, Richmond, Surrey: Alma Classics, 2014.

Goldman, Emma, *Living My Life*, Vol. II, London: Pluto Press, 1988.

Gooding, John, *Rulers and Subjects – Government and People in Russia 1801–1991*, London: Arnold, 1996.

Gray, Camilla, *The Russian Experiment in Art 1863–1922* (1962), revised and enlarged by Marian Burleigh-Motley, London: Thames and Hudson, 1986.

Gray, Rosalind P., *Russian Genre Paintings in the Nineteenth Century*, Oxford: Clarendon Press, 2000.

Grebenka, Evgeny, 'The Petersburg Quarter' (1844), in Nekrasov, *Petersburg: The Physiology of a City*.

Gregory, John, and Ukladnikov, Alexander, *Leningrad's Ballet*, Croesor, Gwynned: Zena Publications, 1990.

Guseva, Natalya, 'The "New Style" in Russian Interiors', in *Art Nouveau – During the Reign of the Last Tsars*, Aldershot: Lund

Humphries, 2007.

Hanway, Jonas, *An Historical Account of the British Trade Over the Caspian Sea with a Journal of Travels*, Vols I and II, London: Dodesley, 1753.

Harding, Luke, *The Mafia State*, London: Guardian Books, 2012.

Hare, Richard, *Pioneers of Russian Social Thought*, Oxford: Oxford University Press, 1951.

Harris, Steven E., 'Soviet Mass Housing and the Communist Way of Life', in Chatterjee, Ransel, Cavender and Petrone, eds, *Everyday Life in Russia Past and Present*, Bloomington and Indianapolis, IN: Indiana University Press, 2015.

Hartley, Janet M., *Alexander I*, London and New York: Longman, 1994.

—— 'Governing the City: St Petersburg and Catherine II's Reforms', in Cross, ed., *St Petersburg 1703–1825*, Basingstoke and New York: Palgrave Macmillan, 2003.

Herzen, Alexander, *My Past and Thoughts – The Memoirs of Alexander Herzen*, trans. Constance Garnett, revised by Humphrey Higgens, New York: Knopf, 1973.

Hessler, Julie, *A Social History of Soviet Trade – Trade Policy, Retail Practices and Consumption – 1917–1953*, Princeton, NJ: Princeton University Press, 2004.

Hittle, Michael J., *The Service City – State and Townsmen in Russia 1600– 1800*, Cambridge, MA: Harvard University Press, 1979.

Hoare, Prince, *Extracts from a Correspondence with the Academies of Vienna and St Petersburg on the Cultivation of the Arts of Painting, Sculpture and Architecture in the Austrian and Russian Dominions*, London: White, Payne and Hatchard, 1802.

Holquist, Peter, 'Violent Russia, Deadly Marxism? Russia in the Epoch of Violence 1905–21', in Kocho-Williams, Alastair, ed., *The Twentieth Century Russian Reader*, Abingdon: Routledge, 2011.

Hosking, Geoffrey, *Russia and the Russians – A History*, Cambridge, MA: Belknap Press of Harvard University Press, 2001.

Hughes, Lindsey, 'Architectural Books in Petrine Russia', in *Russia and the West in the Eighteenth Century – Proceedings of the Second International Conference Organized by the Study Group on E ighteenth-Century Russia and Held at the University of East Anglia,*

Norwich, 17–22 July 1981, pp. 101–8.

—— '"For the Health of the Sons of Ivan Mikhailovich": I. M. Golovin and Peter the Great's Mock Court', in *Reflections on Russia in the Eighteenth Century*, ed. Klein, Dixon and Fraanje, Cologne: Böhlau Verlag, 2001, pp. 43–51.

—— 'Images of Greatness: Portraits of Peter the Great', in Hughes, *Peter the Great and the West*, pp. 250–70.

—— ed., *Peter the Great and the West – New Perspectives*, Basingstoke and New York: Palgrave, 2001.

—— *Russia in the Age of Peter the Great*, New Haven, CT, and London: Yale University Press, 1998.

—— *Russia and the West, The Life of a Seventeenth-Century Westernizer, Prince Vasily Vasilevich Golitsyn (1643–1714)*. Newtonville, MA: Oriental Research Partners, 1984.

—— *Sophia, Regent of Russia 1657–1704*, New Haven, CT, and London: Yale University Press, 1990.

Ilchester, the Earl of, and Mrs Langford-Brooke, eds and trans., *Correspondence of Catherine the Great when Grand-Duchess with Sir Charles Hanbury-Williams and Letters from Count Poniatowski,* London: Thornton Butterworth, 1928.

Irwin, David, *Neoclassicism*, London: Phaidon, 1997.

Jackman, S. W., *Romanov Relations – The Private Correspondence of Tsars Alexander I, Nicholas I and the Grand Dukes Constantine and Michael with their Sister Queen Anna Pavlovna*, London: Macmillan, 1969.

Johnson, Emily D., *How St Petersburg Learned to Study Itself,* University Park, PA: Pennsylvania State University Press, 2006.

Jones, Robert E., *Bread Upon the Waters – The St Petersburg Grain Trade and the Russian Economy, 1703–1811*. Pittsburgh, PA: University of Pittsburgh Press, 2013.

—— 'Why St Petersburg?', in Hughes, *Peter the Great and the West*, pp. 189–205.

Jones, W. Gareth, 'Catherine the Great's Understanding of the "Gothic"', in *Reflections on Russia in the Eighteenth Century*, ed. Klein, Dixon and Fraanje, Cologne: Böhlau Verlag, 2001, pp. 233–40.

Jukes, Peter, *A Shout in the Street – The Modern City London*, London: Faber and Faber, 1990.

Justice, Elizabeth, *A Voyage to Russia: Describing the Laws, Manners and Customs of that Great Empire as Governed at this Present by that Excellent Princess, the Czarina*, York, 1739.

Kahn, Albert E., *Days with Ulanova*, London: William Collins, 1962.

Kandinsky, Vasily, *Concerning the Spiritual in Art*, trans. M. T. H. Sadler, New York: Dover Publications, 1977.

Karsavina, Tamara, *Theatre Street* (1948), London: Columbus Books, 1988. Kavanagh, Julie, *Rudolf Nureyev – The Life*, London: Penguin, 2008.

Keenan, Paul, '23 December 1742: Elizaveta Petrovna's Ceremonial Entry into St Petersburg', in Cross, *Study Group on Eighteenth-Century Russia – Days from the Reigns of Eighteenth-Century Russian Rulers*, Part 1, Cambridge: Fitzwilliam College, 2007, pp. 79–91.

—— *St Petersburg and the Russian Court 1703–1761*, London and New York: Palgrave Macmillan, 2013.

Kelly, Catriona, *St Petersburg – Shadows of the Past*, New Haven, CT, and London: Yale University Press, 2014.

Kelly, Laurence, *Lermontov – Tragedy in the Caucasus*, London: Constable, 1977.

Kirshchenbaum, Lisa A., *The Legacy of the Siege of Leningrad 1941–1995: Myth, Memories and Monuments*, Cambridge and New York: Cambridge University Press, 2006.

Kizevetter, Alexandr A., 'Portrait of an Enlightened Autocrat' (Berlin 1931), in Raeff, Marc, ed., *Catherine the Great – A Profile*, London: Macmillan, 1972.

Klier, John Doyle, *Imperial Russia's Jewish Question 1855–1881*, Cambridge: Cambridge University Press, 1995.

Knightley, Phillip, *The Second Oldest Profession – Spies and Spying in the Twentieth Century*, London: Pimlico, 2003.

Koestler, Arthur, *The Invisible Writing – The Second Volume of an Autobiography 1932–40* (1954), London: Random House, 2005.

—— *Scum of the Earth*, trans. Daphne Hardy, London: Victor Gollancz, 1941.

Kokovtsov, Count, *Out of my Past – The Memoirs of Count Kokovtsov*, trans. Laura Matveev, Stanford, CA: Stanford University Press, 1935.

Kollmann, Nancy S., '27 October 1698: Peter Punishes the Streltsy', in Cross, *Study Group on Eighteenth-Century Russia – Days from the Reigns of Eighteenth Century Russian Rulers*, Part 1, Cambridge: Fitzwilliam College, 2007, pp. 23–35.

Korb, Johann Georg, *Diary of an Austrian Secretary of Legation at the Court of the Czar Peter the Great*, trans. from the Latin by the Count MacDonnell, London: Bradbury and Evans, 1863; facsimile edn, London: Routledge Curzon, 2003.

Korshunova, Tamara, 'Whims of Fashion', in *At the Russian Court – Palace and Protocol in the 19th Century*, Amsterdam: Museumshop Hermitage Amsterdam, 2009.

Kotzbuë, Auguste de, *L'année la plus remarquable de ma vie*, Paris, 1802.

Kratter, Franz, *The Maid of Marienburg – A Drama in Five Acts. From the German of Kratter*, London, 1798.

Krupskaya, Nadezhda K., *Memories of Lenin*, trans. E. Verney, New York: International Publishers, 1930.

La Mottraye, Aubry de, *Voyages en Anglois et en François D'A. de La Motraye en diverses provinces et places*, London, 1732.

La Neuville, F. de, *An Account of Muscovy as it Was in the Year 1689*, London, 1699.

Lauchlan, Iain, *Russian Hide-and-Seek – The Tsarist Secret Police in St Petersburg 1906–14*, Helsinki: SKS-FLS, 2002.

le Carré, John, *The Secret Pilgrim*, London: Sceptre, 1991; pbk 2009.

Ledeneva, Alena V., *Russia's Economy of Favours: Blat, Networking and Informal Favours*, Cambridge: Cambridge University Press, 1998.

Leichtenhan, Francine-Dominique, Élisabeth Ire de Russie, Paris: Fayard, 2007.

Leino, Minna, and Klemelä, Ulla, 'Field Research of the Maritime Museum of Finland at the Wreck Site of Vrouw Maria in 2001–2002', in *Moss Newsletter*, Helsinki, 2003.

Lenin, V. I., *What Is to Be Done?* (1902), New York: International Publishers, 1929.

Lermontov, Mikhail, *A Hero of Our Time* (1840), trans. and introd. Paul Foote, Harmondsworth: Penguin, 1966.

Lewitter, L. R., 'Ivan Tikhonovich Pososhkov (1652–1726) and "The Spirit of Capitalism"', in *The Slavonic and East European Review*, Vol. LI, No. 125, October 1973, London: University College London, pp. 524–53.

Liackhova, Lydia, 'Items from the Green Frog Service', in *Dining with the Tsars*, Amsterdam: Museumshop Hermitage Amsterdam,

2014.

Lincoln, W. Bruce, 'The Daily Life of St Petersburg Officials in the Mid Nineteenth Century', in *Oxford Slavonic Papers*, ed. Fennell and Foote, New Series, Vol. VIII, Oxford: Clarendon Press, 1975, pp. 82–100.

—— *Nicholas I: Emperor and Autocrat of All Russias*, London: Allen Lane, 1978.

Lissitzky, El, *Russia: An Architecture for World Revolution*, Cambridge, MA: MIT Press, 1984.

Lockhart, R. H. Bruce, *Memoirs of a British Agent*, London: Putnam, 1934.

Longworth, Philip, *The Three Empresses – Catherine I, Anne and Elizabeth of Russia*, New York: Holt, Rinehart and Winston, 1972.

Loukomski, George, *Charles Cameron* (*1740–1812*), London: Nicholson and Watson, Commodore Press, 1943.

McAuley, Mary, *Bread and Justice – State and Society in Petrograd 1917– 22*, Oxford: Clarendon Press, 1991.

—— *Soviet Politics – 1917–19*, Oxford: Oxford University Press, 1992.

McBurney, Erin, 'The Portrait Iconography of Catherine the Great: An Introduction', in *Study Group on Eighteenth-Century Russia – Newsletter*, No. 34, Cambridge, July 2006, pp. 22–7.

Macdonald, Hugh, *The Master Musicians – Berlioz*, Oxford: Oxford University Press, 1982; pbk 2000.

MacDonald, Ian, *The New Shostakovitch*, new edn revised by Raymond Clarke, London: Pimlico, 2006.

McGrew, Roderick E., *Paul I of Russia 1754–1801*, Oxford: Clarendon Press, 1992.

—— *Russia and the Cholera 1823–1832*, Madison and Milwaukee, WI: University of Wisconsin Press, 1965.

McKean, Robert B., *St Petersburg Between the Revolutions*, New Haven, CT, and London: Yale University Press, 1990.

McKellar, Elizabeth, *The Birth of Modern London – The Development and Design of the City 1660–1720*, Manchester: Manchester University Press, 1999.

Maes, Francis, *A History of Russian Music*, trans. Arnold J. Pomerans and Erica Pomerans, Berkeley, CA: University of California Press, 2002; pbk 2006.

Mandelstam, Osip, *The Noise of Time*, trans. Clarence Brown, London and New York: Quartet Books, 1988.

—— *Osip Mandelstam Selected Poems* (1973), trans. Clarence Brown, Harmondsworth: Penguin, 1977.

Manstein, General, *Memoirs of Russia, Historical, Political and Military*, London, 1770.

Marker, Gary, 'Godly and Pagan Women in the Coronation Sermon of 1724', in Bartlett and Lehmann-Carli, eds, *Eighteenth-Century Russia: Society, Culture, Economy – Papers from the VII International Conference of the Study Group on Eighteenth-Century Russia, Wittenberg, 2004*, Berlin: Lit Verlag, 2008, pp. 207–20.

—— *Publishing, Printing and the Origins of Intellectual Life in Russia, 1700–1800*, Princeton, NJ: Princeton University Press, 1985.

Marsden, Christopher, *Palmyra of the North – The First Days of St Petersburg*, London: Faber and Faber, 1942.

Marye, George Thomas, *Nearing the End in Imperial Russia*, London: Selwyn and Blount, 1928.

Massie, Robert K., *Peter the Great – His Life and World*, Knopf, 1980; Head of Zeus pbk, 2013.

Meshikova, Maria, 'Chinese Masquerade', in *At the Russian Court – Palace and Protocol in the 19th Century*, Amsterdam: Museumshop Hermitage Amsterdam, 2009.

Milner-Gulland, Robin, '16 May 1703: The Petersburg Foundation-Myth', in Cross, *Study Group on Eighteenth-Century Russia – Days from the Reigns of Eighteenth Century Russian Rulers*, Part 1, Cambridge: Fitzwilliam College, 2007, pp. 37–47.

Monas, Sidney, *The Third Section – Police and Society in Russia under Nicholas I*, Cambridge, MA: Harvard University Press, 1961.

Montefiore, Simon Sebag, *The Romanovs 1613–1918*, London: Weidenfeld and Nicolson, 2016.

Mottley, John, *The History of the Life of Peter I, Emperor of Russia*, Vol. II, London, 1739.

—— *The History of the Life and Reign of the Empress Catherine*, Vols I and II, London, 1744.

Moynahan, Brian, *Rasputin: The Saint Who Sinned*, New York: Random House, 1997.

Mukhina, Lena, *The Diary of Lena Mukhina – A Girl's Life in the Siege of Leningrad*, London: Pan Macmillan, 2016.

Münnich, Comte Ernest de, *Mémoires sur la Russie de Pierre le Grand à Elisabeth Ire (1720–42)*, trans. Francis Ley, Paris: Harmattan, 1997.

Munro, George E., 'Compiling and Maintaining St Petersburg's "Book of City Inhabitants": The "Real" City Inhabitants', in Cross, ed., *St Petersburg 1703–1825*, Basingstoke and New York: Palgrave Macmillan, 2003.

—— *The Most Intentional City – St Petersburg in the Reign of Catherine the Great*, Cranbury, NJ: Associated University Presses, 2010.

—— 'Politics, Sexuality and Servility: The Debate Between Catherine the Great and the Abbé Chappe d'Auteroche', in *Russia and the West in the Eighteenth Century – Proceedings of the Second International Conference Organized by the Study Group on Eighteenth-Century Russia and Held at the University of East Anglia*, Norwich, 17–22 July 1981, pp. 124–34.

Nabokov, Vladimir, *Speak Memory* (1947), London: Penguin, 2000.

Nekrasov, Nikolai, ed. Thomas Gaiton Marullo, *Petersburg: The Physiology of a City* (*Fitziologiia Peterburga*) (1845), trans. Thomas Gaiton Marullo, Evanston, IL: Northwestern University Press, 2009.

—— 'The Petersburg Corners', in Nekrasov, *Petersburg: The Physiology of a City*.

Neuberger, Joan, *Hooliganism – Crime, Culture and Power in St Petersburg, 1900–14*, Berkeley, CA: University of California Press, 1993.

Neville, Peter, *Russia: A Complete History – The USSR, the CIS and the Independent States in One Volume*, London: Phoenix, 2003.

Nijinsky, Romola, *Nijinsky*, London: Victor Gollancz, 1940.

Nijinsky, Vaslav, *The Diary of Vaslav Nijinsky*, ed. Romola Nijinsky, Berkeley, CA: University of California Press, 1968.

Nisbet Bain, R. *The Daughter of Peter the Great*, London: Constable, 1899.

Norman, Geraldine, *The Hermitage – The Biography of a Great Museum*, London: Jonathan Cape, 1997.

O'Meara, Patrick, '*Vreden sever*: The Decembrists' Memories of the Peter and Paul Fortress', in Cross, ed., *St Petersburg 1703–1825*, Basingstoke and New York: Palgrave Macmillan, 2003.

Ospovat, Kirill, 'Alexandr Sumarokov and the Social Status of Russian Literature in the 1750s–60s', in *Study Group on Eighteenth Russia – Newsletter*, No. 33, Cambridge, November 2005, pp. 24–30.

Ostrovsky, Arkady, *The Invention of Russia – The Journey from Gorbachev's Freedom to Putin's War*, London: Atlantic Books, 2016.

Parkinson, John, *A Tour of Russia, Siberia and the Crimea*, London: Routledge, 1971.

Paul Jones, John, *Memoirs of Rear Admiral Paul Jones*, Vol. I, Edinburgh and London, 1830.

Pavlov, Dmitri V., *Leningrad 1941 – The Blockade*, trans. John Clinton Adams, Chicago, IL: Chicago University Press, 1965.

Pavlova, Anna, 'Pages of My Life', in Franks, A. H., ed., *Pavlova – A Collection of Memoirs*, a reprint of *Pavlova: A Biography*, London, 1956; New York: DaCapo, n.d.

Perry, Captain John, *The State of Russia under the Present Czar*, London: Benjamin Tooke, 1716.

Piotrovsky, B. B., and Suslov, V. A., introduction, in Eisler, Colin, *Paintings in the Hermitage*, New York: Stewart, Tabori and Chang, 1990.

Pipes, Richard, *The Russian Revolution*, New York: Alfred A. Knopf, 1990.

Plotnikova, Yulia, 'Children of the Emperor', in *At the Russian Court – Palace and Protocol in the 19th Century*, Amsterdam: Museumshop Hermitage Amsterdam, 2009.

Pope-Hennessy, Dame Una Birch, *The Closed City: Impressions of a Visit to Leningrad*, London: Hutchinson, 1938.

Poretsky, Elisabeth K., *Our Own People: A Memoir of 'Ignace Reiss' and His Friends*, London: Oxford University Press, 1969.

Porter, Robert Ker, *Travelling Sketches in Russia and Sweden during the Years 1805, 1806, 1807, 1808*, Vols I and II, London: Richard Phillips, 1809.

Prak, Maarten, *The Dutch Republic in the Seventeenth Century*, trans. Diane Webb, Cambridge: Cambridge University Press, 2006.

Printseva, Galina, 'The Imperial Hunt', in *At the Russian Court – Palace and Protocol in the 19th Century*, Amsterdam: Museumshop Hermitage Amsterdam, 2009.

Proskurina, Vera, *Creating the Empress – Politics and Poetry in the Age of Catherine II*, Brighton, MA: Academic Studies Press, 2011.

Pushkin, Alexander, 'The Bronze Horseman: A Petersburg Tale', in *The Penguin Book of Russian Poetry*, ed. Chandler, Dralyuk and Mashinski, London: Penguin Random House, 2015.

—— *Eugene Onegin – A Novel in Verse*, trans. Stanley Mitchell, London: Penguin, 2008.

—— *The Queen of Spades and Other Stories*, trans. Rosemary Edmonds, London: Penguin, 2004.

Radishchev, Alexandr Nikolaevich, *A Journey from St Petersburg to Moscow*, trans. Leo Wiener, ed. Roderick Page Thaler, Cambridge, MA: Harvard University Press, 1958.

Radzinsky, Edvard, *Alexander II – The Last Great Tsar*, trans. Antonina W. Bouis, New York: Free Press, 2005.

Raeff, Marc, *Origins of the Russian Intelligentsia*, San Diego, New York and London: Harcourt Brace, 1966.

Ransome, Arthur, *The Crisis in Russia 1920*, London: George Allen and Unwin, 1921.

Rappe, Tamara, 'Alexander at Malmaison. Malmaison in Russia', in *Alexander, Napoleon and Joséphine*, Amsterdam: Museumshop Hermitage Amsterdam, 2015.

—— 'Art and Diplomacy in the Reign of Alexander III and Nicholas II', in 'Russian Interiors' in *Art Nouveau – During the Reign of the Last Tsars*, Aldershot: Lund Humphries, 2007.

Rappoport, Angelo S., *The Curse of the Romanovs*, London: Chatto and Windus, 1907.

Read, Christopher, *Culture and Power in Revolutionary Russia*, Basingstoke: Macmillan, 1990.

Redesdale, Lord, *Memories*, Vol. I, London: Hutchinson, 1915.

Reed, John, *Ten Days that Shook the World* (1919), London: Penguin, 1977.

Reid, Anna, *Leningrad – Tragedy of a City Under Siege*, London: Bloomsbury, 2011; pbk 2012.

Rice, Tamara Talbot, 'Charles Cameron', in *Charles Cameron* c.*1740–1812*, London: Arts Council, 1967–8.

Richard, John, *A Tour from London to Petersburgh*, London, 1780.

Richardson, William, *Anecdotes of the Russian Empire in a Series of Letters Written a Few Years Ago from St Petersburg*, London, 1784.

Rimsky-Korsakov, Nikolai Andreyevich, *My Musical Life*, trans. from the 5th revised Russian edition by Judah A. Joffe, London: Eulenburg Books, 1974.

Robinson, Harlow, 'Composing for Victory – Classical Music', in Stites, Richard, ed., *Culture and Entertainment in Wartime Russia*, Bloomington and Indianapolis, IN: Indiana University Press, 1995.

Roland, Betty, *Caviar for Breakfast*, Melbourne: Quartet Books, 1979.

Rosen, Baron, *Forty Years of Diplomacy*, Vols I and II, London: George Allen and Unwin, 1922.

Rosslyn, Wendy, 'Petersburg Actresses On and Off Stage (1775–1825)', in Cross, ed., *St Petersburg 1703–1825*, Basingstoke and New York: Palgrave Macmillan, 2003.

—— 'The Prehistory of Russian Actresses: Women on the Stage in Russia (1704–1757)', in Bartlett and Lehmann-Carli, eds, *Eighteenth-Century Russia: Society, Culture, Economy – Papers from the VII International Conference of the Study Group on Eighteenth- Century Russia, Wittenberg, 2004*, Berlin: Lit Verlag, 2008, pp. 69–81.

Rousset de Missy, Jean, *Memoires du Regne de Catherine, Imperatrice et Souveraine de toute la Russie &c. &c. &c.*, Amsterdam, 1728.

Ryan, W. F., 'Peter the Great and English Maritime Technology', in Hughes, *Peter the Great and the West*, pp. 130–58.

Sablinsky, Walter, *The Road to Bloody Sunday – Father Gapon and the St Petersburg Massacre of 1905*, Princeton, NJ: Princeton University Press, 1976.

Sadovnikov, Vasily, reproductions by Ivanov I., Ivanov, P., *Panorama of Nevsky Prospekt. First published by A. Prévost between 1830–5*, Leningrad: Aurora Art Publishers, 1974.

Schama, Simon, *The Embarrassment of Riches*. London: Collins, 1987.

Schenker, Alexander M., *The Bronze Horseman – Falconet's Monument to Peter-the-Great*, New Haven, CT, and London: Yale University Press, 2003.

Schlafly Jr, Daniel L. 'Filippo Balatri in Peter the Great's Russia', in *Jahrbücher für Geschichte Osteuropas*, Neue Folge, Bd. 45, H. 2, 1997, pp. 181–98.

Schönle, Andreas, *The Ruler in the Garden – Politics and Landscape Design in Imperial Russia*, Bern and Oxford: Peter Lang, 2007.

Schuyler, Eugene, *Peter the Great – Emperor of Russia*, Vols I and II, New York: Charles Scribner's Sons, 1884.

Scudder, Jared W., *Russia in the Summer of 1914*, Boston: Richard Badger, 1920.

Seaman, Gerald, 'Catherine the Great and Musical Enlightenment', in *Study Group on Eighteenth-Century Russia – Newsletter*, No.

19, Cambridge, September 1991, pp. 13–14.

Serge, Victor, *Memoirs of a Revolutionary*, trans. Peter Sedgwick, Oxford: Oxford University Press, 1975.

Service, Robert, *The Penguin History of Modern Russia – From Tsarism to the Twenty-First Century*, London: Penguin Random House, 4th edn 2015.

Seton-Watson, Hugh, *The Russian Empire 1801–17*, Oxford: Clarendon Press, 1967.

Shapiro, Yuri, *The Hermitage*, Moscow: Progress Publishers, 1976.

Shklovsky, Viktor, *A Sentimental Journey – Memoirs 1917–22*, trans. Richard Sheldon, Ithaca, NY, and London: Cornell University Press, 1970.

Shrad, Mark Lawrence, *Vodka Politics – Alcohol, Autocracy, and the Secret History of the Russian State*, New York: Oxford University Press, 2014.

Shvidkovsky, Dmitry, 'Catherine the Great's Field of Dreams: Architecture and Landscape in the Russian Enlightenment', in Cracraft, James, and Rowland, Daniel, eds, *Architectures of Russian Identities 1500 to the Present*, Ithaca, NY, and London: Cornell University Press, 2003, pp. 51–65.

—— *Russian Architecture and the West*, trans. Anthony Wood, New Haven, CT, and London: Yale University Press, 2007.

—— *St Petersburg – Architecture of the Tsars*, New York, London and Paris: Abbeville Press, 1996.

Simmons, Cynthia, and Perlina, Nina, *Writing the Siege of Leningrad – Women's Diaries, Memoirs and Documentary Prose*, Pittsburgh, PA: University of Pittsburgh Press, 2002.

Smith, Alexandra, 'Pushkin's Imperial Image of Saint Petersburg Revisited', in Reid, Robert, and Andrew, Joe, eds, *Two Hundred Years of Pushkin*, Studies in Slavic Literature and Poetics, Vol. XXXIX, Amsterdam and New York: Editions Rodopi, 2003.

Smith, Hedrick, *The Russians*, New York: Ballantine Books, revised edn 1984.

Soloviev, Sergei M., *A History of Russia, Vol. 34: Empress Anna, Favorites, Policies, Campaigns*, trans. Walter J. Gleason, Gulf Breeze, FL: Academic International Press, 1984.

—— A *History of Russia, Vol. 37: Empress Elizabeth's Reign 1741–44*, trans. Patrick O'Meara, Gulf Breeze, FL: Academic International Press, 1996.

Solovyov, Alexander, 'St Petersburg – Imperial City', in *At the Russian Court – Palace and Protocol in the 19th Century*, Amsterdam: Museumshop Hermitage Amsterdam, 2009.

Solzhenitsyn, Aleksandr, 'The City on the Neva', in *Stories and Prose Poems*, trans. Michael Glenny, New York: Farrar, Straus and Giroux, 1971.

Spring Rice, Sir Cecil, *The Letters and Friendships of Sir Cecil Spring Rice*, Vols I and II, ed. Stephen Gwynn, Boston and New York: Houghton Mifflin, 1929.

Spruit, Ruud, 'In the Service of Napoleon – Experiences of Dutch Soldiers', in *Alexander, Napoleon and Joséphine*, Amsterdam: Museumshop Hermitage Amsterdam, 2015.

Stasov, Vladimir Vasilevich, *Selected Essays on Music*, trans. Florence Jonas, London: Cresset Press, 1968.

Steinberg, Isaac N., *In the Workshop of the Revolution*, London: Victor Gollancz, 1955.

Stites, Richard, *Russian Popular Culture – Entertainment and Society Since 1900*, Cambridge: Cambridge University Press, 1992.

—— *The Women's Liberation Movement in Russia – Feminism, Nihilism and Bolshevism 1860–1930*, Princeton, NJ: Princeton University Press, 1978.

Storch, Henry, from the German of *The Picture of Petersburg*, London, 1801.

Stravinsky, Igor, and Craft, Robert, *Expositions and Developments*, London: Faber and Faber, 1962.

—— *Memories and Commentaries*, London: Faber and Faber, 1960.

Swann, Herbert, *Home on the Neva: A Life of a British Family in Tsarist St Petersburg – and After the Revolution*, London: Victor Gollancz, 1968.

Swinton, A., *Travels into Norway, Denmark, and Russia in the Years 1788, 1789, 1790, and 1791*, London, 1792.

Tarasova, Lina, 'Festivities at the Russian Court', in *At the Russian Court – Palace and Protocol in the 19th Century*, Amsterdam:

Museumshop Hermitage Amsterdam, 2009.

Taylor, D. J., 'The Chevalier d'Éon de Beaumont in Petersburg 1756– 60: An Observer of Elisaveta Petrovna's Russia', in *Study Group on Eighteenth-Century Russia – Newsletter*, No. 6, Norwich, September 1978, pp. 40–54.

Taylor, Richard, 'The Birth of the Soviet Cinema', in Gleason, Kenez and Stites, eds, *Bolshevik Culture: Experiment and Order in the Russian Revolution*, Bloomington, IN: Indiana University Press, 1985.

Thurston, Robert W., *Life and Terror in Stalin's Russia 1934–1941*, New Haven, CT, and London: Yale University Press, 1996.

Tolstoy, Leo, *War and Peace* (1869), trans. Rosemary Edmonds, Harmondsworth: Penguin, 1975.

Tooke, William, *View of the Russian Empire during the Reign of Catherine the Second and to the Close of the Eighteenth Century*, Vols I and II, London: Longman and Rees, 1800.

Toomre, Joyce S., 'Sumarokov's Adaptation of Hamlet and the "To Be or Not to Be" Soliloquy', in *Study Group on Eighteenth-Century Russia – Newsletter*, No. 9, Leeds, September 1981, pp. 3–20.

Turgenev, Ivan, *Fathers and Sons*, trans. Rosemary Edmonds, Harmondsworth: Penguin, 1965.

Ulam, Adam B., *Stalin – The Man and his Era*, London: Allen Lane, 1974.

Van Wonzel, Pieter, État Présent de la Russie, St Petersburg and Leipzig, 1783.

Vernadsky, George, ed., *A Source Book for Russian History From Early Times to 1917*, Vol II, New Haven, CT, and London: Yale University Press, 1972.

Vigor, Mrs (married to Claudius Rondeau), *Letters from a Lady who Resided Some Years in Russia to her Friend in England*, London: D odsley, 1775.

Vilensky, Jan, 'Cameo Service – 1778–9', in *Dining with the Tsars*, Amsterdam: Museumshop Hermitage Amsterdam, 2014.

Voltaire, *Histoire de Charles XII* (1731), in *Œeuvres historiques*, ed. R. Pomeau, Paris: Gallimard, 1957. von Strahlenberg, Philip John, *An Historico-Geographical Description of the North and Eastern Parts of Europe and Asia*, London, 1738.

Walker, James, *Paramythia or Mental Pastimes*, London, 1821, pp. 27–152 of *Engraved in the Memory*, ed. Anthony Cross,

Providence, RI, and Oxford: Berg, 1993.

Warner, Elizabeth, *Russian Myths*, London: British Museum Press, 2002.

Wcislo, Francis W., *Tales of Imperial Russia – The Life and Times of Sergei Witte 1849–1915*, Oxford: Oxford University Press.

Wells, H. G., *Russia in the Shadows*, London: Hodder and Stoughton, n.d.

Whitworth, Lord Charles, *An Account of Russia as it Was in the Year 1710*, Strawberry Hill, 1758.

Wilmot, Martha and Catherine, *The Russian Journals of Martha and Catherine Wilmot – 1803–08*, ed. Marchioness of Londonderry and H. M. Hyde, London: Macmillan, 1934.

Wilson, Arthur M., *Diderot*, New York: Oxford University Press, 1972.

Wolkonsky, Princess Peter, *The Way of Bitterness: Soviet Russia, 1920*, London: Methuen, 1931.

Wortman, Richard S., *Scenarios of Power – Myth and Ceremony in Russian Monarchy*, Vols I and II, Princeton, NJ: Princeton University Press, 1995 and 2000.

Wraxall, N., Jun., *A Tour Through Some of the Northern Parts of Europe Particularly Copenhagen, Stockholm and Petersburg in a Series of Letters*, 3rd edn, London: Cadell, 1776.

Yarmolinsky, Avrahm, *Road to Revolution – A Century of Russian Radicalism*. Princeton, NJ: Princeton University Press, 1986.

Yevtushenko, Yevgeny, 'The City With Three Faces', in *Insight Guides – St Petersburg*, Hong Kong: Apa Publications, 1992.

Zelnik, Reginald E., *Labor and Society in Tsarist Russia – The Factory Workers of St Petersburg 1855–1870*, Stanford, CA: Stanford University Press, 1971.

Zuckerman, Frederic S., *The Tsarist Secret Police in Russian Society, 1880– 1917*, Basingstoke: Macmillan, 1996.

電影

Balabanov, Aleksei, writer and dir., *Brat* (*Brother*), Kinokompaniya CTB, Gorky Film Studios, Roskomkino, 1997, DVD 2003, Tartan Video.

—— writer and dir., *Of Freaks and Men*, CTB Film Company, 1998.

Dovzhenko, Alexander, dir., *War Trilogy* (*Zvenigora, Arsenal, Earth*), 1928–30.

Eisenstein, Sergei, dir., *Alexander Nevsky*, 1938.

—— *The Battleship Potempkin*, First Goskino Production, 1925.

—— *October 1917* (*Ten Days That Shook the World*), Sovkino Productions, 1928.

Ivanaov, Mosfilm, 1982, viewable on YouTube.

Khrzhanovskiy, Andrei, dir., *A Room and a Half*, Yume Pictures, 2008.

Pudovkin, Vsevolod, dir., *The End of St Petersburg*, Mezhrabpom, 1927.

—— *Storm Over Asia*, Mezhrabpom, 1928.

Sokurov, Alexander, dir., *Russian Ark*, The State Hermitage Museum, Ministry of Culture of the Russian Federation et al., 2002.

Uchitel, Alexei, dir., *Progulka*, Ministry of Culture of the Russian Federation/Roskinoprokat, 2003, DVD 2005, Madman Cinema.

短片、紀錄片和電視

Feyginburg, Yosif, dir., *Glenn Gould – The Russian Journey*, documentary, Atlantic Productions, 2002, DVD 2013, Major Entertainment.

Haefelli, Mark, dir. and prod., *Paul McCartney in Red Square*, DVD Documentary, produced by MPL Communications, 2005.

Harrison, Mark, prod., *The Last Days of Leningrad*, BBC Bristol, 1991.

Loznitsa, Sergei, dir., *Blockade*, using footage found in Soviet archives, Federal Agency for Culture and Cinematography and St Petersburg Documentary Film Studios, 2005.

—— *Revue*, using footage found in Soviet archives mainly from the Krushchev era, Federal Agency for Culture and Cinematography & St Petersburg Documentary Film Studios, 2008.

Nevzorov, Alexander, dir., *600 Seconds*, Leningrad Chanel/St Petersburg Television.

Polsky, Gabe, dir., *Red Army*, documentary, Weintraub and Herzog, 2014.

van den Berg, Rob, dir., 'Catching Up with Music' with Valery Gergiev, bonus feature on Glinka, *Ruslan and Lyudmila*, conducted by Valery Gergiev, Kirov Opera and Chorus, Decca, 1996.

Weinstein, Larry, dir., *Shostakovich Against Stalin – The War Symphonies*, documentary, Rhombus Films, 1997.

歌劇、音樂劇和舞蹈

Borodin, Alexander, *Prince Igor*, conducted by Gianandrea Noseda, DVD Deutsche Grammophon, 2014.

Glinka, Mikhail, *A Life for the Tsar*, conducted by Alexander Lazarev, DVD NVC ARTS, 1992.

—— *Ruslan and Lyudmila*, conducted by Valery Gergiev, DVD Decca, 1995.

Paris Dances Diaghilev, Paris Opera Ballet; VHS NVC ARTS, 1991.

Prokofiev, Sergei, *War and Peace*, conducted by Valery Gergiev, Kirov/ Opera Bastille, 1991, Arthaus Musik, 2015.

Rimsky-Korsakov, *Le Coq d'Or*, conducted by Kent Nagano, DVD Arthaus Musil, 2011.

Shostakovich, Dmitri, *Cheryomushki*, dir. Paul Rappaport, Lenfilm, 1963; DVD Decca 2007.

Tchaikovsky, Peter Ilyich, *Eugene Onegin*, conducted by Sir Georg Solti, dir.

Petr Weigl, DVD Decca, 1990.

光碟

Meader, Vaughn et al., *The First Family*, LP, New York: Cadence Records, November 1962.

【Historia歷史學堂】MU0020

聖彼得堡：權力和欲望交織、殘暴與屠殺橫行的三百年史

ST PETERSBURG: Three Centuries of Murderous Desire

作　　者❖強納森・邁爾斯（Jonathan Miles）
譯　　者❖楊芩雯
封面設計❖兒　日
排　　版❖張彩梅
校　　對❖魏秋綢
總 編 輯❖郭寶秀
責任編輯❖邱建智
行銷業務❖力宏勳

發 行 人❖凃玉雲
出　　版❖馬可孛羅文化
　　104台北市中山區民生東路二段141號5樓
　　電話：02-25007696
發　　行❖英屬蓋曼群島商家庭傳媒股份有限公司城邦分公司
　　104台北市中山區民生東路二段141號11樓
　　客服服務專線：(886) 2-25007718；25007719
　　24小時傳真專線：(886) 2-25001990；25001991
　　服務時間：週一至週五9:00～12:00；13:00～17:00
　　劃撥帳號：19863813　戶名：書虫股份有限公司
　　讀者服務信箱：service@readingclub.com.tw
香港發行所❖城邦（香港）出版集團有限公司
　　香港灣仔駱克道193號東超商業中心1樓
　　電話：(852) 25086231　傳真：(852) 25789337
　　E-mail：hkcite@biznetvigator.com
馬新發行所❖城邦（馬新）出版集團 Cite (M) Sdn. Bhd.(458372U)
　　41, Jalan Radin Anum, Bandar Baru Seri Petaling,
　　57000 Kuala Lumpur, Malaysia
　　電話：(603) 90578822　傳真：(603) 90576622
　　E-mail：services@cite.com.my
輸出印刷❖中原造像股份有限公司
初版一刷❖2019年2月
定　　價❖720元

ISBN：978-957-8759-48-0

城邦讀書花園
www.cite.com.tw

國家圖書館出版品預行編目資料

聖彼得堡：權力和欲望交織、殘暴與屠殺橫行的三百年史／強納森・邁爾斯（Jonathan Miles）著；楊芩雯譯. -- 初版. -- 臺北市：馬可孛羅文化出版：家庭傳媒城邦分公司發行，2019.02
　面；　公分--（Historia歷史學堂；MU0020）
譯自：St Petersburg : three centuries of murderous desire
ISBN 978-957-8759-48-0（平裝）
1.俄國史
748.1　　107020927